明治150年その歩みを知る、つなぐ（前編）

西郷どん、大久保卿、薩摩藩年表帖 中巻

政治、施政、士族の乱、西南戦争、軍国、国際問題、事件などが時系列でわかる！

目次

はじめに………………………………………………………	2
目次年表……………………………………………………	3〜19
明治150年その歩みを知る、つなぐ（前編） 西郷どん・大久保利通・薩摩藩年表帖中巻 …………	20〜404
鳥羽・伏見方面戦闘図 ……………………………………	27
西南戦争九州地点図…………………………………………	338
主な参考文献………………………………………………	405〜409
あとがき、奥付………………………………………………	416

はじめに〜この本の使い方〜

　この本（中巻）は、慶応3年（1868）12月、徳川慶喜が京都を去り、明治新政権の樹立から「太政官制」、「版籍奉還」、「廃藩置県」、「岩倉欧米使節団」、「明治六年の政変」、「西南戦争」などまでを取扱っております。

　明治とは、どんな時代だったのかの前編としています。

　この激動の時代、西郷隆盛、大久保利通をどうしていたのか、薩摩藩主、藩士の事歴、そして薩摩藩は如何に動いたのか、そして朝廷は、官吏となった諸藩の勤王志士はと、その動静を編年年譜で追っています。

　鹿児島出身の士は、西郷軍、政府軍・警視隊、その他、この期に活躍した人々など、判明範囲で多く掲載しました。薩摩藩年表帖中巻です。既刊の「戊辰戦争年表帖」、長州藩中心の『維新年表帖』（下巻）と合わせ御覧頂ければ、西南雄藩、徳川幕府等の動静等、その背景も垣間見えるものと思います。

　一部を除き日付までを記載しています。なお、不明な月・日付に関しては「－」で割愛、または「夏」「頃」などと表記している箇所もございます。ご了承下さい。特に重要と思われる事項（歴史的流れのために必要と思われた事件等）は、太字で記載しております。

　本体となる「明治150年その歩みを知る、つなぐ（前編）」（西郷どん・大久保利通・薩摩藩年表帖中巻）は395頁とそこそこの分量となっております。目次年表は、この期間を17頁に圧縮しており、その項目の掲載番号が記載されております。索引の一助となれば幸いです。

目次

西暦 和暦	旧暦 【新暦】	出来事	No.
1868 (慶応3)	12月11日 【1月5日】	■新政府に恭順の意思を示すために、徳川慶喜、二条城西門を出て大坂城に向かう。	2601
	12月12日 【1月6日】	■新政府参与職が決まる。	2604
	12月14日 【1月8日】	■新政府、「王政復古」を諸藩に布告。	2609
	12月25日 【1月19日】	■江戸三田の薩摩藩邸(上屋敷)、隣接の佐土原藩(薩摩支藩)邸、旧幕府に焼き討ちされる。	2628
	12月26日 【1月20日】	■小御所・三職会議、徳川慶喜の「辞官納地」を正式決定。	2629
	12月27日 【1月21日】	■三田尻を出港した三条実美ら五卿、4年ぶりに帰京、薩摩藩浄福寺隊に守られて参内。	2630
	12月30日 【1月24日】	■西郷吉之助(隆盛)ら、江戸薩摩屋敷焼打ちの報を受ける。	2637
1868 (慶応4・明治1)	1月3日 【1月27日】	■「戊辰戦争—鳥羽・伏見の戦い」はじまる。	2645
	1月4日 【1月28日】	■「戊辰戦争—鳥羽・伏見の戦い—官軍の出現、幕府軍、朝敵となる」。	2651
	1月6日 【1月30日】	■大坂城の徳川慶喜、自ら出陣を宣言。が、敗北を悟った徳川慶喜は、夜中に大坂城を脱出、一旦、米国艦「イロクォイ号」に逃げ込む。	2654
	1月7日 【1月31日】	■「鳥羽・伏見の戦い」、ほぼ終息するも、伏見・淀の大半が焼亡。	2657
	1月8日 【2月1日】	■徳川慶喜らを乗せた「開陽」、大坂沖を江戸に向けて出帆。	2660
	1月9日 【2月2日】	■明治天皇14才で即位、第122代。 ■「三職制の新政府、副総裁設置」。	2666
	1月10日 【2月3日】	■「王政復古ノ詔」。 ■「外國交接ノ詔」。 ■朝廷、徳川慶喜・松平容保・松平定敬ら佐幕派藩主、旧幕吏ら27名の官位を褫奪し、慶喜を征討する令を京都三条及び荒神口の二方面に掲示。そして京屋敷を没収。	2669
	1月11日 【2月4日】	■「神戸事件」起こる(明治最初の外交問題)。	2671
	1月14日 【2月7日】	■新政府、天領を没収する旨の布告を発する。 ■「年貢半減令」。旧幕府領の年貢半減の沙汰。	2686
	1月15日 【2月8日】	■「神戸事件」。新政府、「王政復古」を各国公使に宣言。同日、外国交際を万国公法により行う旨を布告。	2688
	1月15日 【2月8日】	■「徳川慶喜政権返上内外政事親裁ノ國書」。徳川慶喜政権返上の請を允し内外政事御親裁の国書。	2689
	1月17日 【2月10日】	■「三職分課職制ヲ定ム」「三職分課職員ヲ定ム」。新政府、第一次の官制を発布。三職七科(1868年1月17日設置〜2月3日八局に改正)。	2698

3

西暦 和暦	旧暦 【新暦】	出来事	No.
1868 (慶応4・明治1)	1月17日 【2月10日】	■大久保利通、総裁有栖川宮熾仁親王に、天皇の「大坂行幸」を進言。	2699
	1月20日 【2月13日】	■新政府、幕府締結の条約遵守を各国に通告。	2706
	1月21日 【2月14日】	■新政府外国事務総督・東久世通禧、徳川慶喜征討を理由として、各国代表に局外中立を要請。	2710
	1月25日 【2月18日】	■仏国発議で、英米仏蘭伊普6ヶ国が、日本内戦に対し局外中立を布告。	2723
	1月27日 【2月20日】	■新政府、「年貢半減令」を口達撤回。赤報隊は進軍し偽官軍とされていく。	2728
	2月3日 【2月26日】	■天皇、二条城太政官代に行幸、「徳川慶喜に対たいする親征の大号令」を発す。 ■「総裁局ヲ置ク」「三職八局職制並ニ職員ヲ定ム」。新政府、三職七科制を改め、「総裁局」を新設、「三職八局の制」とする。	2745
	2月6日 【2月28日】	■征討軍が再編成され、それまでの東海道・東山道・北陸道鎮撫総督は、「先鋒総督兼鎮撫使」に改称された。	2750
	2月9日 【3月2日】	■「総裁熾仁親王へ勅語」。征東大総督軍事委任。 ■東征大総督府設置で、諸道(東海道・東山道・北陸道)先鋒総督兼鎮撫使がその配下となる。	2757
	2月11日 【3月4日】	■新政府、諸藩を大・中・小の3区分する。 大藩は40万石以上、中藩は10万石以上、小藩は1万石以上とする。 ■新政府、「徴士・貢士の制」を定め、貢士を「下ノ議事所」の議事官とする。	2763
	2月12日 【3月5日】	■西郷吉之助(隆盛)、薩摩藩東海道先鋒隊差引(司令官)となり、京を出発、駿府に向かう。独断ともいう。	2766
	2月12日 【3月5日】	■徳川慶喜、江戸城を出て上野寛永寺(大慈院)へ移り、謹慎の意を表す。	2767
	2月15日 【3月8日】	■明治第二の国際紛争事件「堺事件」勃発。	2775
	2月15日 【3月8日】	■「熾仁親王征東大総督御委任ノ詔」。 今般征東軍務委任ノ間速ニ可奏掃攘ノ功事。 □東征大総督・有栖川宮熾仁親王、御所御学問所で明治天皇に謁見、節刀と錦旗を賜り、京都を出軍。	2776
	2月16日 【3月9日】	■「徳川家存続が総裁局で決まる」。	2779
	2月23日 【3月16日】	■『太政官日誌』創刊。	2795
	2月25日 【3月18日】	■東征大総督府下参謀・西郷吉之助(隆盛)、東海道先鋒軍の各藩隊長を静岡に集め、江戸進軍の命を伝える。	2800
	2月28日 【3月21日】	■明治天皇、二条城太政官代に行幸し、討幕の為の「徳川幕府御親征ノ詔」を発布。	2809

西暦 和暦	旧暦 【新暦】	出来事	No.
	3月6日 【3月29日】	■駿府の大総督府、東海・東山両軍に、3月15日江戸城総攻撃を決める。	2831
	3月9日 【4月1日】	■東征大総督府下参謀・西郷吉之助(隆盛)、駿府で精鋭隊歩兵頭・山岡鉄舟 (鉄太郎)と会見し、恭順降伏の条件(徳川処分案七ヶ条)を示す。 鉄舟は、旧幕府軍事取扱・勝義邦(海舟)の和平解決の書面を提示。	2837
	3月13日 【4月5日】	■「祭政一致ノ制ニ復シ天下ノ諸神社ヲ神祇官ニ属ス」。宗教関連の布告令 の最初であった。	2846
	3月13日 【4月5日】	■東征大総督府下参謀・西郷吉之助(隆盛)、江戸高輪南町の薩摩藩下屋敷 に到着。旧幕府軍事取扱・勝義邦(海舟)、正午に薩摩藩邸の西郷を訪問。 静寛院宮・天璋院(篤姫)の身辺保護を話し合う。 西郷は、静寛院宮(和宮)を人質にしない事を明言。	2848
	3月14日 【4月6日】	■「御誓文」いわゆる「五箇条ノ御誓文」。	2849
	3月14日 【4月6日】	■「江戸城無血開城の交渉が成立」。江戸田町薩摩藩蔵屋敷(橋本屋)で 西郷吉之助(隆盛)、勝義邦(海舟)と再度会談、勝は徳川処分案を提示。	2851
	3月15日 【4月7日】	■新政府、天皇行幸を布告。 ■「天下ニ令シ幕府旧来ノ榜掲ヲ撤シ新ニ定三札覚五札ヲ掲示セシム」。	2852
	3月17日 【4月9日】	■「諸国大小の神社において別当あるいは社僧が復飾することを命じる」 (復飾令)。神主を兼帯していた僧侶に対して還俗する旨の通達である。 「このたびの王政復古の方針は悪い習慣を一掃することにあるので、全国各 地大小の神社のなかで、僧の姿のままで別当あるいは社僧などと唱えて神社 の儀式を行っている僧侶に対しては復飾(還俗)を仰せつける」。 □神仏分離令(正式には神仏判然令)が出される。	2858
	3月20日 【4月12日】	■「朝議は大総督宮稟議の徳川家処分案大綱を容れることに決する」。	2865
	3月22日 【4月14日】	■明治天皇、大坂行在所となった津村御坊(のちの本願寺津村別院)に到着、 6週間余り滞在する。	2870
	4月3日 【4月25日】	■流山陣屋を包囲された新選組近藤勇、「大久保大和」の名を語り、香川敬三 軍軍監・有馬藤太(薩摩藩)に投降し、越谷の総督軍本陣に連行される。	2898
	4月4日 【4月26日】	■東海道先鋒総督橋本実梁らが、勅使として江戸城に乗り込んだ。 東征大総督府下参謀・西郷吉之助(隆盛)らが付き従った。	2899
	4月7日 【4月29日】	■諸侯、江戸を引払う。	2905
	4月11日 【5月3日】	■「戊辰戦争―慶応4年(1868)年1月3日～明治2年(1869)5月18日― 江戸城、無血開城」。 ■勅書を受けた徳川慶喜、解官され、未明、寛永寺大慈院を出て水戸へ 向かう。	2911
	4月21日 【5月13日】	■東征大総督・有栖川宮熾仁親王、諸道先鋒総督を従えて江戸入城。 荘厳なる入城式。そして、江戸城を大総督府とすると宣言。	2938

西暦 和暦	旧暦 【新暦】	出来事	No.
1868 (慶応4・明治1)	閏4月1日 【5月22日】	■明治天皇、大坂津村御坊で英国公使パークスらを引見。 英国公使ハリー・パークス、女王からの信任状を提出し、英国政府は新政府を承認。(明治政府承認の最初)。	2963
	閏4月4日 【5月25日】	■「切支丹はもちろん、その他邪宗門を禁制の件」布告。 □「五榜の掲示」のうち、第三札(切支丹邪宗門の禁制)、「切支丹宗門」と「邪宗門」を別条で禁じ、密告褒賞を削除する。	2970
	閏4月10日 【5月31日】	■「副総裁三条実美ヲ以テ関東監察使ヲ兼ネ、東下シテ徳川氏ヲ処分シ、且士民ヲ撫輯セシム」。 □新政府太政官で評議、副総裁三条実美が、関東監察使としての下向決まる。	2979
	閏4月19日 【6月9日】	■新政府、「富国之基礎」を建てる手段としての「太政官札」(金札)を発行の趣意、目的、方法等を布告。	2993
	閏4月21日 【6月11日】	■「政体ヲ定ム」「三職八課ヲ廃ス」。新政府、三職体制に代えて新たな官制を定めた「政体書」(七官両局の制—太政官制Ⅰ)を公布。	3003
	閏4月21日 【6月11日】	■「府藩県三治制」布告される。この太政官布告と政体書によって、地方は府・藩・県に分けられ、藩は旧来のまま、府県は政府の直轄とし知事を置いた。	3004
	閏4月27日 【6月17日】	■「浦上四番崩れ」。太政官達により浦上キリシタンの処分が開始される。	3023
	5月3日 【6月22日】	■(江戸)大総督府、旧幕府町奉行所の市中巡邏の任務を解く。	3044
	5月3日 【6月22日】	■「戊辰戦争—東北戦争(5月3日〜10月11日)」、はじまる。 「奥羽列藩盟約書(仙台盟約書、同盟結成文)」が本調印される。	3045
	5月15日 【7月4日】	■太政官札の発行を開始。	3062
	5月15日 【7月4日】	■「戊辰戦争—上野戦争」。大総督府諸軍に令して、軍務官判事大村益次郎指揮の新政府軍、「彰義隊」を上野に討つ。	3063
	5月17日 【7月6日】	■「諸国街道筋ニ於テ私ニ関門又ハ番所等ヲ建ルヲ禁ズ」。 関所廃止の太政官布告、出る(明治2年1月20日幕府関所廃止)。	3067
	5月19日 【7月8日】	■大総督府布告「江戸鎮台を置き、従前の寺社・町・勘定三奉行を廃し、社寺・市政・民政の三裁判所設置」。	3071
	5月24日 【7月13日】	■「徳川亀之助ヲ駿河国府中城主ト為シ、更ニ領知七十万石ヲ賜フ」(徳川亀之助へ達)。 □「駿府藩(駿河府中藩)前身が確立。徳川宗家16代当主・徳川家達、駿河国府中移封、所領は、800万石から70万石に封じられる。	3084
	5月27日 【7月16日】	■「鎮台府被置町奉行所ハ市政裁判所ト唱替名主共一同是迄ノ通掛役申付」((江戸鎮台府)市政裁判所達)。 □新政府、町奉行所廃止、市政裁判所となる。	3088
	7月10日 【8月27日】	■新政府は、地方組織形態のモデルとして「差当リ京都府ニ於テ」、京都府職制を制定する。町組五人組仕書告諭を布達。	3155
	7月15日 【9月1日】	■大阪が開港。新政府によって大阪は開市場から「開港場」へと改められる。	3163

西暦 和暦	旧暦 【新暦】	出来事	No.
	7月17日 【9月3日】	■明治天皇、「江戸親臨詔勅」、いわゆる「御奠都ノ詔」を発する。 □江戸は、政治の一切を自ら裁決され万民を慰めいたわる天皇が直接赴かれ、政治を指導されるべき「東国第一の大鎮」として位置付けられたうえで、「東京」と定めた。	3168
	7月23日 【9月9日】	■徳川慶喜、「蟠竜」で清水港入港、夕方、駿府宝台院に入り、謹慎。	3182
	8月4日 【9月19日】	■天皇、「奥羽歓順ノ詔」。いわゆる「奥羽処分ノ詔」である。 ■明治新政府、「東幸の趣旨」を公表。	3195
	8月19日 【10月4日】	■「旧幕府艦船、品川海脱去」。榎本武揚ら、8隻を奪い、総員2,500名で密かに品川沖より脱走、北上を開始。	3218
	8月27日 【10月12日】	■「御即位ノ宣命」。明治天皇（17才）、紫宸殿において、政情の激しい移り変わりにより遅れていた「即位の大礼」を行う。	3235
	9月8日 【10月23日】	■「改元ノ詔」。 ■「年号ハ一世一元トス」。	3252
	9月20日 【11月4日】	■「東幸御発駕」。 明治天皇、鳳輦に乗り、建礼門から出立、京より東京行幸へ出発。	3272
	10月13日 【11月26日】	■初めて江戸に行幸した明治天皇、江戸城西ノ丸に入る。天皇は、その日のうちに江戸城西ノ丸を東幸の皇居と定め、「東京城」に改称する。	3308
	10月17日 【11月30日】	■「直諫ヲ求ムルノ勅語」（直諫啓沃ノ詔）。 いわゆる「御東幸万機御親裁ノ詔書」を発する。天皇の政治参加宣言。 ■「祭政一致ノ詔」。神社神道、国教化される。国家神道である。	3311
	11月19日 【1月1日】	■「東京開市」。東京鉄砲洲に互市場開市し、築地に外国人居留地がつくられる。そして、新潟港開港、夷港（両津港）は補助港として開港。	3351
	12月10日 【1月22日】	■新政府、議会「公議所」設置を布告。 諸藩から選出された公議人を議員とする議事機関である。	3379
	12月15日 【1月27日】	■「戊辰戦争―箱館戦争―蝦夷新政権、成立」。蝦夷地領有宣言式。 榎本武揚軍、蝦夷地平定を宣し、五稜郭を本営とする。	3390
	12月22日 【2月3日】	■明治天皇、京都に還幸。供奉した大久保利通、入京。	3396
	12月28日 【2月9日】	■米英仏蘭独伊の六ヶ国公使、日本内戦終結と判断し、局外中立解除を宣言。	3406
1869 （明治2）	1月5日 【2月15日】	■「横井小楠遭害事件」。 新政府要人が暗殺された最初の事件となる。	3412
	1月20日 【3月2日】	■新政府樹立に貢献した薩長土肥の四藩主、連署して、中央集権化事業のための版籍奉還の上表文（建白書）を朝廷に提出。	3436
	2月24日 【4月5日】	■「太政官東京遷移布告」。天皇が東京に滞在する際は、太政官も東京に移すことになり、事実上東京を首都とすることになる。	3484
	3月7日 【4月18日】	■「遷都行幸」。明治天皇、再度、東京遷都行幸に京都を出立。	3499

西暦 和暦	旧暦 【新暦】	出来事	No.
1869 (明治2)	3月7日 【4月18日】	■「公議所開所」。貢士対策所に代わり「公議所」が、東京大手町の神田橋内 (旧姫路藩邸)で開かれる。	3500
	3月28日 【5月9日】	■「東京遷都」。明治天皇、再び東京城に入り、東京城を「皇城」と称する。 以来、東京が首都と定まる。	3523
	4月8日 【5月19日】	■新政府、「民部官を設置」、府県の事務を総管させる。	3536
	5月13日 【6月22日】	■天皇、「人材公選ノ詔」。上下議局を開くをもって、議政官を廃し、輔相一人・ 議定四人・参与六人・弁事を行政官に置く。	3573
	5月18日 【6月27日】	■榎本武揚、降伏して五稜郭開城。「戊辰戦争―慶応4年(1868)年1月3日 ～明治2年(1869)5月18日」終結。「戊辰戦争(箱館戦争、五稜郭の戦い)― 10月20日～明治2年(1869)5月18日」終結。	3580
	6月2日 【7月10日】	■天皇、「鳥羽伏見戦功行賞敕」。新政府、「戊辰軍功ヲ賞スルノ詔書」、 「戊辰戦争戦功賞典表」を発表。	3595
	6月17日 【7月25日】	■公卿・諸侯の称を廃止して「華族」する。 ■「版籍奉還」。朝廷、諸藩の版籍奉還を聴許。 この日より、諸藩主を「知藩事」に任命していく。	3616
	6月24日 【8月1日】	■明治政府、警察機関である「弾正台」設置。	3627
	6月25日 【8月2日】	■諸藩主を知藩事(地方官)に任命、274人が定まる。	3630
	7月7日 【8月14日】	■「宮内省」設置。太政官制により、大宝令の制に準じて設置される。	3648
	7月8日 【8月15日】	■「公議所ヲ集議院ト改称ス」。 ■「職員令並官位相当表」。 □「二官六省の制―太政官制Ⅱ」を敷く。輔相、議定、参与が廃止され、 新政府は行政組織を再編。神祇・太政の二官、その下の行政組織として民部・ 大蔵・兵部・刑部・宮内・外務の六省を置く。待詔院、集議院、大学校、弾正台、 宣教使、開拓使(北方開拓のため外国官が所管していた業務中、開拓に関す る部分を分離独立)などの諸機関が置かれる。	3651
	8月10日 【9月15日】	■天皇、初めて太政官に親臨し、議事を聴く。	3689
	8月12日 【9月17日】	■「民部大蔵両省を併合」。新政府、民部・大蔵2省を合併する。	3693
	8月15日 【9月20日】	■新政府、蝦夷地を「北海道」と改称。	3696
	9月4日 【10月8日】	■兵部大輔・大村益次郎、襲撃され重傷を負う。	3710
	9月7日 【10月11日】	■第一回目の集議院が、12月27日まで開かれる。	3713
	9月14日 【10月18日】	■「箱館戦功ヲ賞スルノ詔書」。新政府、「箱館戦争軍功賞典表」を発表。	3717

西暦 和暦	旧暦 【新暦】	出来事	No.
	9月19日 【10月23日】	■新政府、自由往来の妨げになっていた諸藩の「津留」を禁止。	3721
	9月26日 【10月30日】	■「皇道復古ノ勳功ヲ賞スル詔書」(第935号)。新政府、「復古功臣賞典表」を発表。王政復古の功を賞し、三条実美以下33人に禄を給し位を進む。	3725
	9月28日 【11月1日】	■「徳川慶喜ノ謹慎ヲ免ス」、「松平容保ノ家名ヲ立テシム」。	3728
	11月10日 【12月12日】	■鉄道敷設の朝議決定。	3764
	11月27日 【12月29日】	■長州の諸隊(奇兵隊ら)解散、常備軍に編成しその剰余員は、解散帰郷するように命じる。	3783
	12月1日 【1月2日】	■「長州藩脱隊騒動」はじまる。 剰余員となった者は怨み、諸隊(奇兵隊ら)の脱退騒動。	3794
	12月2日 【1月3日】	■旗本領の上知が決定され、府・藩・県のいずれかに所属することが定められた。これにより全国の旗本領が消滅した。 ■旧幕臣の中下大夫以下の称を廃して、士族・卒と改め、禄制を定める。	3795
	12月20日 【1月21日】	■「粟田口止刑事件」はじまる。	3816
	12月—【1月—】	■西郷吉之助(隆盛)、藩主名で位階返上の案文を書き、初めて「隆盛」という名を用いる。	3830
1870 (明治3)	1月3日 【2月3日】	■天皇、「神霊鎮祭ノ詔」。 「大教宣布ノ詔」「治教を明らかにし惟神の大道を宣揚すべし」。	3834
	3月20日 【4月20日】	■箱館戦争降伏兵に、赦免令が出される。 徳川慶喜家来は静岡藩に、伊達慶邦家来は仙台藩に。	3903
	4月17日 【5月17日】	■「駒場野練兵天覧」。初の天覧演習。親兵の走り。	3921
	7月3日 【7月30日】	■西郷隆盛、鹿児島藩権大参事を辞め、執務役となると同時に、太政官から鹿児島藩大参事に任命される。(辞令交付は8月)。	3953
	7月10日 【8月6日】	■「民部省大蔵省分省セシム」。	3956
	9月10日 【10月4日】	■「藩制改革」布告。諸藩の三つの区分(15万石の大藩、5万石以上の中藩、5万石未満の小藩)を第1条として計13条からなっており、職制・海陸軍費・公廨費・家禄などの大本を示す。	3994
	9月17日 【10月11日】	■「親兵のはしり、鹿児島藩脱落」。鹿児島藩四番大隊、鹿児島に帰る。	3997
	10月2日 【10月26日】	■明治政府、兵制統一を布告。海軍は英国式、陸軍はフランス式と定める。	4009
	閏10月20日 【12月12日】	■「工部省ヲ置ク」布告。新政府、工部省を設置。	4048
	11月13日 【1月3日】	■「徴兵規則」(8ヶ条)発布。	4060
	11月20日	■知藩事や外交官として赴任する者を除く華族である旧藩主は、東京に居住することと布告される。	4065

西暦 和暦	旧暦 【新暦】	出来事	No.
1870 (明治3)	12月18日 【2月7日】	■四藩徴兵瓦解に危機感を抱いた政府からの勅使の大納言岩倉具視、随行者の参議大久保利通、兵部大丞川村純義、兵部少輔山県有朋らの一行、鹿児島に至る。藩主島津忠義、西郷隆盛、迎える。	4084
1871 (明治4)	1月3日 【2月21日】	■西郷隆盛と大久保利通、池上四郎を伴い「政府改革案」を持ち鹿児島を出帆、東京に向かう。	4104
	1月5日 【2月23日】	■「社寺領現在ノ境内ヲ除クノ外上知被仰出土地ハ府県藩ニ管轄セシムルノ件」「寺社領上知令」(第一次上知令)。全国の寺社で、境内を除く領地や除地の上知を命じる。	4106
	1月9日 【2月27日】	■参議広沢真臣、暗殺される。	4111
	1月20日 【3月10日】	■「鹿児島・山口、高知、三藩の提携、再び成る」。	4119
	2月13日 【4月2日】	■「常備兵編制規則」公布。 前年11月の徴兵規則に基づき、廃藩置県に備えて藩の指揮権に属さない天皇直属の軍を創設すべく発せられ、明治政府直属の軍隊で天皇及び御所の護衛を目的とする。政府、鹿児島、山口、高知3藩の兵を徴して親兵を編成することを命ずる。徴兵への反感が強く、天皇の親兵としたのである。	4131
	2月22日 【4月11日】	■「鹿児島山口高知三藩ヨリ御親兵ヲ徴シ兵部省ニ管セシム」。 四藩徴兵瓦解から再建の三藩による「御親兵」発足。	4138
	3月7日 【4月26日】	■「二卿事件」。華族外山光輔・愛宕通旭らの武力による天皇京都還御計画発覚する。	4145
	4月4日 【5月22日】	■「府藩県戸籍の法改正(抄)」(大政官布告第170号)制定。 いわゆる「壬申戸籍」。	4156
	4月21日 【6月8日】	■西郷隆盛、大久保利通、島津忠義に従い上京、東京市ヶ谷旧尾張藩邸に駐屯。	4163
	5月10日 【6月27日】	■近代日本最初の貨幣法「新貨条例及び造幣規」が布告され、貨幣の名称を「円・銭・厘」とし十進法を採用。旧1両を1円とし、金本位制を採用。 金貨を本位貨幣、銀貨を補助貨幣とする新貨制度。	4172
	5月14日 【7月1日】	■「神社以下大小神社ノ世襲神職ヲ廃シテ精選補任セシム」 (神社は国家の宗教につき、神宮以下神社の世襲神職を廃し精選補任の件)。 □政府、全国各神社の社格制定。神社はすべて国家の宗祀たることを宣する。	4176
	6月25日 【8月11日】	■政府首脳人事更迭。大久保利通は参議を退く。木戸孝允以外の参議が辞任、西郷隆盛が参議に就任。 □武力を背景に、内閣人員の入れ替えを始める。	4196
	7月14日 【8月29日】	■天皇、「廃藩置縣ノ詔」。「廃藩置県ノ詔書」。	4216
	7月18日 【9月2日】	■「大学ヲ廃シ文部省ヲ置ク」。	4221
	7月27日 【9月11日】	■「民部省ヲ廃ス」。政府、民部省を廃し、大蔵省に合併する。	4228

西暦 和暦	旧暦 【新暦】	出来事	No.
	7月29日 【9月13日】	■「太政官職制ヲ定ム」。 政府、太政官の官制を改め、新たに正院および左右両院を置き、その下に八省を置いた。神祇、文部、工部、大蔵、兵部、司法、宮内、外務である。 「太政官制Ⅲ」。	4231
	7月一【9月一】	■東京府から「邏卒設置」が達せられる。	4233
	8月9日 【9月23日】	■「散髪脱刀令」、散髪・制服・脱刀を随意とし、礼服の節は帯刀させる。	4241
	8月10日 【9月24日】	■「明治中央集権国家が誕生」。「官制等級ヲ改定ス」(太政官布告第400号)。 官制を改定し、太政官を本官とし諸省を分官とする。従来の職階と連動する位階制(官位相当制)を廃止し、新たに全15等の官等を設ける。 納言廃止、左大臣・右大臣設置。	4242
	9月10日 【10月23日】	■島津久光(12代藩主島津忠義の父)、新政府から分家するよう命じられ、島津忠義の賞典禄10万石のうち5万石を家禄として分賜される。 (玉里島津家の創立)。	4261
	10月23日 【12月5日】	■新政府、邏卒(現在の巡査)を3千人設置を決める。	4294
	10月28日 【12月10日】	■初めての地方統一官制である、「府県官制」を制定。 府知事・県知事が定められる。	4296
	11月8日 【12月19日】	■台湾で「琉球漂流民殺害事件」(宮古島島民遭難事件)が起こる。	4303
	11月12日 【12月23日】	■「岩倉欧米使節団」、太平洋会社の郵船アメリカ号で横浜波止場出航、条約改正交渉、海外視察を行う。	4307
	11月22日 【1月2日】	■11月14日からこの日までにいわゆる「第一次府県統合」が実施される。 全国でそれまでの3府302県が、同年8月・9月・11月に数回統廃合を行い、3府72県に統合される。	4315
1872 (明治5)	1月25日 【3月4日】	■全権大使岩倉具視以下、衣冠帯剣にて米大統領グラントに謁見する。 グラントは、日本におけるキリシタン禁制を解くことの必要を勧告。	4358
	1月29日 【3月8日】	■「世襲ノ卒ハ士族ニ編入ス」。卒族の称が廃止。卒族のうち世襲であった家の者も士族に編入されることとなった一方、新規に一代限りで卒に雇われた者は平民に復籍することとなった。皇族・華族・士族・平民の身分制度設定。	4360
	2月15日 【3月23日】	■「地所四民共永代売買所持ヲ許ス」。 寛永20年(1643)以来の「田畑永代売買禁止令」が廃止。	4375
	2月16日 【3月24日】	■フランス人弁護士ジョルジュ・ブスケ、横浜着。 日本で初めての御雇い外国人とされる。	4378
	2月28日 【4月5日】	■「兵部省ヲ廃シ陸海軍両省ヲ置ク」。	4387
	3月14日 【4月21日】	■「神祇省ヲ廃シ教部省ヲ置ク」。	4403
	3月17日 【4月24日】	■天皇に直隷する近衛都督の下、御親兵を改称した壮兵からなる「近衛兵」を創設。	4404

西暦 和暦	旧暦 【新暦】	出来事	No.
1872 (明治5)	4月18日 【5月24日】	■藩債はすべて大蔵省に引き受け、処分することを定める。	4424
	4月25日 【5月31日】	■「教導職(十四級)を置き、教部省これを管轄」。	4426
	5月7日 【6月12日】	■品川・横浜3.8kmで、日本最初の鉄道が仮営業を開始。 1日2往復の旅客列車を運転。	4431
	5月14日 【6月19日】	■岩倉全権副使大久保利通、副使伊藤博文、条約改正を行う権限がある 「国書委任状」の下付を受ける。	4436
	5月23日 【6月28日】	■明治天皇、品川湾より御召艦「龍驤」で関西・中国・西国巡幸。	4444
	6月4日 【7月9日】	■「マリア・ルス号事件」起こる。	4461
	6月17日 【7月22日】	■大久保利通・伊藤博文、ワシントンに到着。 全権岩倉具視ら米国務長官と会談。19日、条約改正交渉打ち切りを通達。	4471
	6月28日 【8月2日】	■玉里島津家初代・島津久光、天皇の行在所に赴き、宮内卿徳大寺実則を 通じ天皇に「14箇条の建白書」を奉呈。	4482
	7月2日 【8月5日】	■明治天皇、西郷隆盛、鹿児島を発つ。香川県丸亀・神戸を経て東京に向かう。	4487
	7月4日 【8月7日】	■全国一般に地券交付(壬申地券)。大蔵省、売買・譲渡にかかわらず、全て の所有地に対して、地券交付を通達。壬申地券の交付本格化。	4491
	7月19日 【8月22日】	■参議西郷隆盛、陸軍元帥となり、近衛都督(2代目)を兼任。 29日、改めて陸軍元帥兼参議に任じられる。	4499
	8月3日 【9月5日】	■「学制」発布。文部省が全国に近代教育発程の第一歩たる学制を頒布。 学区制と就学奨励。	4508
	9月12日 【10月14日】	■天皇、「鉄道開業ノ敕語」。天皇臨幸して、新橋・横浜間鉄道開業式挙行。 (日本最初の鉄道開通)。	4535
	9月14日 【10月16日】	■天皇、「琉球王冊封ノ詔」。「第一次琉球処分」。 琉球王国を「琉球藩」として分離。	4537
	10月12日 【11月12日】	■岩倉使節団本隊から、本隊と離れて回覧を行っている各理事宮と随行に 対して、当年中に欧州を発って帰朝するよう指示する通達が出された。	4556
	10月25日 【11月25日】	■「文部教部両省合併」。 神祇官は、教部省が文部省に併合と、さらに次第に縮小していく。	4564
	11月9日 【12月9日】	■天皇、「改暦ノ詔」。	4572
	11月15日 【12月15日】	■「国立銀行条例」、「国立銀行成規」公布。銀行設立を許可。	4577
	11月28日 【12月28日】	■天皇、「徴兵令ノ詔」及び「太政官告諭」、出される。	4585
1873 (明治6)	12月3日 【1月1日】	■太陰暦を廃し、太陽暦を採用することの詔書が発せられ、太政官布告第 337号により公布。	4591

西暦和暦	【新暦】	出来事	No.
	【1月10日】	■明治政府、国民皆兵の「徴兵令」(徴兵編成並概則)を施行(北海道除外)。	4599
	【1月19日】	■大蔵省と司法省・文部省の対立で、太政大臣三条実美、右大臣並びに遣外使節団特命全権大使岩倉具視に、国事多難のため勅令をもって、副使大久保利通・木戸孝允の呼び返しを求める。	4607
	【2月21日】	■「五榜の掲示」のうち第三札が撤廃される。全国のキリスト教禁止の高札を撤廃。慶長19年(1614)以来の切支丹(キリシタン)の長い弾圧と追害が終わる。	4629
	【3月12日】	■「琉球漂流民殺害事件」。台湾問題に就いて清国と談判のため、10日、東京を出た特命全権大使副島種臣が軍艦「龍驤」に搭乗し横浜を出港。軍艦による海外派遣の最初となる。	4650
	【3月25日】	■「新旧公債発行条例」制定。地券藩債・藩札の整理方針であった。	4660
	【4月8日】	■「小野組転籍事件」はじまる。京都の豪商「小野組」が京都府庁へ転籍願いを提出。	4668
	【5月1日】	■「ウィーン万国博覧会開幕～11月2日」。日本、オーストリアのウィーン万国博覧会に初めて参加。	4681
	【5月2日】	■天皇、「太政官職制章程ノ勅旨」。「太政官職制並正院事務章程」。起草者は新任参議・江藤新平。	4683
	【5月10日】	■大元帥・元帥の階級が廃止されたため、西郷隆盛は、初の陸軍大将兼参議に任じられる。近衛都督、故の如し。	4694
	【5月26日】	■岩倉使節団の副使大久保利通、欧州より帰朝する。	4702
	【6月4日】	■各府県へ御真影下賜。	4712
	【7月23日】	■岩倉使節団の全権副使木戸孝允、欧州より帰朝する。	4762
	【7月28日】	■天皇、「地租令頒布ノ詔」。 ■「地租改正法」と「地租改正条例」公布。地租改正施行規則、地方官心得書を頒布。	4765
	【8月1日】	■第一国立銀行開業。	4771
	【8月17日】	■この日、政府部内(三条・西郷・板垣・大隈・後藤・江藤)で征韓論による西郷隆盛の朝鮮使節派遣の合意が行われる。板垣退助・副島種臣らが対朝鮮政策の西郷案に同意した。	4787
	【8月19日】	■三条実美、西郷隆盛の朝鮮使節派遣を上奏し、なお岩倉具視全権大使の帰朝を待って確定すべきを命ぜられる。	4790
	【9月1日】	■日本最初の近代的啓蒙学術団体「明六社」、創立。	4797
	【9月13日】	■「岩倉使節団、帰国」。特命全権大使岩倉具視らの一行、1年10ヶ月ぶりに欧州より帰朝する。	4805
	【10月12日】	■大久保利通、ついに再び参議就任、大蔵卿は辞任。翌日、外務卿副島種臣も参議就任、外務事務総裁となる。	4834

西暦和暦	【新暦】	出来事	No.
1873（明治6）	【10月14日】	■「明治六年十月の政変」はじまる。 延ばされていた閣議が開かれる。右大臣岩倉具視、訪ねて来た参議西郷隆盛に閣議欠席を要求、西郷これを拒否。二人は、閣議に同行。三条、岩倉、西郷、板垣、大隈、後藤、江藤、大木、大久保、副島の10人、木戸は病気欠席、伊藤博文は大内史(官房長官)兼任として列席。 ■大久保利通は朝議に於いて、今日、内外の状勢、征韓の時機にあらざるを論ず。西郷隆盛は、堅く前議を執して遣韓大使を即決せられんことを主張する。	4836
	【10月23日】	■「明治六年十月の政変」。西郷隆盛、勅裁を待たず参議・近衛都督・陸軍大臣辞表を提出、東京郊外に身を隠す。この時点では未だ西郷派遣の天皇裁可は出ていない。辞表は岩倉の違法行為への抗議辞任。	4845
	【10月24日】	■「明治六年十月の政変」。明治天皇は、岩倉具視の上奏を入れ、勅許で征韓論を退け、朝鮮遣使(西郷隆盛の派遣)を無期延期とする。	4846
	【10月25日】	■「明治六年十月の政変」。新内閣成立し、閣僚の補充にあたり、内閣議官が各参議、各省の卿を兼ねるに至る。 ■「小野組転籍事件」。太政大臣代理岩倉具視、京都府参事槙村正直の拘留を解く「特命」布達(超法規措置)。	4848
	【10月28日】	■「明治六年十月の政変」。「征韓論」で敗れた西郷隆盛、品川より乗船し鹿児島に向かう。この政変が、士族反乱や自由民権運動の発端ともなる。	4851
	【11月10日】	■「内務省ヲ置ク」。 内治優先を建前に際立した新政府、新たに内務省設置を布告。	4857
	【12月27日】	■政府、華士族に家禄税を賦課し、翌日、奏任以上に官禄税を課す。	4886
	【12月31日】	■「小野組転籍事件」終結に向かう。臨時裁判所北畠治房、長谷知事へ対して懲役100日もしくは贖罪金40円、槙村大参事に対しては懲役100日もしくは贖罪金30円、他4名にも贖罪金という命令を下す。	4892
1874（明治7）	【1月10日】	■「内務省職制及事務章程」制定。内務卿大久保利通、内務省の事務を開始する。勧業、警保、戸籍、駅逓、土木、地理の六寮および測量の一局を置く。	4899
	【1月12日】	■板垣退助(高知)・後藤象二郎(高知)ら、日本で最初の政党、「愛国公党」を結成。	4900
	【1月13日】	■前参議江藤新平(佐賀)、再度の帰県申請の回答を待たずに東京を出発。佐賀に戻るため横浜港を出る。	4901
	【1月14日】	■「喰違の変」。右大臣岩倉具視、赤坂喰違坂で征韓派・高知藩士族武市熊吉(正幹)ら9人に襲撃され負傷。	4902
	【1月15日】	■岩倉具視遭難で首都警保のため警察・消防を所管する「東京警視庁」を内務省に置く。	4905
	【1月17日】	■「愛国公党」の高知県貫属士族板垣退助8名、民選議院設立建白書を左院に提出する。	4907
	【1月24日】	■司法省警保助兼大警視・川路利良(鹿児島)を長官「大警視」とする。	4916
	【2月1日】	■「佐賀の乱－2月1日～3月1日」、起こる。	4924

西暦 和暦	【新暦】	出来事	No.
	【2月6日】	■「琉球漂流民殺害事件」。三条実美、岩倉具視は、参議を集めて「台湾征討」を決め、天皇に裁可を仰ぐ。参議兼文部卿木戸孝允は、病気と称して欠席。	4929
	【3月1日】	■「佐賀の乱―2月1日〜3月1日」、戦闘終結。	4971
	【3月28日】	■政府は、ロンドンで外債を募り、その資金で秩禄公債の詳細を定めた「家禄引換公債証書発行条例」を布告。	4989
	【4月2日】	■「台湾征討、はじまる」。台湾征討、閣議決定。文部卿兼内務卿木戸孝允、閣議決定書への参議としての承認押印拒否。	4995
	【4月10日】	■板垣退助ら、高知で民選議院設立運動の為に日本初の政治結社「立志社」を創立。	5004
	【4月13日】	■「佐賀の乱」佐賀城内臨時裁判所で、江藤新平・島義勇ら13人の首謀者は刑を宣告され、即日、処刑、江藤・島は梟首。	5007
	【5月2日】	■「台湾征討」。大久保利通西下を知った西郷従道の指示で谷干城・赤松則良ら、長崎から台湾に向けて出航。	5026
	【5月12日】	■地租改正条例(太政官布告第52号)第8章(耕地の地租は、改正後5年間は時価の高低にかかわらず新定価額によって徴収する)追加。	5037
	【5月19日】	■「台湾征討」。 明治政府、国民に対して琉球藩・小田県の人民に危害を加えた台湾先住民を懲罰する旨の布達が行う。これが近代日本初の外征「征台の役」である。	5043
	【6月6日】	■「台湾征討」。西郷従道、参軍谷干城と陸軍少佐樺山資紀を東京派遣し、終了を報告。併せて台湾の植民地化を東京に向け建言した。	5055
	【6月23日】	■「北海道屯田兵制度」制定。	5061
	【6月24日】	■「台湾征討」。北京の清国皇帝、「日本が撤兵に応じない場合はこれを討伐せよ」との勅命をくだす。	5063
	【6月―】	■この頃、薩摩旧厩跡に「私学校」が設立される。政変後の近衛兵・巡査などの大量辞職、帰郷からすでに半年以上、貧乏生活で農作業や釣りなどに日々を過ごすしかない士族達の鬱屈は募るばかりで、西郷らは県令大山に相談し賛成を受けた。 彼らに教育を授け、組織的に統制して暴発を防ぐために作られたという。	5065
	【8月1日】	■「台湾征討」。 内務卿大久保利通、全権弁理大臣として清国へ差し遣いを命じられる。	5082
	【8月6日】	■「台湾征討」。 日本は、台湾出兵の際に、清国や清国内に権益を持つ列強に対しての通達・根回しを行わなかった。大久保利通、全権弁理大臣として出発。	5088
	【10月27日】	■「台湾征討」。日清双方が調停案受諾。全権弁理大臣大久保利通が巻き込んだ駐清英国公使ウェードの調停により、清国政府、遂に要求に応じ、償金を約し、和議、成立する。	5125
	【10月31日】	■「台湾征討―日清両国互換条款および互換憑単」が北京で調印。	5128
	【11月16日】	■「台湾征討」終わる。大久保利通、厦門より台湾打狗に至り、西郷従道(西郷隆盛の弟)総督と会して撤兵の協議を遂げ、戦趾を巡視。	5142

15

西暦 和暦	【新暦】	出来事	No.
1875 （明治8）	【2月11日】	■「大阪会議」。政府と民権派が妥協。大久保利通・木戸孝允らが大阪新堀築地の料亭「加賀伊」に集い、今後の政府の方針（立憲政治の樹立）及び参議就任、府県会等の案件について協議。この会談で、木戸・板垣の政府への復帰及び民選議院設立要求の運動に対し漸進的改革を目指し、立憲君主主義の議院制採用の方向で合意した。	5203
	【2月22日】	■大阪会議に参加した板垣退助、大阪で旧愛国公党の同志に再結集を呼びかけ、自由党の基礎となる「愛国社」を創設。	5206
	【3月24日】	■地租改正事務局（内務・大蔵の管轄）をこの日設置。 〜明治14年（1881）6月30日。	5220
	【4月14日】	■「漸次立憲政体樹立の詔書」（御誓文ノ趣旨ニ基ク立憲政體樹立ニ關スル詔書）。左右両院を廃し、立法機関「元老院」、司法機関「大審院」を置き、「地方官会議」を興し漸次に立憲政体を立てるとの詔書。	5230
	【4月26日】	■西郷隆盛、吉野開墾社を創立。	5235
	【5月3日】	■「神仏各宗合併布教差止め」。「大教院、解散、閉鎖」。 各宗は三条の教則を守りつつ独自に布教が許されることとなる。	5243
	【5月7日】	■日露が「樺太・久里留交換条約（いわゆる樺太・千島交換条約）」に調印。	5245
	【6月14日】	■「マリア・ルス号事件」。初めて国際裁判に勝利。	5259
	【6月20日】	■府知事、県令をメンバーとする、「第一回地方官会議」開会式が、明治天皇臨幸のもと、東京浅草区東本願寺書院に於て挙げられる。〜7月17日。	5261
	【6月28日】	■「讒謗律布告」。政府は本格的に言論圧迫。 ■「新聞紙条目ヲ廃シ新聞紙条例ヲ定ム」布告。	5264
	【7月5日】	■天皇、「元老院開院ノ詔」。 天皇臨幸のもと、元老院開院式。第一回元老院会議開会。	5270
	【9月7日】	■政府、華士族の家禄・賞典禄米給を「金禄」に改正する。	5287
	【9月20日】	■「江華島事件」起こる。	5288
	【11月27日】	■「信教の自由保障の口達」（教部省口達書）。	5313
	【11月―】	■鹿児島県令大山綱良、西郷隆盛に依頼して区長や副区長を推薦して貰う。翌年4月にも。	5316
1876 （明治9）	【2月26日】	■「江華島事件」。「日本国朝鮮国修好条規」（江華条約）に調印。	5345
	【3月28日】	■「大阪会議体制崩壊」。 木戸孝允、病気によるとして参議罷免、内閣顧問を拝命。	5359
	【4月18日】	■いわゆる「第二次府県統合」1回目。この日と8月21日の二度にわたって再び全国的な府県統合が行われて、府県は38にまで整理された。	5368
	【7月5日】	■国家安寧妨害の新聞雑誌の発行禁止、停止処分を布告。出版統制の最初。	5395
	【8月1日】	■「国立銀行条例改正」。 国立銀行条例を改めて条件を緩和し、各地に国立銀行の設立を促す。	5404
	【8月5日】	■「金禄公債証書発行条例」公布。これを「秩禄処分」という。	5408

西暦 和暦	【新暦】	出来事	No.
	【8月21日】	■いわゆる「第二次府県統合」2回目が実施される。3府35県に統合。	5411
	【8月―】	■私学校の暴発を未然に防ぐべく、大蔵少輔兼租税頭松方正義（鹿児島）に請われた大蔵省長崎税長の高橋新吉（村田新八の従弟）が、鹿児島に夏季休暇で帰省する。	5417
	【9月6日】	■「憲法起草ノ詔」。明治天皇、元老院議長有栖川宮熾仁親王に勅して、憲法草案起草を命じる。元老院議官4名（柳原前光、福羽美静、中島信行、細川潤次郎）、委員に命じられる。	5419
	【10月24日】	■「熊本神風連の乱（敬神党の乱）」起こる。	5438
	【10月27日】	■福岡県で「秋月の乱～11月3日」起こる。	5441
	【10月28日】	■熊本の神風連と呼応し、「萩の乱」が起こる。	5442
	【11月―】	■上京した鹿児島県令大山綱良、内務卿大久保利通に迫り、「金禄公債」の鹿児島県士族優遇策を勝ち取る。	5464
	【12月3日】	■前原党兵の刑が、萩臨時裁判所で言い渡され、前原一誠（元参議）ら斬刑7名は、即日執行される。前原と島義勇は、梟首される。	5467
	【12月18日】	■「伊勢暴動」はじまる。 それが、愛知県・岐阜県・堺県まで拡大した「地租改正反対一揆」となる。	5473
	【12月26日】	■内務卿大久保利通、地租軽減の議を建白する。	5477
	【12月27日】	■大警視川路利良らが、薩摩出身の鹿児島県伊集院郷士族少警部中原尚雄、士族市来郷権少警部高崎親章ら21名（人数には異説あり）の警部・巡査・書生を、父母の病気見舞い、賜暇帰省の名目のもと鹿児島に派遣する。 この日から29日にかけて出発する。	5480
1877 （明治10）	【1月4日】	■「減租ノ勅語」（地租減少ノ詔）。天皇、地租軽減の詔勅を発す。 □「地租改正」。明治政府、地租改正反対一揆に対処、地租を地価の百分の三から百分の二分五厘にする。	5490
	【1月18日】	■『太政官日誌』の頒布を中止。	5500
	【1月27日】	■東京警視本署を設置。全国警察の統一で東京警視庁が解体。	5506
	【1月28日】	■私学校本校、各郷私学校に、出陣の用意と早々の出発の旨を通達。	5507
	【1月29日】	■「西南戦争勃発」。 夜、鹿児島の私学校生徒ら約50人、鹿児島にあった政府の陸軍草牟田火薬庫を襲い、兵器、弾薬を奪取、草牟田私学校分校に搬送する。	5509
	【2月2日】	■鹿児島県令大山綱良は、内務卿大久保利通に、31日の襲撃事件のみ、犯人不明として届出書を書く。	5520
	【2月4日】	■西郷隆盛、夜、私学校に入る。	5525
	【2月5日】	■大阪・京都間全通して「官設東海道線京都―大阪―神戸間の鉄道全通」。	5529
	【2月6日】	■私学校本校で大評議が開かれ政府問罪のため大軍を率いて上京することを決する。	5531
	【2月15日】	■「西南戦争、始まる」。西郷隆盛が挙兵。	5556

西暦 和暦	【新暦】	出来事	No.
1877 (明治10)	【2月19日】	■京都を行在所とする旨布告。 ■天皇、西京行在所ニ於テ、「征討總督二品親王有栖川宮熾仁同参軍山県有朋川村純義ヘノ勅語」。	5575
	【2月22日】	■「熊本城包囲」。西郷軍、早朝から熊本城を包囲して総攻撃。	5586
	【2月24日】	■政府は、「西京行在所第弐号・鹿児島県暴徒征討ノ広告(西郷軍を暴徒として討つ公布)」を発する。	5596
	【2月28日】	■政府、内閣行署を大阪に置き、内務卿大久保利通、司法卿大木喬任・工部卿兼法制局長官伊藤博文らと共に出張して征討の機務に当たる。	5613
	【3月8日】	■7日長崎を発した勅使柳原前光、海路鹿児島に着し、玄武、黄竜は、磯の島津忠義邸前に投錨。筑波、龍驤、清暉、金川、玄海の艦船が続く。	5639
	【3月9日】	■勅使柳原前光、1等警部・右松祐永を黄竜に呼び、造船所・弾薬製作所の処分、鹿児島県逆徒征討令布告、西郷・桐野・篠原の官位褫奪、外国人引揚げ、県下帯刀禁止等を伝える。 ■激しい拷問を受けた警視庁二等少警部中原尚雄(元薩摩藩伊集院郷士)ら20名、他に反私学校の川上親晴ら15名が、海路にて鹿児島に入った勅使柳原前光の護衛隊に救出される。	5643
	【3月11日】	■島津忠義、同珍彦、勅使宿舎に参謁、勅答書を提出する。	5654
	【3月20日】	■「田原坂の戦い—3月4日〜20日」終結。 西郷軍、政府軍総攻撃の「田原坂の戦い」で敗北。	5675
	【3月27日】	■「福岡の変」発生。福岡藩士族500名弱が、西南戦争を起こした鹿児島士族に呼応し決起、翌日未明には西新町の紅葉八幡宮に集合、襲撃に出発した。	5692
	【4月9日】	■黒田清隆中将参軍より屯田兵出征の内命がある。	5728
	【4月12日】	■「東京大学創立」。 専門学校の東京開成学校と東京医学校が合併して東京大学(東京帝国大学の前身)となり、日本で初めての近代的な大学が設立される。	5737
	【4月16日】	■正面軍征討参軍山県有朋中将、熊本城入城。 大山巌、野津鎮雄、三好重臣各少将らも入城する。	5750
	【4月18日】	■西郷軍との戦いの大勢定まり、この日、内務卿大久保利通は、大阪から京都に帰る。	5755
	【4月23日】	■島津久光の子、珍彦・忠欽、上京し、先の日の勅旨に奉答する。	5768
	【4月27日】	■政府軍支軍、鹿児島に無血上陸。 征討支軍総管・川村純義参軍、鹿児島に入る。	5772
	【5月1日】	■「博愛社」を創設(日本赤十字社の源)。	5780
	【5月1日】	■島津久光・忠義父子らは、島津家付従の500余名と馳せ付けた1,500名ほどの島津派壮士に守られて、桜島の横山村に避難する。3日ともいう。	5782
	【5月10日】	■この頃から西郷軍奇兵隊数中隊が、鹿児島県宮崎支庁に進入。	5803
	【5月13日】	■「西郷軍、竹田占領」。	5810
	【5月24日】	■別働第1旅団、武村を攻撃するも敗退。	5842

西暦 和暦	【新暦】	出来事	No.
	【5月26日】	■前日、天皇より旭日大綬章を賜った、内閣顧問木戸孝允、京都で病没。享年45。	5849
	【5月28日】	■「西郷軍、宮崎に本営を移す」。	5853
	【6月4日】	■「西南戦争―人吉攻防戦(1日～3日)―政府軍、人吉制圧」。西郷軍は、大畑、飯野へ退却。	5875
	【6月9日】	■立志社の片岡健吉(高知、のち5代同志社社長)ら、地租の軽減や徴兵制度の廃止などを求めると共に、民選議院の設立及び立憲政体の確立を提案した「立志社建白」を作成、京都行在所に提出。	5883
	【6月13日】	■「立志社の獄」がはじまる。西南戦争が勃発、「遂に西郷起つ!」の情報に国中が色めき立った。反政府の急先鋒だった高知立志社員、不軌を謀る。	5892
	【6月24日】	■「鹿児島、陥落」。政府軍が鹿児島に火をつけ、西郷家武屋敷も焼失。	5906
	【7月24日】	■「都城の戦い―都城、陥落」。	5956
	【7月30日】	■29日京都を発った明治天皇・皇后、東京に還幸。	5964
	【8月1日】	■「宮崎方面の戦い―政府軍、宮崎を占領」。	5968
	【8月2日】	■「西郷軍、延岡に本営を置く」。	5971
	【8月8日】	■「立志社の獄」。高知県士族・林有造、土佐で政府転覆を企て挙兵しようとして、武器購入を計画して逮捕される。	5978
	【8月10日】	■前鹿児島県令大山綱良、九州臨時裁判所において斬刑を言い渡される。	5981
	【8月14日】	■「延岡方面の戦い―政府軍、延岡を占領」。	5986
	【8月16日】	■西郷隆盛は、直筆解軍の令を出す。	5990
	【8月18日】	■西郷隆盛に従い、西郷軍は可愛岳を突囲。	5995
	【8月20日】	■内務卿大久保利通、フランスパリ博覧会事務局総裁を命ぜられ、松方正義、副総裁事務取扱となる。	6000
	【8月21日】	■「第一回内国勧業博覧会」。日本で初めての内国勧業博覧会、東京上野公園で開会式、天皇、臨幸勅語を賜う。	6002
	【8月29日】	■経費節減のためという名目で、宮内省改革(職制、事務章程の改定)が行われる。	6013
	【9月1日】	■「西郷軍、城山を占領」。	6017
	【9月8日】	■参軍山県有朋、第4旅団の二大隊と共に鹿児島に入る。	6033
	【9月24日】	■「西南戦争終結」。西郷隆盛、城山で自刃。	6048

西暦1868

慶応3	12月10日 【1月4日】	■新政府議定の松平春嶽(1828～1890)・徳川慶勝(1824～1883)、二条城の徳川慶喜(1837～1913)に、「**将軍辞職の勅許及び辞官・納地**」の内命を伝える。	260
	12月11日 【1月5日】	■新政府に恭順の意思を示すために、**徳川慶喜、松平容保(1836～1893)・松平定敬(1847～1908)・板倉勝静(1823～1889)を従え、二条城西門を出て大坂城に向かう**。京都守護職と京都所司代が廃止したため激昂する会津藩兵と桑名藩兵を引率。旧幕府側は京都の外に主力を置き、京都は新政府側の本拠地となる。 ■薩摩藩士の村田新八(1836～1877)・山野田一輔(1844～1877)、堀新次郎(1844～1877)ら、二条城近くで新選組と衝突。山野田が1名を斬り、村田らは微傷を負ったが、これを退けたという。	260
	12月12日 【1月6日】	■朝廷、水戸藩家老・二条城留守居役大場一真斎(1803～1871)らに二条城の留守を命じ、かつ若年寄格永井尚志(1816～1891)をして留り物情を鎮定させる。	260
		■肥後熊本藩・佐賀藩・福岡藩・阿波藩ら在京10藩、意見書を提出し薩摩藩を批判。他藩からの批判を受け、参与岩倉具視ら公卿衆は軟化し薩摩藩は孤立。	260
		■新政府参与職が決まる。 □薩摩藩士では、西郷吉之助(隆盛)(1828～1877)、大久保利通(1830～1878)、岩下左次衛門(方平)(1827～1900)、吉井幸輔(友実)(1828～1891)らが、下の参与職となる。廷臣出身者は上の参与である。 □12月9日、三職設置が決まり、12月12日、三職に任命されたのは総裁有栖川宮熾仁親王。「**議定**」は10名で、皇族が仁和寺宮嘉彰親王(のちの小松宮彰仁親王)、山階宮晃親王の2名、公卿が中山忠能、正親町三条実愛、中御門経之の3名、諸侯では政権に参加した徳川慶勝(尾張藩)、松平春嶽(越前藩)、山内容堂(土佐藩)の各前藩主と薩摩藩主島津茂久(忠義)、芸州藩主世子浅野茂勲(のちの長勲)。実務職の「**参与**」は、公卿5名で岩倉具視、大原重徳、万里小路博房、長谷信篤、橋本実梁、五大雄藩から15名、薩摩藩士3人(西郷隆盛、大久保利通、岩下方平)、尾張藩士3人(丹羽淳太郎(丹羽賢)、田中国之輔(不二麿)、荒川甚作(尾崎良知))、越前藩士3人(中根雪江、酒井十之丞、毛受鹿之助(毛受洪))、芸州藩士3人(辻将曹、桜井与四郎、久保田平司)、土佐藩士3人(後藤象二郎、神山左多衛(郡廉)、福岡籐次(孝弟))の合計20名とされる。 □実は、13日には正親町正董と烏丸光徳、14日に戸田忠至(下野高徳藩の初代藩主)と溝口貞直(熊本藩)と津田信弘(熊本藩)の参与追加されたが、戸田は即日辞退。15日にも大原重徳が参与を辞退。16日に田宮篤輝(如雲)(尾張藩)が市中取締りの参与、18日に三岡公正(越前藩)・19日に十時維恵(柳川藩)が参与となる。20日には参与長谷信篤が議定となり、西園寺公望に参与、五条為栄、柳原前光、西四辻公業が参与助役に任命される。さらに21日にも長谷信成が参与助役、22日に荒川甚作(尾崎良知)(尾張藩)を参与、23日に林左門(尾張藩)を参与に加えたという。	260
	12月13日 【1月7日】	■参与岩倉具視(1825～1883)、戸田忠至(下野高徳藩初代藩主)(1809～1883)に、徳川慶喜と借金交渉をさせる。 □未だ、新政府には財政的基盤も無かった。 ■藩内討幕派の判断で薩長軍と同調することに決した乾(板垣)退助(1837～1919)の率いる土佐藩迅衝隊600人が入京。	

20

明治150年その歩みを知る、つなぐ（前編） 西郷どん、大久保卿、薩摩藩年表帖（中巻）

西暦 **1868**

■薩摩藩江戸藩邸から荻野山中陣屋（神奈川県厚木市下荻野）襲撃隊が出発する。 2606
関東の擾乱を狙った薩摩藩の命を受けた隊長鯉淵四郎（本名坂田三四郎、長州藩
士海野次郎と変名）らは、甲府城の勤番のために留守であった山中陣屋襲撃を
ねらった。
□14日夜、相模国鶴間村（大和市）で寺院等放火。15日四ツ（午後10時）発砲しなが
ら陣屋襲撃、長屋等に放火。16日六ツ半（午前7時）公所から棚沢を経て下川入へ
向かう。佐野家で軍用金を調達。略奪した物資を、下荻野村・中荻野村・妻田村・
及川村・三田村・飯山村の困窮人に分配。信玄道（津久井へ向う道）を北上し、
中津村（現愛川町）へ向かう。熊坂半兵衛家、梅沢董一（新選組土方歳三の従弟）家
で御用金を調達。七ツ（午後4時）三増峠を越え、津久井根小屋（相模原市緑区津久井町）
へ入る。17日久保沢（同区城山町）から片倉（八王子市）を抜け、八王子へ向かう（八王
子道）。甲州街道を通り深夜、内藤新宿（東京都新宿区）到着。さらに暁には三田の
薩摩藩邸へ着く。
□12月1日に決まった関東周辺の撹乱作戦は、浪士隊を甲斐国（山梨県）に、一隊を
下野国（栃木県）に、一隊を相模国（神奈川県）に派遣し、四辺を擾乱すること。
もし幕府歩兵を派遣するに及べば、その虚に乗じて江戸城を葬らんとの計略で
あった。下野国の一隊は、12月11日頃失敗に終わっている。

12月14日 【1月8日】	■薩摩藩士の西郷信吾（従道）（1843〜1902）、大山弥助（巌）（1842〜1916）ら、軍艦 2607 「春日丸」にて、三条実美（1837〜1891）ら五卿を迎えるため太宰府に到着する。
	■徳川慶喜、大坂城で仏国公使ロッシュ（1809〜1901）、英国公使パークス（1828〜 2608 1885）と会見、下坂の理由を伝える。のち、パークスは、薩摩藩留守居役木場伝 内（1817〜1891）と会う。
	■新政府、「王政復古」を諸藩に布告。 2609 ■新政府布達「市中取締並見廻ヲ置キ訴訟等ハ取締ニ進致セシム」。
12月15日 【1月9日】	■薩摩藩江戸藩邸から甲府城攻略組（12人）が出発する。 2610 攻略組隊長は、上田修理（のちに務）（本名長尾具太郎、武州出身47才）。 □一隊は甲州へ向けて進み、八王子宿の旅籠「壺伊勢屋」にて日野宿名主・佐藤彦 五郎（1827〜1902）らの討ち入りに遭い撃退されたという。
12月16日 【1月10日】	■徳川慶喜、英・仏・米・蘭・伊・孛（プロイセン王国）六ヶ国公使を引見、政体改革 2611 の事を告げる。
	■新政府布達「田宮篤輝（如雲）ヲ参与ニ任シ市中取締掛ヲ命シ、角田久次郎以下 2612 六人ヲ以テ其助役トヲス」（仰付）。 □田宮篤輝（1808〜1871）は、尾張藩側用人、家老。 ■新政府（京都市中取締所）、旧町奉行所所蔵の米金を市民に給し、天明以後の 貸付金を免除する。
12月17日 【1月11日】	■参与大久保利通（1830〜1878）、王政復古外国宣言布告案を提出。 2613
12月18日 【1月12日】	■新政府布達「公卿諸侯ノ家臣ヲシテ町人等ノ内訴嘆願ニ関セサラシム」。 2614 ■新政府、徳川慶勝と松平春嶽に、会津・桑名の帰国尽力を要請。
	■朝廷、桂小五郎（木戸準一郎、木戸孝允）（1833〜1877）に上洛の命令を出す。 2615 ■勝義邦（海舟）（1823〜1899）、老中に、非戦を主張する意見書を提出。 ■新政府、加州（加賀藩）・土州（土佐藩）・薩州（薩摩藩）・仲川（岡藩）4藩に洛中洛 外巡邏申付ける。

21

西暦1868

慶応3	12月18日【1月12日】	■旧幕府、三河刈谷藩主土井利教の竹橋門、三河西端藩主本多忠鵬の半蔵門口、備中浅尾藩主蒔田広孝の清水門口、上総国一宮藩主加納久宜の上野山内の各警守を免じ、下総結城藩主水野勝知に半蔵門口警守を命じ、溜池附近非常出兵及び藩邸旁近の巡邏を止め、常陸国下妻藩主井上正巳に清水門口の警守を命ず。	261
	12月19日【1月13日】	■三条実美ら五卿、帰京のため太宰府を発つ	261
		■徳川慶喜、「王政復古の大号令廃止」を求める。岩倉具視は拒否。 ■新政府(京都市中取締所)、町人の公事訴訟の官家武家への内訴を禁止。	261
	12月20日【1月14日】	■長谷信篤、議定に就任。	261
	12月21日【1月15日】	■五卿、太宰府より博多に至り、薩摩藩船「春日丸」に乗り、出港。	262
		■長州藩、薩摩、土佐、芸州の三藩の兵と共に伏見の守衛を命ぜられる。 ■巡邏中の薩摩軍城小隊6名、御香宮付近で新選組らしき一隊と接触、銃撃される(26日、逃げ帰ったと非難された6名、割腹自決)。 □「都城六勇士殉難記命碑」は、京都市南区唐橋井園町(狐塚墓地内)。 ■永井飛騨守直諒(摂津高槻藩第13代藩主)(1850～1919)、京都市中取締所より、京都火消役を命ぜられる。参与市中取締掛・田宮如雲(尾張藩側用人)(1808～1871)、伏見市中取締兼勤を命ぜられる。	262
	12月22日【1月16日】	■薩摩の者、江戸市中取締の任にあたる出羽国庄内藩11代藩主・酒井忠篤(1853～1915)の江戸屯所(千代田区飯田橋1丁目)を襲撃。	262
	12月23日【1月17日】	**■朝廷(総裁、議定、参与)、24日にかけて小御所で慶喜辞官納地につき討議する。**	262
		■薩摩の者が、江戸城二の丸に放火、天璋院(篤姫)を奪おうとするという風評がある中、二の丸全焼。 **■老中小笠原長行(1822～1891)、米国代理公使ポートマンの願により、江戸・横浜間の鉄道敷設免許を与える。** □明治2年(1869)、新政府はこの契約を認めず。明治3年1月6日、新政府側から「幕府による承認日が京都での新政府樹立後(1868年1月3日に王政復古の大号令布告)であるため無効」として拒絶される。	262
	12月24日【1月18日】	■薩摩艦、長州兵輸送のため三田尻(山口県防府市)入港。	262
		■新政府議定徳川慶勝と松平春嶽、徳川慶喜の救済に成功。新政府参与岩倉具視もこれに協力。 □徳川家救済案は、1・辞官は朝廷の沙汰に従い、納地は諸侯の領地返納と同時。2・徳川慶喜は前内大臣として議定職を内定。	262
	12月25日【1月19日】	■新政府、足利三代木造梟首事件犯人放免(小室和喜蔵(信夫)ら13人)。田宮如雲発議により新政の方針を三条大橋に掲示する。	262

明治150年その歩みを知る、つなぐ（前編）　西郷どん、大久保卿、薩摩藩年表帖（中巻）

西暦**1868**

	■**江戸三田の薩摩藩邸（上屋敷）、隣接の佐土原藩（薩摩支藩）邸、旧幕府に焼き討ちされる。**屋敷より金メッキされた贋造の二分金が巨万見つかる。 □討幕の主張が覆つつある西郷吉之助（隆盛）（1828～1877）は、幕府側を挑発するため、江戸薩摩藩邸の益満休之助（1841～1868）・伊牟田尚平（1832～1869）に命じ、相楽総三（小島四郎）（1839～1868）ら浪士を集めて江戸市中に放火・掠奪・暴行などを行わせる攪乱工作をはじめさせていた。江戸市中警備の任にあった出羽国庄内藩がこれに怒り、羽前国上山藩・伊予国松山藩ら佐幕派諸藩と仏国人士官の指導を得て反撃し、撃破。益満休之助、捕らえられる。伊牟田ら30名は、刀を振りかざしながら松明を持ち、追っ手を阻止しようとして放火しながら品川宿へ向かった。南品川宿に放火した後浪士たちは鮫洲で漁師の船を奪い、薩摩藩船「翔鳳丸」乗り、大坂へ逃れる。この結果はすぐに幕府主戦派によって大坂に報ぜられ、鳥羽・伏見開戦のきっかけとなる。 ■早朝、江戸薩摩藩邸に庄内藩家老・石原倉右衛門（1827～1868）指揮の下、庄内藩500名、上山藩300名、鯖江藩100名、岩槻藩50名にて薩摩藩邸を包囲し、賊徒引き渡し交渉決裂により、幕府軍事顧問仏国ブリューネル砲兵大尉の指揮によって砲撃し、討ち入る。この結末は、幕府軍側11名、薩摩藩邸側64名の死者を出し、逮捕者112名を数える大事件となった。
12月26日 【1月20日】	■**小御所・三職会議、徳川慶喜の「辞官納地」を正式決定。** ■議定松平春嶽ら、大坂城に至り、辞官納地につき勅諚を伝宣。
12月27日 【1月21日】	■**23日夜半、三田尻を出港した三条実美ら五卿、4年ぶりに帰京、薩摩藩浄福寺隊に守られて参内。三条実美（1837～1891）、議定に任じられる。** ■明治天皇（1852～1912）、最初の御閲兵。御所建春門前で土佐・長州・薩摩藩の1,500名が参列。 ■「今度御一新ニ付金穀出納所ヲ置候即今仮ニ学習院ヲ被用候事」（参与役所達）。「金穀出納所を設置」。 □財政機関の設立である。新政府は、朝廷に政府運営のための資金調達の機関として金穀出納所を設置し、学習院を仮庁舎とする。これは会計事務局、会計官にかわり、三転して大蔵省設置に至る。 ■**参与岩倉具視（1825～1883）、議定へと昇進。**
12月28日 【1月22日】	■大坂城の徳川慶喜に、江戸薩摩藩邸焼討の報入る ■会津藩・桑名藩らの佐幕派、旗本諸隊、憤怒して徳川慶喜に迫り挙兵を主張。 □岩倉具視・西郷吉之助（隆盛）ら反幕府派たちに、討幕の口実を与えてしまったのだ。主戦派主張に乗らざるをえなかった慶喜は、率兵入京を決意。
	■熊本藩主名代・細川喜廷（護久）（1839～1893）、新政府から呼び出しを受け、熊本から京都へ向かうが、その途中の大坂で、前将軍慶喜から「自分のいる大坂城へ来るように」と命を受ける。しかし護久は「朝廷からの呼び出しを受けている」という理由で、大坂入城を拒んだ。 □細川喜廷は、京都に着くと鳥羽・伏見の戦いがはじまっており、砲火を掻い潜って旅装のまま御所へ参内しこれを護衛したという。

西暦**1868**

慶応3	12月28日 【1月22日】	■新政府、「皇学所規則」を制定。 ■遅れて上洛の前伊予宇和島藩主伊達宗城(1818〜1892)、議定に追加就任。参与公卿・長谷信篤(1818〜1902)、議定へと昇進。 ■土佐藩士谷干城(守部)(1837〜1911)、参与西郷吉之助(隆盛)と相国寺で会見。	263
		■旧幕府海軍奉行並・小栗忠順(1827〜1868)、陸軍奉行並を兼帯。	263
	12月29日 【1月23日】	■江戸から逃亡の浪士隊を乗せた薩摩藩船「翔鳳丸」、紀州尾鷲に着いたところで、落合直亮(1827〜1894)と伊牟田尚平(1832〜1869)、坂田三四郎(鯉淵四郎)は下船し、伊勢・大和の陸路で京を目指す。	263
		■議定岩倉具視(1825〜1883)、参与西郷吉之助(隆盛)(1828〜1877)、参与大久保利通(1830〜1878)、井上聞多(馨)(1836〜1915)ら、議定三条実美(1837〜1891)の邸にて施政を議す。	263
		■伊地知正治(1828〜1886)を参謀とする薩摩軍500名、東寺に本営を置く。 □薩摩藩の京都の総兵力は、小銃隊24小隊、2砲隊の約3,000人であった。内訳は、藩兵城下一番から十二番隊、一番砲隊、二番大砲隊、外城一番から四番隊、私領一番、二番隊であった。城下一番の隊長は鈴木武五郎(1845〜1868)、城下二番隊差引は村田新八(1836〜1877)と辺見十郎太(1849〜1877)(隊長内山伊右衛門綱次(1835?〜1868)が病気の為)、城下三番隊の隊長は篠原国幹(1837〜1877)、四番隊の隊長は川村純義(1836〜1904)、五番隊隊長が野津鎮雄(1835〜1880)、六番隊隊長が市来勘兵衛(1839〜1868)、七番隊隊長が新納軍八(?〜1877)、八番隊隊長が野元助八(?〜1868)、九番隊隊長が樺山資紀(1837〜1922)、十番隊隊長が山口鉄之助(金之進)(1831〜1868)、十二番隊長が伊集院与一(1832〜1868)、外城一番隊隊長が村田経芳(1838〜1921)、外城二番隊隊長が土持雄四郎、外城三番隊隊長が有馬誠之丞、外城四番隊隊長が中村源助、私領二番隊隊長が鮫島八十朗、兵具一番隊隊長が川路利良(1834〜1879)、大砲一番隊隊長が中原猶介(1832〜1868)、大砲二番隊差引が大山弥助(巌)(1842〜1916)、統括者は西郷吉之助(隆盛)であった。	
		■土方歳三(1835〜1869)、小幡三郎(?〜1868)を、新選組の陣所・元伏見奉行所から伏見薩摩藩邸に潜入させる。すぐに「鳥羽伏見の戦い」が勃発し、小幡三郎は脱出。	
	12月30日 【1月24日】	■**西郷吉之助(隆盛)ら、江戸薩摩屋敷焼打ちの報を受ける。** ■松平春嶽(慶永)(1828〜1890)、成瀬正肥(尾張国犬山藩主)(1836〜1903)ら、参内して徳川慶喜の復命書を上る。 ■京都の三井高善の長男・三井三郎助(高景)(1850〜1912)、千両を朝廷に献金。	263
慶応4 明治1	1月1日 【1月25日】	■**徳川慶喜(1837〜1913)、薩摩藩の罪状を列挙して、奸臣の引き渡しを要求。諸藩には討薩の出兵を、大目付には「討薩の表」を持って上京を命じる。** その前衛として幕軍15,000人、大坂城を出立。伝習隊、会津藩、新選組230人、桑名藩を先鋒として、姫路・高松・松山・大垣・鶴田(元浜田藩、美作国)・忍・長岡・笠間(常陸国)・鳥羽(志摩国)の諸藩兵が後陣である。	263
		■江戸薩摩屋敷焼打ちの報を受けた西郷吉之助(隆盛)、大久保利通と対策を謀議。	
	1月2日 【1月26日】	■「鳥羽・伏見の戦い」の前哨戦ともいうべき、「**兵庫沖・阿波沖の海戦(2日〜4日)**」が起きる。兵庫出港、藩地へ向かう薩摩藩船「平運丸」を、旧幕府軍艦「開陽」・「蟠竜」が和田岬沖で砲撃。「平運丸」は舳先を返して兵庫港に逃げ込む。	264

西暦**1868**

明治150年その歩みを知る、つなぐ（前編）　西郷どん、大久保卿、薩摩藩年表帖（中巻）

■老中格大河内正質（上総国大多喜藩主）(1844〜1901)を総督、若年寄並・塚原昌義(1825〜？)を副総督とする**幕府諸藩連合軍15,000人、大目付・滝川播磨守具挙(？〜1881)が徳川慶喜の無罪を訴え、薩摩藩を訴える「討薩の表」を掲げ、大坂城を出陣して京都へ進撃、淀に本営を置く。** 2641

■大久保利通、書を西郷隆盛に送り、断然、職を決し機先を制すべき旨を告ぐ。 2642
■**西郷吉之助（隆盛）**ら、大坂の幕府軍の動きを知り、鳥羽・伏見二道の警備を厳重にする。長州軍、土佐軍と共に伏見方面に出軍。薩摩軍は鳥羽街道と伏見の両方面に兵を置く。

□御香宮に陣した薩摩軍は、総差引（司令官）島津式部、参謀は吉井幸輔（友実）(1828〜1891)、中原猶介(1832〜1868)、隊長に川村純義(1836〜1904)、篠原冬一郎（国幹）(1837〜1877)、鈴木武五郎(1845〜1868)、辺見十郎太(1849〜1877)、小頭見習中村半次郎（桐野利秋）(1838〜1877)の薩摩の城下一番隊から四番隊、外城四番隊、一番砲隊の半隊、白砲隊らが、長州藩勢では林半七（友幸）(1823〜1907)の2中隊、土佐藩勢では谷干城（守部）(1837〜1911)の2小隊らが待機した。夜、遊撃三番隊は京都から伏見
に到着する。伏見では兵力が余ったため、兵力の足らない鳥羽方面にあて、これにより遊撃三番隊は高瀬川付近の戦闘が有利に展開した。同4日午前11時頃、鳥羽に向かうことになる。
□鈴木武五郎は、弘化2年生まれ。洋式軍学者として土佐藩中岡慎太郎の陸援隊に招かれ、支援の十津川郷士ら50名と共に洋式訓練を教えたという。戊辰戦争では薩摩城下小銃一番隊長となり、鳥羽・伏見の戦い後、上野戦争、会津戦争などに参戦。凱旋の途中熱病にかかり、明治元年10月18日、東京で病死。24オ。
■議定岩倉具視は、王政復古につき外国通告のことを諮問した。参与の西郷隆盛・大久保利通・岩下左次衛門（方平）、王政復古に関する外国布告案を草して、岩倉具視に提出し、九条邸における朝議に列する。

| 1月3日
【1月27日】 | ■木戸準一郎（木戸孝允）(1833〜1877)、品川弥二郎(1843〜1900)に、西郷吉之助（隆盛）(1828〜1877)、大久保利通(1830〜1878)の失策を指摘する手紙を書く。 | 2643 |

■「兵庫沖・阿波沖の海戦（2日〜4日）」。薩摩藩使者が、軍艦乗組頭取（開陽艦長）・榎本武揚(1836〜1908)を訪ね、昨日の「平運丸」砲撃を抗議。榎本は、昨年末より旧幕府と薩摩藩は交戦状態であり、万国公法に則った行為であるとしてこれを拒絶。 2644
■「兵庫沖・阿波沖の海戦（2日〜4日）」。旧幕府兵、大坂土佐堀の薩摩藩蔵屋敷を攻撃。深夜になり、藩士は屋敷に火を放ち逃げ。火の手を確認し、旧幕府海軍は出勤。薩摩藩の「平運丸」及び兵庫港沖停泊中の「春日丸」、品川からきていた「翔鳳丸」は、この機会に脱出。平運丸は明石海峡方面に、春日丸と翔鳳丸は紀淡海峡方面に向かう。
■大坂の幕府老中・酒井忠惇（播磨国姫路藩第9代藩主）(1839〜1907)、各国代表に対し、軍艦兵器を薩摩藩に売らないことを要請する。
■上洛を決意した平戸藩12代藩主・松浦詮(1840〜1908)、平戸藩兵と共に「一言丸」で大坂に到着。
■夜、大坂の薩摩藩邸が旧幕府軍に包囲される。察知した税所篤(1827〜1910)は自ら藩邸に火を放ち、その隙に保管してあった藩金三万両を薩摩藩留守居役木場伝内(1817〜1891)、藩士樺山資雄(1839〜1899)らと共に一万両ずつ抱えて脱出、そのまま奈良を経由して京都の西郷隆盛のもとに向かった。京都到着時、すでに徳川慶喜は東奔した後であった。税所は三万両の藩金を西郷に預け、東征の為の軍資金としたという。

西暦1868

慶応4 明治1	1月3日 【1月27日】

■「戊辰戦争─鳥羽・伏見の戦い」はじまる。

□戊辰戦争とは、鳥羽・伏見の戦い、甲州戦争、船橋の戦い、宇都宮城の戦い、上野戦争、東北戦争、箱館戦争らの総称。慶応4年/明治1年の干支が戊辰であることに由来する。

■会津藩兵を先鋒とする旧幕府軍が伏見に集結し、幕府陸軍奉行・竹中重固(1828～1891)を指揮官とし、諸藩兵や土方歳三指揮の新選組など幕吏も吸収して、元伏見奉行所を本営とする。陸軍奉行並・大久保主膳正忠恕(1833～1870)が指揮の、鳥羽街道の別軍は、旧幕兵、桑名・大垣藩兵、佐々木只三郎(1833～1868)の京都見廻組。

■幕府諸藩連合軍(15,000人)、鳥羽・伏見の両道から進軍。御香宮・城南宮を拠点とした薩長軍(5,000人)(長州軍参謀山田顕孝(顕義)・薩摩軍参謀西郷隆盛)と対峙。夕刻、幕府軍別働隊と薩長軍が、鳥羽街道では小枝橋付近で、伏見では元伏見奉行所と御香宮を挟んで戦闘開始。

□午後5時頃、鳥羽赤池で薩摩の城下五番隊(隊長野津鎮雄)、城下六番隊(隊長市来勘兵衛(1839～1868))らと幕軍との間で戦端が開かれる。

□小枝橋方面では、東寺を出発した薩摩藩参謀伊地知正治(しょうじ)(1828～1886)が率いる同藩兵6個中隊相当(城下士小銃五番隊・同六番隊・外城一番隊・同二番隊・同三番隊・私領二番隊)と一番砲兵隊半隊が鳥羽街道を南下し、鴨川に掛かる小枝橋を渡った辺りに布陣した。この小枝橋付近に布陣した薩摩藩兵に対し、大目付の滝川具挙(?～1881)は通過させるよう交渉するが、薩摩藩側は京都から許可が下りるまで待つようにとのらりくらりと言を交わし時間を稼ぐ。

この間に伊地知は城下士小銃六番隊を鳥羽街道と平行している鴨川左岸を南下させ藪の中に待機させ、外城一番隊を鳥羽街道東側の藪の中に待機させた。これは鳥羽街道上に展開する残りの4個中隊相当と十字砲火を行える為の処置で、滝川が指揮下の軍勢を鳥羽街道上に行軍体制のまま放置していたのと比べると、伊地知の手腕は際立っていた。
こうして伊地知隊が夕方になり布陣を終えると、滝川の方も痺れを切らし鳥羽方面軍に攻撃を命じた。午後5時頃、隊列を組んで前進を開始。すぐさま、薩摩藩城下士小銃五番隊の大砲が先に砲撃を開始し、その初弾が幕府陸軍砲兵の大砲に命中し爆発した事を合図として鳥羽伏見の戦いが始まった。下鳥羽の恋塚寺・一念寺など寺院多数を兵火で焼失。

□のちに、鳥羽伏見の戦における薩摩藩戦没者524人を相国寺墓地に埋葬する。

■薩摩藩兵遊撃一番隊の隊長は赤塚源六(1834～1873)、二番隊の隊長は大迫貞清(1825～1896)、三番隊の隊長は西千嘉(西寛二郎)(1846～1912)であった。

■鳥羽・伏見の戦により京都市中に戒厳令施行。

西暦**1868**

1月3日【1月27日】	■（京都）新選組隊士・小幡三郎（？～1868）、潜入中の薩摩藩邸を脱し、会津砲兵隊に合流する。 ■会津藩大砲隊頭・白井五郎太夫（胤忠）（1832～1868）は、竹田街道から進むも土佐兵がおり、中立の土佐兵を避け、別路を進み、伏見堺町の薩摩藩邸に火を放ち、竹田街道を上るも、深夜には淀城下に退却する。 ■京の土佐藩兵らは、前藩主山内容堂（豊信）（1827～1872）の制止を振り切り、薩土密約に基づいて自発的に薩長軍側に就いて戦闘に参加という。 ■小銃一番隊小頭見習の薩摩藩士伊集院金次郎（正雄）（1837～1868）、土佐勤王党の後藤深蔵（上田宗児）（1842～1868）、伏見奉行所攻防戦で戦死。 ■浪士隊落合直亮、伊牟田尚平、坂田三四郎（鯉淵四郎）は、山城長池宿（京都府城陽市）に着く。鳥羽伏見の戦いが起こっており、宇治に出て稲荷山を越えて京市中に入る。	2646
	■「鳥羽・伏見の戦い」がはじまり、八重兄・山本覚馬（1828～1892）は薩摩軍に捕えられ、相国寺門前の薩摩藩邸に幽閉される。覚馬は、蹴上で薩摩兵に捕えられたとも、大坂にて捕縛されたともいう。覚馬は会津藩が大義を誤り賊名を得ることを憂いて会津兵を説諭しようとして伏見に駆けつけたが、道路はすべて塞がれていて通れなかった。やむなく山科より京に入って、会津藩の朝廷に敵する意のないことを申し開きしようとしたという。 □会津の山本家には、誤って、覚馬は四条河原町で処刑と伝えられる。	2647

27

西暦1868		
慶応4 明治1	1月3日 【1月27日】	■西郷吉之助（隆盛）と協議した参与大久保利通（薩摩藩）（1830～1878）、議定岩倉具視（1825～1883）に書を送り、朝廷の三大失策を数え、速やかに戦いに決すべきを論じ、その決断を促す。 □慶喜の辞官納地を天皇の命で行わずに松平春嶽と徳川慶勝に委任したこと、慶喜の大坂行きを認めたこと、慶喜の議定への就任を約束したことである。 ■新政府、緊急会議を招集、**参与大久保利通は、旧幕府軍の入京は新政府の崩壊であり、錦旗と徳川征討の布告が必要と主張。議定松平春嶽（1828～1890）は、薩摩藩と旧幕府勢力の勝手な私闘であり政府は無関係を決め込むべきと反対を主張。議定岩倉具視が徳川征討に賛成したことで会議の大勢は決する。** **■朝廷、「鳥羽伏見の戦い」で薩摩・長州・土佐に「官軍の称」を与える。** ■朝廷、大坂城攻撃を勅す。 ■公卿の徳大寺実則、久我通久、壬生基修、四条隆謌、藩士の広沢兵助（真臣）（長州藩）、井上聞多（馨）（長州藩）、小原忠寛（鉄心）（大垣藩）を参与に、公卿の穂波経度と坊城俊章を参与助役に加える。 ■夜半に議定の仁和寺宮嘉彰親王（後の小松宮彰仁親王）が軍事総裁を兼ね、議定伊達宗城、参与の東久世通禧と烏丸光徳に軍事参謀を兼ねさせる。さらに参与橋本実梁と参与助役柳原前光を大津口に、そして参与公卿西園寺公望を丹波口派遣。 □万一官軍が敗れた場合、丹波口から車駕を奉じて山陰道を芸備に下り、この地に行宮を定め天下に義兵を募るための準備とされ、岩倉具視と西郷吉之助（隆盛）を中心とし小松帯刀、大久保利通、木戸準一郎（木戸孝允）、広沢真臣等で、慶応2年から検討したシナリオという。 **■「鳥羽・伏見の戦い」。幕府軍、遂に敗退する。** ■参与西郷吉之助（隆盛）、大久保利通に鳥羽初戦に勝利の喜びの手紙を書く。西郷は、この日の夜、大久保利通の制止をふりきって、伏見の戦場へ駆けて行ったという。
	1月4日 【1月28日】	**■「赤報隊」。** 江戸薩摩藩邸の浪士隊総裁・相楽総三（1839～1868）ら、薩摩藩船「翔鳳丸」で江戸から神戸上陸。 **■「兵庫沖・阿波沖の海戦（2日～4日）」。** 追いかける旧幕府海軍船「開陽」、阿波沖で薩摩藩軍艦「春日丸」と砲撃を交える。「平運丸」は瀬戸内海へ逃げたが、「翔鳳丸」は、動けなくなり自焼。 □薩摩藩士東郷平八郎（1848～1934）が軍艦「春日丸」に乗組み、海軍生活の第一歩を踏み出した。 ■幕軍、大坂土佐堀の薩摩屋敷を焼き払う。 ■徳川慶喜は、七、八分の勝利と聞いて、老中格大河内正質（上総国大多喜藩主）（1844～1901）・若年寄並・塚原昌義（1825～？）・幕府陸軍奉行・竹中重固（1828～1891）の3名に、満足の意を表す沙汰書を出す。

西暦**1868**

明治150年その歩みを知る、つなぐ（前編）　西郷どん、大久保卿、薩摩藩年表帖（中巻）

1月4日
【1月28日】

2651

■「戊辰戦争―鳥羽・伏見の戦い―官軍の出現、幕府軍、朝敵となる」。
議定仁和寺宮嘉彰親王（後の小松宮彰仁親王）(1846～1903) が、軍事総裁職から、宣下を受け徳川慶喜征討大将軍となる。嘉彰親王が、節刀を賜り、公卿参与四条隆謌 (1828～1898) と公卿参与助役五条為栄 (1842～1897) が錦旗奉行として「錦御旗」を掲げ、下参謀は矢守平好(仁和寺宮諸太夫)(1822～1870)、中沼之舜(了三、葵園)(学習院儒官)(1816～1896)、高崎正風(薩摩藩士)(1836～1912)で薩芸長三藩の兵が従い、正午に御所宜秋門を出て、14時に東寺に着陣。京中の男女とも競い出て拝観という。「官軍」となった薩摩軍、士気大いに上がる。
□錦御旗は、薩摩藩の大久保利通や長州藩の広沢真臣らの政治工作が功を奏したとも、岩倉具視の偽装ともいう。
□中沼之舜（了三、葵園）門人には西郷従道、桐野利秋、川村純義、千葉貞幹、松田重助らがおり、中沼塾は薩摩藩士が多く、竹村東野門下でもあった中岡慎太郎も西郷隆盛との接触を図り入門している。
□仁和寺宮は、明治3年(1870)に宮号を「東伏見宮」に、明治15年(1882)に「小松宮」と改める。
□伏見から来た遊撃三番隊は、他の3小隊と長州の整武隊と共に午後4時頃に鳥羽街道富ノ森の幕府軍の陣地を攻撃する。

■元御陵衛士ら、薩摩藩一番隊として戦う。

■浪士隊落合直亮(1827～1894)、西郷吉之助(隆盛)(1828～1877)に面会。
□西郷は「予去月三十日ニ江戸薩邸ノ事件ヲ聞ケリ予ハ昨三日ノ戦争ハ遂ニハ起ルベシトハ推考セシカドモ此ノ如ク速カナラムトハ思ハザリキ然ルニ此戦争ヲ早メ徳川氏滅亡ノ端ヲ開キタルハ實ニ貴兄等ノカナリ感謝ニ堪ヘズト」
（予、12月30日に江戸藩邸の事件を聞き、予は昨3日の戦争は、いつか起こるかと推考していたが、この如く速やかになるとは思っていなかった。然るにこの戦争を早め、徳川氏滅亡の端を開いたのは、実に貴兄等の力なり感謝に堪えず）と大いに喜んだという。
■宮堂上諸侯寺社などが用達と称して、農工商人などに名字帯刀を許すことを禁止。
■一向宗（浄土真宗）西本願寺門主が、朝廷の郡資金調達に3,000円を献納。
■薩長両兵は、一向宗東本願寺を砲撃という。

■2代玄々堂松田敦朝(緑山)(1837～1903)、太政官会計局の命により太政官札の彫刻印刷を二条城内で着手。5月には太政官札の製造に当る。

■この日、山陰道鎮撫総督に西園寺公望(正三位右近衛権中将)(1849～1940)が、翌5日、東海道先鋒鎮撫総督に橋本実梁(1834～1885)が命ぜられる（西国及び桑名平定）。諸藩への恭順の意思表明と旗本領内の鎮撫であった。
□山陰道参謀は、河南東右衛門(薩摩藩)・小笠原美濃介(長州藩)。東海道先鋒鎮撫副総督は柳原前光(1850～1894)、参謀は、木梨精一郎(長州藩)(1845～1910)・海江田信義(薩摩藩)(1832～1906)。

西暦1868

慶応4 明治1	1月5日 【1月29日】	■西郷吉之助（隆盛）は、3日伏見の戦線、5日には八幡の戦線を視察し、戦況が有利になりつつあるのを確認。 ■薩摩藩遊撃三番隊は伏見方面攻撃隊に編入され、午前7時から行動する。夜には淀を制覇し、午後10時頃、京都に帰陣。 ■薩摩藩城下小銃六番隊の隊長・市来勘兵衛(1839〜1868)、鳥羽街道富ノ森で戦死。十二番隊隊長伊集院与一(1832〜1868)、淀川堤で戦死。五番隊監軍椎原小弥太(1840〜1868)、淀で戦死。 ■山陰道鎮撫総督西園寺公望、京を発する。東海道先鋒鎮撫総督橋本実梁、副総督柳原前光と共に京を発する。 ■「赤報隊」。相楽総三(1839〜1868)、京都薩摩藩邸に入る。 ■薩摩藩、相国寺内薩摩屋敷に臨時病院をおく。	264
		■朝廷、議定徳川慶勝(1824〜1883)に二条城を接収するよう命ずる。 ■北陸道鎮撫総督府設置され、9日には高倉永祐(1838〜1868)が総督、四条隆平(1841〜1911)が副総督に任命される。 □参謀は、津田信弘（山三郎）（肥後熊本藩）(1824〜1883)・小林柔吉（安芸広島藩）(1837〜1869)。4月よりは、長州藩士山県狂介（有朋）(1838〜1922)・薩摩藩士黒田了介（清隆）(1840〜1900)。	265
	1月6日 【1月30日】	■5日夜、大坂城の徳川慶喜(1837〜1913)、自ら出陣を宣言。が、敗北を悟った徳川慶喜は、夜中に大坂城を脱出、一旦、米国艦「イロクォイ号」に逃げ込む。 □薩摩藩と長州藩は、新政府内部の実権も握る事となった。 ■興福寺、幕府軍の伊賀越えを警戒し、伊賀越路・和束越路・多羅尾越路・東海道筋を守備。	265
		■薩摩藩兵らは、鳥羽方面軍、伏見方面軍合同で3方面から橋本、八幡を攻め、これを占領する。 ■参与大久保利通(1830〜1878)、徳川慶喜征討大将軍・仁和寺宮嘉彰親王（後の小松宮彰仁親王）参謀となる。 ■東西本願寺、糧食軍費を近江・三河・尾張・飛騨等にて調達(3万500両、3,982石)。	265
	1月7日 【1月31日】	■仏国軍事教官シャノワーヌ (1835〜1915)、軍艦を率いて大坂に来るも、既に時遅し。 ■徳川慶喜、各国公使を引見。慶喜、松平容保・定敬、板倉勝静らを伴い、米国艦より、兵庫沖から来た幕府軍艦「開陽」に向かう。	265
		■「鳥羽・伏見の戦い」、ほぼ終息するも、伏見・淀の大半が焼亡。伏見では人家が釜戸数でおよそ4,582軒ほど、土蔵108ヶ所ほど、寺院10ヶ所、神社3ヶ所が焼失。また下鳥羽では人家300戸、淀900戸、八幡1,000戸、橋本500戸、葛葉400戸、合計3,100戸が焼失。 ■新政府、伏見で救米施行を行う。	265
		■一向宗興正寺門主摂信（本寂）(1808〜1877)、東海道の鎮撫を命ぜられ、門徒を率い大津に向かう。 ■知恩院門跡尊秀法親王、勅命により還俗し、華頂宮将経親王(1851〜1876)と改称。 ■聖護院門跡雄仁親王、勅命により還俗して嘉言親王(1821〜1868)と改称。	

明治150年その歩みを知る、つなぐ（前編）　西郷どん、大久保卿、薩摩藩年表帖（中巻）

西暦1868

1月7日
【1月31日】

■朝廷に外国事務取調掛が設けられ、9日、総裁に仁和寺宮嘉彰親王（のちの小松宮彰仁親王）(1846〜1903)が任命される。

■新政府、「徳川慶喜征討ノ大号令」を発する。
慶喜の行動は朝廷を欺く「大逆無道」であり「朝敵」と位置付けた。
■朝廷、在京の諸大名を小御所へ集め、議定岩倉具視をして勤王の誓書を要求。
公卿・大名の去就を決めさせ、土佐藩が忠誠を誓ったのを皮切りに、覇権を確立。
□鳥羽・伏見の戦いでの旧幕府軍の敗退は、西日本の諸藩を新政府支持に向かわせる決定的な要因となった。
■新政府、庶民に対し「農商布告」を出す。「是迄徳川支配いたし候地所を、天領と称し居候者言語道断儀に候。此度往古の如く総て、天朝之御料に復し、真の天領に相成候左様相心得べく候」。
□「納地」ではなく、返上を命じた。大久保利通、岩倉具視の意図は、実現した。
■新政府、仙台藩らに、討幕の命を下す。
□経済的に到底戦争などできる状態ではない仙台藩の状況を鑑み、日和見の謗りに甘んじても、京にいた陸奥国仙台藩首席家老・但木土佐成行(1817〜1869)は動かなかった。
■参謀大久保利通、徳川慶喜征討大将軍・仁和寺宮嘉彰親王に随従し、各地戦場を巡見する。

■「赤報隊」。綾小路俊実（のちの大原重実）(1833〜1877)、侍従・滋野井公寿(1843〜1906)、相楽総三(1839〜1868)、水口藩士油近錬三郎(信近)(1842〜1908)、元御陵衛士の鈴木三樹三郎(伊東甲子太郎の実弟)(1837〜1919)・阿部十郎(1837〜1907)・篠原泰之進(1828〜1911)・新井忠雄(1835〜1891)らの諸グループが守山で合流。
□相楽総三は、京の薩摩藩邸で、西郷吉之助（隆盛）(1828〜1877)に新たな任務、官軍の先鋒隊となることを命じられる。元御陵衛士、近江国水口藩士らも、薩摩藩や岩倉具視に指示されていた。

1月8日
【2月1日】

■長州藩兵、大坂城の幕軍を砲撃。
■未明、徳川慶喜らを乗せた「開陽」(軍艦頭並・澤太郎左衛門)、大坂沖を江戸に向けて出帆。同行者は松平容保、松平定敬、酒井忠惇、板倉勝静、戸川安愛（大目付）、榎本道章（目付）、山口直毅（外国総奉行）らであった。
□あまりに突然呼び寄せられたので、「開陽」の艦長・榎本武揚(1836〜1908)は出港に間に合わず、陸上に置き去りにされたという。
■十津川郷士14・5人、興福寺一乗院に参殿し、寺内東屋に屯営。

■朝廷は、錦御旗を建礼門の左右に立てる。
■(京都)徳川慶勝（前尾張国名古屋藩14代藩主）(1824〜1883)、松平春嶽（慶永）（前越前国福井藩16代藩主）(1828〜1890)、伊達宗城（前伊予国宇和島藩主）(1818〜1892)、慶喜追放の請書を提出。
■(京都)薩摩藩12代藩主・島津茂久（のちの忠義）(1840〜1897)、土佐藩16代藩主・山内豊範(1846〜1886)、慶喜追放の請書を提出。
■大久保利通(1830〜1878)、議定岩倉具視(1825〜1883)の懇請により、征討大将軍仁和寺宮参謀を辞退する。
■徳川慶喜追討に関する農商布告を、三条橋等に掲示。

西暦 1868

慶応4 明治1	1月8日 【2月1日】	■「赤報隊」。相楽総三(小島四郎)はこの月、新政府の太政官に建白書と嘆願書を上げ、自ら東征軍の先鋒となって関東に進軍したい旨を請いた。願いは届けられ、西郷吉之助(隆盛)・岩倉具視の支援を得て、近江国松尾山の金剛輪寺(滋賀県愛知郡愛荘町松尾寺)において、この日「赤報隊」が結成される。	26
		■横浜仏国公使館(甚行寺、横浜市神奈川区青木町)、掠奪を受ける。	26
	1月9日 【2月2日】	■薩長藩の兵、西国における幕府側の重要な拠点、備後福山城(広島県福山市丸之内1丁目)を攻略。	26
		■早朝、新政府軍(長州軍先鋒・徳山藩・岩国藩)、大坂城を無血占領。議定徳川慶勝(前尾張藩14代藩主)(1824～1883)が、新政府を代表して大坂城を受け取る。	26
		□幕府軍が撤退に際し、大坂城煙硝蔵(火薬庫)を爆破、城内の殿舎はすべて焼失。城下でも難波銭座(貨幣鋳造所)を幕府軍が放火、西南の強風に乗って延焼、千日まで焼失。	
		■明治天皇(1852～1912)14才で即位、第122代。	26
		■「三職制の新政府、副総裁設置」。新政府総裁有栖川宮熾仁親王(1835～1895)は留任、議定三条実美(1837～1891)、議定岩倉具視(1825～1883)と共に、新政府副総裁に就任。そして外国事務局設置、その総裁は仁和寺宮嘉彰親王(のちの小松宮彰仁親王)(1846～1903)。外国事務取調掛に東久世通禧(1834～1912)・岩下左次衛門(方平)(薩摩藩)(1827～1900)・後藤象二郎(土佐藩)(1838～1897)。	
		■東山道(中山道)鎮撫総督に岩倉具定(具視の第三子(次男))(1852～1910)、副総督に岩倉具経(具視の三男)(1853～1890)、本営参謀に宇田栗園(淵)(岩倉具視の側近)(?～1901)・乾(板垣)退助(土佐藩)(1837～1919)・伊地知正治(しょうじ)(薩摩藩)(1828～1886)が就任。大監察に北島秀朝(1842～1877)・清岡半四郎(公張)(土佐藩)(1841～1901)ら3人が任命される。 □北島千太郎(秀朝)は、下野国の神職の子。水戸藩に仕える。天狗党に参加、幕府の弾圧を逃れて京に行き北島家の養子となる。そして、岩倉具視の知遇を得た。北島は国政に忙しい政府要人に代わって、「江戸を東京と改むべし」という建白書を提出したという。	
		■征討府、薩摩・長州・芸州(広島)・鳥取・土佐・津藩へ、大垣・高松・伊予松山・姫路藩の討伐を命じる。	
		■参与徳大寺実則(1840～1919)、聖護院宮嘉言親王(1821～1868)、議定に昇進。 □聖護院に入寺、得度して雄仁親王となっていたが、この日、聖護院宮を名乗り、嘉言親王に復した。	
		■伏見・八幡・橋本の兵禍罹災者賑恤のため、東本願寺門主大谷光勝(1817～1894)に米1,500石輸送を命ずる。	

明治150年その歩みを知る、つなぐ（前編）　西郷どん、大久保卿、薩摩藩年表帖（中巻）

西暦1868

1月9日【2月2日】	■薩摩藩士柴山良助（1834〜1868）、薩摩藩邸焼き討ち事件の際に幕府に捕縛され、獄中でピストル自殺。　2667 □父は薩摩藩医の柴山良庵。弟に薩摩藩尊攘志士の柴山愛次郎（1836〜1862）、海軍大将の柴山矢八（1850〜1924）がいる。薩摩藩士として、ペリー来航以来尊王攘夷運動に従事する。文久2年（1862）島津久光に従って京都に上るが、「寺田屋騒動」に連座して謹慎を命ぜられ帰藩。翌年の薩英戦争では軍役について活躍したことで罪を許された。慶応元年（1865）江戸留守居添役になり、西郷隆盛の命をうけ、幕府と仏国の結託を妨害するため、横浜において英国との交渉にあたる。同3年（1867）江戸薩摩屋敷に浪士隊が集まり江戸市内擾乱を図った際、幕府の命をうけた庄内藩など4藩兵の焼打ちに遭う。その時捕えられ、翌年、伝馬町の獄につながれた。牢内でも大義を説いて屈せず、やがて免れ難きを知ってピストルで自殺。大正5年（1916）贈正五位。
1月10日【2月3日】	■兵庫に外交団が上陸。　2668 ■7日淀、9日枚方に着き、この日、生々しい焼け跡を残す大坂城に入り錦の御旗を掲げた、徳川慶喜征討大将軍・外国事務局総裁仁和寺宮嘉彰親王（後の小松宮彰仁親王）（1846〜1903）は、次いで、大坂本願寺別院（津村御坊）（北御堂、大阪市中央区本町）を本営として、中国四国追討の陣頭指揮に当たる。 ■「王政復古ノ詔」。　2669 「癸丑以来国家多事　先帝宸襟ヲ悩衆庶ノ知ル所ナリ　今ヤ王政ニ復シ国威ヲ挽回シ大小ノ政令一ニ公議ニ決シ　天下ト更始セン四方其レ之ヲ体セヨ」。 ■「外國交接ノ詔」。いわゆる「開国の詔」である。 「外国ハ先帝ノ多年宸憂セラルル所ナリ幕府従来ノ失錯ヲ以テ困仍シテ今日ニ至レリ今ヤ世態一変シテ復鎖攘ヲ主トスヘカラス因リテ宇内ノ公法ニ基キ各国ノ交際ヲ開ク上下一致シテ此旨ヲ遵奉セヨ」。 ■朝廷、徳川慶喜・松平容保・松平定敬・大河内正質・永井尚志ら佐幕派藩主、旧幕吏ら27名の官位を褫奪し、慶喜を征討するの令を京都三条及び荒神口の二方面に掲示。そして京屋敷を没収。 ■「赤報隊」相楽総三（小島四郎）（1839〜1868）、「赤報隊」の第1大隊長となる　2670
1月11日【2月4日】	■「神戸事件」起こる（明治最初の外交問題）。　2671 神戸を守備していた備前国岡山藩兵が隊列を横切った仏国人水兵に発砲する。 □駐日英国公使ハリー・パークス（1828〜1885）、アーネスト・サトウ（1843〜1929）の薦めで、岡山藩が釈明しなければ、諸外国はこの問題を日本全体との紛争とみなすと声明。 ■征討大将軍・外国事務局総裁仁和寺宮嘉彰親王（後の小松宮彰仁親王）（1846〜1903）、参謀西郷吉之助（隆盛）（1828〜1877）と大坂城に入る。　2672 ■新政府、御所に大広間詰大名37家の重臣を招集して、藩主の速やかな上京を命ずる。　2673 ■市中取締役所（のちの京都裁判所、京都府）を三条烏丸東へ入る町より、元東町奉行所へ移転。 ■大坂を出た徳川慶喜らの乗る「開陽」が、夜半、品川沖に入る。　2674

西暦1868		
慶応4 明治1	1月12日 【2月5日】	■「神戸事件」。参与外国事務取調掛の岩下左次衛門(方平)(薩摩藩)(1827～1900)、吉井幸輔(友実)(薩摩藩)(1828～1891)・伊藤俊輔(博文)(長州藩)(1841～1909)・寺島陶蔵(宗則)(薩摩藩)(1832～1893)らと共に神戸に赴き、英国領事館に公使パークス(1828～1885)を訪ねる。 □パークスに3日の猶予を求める。
		■薩摩藩12代藩主島津茂久(のちの忠義)(1840～1897)、長門国長州藩13代藩主・毛利敬親(1819～1871)、土佐藩16代藩主山内豊範(1846～1886)、参内、復古・征討の功労を賞される。 ■徳川慶勝(前尾張藩14代藩主)(1824～1883)・松平春嶽(慶永)(前越前国福井藩16代藩主)(1828～1890)、伊達宗城(前伊予国宇和島藩8代藩主)(1818～1892)、復古の功労を賞される。 ■肥前国大村藩12代藩主・大村純熙(1831～1882)、日向国佐土原藩(薩摩藩支藩)11代藩主・島津忠寛(1828～1896)、石見国津和野藩11代藩主・亀井茲監(1825～1885)、鳥羽・伏見の戦いの戦功(派兵)を賞される。 □佐土原藩庁は、現在の宮崎市佐土原町。 ■華頂宮博経親王(1851～1876)、熊本藩世子細川喜延(護久)(1839～1893)、議定に就任。
		■「赤報隊」。京にあった、相楽総三(1839～1868)、年貢半減令の建白書と嘆願書を新政府に差し出す。14日に、旧幕府領の年貢半減の沙汰がある。
		■徳川慶喜、江戸城に入り勝義邦(海舟)(1823～1899)と善後策を論じる。遊撃隊頭取高橋泥舟(1835～1903)、慶喜に恭順を説く。慶喜は浜御殿に入ったとも。 ■徳川慶喜、天璋院(篤姫)(1836～1883)に面会し状況を報告、静寛院宮(和宮)(1846～1877)に謁見を請うが拒絶される。 ■歩兵頭大鳥圭介(1833～1911)、将軍に拝謁、主戦論を説く。
	1月13日 【2月6日】	■(長崎)土佐藩大監察・佐々木三四郎(高行)(海援隊隊長)(1830～1910)、薩摩藩の松方助左衛門(正義)(1835～1924)を訪ね対策を協議。幕府方の遊撃隊と勤王方の海援隊は一発触発の事態。流言が乱れ飛び市中は戦々恐々の毎日。 夜、佐々木は単身、西役所に出向き奉行・河津伊豆守祐邦(1821～1873)に面会。佐々木は「万一、遊撃隊と海援隊がことを起こせば、戦火は外国居留地に及び国際問題になる」と河津伊豆守を説得。 □河津伊豆守は、幕府追討令の情報を入手しており勤王派の多い九州諸藩を向こうにまわしては不利と長崎脱出を決意。
		■薩摩軍、兵庫上陸。
		■太政官は有名無実化しながら江戸末期まで存続したが、新政府、「太政官代」を九条道孝邸に設置。翌日、参与役所も移る。九条邸跡碑が京都御苑南西部にある。 ■征討府は、中国四国追討総督に公卿参与四条隆謌(錦旗奉行)を、同監軍に公卿参与助役五条為栄(同上)を任命して中国地方及び四国地方の平定にあたらせる。 ■京都市民の賊徒の兵器等を蔵置する者、悉く市中取締所に納付させる。 **■薩摩藩12代藩主・島津茂久(のちの忠義)(1840～1897)、手つから太刀一振りを、大久保利通に賜う。**
		■徳川慶喜(1837～1913)、昨日に続き、江戸城中にて会議。小栗忠順(1827～1868)、榎本武揚(1836～1908)、大鳥圭介(1833～1911)、水野忠徳(1810～1868)らの主戦論は、いったんは承認される。しかし、既に朝廷への恭順の意を固めていた慶喜は、静寛院宮(和宮)に取り成しを頼むことになる。

| 明治150年その歩みを知る、つなぐ（前編）　西郷どん、大久保卿、薩摩藩年表帖（中巻） |

西暦1868

1月14日 【2月7日】	■槇村正直（長州藩）（1834〜1896）、京都市中取締所出仕、小学校建営の功労により表彰される（刀具三種をうける）。	2683
	■奉行所付けの遊撃隊や幕府から特派されていた徴兵隊が引き揚げてしまった長崎、夜、長崎奉行河津祐邦（1821〜1868）は、後を、肥後熊本・筑前福岡両藩に託して、妻子・江戸からの役人と共に、密かに奉行所を出、ロシア船籍のアトリン号に乗り込み、長崎港から江戸へ逃げ帰る。	2684
	■「神戸事件」。新政府外国事務取調掛の東久世通禧（1834〜1912）と参与職・外国事務取調掛岩下左次衛門（方平）（薩摩藩）（1827〜1900）は、寺島陶蔵（宗則）（薩摩藩）（1832〜1893）、伊藤俊輔（博文）（長州藩）（1841〜1909）らを伴い、帯同して兵庫に到着。 ■伊藤俊輔（博文）、アーネスト・サトウ（1843〜1929）にサトウらが京都に行くことを差し支えないと告げる。	2685
	■新政府、天領を没収する旨の布告を発する。 ■「年貢半減令」。旧幕府領の年貢半減の沙汰。 ■朝廷、静寛院宮（和宮）に使者を派遣し、勝義邦（海舟）（1823〜1899）・大久保一翁（元勘定奉行）（1818〜1888）に頼るよう、告げる。	2686
1月15日 【2月8日】	■14日深夜からこの日にかけて、長崎に屋敷をもつ諸藩の代表者が続々と西役所に集まる。土佐藩の佐々木三四郎（高行）（1830〜1910）と薩摩藩の松方助左衛門（正義）（1835〜1924）、肥前藩の大隈八太郎（重信）（1838〜1922）、副島次郎（種臣）（1828〜1905）らから緊急招集の廻章を受けてのことである。 □薩摩、長州、土佐、駿州（駿河田中藩）、大村、宇和島、対馬、加州（加賀藩）、柳川、越前、筑後、肥後、筑前、肥前、平戸、五島、島原、小倉の各藩であった。長崎の事態収拾について協議。長崎の治安を守ることに対して異を唱えるものはなし。在崎諸藩に対し一致して王事に尽力する旨の同意を取り付けつつことを決める。 ■千屋寅之助（菅野覚兵衛）（1842〜1893）、土佐藩船「夕顔丸」で、京の新政府に報告するため長崎を出航。	2687
	■「神戸事件」。**新政府、「王政復古」を各国公使に宣言**。勅使東久世通禧（1834〜1912）ら、「オーシャン号」を見学し、神戸の運上所で英米仏蘭伊普各国公使と会見し、「開国ノ詔」を手渡す。**同日、外国交際を万国公法により行う旨を布告**。 □この布告により、対内的には新政府がこれまでの攘夷政策から、開国和親政策に転換したことをも示した。これは大政奉還の後からすでに岩倉具視（1825〜1883）や大久保利通（1830〜1878）などによって企図されていたが、この「神戸事件」をきっかけに実現した。 ■東久世通禧、「外国人居住地通行ノ際ノ心得通達ノ件」（達）。 □新政府は、外国人に対して不穏な行動をとらぬようにとの令を神戸の町々に出す。 ■新政府、薩摩・長州両藩に兵庫・神戸の警備を命じる。 **■諸外国外交団は、「神戸事件」償いの要求書を突き付ける。** □吉井幸輔（友実）（薩摩藩）（1828〜1891）は、京都の西郷隆盛、大久保利通に早急な受諾を訴える。のち、新政府は要求を受け入れ、「神戸事件」を起こした備前国岡山藩責任者の処分、居留民の生命、財産の保護を約して和解する。	2688

西暦1868

慶応4 明治1	1月15日 【2月8日】	■「徳川慶喜政権返上内外政事親裁ノ國書」。徳川慶喜政権返上の請を允し内外政事御親裁の国書。	26

□「日本國天皇、各國帝王及ビ其臣人ニ告グ。嚮者、将軍徳川慶喜政権ヲ帰スルヲ請フ、制之ヲ允ス。内外政事之ヲ親裁ス。乃チ曰ク 従前ノ条約、大君ノ名稱ヲ用フト雖モ、自今而後、當ニ天皇ノ稱ヲ以テ換フベシ。而シテ各国交際ノ職、専ラ有司等ニ命ズ。各国公使、斯ノ旨諒知セヨ」。

■列国に対し天皇親政を通告した新政府は、この日付けをもって、国内に向け、**「外国ト修好スヘキ旨」**(太政官布告17号)を布告する。

■明治天皇(1852〜1912)、元服。
■天皇元服大礼につき大赦令。
■新政府、奥羽諸藩へ、徳川追討の沙汰を下す。

■北陸道鎮撫総督・高倉永祐(1838〜1868)、越後諸藩に勤王を誓わせる勅書を発令。勅書は、高田、与板、長岡、三根山、村松、新発田、三日市、黒川と順送りに回覧される。

■徳川慶喜(1837〜1913)、天璋院(篤姫)(1836〜1883)の仲介で、静寛院宮(和宮)(1846〜1877)に初めて対面。

■小栗忠順、旧幕府陸軍奉行並、勘定奉行を御役御免。
□慶喜が、主戦派の中心人物である小栗忠順を解任し、恭順の意志を表明。

	1月16日 【2月9日】	■長崎奉行・西役所が「長崎会議所」と改められ、長崎奉行の権限が引き継ぐ。	26

□薩摩藩・長州藩・土佐藩・広島藩・大村藩・宇和島藩・対馬藩・加賀藩・柳川藩・越前藩・肥後熊本藩・福岡藩・平戸藩・五島藩・島原藩・小倉の16藩は、すばやく奉行所に変わる行政機関「長崎会議所」を設立した。

■「神戸事件」。列国公使の会議で次の要求がある。
一、日本官憲は、各区に公使に謝罪の意を表すること。
二、今後再び、この如きこと無きを保証すべき言明を為すこと。
三、責任者は、公使館附士官の立会の上にて、死罪に処すべきこと。

■新政府、親王及び大臣の席次を定める。

■薩摩藩12代藩主 ・ 島津茂久(1840〜1897)、**「忠義」と改名。**茂久は、江戸幕府第14代将軍徳川家茂の偏諱を賜ったもの。

■徳川慶喜、天璋院(篤姫)を通して、静寛院宮(和宮)に救解を請う。

	1月17日 【2月10日】	■松方助左衛門(正義)(薩摩藩)、佐々木三四郎(高行)(土佐藩)、副島次郎(種臣)(肥前藩)、粟田貢(筑前藩)、新地の運上所で外交処理について諸国長崎領事と会見。	26

■軍事参謀烏丸光徳(1832〜1873)、興福寺に政務の一切を委任し、奈良奉行所の与力・同心へ市中見回りを命じる。

明治150年その歩みを知る、つなぐ（前編）　西郷どん、大久保卿、薩摩藩年表帖（中巻）

西暦 **1868**

1月17日
【2月10日】

■「三職分課職制ヲ定ム」「三職分課職員ヲ定ム」。新政府、第一次の官制を発布。
三職七科（1868年1月17日設置〜2月3日八局に改正）。

□総裁・議定・参与の三職と、神祇・内国・外国・海陸軍・会計・刑法・制度の七科の事務科である。神祇事務科が七科の筆頭に置かれた。総裁（有栖川宮熾仁親王）を首班にした分担方式の内閣制となる。

□議定の中から当初は神祇軍務総督に中山忠能(1809〜1888)、有栖川宮熾仁(1835〜1895)、白川資則(1841〜1906)の3名、内国事務総督に正親町三条実愛(1820〜1909)、松平春嶽(1828〜1890)、山内容堂(1827〜1872)ら4名、外国事務総督に山階宮晃親王(1816〜1898)、三条実美(1837〜1891)、東久世通禧(1834〜1912)、伊達宗城(1818〜1892)の4名、海陸軍務総督に仁和寺宮嘉彰(小松宮彰仁)親王(1846〜1903)、岩倉具視(1825〜1883)、島津忠義(1840〜1897)の3名、会計事務総督に岩倉具視ら4名、刑法事務総督に長谷信篤(1818〜1902)、細川喜廷(護久)(1839〜1893)の2名、制度寮総督に万里小路博房(1824〜1884)が任命される。

□参与から神祇軍務掛に六人部是愛(向日神社神職)(1840〜1869)、樹下茂国(日吉社社司)(1822〜1884)、谷森種松(善臣)(国学者)(1818〜1911)の3名、内国事務掛に辻将曹(安芸広島藩)(1823〜1894)、大久保利通(薩摩藩)(1830〜1878)ら3名、外国事務掛に後藤象二郎(土佐藩)(1838〜1897)、岩下左次衛門(方平)(薩摩藩)(1827〜1900)の2名、海陸軍務掛に広沢兵助(真臣)(長州藩)(1834〜1871)、西郷吉之助(隆盛)(薩摩藩)(1828〜1877)の2名、会計事務掛に由利公正(越前藩)(1829〜1909)、小原鉄心(大垣藩)(1817〜1872)の2名、刑法事務掛に津田信弘(山三郎)(肥後熊本藩)(1824〜1883)ら2名、制度寮事務掛に由利公正、福岡孝弟(土佐藩)(1835〜1919)、田中不二麿(尾張藩)(1845〜1909)の3名が任命される。

□海陸軍務掛は、のちに土倉正彦(岡山藩家老)(1849〜1874)、林玖十郎(通顕)(宇和島藩士)(1837〜1896)、吉井徳春(幸輔、友実)(薩摩藩士)(1828〜1891))が就任し、練兵・守衛・緩急・軍務を担当した。

□島津忠義は、海陸軍務総督に任命された。この海陸軍総督は、日本全国の軍事力を統括する長であり、征夷大将軍に相当する。練兵・守衛・緩急・軍務を担当する海陸軍務掛西郷隆盛は「これでは勤王ではなく、島津幕府になってしまう」と説得されて、翌日に島津忠義は辞表を提出したという。

■「攘夷の最終的破棄」。新政府、外国と和親を結ぶ旨を布告。

仁和寺宮嘉彰（小松宮彰仁）親王

有栖川宮熾仁親王

37

西暦1868

慶応4 明治1	1月17日 【2月10日】	**■参与大久保利通は、内国事務掛および徴士を命じられる。** □「徴士」は、この日の三職分科の制によって生れた明治政府初期の議事官。各藩および民間から有才の者が選ばれ、下の議事所の議事官として太政官に出仕した。翌2月の改制により参与、各局判事に任命されたが、旧藩出身ということから太政官との間に間隙が生じ、明治2年6月27日、廃止。 **■大久保利通、総裁有栖川宮熾仁親王に、天皇の「大坂行幸」を進言。** 「未曾有の大変革にあたり、天皇のいらっしゃる所を『雲上』、公卿を『雲上人』と呼んでいるように、ごく一部の公卿以外は天皇と接することもできずに『上下隔絶』している弊習を打開しなければならない。天皇は、西欧の君主のように、国中を視察し、民を大切に育て、広く民に敬愛される君主となられることが重要である。そのためには、遷都が必要であり、遷都の地としては、他国との外交、富国強兵、軍備増強等において、地形的に『浪華』、つまり、大坂が適当である。」 □大久保は、まず八幡に参詣、大坂に巡幸、行在所を大坂に定め、以って朝廷の積弊（長い間に積もり重なった弊害）を落とし、海外諸国との交際を明らかにし、陸海軍を整備することを提言。当時、外国公使館は大坂にあり、新政府にとって、交渉に地の利があると考えた。 **■三井三郎助・島田八郎右衛門・小野善助に金穀予備し不時の供給方諭示。さらに、旧幕府からの公金借金を金穀出納所に還納を命令。**
		■宮津藩重臣、丹波国福知山の山陰道鎮撫府へ出頭、参謀河南東右衛門（薩摩藩）・小笠原美濃介（長州藩）より尋問を受け、勤王の誓約に関する各書面の提出を命じられる。
		■徳川慶喜、以前から朝廷と幕府の間を取り持ち、新体制下でも議定・内国事務総督として京に居る、前越前国福井藩主・松平春嶽（慶永）（1828〜1890）と前土佐国高知藩主・山内容堂（豊信）（1827〜1872）を頼り、この日、討幕軍が組織されたのは誠に心外で、鳥羽・伏見の衝突は先供の者たちの行き違いによる衝突で自分の意思ではないと、書簡を送り朝廷への取りなしを依頼する。
		■静寛院宮（和宮）、徳川慶喜・天璋院（篤姫）と会見し、使者の派遣を決める。 **■勝義邦（海舟）（1823〜1899）、旧幕府軍艦奉行より海軍奉行並を命ぜられる。**
	1月18日 【2月11日】	**■政商三井組、東山道先鋒総督府金穀方を勤めるよう依頼される。**
		■内国事務掛大久保利通（1830〜1878）、浪華（大坂）遷都のことを、副総裁岩倉具視（1825〜1883）および徴士・海陸軍務掛広沢兵助（真臣）（長州藩）（1834〜1871）に開陳する。 **■海陸軍掛および徴士に任命された西郷吉之助（隆盛）（1828〜1877）、藩主に願って徴士を辞す。** **■参与役所、市中町役の者へ、市民への献金強制行為を禁ずる。**
	1月19日 【2月12日】	**■木戸準一郎（木戸孝允）（長州藩）（1833〜1877）、大坂に入り伊藤俊輔（博文）（長州藩）（1841〜1909）と会う。**

明治150年その歩みを知る、つなぐ（前編）　西郷どん、大久保卿、薩摩藩年表帖（中巻）

西暦 1868

1月19日
【2月12日】

■新政府、租米を抵当とし「会計基立金三百万両募債」を決定し、この日、募る。2704
三井・小野・島田・鴻池らの京阪特権大商人がこれに協力することになる。
商人らは、交換条件として、年貢米の独占的取扱いを政府に要求した。

■「会計事務裁判所ヲ金穀出納所内ニ設ケ会計ニ関スル事ハ都テ同所へ伺出シ
ム」（参与役所達）。
■大久保利通、さらに、浪華（大坂）遷都のことを、新政府総裁有栖川宮熾仁
親王および副総裁三条実美に建言する。
□大久保利通は、天皇親征と合わせ、政局の一新を図った。

■前日江戸に戻った仏国公使ロッシュ（1809～1901）、江戸城で徳川慶喜に再挙を2705
説くが、慶喜（1837～1913）は拒絶。
■旧幕府、在江戸諸藩主を召し、恭順の意を伝えて協力を要請。

1月20日
【2月13日】

■**新政府、幕府締結の条約遵守を各国に通告。**2706
■新政府の会計事務掛として戸田忠至（下野高徳藩の初代藩主）（1809～1883）が
就任。
■議定徳大寺実則（1840～1919）、内国事務局総督を兼帯。
■副総裁三条実美（1837～1891）、外国事務総督を辞す。
■「北陸道鎮撫府軍、京を発つ」。北陸道鎮撫副総督・四条隆平（兄隆謌の養子）（1841
～1911）、若狭国小浜藩と芸州藩（広島藩）の兵を率い京を進発、大津に入る。

■（横浜）薩摩藩士五代才助（友厚）（1836～1885）と寺島陶蔵（宗則）（1832～1893）、英国2707
公使パークス（1828～1885）とアーネスト・サトウ（1843～1929）を訪ね、鳥羽伏見戦争
負傷者治療のための医者の貸与を依頼。
□両者からは、天皇政府が徳川幕府に宣戦を布告して、これを外国代表に公布
すれば、両政権を交戦団体として、その各々に武器の供給を禁止させる国際法
上の「局外中立」があると教えられた。幕府新造軍艦の引渡しを阻止するためで
ある。

1月21日
【2月14日】

■肥前藩の副島次郎（種臣）を中心に在長崎外国領事らとの折衝も試みた「長崎会2708
議所」は、薩摩藩の沖直次郎（一平）と芸州藩の石津蔵六を会議所総代として京都
に上らせる。二人は、奉行脱走後の長崎の治安状況や外交処理の経過を中央政
府に詳しく報告、鎮撫使の下向を強く要請する。

■添上郡奈良に「大和鎮台」が設置され、公卿参与（権大納言）久我通久（1842～1925）2709
が十津川郷士を率いる。久我は大和国鎮撫総督となる。
□旧幕府領や朝敵諸藩の領地は新政府に没収された。この没収地（直轄地）に当
初は「鎮台」を、ついで「裁判所」を置いていく。裁判所という名称ではあるが、
現在の裁判所とは意味がちがい、司法のみならず軍事、行政も担当する軍政機
関であった。

■**新政府外国事務総督・東久世通禧、徳川慶喜征討を理由として、各国代表に**2710
局外中立を要請。

■**新政府、各国公使に徳川方へ武器販売等禁止を要請。**2711
■新政府の勤務時間・休日が、設定される。
□官公庁の休日を「一六日」とする。つまり、毎月1日・6日・11日・16日・21日・26日。

西暦1868

慶応4 明治1	1月21日 【2月14日】	■木戸準一郎（木戸孝允）（長州藩）(1833～1877)、慶応2年(1866)以後、初めて上洛。
		■総督岩倉具定（具視の第三子（次男））(1852～1910)、本営参謀伊地知正治（しょうじ）（薩摩藩）(1828～1886)の東山道先鋒総督府軍、京を出立、大津に宿陣。中山道沿いの大名に対し、総督の本陣に出頭しない者は厳しく処罰するという命令を出す。
		■桑名藩家老・酒井孫八郎(1845～1879)、東海道先鋒総督府参謀・海江田信義（薩摩藩）(1832～1906)と面会。東海道先鋒総督府は、20日伊勢国坂下（三重県亀山市関町坂下）、この日は石薬師（三重県鈴鹿市）にあった。 □酒井は、伊勢国亀山藩重臣・名川力弥へ嘆願書を提出、恭順の斡旋を依頼する。亀山藩は、新政府によって旧幕府に協力した罪を問われ、そのため、桑名藩征伐先鋒を命ぜられ、桑名城開城後は桑名藩警衛を担当する。 亀山藩庁は、現在の三重県亀山市本丸町。
		■徳川慶喜、懇意の在江戸藩主に手紙を書き、朝廷へのとりなしを願う。 ■静寛院宮（和宮）(1846～1877)、慶喜の嘆願書に、公卿橋本実麗(1809～1882)・実梁（東海道鎮撫総督）(1834～1885)父子宛の自筆嘆願書を添え、側近の土御門藤子(1842？～1875)を使者として上京させる。
		■鳥羽・伏見の戦いの結果が、陸奥国八戸へももたらされる。翌日、朝廷から、「八戸藩兵を江戸へ出陣させよ」という命令が届く。 □盛岡藩支藩の八戸藩9代藩主・南部信順(1814～1872)は、薩摩藩8代藩主・島津重豪の14男として生まれ、八戸藩8代藩主・南部信真(1780～1847)の婿養子であった。重豪の息子の養子先は、中津藩、福岡藩、外様ながら幕閣に列していた越前丸岡藩など有力藩が多く、2万石しかない小藩・八戸藩への養子は異例であった。お由羅騒動では、島津斉彬(1809～1858)が薩摩藩主を継ぐよう実兄の黒田斉溥（長溥（筑前福岡藩11代藩主）(1811～1887)と共に尽力し、幕府に運動した。
	1月22日 【2月15日】	■兵庫仮事務所、「兵庫鎮台」と改称する。外国事務総督東久世通禧が兵庫鎮台督を兼任。
		■新政府、大坂鎮台（奉行）を設置。1月27日、職制改正に伴い、大坂鎮台を廃し、「大坂裁判所」と改称。
		■参与内国事務掛大久保利通、遷都の議を、参与外国事務取調掛・後藤象二郎(1838～1897)（土佐藩）に謀る。 ■西郷隆盛、大久保利通に手紙を記す。 □「征東の師を発せらるる時、外人が頼りに其挙を悪さまに本国政府へ云送る様子なるを西郷は察して、王政復古の御趣意を分明に彼等に説諭するよう公の担任して周旋あらるるを望む」（明治11年5月27日付け東京日日新聞）。 大久保利通が、暗殺された時に持っていたという。

明治150年その歩みを知る、つなぐ（前編）　西郷どん、大久保卿、薩摩藩年表帖（中巻）

西暦 **1868**

1月23日 【2月16日】	■「暗殺ヲ為スヲ厳禁ス」(刑法事務局第51号)(暗殺禁止令)布告。 2718 新政府、暗殺を禁止。 ■新政府、各国代表に局外中立を要請。 ■参与内国事務掛大久保利通 (1830～1878)、総裁局顧問に任ぜられる。尋ねて (求めて)これを辞する。 ■薩摩藩士の寺島陶蔵 (宗則) (1832～1893)、町田久成 (1838～1897)、五代才助 (友厚) (1836～1885)、参与外国事務掛を命じられる。 ■**大久保利通、木戸準一郎 (木戸孝允) (1833～1877) を訪問し大坂遷都について相談後、太政官の会議において大坂遷都の建白書を朝廷 (有栖川宮熾仁親王、三条実美)に提出。** □大久保利通は、大坂遷都の建白書を提出。日本列島の中心であり、瀬戸内海の奥座敷にして、水運の便がいいこと。従って外国との折衝に都合がいいことなどを上げる。公卿久我建通らを中心とした猛烈な反対運動がわき起こり、1月26日に廃案となる。大坂遷都論は縮小されて大坂行幸に形を変えられた。 ■**徳川慶喜 (1837～1913)、新人事に改組。主戦論者を排除し、恭順論の主唱者勝義邦 (海舟) (1823～1899)を用いる。** 2719 □海舟は海軍奉行並より陸軍総裁若年寄並に任命され、慶喜に戦略案を示す。
1月24日 【2月17日】	■伏見稲荷神社・松尾神社、新政府の命により7日間祈祷 (旧臘 (前の年の十二月))事変の賊徒撲滅・政令維新等)。 2720 ■薩摩藩 (大山巌)、藩主 島津忠義の名で兵士治療のため兵庫の医師ウィリアム・ウィリス(William Willis) (1837～1894)派遣を上申、許可を得る。 □英国の江戸副領事・神奈川副領事ウィリスは、神戸事件に遭遇し、負傷者を救助して治療を行った。鳥羽・伏見の戦い勃発で、京都から送還されてきた会津藩の負傷兵の治療を大坂で行っていた。 ■新政府議定・徳川慶勝(前尾張藩14代藩主) (1824～1883)、三河・遠江・駿河・甲斐・美濃・上野の諸藩及び旗本の態度を勤王にすべく、尾張藩士40余名を派遣する。東海道、中仙道の徳川親藩、譜代すべてに勤王の血判を押させる。当然幕府側に立つと思われた岡崎藩もしかり。かくして慶勝は、朝廷、日本を守る方に舵を切った。 2721 新政府軍は血を流すことなく江戸に向かえた。 ■隠居していた、元勘定奉行の大久保一翁 (1818～1888) は会計総裁を、矢田堀景蔵 (鴻) (1829～1887)は軍艦奉行から海軍総裁を、榎本武揚 (1836～1908)は軍艦頭から海軍副総裁を、藤沢次謙 (1835～1881)は陸軍奉行から陸軍副総裁を、山口直毅(1830～1895)は、外国奉行兼陸軍奉行から若年寄格外国事務総裁を命じられる。 2722
1月25日 【2月18日】	■**仏国発議で、英米仏蘭伊普6ヶ国が、日本内戦に対し局外中立を布告。** 2723

41

西暦 *1868*

慶応4 明治1	1月25日 【2月18日】	■**木戸準一郎（木戸孝允）**（1833〜1877）、**太政官の徴士、総裁局顧問に就任。** 272 □木戸孝允は、副総裁岩倉具視からその政治的識見の高さを買われ、ただひとり総裁局顧問専任となり、庶政全般の実質的な最終決定責任者となる。朝廷は、維新の功臣を徴士、貢士として大量に採用。 ■伊藤俊輔（博文）（長州藩）（1841〜1909）、外国事務掛を命じられる。 ■公卿沢宣嘉（1836〜1873）、九州鎮撫使兼外国事務総督となる。 ■公卿鷲尾隆聚（1843〜1912）、参与に就任、軍防事務局親兵掛を兼ねる。 ■新政府議定・山内容堂（豊信）（前土佐藩15代藩主）（1827〜1872）、徳川慶喜（1837〜1913）からの救解依頼書を朝廷に提出。 ■新政府から要請されたアーネスト・サトウ（1843〜1929）・外科医ウィリス（William Willis）（1837〜1894）ら、伏見から護衛隊に護られ京に到着。一行に追いついた薩摩藩家老小松帯刀（清廉）（1835〜1870）に会う。相国寺の宿舎に入り島津忠義（1840〜1897）・西郷吉之助（隆盛）（1828〜1877）の挨拶を受ける。 隆盛の弟信吾（従道）（1843〜1902）も頚部に重症を負っており、中村半次郎（後の桐野利秋）（1838〜1877）が武士の情で介錯しようとしたが、相国寺薩摩病院に収容され、ウィリスのクロロホルム麻酔による外科手術で一命を取りとめたという。
		■**「赤報隊」。** 新政府、無頼行為を働いていると噂が立つ、「赤報隊」に京都帰還を命ずる。赤報隊二番隊・三番隊は、名古屋より引き上げて、京都寺町本満寺を宿舎とする。相楽総三率いる一番隊だけは引き返さず、そのまま東進。 272
	1月26日 【2月19日】	■徳川慶喜（1837〜1913）、仏国公使ロッシュ（1809〜1901）と会談し主戦論を拒否（27日も）。 272 ■ロッシュ、幕府新任の陸軍総裁勝義邦（海舟）ら諸役と面接。
		■太政官代・弁事役所が、九条道房邸から二条城に移る。尾張藩ガ警衛。翌日、参与役所も。京都市民は、これを「京都御政府」と呼んだ。 272
	1月27日 【2月20日】	■「金穀出納所并会計事務裁判所ヲ二條城内ニ移ス」。 272 ■**討幕の官軍、菊花章の旗幕を用いる。** ■副総裁岩倉具視（1825〜1883）、政府会計事務総督及び海陸軍事務総督兼務。 ■**新政府、「年貢半減令」を口達撤回。赤報隊は進軍し偽官軍とされていく。** □「章政家記に云、正月十四日、今般復古に付、即刻之処山陽道取調云々御達御文中に、租税半減之儀有之。尚又、同月二十七日、今般王政御一新に付、即今之所、山陽道取調云々御達有之候に付、前記十四日御達之儀は如何可心得哉と相伺候所、右は御取消相成候旨、御口達有之候。依て租税半減云々は実際被行候儀に無之」。 ■暗殺厳戒の朝令を市中に布告。 ■弁事役所、騒乱後の狼籍者多く、市中木戸口を旧に復するよう達す。 ■**辞退していた大久保利通（1830〜1878）、総裁局顧問となる。**
		■東海道先鋒総督府、浜松、横須賀、掛川、相良四藩の老臣を四日市に召す。 272
		■**徳川慶喜**（1837〜1913）、**紀州藩14代藩主・徳川茂承**（1844〜1906）**らに、自らの隠居・恭順を朝廷に奏上することを告知。** 273 ■事態収拾を一任された陸軍総裁若年寄並・勝義邦（海舟）（1823〜1899）、陸軍の雇教師・仏国シャノワーヌ（1835〜1915）少佐を訪問し、薩長を討つ事について議論。 ■「松平氏ヲ称スル者本氏ニ復ス」。

明治150年その歩みを知る、つなぐ（前編）　西郷どん、大久保卿、薩摩藩年表帖（中巻）

西暦1868

1月28日 【2月21日】	■朝廷は、天皇の大坂親征・関東征討に大兵派遣を決定。 □朝廷は、海陸軍務総督兼征討大将軍・仁和寺宮嘉彰親王（後の小松宮彰仁親王）を京都に呼び「東征大軍議」を開いた。 ■薩摩藩家老小松帯刀（清廉）(1835〜1870)、太政官代より徴士参与を命じられるとされる。 ■京のアーネスト・サトウ(1843〜1929)、初めて参与総裁局顧問大久保利通(1830〜1878)を訪問。 大久保は、慶喜が恭順すれば助命されるが、会津・桑名は免れないと述べる。 ■参与井上聞多（馨）（長州藩）(1836〜1915)、外国事務掛を命じられる。	2731
	■朝廷より派兵を請われた、盛岡藩支藩の八戸藩9代藩主・南部信順(薩摩藩8代藩主・島津重豪の14男)(1814〜1872)は、この日、軍役人員を編成する。	2732
1月29日 【2月22日】	■参与総裁局顧問大久保利通(1830〜1878)、副総裁岩倉具視(1825〜1883)を通しての一時的な「大坂行幸」を提案、朝議、決定する。 ■新政府（会計事務総督岩倉具視）、京坂の富商に三百万両を課す。 □参与三岡八郎（由利公正）(1829〜1909)が、豪商を二条城に再召集して献金を要請した。 ■参与外国事務掛井上聞多（馨）、九州鎮撫総督沢宣嘉の参謀となり、長崎へ赴任する命を受ける。 ■吉井幸輔（友実）（薩摩藩）(1828〜1891)、海陸軍事務掛を命じられる。	2733
	■薩摩藩侍医・池上貞斎（池上四郎の父）、京都相国寺内養源院の薩摩藩病院にて、英国人ウイリアム・ウィリス(1837〜1894)の指導のもと他の薩摩藩医と共に治療にあたる。 □天朝病院と呼ばれた京都薩摩病院は、薩摩の兵士のみならず、他藩の負傷者、会津藩の兵士達の治療も行い、朝廷から下賜された菊花御紋章入りの病院旗を掲げていた。日本での刀圭（医術）界の新宮拙蔵、佐藤舜海（尚中）(1827〜1882)、尚中の養嗣子・佐藤進(1845〜1921)、薩摩からは、池上貞斎、上村泉三、黒木良哉（島津家主任御典医）、高木兼寛（海軍軍医総監・慈恵会医科大学の創設者）(1849〜1920)、石神良策(1821〜1875)、山下弘平(1821〜1875)、河村豊洲(1849〜1933)ら20名が治療にあたっている。	2734
1月一 【2月23日】	■前年8月の英国水兵殺害事件で英国側は、新政府に改めて犯人の捜索を要求す。	2735
	■この月、長州藩は、幕府との戦争で占領していた豊前・石見の2国返上を朝廷に申し入れる。 □総裁局顧問木戸準一郎（木戸孝允）の意見を取り入れたのだ。朝廷は、しばらくは長州藩の預地とするよう指示。 ■この月、静寛院宮（和宮）(1846〜1877)、「静寛院宮御日記」を記す（〜明治6年12月） ■この月、松尾多勢子(1811〜1894)、副総裁岩倉具視(1825〜1883)に招かれ、信州より再び、京に出て、岩倉家家政を任され、新政府関係者との連絡調整役として活躍。帰郷するまで、子女教育から家政全般を取り仕切る任に携わり、「岩倉の女参事」と呼ばれた。翌年に新政府の確立を見届けた後は伊那郡に帰り、地元で農業や養蚕に勤しみながら晩年を過ごしたという。	2736

西暦**1868**

慶応4 明治1	2月1日 【2月24日】	■大和鎮撫総督府総督・久我通久(参与・権大納言))(1842〜1925)、直ちに興福寺から政務を引き渡され、奈良警備は薩摩藩が担当することになった。 一方、興福寺では、僧有志が寺内宝蔵院を学舎に文武館を設立し、花林院が都督となり調練を行う。	27
		■新政府、大赦(天皇元服大礼大赦)を執行。 ■総裁局顧問木戸準一郎(木戸孝允)(長州藩)(1833〜1877)、外国事務掛を兼任。 □木戸は、対韓意見書を提出し、朝鮮使節派遣を建言する。 ■長崎の重要性を認めた新政府、長崎に民政機関の「長崎裁判所」を設置することを決定。	27
		■土御門藤子、桑名にて東海道先鋒総督兼鎮撫使橋本実梁に面会。西郷吉之助(隆盛)は歯牙にもかけず、土御門藤子は、やむなく上洛。 □橋本は、和宮降嫁に随従し、江戸城開城の際には勅使を務めた。 ■東山道先鋒総督、美濃国大垣に到着。	27
	2月2日 【2月25日】	■「長崎裁判所」設置。九州鎮撫使兼外国事務総督・沢宣嘉(1836〜1873)、長崎裁判所総督兼任を命ぜられる。 □鎮撫使は兵力をもって治安にあたる軍政機関であり、軍政と民政の総督を兼ねたことになる。	27
		■兵庫鎮台、「兵庫裁判所」と改称。東久世通禧を兵庫裁判所総督に任命(摂津・播磨・河内の旧幕府領谷町代官支配地を統治)。 ■「神戸事件」。備前国岡山藩に断罪の御沙汰書が下りる。	27
		■新政府、賄賂行為を厳禁。 ■征討大将軍軍参謀西郷吉之助(隆盛)(1828〜1877)、参与大久保利通(1830〜1878)に徳川慶喜の処分を厳しくするようにと手紙を書く。 「只今別紙相達し申し候、慶喜退隠の歎願、甚だ以て不届き千万、是非切腹迄には参り申さず候はではあいすまず、必ず越・土などより寛論起り候はんか。然れば、静寛院と申しても、矢張り賊の一味と成りて、退隠くらいにて相済み候事と思し召され候はば、致し方なく候に付き、断然追討在らせられたき事と存じ奉り候」。 ■従三位に復位した三条実美(1837〜1891)、権大納言に転任。 ■副総裁岩倉具視(1825〜1883)、従三位昇叙し、右兵衛督に任官。 **■徴士参与小松帯刀(清廉)(1835〜1870)、総裁局顧問を命じられる。大久保利通 (1830〜1878)は総裁局顧問辞任。** ■1月7日国許を発した肥前国佐賀藩11代藩主・鍋島直大(1846〜1921)、着京。 □煮え切らぬ佐賀藩の態度に薩摩藩らの過激派は佐賀藩討伐まで口にする。 佐賀藩は討幕にかかわる最初の戦闘にも参加することができず、討幕戦争では「薩長土」の後からついて行く以外に道はなかった。	27
		■東海道鎮撫総督府、駿河国田中藩の老臣を桑名駅に召す。	274
	2月3日 【2月26日】	■総裁局顧問小松帯刀(清廉)、諸外国の公使館がある大坂へ転勤。	274

西暦**1868**

明治150年その歩みを知る、つなぐ（前編）　西郷どん、大久保卿、薩摩藩年表帖（中巻）

2月3日 【2月26日】	■天皇、二条城太政官代に行幸、「徳川慶喜に対する親征の大号令」を発す。 主として、この事に与かったのは、三条実美・岩倉具視・大久保利通らだった。 ■「総裁局ヲ置ク」「三職八局職制並ニ職員ヲ定ム」。新政府、三職七科制を改め、「総裁局」を新設、「三職八局の制」とする。総裁、議定、参与と、総裁局神祇局内国局 外国局 軍防局 会計局 刑法局 制度局である。 三職八局（1868年2月3日設置〜1868年閏4月21日廃止）。 □総裁局は改革当初、総裁（有栖川宮）、副総裁（三条・岩倉）は留任、輔弼に中山忠能、正親町三条実愛、総裁局顧問に登用されたのが木戸孝允・大久保利通・小松帯刀・後藤象二郎、弁事（参与分掌）には、田中不二麿、毛受洪、平松時厚ら12人が任命された。 □七つの事務科は総裁局のもとに事務局として再編成される。海陸軍科は「軍防事務局」となり、20日には仁和寺宮嘉彰親王（後の小松宮彰仁親王）が軍防事務局督に就任し、その下に輔・権権（烏丸光徳、3月2日に鍋島斉正（直正）・長岡護美）と判事（20日吉井徳春（友実）・津田信弘（山三郎）ら）などを置いた。 ■新政府、諸藩に対し、藩の兵力・武器などの提出を求める。 ■新政府、会計事務局を設置、三井・小野・島田三家を会計局付御為換方に任命。	2745
	■東海道鎮撫総督府、駿河国沼津、小島両藩の老臣を桑名駅に召集。また旧中泉代官・大竹庫三郎、旧府中代官・田上寛蔵、旧韮山代官・江川英武（太郎左衛門）（1853〜1933）に、管内地図及び戸籍等を携え桑名駅への出頭を命じる。 □江川英武は、大総督府より支配地・石高・人別帳などを携参すべき旨の命を受ける。	2746
2月5日 【2月27日】	■山陰道鎮撫総督・西園寺公望（1849〜1940）、因幡国鳥取に入り、それまで帰順の意思を明確に示していなかった、隣国の出雲国松江藩に最後通牒を突きつける。	2747
	■「内国事務局職制ヲ定ム」。	2748
	■徳川慶喜（1837〜1913）、内国事務総督・松平春嶽（1828〜1890）に書簡を送り、「謹慎して朝廷の処決を仰ぐ」と恭順の態度を表明。	2749
2月6日 【2月28日】	■征討軍が再編成され、それまでの東海道・東山道・北陸道鎮撫総督は、「先鋒総督兼鎮撫使」に改称された。その統轄官として東征大総督が新設された。 ■肥前国佐賀藩、東征軍北陸道先鋒を命じられる。 ■新政府、西国22藩に従軍令を発す。 ■朝廷、勅書を下し、北陸道諸藩の恭順を諭す。	2750
2月7日 【2月29日】	■土佐藩遠征部隊「迅衝隊」、上京。大隊司令・乾（板垣）退助（1837〜1919）、総督を兼ねる。 ■長州藩世子毛利定広（のちの元徳）（1839〜1896）、大村益次郎（長州藩用所本役及び軍政専任）（1824〜1869）を伴い、京に入る。	2751
	■遠江国掛川、横須賀両藩の老臣、桑名の東海道先鋒総督府に出頭し、勤王誓書を提出。	2752
2月8日 【3月1日】	■新政府、徳川慶喜（1837〜1913）、松平容保（1836〜1893）・弟定敬（桑名藩第4代藩主）（1847〜1908）に、登城禁止・江戸退去・謹慎を命ずる。 ■静寛院宮（和宮）の嘆願書を携えた土御門藤子（1842？〜1875）、京に到着。	2753
	■大久保一翁（1818〜1888）、旧幕府会計総裁から若年寄に就任。	2754

西暦1868

慶応4 明治1	2月9日 【3月2日】	■「神戸事件」。発砲を命じたとされる備前国岡山藩の滝善三郎(1837〜1868)が、この事件で、「万国公法」を犯した罪で神戸永福寺(太平洋戦争の空襲で焼失)で、深夜、切腹となる。列国側の公使と英国公使館のミットフォード(1837〜1916)・アーネスト・サトウ(1843〜1929)、外国事務掛伊藤俊輔(博文)(1841〜1909)、中島信行(作太郎)(元海援隊士)(1846〜1899)らが立会う。	27
		■新政府、大坂への親政行幸を令する。	27
		■「総裁熾仁親王へ勅語」。征東大総督軍事委任。 **■東征大総督府設置で、諸道(東海道・東山道・北陸道)先鋒総督兼鎮撫使がその配下となる。** □「新政府、東征軍編成」。徳川家に対し厳罰論が優勢の新政府、自ら志願した政府首班の総裁・有栖川宮熾仁親王(1835〜1895)を東征大総督に任命。上参謀は正親町公董(中将)(1839〜1879)・西四辻公業(きんなり)(大夫)(1838〜1899)。下参謀は広沢兵助(真臣)(長州藩)(1834〜1871)。三道より江戸進軍が決定。	27
		■仁和寺宮嘉彰親王(のちの小松宮彰仁親王)を軍事総督に定める。海軍総督には聖護院宮嘉言親王(1821〜1868)。 □東征軍は、主力を東海道と東山道に配置、東海道軍は箱根から品川へ、東山道軍は諏訪で二分されて、一方は甲府を経て内藤新宿へ、他方は碓氷峠を越えて板橋へ向かい、品川・新宿・板橋三方面から江戸城を総攻撃することになった。 ■橋本実梁を東海道鎮撫総督、岩倉具定を東山道鎮撫総督、高倉永祜を北陸道鎮撫総督、乾(板垣)退助、東山道先鋒総督府参謀に任ぜられる。	
		■新政府は一方的に会津藩と庄内藩の征討を決定。さらにこの日、奥羽鎮撫総督府が組織され、朝廷は、奥羽鎮撫総督に沢為量(1812〜1889)を、副総督には醍醐忠敬(1849〜1899)が命じられた。また、下参謀には薩摩藩の黒田了介(清隆)(1840〜1900)と長州藩の品川弥二郎(1843〜1900)が命じられる。	
		■恭順謝罪を決意した徳川慶喜(1837〜1913)、朝廷より処分された若年寄永井尚志(1816〜1891)・老中格松平(大河内)正質(1844〜1901)・元陸軍奉行並兼勘定奉行小栗忠順(1827〜1868)・大目付滝川具挙(?〜1881)ら「鳥羽・伏見の戦い」の責任者を免職・登営禁止処分とする。	275
	2月10日 【3月3日】	**■新政府、米公使デロング(1832〜1876)に、新政府は鉄道を日本人民に経営させる方針だから米国代理公使ポートマン利権は認めないといって断る。** □この口実は英公使パークス(1828〜1885)の入知恵によるものだった。	275
		■京都大阪商民親用途金を調達する者は特別の賞美があると諭す。 三井三郎助(高景)(1850〜1912)が最高額の3万両献金。 ■金穀献納を、私利私欲に利用するものあり、中止を達す。 **■「赤報隊」。新政府、信州諸藩に対して「赤報隊」は、偽官軍であると布告。**	276
		■桑名の東海道先鋒総督、駿河国田中藩7代藩主・本多正納(1827〜1885)に命じ、旧に依って駿府城代に任命。	276
		■容保・定敬兄弟との面会を避けるようになった、**徳川慶喜、松平容保・定敬に江戸退去・謹慎を命ずる。** ■小笠原長行(1822〜1891)、老中職を辞する。	276

西暦 **1868**

明治150年その歩みを知る、つなぐ（前編）　西郷どん、大久保卿、薩摩藩年表帖（中巻）

2月11日【3月4日】	■新政府、諸藩を大・中・小の3区分する。大藩は40万石以上、中藩は10万石以上、小藩は1万石以上とする。	2763
	■新政府、「徴士・貢士の制」を定め、貢士を「下ノ議事所」の議事官とする。 □貢士とは、藩が朝廷へ差し出した議員の呼称。 ■新政府、京坂の豪商に、親政経費十万両を供給させる。	
	■薩摩藩主島津忠義（1840〜1897）、封土の内10万石を朝廷に返上し、政務の用途に充てんことを請う。 □新政府の「親兵」の軍資金として薩摩藩の領地「返献」。王政復古の精神からすれば、鎌倉以前のように奉還するのが至当であるが、時勢がまだ熟していないので一部を返上とした。西郷吉之助（隆盛）が藩主に建言、「願書」は、大久保利通が記載という。	
	■諸道（東海道・東山道・北陸道）先鋒軍、この日から13日にかけて、進発。	2764
	■徳川慶喜、総登城を命じ、恭順・自らの退城を告げる。	2765
2月12日【3月5日】	■西郷吉之助（隆盛）（1828〜1877）、薩摩藩東海道先鋒隊差引（司令官）となり、京を出発、駿府に向かう。独断ともいう。	2766
	■徴士・海陸軍務掛兼内国事務掛・広沢兵助（真臣）（長州藩）（1834〜1871）、再び参与職に就任。	
	■徳川慶喜（1837〜1913）、江戸城を、田安徳川家当主徳川慶頼（1828〜1876）・前美作国津山藩主松平確堂（斉民）（1814〜1891）に委任して、城を出て上野寛永寺（大慈院）へ移り、謹慎の意を表す。	2767
2月13日【3月6日】	■夕方、沢宣嘉着任の先触れとして沖直次郎（一平）（薩摩藩）と石津蔵六（芸州藩）が、京都より長崎に戻る。	2768
	■伊東甲子太郎・藤堂平助・服部三郎兵衛・毛内監物ら、御陵衛士（高台寺党）の遺体、朝廷からの沙汰によって、泉涌寺塔頭・戒光寺墓地に改葬される。	2769
	■三井・小野・島田、官金為替の取り扱いを許される。	2770
2月14日【3月7日】	■九州鎮撫使兼外国事務総督兼長崎裁判所総督・沢宣嘉（1836〜1873）、肥前藩船「甲子丸」で鎮撫使主席参謀、長州の井上聞多（馨）（1836〜1915）、新たに長崎市中警備の任を帯びた大村丹後守純熙（肥前大村藩の第12代藩主）（1831〜1882）と共に長崎に到着。打ち合わせのため一行は船内に1泊。	2771
	■新政府（議定外国事務局輔伊達宗城）、外国代表に天皇との会見を要請。	2772
	□外国代表に天皇政府を承認するよう要請した（大坂津村御坊）。 新政府は、天皇政府を正統政府と認めさせるため、天皇の公使召見等々について列国側と協議し、一両日中に謁見の日取りが決定される旨、列国側に通告する。ところが、その翌日、泉州堺浦に事件が発生する。	

西暦1868

慶応4 明治1	2月14日 【3月7日】	■東征大総督府下参謀・広沢兵助(真臣)(長州藩)(1834~1871)が辞任し、薩摩藩東海道先鋒隊差引(司令官)の西郷吉之助(隆盛)(薩摩藩)(1828~1877)・参与林玖十郎(通顕)(後に改名し得能亜斯登)(宇和島藩)(1837~1896)が東征大総督府下参謀に、軍監に江藤新平(佐賀藩)(1834~1874)が任じられる。 ■東山道先鋒総督府参謀・乾(板垣)退助の新政府東山道方面軍、京を出軍。 □遠祖武田氏家臣・板垣駿河守信形(方)の没後320年にあたるため、「甲斐源氏の流れを汲む旧武田家家臣の板垣氏の末裔であることを示して甲斐国民衆の支持を得よ」と、岩倉具視等の助言を得て、板垣氏に姓を復したという。改姓は3月6日ともいう。
	2月15日 【3月8日】	■九州鎮撫総督沢宣嘉一行、にぎにぎしいパレードで長崎赴任。 ■明治第二の国際紛争事件「堺事件」勃発。 土佐藩兵が堺で、仏国軍艦デュプレクス号から上陸しようとする水兵10数名を殺傷。 □変事の報せを受けた列国代表は直ちに協議し、時を移さず大坂を退去し、領事館を撤去することを一致して決議する。 □事件の報告を受けた外国事務局輔伊達宗城(1818~1892)・東久世通禧(1834~1912)は、急遽、フランス艦上に公使ロッシュ(1809~1901)を訪ね、堺事件に関する一切の非は、日本側にあることを認めた。 ■大阪では鴻池善右衛門ら15名を会計御用掛に任命。 ■「熾仁親王征東大総督御委任ノ詔」。今般征東軍務委任ノ間速二可奏掃攘ノ功事。 □東征大総督・有栖川宮熾仁親王(1835~1895)、御所御学問所で明治天皇に謁見、節刀と錦旗を賜り、京都を出軍。 ■京都市中取締役所を「京都裁判所」と改称。 ■東征大総督府下参謀・西郷吉之助(隆盛)(1828~1877)、13日着陣の名古屋の東海道先鋒総督府に到着。
	2月16日 【3月9日】	■「長崎会議所」を廃止し「長崎裁判所」が正式に発足。この日、所内に「九州鎮撫長崎総督府」が置かれる。 □幕府時代の直轄地の長崎と西国郡代支配の豊前、豊後、筑前、筑後、肥前、肥後、日向諸国の中の旧幕領11万石の管理者になる。参謀には、井上聞多(馨)(長州藩)、町田民部(久成)(薩摩藩)、参謀兼裁判所判事に野村盛秀(薩摩藩)(1831~1873)、参謀助役兼裁判所判事に佐々木三四郎(高行)(土佐藩)、参謀助役に松方助左衛門(正義)(薩摩藩)、大隈八太郎(重信)(肥前藩)、揖井謙蔵(長州藩)、楠本平之丞(正隆)(大村藩)、権判事に吉井源馬(土佐藩)の陣容とする。参謀、助役は軍政、判事は民政を本務とする。 ■「徳川家存続が総裁局で決まる」。京に着いた土御門藤子(1842?~1875)、静寛院宮(和宮)(1846~1877)の嘆願が新政府副総裁岩倉具視(1825~1883)らに届き、「御返答」と「口演書」と徳川家存続の内諾を得る。 ■松平春嶽(1828~1890)、内国事務総督兼外国公使御用掛となる。 ■旧中泉代官大竹庫三郎、旧府中代官田上寛蔵、名古屋に至り勤王証書を先鋒総督に差出す。

明治150年その歩みを知る、つなぐ（前編）　西郷どん、大久保卿、薩摩藩年表帖（中巻）

西暦1868

2月17日 【3月10日】	■「堺事件」。参与内国事務局判事大久保利通、泉州堺における仏国人殺害事件に関し大坂に赴く。	2781
	■新政府、各国代表の参内を布告、同時に外国和親に関する諭告を示す。	2782
	■京の東征大総督府、九条道孝(1839～1906)に、会津・庄内両藩の処置を授ける。 □左大臣九条道孝は、大政奉還前は、父の尚忠(1798～1871)と同じく幕府との協調を推進。そのため、王政復古の大号令が出された時は、それを追及されて参内停止処分に処せられたものの、1月に許され処分を解かれていた。	
2月18日 【3月11日】	■「会計事務局支術ヲ大坂ニ設置ス」。 □大阪北浜二丁目(過書町)の三井元之助抱屋敷、会計事務局の出張所となる。	2783
	■松平春嶽(1828～1890)、新政府副総裁の二人・三条実美(1837～1891)や岩倉具視(1825～1883)をはじめとして朝廷の実力者のもとに出向いて、慶喜(1837～1913)に対する穏便な取り計らいを依頼。	2784
	■土御門藤子(1842？～1875)、京を出立、江戸に向かう。	
2月19日 【3月12日】	■「堺事件」。 他の公使たちと協議したフランス公使ロッシュは、天皇政府に対して、 一、今回の虐殺に関係した者全部の死刑を執行すること。 二、被害者の家族に賠償金十五万ドルを支払うこと。 三、外国事務局督が大坂へ来て陳謝すること。 四、山内土佐守が須崎に碇泊のフランス軍艦に赴いて陳謝すること。 五、武装した土佐藩士を全部条約港市から追放すること。 という、事件の処置に関する要求を提出する。新政府は事件収拾のため、即日、土佐藩に対し、朝廷の意向に添うようにとの「御沙汰書」を通達する。 □維新後の前土佐藩主山内容堂(1827～1872)は、新政府に出仕して内国事務総督に任命されていたが、この事で辞任する。	2785
	■松平春嶽、徳川慶喜の奏聞状を提出し、「出軍中止、慶喜・会桑の処分」の公議による決定を請う(却下される)。	2786
	■元老中板倉勝静(1823～1889)、元若年寄永井尚志(1816～1891)、元老中格松平(大河内)正質(1844～1901)、元大目付滝川具挙(？～1881)ら、旧幕府により逼塞。 □逼塞は、江戸時代に武士または僧侶に科せられた刑罰。門を閉ざし、昼間の出入りを許さないもの。閉門より軽く、50日間と30日間の2種類があった。	2787
2月20日 【3月13日】	■周防国徳山藩(長州藩支藩)9代藩主・毛利元蕃(1816～1884)の婚養子元功(1851～1900)、英国留学の勅許を得る。 3月3日に兵庫から乗船し、閏4月29日にロンドンに到着。	2788

49

西暦1868

慶応4 明治1	2月20日 【3月13日】	■「明治政府直属の軍隊として御親兵を創設」。 鳥羽・伏見の戦い後の軍事的緊張に対応するため、京都警備隊を名目に諸藩からの献兵が集められた。鷲尾隆聚以下5名の公家を親兵掛に定めた。が、実態は長州藩の一部部隊を中心として在京の諸藩の浪人を集めただけに過ぎなかった。	27

■新政府(由利公正)、墨国(メキシコ)ドル銀貨の国内流通を公認する。
□安政6年(1859)江戸幕府は洋銀を金三分と同価値と看做す規定を定め、明治政府もこれを追認する。メキシコドル(8リアル銀貨)の通用価格を1枚につき金3分(一分銀3枚)と公定する。
■副総裁岩倉具視(1825～1883)、政府会計事務総督及び海陸軍事務総督辞職。
中御門経之が会計事務局督に、軍防事務局督は仁和寺宮嘉彰親王(後の小松宮彰仁親王)が就任。
■山階宮晃親王(1816～1898)、外国事務局督となる。
■有栖川宮熾仁親王(1812～1886)、議定となり神祇事務局督を兼帯(27日辞す)。27日、白川資訓が神祇事務局督就任。
■この日、神祇事務局判事に亀井茲監(石見津和野藩主)が就任。さらに平田鉄胤(1799～1880)・福羽美静(1831～1907)などの平田派・大国派の国学者や神道家たちが登用され、神道国教主義が伸長、「権威化された神々の系譜の確立」こそが神権国家樹立のためと、凄まじい「廃仏毀釈」が始まる。
■鷹司輔熙(1807～1878)、制度事務局督議定、近衛忠房(1838～1873)、刑法事務局督議定に就任。
■徳大寺実則、内国事務局督に就任。大久保利通(薩摩藩)、広沢兵助(真臣)(長州藩)ら内国事務局判事に就任。
■海陸軍事務掛吉井幸輔(友実)(薩摩藩)(1828～1891)、微士参与職軍防事務局判事に異動。
■外国事務掛岩下方平(薩摩藩)、町田久成(薩摩藩)、伊藤俊輔(博文)(長州藩)、五代友厚(薩摩藩)、寺島宗則(薩摩藩)、井上聞多(馨)(長州藩)ら、微士参与職外国事務局判事に異動。
■下野国高徳藩初代藩主・戸田忠至(1809～1883)、再度新政府参与に就任、会計事務局判事となる。
■総裁局顧問木戸孝允(長州藩)、参与職に就任。
■従二位議定の大原重徳(1801～1879)、再度新政府参与に就任。
■参与大久保利通(1830～1878)、帰京し三条実美、岩倉具視に、仏国人殺害事件を復命し、その処置につき言上する。

		■東征大総督有栖川宮熾仁親王、東征海陸軍に対して達書をもって非違を戒める。 ■「赤報隊」。篠原泰之進(元御陵衛士)ら「赤報隊」、偽官軍事件の関係者として投獄される ■東山道先鋒総督主力軍、大垣に集結。3,000兵余を区分、この日、先鋒(薩摩藩・大垣)藩が出発。	27*
2月21日 【3月14日】		■九州鎮撫総督参謀井上聞多(馨)(1836～1915)、長崎管内浦上村の邪蘇教(キリスト教)徒を改宗させるべく、その指導者達を招致し懇諭。	27*
		■旧韮山代官江川英武(太郎左衛門)、管内地図・戸籍を先鋒総督に提出し、勤王の意を表す。	27*

明治150年その歩みを知る、つなぐ（前編）　西郷どん、大久保卿、薩摩藩年表帖（中巻）

西暦1868

2月22日 【3月15日】	■維新政府の教育政策は、まず京都において開始された。新政府、京都に学校掛を設置。 ■長州藩用所本役及び軍政専任・大村益次郎（1824～1869）、維新政府の軍防事務局判事加勢に就任。 ■新政府議定・徳川慶勝（前尾張藩14代藩主）（1824～1883）、勤王誘引使を派遣し、この日、勤王誓書71通を朝廷に提出する。 ■肥前国佐賀藩11代藩主・鍋島直大（1846～1921）、議定となる。
2月23日 【3月16日】	■「堺事件」。 堺における仏国人殺害事件で賠償金15万ドルを支払う。同日、事件関係者は、大坂藩邸内・土佐稲荷神社で籤（くじ）を引いて20名を選び、妙国寺で11名切腹。 ■『太政官日誌』創刊。 □明治天皇紀によると2月20日より、毎月6～13回発行、明治16年7月1日、「官報」と改める。明治新政府が太政官総裁局日誌司に編集させ、京都の御用書物師・村上勘兵衛に命じて発行させた。内容は太政官布告、人事異動、東征軍の戦況などが中心で、まもなく（4月5日とも）江戸でも御用書物師須原屋茂兵衛が発行した。 ■新政府、流通の貨幣、古金銀銭の旧制による通用を公認。
2月24日 【3月17日】	■「目安箱ヲ京都市中ニ設ク」。 □京都の三条大橋西詰めに設置。その後、東京や大阪にも広がる。 平成29年（2017）住民らが投書した訴状の原本34通が京都市内で見つかった。幕末の動乱で荒廃した街の復興や、物価高騰を案じる民衆の声がつづられている。 ■大坂行幸の期日決定し、大久保利通、木戸準一郎（木戸孝允）、広沢兵助（真臣）と共に御用掛を命じられる。 ■「赤報隊」。相楽総三（1839～1868）、薩摩藩へ、追分戦争（長野県北佐久郡軽井沢町追分）の報告をする。 ■「赤報隊」。美濃国御岳（岐阜県可児郡御岳町）の東山道先鋒総督府、薩摩藩・長州藩・鳥取藩・土佐藩・大垣藩5藩に、赤報隊処分を命じる。 ■東海道先鋒総督府、22日三河国吉田（現・豊橋）、23日遠江国荒井（現・新居）、この日、浜松に到着。 ■東征大総督府下参謀・西郷吉之助（隆盛）（1828～1877）・中村半次郎（桐野利秋）（一番小隊隊長）（1838～1877）・村田新八（二番小隊隊長）（1836～1877）・篠原国幹（三番小隊隊長）（1837～1877）らを従え、駿府に入る。 □小隊いうのは、幹部9人、戦兵80人、太鼓2人、ラッパ1人、医師2人（以上士分）、夫卒24人、ほかに火薬運び人を加えて総勢134人で編成されていたという。
2月25日 【3月18日】	■軍防事務局に「御親兵掛」をおく。壬生基修（1835～1906）、四条隆謌（1828～1898）、鷲尾隆聚（1843～1912）、平松時厚（1845～1911）、万里小路通房（1848～1932）、愛宕通旭（二卿事件首謀者）（1846～1872）が任にあたる。 □長州藩の亀山隊、致人隊を軸として十津川郷士、山科郷士、八幡郷士、多田家人、諸藩の浪士よりなるわずか400人の兵で編制。 ■「赤報隊」。総督府・薩摩藩、相楽総三らを薩摩藩附属とする「約定書」を交付。 ■西郷吉之助（隆盛）、東海道先鋒軍の各藩隊長を静岡に集め、江戸進軍の命を伝える。

51

西暦1868

慶応4 明治1	2月25日 【3月18日】	■旧幕府の陸軍総裁若年寄並・勝義邦(海舟)(1823〜1899)、新しい役職「軍事取扱」に任命される。	28
	2月26日 【3月19日】	■参与木戸準一郎(木戸孝允)(長州藩)(1833〜1877)、朝廷に、総裁局顧問辞表を奏請するが却下される。 ■大久保利通、木戸準一郎(木戸孝允)と共に、副総裁三条実美・岩倉具視に謁見する。 □木戸は、三条・岩倉に廃藩置県を建議した。	28
		■奥羽鎮撫総督府の人事異動があり、朝廷は、奥羽鎮撫総督に九条道孝(1839〜1906)、副総督に沢為量(1812〜1889)を、後には、上参謀に醍醐忠敬(1849〜1899)が、下参謀に、薩摩藩の大山格之助(綱良)(1825〜1877)と長州藩の世良修蔵(1835〜1868)が任命される。 □初めは、下参謀には薩摩藩の黒田了介(清隆)(1840〜1900)と長州藩の品川弥二郎(1843〜1900)が命じられていたが、奥羽鎮撫の方針を定めるにあたって鎮撫を主眼とするか討伐を主眼とするかで意見が分かれ、討伐を主とすることが濃厚になったため鎮撫を主としたい黒田と品川が拝命を固辞したという。	28
	2月27日 【3月20日】	■神祇事務局督となった白川資則(1841〜1906)、神祇事務局判事亀井茲監(石見津和野藩主)(1825〜1885)、議定に就任。	28
		■相模国小田原藩家老・加藤直衛、駿河国藤枝で、東海道先鋒総督府参謀・海江田信義(薩摩藩)(1832〜1906)に「朝命尽力出精励忠勤」の誓約書を提出。	28
		■小田原に入った東征大総督府下参謀・西郷吉之助(隆盛)(1828〜1877)、中村半次郎(桐野利秋)(1838〜1877)を小田原まで来た輪王寺宮公現法親王(のちの北白川宮能久親王)(1847〜1895)のもとに派遣。 中村半次郎、西上の事由を尋問して随従してきた諸藩兵を撤退させる。	28
		■太政官日誌、開板。明治10年1月第1号で終り、全1,177部。	28
	2月28日 【3月21日】	■山陰道鎮撫総督・西園寺公望(1849〜1940)、出雲国松江城(島根県松江市殿町)入城。	28
		■明治天皇(1852〜1912)、二条城太政官代に行幸し、討幕の為の「徳川幕府御親征ノ詔」を発布。 ■京都元両替所に御為替方御用所を設置。	28
		■英国公使パークス(1828〜1885)、天皇謁見のため、総裁局顧問小松帯刀(清廉)(1835〜1870)、中牟田倉之助(肥前藩士)(1837〜1916)に同行され、兵庫から京都知恩院に入る。 ■和蘭総領事(代理公使)ポルスブルック(1833〜1916)、天皇謁見のため入京、南禅寺に入る。	28
		■東海道先鋒総督府、駿河府中(静岡市)に到着。 ■東征大総督府下参謀・西郷吉之助(隆盛)(1828〜1877)ら、東海道の要衝・箱根占領。占領後、三島を本陣としたのち、駿府に引き返す。	28
	2月29日 【3月22日】	■仏国公使ロッシュ(1809〜1900)、天皇謁見のため京都相国寺に入る。	28
		■大総督府、遠江国袋井駅に宿陣。 □袋井宿は旧東海道の宿場で、東海道五十三次の宿場の数では江戸から数えても京から数えても27番目で中間点にあたる。	28
		■静寛院宮(和宮)の使者・土御門藤子(1842？〜1875)、京から品川に到着。	28

明治150年その歩みを知る、つなぐ（前編）　西郷どん、大久保卿、薩摩藩年表帖（中巻）

西暦 1868

2月30日 【3月23日】	■実家に戻った赤報隊の綾小路俊実は、1月24日大原家復籍と相続を命ぜられ大原重実（1833～1877）となり、この日、東征軍海軍先鋒を命じられる。参謀は、伊東次兵衛（祐元、外記）（佐賀藩士）（1806～1890）ら。 2815 ■1月20日国許を発した前肥前国佐賀藩主・鍋島閑叟（直正）（1815～1871）、着京。
	■知恩院、相国寺、南禅寺、英仏蘭三国公使の滞在所となる。 2816 ■「パークス襲撃事件」。英国公使ハリー・パークス（1828～1885）、宿所の知恩院から参内途中、新門前通縄手で攘夷派十津川郷士・朱雀操（林衛太郎貞堅）（？～1868）と三枝蓊（1840～1868）に襲われるが、英・仏・蘭三国公使参内の接待役・後藤象二郎（土佐藩）（1838～1897）、外国事務各国公使応接係・中井弘蔵（弘）（薩摩藩脱藩）（1839～1894）らに救われる。朱雀の首は、3月4日斬首された三枝の首と共に粟田口刑場に3日間晒された。のち、後藤は中井と共に英国ビクトリア女王から名誉の宝剣を贈られている。29日説もある。 ■仏国公使ロッシュ（1809～1900）、オランダ代理公使ポルスブルックが参内、謁見。微士参与職外国事務局判事・伊藤俊輔（博文）（1841～1909）が通訳という話もある。 □イギリス公使パークス凶徒に襲撃され謁見できず。 □中井弘蔵（弘）は、鹿児島城下に藩士横山休左衛門（詠介）の長子として生まれ（幼名休次郎、元服後休之進）、藩校の造士館に学ぶ。祖父の代までは藩の重職にあったが、父の代には没落し経済的に困窮した。16才のときに家を飛び出し関所を破って江戸に上り、22才のころ捕縛されるが、25才の文久2年（1862）に解放されると再び脱藩。土佐に渡り、後藤象二郎や坂本龍馬らにその剛毅な性格を愛され、彼らが工面した資金で、慶応2年（1866）10月に土佐藩医の結城幸安と共に、イギリス商人オールトの船で英国へ密航留学する。翌年春に帰国。三菱財閥の創業者、岩崎弥太郎を訪ねて長崎に向かう。そこで彼は、坂本龍馬、後藤象二郎、中井の旅をサポートした英国商人、ウイリアム・J・ヲールトらと交流する。慶応3年6月上京、宇和島藩周旋方として京都で活躍。この頃京で中村半次郎（桐野利秋）と出会い意気投合したという。中井弘蔵と改名し、慶応4年（1868）1月11日、外国事務各国公使応接掛となっていた。
2月一 【3月一】	■薩摩藩国父・島津久光、「治乱一途之政体ニ変革」を命じる。 2817 □久光により藩政改革が図られ、急務として刑法変革、諸役人・書役・小役人等減少、不急の役場廃止・合併を指示する。家老座は「議政所」に改められ、勘定奉行廃止と「会計奉行設置」のような役職の改廃、奥向き関係の諸役廃止などが行われる。
	■この頃、海援隊の長岡謙吉（1834～1872）ら、讃岐諸島開発の建白書を、新政府に提出。 2818 □坂本龍馬の死後、海援隊は二つに分かれていた。ひとつは、長崎で長崎奉行所西役所を占拠したグループ、もうひとつは長岡謙吉ら京都や大坂に残留したグループであった。
3月一 【3月一】	■この頃東征軍、「宮さま宮さま お馬の前に ひらひらするのは何じゃいな トコトンヤレ トンヤレナ……」（品川弥二郎作詞・大村益次郎作曲という）に合わせ進軍、都風流「トコトンヤレ節」として流行。 2819

53

西暦1868

慶応4 明治1	3月一 【3月一】	■この月、海援隊士千屋寅之助(菅野覚兵衛)(1842~1893)、坂本龍馬の妻・お龍の妹、起美(君江)(1852~1934)と長崎で結婚する。 ■この月、海援隊が和英辞典「和英通韻以呂波便覧」を再刊。 □万延元年(1860)丸屋徳造の撰によって刊行された『商貼外話通韻便宝』(『和英接言』)で、アルファベットや基礎的な単語を掲載する。	282
		■西本願寺明如(のちの21世大谷光尊)(1850~1903)、門末に勤王を直諭。	282
		■軍防事務局、この月、新政府軍兵士らを治療するため、旧施薬院邸(現京都御苑内)に「御親兵病院」を設立。 □同年5月、京都府管轄となるも、6月、再び中央政府管轄となり、「軍務官病院」と改称、旧仙台藩邸(上京区西洞院通中長者町南側付近)移転、さらに、兵部省治療所となる。	282
	3月1日 【3月24日】	■前佐賀藩主・鍋島閑叟(斉正、直正)(1815~1871)、明治維新政府の議定に就任。2日、軍防事務局輔を兼任。	282
	3月2日 【3月25日】	■奥羽鎮撫総督・九条道孝(左大臣)(1839~1906)ら、錦御旗を奉じて京都を発する。薩摩藩103人・長州藩第四大隊二番中隊・筑前福岡藩158人・仙台藩100人の守衛兵を率いて京を発し、海路奥州に向かう。 □孝明天皇の女御・九条夙子(後の英照皇太后)(1835~1897)は、九条道孝の姉。道孝娘の節子(後の貞明皇后)(1884~1951)は、大正天皇(1879~1926)の皇后となった。	282
	3月3日 【3月26日】	■英国公使パークス(1828~1885)参内し、紫宸殿で明治天皇(1852~1912)に謁見。	282
		■新政府、旧東町奉行所跡(千本通御池上ル東側)に置かれた市中取締役所を「京都裁判所」と改称すると触れる。 市中取締役所三藩は、途中、丹波国亀山藩が美濃国高須藩に変わる。 ■万里小路博房(1824~1884)、参与から議定に、制度事務局輔から京都裁判所総督に、それぞれ異動し、親兵掛を兼帯。	
		■「赤報隊」。新政府軍の方針変更によって赤報隊・相楽総三(小島四郎)(1839~1868)ら8名、軍令違反の偽官軍として下諏訪にて処刑される。 ■総督岩倉具定(具視の第三子(次男))(1852~1910)、本営参謀伊地知正治(しょうじ)(薩摩藩)(1828~1886)の東山道先鋒総督府軍、下諏訪を進発。	282
	3月4日 【3月27日】	■明治天皇、南殿に渡御し、公卿諸卿を率いて天地神祇を祭り、五箇条を誓う。 ■阿波国徳島藩主・蜂須賀茂韶(1846~1918)、議定に就任。	282
	3月5日 【3月28日】	■2月15日京都進発の東征大総督・有栖川宮熾仁親王(1835~1895)、海路、駿河府中(駿府)に入る。東征大総督府下参謀西郷吉之助(隆盛)(1828~1877)が迎える。	282
		■旧幕府軍事取扱・勝義邦(海舟)(1823~1899)、東征大総督府下参謀・西郷吉之助(隆盛)に、外国の介入及び汚名を後世に残すと手紙を書く。海舟、慶喜の意を体した山岡鉄舟(鉄太郎)(1836~1888)の訪問を受け、西郷への手紙を託す。	282
	3月6日 【3月29日】	■薩摩の小松帯刀(清廉)(1835~1870)・大久保利通(1830~1878)・吉井幸輔(友実)(1828~1891)、長州の木戸準一郎(木戸孝允)(1833~1877)・広沢兵助(真臣)(1834~1871)、肥後の米田虎雄(1839~1915)・長谷川仁右衛門(景隆)、芸州の辻将曹(維岳)(1823~1894)、土佐の後藤象二郎(1838~1897)らが連れ立って、東山の霊山に参拝『大久保利通日記』。	282

明治150年その歩みを知る、つなぐ（前編）　西郷どん、大久保卿、薩摩藩年表帖（中巻）

西暦**1868**

3月6日 【3月29日】	■**駿府の大総督府、東海・東山両軍に、3月15日江戸城総攻撃を決める。** 2831 ■「戊辰戦争―甲州勝沼の戦い」。東山道先鋒総督参謀・板垣退助(1837～1919)、片岡健吉(1844～1903)・谷干城(守部)(1837～1911)と共に、甲陽鎮撫隊を撃破。
3月7日 【3月30日】	■「赤報隊」。大津の阿波国徳島藩本陣に投獄の赤報隊鈴木三樹三郎(伊東甲子太郎の実弟)(1837～1919)・新井忠雄(1835～1891)・篠原泰之進(1828～1911)、嫌疑は晴れ釈放されたが、そのまま京の今出川薩摩藩邸預かりとなり、赤報隊同志との合流はできなかった。 2832 ■山陰を平定した、山陰道鎮撫総督・西園寺公望(1849～1940)、福知山城入城。 ■輪王寺宮公現法親王（のちの北白川宮能久親王）(1847～1895)、前日入った駿府で、東征大総督・有栖川宮熾仁親王(1835～1895)に、慶喜の謝罪状と自身の嘆願書を提出し、徳川家救済と東征中止を要請する。 2833
3月8日 【3月31日】	■「御用掛」が置かれる。 2834 ■「市中取締三藩ヲ京都裁判所ニ附属ス」(内国事務局)。 ■伏見市中取締役所が、伏見御堂前本願寺掛所に移り、「京都裁判所出張伏見役所」と改称。 ■**駿府の東征大総督府、江戸進撃令を発す。** 2835
3月9日 【4月1日】	■明治天皇(1852～1912)、太政官代(二条城)に親臨、三職へ、蝦夷地開拓・鎮撫使派遣を諮詢。 2836 □公卿の高野保建(左近衛権少将)(1837～1889)と清水谷公考(侍従)(1845～1882)の2月27日の建議によるものであった。 ■長州藩世子毛利定広(のちの元徳)(1839～1896)、議定に就任。 ■**東征大総督府下参謀・西郷吉之助(隆盛)(1828～1877)、駿府の松崎屋源兵衛方(静岡市葵区伝馬町)で精鋭隊歩兵頭・山岡鉄舟(鉄太郎)(1836～1888)と会見し、恭順降伏の条件(徳川処分案七ヶ条)を示す。鉄舟は、旧幕府軍事取扱・勝義邦(海舟)(1823～1899)の和平解決の書面を提示。** 2837 □徳川処分案七ヶ条は、一、慶喜を備前岡山藩へ預けること。二、江戸城を明け渡すこと。三、軍艦を残らず引き渡すこと。四、兵器を一切、引き渡すこと。五、城内の家臣は向島へ移り、謹慎すること。六、慶喜の暴挙を助け、暴挙に出る者は厳罰に処する。七、幕府が鎮撫しきれず暴挙する者があれば、官軍が鎮める。 □西郷吉之助(隆盛)への使者として山岡鉄舟を、慶喜・勝に紹介したのは、鉄舟義兄の慶喜護衛・遊撃隊頭取・高橋泥舟(1835～1903)という。勝は、前年の江戸薩摩藩邸焼き討ち事件の際に捕らわれた後、勝家に保護されていた薩摩藩士益満休之助(1841～1868)を案内につけて送り出した。薩摩の村田新八(1836～1877)・中村半次郎(桐野利秋)(1838～1877)ら、会談を護衛。

55

西暦1868

慶応4 明治1	3月10日 【4月2日】	■英国公使パークスの通訳官・前島来輔(密)(旧幕府開成所数学教授)(1835〜1919)、 江戸遷都の建白書を作る。実際は、江戸開城後の起草ともいう。	28

□1.帝都は中央であるべき。蝦夷地を開拓するについて、江戸が便利。2.大坂は運輸至便と云えども、小船の類。大艦巨船を繋ぐのは江戸地が優れ、修理をする地も横須賀がある。3.大坂の道路は狭隘で、郊外も広大ではない。地勢ははるかに江戸が優る。4.大坂を都市改築するには莫大の費用がかかるが、江戸はそのまま使える。5.大名・旗本ら諸施設も江戸はそのまま使える。6.商都大坂は帝都とならなくも繁栄を継続できる。江戸は帝都ならなかったら、市民が四散して蔘々東海の寒市とならん。

□江戸遷都の第一発議者は、後藤象二郎、江藤新平、大木喬任など、様々な説が語られている。

■静寛院宮(和宮)(1846〜1877)、側近土御門藤子(1842?〜1875)を沼津に派遣し、新政府軍の江戸進撃猶予を嘆願。　28

■3月2日金沢着の北陸道先鋒総督府、この日、富山に入る。　28

	3月11日 【4月3日】	■薩摩や長州の兵を伴った奥羽鎮撫総督九条道孝(1839〜1906)・奥羽鎮撫隊、汽船4隻で大坂出陣。仙台藩参政・大越文五郎は、一隊を率いて九条総督一行を護衛し、大坂から海路仙台へ向かった。	28

■大総督府からの3月15日江戸総攻撃の命令を受けた、東征大総督府下参謀・西郷吉之助(隆盛)(1828〜1877)は、駿府を出立し、この日、本門寺(東京都大田区池上)**の本陣に入る。**　28

	3月12日 【4月4日】	■大政奉還以後の政治的混乱から一時閉鎖していたが、**この日、明治政府直轄の高等教育機関として京都「学習院」、再興され、3月19日の開講が決まる。4月15日に「大学寮代」と改称。**	28

■「内国事務課ノ民政掛ヲ町奉行西役所ニ移シ之ヲ民政役所ト称セシム」(各局へ達)。17日とも。

■山城石清水八幡宮、八幡大菩薩の称号を八幡大神と改称 (これよりのち神饌として魚を供える)。

■東海道先鋒総督府参謀・海江田信義(薩摩藩)(1832〜1906)が甲府入府、国事を代行し、東海道先鋒副総督・柳原前光(1850〜1894)の令を布告する。　28

■東征大総督府下参謀・西郷吉之助(隆盛)(1828〜1877)、勝義邦(海舟)(1823〜1899)に明日、江戸高輪薩摩藩邸で会おうと手紙を書き、東山道先鋒総督府参謀・板垣退助(1837〜1919)にも勝手に動くなと手紙を書く。　28

■池上本門寺裏庭の松濤園での会見。勝・西郷では無く、訪問した旧幕府側は、若年寄大久保一翁(1818〜1888)・旧幕府軍事取扱・勝義邦(海舟)(1823〜1899)、新政府軍側は、東海道先鋒総督府参謀の長州藩士木梨精一郎(1845〜1910)・薩摩藩士らであったとされる。

■西郷吉之助(隆盛)らの強硬意見で、東征大総督・有栖川宮熾仁親王(1835〜1895)は、再び会った輪王寺宮公現法親王(のちの北白川宮能久親王)(1847〜1895)に、嘆願不採用を申し渡す。

■東海道先鋒総督府軍先軍、品川到着。
■東山道先鋒総督参謀・伊地知正治(しょうじ)(薩摩藩)(1828〜1886)、板橋到着。

明治150年その歩みを知る、つなぐ（前編）　西郷どん、大久保卿、薩摩藩年表帖（中巻）

西暦 **1868**

3月13日 【4月5日】	■「祭政一致ノ制ニ復シ天下ノ諸神社ヲ神祇官ニ属ス」（太政官布告令第153号）。宗教関連の布告令の最初であった。 □祭政一致が宣言され「神祇官再興」、諸神社を神祇官の所属とする。これにより、神祇官が太政官の上に置かれることになった。 □『太政官日誌』で公表されたこの布告は、宗教関連の布告令の中で、最も早く出されたものである。神武創業に基づいて祭政一致の制度を回復すべく、神祇官を再興して祭儀を執行し、諸神社の神職を付属しようというものであった。 ■副島次郎（種臣）（佐賀藩）(1828～1905)、参与職に就任。	2846
	■沼津の東海道先鋒総督兼鎮撫使・橋本実梁(1834～1885)、武蔵国金沢藩（のちの六浦藩）8代藩主・米倉昌言(1837～1909)に、横浜の治安を維持するよう命じる。 金沢藩は、2月には、勤王の意志を提出していた。 ■東征大総督府参謀補助の長州藩士木梨精一郎(1845～1910)・軍監渡辺清（清左衛門）（肥前国大村藩士）(1835～1904)、横浜に英国公使ハリー・パークス(1828～1885)を訪問、パークスは、江戸城総攻撃を批判。 ■英国公使パークス、新政府の代表を横浜へ赴任させるよう要請すべく、軍艦「ラットラー号」を大坂へ派遣。	2847
	■東征大総督府下参謀・西郷吉之助（隆盛）(1828～1877)、江戸高輪南町の薩摩藩下屋敷に到着。旧幕府軍事取扱・勝義邦（海舟）、正午に薩摩藩邸の西郷を訪問。静寛院宮(1846～1877)・天璋院（篤姫）(1836～1883)の身辺保護を話し合う。西郷は、静寛院宮（和宮）を人質にしない事を明言。 精鋭隊歩兵頭・山岡鉄舟（鉄太郎）(1836～1888)、立ち会う。村田新八(1836～1877)・中村半次郎（桐野利秋）(1838～1877)ら、会談を護衛。 ■東山道先鋒総督・岩倉具定（具視の第三子（次男））(1852～1910)の東山道先鋒総督府軍本隊、板橋に到着。 ■八王子を発った東山道先鋒総督府軍支隊・板垣退助隊、新宿に到着。 ■静寛院宮（和宮）、上臈・玉島(1820～1905)を、板橋に入った岩倉具定の下に派遣。 ■静寛院宮（和宮）側近・土御門藤子(1842？～1875)、沼津から江戸城に戻る。	2848

勝海舟

山岡鉄舟

西暦 1868		
慶応4 明治1	3月14日 【4月6日】	

■「御誓文」いわゆる「五箇条ノ御誓文」。

□前日に天皇の書道師範であった有栖川宮幟仁親王の手で正本が揮毫され、この日、京都御所の正殿である紫宸殿で行われた天神地祇御誓祭という儀式によって示された。同日正午、在京の公卿・諸侯・徴士ら群臣が着座。神祇事務局が塩水行事、散米行事、神おろし神歌、献供の儀式を行った後、天皇が出御。副総裁三条実美が天皇に代わって神前で御祭文を奉読。天皇自らから幣帛の玉串を捧げて神拝して再び着座。三条が再び神前で御誓文を奉読し、続いて勅語を読み上げた。その後、公卿・諸侯が一人づつ神位と玉座に拝礼し、奉答書に署名した。その途中で天皇は退出。署名は5月4日にかけて20回に分けて行われ、総計544名の宮・公卿・藩主がした。儀式最後に神祇事務局が神あげ神歌の儀式を行い群臣が退出。天神地祇御誓祭の前には、天皇の書簡である御宸翰が披瀝される。

□新政府、国家基本方針「五箇条の御誓文」を発布。「広く会議を興し万機公論に決すべし」で始まる。土佐藩の福岡孝弟(たかちか)が諸侯会盟を建議したのを受けて、福井藩出身の参与三岡八郎(のちの由利公正)(1829〜1909)が、「鳥羽・伏見の戦い」直前に一晩で書かれたといわれる「議事之体大意」原文に基づき、福岡藤次(孝悌)(たかちか)(1835〜1919)が第一条原案を一部を訂正し、さらに木戸準一郎(木戸孝允)(1833〜1877)、岩倉具視(1825〜1883)、三条実美(さねとみ)(1837〜1891)が加筆改訂した物という。形式・内容面において列候会議が大きく後退し、対応するように天皇が急浮上した。

■「撫民の御宸翰」。
■「國是誓約ノ御祭文」。
■「國威宣布ノ宸翰」。

□御誓文は太政官日誌をもって一般に布告された。太政官日誌には御誓文之御写が勅語と奉答書と共に掲載されたほか、その前後には天神地祇御誓祭の式次第と御祭文「国是誓約ノ御祭文」や御宸翰「國威宣布ノ宸翰」が掲載された。
当時の太政官日誌は都市の書店で一般に発売されていたが、各農村にまで配布されておらず、一般国民に対しては、キリスト教の禁止など幕府の旧来の政策を踏襲する「五榜の掲示」が出された。

□岩倉、大久保らは、江戸城総攻撃を前に攘夷の風潮を排し、公義思想と開明をうたって討幕勢力を結集し、列強に対しても支持を得んとした。

■9日、軍防事務局輔の兼任から制度事務局輔に兼任替えとなった鍋島閑叟(かんそう)(斉正、直正)(前佐賀藩主)(1815〜1871)、諱を「直正」と改める。

五箇条ノ御誓文

明治150年その歩みを知る、つなぐ（前編）　西郷どん、大久保卿、薩摩藩年表帖（中巻）

西暦1868

3月14日 【4月6日】	■「江戸城無血開城の交渉が成立」。江戸田町薩摩藩蔵屋敷（橋本屋）で西郷吉之助（隆盛）（1828～1877）、勝義邦（海舟）（1823～1899）と再度会談、勝は徳川処分案を提示。東征軍側から村田新八（1836～1877）・中村半次郎（桐野利秋）（1838～1877）ら、徳川家側から若年寄大久保一翁（1818～1888）、精鋭隊歩兵頭・山岡鉄舟（鉄太郎）（1836～1888）、同席という。**海舟は、慶喜を備前国岡山藩に預けるという項目を、水戸に隠居して謹慎するという内容に改正した。** 西郷はこの会談内容を大総督の許可を得るためにすぐさま駿府に使者を出し、東海道軍・東山道軍に命令し、江戸総攻撃中止。 □勝海舟は、新門辰五郎（1800？～1875）ら江戸火消し衆に、新政府軍が江戸へ進軍してきた時には、江戸市民の避難をはかり、江戸市街を焼き、新政府軍に対してゲリラ戦を展開するよう協力を要請していたという。日本との貿易に支障が出ることを恐れ、江戸攻撃反対の英国の圧力が強かったという。 ■板垣退助（1837～1919）は、西郷吉之助（隆盛）を訪問し総攻撃中止に抗議するも、英国公使ハリー・パークスの話を聞いて引き下がったという。 ■東征大総督府参謀補助の長州藩士木梨精一郎（1845～1910）・軍監渡辺清（大村藩士）（1835～1904）、横浜英公使館でハリー・パークス（1828～1885）に会い、江戸攻撃の際の負傷者の医療体制を依頼するが、戦争の国際法上断られる。
3月15日 【4月7日】	■新政府、天皇行幸を布告。 ■朝議、天皇の大喪により公武合体派公卿・九条尚忠（ひさただ）（1798～1871）らの赦免追放を解除。 ■「天下ニ令シ幕府旧来ノ榜掲ヲ撤シ新ニ定ム三札覚五札ヲ掲示セシム」（神祇事務局達158号）。 □新政府、旧幕府の高札を撤去し、新たな禁令五条を定めて掲示。これは「五榜の掲示」と呼ばれる五つの太政官布告の高札で、未だ非近代的なものだった。（第一札五倫道徳遵守、第二札徒党・強訴・逃散禁止、第三札邪宗門厳禁、第四札万国公法履行、第五札郷村脱走禁止）。 □民衆にも基本方針を示したものだが、それは旧来の儒教道徳の五倫の道をすすめ、禁を破る者の密告者には褒美を与えるといったもので、取り除いた旧幕府の高札と少しも変わらぬものであった。飢えて動揺し政治の改革を求める民衆には、初期の政府の態度は保守・強圧的であった。
	■北陸道先鋒総督府、この日、越後高田に到着。
	■東征大総督府下参謀・西郷吉之助（隆盛）、夜、江戸を出立、駿府へ向かい、16日、駿府で大総督有栖川宮熾仁親王（たるひと）（1835～1895）に報告し、次いで京に向かう。
	■「旧韮山代官江川英武の管地旧に仍らしむ」。旧韮山代官・江川英武（太郎左衛門）（1853～1933）の管轄を旧来に倣い、認める。
	■旧幕府は、田安第（現在の北の丸公園・日本武道館付近）で政務執行。
3月16日 【4月8日】	■長崎裁判所総督・沢宣嘉、浦上キリシタンの指導者26人を総督府に召喚、キリシタンを捨てよと厳しく命じつめ寄る。
	■大総督、江戸城攻撃を中止。江戸進撃停止。 ■東征大総督・有栖川熾仁親王、諸外国の公使に対して大総督に就任した旨を通告。

59

西暦1868

慶応4 明治1	3月17日 【4月9日】	■「諸国大小の神社において別当あるいは社僧が復飾することを命じる」(復飾令)(神祇事務局達165号)。神主を兼帯していた僧侶に対して還俗する旨の通達である。「このたびの王政復古の方針は悪い習慣を一掃することにあるので、全国各地大小の神社のなかで、僧の姿のままで別当あるいは社僧などと唱えて神社の儀式を行っている僧侶に対しては復飾(還俗)を仰せつける」。 □神仏分離令(正式には「神仏判然令」)が出される。この日から明治5年(1872)9月15日までに出された太政官布告、神祇官事務局達、太政官達など一連の通達の総称である。神祇事務局はこの日、「諸国大小の神社において僧形にて別当あるいは社僧として仕えるものは復飾(還俗)するように」と達する。維新政府は神仏混淆を禁止し、寺院と神社を分離するように命じる。明治維新まで、一部の例外を除き神社(権現・明神)は仏教僧侶の支配下にあった。別当・社僧が神を祭祀、寺社領・財政を管理、堂塔を営繕、人事を差配してきた。八幡・伊勢・天神・稲荷・熊野・諏訪・牛頭天王・白山・日吉(山王)・春日・鹿島・香取・愛宕・三島・大山祇・金毘羅・住吉・大歳・厳島・貴船・恵比寿・浅間・秋葉・荒川・賀茂・氷川・東照権現…など神仏分離が近世に強行された一部の神社を除き、神社は寺院(僧侶)の従属物であった。あるいは神と仏は同列に祀られ、神殿と仏堂が同居し、神殿に仏像・仏器が置かれ、僧侶が神に奉仕し、神前で読経などが行われるなどが普通の光景であった。北野天満宮・祇園感神院などは神社へ改称(北野神社・八坂神社)し、豊国社など多くの神社が再興された。	28
	3月18日 【4月10日】	■新政府、「名目金貸付の禁止令」発布。 □江戸時代における金融制度の一種。名目銀ともいう。門跡寺院や幕府と特別な関係にある寺社などが堂舎の修復料その他なんらかの名目を冠した資金すなわち名目金を武家や町人、農民に貸し付けた。 ■孝明天皇女御・明治天皇の嫡母(実母ではない)九条夙子(後の英照皇太后)(1835～1897)、皇后を経ずして皇太后に冊立され「大宮」と呼ばれる。 ■北陸道軍の山道軍先鋒、江戸に入る。 ■奥羽鎮撫総督九条道孝(1839～1906)、副総督・沢為量(1812～1889)が、総督参謀・醍醐忠敬(1849～1899)、下参謀大山格之助(綱良)(薩摩藩)(1825～1877)・世良修蔵(長州藩)(1835～1868)を伴って、仙台寒風沢港に入る。 □総督に従って三好監物(1815～1868)率いる仙台藩士100名も、京より入る。 三好は、大政奉還に際しては藩の重臣として藩兵を率い上京していた。	283 286 28(28(
	3月19日 【4月11日】	■東征軍海軍先鋒・大原重実(綾小路俊実)(1833～1877)、佐賀藩軍艦「孟春丸」・薩摩藩船「豊端丸」「万年丸」・久留米藩船「雄飛丸」・熊本藩船「泰運丸」「凌雲丸」の連合艦隊を率いて、兵を輸送するため、大坂を出港、横浜に向かう。 ■公卿の高野保建(左近衛権少将)(1837～1889)と清水谷公考(侍従)(1845～1882)、蝦夷地開拓・鎮撫使派遣の再申書を提出。 ■神奈川奉行所の戸部役場(内務担当)、神奈川運上所(外務担当)を廃止して新たに「横浜裁判所」設置。東久世通禧が横浜裁判所総督、肥前国佐賀藩11代藩主・鍋島直大(1846～1921)が、横浜裁判所副総督に任命される。	286 286 286

明治150年その歩みを知る、つなぐ（前編）　西郷どん、大久保卿、薩摩藩年表帖（中巻）

西暦1868

| 3月20日【4月12日】 | ■「朝議は大総督宮稟議の徳川家処分案大綱を容れることに決する」。 | 2865 |

□慶喜助命に転じた東征大総督府下参謀・西郷吉之助（隆盛）、大総督宮稟議の徳川家処分案大綱を持ち、京に到着。徳川家処分に関し三職会議（三条実美、岩倉具視、西郷吉之助（隆盛）、大久保利通、木戸準一郎（桂小五郎）、広沢兵助（真臣）ら）、徳川家存続、徳川慶喜、助命決まる。
■山陰道鎮撫総督・西園寺公望（1849〜1940）、中納言に任ぜられる。

3月21日【4月13日】

■兵庫裁判所総督兼参与東久世通禧は、新政府兵庫裁判所判事岩下方平らを従え、姫路藩の情況視察のため、姫路船場本徳寺に入る。 — 2866
□岩下左次衛門（方平）（1827〜1900）、元尾張藩士で儒者の中路権右衛門（延年）（1823〜1892）・伊藤俊輔（博文）（1841〜1909）・寺島陶蔵（宗則）（1832〜1893）・岩下清之丞（正之丞、方美）（薩摩藩士）（1812〜1895）・東条慶二（慶次）（薩摩藩士）の連名を得て、東久世通禧に楠社創建を建白。
□中路延年は、文政6年11月22日生まれ。元尾張藩士で近衛家付人、やがて薩摩系の志士となる。京都の中路信貫の養子となる。儒者春日潜庵に陽明学を学ぶ。文久2年（1862）8月、中路は薩摩藩の意を受け名古屋へ運動に行く。島津久光の公武合体策を朝廷に仲介し、西郷隆盛らと交流もあった。維新後、大日本農会に関係した。明治25年8月25日死去。享年70。
■前島来輔（密）（1835〜1919）、大久保利通（1830〜1878）の大坂遷都に反論する形で「江戸遷都」を主張、大坂の大久保に届けるとされる。

■大坂行幸に際しては、春日新社司新神司以下180人余が供奉し、3月22日に御行在所8箇の柵門警護を担当する。 — 2867

■**明治天皇（1852〜1912）、親征・海軍検閲のため「大坂行幸」出立、初めて京を出る。** 同日、淀城で休憩。副総裁三条実美（1837〜1891）、議定・輔弼中山忠能（1809〜1888）、議定細川喜廷（のちの護久）（肥後熊本藩主弟）（1839〜1893）、議定浅野長勲（広島藩主長訓の養嗣子）（1842〜1937）ら随行。 — 2868

■アーネスト・サトウ（1843〜1929）、旧幕府軍事取扱勝義邦（海舟）（1823〜1899）を訪問。 — 2869
□幕府方代表として、東征大総督府下参謀・西郷隆盛と会見したこと、元老中小笠原長行（1822〜1891）・元若年寄並兼外国総奉行平山敬忠（1815〜1890）・元若年寄並兼外国総奉行塚原但馬守昌義（1825〜？）・元陸軍奉行並兼勘定奉行小栗忠順（1827〜1868）らの脱走を聞く。そして、西郷が駿府からさらに京へ戻ったこと、英国公使ハリー・パークス（1828〜1885）が江戸攻撃批判したことを聞く。さらに、パークスへの内乱回避への尽力依頼も受ける。塚原但馬守は、30ヶ月のアメリカ亡命となる。
■「江戸騒擾」『海舟日記』。

3月22日【4月14日】

■**明治天皇、大坂行在所となった津村御坊（のちの本願寺津村別院）**（大阪市中央区本町四丁目）**に到着、6週間余り滞在する。** — 2870

■**東征大総督府下参謀・西郷吉之助（隆盛）、駿府に向け京を出る。** — 2871

3月23日【4月15日】

■新政府が二度目の大赦令。 — 2872
■新政府、対馬府中藩主・宗義達（1847〜1902）を朝鮮通交事務取扱とする。対馬藩は、戊辰戦争では、新政府に与して大坂まで軍を進めた。

■新政府、美作鶴田藩主松平武聡（徳川斉昭の十男）援助を、武聡の兄池田茂政（斉昭の九男）を継いだ備前国岡山藩主池田章政・因幡国鳥取藩主池田慶徳（斉昭の五男）に命ずる。 — 2873

西暦1868

慶応4 明治1	3月23日 【4月15日】	■東征軍海軍先鋒・大原重実(綾小路俊実)(1833~1877)、横浜に到着。附属参謀・島義勇(佐賀藩士)(1822~1874)を派遣して、徳川家軍艦の引き渡しを要求。	28
	3月24日 【4月16日】	■長崎裁判所内に置かれた「九州鎮撫長崎総督府」が、九州34藩の全てを管轄することになる。	28
		■総裁局顧問小松帯刀(清廉)(薩摩藩)(1835~1870)、参与兼外国事務局判事に就任。	28
	3月25日 【4月17日】	■西郷吉之助(隆盛)(1828~1877)、京から駿府に到着、東征総督府下参謀に復命。	28
		■4日、江戸を出発した徳川茂栄(一橋徳川家第10代当主)(1831~1884)は、この日、江尻(現・静岡市清水区)に到着、東征大総督・有栖川宮熾仁親王(1835~1895)に、前将軍慶喜の寛大な処分を願う。29日了承されて、4月4日、江戸に戻る。	
	3月26日 【4月18日】	■明治天皇、大坂天保山において、海軍を叡覧。 □日本最初の観艦式というが、各藩が保有する艦艇であった。	28
		■「嘉永6以来の勤王にたおれた志士の霊および鳥羽伏見の役以来東征各地の戦死者の霊をまつる神社を東山の佳域に嗣宇を設け、右等の霊魂を永く合祀致せらる」。	
		■北陸道軍の海道軍先鋒、江戸に入る。	287
		■旧幕府軍事取扱・勝義邦(海舟)(1823~1899)、「蟠竜」で横浜に東征軍海軍先鋒・大原重実(綾小路俊実)(1833~1877)を訪問。軍艦の引き渡しは、未だ徳川処分が決定していないことを理由に、これを拒否。	
		■出羽国庄内藩、仙台藩目付を通じて、藩士田辺儀兵衛(1825~1895)・和田助弥・高橋省助(1808~1870)・石井与惣(武膳)(1819~1881)が追討宥免嘆願の使者として奥羽鎮撫総督府に赴くも、下参謀大山格之助(綱良)(薩摩藩)(1825~1877)・世良修蔵(長州藩)(1835~1868)に一蹴される。	288
	3月27日 【4月19日】	■東征大総督府下参謀・西郷吉之助(隆盛)、駿府を出立、江戸に向かう。	288
		■旧幕府軍事取扱・勝義邦(海舟)(1823~1899)、横浜の英国公使館に、ハリー・パークス(1828~1885)と海軍総督・英艦隊司令官ヘンリー・ケッペル卿(Sir Henry Keppel)(1809~1904)を訪問し、最悪の場合、徳川慶喜の国外脱出を依頼。	288
	3月28日 【4月20日】	■島津氏の一門、平佐郷領主北郷家13代、北郷源左衛門(久信)(1831~1887)船将の「乾行丸」、鹿児島を出航、兵庫に向かう。久信のほか、次官の本田親雄(1829~1909)、指揮役の沖一平など士官以上13名、その他77名の計90名の乗組員だった。	288
		□兵庫で乾行丸は越後への出征を命じられ、長州の「丁卯丸」と同行する。 折から北越戦争が始まっており、陸の政府軍を海から支援する任務だった。	
		■九州鎮撫総督府参謀・井上聞多(馨)(1836~1915)、総裁局顧問木戸準一郎(木戸孝允)(1833~1877)宛に長崎に於ける外交の実情を報告し、現政府においても外国に対して(堺事件)、毅然とした態度で接するように伝える。	288

明治150年その歩みを知る、つなぐ（前編）　西郷どん、大久保卿、薩摩藩年表帖（中巻）

西暦1868

3月28日 【4月20日】	■「神仏ノ分離ニ関スル件」「神仏混合ヲ禁ズ」（神仏判別の令）（太政官布告第196号）。　2885 □「権現など仏語をもって神号とする神社は由緒を書き付け申し出よ。また仏像をご神体としているところ、本地などとして仏像を社前に掛け、鰐口、梵鐘、仏具などを置いているところは早々に取り除くべきこと」と通達。 □奈良時代から行われてきた神仏習合を禁じた。神号を、権現や牛頭天王ら仏号で称えることの不快感の表明と、神社・神前から仏教的要素の排除を命ずる。仏像を神体とすることを禁止し、神社からの仏像・仏具の追放を命じる。 □政府の政策的意図による神仏分離令・排仏毀釈により神仏混淆がなくなる。神道振興で諸社が格式をそなえ神社と仏寺の習合が禁じられる。 以後、全国で仏教施設・仏具の破壊運動が起こる。 □神祇事務局判事亀井茲監（石見国津和野藩主）（1825～1885）および幕末に藩政の指導的役割を担った家臣の徴士神祇事務局権判事・福羽美静(1831～1907)は、維新政府の宗教問題を扱う神祇事務局の主導権を掌握していた。 岩倉具視、木戸孝允らの後援という。 ■山陰を平定した、山陰道鎮撫総督・西園寺公望(1849～1940)、京伏見に凱旋。 □この働きで、西園寺公望は最後の明治の元老となる。
	■東征大総督府下参謀・西郷吉之助（隆盛）、横浜で英国公使パークス(1828～1885)　2886 と会談、事の経緯と新政権の方針を説明。パークスからは、慶喜助命や幕府方への過酷な要求を斥ける様、忠告される。
3月29日 【4月21日】	■西郷吉之助(隆盛)、京都から池上本門寺の新政府軍本営に入る。　2887
3月30日 【4月22日】	■山城国中諸寺院の警固が、市中取締所から京都裁判所支配にかわる。　2888
3月一 【4月一】	■この月、祇園社(現在の八坂神社)社務職の社僧・建内繁継(権僧正法印)ら社僧7家　2889 が、神仏分離令により還俗。
4月1日 【4月23日】	■「宿駅役所ヲ置キ、廨舎ヲ民政役所ニ設ク」。廨舎は役所の建物。　2890 ■英国が列国に先駆けて新政府を承認（パークス信任状奉呈）。 ■木戸準一郎（木戸孝允）(1833～1877)、「木戸孝允日記」を記す(～明治10年5月6日)。
	■「日吉山王社の事件」。日吉社(滋賀県大津市坂本5丁目1-1)へ128人ほどの武装神官らが　2891 押し寄せ、神殿に侵入、仏像、仏具、経典などを破壊した。廃仏毀釈の最初の暴挙。 □樹下茂国（日吉社社司）(1822～1884)らは延暦寺の三執行代に日吉社神殿の鍵の引渡しを要求した。社司方はそれが拒否されるにおよび、神道本所吉田家が王政復古に協力するために作った神威隊の一部と社司が雇った上・下坂本の農民とで神殿に乱入した。樹下茂国は、明治政府の参与神祇軍務掛から神祇官の事務局権判事に就いていた。岩倉具視と昵懇で、新政府の国教政策チームに玉松操を引き入れた当人でもあった。 □3月30日、大津裁判所が、神仏混淆の禁止を通達した。 □後には興福寺でも僧侶全部が神主になり仏像や伽藍を破壊したり、五重塔も金具を取ることだけで売られ、焼かれようとした。延焼を恐れた近隣の住民の反対で中止されたという。これらの動きは全国に広がり藩ごとに強行された。富山藩では領内の1,635ほどあった寺を6寺までしようとする凄まじいものであった。伊勢神宮のある地方では、196ヶ所の寺が廃寺にされ仏像は捨てられたりしたという。薩摩藩、土佐藩、平戸藩、延岡藩など、激しかったという。

63

西暦 1868

慶応4 明治1	4月1日 【4月23日】	■東海道先鋒総督・橋本実梁(1834〜1885)、池上本門寺に入る。 ■横浜裁判所副総督の鍋島直大を江戸開市取扱総督任命。
	4月2日 【4月24日】	■参与内国事務局判事大久保利通(1830〜1878)、再び総裁局顧問に任ぜられる。
		■旧幕府購買のストーンウォール号(甲鉄艦)、横浜に入港。 新政府軍の海軍先鋒大原重実(公卿綾小路俊実)(1833〜1877)、これを抑留する。
		■東征総督府参謀西郷吉之助(隆盛)、池上本門寺で江戸城受け取りの軍議を開く。 ■東征軍、旧幕府軍事取扱・勝義邦(海舟)(1823〜1899)らに、江戸の取締りを命ず。
		■有馬藤太(薩摩藩)(1837〜1924)、参謀の伊地知正治(1828〜1886)に副参謀任命と同時に「軍略一切御委任」とされ、「宇都宮方面の情況偵察」という新任務を受け、彦根兵300を率いて同日、東山道軍本営所在地の板橋から勇躍して出動。
	4月初旬 【4月下旬】	■この頃、幕臣阿部潜(邦之助)(1839〜?)、兵学校設立資金として江戸城金蔵より11万両を盗み出すとされる。
	4月3日 【4月25日】	**■流山陣屋を包囲された新選組近藤勇(1834〜1868)、「大久保大和」の名を語り、香川敬三軍監・有馬藤太(薩摩藩)に投降し、越谷の総督軍本陣に連行される。**

■有馬は、東山道の出入り口である板橋を出て次の千住駅に到着した時、大きな聞き込みがあった。それは甲州・勝沼で土佐の板垣退助参謀指揮下にあった東山道軍先鋒支隊3千に敗走させられ同駅を通過したばかり。下総流山で商家の屋敷を本陣に大久保大和と偽名して組の再編にかかろうとしていた元新選組隊長・近藤勇(甲陽鎮撫隊長)の動きだった。そこで3日、流山の村落周辺に兵を散開させ包囲した有馬は、近藤には武士の礼を執り、わずか数人の兵を供に、自ら流山の本陣にも出向くなど先頭に出た。5日には自身が軍使になった近藤一人だけの投降となった。(有馬の聞き書きより)。

□有馬藤太(1837〜1924)は、天保8年、薩摩藩砲術師範有馬藤太(同名)の長男に生まれる。小野郷右衛門に飛太刀流を学び、19才で師範代になる。薩摩藩の山本勘介と評判の名参謀・伊地知正治に引き立てられた。慶応4年(1868)1月に戊辰戦争が勃発すると、4月に東山道総督府の斥候を命じられ、香川敬三率いる一隊に従軍して宇都宮へ向かった。途中、流山に旧幕府軍が駐屯しているという報告を聞き、不意をついて甲陽鎮撫隊(新選組)の陣屋を包囲。降伏してきた局長・近藤勇を馬にのせて粕壁(現・春日部)の本営から板橋の本営まで護送した。この時、近藤の潔い態度に感銘し上司である参謀・伊地知正治(1828〜1886)に向けて手紙をつけ、自分が戻るまで近藤の処分を保留し、相応の待遇を頼んだ。その後、結城城奪還など北関東の鎮撫にあたる。14日、一時江戸に帰還したが、板橋に拘留されている近藤の処刑には強く反対したと伝えられる。その後、前線に復帰後、22日に壬生城の戦闘で旧幕府軍に対して獅子奮迅の活躍をするが、数ヶ所に銃弾を浴びる重傷を負い、横浜の病院に送られた。退院後、自分の知らないうちに近藤勇が4月25日に斬首されたことを知って、大いにその不当を香川になじったという。有馬の最期は、下巻の大正13年(1924)に続く。

西暦 **1868**

明治150年その歩みを知る、つなぐ（前編）　西郷どん、大久保卿、薩摩藩年表帖（中巻）

4月4日【4月26日】	■東海道先鋒総督橋本実梁（さねやな）(1834～1885)、副総督柳原前光（さきみつ）(1850～1894)が、勅使として江戸城に乗り込んだ。東征大総督府下参謀・西郷吉之助（隆盛）(1828～1877)をはじめ、東海道先鋒総督府参謀の木梨精一郎（長州藩）(1845～1910)・同参謀海江田信義（薩摩藩）(1832～1906)・安場一平（保和）（やすかず）（熊本藩）(1835～1899)らが付き従った。 □勅使、11日の引き渡しの朝命を伝達。江戸鎮撫取締・田安慶頼(1828～1876)に、徳川慶喜の死一等を減じ、水戸での謹慎を許可する勅書を伝える。天璋院（篤姫）(1836～1883)、朝廷の江戸城退去命令を受ける。 ■新政府、旧幕府に「軍艦引渡命令」。 ■勝義邦（海舟）(1823～1899)、旧幕府軍事取扱を免じられる。 ■北陸道先鋒総督府軍、江戸到着。総督高倉永祐（ながさち）(1838～1868)、副総督四条隆平（たかとし）(1841～1911)ら、浅草六郷邸に屯する。
	■新選組近藤勇(1834～1868)、囚者駕籠にて板橋の新政府軍本陣（東山道先鋒総督府）に送られる。東山道軍に所属した元御陵衛士（高台寺党）の加納道之助（通広・鷲雄）(1839～1902)・清原清(1831～1868)が面通しし、近藤勇だと見破るという。
4月5日【4月27日】	■長崎裁判所、在留外国人雇用の清国人の日本人に対する犯罪は、国内法をもって処すると決定。
	■東征大総督府下参謀・西郷吉之助（隆盛）、大久保利通(1830～1878)に経過報告と公私混同を避けるため勝義邦（海舟）(1823～1899)に会わずにいると手紙を書く。 ■徳川慶喜(1837～1913)、旗本に恭順を諭す。
4月6日【4月28日】	■「天皇、諸藩兵ノ操練ヲ大坂城中ニ観給フ」。明治天皇(1852～1912)、大坂城中において、大村益次郎（維新政府の軍防事務局判事加勢）(1824～1869)ほか、諸藩兵の操練を視察。
4月7日【4月29日】	■副総裁三条実美（さねとみ）(1837～1891)、徳川家は田安亀之助（田安家の徳川慶頼の三男、後の徳川家達）(1863～1940)に相続させると勅命。
	■諸侯、江戸を引払う。 ■総督府、勝義邦（海舟）(1823～1899)と大久保一翁(1818～1888)を「江戸表取締役」に任命する。 □総督府は、幕府方の人物に江戸の取り締りを任せ、彼らに彰義隊を鎮撫させようとした。
4月8日【4月30日】	■東征大総督・有栖川宮熾仁親王（たるひと）、本営駿府を出立、江戸に向かう。
4月9日【5月1日】	■明治天皇、津村別院において軍神を祀り、徳川慶喜が謝罪し、江戸を平定したことを報告。 ■大久保利通(1830～1878)、副総裁三条実美（さねとみ）(1837～1891)の取次ぎで、行在所（仮皇居）で初めて明治天皇に参謁。京都および関東等状況を報告する。 □藩士にして拝謁を賜りしは、大久保利通を以て嚆矢（こうし）となすという。後に明治天皇に謁見したことを祝うため、大久保は小松帯刀(1835～1870)、木場伝内(1817～1891)、本田親雄(1829～1909)、税所篤（さいしょあつし）(1827～1910)を招き、「三橋楼（さんきょうろう）」で祝宴をあげる。大阪市中央区石町1丁目「天満橋ニュースカイハイツ」付近にあった「三橋楼」は、高台にあったため「天神橋」「天満橋」「難波橋」三つの橋を眺望することができたところから三橋楼と名づけられたという。 ■伏見稲荷神社祭礼の東寺（教王護国寺）への神輿奉遷を、この年から廃止（神仏混淆の禁止のため）。

65

西暦1868

慶応4 明治1	4月9日 【5月1日】	■榎本武揚(たけあき)(旧幕海軍副総裁)(1836~1908)、新政府江戸表取締役・勝義邦(海舟)(1823~1899)に、軍艦引き渡し拒否の嘆願書を提出。 ■勝義邦(海舟)・大久保一翁(忠寛)、池上本門寺の東海道先鋒総督軍で、幕府陸海軍より預かった嘆願書を提出し、城受け渡しの打ち合わせをする。 ■静寛院宮(和宮)(1846~1877)と家茂生母・実成院(じつじょういん)(1821~1904)、江戸城大奥から江戸城田安門内の徳川清水邸(江戸城清水門内で田安邸の東、現在の北の丸公園・日本武道館付近に)に移る。
	4月10日 【5月2日】	■「神社ノ仏像等ヲ除去ノ際社人ノ粗暴ヲ戒ム」(太政官布告第226号)。 日吉権現破壊を受け、太政官布告で、神仏判然の主旨と「私憤ヲ斉シ候様之所業」・「粗暴ノ振舞等」への戒めがある。 ■「仏語を以て神号為す神社は其の事由を録上せしめ、及び仏像を以て神体と為す神社を改め社前に仏像仏具ある者は之を除却せしむ」(神祇事務局達)。 ■「苗字帯刀免許名主」。名主に苗字帯刀が許される。
		■江戸表取締・勝義邦(海舟)(1823~1899)、池上本門寺で打ち合わせ後、寛永寺大慈院の徳川慶喜(1837~1913)を訪問し、労を賞され刀を賜る。 ■天璋院(篤姫)(1836~1883)、徳川家定生母・本寿院(1807~1885)と共に、江戸城一橋門内、一橋邸(千代田区大手町1丁目)に移る。
	4月11日 【5月3日】	■「戊辰戦争—慶応4年(1868)年1月3日~明治2年(1869)5月18日—江戸城、無血開城」。東海道先鋒総督橋本実梁(さねやな)(1834~1885)、江戸城点検接収。尾張藩兵が、城の警備にあたる。 ■勅書を受けた徳川慶喜(1837~1913)、解官され、未明、寛永寺大慈院を出て水戸へ向かう。
	4月12日 【5月4日】	■(京都)新政府、布告。諸藩に対して「五箇条の御誓文」の趣旨に沿って人材抜擢などの改革を進めることを命じる。 ■蝦夷地の行政のために箱館裁判所(閏4月24日には箱館府と改称)の設置が決定され、仁和寺宮嘉彰(あきひら)親王(後の小松宮彰仁)(1846~1903)が総督、土井利恒(越前国大野藩8代藩主)(1848~1893)と清水谷公考(しみずだにきんなる)(侍従)(1845~1882)が副総督に指名され、閏4月24日には内国事務局判事井上石見(長秋)(薩摩藩士)(1831~1868)と蝦夷地探査家・松浦武四郎(1818~1888)が箱館府判事に、探検家岡本監輔(1839~1904)・掘真五郎(長州藩士)(1838~1913)・教育家山東一郎(直砥(なおと))(1840~1904)らが同権判事に任命される。 □松浦は、先年より蝦夷御用御雇として活躍、後には、蝦夷地に「北海道」の名を与えたほか、アイヌ語の地名をもとに国名・郡名を選定した。 ■江戸脱走の旧幕兵、鴻ノ台(千葉県市川市国府台)に集結し、市川において軍議を開く。歩兵奉行大鳥圭介(1833~1911)が旧幕軍総督になる。
	4月13日 【5月5日】	■新政府は、武器、軍艦引渡しの請書(うけしょ)を提出した江戸鎮撫取締・田安慶頼(よしより)(1828~1876)へ、東海道先鋒総督・橋本実梁(さねやな)(1834~1885)名で、「引渡ノ処置無之候テハ徳川ノ家名ニモ相係リ可申ノ間、此段勘考可有之事」と軍艦の引渡し実行を命令。 □しかし、榎本武揚(1836~1908)は、その命令を頑なに拒む。
	4月14日 【5月6日】	■前土佐藩主・山内容堂(豊信)(1827~1872)、病のため京を離れる。 ■東久世通禧(ひがしくぜみちとみ)(1834~1912)、議定に就任。

明治150年その歩みを知る、つなぐ（前編）　西郷どん、大久保卿、薩摩藩年表帖（中巻）

西暦1868

4月14日【5月6日】	■大総督府、援軍の出兵を諸藩に命令。 □「会津藩反抗ノ報」が入り、大総督府は、会津藩討伐のため薩摩・長州・佐土原ほか4藩に越後出兵を命じ、新発田藩など越後8藩にその加勢を命じる。	2916
	■庄内討伐を強行すべく、督励と称して、奥羽鎮撫副総督・沢為量(1812～1889)、下参謀大山格之助(綱良)(薩摩藩)(1825～1877)・薩州隊長和田五左衛門・長州隊長桂太郎(1848～1913)率いる薩長兵ら260人が、岩沼(宮城県岩沼市館下)の総督府本陣を出陣。これに、仙台藩2小隊が副総督警固役として従軍する。	2917
4月15日【5月7日】	■京都学習院、仮に「大学寮代」と改称。 □国学中心に反対の保守的な公家勢力や儒学者は、学習院を大学寮代と改称して大学寮再建方針が打ち出される。	2918
	■東征大総督・有栖川宮熾仁親王(1835～1895)、駿府から江戸に入る。	2919
	■徳川慶喜(1837～1913)、水戸に到着し、弘道館至善堂(茨城県水戸市三の丸)にて謹慎生活に入る。	2920
4月16日【5月8日】	■江戸表取締・勝義邦(海舟)(1823～1899)、館山で軍艦引き渡しの件で、榎本武揚(旧幕海軍副総裁)(1836～1908)を説得。榎本は、新政府は脱走の罪は問わないとする海舟の説得により、軍艦4隻を引き渡しを約束する。	2921
4月17日【5月9日】	■(江戸)新政府、金座(東京都中央区日本橋本石町)・銀座を収上。新政府は金座を「江戸金銀銅座役所」と称した。 □接収された金座は、明治政府貨幣司の統制下となり、政府の軍費支払に充てるために翌年2月まで新政府が用いる金貨を鋳造していたが、改税約書違反の悪質な金貨を鋳造していた事実が明らかとなったために諸外国からの抗議を受け、明治政府が太政官札への全面切り替えと新しい造幣施設建設を決めたために廃止となった。	2922
4月18日【5月10日】	■海援隊の長岡謙吉(1834～1872)、朝廷に対し兵庫海軍局創設案を建白。	2923
	■東征大総督有栖川宮熾仁親王(1835～1895)、この日の日記に、「輪王寺を賊徒押し立て、日光山へ移し、錦旗などをこしらえ、容易ならざるおもむきこれあり」と記す。 □彰義隊生き残りも、「昔の南北朝をきめるつもりだった」と証言している。 ■東山道総督参謀・伊地知正治(しょうじ)(薩摩藩)(1828～1886)を総指揮官とする第三次宇都宮城救援隊(薩摩・長州・大垣・忍藩ら)550名、江戸を進発。	2924
4月19日【5月11日】	■総督沢宣嘉の命で長崎奉行直属の親衛隊だった遊撃隊、「振遠隊」と名を改め、長崎裁判所に所属することとなる。	2925
	■大坂行在所(津村御坊)で、キリシタン問題の御前会議。 ■外国事務局判事伊藤俊輔(博文)(長州藩)(1841～1909)、神戸開港場外国事務一切を委任するとの辞令を受ける。 ■生野に、府中裁判所設置(播磨・但馬・美作の旧幕府領生野代官支配地を統治)。	2926
	■西園寺公望(権中納言)(1849～1940)、但馬府中裁判所総督兼帯。	2927
	■新潟裁判所が設置され、四条隆平(1841～1911)が総督となる。	2928
	■(江戸)「軍防裁判所ヲ設ケ、頭取、助役、吟味役、取筆、追捕手ヲ置キ、大橋慎三(橋本鉄猪)(土佐藩家老深尾氏の家臣)(1835～1872)ヲ頭取トナス」。	2929

西暦1868

慶応4 明治1	4月19日 【5月11日】	■東海道先鋒総督、旧幕府に軍艦4隻を与える。 □榎本武揚(元海軍副総裁)(1836〜1908)がその命令を頑なに拒むため、新政府は、 「4艦は主家を思う榎本に免じて与えるが、他の4艦は速やかに朝廷に献上するように」と、妥協案を出す。
		■新選組土方歳三(1835〜1869)ら、大鳥圭介(1833〜1911)を率いる旧幕軍洋式部隊 「伝習隊」らと宇都宮城を攻撃、味方逃走兵士を斬殺し、士気を高め宇都宮城を 奪取(宇都宮城の戦い)。
		■奥羽鎮撫副総督沢為量(1812〜1889)と下参謀大山格之助(綱良)(薩摩藩)(1825〜 1877)、天童城(山形県天童市天童)に入り本陣を置く。
	4月20日 【5月12日】	**■キリスト教弾圧を総督に抗議する各国の長崎領事、長崎裁判所へ邪蘇教(江戸 時代におけるキリスト教の呼び名)伝道の禁の解除を請願する。**
		■「神奈川奉行所横須賀製鉄所上取」。 □神奈川奉行の水野若狭守良之(水野千波)・依田伊勢守盛克(1819〜1898)、横浜を 裁判所総督・東久世通禧(1834〜1912)に引き渡す。二人は、慰労金を新政府から 下賜され、翌日、江戸に引き上げる。 ■横浜裁判所が改称されて「神奈川裁判所」設置。
		■新式銃隊を率いる大山弥助(巌)(薩摩藩)(1842〜1916)が所属する、第四次宇都 宮城救援隊(薩摩・大垣藩)、板橋を出軍。
		■「戊辰戦争─岩井の戦」。関宿藩襲撃計画の純義・忠義・誠忠・回天藤沼孝之丞隊 の各隊約1,000名、未明、岩井(茨城県坂東市岩井)にて、第三次宇都宮城救援隊(薩 摩兵・長州兵・大垣兵ら)300名に急襲され、午前8時、圧倒的火力の前に敗北。 ■第二次宇都宮城救援隊の内参謀河田景与(河田佐久馬)(鳥取藩)(1828〜1897)・ 副参謀有馬藤太(薩摩藩)(1837〜1924)は、古河を出発するも、宇都宮落城を知り、 壬生城(栃木県下都賀郡壬生町)に向かう。午後、壬生に着くと、山国隊を先遣隊と して安塚に派遣する。
	4月21日 【5月13日】	■太政官より神祇事務局へ、楠社創建の沙汰書が正式に達せられる。 □尾張藩により三度京都に創建の案も出されるも、のちの神戸湊川神社である。
		■東征大総督・有栖川宮熾仁親王、諸道先鋒総督を従えて江戸入城、荘厳なる入 城式。そして、江戸城を大総督府とすると宣言。 **■(江戸)新政府、市内発砲を禁ず。** **■東海道先鋒総督・橋本実梁(1834〜1885)、旧幕町奉行の石川河内守(利政)(元北 町奉行)(?〜1868)、佐久間鐇五郎(信義)(元南町奉行)をして、仮に江戸市中の事 を管理させる。** □江戸市中取締所が設置となるも、大総督府は、旧幕府町奉行所業務の継続を 命じる。3月、新政府軍が江戸へ入る際には、町奉行所が江戸市民に静謐を守る よう懸命の説諭が行われたという。
	4月22日 【5月14日】	■太政官、「長崎近傍浦上村の耶蘇教徒処置方言上の件」布告。 □大阪本願寺の行在所で御前会議が開かれ、その結果、大阪滞在中の親王、議定、 参与、徴士及び京都滞在の諸侯等の政府要人に政府の議案を示して、翌日までに、 各人の意見を文書にした「見込言上書」の提出を命じた。長崎から浦上村総流罪 の一大処分案が提出されていた。 ■九条道孝、三条実美、従一位に叙される。 ■副総裁三条実美(1837〜1891)、左近衛大将を兼任。

西暦**1868**

明治150年その歩みを知る、つなぐ（前編）　西郷どん、大久保卿、薩摩藩年表帖（中巻）

4月22日 【5月14日】	■江戸表取締・勝義邦（海舟）(1823〜1899)、再度、安房国館山の榎本武揚(1836〜1908)を訪ね、恭順を示すため新政府軍に軍艦の引き渡しを要望。旧幕府軍艦「蟠竜」の人見勝太郎(1843〜1922)と伊庭八郎(1844〜1869)の遊撃隊、これに反発。	2940
	■新式銃隊を率いる大山弥助（厳）（薩摩藩）(1842〜1916)が所属する、第四次宇都宮城救援隊（薩摩・大垣藩）、古河を経て国分寺（小山北方約4キロ）にさしかかる。「安塚の戦い」に急行するも戦いは終わっており、壬生に宿泊する。	2941
	■奥羽鎮撫副総監沢為量(1812〜1889)、下参謀大山格之助（綱良）（薩摩藩）(1825〜1877)らの奥羽鎮撫軍、天童は狭く防御に難点があるため新庄へ向かう。従うのは、天童・上山・山形らの藩兵。 翌日23日着陣し、新庄藩庁（山形県新庄市堀端町）を本陣とする。	2942
	■仙台総督府表敬伺候のため、4月20日国許を発した出羽国本荘藩国家老・幡江右膳ら、尾花沢で奥羽鎮撫一行に出会う。副総監沢為量に謁見、下参謀大山格之助（綱良）からは、庄内征討を命じられる。それを受けて、11代藩主六郷政鑑(1848〜1907)は、奥羽総督府軍支持を家中に伝える。	2943
4月23日 【5月15日】	■議定細川喜廷（藩主弟）(1839〜1893)、兄・慶順の「韶邦」（肥後国熊本藩11代藩主）(1835〜1876)への改名に倣って、名を喜廷から「護久」に戻す。	2944
	■「旧旗下士ノ封戸家系等ヲ録上セシム」（内国事務局）。「旗下」とは武士のこと。	2945
	■長州藩士山県狂介（有朋）(1838〜1922)・薩摩藩士黒田了介（清隆）(1840〜1900)、北陸道先鋒総督府参謀に任命される。	2946
	■「戊辰戦争—第二次宇都宮城の戦い」はじまる。大山弥助（厳）（薩摩藩）(1842〜1916)が所属する第四次宇都宮城救援隊、総督府軍と共に、朝、壬生を出発、宇都宮に向かう。戦闘の大鳥圭介軍、六道口で耐える。 ■「第二次宇都宮城の戦い—新政府軍、宇都宮城を奪還」。午後3時頃到着の、東山道先鋒総督参謀・伊地知正治（しょうじ）（薩摩藩）(1828〜1886)が率いる第三次宇都宮城救援隊（薩摩兵・長州兵・大垣兵）、南と西から総攻撃、17時、大鳥軍が退却。新政府軍、大鳥軍が守る宇都宮城を奪還。	2947
	■奥羽鎮撫副総監・沢為量(1812〜1889)、下参謀大山格之助（綱良）（薩摩藩）(1825〜1877)らの奥羽鎮撫軍、夜、新庄を発し、本合海（山形県新庄市本合海）で乗船、最上川を下る。	2948
4月24日 【5月16日】	■太政官、「神祇の菩薩号廃止に関する件」布告。石清水、宇佐、筥崎等、八幡大菩薩号の停止、八幡大神への改号の達。（神仏分離令）。 □石清水八幡は男山神社に、愛宕大権現は愛宕神社に、金毘羅大権現を祀っていた象頭山金光院松尾寺は金刀比羅宮に、竹生島の弁才天妙覚院は都久夫須麻神社に、奈良多武峰の妙楽寺は談山神社に、あわただしく改称していくことになる。そして、楠木正成を祀る湊川神社、崇徳上皇を祀る白峯宮、後鳥羽上皇・土御門上皇・順徳上皇を祀る水無瀬神社、さらに東京招魂社など、新造神社が誕生することになる。 ■総裁局顧問大久保利通(1830〜1878)、徳川家の相続者、並びに封土に関する諮問に答申する。	2949
	■東山道先鋒総督・岩倉具定（具視の第三子（次男））(1852〜1910)、江戸入府。	2950
	■この日、「佐渡裁判所」が設置され、27日、滋野井公寿（元赤報隊）(1843〜1906)が総督となる。	2951

69

西暦1868

慶応4 明治1	4月24日 【5月16日】	■奥羽鎮撫副総監・沢為量(1812〜1889)らの奥羽鎮撫府軍、未明、古口村の土湯に上陸。清川(山形県東田川郡庄内町清川)までは3キロ。
	4月25日 【5月17日】	■天皇の御座所、大坂の津村御坊にて浦上村民処分に関する御前会議が開かれる。 □三条実美、伊達宗城、木戸準一郎(木戸孝允)、小松帯刀に、長崎から呼び出された井上聞多(馨)、大隈八太郎(重信)が加わる。御前会議では沢宣嘉の処分案や重臣の意見も参考にされるが、木戸孝允の意見が用いられる。 「中心人物は長崎で死刑。残り3千余人を名古屋以西の10万石以上の諸藩に流配、大名に生殺与奪の権を与える。7年間は一口半の扶助米を支給し、キリシタンの中心浦上を一掃することに」。 しかし、あまりにもひどすぎると小松帯刀が三条実美に意見を申し出、中心人物は死刑せずに全員配流することに決定。「浦上四番崩れ」の旅が決まる。 ■23日横浜出港した英国公使ハリー・パークス(1828〜1885)、アーネスト・サトウ(1843〜1929)らと、女王の信任状を持ち大坂に到着。
		■外国公使御用掛・松平春嶽(1828〜1890)、新政府に宛てて徳川救済の嘆願書を提出。「徳川譜代の臣らが流浪しないほどの禄を与えて欲しい。俗に旗本八万騎と称し、こうした者たちが流浪すると、皇国のためにもよろしくない」。
		■浄安寺・西光寺、伏見稲荷神社境内から撤去。
		■日本人最初のハワイ移民141人、徳川幕府と交渉し、出稼ぎ300人分の渡航印章の下附を受けた米国人ユージン・ヴァン・リード(Eugene Miller Van Reed,)(1835〜1873)に雇われ、横浜の大親分木村半兵衛の世話で、密かに英国船「サイオト号」で横浜を出帆、35日間かけて慶応4年5月1日(新暦6月19日)、ホノルル港に到着。
		■近藤勇(35才)(1834〜1868)、板橋平尾一里塚で斬首され、3日間晒される。
	4月26日 【5月18日】	■薩摩藩遊撃二番隊、北陸道援軍となり京を発つ。作戦地は越後、米沢、庄内である。 □鳥羽・伏見の戦い後、薩摩藩遊撃二番隊が解散したため、遊撃三番隊が遊撃二番隊となる。
	4月27日 【5月19日】	■軍防事務局判事加勢の大村益次郎(1824〜1869)、新政府の軍防事務局判事に任命される。新政府は、彰義隊を武力によって、鎮撫することを決したのだ
	4月28日 【5月20日】	■東征大総督府下参謀西郷吉之助(隆盛)、江戸を発ち京都へ向かう。
		■「徳川氏軍艦上収」。新政府、初めて自前の艦船を取得。品川に戻った榎本武揚(旧幕海軍副総裁)(1836〜1908)、富士山・翔鶴・朝陽・観光4隻を新政府へ引き渡す。現役の軍艦は「富士山」だけだった。「開陽」を含む残りは、いったん品川に停泊。佐賀藩は、「翔鶴丸」を預かる。
	4月29日 【5月21日】	■京で土佐藩大監察・小南五郎右衛門(1812〜1882)から長岡謙吉(1834〜1872)は、土佐海援隊長に任ぜられる。長岡グループは、瀬戸内海諸島の占拠など目覚ましい活躍をした。 しかし、長崎占拠グループもあり、龍馬死後の海援隊は分裂状態であった。
		■新政府参与で会計事務局判事の戸田忠至(下野国高徳藩初代藩主)(1809〜1883)、京都裁判所副総督との兼任を命じられる。

70

明治150年その歩みを知る、つなぐ（前編）　西郷どん、大久保卿、薩摩藩年表帖（中巻）

西暦**1868**

4月一 【5月一】	■この月、大和興福寺は、一山不残還俗し廃寺同様となる。そして、山城北野天神は、住僧49人が復飾、祭儀の様式を改む。 □興福寺では、一乗院・大乗院をはじめ他の院家も復飾して春日大社の新社司となり、ほかの諸坊も新神司として春日社への参勤となる。 ■この月、愛宕大権現（京都嵯峨愛宕町）の社名を「愛宕大神」と改称、同社の社僧が全員還俗。
閏4月1日 【5月22日】	■明治天皇（1852〜1912）、大坂津村御坊で英国公使パークスらを引見。英国公使ハリー・パークス（1828〜1885）、女王からの信任状を提出し、英国政府は新政府を承認。（明治政府承認の最初）。 ■新政府の軍防事務局判事・大村益次郎（1824〜1869）、汽船で大坂出発、江戸に向かう。
	■「江戸遷都の建白」。徴士大木民平（喬任）（佐賀藩）（1832〜1899）と副総裁三条実美の内命を受けた江藤新平（佐賀藩）（1834〜1874）は、藩主の同意を得て、建白書を副総裁岩倉具視（1825〜1883）に提出。 □その趣旨は、遷都でなく、京都を廃するのではなくこれと並べて、江戸に新都を開く。徳川氏には別城を与え、江戸を「東京」と称し、京都を「西京」とするという、両都論とも言うべき弾力的な主張であった。 大坂遷都を主張した大久保利通は、前島来輔（密）の建白書も踏まえ、東京奠都に決意し、新たな建白書を上程する。
	■薩摩藩密偵・元御陵衛士富山弥兵衛（1843〜1868）、北陸道先鋒総督府参謀・黒田了介（清隆）（1840〜1900）の命を受け、越後出雲崎（新潟県三島郡出雲崎町）にて会津藩の動向探索に従事したが、水戸藩諸生党に捕えられ、一時は逃走したものの、失敗して殺害される。26才。 その首は梟首されたが、捨札には「後世諸士ノ亀鑑大丈夫ノ士（後世の武士諸君の手本となる大丈夫の士）」と勇戦をうたわれたという。 □富山弥兵衛は、天保14年、薩摩藩士の子弟として生まれる。文久1年（1861）、国を出て江戸に上り、元治1年（1864）上京、同年11〜12月頃までに新選組に入隊。薩摩藩の間者として探索のために新選組に入隊したともいうし、薩摩藩士内田仲之助（政風）の家臣だったともいう。近藤勇は薩摩出身の富山を怪しんだが、伊東甲子太郎が、薩摩藩とのつながりの端緒になるからと、近藤を説得して入隊させたという。新選組に加盟して七番大砲組に属し、翌年には伍長をつとめた。慶応3年（1867）3月、伊東らと共に御陵衛士結成に参加。富山は伊東を尊敬し、文武に励み、後には薩摩藩大久保一蔵（利通）に引き合わせたという。同年11月の「油小路事件」では現場を脱出し、薩摩藩に匿われた。中村半次郎が大久保一蔵と相談して邸内に匿い、その日のうちに伏見藩邸に送られたという。同年12月、伏見街道で阿部十郎ら御陵衛士残党と共に近藤勇を襲撃した。辰戦争では薩摩藩に属した。
閏4月2日 【5月23日】	■大総督府、江戸鎮撫万端取締の事を、田安慶頼（中納言）（1828〜1876）、江戸取締の大久保忠寛（一翁）（若年寄）（1818〜1888）・勝義邦（海舟）（1823〜1899）に委任する。
閏4月3日 【5月24日】	■副総裁三条実美（1837〜1891）、同岩倉具視（1825〜1883）、英国公使パークス（1828〜1885）、大坂津村御坊で新潟開港延期とキリスト教禁制の件を論議。

西暦1868

慶応4 明治1	閏4月3日 【5月24日】	■「江湖新聞」創刊。 □開国論者の幕臣・福地源一郎(1841~1906)、仲間の条野伝平(条野採菊)(戯作者) (1832~1902)・出版業者広岡幸助(1829~1918)・西田伝助(貸本屋辻伝右衛門方の番頭) (1838~1910)らと木版刷りの新聞(ただし今日の雑誌の形)を江戸で創刊。 佐幕派の主張を掲げた。	29
	閏4月4日 【5月25日】	■東征大総督府下参謀西郷吉之助(隆盛)(1828~1877)と北陸道総督府参謀山県狂 介(有朋)(長州藩士)(1838~1922)、江戸より海路、大坂に入る。	29
		■**「切支丹はもちろん、その他邪宗門を禁制の件」(太政官布告第279号)布告。** □「五榜の掲示」のうち、第三札(切支丹邪宗門の禁制)、「切支丹宗門」と「邪宗門」 を別条で禁じ、密告褒賞を削除する。新政府は、改めてキリスト教禁制を布告。 「一. 切支丹宗の儀は、是迄御制禁の通固く可相守候事 一. 邪宗門の儀は固く 禁止の事」。 ■「別当・社僧還俗の上は、神主・社人と称せしむる件」(太政官布告第280号)。神 社社僧の還俗の達(再通達)。	29
		■**大村益次郎(軍防事務局判事)(1824~1869)、江戸に到着。** ■江戸鎮撫取締・勝義邦(海舟)(1823~1899)、大総督府に、徳川慶喜を江戸近郊に 移す建白書を提出。	29
	閏4月5日 【5月26日】	■明治天皇、大坂城内で諸藩兵操練を天覧。	29
		■**西郷吉之助(隆盛)、京に入る。** ■備前国岡山藩主池田章政(1836~1903)、議定に就任。 ■但馬府中裁判所総督・西園寺公望(権中納言)(1849~1940)、山陰道裁判所総督 及び東山道第二軍総督に異動兼帯。 ■青年公卿・清水谷公考(1845~1882)、箱館裁判所総督となる。 □仁和寺宮嘉彰親王(後の小松宮彰仁)(1846~1903)が箱館裁判所総督を固辞、 土井利恒(越前国大野藩8代藩主)(1848~1893)は、副総督を病気を理由に辞任、 副総督清水谷公考(侍従)(1845~1882)が昇進した。 ■井上長秋(石見)(薩摩藩)(1831~1868)、参与兼内国事務局判事に就任。	29
		江戸鎮撫取締・勝義邦(海舟)、西の丸大総督府に嘆願に赴く。	29
	閏4月6日 【5月27日】	■大総督府、岩上角右衛門、中村荘助(ともに三河国吉田藩士)を会計掛に任命。	29
		■**西郷吉之助(隆盛)(1828~1877)、大久保利通(1830~1878)を訪問、江戸の事情を** **語る。**後、岩下左次衛門(方平)(1827~1900)も来る。皆と、広沢兵助(真臣)(1834~ 1871)、吉井幸輔(友実)(1828~1891)も同行して岩倉具視邸に行く。 □西郷、大久保ら、岩倉と徳川家禄高と関東鎮撫の策を練る。	29
	閏4月7日 【5月28日】	■明治天皇、大坂を出発。水路で八軒屋より守口に上陸し、淀城で宿泊。 ■総裁局顧問大久保利通、徳川氏移封に関する布告案を、副総裁岩倉具視(1825 ~1883)に提出する。	29
	閏4月8日 【5月29日】	■**明治天皇、鳥羽で休憩後、京へ還御。** ■総裁局顧問木戸準一郎(木戸孝允)(1833~1877)、外国事務局判事伊藤俊輔(博文) (1841~1909)に最近の働きぶりを褒める手紙を書く。	29

明治150年その歩みを知る、つなぐ（前編）　西郷どん、大久保卿、薩摩藩年表帖（中巻）

西暦**1868**

閏4月9日 【5月30日】	■東征大総督府下参謀西郷吉之助（隆盛）（1828～1877）、小御所において明治天皇（1852～1912）に拝謁。 ■新政府全体評定、彰義隊討伐、徳川家の処分を評議。 ■元新選組隊長近藤勇の首級、三条河原に梟す。　2978
閏4月10日 【5月31日】	■「副総裁三条実美ヲ以テ関東監察使ヲ兼ネ、東下シテ徳川氏ヲ処分シ、且士民ヲ撫輯セシム」。 □新政府太政官で評議、副総裁三条実美（1837～1891）が、関東監察使としての下向決まる。徳川氏処分と関東鎮撫の責任者である。 ■「御預ノ上ハ、人事ヲ盡シ、懇切ニ教諭致シ、良民ト立戻リ候様可取扱候」（太政官達）。浦上耶蘇教民事件に対しての太政官の達し。 ■新政府、諸藩留守居役に対し、江戸屋敷の数や規模、残留人数の録上を命じる。 ■日向国佐土原藩（薩摩藩支藩）11代藩主・島津忠寛（1828～1896）、五箇条誓約。　2979
閏4月11日 【6月1日】	■副総裁兼関東監察使・三条実美、京を発つ。東征大総督府下参謀西郷吉之助（隆盛）、随行。 ■（江戸）会津藩士・広沢富次郎（安任）（1830～1891）、西郷吉之助（隆盛）との面談を周旋してもらうため、江戸鎮撫取締・勝義邦（海舟）（1823～1899）を訪問する。　2980／2981
閏4月12日 【6月2日】	■この日の布告では、諸藩に対して御誓文の趣旨に沿って人材抜擢などの改革を進めることを命じる。 ■総裁局顧問木戸準一郎（木戸孝允）、長崎切支丹処分で大坂で乗船、長崎へ向かう。 ■静寛院宮（和宮）（1846～1877）、東海道先鋒総督橋本実梁（1834～1885）に、徳川家の城地・禄高について願う直書を出す。　2982／2983
閏4月13日 【6月3日】	■総裁局顧問大久保利通、議定参与の人選につき、副総裁岩倉具視の諮問に答える。「三條公ノ東行已ニ決セルヲ以テ関東ニ於ケル措置ニ付キ条項ヲ列挙シ意見ヲ具陳、一、米穀並金之事、一、御人撰之事　但於彼地精撰」。 ■明治天皇、太政官々制を改革せられ、三条実美は、議定兼輔相に任じられる。新政府の最高首脳となる。大久保利通はさらに議政官参与に任じ、従四位に叙せられる。尋ねて位階を固辞する。　2984
閏4月14日 【6月4日】	■総裁局顧問木戸準一郎（木戸孝允）（長州藩士）（1833～1877）、山口に入り長州藩主毛利敬親（1819～1871）に拝謁。 □木戸は、版籍奉還を一挙に実現しようとしており、藩内で理解を得るのが難しく、直接藩主毛利敬親に何度も直接訴えたという。 ■東山道先鋒総督府参謀・伊地知正治（しょうじ）（薩摩藩）（1828～1886）が率いる薩摩兵・大垣兵、宇都宮藩兵と共に、野口村（日光市）に進み、彰義隊・旧幕歩兵を破る。　2985／2986
閏4月15日 【6月5日】	■「官人中宮堂上ニ肩入ト称シ家士トナルヲ停止ス」。 ■京都聖護院村で軍事調練が行われ、京都・二本松薩摩藩邸から一小隊が出され、長州藩や臼杵藩、岡崎藩などと共に参加する。 ■「大総督府、田安慶頼ニ命シテ旧幕府ノ罪囚ヲ検問セシメ、其軽キモノハ之ヲ放赦ス」。大総督府、江戸鎮撫取締・田安慶頼（1828～1876）に命じて、旧幕臣の罪囚を検問させて、軽微な罪な者を放赦する。　2987／2988

73

西暦 1868

慶応4 明治1	閏4月15日 【6月5日】	■大総督府、薩摩、長州、佐賀、備前、紀伊藩など12の藩に命じ、藩兵による市中取締に改める。
	閏4月17日 【6月7日】	■議定兼輔相・三条実美(さねとみ)(1837~1891)、東征大総督府下参謀西郷吉之助(隆盛)(1828~1877)らと、大坂より薩摩汽船「豊瑞丸」に乗船し、江戸に向かう。
		■太政官、「長崎浦上村の切支丹信徒を諸藩へ預くる件」布告。浦上キリシタン信徒4,010人が逮捕され、名古屋以西34藩預とする旨を通達。 □しかし新政府は多事多端で輸送能力もなく計画はかなり変更され、実際の配流総人員は3,380人程となる □明治新政府は徳川幕府と、基本的にキリスト教に関しては何ら変わることはなかった。むしろ神道国家を標榜し、神道による日本統一を急いでおり、邪宗門であるキリスト教を排除することで国体の一致を図った。
	閏4月18日 【6月8日】	■長崎南山手17番地に、ロシヤ領事館が新設される。
	閏4月19日 【6月9日】	**■新政府、「富国之基礎」を建てる手段としての「太政官札」(金札)を発行の趣意、目的、方法等を布告。** □日本初の全国通用紙幣である。通貨単位は、江戸時代に引き続いて両、分、朱のまま。 ■太政官、「宮・公卿・諸侯・神社・寺院等をして幕府より受封の判物を差出さしむる件」布告。 □「判物(はんもつ)」とは、室町時代から江戸時代にかけて出された武家文書の一つで、上位の立場にある者(特に将軍・大名(守護・戦国・藩主))が発給した文書のうち、差出人の花押が付されたものを指す。 ■「陸軍編制」布告。 □1万石につき10人、当分之内3人の兵員を京幾の警備にあてるため差出すべきこと、1万石につき50人の兵員を在所に備え置くべきこと、1万人につき300両の軍資金を差出すべきことを命ずる。しかしこの規則は充分に実施されず、「東北平定」と「兵制御一定之御詮議振モ被為在候間」などの理由により、翌2年2月10日に廃止された。 ■「阿片烟ヲ禁シ府藩県高札ニ掲示セシム」(太政官布告第319号)。 □府藩県にアヘンの吸食、売買、授与した者を厳罰に処することを掲示するよう命じる。 ■「神職及びその家族は神葬祭に改めるべし」(神祇事務局達320号)。
		■東征軍海軍先鋒・大原重実(綾小路俊実)(公卿)(1833~1877)、海軍先鋒総督となる。
		■薩摩藩遊撃二番隊、越後高田に着陣。 □高田に着陣した薩摩兵は、遊撃二番の他、城下十番、外城三番、外城四番、二番砲隊半隊の740人であった。しかも高田に集まった兵は、山道軍と海道軍とに分けられ、城下十番隊と遊撃二番隊は残される。遊撃二番隊は、小千谷(おぢや)に出撃することになる。
		■世良修蔵(長州藩士)(1835~1868)、明け方、下参謀大山格之助(綱良)(つなよし)(薩摩藩)(1825~1877)の書状を受け取る。さらに午前中、上参謀・醍醐忠敬(ただゆき)(1849~1899)と密談。

西暦**1868**

明治150年その歩みを知る、つなぐ（前編）　西郷どん、大久保卿、薩摩藩年表帖（中巻）

| 閏4月20日【6月10日】 | ■大総督府、判物上収。 | 2997 |

■北陸道先鋒総督府参謀・黒田了介(清隆)(1840～1900)、山県狂介(有朋)(長州藩士)(1838～1922)、越後高田城(新潟県上越市本城町)に入る。

□黒田、山県、岩村精一郎(高俊)(東山道先鋒総督府の監察及び応接係)(土佐藩)(1845～1906)が、高田で会談。
この東山道総督軍との軍議で、会津征討軍が編成され、長岡へ進軍することを決定する。長岡城攻略を作戦の目標に、小出島(会津の飛地領)(新潟県魚沼市小出島)と柏崎(桑名の飛地領)の同時攻略の行動を、25日に起こすことを決する。

2998

■「戊辰戦争―会津戦争(閏4月20日～9月22日)」・「白河口の戦い(閏4月20日～7月14日)―第一次白河攻防戦」はじまる。

□夜明け方、会津藩兵・会義隊・大鳥軍(純義隊・新選組ら)ら、大平方面から進軍、新政府指揮下で二本松藩兵らが守備していた白河城城下に着陣、さらに城を占拠する。
純義隊長・渡辺綱之助(小池周吾)は搦手より、会義隊長・野田進(1843～?)は追手より白河城に攻入る。三坂喜代助らは、脇曲輪の女牆(低い石垣)をよじ登って城内に入り城門を開いて会津兵を導いたという。守備していたのは仙台藩、二本松藩、棚倉藩、三春藩、泉藩、平藩、湯長谷藩であったが、主力の仙台藩が城を抜け出してしまい、これに驚いた他藩の守備隊はろくろく抵抗も出来ずに敗退したという。

2999

■この日未明、金沢屋で、奥羽を皆敵と看做す強硬派・奥羽鎮撫総督府下参謀・世良修蔵(長州藩士)(1835～1868)が、仙台藩五番大隊長・瀬上主膳(1832～1911)に指示された姉歯武之進(1844?～1868)ら仙台・福島両藩士、目明し浅草宇一郎らに襲われ、二階から一階の庭へ飛び降り負傷、捕らわれて、翌日、阿武隈川河原で殺害される。

3000

■夷地開拓を目指す青年公卿・箱館裁判所総督・清水谷公考(1845～1882)、蝦夷箱館に到着。

□4月12日設置された「箱館裁判所」は、江戸幕府の箱館奉行所の機能を引き継ぐもので、その奉行所のあった五稜郭に置かれた。

3001

| 閏4月21日【6月11日】 | ■「天皇親政の布告」出される。 | 3002 |

□天皇が自ら政治を行うということ、すなわち天皇が動いたところが政治を行う場所になる。朝廷の大幅改革がはじまる。

75

西暦1868

慶応4 明治1	閏4月21日【6月11日】

■「政体ヲ定ム」「三職八課ヲ廃ス」（太政官達第331号）。新政府、三職体制に代えて新たな官制を定めた「政体書」（七官両局の制―太政官制Ⅰ）を公布。

□「政体書」は、劈頭で「大いに斯国是を定め制度規律を建てるは御誓文を以て目的とす」と掲げ、続いて御誓文の五箇条全文を引用した。政体書は、米国憲法の影響を受けたものであり、三権分立や官職の互選、藩代表議会の設置などが定められ、また、地方行政は「御誓文を体すべし」とされた。副島種臣（佐賀藩士）、福岡藤次（孝悌）（土佐藩士）、由利公正（越前藩士）らが起草という。

□27日頒行され、太政官は、「政体書」において「天下の権力総てこれを太政官に帰す」と規定された、明治維新政府に設けられた官庁名をいう。政体書は、新政府の政体を「五箇条の御誓文」に基づくものとし、権力分立・官吏公選・府藩県三治制などについて規定した。大権を集めた太政官に議政（立法）・行政・刑法（司法）、そして神祇・会計・軍務・外国（行政）など七官を置く。

□三職のうち、「万機を総裁し、一切の事務を決す」とされていた総裁が廃止されて、副総裁2人（三条実美・岩倉具視）が議政官たる上局議定及び輔相と称して天皇を補佐する事実上の政府首班に就いた。立法権を司る議政官は、公卿・諸侯の議定・参与からなる上局と、徴士と諸藩の代表（貢士）からなる下局から構成された。行政権を司るのは、行政・神祇・会計・軍務・外国の各官（官庁）からなる五官であり、特に行政官は輔相を長として他の四官を監督する役割も担った。三権を担う官の内、司法権を扱う刑法官は、実際には四官同様、行政官の監督を受けていたため、司法権の独立は形骸化した。さらに、輔相は議定の資格で議政官（上局）の構成メンバーでもあったため、権力分立は形ばかりとなった。

□有栖川宮熾仁親王、新政府総裁を辞す。

□**議政官たる上局議定に**三条実美、岩倉具視、中山忠能、正親町三条実愛、徳大寺実則、中御門経之、蜂須賀茂韶（徳島藩）、山内豊信（容堂）（土佐藩）、松平慶永（春嶽）（越前藩）、鍋島直正（肥前藩）、**同参議に**三岡八郎（由利公正）（越前藩）、福岡藤次（孝弟）（土佐藩）、小松清廉（帯刀）（薩摩藩）、桂小五郎（木戸孝允）（長州藩）、後藤象二郎（土佐藩）、大久保一蔵（利通）（薩摩藩）、広沢兵助（真臣）（長州藩）、副島種臣（肥前藩）、横井平四郎（小楠）（肥後藩）、西郷吉之助（隆盛）（薩摩藩）、岩下左次右衛門（方平）（薩摩藩）が就任。

□議政官たる下局議長に大木喬任（肥前藩）、坂田芳（高鍋藩）、下局議員には各府薄県からの貢士がなる。

□行政官たる輔相には、三条実美、岩倉具視、同弁事に平松時厚、大原重朝、坊城俊章、烏丸光徳、勘解由小路資生（すけなり）、坊城俊政、五辻安仲、阿野公誠、秋月右京亮（種樹）（土佐藩）、神山左多衛（郡廉）（土佐藩）、門脇重綾（将曹）（鳥取藩）、田中邦之助（国之輔）（不二磨）（尾張藩）、丹羽淳太郎（賢）（尾張藩）、毛受鹿之助（毛受洪）（越前藩）、青山小三郎（貞）（越前藩）が就任。

□神祇官知官事に鷹司輔煕、神祇事務局判事亀井茲監（石見国津和野藩11代藩主）が副に昇進。

□議定・京都裁判所総督・親兵掛を免じ、会計官知官事に万里小路博房が就任。明治2年5月15日、副に大隈八太郎（重信）（肥前藩）が就任する。

■「内国事務局ヲ廃スルニ当リ民政役所ヲ会計官ニ管ス」。

「会計官庁ヲ近衛忠煕ノ邸ニ設ク」。「町奉行西役所ヲ民政役所ト称ス」。

（次項に続く）

明治150年その歩みを知る、つなぐ（前編）　西郷どん、大久保卿、薩摩藩年表帖（中巻）

西暦 1868

閏4月21日
【6月11日】

□軍防事務局は「軍務官」になる。「海陸軍郷兵、招募、守衛、軍備ヲ掌リ、海軍・陸軍二局、築造・兵船・兵器・馬政四司ヲ管セ」しめた。局には一等・二等・三等陸軍将が置かれた（武官の始まり）。築造・兵船・馬政の三司は単に名目のみで設立されなかった。
その営所は黒谷、下加茂。軍務官知官事には仁和寺宮嘉彰親王（後の小松宮彰仁親王）が、副知事に長岡護美(ｺﾞﾚﾖｼ)（肥後藩）(1842～1906)、三等陸軍将に西園寺公望（中将）ら4名、軍務官判事に吉井徳春（友実）（薩摩藩）・江戸在勤の大村益次郎（長州藩）・大木喬任（佐賀藩）ら5名をおく。
□外国事務局を廃し、外国官設置により外国官知官事に伊達宗城（宇和島藩）、副に東久世通禧が就任。
□刑法官知官事に大原重徳、副に池田章政(ｼﾞｹﾏｻ)（備前岡山藩）が就任。
□明治2年4月8日設置の民部官知官事に蜂須賀茂韶（徳島藩）、副に広沢兵助（真臣）（長州藩）が就任する。

■「府藩県三治制」布告される。この太政官布告と政体書によって、地方は府・藩・県に分けられ、藩は旧来のまま、府県は政府の直轄とし知事を置いた。府県は幕府直轄地・皇室領・社寺領・佐幕諸藩の接収領。この日～明治2年(1869)7月17日にかけて府藩県が設置される。廃藩置県直前の府・藩・県の数は府3、県40、藩261。

□政体書公布に伴い、維新後の徳川幕府の直轄地に置かれていた裁判所を廃止し、そのうち城代・京都所司代・奉行の支配地を「府」、それ以外を「県」として、府に「知府事」、県に「知県事」を置いたが、藩は従来どおり「諸侯（大名）」が支配した。また旗本領、寺社領、および大名・旗本の御預所などの管轄までは定められていなかった。

■(越後)薩摩・長州各1隊と軍監岩村精一郎（高俊）（土佐藩）(1845～1906)率いる信州諸藩兵、尾張・高田・椎谷藩を加えた1,500人の北陸道鎮撫軍「山道軍」、高田を進発、小千谷南方6キロの芋坂に向かう。大隊長榊原若狭(1844？～1868)率いる高田藩兵380名が、先鋒を務める。

■(越後)黒田了介（清隆）（薩摩藩士）(1840～1900)、山県狂介（有朋）（長州藩士）(1838～1922)の北陸道鎮撫軍「海道軍」は、海岸沿いに柏崎に、進撃を開始する。竹田十左衛門率いる高田藩兵380名が、先鋒を務める。

閏4月22日
【6月12日】

■「万機親裁の布告」が出される。
□「国政上の重要事項全てについて天皇が最終的決定権をもち、天皇の決裁によってはじめて国家意思が最終的に確定される」というもの。

■公卿貴族大名などの行列の「お先払い」並びに「土下座の制」を廃止せよと、太政官令を以て布告される。
■三条実美(ｻﾈﾄﾐ)(1837～1891)、従一位に昇叙し権大納言左近衛大将輔相議定如元。
■鍋島直正（前佐賀藩主）(1815～1871)、従二位に昇叙し、権中納言に転任する。

■東征大総督府、来る5月19日設置の鎮台府の職制を発表。
鎮台は、有栖川宮熾仁親王(ﾀﾙﾋﾄ)(1835～1895)を大総督とする。

西暦1868

慶応4明治1	閏4月22日【6月12日】	■薩藩の密命を帯びて奥羽に入った薩摩藩士・内山伊右衛門綱次(当初戊辰戦争の二番遊撃隊隊長)(1835？〜1868)ら3名、新政府軍に帰順した秋田藩へ弾薬輸送の途中、鍋越沢で仙台藩の荒井平之進ら5名に暗殺される。□横暴を極めていた新政府軍参謀・世良修蔵(長州藩)を仙台藩士が福島で斬殺したことから、奥羽25藩が同盟を結び、薩長を敵として会津に援軍を送ることとなった。そして東北各地で薩長藩士が暗殺されるという事件が起こった。西郷隆盛は、内山宛に月照と入水後に手紙を認めるほど深い交流があった。伊右衛門は、無益の戦いを避けるよう、西郷からの説得工作密命を受け、奥羽の諸藩に潜入中、商人に姿を変え、わずか二人の供を従え、鳴子温泉に一泊したのが、4月21日のこという。幕府方の必死の探索に、その行動は察知されたらしく、翌22日、尿前の関を過ぎて間もない山中で、待ち伏せていた仙台藩選り抜きの剣の使い手多数に襲われ、その悲運な最期を遂げた。	30
	閏4月23日【6月13日】	■新政府、各国代表に局外中立廃止を要求。その後、数度交渉。	30
		■西園寺公望(権中納言)(1849〜1940)、山陰道裁判所総督兼東山道第二軍総督より北陸鎮撫使に異動兼帯。	30
		■三条実美(1837〜1891)、西郷吉之助(隆盛)(1828〜1877)、江戸に入る。	30
		■旧幕府海軍副総裁・榎本武揚(1836〜1908)、江戸鎮撫取締・勝義邦(海舟)(1823〜1899)を訪ねて蝦夷行きを相談する。海舟、渡航を不許可。	
		■参謀・伊地知正治(しょうじ)(薩摩藩)(1828〜1886)率いる東山道先鋒総督府軍、宇都宮より大田原に進出。白河城が落ちたことを知る。	30
		■「奥羽列藩救解同盟が攻守同盟となる」。22日とも。朝廷に直接建白する方針に変更した奥羽諸藩14藩、11藩を加えて「白石盟約書」を調印。建白書の提出と仙台藩を盟主にする事、軍事局を福島城に置き、仙台藩家老・坂英力(時秀)(1833〜1869)が督することを決する。奥羽同盟25藩とは仙台・米沢・盛岡・秋田・弘前・二本松・守山・新庄・八戸・棚倉・相馬・三春・平・福島・本荘・泉・亀田・湯長谷・下手渡・矢島・一関・上山・天童・山形・松前。	30
	閏4月24日【6月14日】	■「陸軍編制」の細目として「徴兵并軍資金之儀」が達せらる。	301
		■関東監察使兼輔相三条実美、江戸の治安鎮撫と徳川氏の処分のため、軍務官判事となった大村益次郎(1824〜1869)を伴い、江戸城に入る。	301
		□新政府は、彰義隊に江戸警備の任務を与え懐柔しようとした勝海舟ら旧幕府首脳、また旧幕府首脳に江戸治安を委任していた東征軍の西郷吉之助(隆盛)から職務上の権限を取り上げ、彰義隊を討伐する方針を決定し、京から西郷隆盛に代わる統率者として大村益次郎を呼び寄せた。	301
		■府藩県三治制により「箱館府」が設置される。□清水谷公考(1845〜1882)、箱館府知藩事となる。	301
	閏4月25日【6月15日】	■京都府知事に、議定・長谷信篤(公卿)(1818〜1902)を任命。京都裁判所総督・会計官知事万里小路博房(1824〜1884)は、会計局総督に転出。	301
		■関東監察使兼輔相三条実美、輔相岩倉具視(1825〜1883)に、徳川家処置について手紙を書く。	301

78

明治150年その歩みを知る、つなぐ（前編）　西郷どん、大久保卿、薩摩藩年表帖（中巻）

西暦**1868**

閏4月25日【6月15日】	■「戊辰戦争（会津戦争）―白河口の戦い（閏4月20日〜7月14日）―第二次白河攻防戦」。白河城（小峰城）をめぐる、列藩同盟軍（会津藩・仙台藩・棚倉藩ら）と、新政府軍（薩摩藩・長州藩・大垣藩・武蔵国忍藩ら）との戦いがはじまる。払暁に新政府軍、白河南方の白坂口へ奇襲をかけるも、会津藩兵・遊撃隊遠山伊右衛門・新選組山口二郎（斎藤一）らは、これを迎撃、撤退させる。参謀・伊地知正治（しょうじ）（薩摩藩）（1828〜1886）率いる東山道先鋒総督府軍は、芦野まで退く。	3019
	■白河口の戦いで斥候となった元御陵衛士（高台寺党、元新選組）・清原清（1831〜1868）、東山道総督府薩摩藩四番隊に所属し、戦死。37才。□清原清は、本名西村弥左衛門、天保2年生まれで熊本藩出身。慶応元年（1865）5月、脱藩して清原清と名乗り、土方歳三の江戸での隊士募集に応じて上洛。伍長（砲術師範頭）となる。新選組隊士の幕臣取立ての頃には離隊しており、御陵衛士として分離した伊東甲子太郎に合流。その後、竹川直枝または、武川直江と改名。油小路事件の際には、伊東の指示で伊勢に出張という名目で潜伏しており難を逃れている。御陵衛士の壊滅後、彼ら残党と合流し、薩摩藩付属となる。戊辰戦争で、北関東から会津へと転戦した。墓は戒光寺、鎮護神山（白河市の薩摩藩戦死者墓）にある。白河市内の新政府軍の墓群に埋葬されたが、薩摩藩は鎮護神社に墓石を建てた。鉄砲の達人であったという。	3020
閏4月26日【6月16日】	■北陸道援軍の薩摩兵、小出島・小千谷で桑名・会津藩兵らと戦う。■「戊辰戦争（越後）」。新政府海道軍、薩摩・長州・加賀藩兵が、夕刻、鯨波に到着。	3021
	■箱館府知藩事・清水谷公考（1845〜1882）、旧幕府の箱館奉行・杉浦兵庫頭誠（1826〜1900）から整然と事務の引継ぎを受けて、五稜郭を役所とする。	3022
閏4月27日【6月17日】	**■「浦上四番崩れ」。太政官達により浦上キリシタンの処分が開始される。**□九州浦上村切支丹宗徒4,010人を各藩預けとする。	3023
	■統制が取れない状況で、前土佐藩主・山内容堂（豊信）（1827〜1872）は、海援隊の解散を考え、土佐藩通達で「海援隊」解散告知。同時に「土佐商会」も閉鎖。□長崎に残った海援隊は、のちに、長崎の「振遠隊」に参加する。	3024
	■新政府、「徳川氏家臣禄秩録上」。徳川家臣の俸禄を記録提出させる。□新政府は、旧幕臣の朝官身分の付与で人材の確保に努めた。	3025
	■北陸道援軍の薩摩兵、会津軍と戦い小千谷占領。■「戊辰戦争（越後）―鯨波の戦い」。新政府海道軍（本隊2,500人）、鯨波（現・新潟県柏崎市鯨波）で桑名・会津藩兵・水戸藩諸生党と戦う。海道軍は、薩摩・長州・長府・加賀・高田藩らであった。立見鑑三郎（尚文）（桑名藩）（1845〜1907）が巧みな用兵で優勢に立ち敵を撤退させたが、夜、雪峠での敗戦が伝わる。	3026
閏4月28日【6月18日】	■明治新政府、京都府下の治安を統一的に行う府兵を募集して、元京都所司代と京都町奉行・禁裏付配下の同心・与力の300人で編制する。後の「平安隊」である。	3027
	■官許を得ざる出版刊行物の領布売買を禁じ、出版物の取締を厳にす。	3028
	■（江戸）東征大総督・有栖川宮熾仁親王（1835〜1895）は、書状に戦没将兵のために招魂祭を行うと記す。■江戸鎮撫取締・勝義邦（海舟）（1823〜1899）、東征大総督府下参謀西郷吉之助（隆盛）（1828〜1877）に、江戸鎮撫のため徳川慶喜を復帰させ、没収した知行地を返還せよと手紙を書く。	3029

西暦1868

慶応4 明治1	閏4月28日 【6月18日】	■「戊辰戦争（越後）─新政府海道軍、柏崎へ進駐」。新政府軍は柏崎を無血占拠する。山道軍も入り合流。
	閏4月29日 【6月19日】	■神泉苑西に「京都府開庁」、「京都府開庁記念日」となる。京都裁判所が「京都府」に改称。京都裁判所総督・万里小路博房(1824〜1884)は会計局総督に転出したので、大津裁判所総督・長谷信篤(公卿)(1818〜1902)が、初代府知事として着任。
		■(江戸)「徳川氏宗家継承」。輔相三条実美(1837〜1891)・東征大総督・有栖川宮熾仁親王(1835〜1895)、田安家当主・徳川慶頼(1828〜1876)を召還し、叡慮により徳川亀之助をもって徳川宗家の当主として相続することを許可。一橋茂栄(1831〜1884)に伝えたともいう。**田安亀之助(後の徳川家達)(1863〜1940)、徳川宗家を相続。**
		■「戊辰戦争（越後）」。鯨波の戦いを経て、柏崎に進駐した新政府海道軍は、さらに長岡方面攻略の本部を妙行寺(現・新潟県柏崎市西本町1丁目)とする。
	閏4月─ 【6月─】	■「長崎土佐商会」閉鎖でこの頃、岩崎弥太郎(1835〜1885)は長崎に残留し、カムチャッカと密貿易をしたという。
		■この頃高島炭鉱、佐賀藩(鍋島藩)とグラバー商会の合弁により本格的に稼動。前藩主鍋島閑叟(直正)(1815〜1871)は、家臣松林源蔵を派遣しグラバー(1838〜1911)と共に経営する。
		■会計官布達により、伏見酒造業者に造酒100石に付金20両を上納させる。
	5月─ 【6月─】	■新政府、小田原城に「相模国監察府」を設置。
	5月1日 【6月20日】	■輔相岩倉具視(1825〜1883)、参与・内国事務局判事大久保利通(1830〜1878)に、広沢真臣(1834〜1871)、由利公正(1829〜1909)と共に、専ら財政整理の任に当たらんことを求む。
		■「大総督府、田安慶頼の市街巡警を罷む」。 □関東監察使輔相三条実美(1837〜1891)、民政・治安権限を徳川家から奪取し、旧幕府命の「彰義隊」の江戸市中取締の任を解くことを通告。
		■「戊辰戦争（会津戦争）─白河口の戦い(閏4月20日〜7月14日)─第三次白河攻防戦」。 東山道先鋒総督府参謀・伊地知正治(しょうじ)(薩摩藩)(1828〜1886)が率いる新政府東山道軍700名、白河口を激戦の上奪回して、三方から攻め、白河城(小峰城)(福島県白河市郭内)を攻略、逆に占拠する。数の上では勝りながら、同盟軍は大敗。会津藩副総督・横山主税(常守)(1847〜1868)、軍事奉行・海老名衛門季久以下、200余人が戦死。仙台藩も坂本大炊隆中(1824？〜1868)、姉歯武之進(1844？〜1868)ら80余名が戦死。一日の戦闘としては、戊辰戦争最大の犠牲者数とされる。 会津軍は、西方の長沼・勢至堂・三代方面へ退く。
	5月2日 【6月21日】	■太政官布告により、もとの大坂三郷に「大阪府」が設置される。 □法制度上の変更で「大坂」が「大阪」の表記になる。「坂」は漢字の構成により、「土に反る(死ぬ)」となり、縁起が悪いために「阪」へ改められる。 大坂裁判総督の公卿醍醐忠順(1830〜1900)を知事に任命。
		■二条城内の神祇官、野々宮殿宅に移転。 □さらに、9月11日、学習院(日の御門前)に移転。

明治150年その歩みを知る、つなぐ（前編）　西郷どん、大久保卿、薩摩藩年表帖（中巻）

西暦 1868

5月2日 【6月21日】	■「戊辰戦争（越後）」。新政府軍、小千谷に諸藩会議所を設け、軍議を開いて長岡征討の体制を整える。 ■「戊辰戦争─北越戦争（5月2日〜9月10日）」、はじまる。 慈眼寺で東山道先鋒総督府の軍監・岩村精一郎（高俊）（土佐藩）（1845〜1906）と交渉の「小千谷談判、慈眼寺会談」が30分で決裂。中立の長岡藩軍事総督・河井継之助（1827〜1868）は「長岡藩は奥羽列藩同盟に参加する」と述べ、武力をもって薩長を阻止する決意を固めた。
5月3日 【6月22日】	■「山城石清水八幡宮、祭儀の様式を改む」。 ■「旧高家交代寄合以下ノ帰順セシ者ヲ朝臣ニ列シ其禄ヲ復ス」。新政府は、旧旗本層に対する再編策の最初として、滞京の帰順旗本に本領安堵を命じた。 ■東本願寺大谷光勝（1817〜1894）、北国巡回時における募金6,000両を新政府へ献ずる。 ■軍務官「陸軍局法度」を定める。 ■（江戸）大総督府、旧幕府町奉行所の市中巡邏の任務を解く。 ■「徳川氏ニ令シ旗下帰順ノ者ヲ朝臣ト為ス」（徳川亀之助重臣へ達）。明治政府、帰順旗下士を朝臣とする。旧幕臣も追々新政府が雇用するという達である。 ■「戊辰戦争─東北戦争（5月3日〜10月11日）」、はじまる。仙台に移し、いくつかの修正を行い、「奥羽列藩盟約書（仙台盟約書、同盟結成文）」が本調印される。同時に、25藩家老連署の会津・庄内両藩への寛典を要望した「太政官建白書」も作成された。
5月4日 【6月23日】	■「長崎裁判所」を「長崎府」と改称し「九州鎮撫長崎総督府」を廃止。 □沢宣嘉総督が初代知府事に就任。参謀助役の佐々木三四郎（高行）（土佐藩）は天草富岡県知事に、同じく松方助左衛門（正義）（薩摩藩）は豊後の日田県知事となる。 ■仏国公使ロッシュ（1809〜1900）、横浜を出港し、帰国の途に就く。後任公使にマキシミリアン・ウートレーが就任。 □前任者が独走し、駐日外交官の間でフランスが思いっきり浮いていたので、余計に他の国との協調を旨とするようになる。 ■北陸道援軍の薩摩遊撃二番隊、小千谷到着。12日で払暁に作戦地榎木峠に到着。
5月5日 【6月24日】	■佐賀藩士・大隈八太郎（重信）（1838〜1922）、江戸に入る。
5月6日 【6月25日】	■「大総督府、徳川家達ニ令シ、江戸市街ノ旧幕府掲榜ヲ撤去セシム」。大総督府、徳川家達（1863〜1940）に令し、江戸市街の旧幕府制札を撤去する。 ■3月19日、横浜裁判所総督（のちの神奈川裁判所総督）に就任した、東久世通禧（1834〜1912）、江戸運上所において幕府から11ヶ国条約書を受領する。 副総督は鍋島直大（佐賀藩主）（1846〜1921）。

西暦1868

慶応4 明治1	5月6日 【6月25日】	■「奥羽越列藩同盟成立─米沢藩の遊説により、北越5藩(新発田・村上・黒川・三根山・村松)、新発田に集会し、北陸道鎮撫総督府へ、嘆願書提出、さらに、奥羽列藩同盟への加入を表明する。 新発田藩を除く北越同盟加盟4藩が加入し、「奥羽越列藩同盟」が計30藩となる」。 □東日本政権とも呼ばれる大軍事同盟となり、薩長政権の打倒を申し合わせる。 山形、米沢(山形)、新庄(山形)、天童(山形)、上山(山形)、福島(福島)、相馬中村(福島)、磐城平(福島)、棚倉(福島)、泉(福島)、三春(福島)、下手渡(福島)、守山(福島)、湯長谷(福島)、二本松(福島)、亀田(秋田)、矢島(秋田)、本荘(秋田)、久保田(秋田)、黒川(新潟)、長岡(新潟)、村上(新潟)、村松(新潟)、三根山(新潟)、八戸(青森)、弘前(津軽)(青森)、盛岡(岩手)、一関(岩手)、仙台(宮城)、松前(北海道)である。
	5月7日 【6月26日】	■大久保利通、征討に関する輔相岩倉具視の諮問に答申し、8日、また関東平定および東下の人選につき意見書を出す。
	5月8日 【6月27日】	■新政府(大総督府)、軍資金を求める布告を出す。 □「普天率土の臣民」は、兵力の或る者は兵力を、財力のある者は財力を提供し…とする。
	5月9日 【6月28日】	■新紙幣「太政官札」(金札)発行を5月15日と布告する。 新政府、秤量貨幣(丁銀、豆板銀)の通用を停止、銀目使用を禁止、定位貨幣(二分金、一朱銀等)のみの通用とする。 ■「徳川家士与力同心ノ帰順スル者ヲ調査シ其姓名俸禄等ヲ録上セシム」。 これも朝臣身分付与のためである。 ■「伊勢両宮及び大社・勅祭社の外は、社家・寺院を府藩県支配」(行政官布告第830号)。 □伊勢両宮及び大社・勅祭神社を神祇官直支配とし、以外は府藩県の支配とする。 天皇が特に勅使を遣わし、その祭神に幣帛を奉る(これを勅祭という)神社。 平安時代末期以来の22社などをいう。 明治以後、賀茂別雷神社、賀茂御祖神社、石清水八幡宮、春日神社、氷川神社、熱田神宮、出雲大社、橿原神宮、明治神宮、朝鮮神宮、鹿島神宮、香取神宮、近江神宮、平安神宮、靖国神社、宇佐神宮、香椎宮の17社が勅祭社とされた。 ■「関八州監察使」を設ける。 □関八州の新政府軍の緩みが目立った。 ■三藩による京都市中取締を廃し、各藩兵中にて府兵を組織。 以後、民政訴訟は京都府が掌る。

西暦 1868

明治150年その歩みを知る、つなぐ（前編）　西郷どん、大久保卿、薩摩藩年表帖（中巻）

5月10日 【6月29日】	■「癸丑以来殉難者ノ霊ヲ京都東山ニ祭祀スル件」（太政官布告第385号）。 明治天皇（1852～1912）、幕末非命者慰霊の太政官布告を出す。京都東山に招魂場設立が宣せられた。 □ペリー来航の嘉永6年（1853）以降の国事殉難者を祀る。幕末に斃れた「勤王の志士」は国事犯であるため、出身藩に戻っても埋葬場所がなく、京都の寺院でも埋葬しなかった。新政府主催の国家的行事で、名簿があった32藩374名の戦没者の御霊が招魂された。この前後に、京都府・山口・福岡・高知・熊本・鳥取・久留米の諸藩が京都東山にそれぞれ招魂祠を建立しており、この頃から諸藩においても藩内の戦死者を祀るようになった。 霊山の地は、文化6年（1809）に村上都愷によって神道墓地と神道葬祭場、「霊明社」が創設されていた。ゆえに幕末の志士たちがこの墓地に埋葬されていても違和感はなく、そののちに霊域が社地に選定された。さらにこの年、各地の招魂場を「招魂社」と改称された後、昭和12年（1937）に、この東山霊山の諸藩の小祠を合祀した。昭和14年（1939）4月1日、内務大臣布告によって現在の社号である「京都霊山護国神社」と改称する。「護国神社」は、明治時代に日本各地に設立された招魂社が、この内務省令によって一斉に改称して成立した。「招魂社」の名称は、「招魂」が臨時・一時的な祭祀を指し、「社」が恒久施設を指すため、名称に矛盾があるとして、「護国神社」に改称された。 ■太政官布告「伏見戦争以後戦死者ノ霊ヲ京都東山ニ祭祀スル件」。 ■篠山藩・膳所藩・丹波亀山藩の京の警衛を解く。
	■西郷吉之助（隆盛）（1828～1877）、大久保利通（1830～1878）と吉井幸輔（友実）（1828～1891）に、江戸、越後、奥羽の情況を知らせ、兵の増援と医師の派遣を依頼する手紙を書く。 □3月、戊辰戦争のさなか、新政府は西洋医術採用の方針を明らかにする布告を行い、同戦争の従軍医に西洋医を採用し、朝廷軍戦傷病者の治療にあたらせた。
5月11日 【6月30日】	■木戸準一郎（木戸孝允）、長崎到着。 ■朝命を受けた長州藩13代藩主・毛利敬親（1819～1871）、山口を出立、京に向かう。
5月12日 【7月1日】	■府藩県三治制により、「江戸府」設置。 □東征軍、久留米藩士木村三郎（重任）（1817～1884）、芸州広島藩士船越洋之助（衛）（1840～1913）、鳥取藩士河田景与（河田佐久馬）（1828～1897）、土佐藩士土方大一郎（久元）（1833～1918）、清田岱作を、徴士江戸府判事とする。
5月13日 【7月2日】	■総裁局顧問木戸準一郎（木戸孝允）、九州鎮撫総督府参謀井上聞太（馨）と共に長崎西役所での切支丹処置会議に出席。
	■東征大総督府下参謀西郷吉之助（隆盛）の平和的な懐柔策を押さえた軍務局判事（兼江戸府判事）・大村益次郎、大総督府の名義で彰義隊討伐を宣言。江戸の市中に15日に彰義隊を討伐するので外出を控えるように布告すると共に、今日から3日間は河川の船の往来を禁止と宿場人夫の使用を禁止する。
5月14日 【7月3日】	■新政府（大総督府）、彰義隊掃討令を発する。 □大総督府、討伐の陣割を諸藩に通達。彰義隊は、最盛時には3,000人もの兵力があったが、討伐令が下されると半数以下に激減するという。 ■軍務局判事・大村益次郎（1824～1869）、徳川宗家16代当主・田安亀之助（のちの徳川家達）（1863～1940）に、東叡山の徳川家祖廟の位牌、宝物を他に移すように忠告する。

西暦1868

慶応4 明治1	5月15日 【7月4日】	■太政官札の発行を開始。

■「戊辰戦争―上野戦争」。大総督府諸軍に令して、軍務官判事大村益次郎指揮の新政府軍、輪王寺宮公現法親王（のちの北白川宮能久親王）(1847～1895)を擁立した「彰義隊」を上野に討つ。黒門口では薩摩藩兵は西郷吉之助（隆盛）(1828～1877)が、鳥取藩兵は河田佐久馬（景与）(1828～1897)、肥後藩兵は津田山三郎（信弘）(1824～1883)が指揮をとり、黒門に殺到、山内に突入。さらに、加賀藩上屋敷（現・東京大学構内）から不忍池を越えて、佐賀藩のアームストロング砲の威力がすさまじかったという。両軍あわせて400人近い死傷者をだす。
□中村半次郎（桐野利秋）(1838～1877)は、西郷指揮のもと黒門口攻撃に参戦した。この戦いののち、河野四郎左衛門を伴っての湯屋からの帰りに神田三河町で、一刀流の剣客・鈴木隼人ら3人の刺客に襲われ、1人を斬り撃退したが、左手中指と薬指を失ったという『西南記伝』。
■「寛永寺兵火」。根本中堂・本坊・多宝塔・輪蔵・鐘楼等、山内の大半を焼失。
■江戸鎮撫取締・勝義邦（海舟）(1823～1899)の邸（元氷川）が、新政府軍に襲われる。勝は不在。

■薩摩藩士・益満休之助(1841～1868)、薩摩藩遊撃隊として戦う「上野戦争」で、流れ弾にあたって負傷。23日、官軍の横浜軍事病院で死去。享年28。
□益満は、天保12年(1841)薩摩に生まれる。伊牟田尚平(1832～1869)ら同郷の仲間と共に攘夷論者で、清河八郎の『虎尾の会』にその名を連ねる。八郎暗殺後、時勢は維新の嵐が吹き荒れ、益満は西郷吉之助（隆盛）の密命を受け、同志伊牟田と共に江戸に下り、薩摩屋敷を根拠として約500名の浪人を集めて江戸市内を混乱に陥れ、放火や強盗など、幕府に挑発行為を続けた。ここで江戸市中見廻りの任務にあった庄内藩（新徴組）を中心に、幕府は慶応3年(1867)薩摩藩邸焼き討ち・襲撃する。この報告が大坂城に達して会津・桑名二藩の兵を刺激して「鳥羽・伏見の戦い」が勃発することになる。捕らえられていた益満は、勝海舟の所に幽閉されていたが、政府軍の総攻撃に際し、江戸城無血開城のために、勝は幕府の使者として山岡鉄太郎（鉄舟）を駿府に送る。目的は駿府総督府の西郷隆盛との会談であり、その道案内に薩摩の人間であり西郷に通じているとして益満を同行させる。益満の訛りの強い薩摩弁等によって、山岡が薩摩軍の中を堂々と名乗り、西郷との会談に成功するというエピソードが知られているが、益満が同行していなければ、西郷との会談は実現できなかったかもしれない。

5月16日 【7月5日】	■中外新聞、上野彰義隊事件の戦況を「別段中外新聞」で報道。日本初の号外という。

■軍務官判事大村益次郎(1824～1869)、彰義隊の残党掃討作戦を発令。
■榎本武揚（旧幕府海軍副総裁）(1836～1908)、海舟宅にて江戸鎮撫取締・勝義邦（海舟）と面談。後、江戸を通過して海軍所へ帰還。夜、「開陽」に帰船する。

■奥羽鎮撫副総督・沢為量(1812～1889)、一日市（秋田県南秋田郡八郎潟町一日市）から大館（秋田県大館市）に到着。大館城代・佐竹大和（義遵）(1838～1901)に迎えられ、玉林寺に宿泊する。混乱する秋田の状況をみて、合流の希望が薄いとみてとったのである。あきらめて、土崎（現・秋田市土崎）から船で京都に帰ろうとしたが、船を用立てすることができなかったため、やむなく弘前を通って箱館（函館）に渡ろうとした。この計画は、参謀大山格之助（綱良）（薩摩藩）(1825～1877)の攪乱作戦ともいう。

明治150年その歩みを知る、つなぐ（前編）　　西郷どん、大久保卿、薩摩藩年表帖（中巻）

西暦 **1868**

5月17日【7月6日】	■「諸国街道筋ニ於テ私ニ関門又ハ番所等ヲ建ルヲ禁ズ」。関所廃止の太政官布告、出る（明治2年1月20日廃止）。	3067
5月18日【7月7日】	■関東監察使相相三条実美（1837〜1891）、上局議定及び輔相兼務の岩倉具視（1825〜1883）に、彰義隊討伐と徳川家処分について手紙を書く。 ■田安亀之助、徳川家達（1863〜1940）に改名。 ■新政府、各国代表に、外国人の新潟通行禁止を要請。	3068
5月19日【7月8日】	■「奈良県（第一次）」設置。陽明学者春日潜庵（1811〜1878）、初代知事に就任。	3069
	■「高家旗下ノ京ニ在ル者ニ令シ其率ユル銃隊ノ人員ヲ録上セシム」。 新政府は、滞京の帰順旗本に、銃隊人員を報告させる。	3070
	■大総督府布告「江戸鎮台を置き、従前の寺社・町・勘定三奉行を廃し、社寺・市政・民政の三裁判所設置」。 □新政府、町奉行を「市政裁判所」、寺社奉行を「社寺裁判所」、勘定奉行を「民政裁判所」と改称、江戸における行政権と裁判権を徳川家から完全に奪い取り、以降江戸は新政府の完全な管理化に置かれる。 ■江戸鎮台を東征大総督有栖川宮熾仁親王（1835〜1895）の管轄とし、軍政を布くと決める。さらに熾仁親王に会津征伐大総督を兼任させ、東海・東山・北陸三道の鎮撫総督府は廃され、あらためて奥州征討白河口総督に岩倉具定（具視の第三子（次男））（1852〜1910）、同平潟口総督に四条隆謌（1828〜1898）、同越後口総督に高倉永祐（1838〜1868）を任命、武力征討に向かう。 □越後口総督府参謀には黒田了介（清隆）（1840〜1900）、山県狂介（有朋）（長州藩士）（1838〜1922）が任じられる。 ■新政府、旧幕府定火消を解体し、軍務官所属の「火災防御隊」編成。明治2年7月1日、廃止となる。	3071
	■「柏崎民政局」が設置される。 □桑名藩が戊辰戦争で鯨波戦争を最後に敗走し、新政府が柏崎民政局を置く。	3072
5月20日【7月9日】	■薩摩藩主島津忠義（1840〜1897）、関東出征の朝命を拝せられる。	3073
	■江戸鎮台府、南北両奉行所の建物施設及び諸記録一切を、鎮台府に引き渡せすよう命じる。 □江戸へ鎮台府が置かれると寺社・町・勘定の各奉行所は廃されることになり、21日に引き渡された。とはいえ治安の維持は容易ではなく、新たに設置された南北の市政裁判所とも、従来の与力と同心に依存している。 ■西郷吉之助（隆盛）（1828〜1877）、大久保利通（1830〜1878）と吉井幸輔（友実）（1828〜1891）に、上野戦争について手紙を書く。	3074
5月21日【7月10日】	■新政府、キリスト教徒114名の山口、福山、津和野3藩分預を命令。 ■征賊の檄を三条橋等に掲示。	3075
	■新政府艦「第一丁卯」（長州）・「乾行」（薩摩）、新政府軍支配下の直江津港（現・新潟県上越市）へ入港。	3076
5月22日【7月11日】	■大久保利通長男の利和（1859〜1945）、鹿児島より上京し、25日、初めて島津忠義（1840〜1897）に謁見する。 ■大雨のため宇治川決壊。	3077

85

西暦1868

慶応4 明治1	5月22日 【7月11日】	■東征大総督・有栖川宮熾仁親王(1835〜1895)、軍務官判事大村益次郎(1824〜1869)に脇差を贈る。
		■北郷作左衛門(久信)(1831〜1887)船将の薩摩藩「乾行丸」、越後柏崎に到着。24日、出雲崎まで進出、後に旧幕艦「順動丸」を自爆させた。
	5月23日 【7月12日】	■木戸準一郎(木戸孝允)(1833〜1877)、長崎出港、京に向かう。
		■兵庫裁判所を廃止し兵庫県(第一次)を設置。 ■伊藤俊輔(博文)(長州藩)(1841〜1909)、従五位下、初代兵庫県知事に任命される。 ■大阪府知事の公卿醍醐忠順(1830〜1900)が退任、総裁局顧問の後藤象二郎(1838〜1897)と小松帯刀(1835〜1870)が、大阪府事管理となる。 ■大島貞薫(但馬出身)(1806〜1888)、京都兵学校の御用掛・教授として採用される。
		■参与大久保利通(1830〜1878)、江戸在勤を命ぜられる。 22日とも。
		■「町奉行組与力同心を鎮台府附に召出」。
	5月24日 【7月13日】	**■旗本采地の府県管轄指令(法令418号)により、旗本領(万石以下之領地)と寺社領が、最寄の府県の管轄となることが定められる。** ただし全国一斉ではなかった。 **■「徳川亀之助ヲ駿河国府中城主ト為シ、更ニ領知七十万石ヲ賜フ」(徳川亀之助へ達)。** □「駿府藩(駿河府中藩)前身が確立」。徳川宗家16代当主・徳川家達(1863〜1940)、駿河国府中移封、所領は、800万石から70万石に封じられる。所領地は駿河国(約40万石)と遠江国の一部(約18万石)および陸奥国(9月4日に三河国へ変更)の一部(約12万石)となる。 ■「徳川家臣ノ官位ヲ止ム」。 ■田安徳川家当主田安慶頼(徳川家達の父)(1828〜1876)、一族の徳川茂栄(一橋徳川家第10代当主)(1831〜1884)らと共に立藩し(田安藩・一橋藩)、諸侯に加えられる。
		■「輔相三条実美の監察使をやめて関八州鎮将を兼ね、三等陸将烏丸光徳を江戸府知事となし、江戸鎮台輔大原重実らに関八州監察使を兼ねしむる」。 □輔相三条実美(1837〜1891)、監察使をやめて関八州鎮将を兼ねる。三等陸将・烏丸光徳(1832〜1873)は江戸府知事となり、鎮台輔大原重実(綾小路俊実)(1833〜1877)らが、関八州監察使を兼ねる。関八州とは、武蔵国・相模国・上総国・下総国・安房国・上野国・下野国・常陸国。 ■輔相岩倉具視(1825〜1883)・議政官参与大久保利通(1830〜1878)、江戸遷都を決心。 □勝義邦(海舟)の江戸無血開城による、江戸の将来を危惧する訴えが実ったという。
	5月25日 【7月14日】	**■新紙幣「太政官札」(金札)発行。** 戊辰戦争に多額の費用を要し、殖産興業の資金が不足した明治政府は、参与兼会計事務掛三岡八郎(のちの由利公正)(1829〜1909)の建議によっての布告により、「通用期限は13年間」との期限を決めて太政官札を発行。5種で十両・五両・一両・一分・一朱。通用禁止は、5両以上が明治8年5月31日、1両以下が明治11年6月30日とした。 □発行は、明治元年5月15日の予定であったが、東海、近畿地方が大洪水のため延期して5月25日となった。明治2年5月まで発行され、大量発行で政府貨幣の信用が著しく低下。その価値は金正価100両に対し、太政官札120両から150両まで下落したという。明治12年(1879)11月までに新紙幣や公債証券と交換、回収されるまで流通したという。

明治150年その歩みを知る、つなぐ（前編）　西郷どん、大久保卿、薩摩藩年表帖（中巻）

西暦1868

5月25日 【7月14日】	■楠公戦死のこの日、初めての政府主催の楠公祭（楠木正成の霊を祭る祭典）が、河東操練場（今の京大病院南半分）で行われる。 □「河東操練場」は、幕府が、元治元年（1864）陸軍総裁職松平容保（かたもり）に与えた城東練兵場。	3087
5月27日 【7月16日】	■「鎮台府被置町奉行所ハ市政裁判所ト唱替名主共一同是迄ノ通掛役申付」（（江戸鎮台府）市政裁判所達）。 □新政府、町奉行所廃止、市政裁判所となる。 ■「町奉行組与力同心ヲ鎮台府ニ附属シ俸禄等旧ニ仍リ之ヲ賜フ」。 ■「徳川家臣ヲ俸ヲ其家ニ得ル者ノ外朝臣ヲ請ヒシモノヽ姓名格式等…」（徳川へ達）。 □徳川家、新政府より、徳川の禄を離れた人々の一覧表を提出するようにと指示される。 ■勅使三条実美（輔相）（さねとみ）（1837～1891）・橋本実梁（東海道先鋒総督）（さねやな）（1834～1885）、徳川宗家16代当主徳川家達（1863～1940）が駿河国府中移封される旨を、静寛院宮（和宮）（1846～1877）に拝謁して伝える。	3088
5月28日 【7月17日】	■浦上天主教処分に関する各国領事の抗議に対し、新政府は、国法により処断の旨を回答。 □三条実美、岩倉具視は、英・仏・米の公使を高輪の接遇所に招き、説明を試みた。 ■諸藩の代表（貢士）からなる下局廃止、「貢士対策所」（のちの公議所）設置。日は異説あり。毎月5の日が対策定日とされる。ちなみに上局は、議定・参与の議官庁。 ■ペリー来航の嘉永6年（1853）以降の国事殉難者を「霊山官祭招魂社」で祀ることを決めたが、殉難者の名簿作成には時間がかかるため、この日付の「行政官達」で、日米修好通商条約が締結された安政5年（1858）以降の国事殉難者を先に祀ることにする。それでも時間がかかると判明すると、この年慶応4年正月以降の戦没者から先に祀ることになる。 ■「高家交代寄合以下ノ旧称ヲ廃シ中大夫下大夫上士ノ三等ニ列ス」。 □滞京の帰順旗本に本領安堵をした新政府は、高家以下の家格を廃して新たに中大夫（元高家・元交代寄合）、下大夫（元寄合・元両番席以下席々千石以上）、上士（元両番席以下席々千石以下百石迄）の三等席とした。 ■仙台藩と米沢藩、京都藩邸を新政府に没収され、朝敵・「賊軍」へと転落。	3089
5月29日 【7月18日】	■木戸準一郎（木戸孝允）、長崎より大阪に到着。	3090
	■三井八郎右衛門高福（たかよし）（1808～1885）・同次郎右衛門、京都府より掛屋頭取ならびに商法会所元締を拝命、苗字帯刀を許される。	3091
	■西郷吉之助（隆盛）、江戸を発ち京都へ向かう。	3092
	■5月23日、新潟裁判所が廃止され、「越後府」が設置される。この日、知事代行に四条隆平（たかとし）（1841～1911）が任じられる。	3093
	■東山道先鋒総督府参謀・伊地知正治（しょうじ）（薩摩藩）（1828～1886）が率いる、白河城で孤立した新政府東山道軍に、宇都宮から同参謀・板垣退助（土佐藩）（1837～1919）部隊が加わる。	3094
5月30日 【7月19日】	■東山感神院祇園社の社名を「八坂神社」と改称。	3095

87

西暦1868

慶応4 明治1	5月一 【7月一】	■五代才助(友厚)(薩摩藩)(1836〜1885)、大阪府権判事兼外国官権判事に就任。
		■この月、山本覚馬(1828〜1892)、京都仙台藩邸の病院に移されて、岩倉具視(1825〜1883)と知り合う。京都仙台藩邸は長者町と小川東へ入る町の2ヶ所にあった。 ■「赤報隊」。帰京した赤報隊三番隊は、この月、徴兵七番隊として、京都を出立。北越や会津戦争を戦う。鈴木三樹三郎・新井忠雄・篠原泰之進の旧御陵衛士3名は、京都に留めおかれた。 ■**太政官、駅伝制(宿駅制度)改定。** □新政府は助郷制度を改め、また問屋などの宿役人や助郷惣代を廃止して伝馬所取締役を置いたという。伝馬所は、街道の宿駅で人馬の継ぎ立てを行う所。
		■この月、内国事務局判事・広沢真臣(元長州藩士)(1834〜1871)は、京都府御用掛となる。広沢は、全国府県のモデル規則となる「京都府規則」を作成する。また、新生日本建設の為には近代的教育施設の完備が急務だと感じ、町組網の合理化を画策する。
	6月1日 【7月20日】	■東征大総督・有栖川宮熾仁親王(1835〜1895)、江戸城西丸大広間上段の間に神座を設け、戊辰戦争官軍戦没者の招魂祭を行う。 ■鎮台府、市政日誌開板。7月12日まで全12号。
		■越後府知事代行・四条隆平、この日から5日まで、柏崎市中を巡視する。 ■新政府艦「第一丁卯」(長州)・「乾行」(薩摩)が新潟に来航、大混乱をきたす。そのため、10日より、新潟港管理が、奥羽越列藩同盟・米沢藩だけでなく、仙台・会津・庄内・二本松・村上藩の共同管理となる。
	6月2日 【7月21日】	■長門国長州藩13代藩主・毛利敬親(1819〜1871)、参内。
		■薩摩藩小銃八番隊隊長・野元助八(?〜1868)、この日、越後島崎の戦闘で負傷、10日死去。27才。
	6月3日 【7月22日】	■各藩選抜兵士に旧所司代町奉行組下の与力同心を加え、府兵に「平安隊」編成。 ■前土佐藩主山内容堂(1827〜1872)、京都にて、王政復古の功により権中納言に任じられ、再び議定職に就任。 ■木戸準一郎(木戸孝允)(1833〜1877)、京に入る。
		■鎮台府、公債年賦還附令。
	6月4日 【7月23日】	■内閣局顧問木戸準一郎(木戸孝允)、参与に任じられる。
	6月5日 【7月24日】	■島津忠義(1840〜1897)、参内。御剣、錦旗および金三万両を賜る。議政官参与大久保利通、また参内し、晒布一匹、鎧一掛を賜ひ、かつ江戸において大総督宮並びに三条実美輔相を輔翼すべきのご沙汰を拝受する。
		■**西郷吉之助(隆盛)(1828〜1877)、江戸より着京。東北の戦況、切迫するを以て、朝議、変更して東征を止め、増兵のため帰藩するに決する。** ■元海援隊二代目隊長・長岡謙吉(1834〜1872)、三河県知事に任命される。
		■「高家ノ輩ヲ朝臣ト為ス」(高家へ達)。 ■伏見稲荷神社が、同社境内の弁天堂・大黒堂・文珠堂・大師堂・島弁天堂を撤去。
	6月6日 【7月25日】	■**大久保利通(1830〜1878)、大阪に下る。**

明治150年その歩みを知る、つなぐ(前編)　西郷どん、大久保卿、薩摩藩年表帖(中巻)

西暦1868

6月6日 【7月25日】	■薩摩藩兵(砲兵隊含む)、白河城に入る。	3109
6月7日 【7月26日】	■会計官大阪支衙を旧幕府大坂町奉行の邸舎に移す。	3110
	■「東山道鎮撫使ニ令シ中下大夫上士ノ領地等傍近府県ヲシテ管セシムルヲ以テ此ヲ各國諸藩ニ通セシム」。 ■鎮台府、徳川家達(1863〜1940)をして旧幕府の大目付・目付・奥右筆の文書記録を提出させる。	3111
6月8日 【7月27日】	■新聞発行は官許によると達す。京都府、新聞の無許可発行禁止。 ■「於関東速ニ大赦施行方達」。	3112
6月9日 【7月28日】	■**西郷吉之助(隆盛)(1828〜1877)、藩主島津忠義(1840〜1897)に従い、募兵のため鹿児島に向けて京を出立。**	3113
6月10日 【7月29日】	■正親町公董中将(1839〜1879)、奥羽追討総督を命じられる。 ■参与・軍防事務局親兵掛の鷲尾隆聚(1843〜1912)、東征大総督府参謀となる。そして白河口出張を命じられる。さらに翌日、東山道総督参謀板垣退助、同伊地知正治を参謀補助として鷲尾参謀に属せしめる。而して両参謀補助は、白河口の諸軍を督することになる。	3114
	■アーネスト・サトウ(1843〜1929)、英国代理公使アダムズ(1825〜1889)と共に横浜から江戸へ出る。外国事務局判事大隈八太郎(重信)(1838〜1922)・江戸鎮撫取締勝義邦(海舟)(1823〜1899)および江戸入府の外国事務局判事小松帯刀(清廉)(1835〜1870)を訪問する。	3115
6月11日 【7月30日】	■西郷吉之助(隆盛)(1828〜1877)、島津忠義(1840〜1897)に随従して大阪を発し帰藩、また、大久保利通長男・利和(1859〜1945)を同船させる。	3116
6月12日 【7月31日】	■「赤報隊」事件で薩摩藩預かりとなった元御陵衛士の鈴木三樹三郎(1837〜1919)・篠原泰之進(1828〜1911)・新井忠雄(1835〜1891)、軍務官軍曹に任命され八人扶持を賜わる。篠原・新井は北越、東北の戦場を転戦する。	3117
6月13日 【8月1日】	■明治新政府、布告により、旧江戸幕府の開成所・医学所(下谷和泉橋通り)を接収する。	3118
6月14日 【8月2日】	■**藩主島津忠義、西郷吉之助(隆盛)、鹿児島到着。西郷は、日当山温泉で湯治。** ■薩摩藩12代藩主島津忠義に代わり、家老・島津広兼(伊勢)(諏訪甚六)(1829〜1898)が総督として、新兵を率い薩摩から出兵。	3119
	■越後鎮撫総督には仁和寺宮嘉彰親王(小松宮彰仁)(1846〜1903)を、参謀には西園寺公望(公卿)(1849〜1940)、壬生基修(公卿)(1835〜1906)、軍監には岩村精一郎(高俊)(土佐藩士)(1845〜1906)、淵辺直右衛門(淵辺群平)(薩摩藩士)(1840〜1877)、杉山荘一(長州藩士)、白井小助(長州藩士)(1826〜1902)らが命じられる。続いて東北遊撃軍将に久我通久(公卿)(1842〜1925)を任じて、会津征討の布陣を整えた。 ■東征大総督府参謀・鷲尾隆聚(1843〜1912)、阿波藩兵を率いて、白河に向けて江戸を発つ。 ■「徳川家士ノ謹慎並脱走者ノ姓名ヲ調査録上セシム」(徳川亀之助へ達)。 ■「徳川家士ノ甲府勤番ノモノニシテ朝臣ヲ請フモノハ総テ其地ニ住居セシム」(徳川亀之助へ達)。	3120

89

西暦 **1868**

慶応4 明治1	6月14日 【8月2日】	■薩摩藩士山口鉄之助（金之進）(1831～1868)、戊辰戦争越後高田で戦死。37才。 □天保2年生まれ。大久保一蔵（利通）らが藩内に結成した精忠組に属していたが、文久2年(1862)精忠組の過激化を恐れた島津久光の意を承り、伏見寺田屋で会合中の藩内尊王攘夷派の鎮撫に当たる（寺田屋騒動）。柴山愛次郎を斬殺したのは、山口という。翌年7月の薩英戦争では西瓜船斬込隊に参加したという。慶応4年(1868)からの戊辰戦争では、薩摩藩城下士小銃十番隊長として、北越に転戦し、この日、越後高田で戦死。
	6月15日 【8月3日】	■元御陵衛士の軍務官軍曹・鈴木三樹三郎(1837～1919)、江戸出張を命ぜられる。
	6月17日 【8月5日】	■松平春嶽(1828～1890)、権中納言に任ぜられ、従二位に叙せられる。 ■神奈川裁判所を改めて「神奈川府」と称し、東久世通禧を初代知事に異動任命。
	6月18日 【8月6日】	■**大久保利通、大阪より海路、江戸に向かう。** ■新政府軍務官（知官事仁和寺宮嘉彰親王（後の小松宮彰仁親王））、新政府軍諸藩に、兵隊の肩印・袖印・腰印ら、雛型を以って25日までに届けるよう通知。
	6月19日 【8月7日】	■新政府、長崎製鉄所を買収。 ■**参与木戸準一郎（桂小五郎）(1833～1877)・参与軍務官判事大木喬任（佐賀藩士）(1832～1899)、江戸奠都調査・天皇の江戸行きの準備のため、京都を出発。** ■江戸の地名改称の議、起こる。
	6月20日 【8月8日】	■新政府、太政官札と貨幣（従前使われていた正金）の間に価格差をつけることを戒告する。 ■軍務官、山城伏見に「兵学校」設立を告示。 □加賀金沢藩士・安達幸之助(1824～1869)、師匠・大村益次郎(1824～1869)の推薦で伏見兵学校の教師となり、兵学・英書を講じる。 ■参与木戸準一郎（桂小五郎）、輔相岩倉具視(1825～1883)に、北越に関する意見書を提出。
	6月21日 【8月9日】	■**参与大久保利通(1830～1878)、江戸に到着。** 大総督有栖川熾仁親王(1835～1895)および輔相三条実美(1837～1891)、に謁見する。

大久保利通

木戸準一郎（桂小五郎）

大木喬任

明治150年その歩みを知る、つなぐ（前編）　西郷どん、大久保卿、薩摩藩年表帖（中巻）

西暦1868

6月22日 【8月10日】	■「救荒ノ勅語」（賑恤・救助スル所ノ者アランコトヲ圖レ）。 ■明治天皇により小御所に於て錦旗節刀を授けられた、会津征討越後口総督・仁和寺宮嘉彰親王（後の小松宮彰仁）(1846～1903)ら、京を出立。 □越後口派遣軍、京都進発。軍務官軍曹となった、元御陵衛士の篠原泰之進(1828～1911)・新井忠雄(1835～1891)が所属していた。 ■「今更宗門ヲ褒貶セラルルニアラズ」。真宗各派へ、神仏分離は排仏毀釈に非ざる旨諭達。真宗各派は、東本願寺、西本願寺、興正寺、仏光寺、専修寺。 □太政官が真宗各派に対して廃仏の意志の無いことを明言した。西本願寺は鳥羽・伏見の戦いの前から朝廷に忠誠を誓い、その戦いの際には、御所猿ケ辻の警備を命じられた。また、東本願寺は戦いの前に朝廷側についた。維新政府にとって両本願寺からの莫大な献金は、脆弱な基盤のため助かった。真宗は神仏分離や寺領上知の影響を受けなかった、ただひとつの宗教である。 □専修寺は高田御坊と称され、かつては夷川通に面していたが、天明火災後は表門を河原町通に移した。明治15年「専修寺別院」と改称。昭和22年火災により、本堂、御殿等凡て烏有に帰した事に依って昭和36年、京都の宇多野の地に再建し、墓地と共に山内2ヶ寺と共に移る。京都市右京区鳴滝音戸山町の「専修寺京都別院」である。専修寺本山は、三重県津市一身田町。
6月23日 【8月11日】	■東征大総督府参謀・鷲尾隆聚(1843～1912)、阿波藩兵を率いて、白河に入り常宣寺（福島県白河市向新蔵）を本営とする。
6月24日 【8月12日】	■徳川家達後見人・松平確堂（斉民）（前美作国津山藩主）(1814～1891)らは、奥州からの軍勢が水戸に迫るとして、水戸で謹慎している徳川慶喜(1837～1913)を駿府へ移すことを嘆願し、大総督府から許可を得る。
6月25日 【8月13日】	■京都府権判事・大山成美（通称は彦八）(1835～1876)、堤切営繕御用掛となる。 □元伏見薩摩藩邸留守居役で、大山巌の実兄である。
6月26日 【8月14日】	■安政五カ国条約に基づく「神戸外国人居留地工事」が、明治新政府に受け継がれ竣工する。明治32年(1899)7月17日閉鎖まで続く。 ■新政府、西洋医学の機関として発達した旧幕府「医学所」を復興。東京大学医学部の前身。 ■25日、江戸着の木戸準一郎（桂小五郎）、大木喬任と共に、輔相三条実美に会し、車駕東幸並びに諸要件を議決。
6月27日 【8月15日】	■「駿河・甲斐・伊豆・相模・武蔵・安房・上総・下総・常陸・上野・下野・陸奥・出羽一三州ヲ鎮台府ノ所管トナス」。 ■大久保利通(1830～1878)、木戸準一郎（木戸孝允）(1833～1877)、大村益次郎(1824～1869)、江藤新平(1834～1874)宅に会し、車駕東幸の祝杯を挙げる。 □大久保利通、木戸準一郎（木戸孝允）、大木喬任、大村益次郎らと共に、御東幸の件を三条実美に言上し決定した。
6月28日 【8月16日】	■**大久保利通、鎮将府の政務改革につき建言する。** □この月、大久保は大村益次郎と対立する。中央政府の軍事力に関して大久保は、藩（とくに雄藩）の兵力に依存しながら中央の力を強めてゆくとし、大村は、藩に依存せずに独自の徴兵によって直轄軍をつくってゆくかという二つの構想の対立であった。 ■薩摩藩家老・島津広兼（伊勢）（諏訪甚六）(1829～1898)の増援部隊、江戸に入る。

91

西暦1868

慶応4 明治1	6月29日 【8月17日】	■新政府、神田湯島の旧江戸幕府直轄の学問所「昌平黌」(昌平坂学問所)を復興し、その後「昌平学校」と改称、設置する。 ■「韮山県ヲ置ク。鎮台府江川英武ニ命シ旧ニ仍リテ韮山県ヲ管セシム」。	31
	6月一 【8月一】	■この月頃、山本覚馬(1828~1892)、「管見」を薩摩藩主に差し出す。月は異説あり。内容は、政権・議事院・学校・変制・撰吏・国体・建国術・製鉄法・貨幣・衣食・女学・平均法・醸酒法・条約・軍艦国律・港制・救民・髪制・変佛法・商律・時法・暦法・官医の23項目にわたる。山本覚馬の意見書を読んだ薩摩藩の西郷吉之助(隆盛)(1828~1877)や小松帯刀(清廉)(1835~1870)らは、その才能を認め、幽閉中の山本覚馬に酒などを差し入れて、さらに優遇したという。	31
	7月1日 【8月18日】	■アーネスト・サトウ(1843~1929)、病床の佐賀藩士大隈八太郎(重信)(1838~1922)を訪問。 □大隈重信は、東京専門学校(後の早稲田大学)の創立者。	31
	7月2日 【8月19日】	■山城国元代官支配地が、京都府支配を布達。 ■伏見に始めて「兵学校」が設けられる。8月2日など、日は異説あり。 □9月2日に開校。生徒は主として長州兵であった。	31
	7月3日 【8月20日】	■平潟(茨城県北茨城市)上陸の大総督府参謀並平潟口総督・四条隆謌(1828~1898)、仙台追討総督となる。	31
	7月4日 【8月21日】	■「徳川氏ニ令シ其家士ノ扶助ヲ請フモノ格式及居所姓名等ヲ録上セセシム」(徳川亀之助ヘ達)。	31
	7月5日 【8月22日】	■正親町公董中将(1839~1879)、江戸を出発しないまま、奥羽追討総督解任となる。	31
	7月6日 【8月23日】	■「中下大夫上士ニ賜暇帰邑セシムルモ其少壮子弟等ニ至リテハ滞京文武ヲ講究セシム」(中下大夫及び上士ニ達)。	31
	7月7日 【8月24日】	■木戸準一郎(桂小五郎)、大木喬任、江戸より京都に帰る。	31
	7月8日 【8月25日】	■新政府は官制の改革を行う。祭政一致で神祇官が太政官から独立して、行政機関の「筆頭」に置かれた。 ■この日付「神祇官達」で、政府主催の慰霊祭の具体的な日程が決まる。 ■木戸準一郎(桂小五郎)、輔相岩倉具視に、江戸での天皇江戸行き協議を復命する。	31
		■アーネスト・サトウ(1843~1929)、江戸開市の打ち合わせで、鉄砲洲開市掛・中井弘蔵(弘)(1839~1894)と会う。	
		■越後口征討大参謀・西園寺公望(1849~1940)、越後長岡に入城。 参謀山県狂介(有朋)(長州藩)(1838~1922)・同黒田了介(清隆)(薩摩藩)(1840~1900)・会津征討越後口総督付の参謀前原一誠(長州藩士)(1834~1876)・吉井幸輔(友実)(薩摩藩)(1828~1891)らが続く。	315
	7月9日 【8月26日】	■副島次郎(副島種臣)(佐賀藩士)(1828~1905)が勅使として長崎に到着。九州勢の東北遠征命令を正式に伝達する。	315
		■天璋院(篤姫)(1836~1883)、仙岳院(仙台市青葉区東照宮1丁目)の輪王寺宮公現法親王(のちの北白川宮能久親王)(1847~1895)と陸奥国仙台藩13代藩主・伊達慶邦(1825~1874)に、薩長を追討し徳川の再興を願う手紙を書く。 ■アーネスト・サトウ(1843~1929)、江戸鎮撫取締・勝義邦(海舟)(1823~1899)に会う。海舟は有能な人物を書き留めた覚書をサトウに見せる。	315

明治150年その歩みを知る、つなぐ（前編）　西郷どん、大久保卿、薩摩藩年表帖（中巻）

西暦**1868**

7月9日【8月26日】	■東征大総督府参謀・鷲尾隆聚（わしのおたかつむ）（1843〜1912）、奥羽追討白河口総督を命ぜられる。 ■「戊辰戦争（磐城の戦い）」。 平潟（茨城県北茨城市）に砲兵を含む薩摩藩469名ら第五陣が到着。	3153
7月10日【8月27日】	■長崎知府事沢宣嘉、管内諸藩に急使を送り動員を下令。 □集められたのは、長崎振遠隊318人、佐賀藩2,500人・砲17門、福岡藩1,000人、平戸藩316人・砲4門、島原藩250人・砲2門、大村藩300人・砲3門。	3154
	■新政府は地方組織形態のモデルとして「差当リ京都府ニ於テ」、京都府職制を制定する。町組五人組仕法書告諭を布達。 □8月5日、各府藩県に頒布する。「京都府職制」は、府藩県の統治組織の画一化を目的としたもので、府庁に市政局と郡政局を置く。 ■京都府、天皇還幸の土産として洛中洛外の老人へ金子を下賜。 ■11日にかけて、霊魂祭、河東操練場で挙行。 この春以来北越・奥羽・東京に出兵し戦死した者の霊をまつる。	3155
	■「徳川家達ニ命シ藩士ノ暴横ニシテ其帰順者ヲ妨クルノ輩ヲ戒飭（かいちょく）セシム」（徳川藩へ達）。 □戒飭とは、人に注意を与えて慎ませること。 ■「甲府鎮撫使柳原前光浜松藩ニ府下ノ取締ヲ命シ、又武蔵八王子駅ニ在住スル旧幕府千人同心ノ帰順セシモノ五千余人ヲ録シテ府兵ト為シ護境隊ト称ス」。 □この護境隊は八王子に常駐し、徳川家支配から明治新政府へと支配が移行する無政府状況の混乱期に、多摩地域の治安安定に役立った。	3156
7月12日【8月29日】	■後藤象二郎（1838〜1897）、大阪府知事に就任。〜1870年2月4日。	3157
	■鎮台府、新吉原高札。	3158
7月13日【8月30日】	■一向宗（浄土真宗）各派門主が外教防禦につき談合、7月18日に西本願寺と東本願寺の和合が成立。	3159
	■磐城平城（福島県いわき市平）の攻防戦で、薩摩藩の**財部与八**（浅手）（？〜1868）、同小隊長の樺山十兵衛（深手）（1845〜1868）が負傷。 □共に小名浜を経て同月27日に「横浜軍陣病院」の太田陣屋に入院する。与八は8月28日、十兵衛は8月24日に死去。	3160
7月14日【8月31日】	■新政府、徳川慶喜と徳川家達の駿府移転を公告。 □15日、家達駿府到着、23日、慶喜駿府到着。	3161
	■「戊辰戦争（会津戦争）―白河口の戦い（閏4月25日〜7月14日）―第十次白河攻防戦」終息。列藩同盟軍の白河城（小峰城）（福島県白河市郭内）への攻撃は、この日が最後となる。7月28日には砲声も鳴り止む。 白河が落城したことにより、白河城へと援軍していた二本松・棚倉藩は兵力の薄いところをつかれ敗戦。二本松少年隊・白虎隊の悲劇へとつながる。この戦いで戊辰戦争の大勢は決したとまで、いわれている。	3162
7月15日【9月1日】	■**大阪が開港。新政府によって大阪は開市場から「開港場」へと改められる。**	3163
	■新政府、東海道・東山道・北陸道三道の先鋒総督府を廃し、奥羽列藩同盟攻撃を目的とした白河口、平潟口・越後口の征討総督府の陣容を強化する。	3164
	■会津征討越後口総督・仁和寺宮嘉彰親王（後の小松宮彰仁）（よしあきら）（あきひと）（1846〜1903）ら、北陸道を下り、柏崎に着陣。	3165

93

西暦1868

慶応4 明治1	7月16日 【9月2日】	■村橋直衛（のちの久成）（薩摩藩第一次英国留学生の一人）(1842〜1892)、加治木大砲隊長として250名の兵を率いて鹿児島を出発する。8月24日に越後松崎浜（新潟市東区松崎）に上陸した後、9月9日松ヶ崎出発、新発田、米沢、上ノ山を経て山形に向かう。10月中旬越後村上に滞陣。	31
		■大久保利通 (1830〜1878)、東北鎮定および関東の政務につき、さらに輔相岩倉具視(1825〜1883)に意見を上申する。	31
	7月17日 【9月3日】	■**明治天皇**(1852〜1912)、「**江戸親臨詔勅**」、いわゆる「**御奠都ノ詔**」を発する。 「朕今万機ヲ親裁シ億兆ヲ綏撫ス江戸ハ東国第一ノ大鎮四方輻湊ノ地宜シク親臨以テ其政ヲ視ルヘシ因テ自今江戸ヲ称シテ東京トセン是朕ノ海内一家東西同視スル所以ナリ衆庶此意ヲ体セヨ」。 □江戸は、政治の一切を自ら親裁決され万民を慰めいたわる天皇が直接赴かれ、政治を指導されるべき「東国第一の大鎮」として位置付けられたうえで、東京と定めた。 ■**新政府は、「詔シテ、江戸ヲ以テ東京ト為シ、鎮台及ヒ関八州鎮将ヲ廃シテ、更ニ鎮将府ヲ置キ、駿河以東十三国ヲ管理ス、輔相三條実美ヲ以テ鎮将ヲ兼ネシメ、大総督ハ専ラ軍務ヲ掌ル」。鎮将府設置。** □これに伴って有栖川大総督府宮が鎮台を免ぜられ、三条実美輔相を鎮将となし民政に移行させた。新政府は政務総裁たる鎮将を、新設した東京府に在勤しめ、駿河以東十三ヶ国を支配せしめた。 □「幕府が開かれて以来、江戸は繁栄し天下の財貨が集まったが、政府廃止後は生計を立てるのに苦しんでいる者もいる。『世界各国通信』の時代においては、全国の力を平均して強めていかなければならない。東京府民は、ぜいたくに慣れることなく、自らの職業に精励し、産業を盛んにしていくよう努めなければならない。」 なお、東京府が当初管轄したのは、江戸時代後期に「朱引内」と呼ばれた町奉行所管轄地域に、ほぼ限られていた。現在の23区制にあてはめると、千代田・中央・港・文京の各区全域と、新宿・台東・墨田・江東各区の一部地域に相当する。 ■**大久保利通、鎮将府議政局参与に任ぜられる。**西郷吉之助（隆盛）、大村益次郎が、鎮将府軍務局下参謀である。鉄砲洲外国開市掛が中井弘蔵（弘）(1839〜1894)。	31
		■「社寺裁判所ヲ廃ス」。 ■6月13日、官を辞した伊達宗城（前宇和島藩主）(1818〜1892)、着京。宗城は、宗家（仙台藩）の断絶を憂いた。	316
	7月18日 【9月4日】	■「刑法官」（のちの刑部省）を閑院宮第に移す。 □京都御苑の南西部に位置する旧閑院宮邸は、近年整備され、場所を変えずに江戸時代の遺構を残す唯一の宮家屋敷で、一般に見学することが出来る。	317
	7月19日 【9月5日】	■夜、長崎振遠隊318人ら、英船フイロン号で東北遠征に向けて出発。	317
		■京都霊山、坂本龍馬墓の木標が、石碑に建て替えられる。建設者は土佐藩の第16代（最後の）藩主・山内豊範(1846〜1886)。	317
		■「駿河以東十三国諸侯以下上京帰国ハ鎮将府ニ開申セシメ、願伺届モ之ニ準シ、十三国諸藩公務人ヲ東京ニ常候セシム」。 ■（旧鎮台府）目安箱設置の旨を達す。	317

明治150年その歩みを知る、つなぐ（前編）　西郷どん、大久保卿、薩摩藩年表帖（中巻）

西暦1868

| 7月19日【9月5日】 | ■徳川慶喜（1837～1913）、駿府に向かうため水戸弘道館を出立。 | 3174 |

■徳川慶喜、榎本武揚の旧幕府軍艦「蟠竜」で、銚子を出発し清水港に向かう。 (7月21日【9月7日】) 3175

■南北市政裁判所を合併して「東京府」を設置。 (7月22日【9月8日】) 3176

■「戊辰戦争（磐城の戦い）―6月16日～8月7日」。仙台追討総督となった四条隆謌（1828～1898）、小名浜港（福島県いわき市小名浜）に到着。
■奥羽越列藩同盟の政策機関として「奥羽越公議府」が白石城（宮城県白石市益岡町）に、また福島に「軍事府」が設置される。 3177

■鹿児島の西郷吉之助（隆盛）（1828～1877）、薩摩藩北陸出征軍の総差引（司令官）を命ぜられる。 (7月23日【9月9日】) 3178

■木戸準一郎（木戸孝允）（1833～1877）、毛利敬親（1819～1871）に版籍奉還について説明、説得する。 3179

■この日、初めての政府主催の護良親王の霊を祭る祭典が、河東操練場（今の京大病院南半分）で行われる。
□4月に、東海道の先鋒総督橋本実梁、副総督柳原前光と、護良親王（後醍醐天皇の皇子）（1308～1335）が幽閉されていたとされる東光寺の本寺建長寺（神奈川県鎌倉市山ノ内）との間で、護良親王が幽閉されていた土窟の様子などに関する取調べについて文書が交わされたという。 3180

■5月、神田三河町で刺客に襲われた中村半次郎（桐野利秋）（1838～1877）は、入院先の横浜軍陣病院で、薩摩の国学者で歌人・八田知紀（1799～1873）の見舞いを受ける。
□八田知紀は、寛政11年7月15日、薩摩国鹿児島郡西田村（鹿児島市西田）に、薩摩藩士八田善助の子に生まれる。幼名は彦太郎、通称は喜左衛門、号は桃岡。文政8年（1825）27オの時、薩摩藩の京都留守居下役（蔵役）となり島津貞姫入輿に従って上洛し、近衛家に出入りした。国学に志し、天保元年（1830）32オに香川景樹（1768～1843）入門を果たして和歌を学び桂園派歌人として名をなした。維新後、東京に出て宮内省に仕え、明治5年（1872）歌道御用掛に任ぜられるが、翌年9月2日死去。75オ。『しのぶくさ』等の家集がある。弟子に高崎正風、黒田清綱がおり、景樹―知紀―正風と、『古今集』の歌風が引き継がれた。明治36年、贈従五位。 3181

■徳川慶喜、「蟠竜」で清水港入港、夕方、駿府宝台院（静岡市葵区常磐）に入り、謹慎。護衛には松岡萬（1838～1891）の率いる精鋭隊隊士50人が付き従う。また、新門辰五郎（1800？～1875）も同行し、宝台院近くの常光寺に居を構える。 3182

■京都にある新政府参与・会計事務局判事・京都裁判所副総督の戸田忠至（下野国高徳藩初代藩主）（1809～1883）、万里小路博房（1824～1884）中納言の下に属し、山稜副官に命じられる。 (7月27日【9月13日】) 3183

■長崎会所所蔵英書が、開成所へ引渡される。 3184

■新政府は越後方に越後全域の直轄領を管轄させるという方針を転換し、柏崎県（第一次）が設置され、越後口副総督・四条隆平（1841～1911）、知事に任じられるが辞退する。 3185

■新潟上陸新政府軍、軍議。弾正大忠・吉井幸輔（友実）（薩摩藩士）（1828～1891）、東京の軍務官判事大村益次郎（1824～1869）に新潟上陸を伝える手紙を書く。 (7月28日【9月14日】) 3186

95

西暦1868

慶応4 明治1	7月29日 【9月15日】	■「日田県知事松方正義ノ奉職勤勉を褒シ之ヲ奨励ス」。	3
		□5月、日田県(大分県の一部)設置と同時に知事に任命された松方正義(薩摩藩士)(1835～1924)は、日田地方で行われていた堕胎や捨子の悪習の刷新に取り組み、養育館を設立して、育児事業に取り組んだ。また、殖産興業にも乗り出し、築港事業などの公共事業を実施した。	
		■奈良県(第一次)、「奈良府」となる。	31
		■奥州征討越後口総督・高倉永祐(1838～1868)、越後高田にて病没。享年31。	31
		■「戊辰戦争(北越戦争)―新潟港、陥落」。新政府軍、沼垂(新潟市中央区沼垂)より進軍、新潟を平定。	31
	7月― 【9月―】	■真宗の東本願寺、西本願寺、仏光寺、専修寺、錦織寺(滋賀県野洲市木部)が、勤王護法の盟約を結ぶ。	31
	8月1日 【9月16日】	■「旧江戸城内修理及大総督府移徙」。	31
	8月2日 【9月17日】	■薩摩藩北陸出征軍総差引(司令官)西郷吉之助(隆盛)、東北地方鎮定に三隊を率いて鹿児島を出帆。	31
		■新政府、「貢士対策所」を廃止。	31
	8月4日 【9月19日】	■天皇、「奥羽歓順ノ詔」。いわゆる「奥羽処分ノ詔」である。	31
		■明治新政府、「東幸の趣旨」を公表。 □京では公卿を始め庶民に至るまで反対の大合唱。一度東京に行かれてしまえば都が移るという危惧があった。	
	8月5日 【9月20日】	■白河口総督府参謀・板垣退助(土佐藩)(1837～1919)、白河で同参謀・伊地知正治(しょうじ)(薩摩藩)(1828～1886)・同池上四郎(薩摩藩))(1842～1877)らと会津攻略の軍議を行う。	31
	8月7日 【9月22日】	■島原、平戸、大村の各藩兵、東北に向けて長崎出港。	31
		■「奥羽ニ下シ給ヘル勅語」。	31
		□「……奥羽の一隅には、いまだに皇室の徳化に服従せず、私兵を擁してほしいままに勢力を張り、わざはひを地方民にまで及ぼして居るものがあるといふことである。朕はこれを聞いて、まことに心配にたへない。思ふに日本國中の人民はみな朕の赤子であつて、國土のつづく限りは朕の一家である。どうして奥羽地方の民だけを、朕の赤子でないとして、退ぞけ疎んずることが出来ようか。それでやむを得ず、奥羽地方の朕の赤子を救ふために、五畿七道の兵を遣はして、朝廷に反抗するものの過を正すことにした次第である。……」。	
		■正親町公董中将(1839～1879)、会津藩追討のため、参謀補助・小代清八らを従えて、白河に向けて東京を発つ。	

	明治150年その歩みを知る、つなぐ（前編）　西郷どん、大久保卿、薩摩藩年表帖（中巻）

西暦**1868**

8月7日 【9月22日】	■中原猶介（薩摩藩）（1832～1868）、7月の越後長岡城の戦いで長岡藩家老河井継之助と対陣するうち、敵弾を右足膝頭に受け、それが因となってこの日、長岡城再奪還の吉報を聞きながら柏崎病院で37年の生涯を閉じた。	3199

□中原は、天保3年4月8日、現在の鹿児島市上之園町に生まれる。幼少より蘭学や舎密学（せいみがく）に熱中し、嘉永2年（1849）18才にして藩命により長崎へ出向く機会を得、公務の間にオランダ人から蘭学を習得。嘉永4年（1851）島津斉彬藩主就任に伴い帰藩を命じられ、22才で斉彬に見出され、集成館事業や薩摩藩水軍増兵、軍艦建造、反射炉建設の職にあたり、近代海軍の礎を築いた。また、薩英戦争に備えて日本初の機械水雷を開発したり、斉彬の命により薩摩切子の着色を研究し、紅色薩摩切子の製作に成功するなど、鹿児島県や日本の近代技術の面で大きな功績を残した。そののち江戸に留学し、安政2年（1855）には鹿児島城内の本丸休息所と二の丸花園までの、およそ500メートルの間に電線を架設して電信実験に成功している。情報の重要性を知り抜いていた島津斉彬は、鹿児島と江戸藩邸の間に電線を敷設するための調査まで命じていたという逸話さえ残っている。安政4年（1857）帰藩して兵器軍制の改良、軍隊の指揮等に当たる。安政5年（1858）斉彬の死後は再度江戸に留学、江川英龍や安井息軒の門下で学問を取得し、一時帰国を挟んで文久2年（1862）には塾頭に就任、後進育成に当たった。息軒門下の頃、偶然に薩摩藩の蒸気軍艦が品川へ入港、安井息軒は中原猶介の案内にて艦内を一巡した。猶介は、その軍艦は自分が建造に携わったことを、師である息軒に一言も語らなかったが、息軒は後日その事実を知り、太息して猶介の人となりに膝を打ったという。帰藩後は、海軍の復興、砲台の改築等に努め、文久3年（1863）7月の薩英戦争では長崎にて病気療養中だったが、元治元年（1864）7月19日、禁門の変においては軍賦役・大砲隊長に任ぜられる。このときの軍賦役は、ほかに西郷吉之助（隆盛）と伊地知正治である。戦闘では、中立売門で攻勢をかける長州藩兵に対して、中原猶介の砲隊が後方から葡萄弾（炸裂弾の一種か）を浴びせたため、猛将来島又兵衛が討死し、長州勢は敗走のやむなきに至ったという。戦後、中原猶介は功績を称えられて、感状と陣羽織・佩刀を授与されている。慶応2年（1866）長州再征伐の際は、長崎にて長州藩の軍備品購入の斡旋をした。慶応3年（1867）英国公使の薩摩藩訪問時には接待役を務め、実弾演習を指揮し披露した。

慶応4年（1868）1月の鳥羽・伏見の戦いでは御香宮に薩摩軍参謀として一番砲隊を率いて戦う。同年3月に新政府側の海軍参謀に任命されたが病のため一時帰郷。6月に再出征、北陸征討軍参謀として7月の越後長岡城の戦いに加わる。最期を迎えるに際しては、天命と知るや、一切の医学的治療や投薬を退けたという。鹿児島県立甲南高等学校南門に「中原猶介翁宅址碑」がある。大正5年（1916）鹿児島市内有志によって建立され、碑文は島津長丸（島津久治の長男）男爵によるもので、中原は翌大正6年には正五位を贈られた。当初は現在の甲南高正門付近にあったが、昭和5年（1930）の甲南高の前身・鹿児島二中時代、校舎鉄筋改築の際に移築したもの。鹿児島市郡元町の市営郡元墓地に「鐵心斎中原尚勇之墓」と刻まれた古い墓石がある。

	■白河口総督府、板垣退助（土佐藩）と伊地知正治（薩摩藩）の会津進撃策に同意する。	3200
8月8日 【9月23日】	■府兵練兵場を京都府内に設置。	3201

西暦1868

慶応4 明治1	8月8日 【9月23日】	■徳川家達（1863～1940）、外交に関与しない旨を各国代表に通告。徳川宗家は、諸侯に列した。	32
	8月9日 【9月24日】	■正式に駿河府中藩が、認知される。 ■明治天皇、下賀茂神社（加茂御祖神社）に行幸。 ■東本願寺学寮の分校を高倉通上馬場の井波屋敷に開設、「護法場」と称し洋学科を置く。	32
		■徳川家達、東京から陸路、駿河へ向かう。山岡鉄舟（鉄太郎）（1836～1888）、従う。	32
		■「大總督府、白河口總督鷲尾隆聚ヲ罷メ、参謀正親町公董ヲ以テ之ニ代ヘ、小代清八ヲ参謀補助ト為シ、公董ニ属セシム」。鷲尾隆聚（1843～1912）が所労故、代わって、正親町公董中将（1839～1879）が、奥羽追討白河口総督に就任する。 ■白河口総督府、会津周辺駐屯の諸藩に、会津討伐進駐令を発する。	32
	8月10日 【9月25日】	■府県兵抑制政策により組織した京都府兵を「平安隊」と称する。のち、4百名をもって夜間巡邏に当たる。	32
		■薩摩藩家老・島津広兼（伊勢）（諏訪甚六）（1829～1898）が総督として、新兵を率いた薩摩兵が柏崎に到着。	32
	8月11日 【9月26日】	■内国事務科内国事務総督・東征軍海軍総督・聖護院宮嘉言親王（1821～1868）、死去。享年48。 □閏4月15日、嗣子とされた弟宮の智成親王（1856～1872）が、聖護院宮を継承。明治3年（1870）宮号が旧門跡との区別が判然としないとの理由で「北白川宮」に改称する。	32
		■薩摩藩北陸出征軍総差引西郷吉之助（隆盛）、薩摩藩兵を率いて、2日出港の鹿児島から越後柏崎に着す。	32
		■会津征討越後口総督 ・ 仁和寺宮嘉彰親王（後の小松宮彰仁）（1846～1903）、柏崎から新潟に向かう。新発田藩12代藩主・溝口直正（1855～1919）がその背導を務める。西郷吉之助（隆盛）（1828～1877）は、軍艦「春日丸」に乗って新潟に向かう。 □「春日丸」艦長が赤塚源六（1834～1873）、一等士官が林謙三（安保清康）（1843～1909）、大砲士官が伊東祐麿（1832～1906）、小頭が井上良馨（1845～1929）、兵士として東郷平八郎（1848～1934）らが従軍した。 □林謙三（安保清康）は、坂本龍馬の晩年の友人で、慶応3年（1867）11月15日、龍馬が暗殺される直前に、手紙のやりとりをしていた人物の一人。林は面談を求める龍馬からの手紙に促され上京し11月16日未明、近江屋に着き惨劇を知った。谷干城らと瀬死の重傷を負った中岡慎太郎から暗殺の状況を聞きとったという。	32
	8月13日 【9月28日】	■「被仰出被仰付御沙汰等諸法令ノ文例ヲ定ム」行政官（布）。 □明治政府が初めて法令の形式を定めたとされる布告。「被仰出」「被仰下」「被仰付」「御沙汰」の文例使用を行政官に限ること等を定める。	32
		■三井八郎右衛門高福、同次郎右衛門、同三郎助、小野善助、島田八郎左衛門の5名、御東幸金穀出納取締を命じられる。	
		■鎮将府議政局参与大久保利通、奔走して、東幸の期日を9月20日と決定。	32
		■勤王派弘前藩（津軽藩）、箱館から撤退する。これで東北諸藩はすべて箱館から消えた。蝦夷地の警備は、松前藩兵と箱館府兵の2小隊のみとなる。	32

西暦 **1868**

明治150年その歩みを知る、つなぐ（前編）　西郷どん、大久保卿、薩摩藩年表帖（中巻）

8月14日【9月29日】	■隆盛の弟・**西郷吉二郎**(1833〜1868)、越後国五十嵐川付近(新潟県三条市)での戦傷がもとで柏崎病院で死去。享年36。生い立ち等は、上巻P39参照。 □明治2年(1869)11月11日、吉二郎遺族に扶持米70俵を30年限り下賜される。	3214
8月15日【9月30日】	■江尻宿(静岡市清水区)で大久保一翁(1818〜1888)に迎えられた徳川家達(1863〜1940)、この日、徳川家ゆかりの地である駿府に到着。宝台院の徳川慶喜(1837〜1913)に会い、三の丸城代屋敷に入る。徳川の旗本・御家人たちも9月になると、続々と、駿府をはじめとする静岡領に移住する。	3215
8月17日【10月2日】	■幸橋門内の大和郡山藩上屋敷(千代田区内幸町)を接収して**「東京府開庁」**。8月20日、江戸府知事烏丸光徳(1832〜1873)、初代東京府知事に任命される。	3216
8月18日【10月3日】	■京都の豊国神社再興を決定する。この日、東山阿弥陀ヶ峰の太閤墓前において、神祇官が奉祀。新政府はこの年4月、神祇局ならびに大阪裁判所に対して豊国神社再興、翌5月には阿弥陀ヶ峰の廟墓再興を計画していた。さらに、10月には徳川家康より妙法院に下げ渡しの豊国廟一体の土地を接収し、改めて国費による別格官幣社、豊国神社の造営に向けて動きだす。 □明治天皇は「天下を統一しながら幕府を開かなかったのは尊皇の功臣である」と豊臣秀吉を讃え、豊国神社再興を命じた。 ■明治天皇、父孝明天皇の遺志を継ぎ崇徳天皇を御祭神とする。本宮（白峯社）創建の宣命があり、社地を公卿飛鳥井家邸地とする。	3217
8月19日【10月4日】	■**「旧幕府艦船、品川海脱去」**。 榎本武揚・上田寅吉(1823〜1890)ら、仏国軍事顧問団を脱走した砲兵大尉ブリュネ(1838〜1911)、伍長カズヌーヴなど5名を乗せ、旧幕府艦隊「開陽」「回天」「蟠竜」「咸臨」、諸船「千代田形丸」「長鯨丸」「神速丸」「美嘉保丸」8隻を奪い、総員2,500名で密かに品川沖より脱走、北上を開始。陸軍奉行並松平太郎(1839〜1909)、渋沢成一郎(1838〜1912)の「振武隊」も乗り込む。元若年寄永井尚志(1816〜1891)、養子岩之丞(1845〜1907)と共に「回天」に乗り込む。負傷の旧幕軍遊撃隊の伊庭八郎(1844〜1869)も美嘉保丸へ乗船。榎本は、蝦夷地を徳川家の領地として、一大独立国家を創設する計画だった。旗艦開陽は美嘉保丸を、回天は咸臨を、長鯨丸は千代田形丸を曳航し、蟠竜・神速丸は独航する。 □徳川家の行く末を見極めた榎本武揚(旧幕府海軍副総裁)(1836〜1908)は、荒井郁之助(1836〜1909)を海軍司令官に、沢太郎左衛門(1834〜1898)を開陽艦長に、甲賀源吾(1839〜1869)を回天艦長に、松岡磐吉(?〜1871)を蟠竜艦長に、森本弘策(1841?〜?)を千代田形艦長に任命。そして、脱走目的を認めた檄文を作成し、江戸鎮撫取締・勝義邦(海舟)(1823〜1899)に、新政府に提出の「徳川家臣大挙告文」を手紙と共に送る。 □この「告文」には蝦夷地開拓が謳われており、まだまだ奥羽越列藩同盟と共同戦線を張れば新政府軍に対抗できるとの意気込みがあった。 ■太政官布告「管船令」公布。	3218
	■大総督府、「武家屋敷処分方指令」。	3219
	■白河の伊地知正治(薩摩藩)、二本松に行き、板垣退助(土佐藩)らと軍議。会津攻撃に新政府軍が、兵力を集中する。	3220
8月20日【10月5日】	■「戊辰戦争（会津戦争）―新政府軍、二本松から会津攻撃へ転進」。白河口総督府参謀伊地知正治(薩摩藩)・同板垣退助(土佐藩)らの薩摩、長州、土佐、佐土原、大村、大垣の6藩部隊約2千、朝、二本松を出発、石筵口に向かい、会津攻撃へ転進。	3221

99

西暦1868

慶応4 明治1	8月21日【10月6日】	■中村半次郎(桐野利秋)(1838~1877)、西郷吉之助(隆盛)(1828~1877)の推挙により、大総督府直属の軍監に任じられる。 ■大総督府、日光方面に在る安芸藩419、肥前藩300、中津藩415、今治藩138名の5藩の兵を、藤原口より鶴ヶ城に向かわす。さらに、薩摩藩124名、宇都宮2小隊も藤原口より鶴ヶ城に向わす。中村半次郎(後の桐野利秋)(薩摩藩)が軍監として之を督す。
	8月22日【10月7日】	■東京府、「東京入港船舶査検」。 ■大総督府、「旗下帰順者禄制」。 □旧旗下へ徳川旧臣帰順ノ者禄米支給ノ制ヲ定ムとして、減俸のうえ帰順を許し、政権基盤の確立を目論む。
		■「戊辰戦争(会津戦争) ─十六橋・戸ノ原口の戦い」。 早朝、母成峠突破の新政府軍は、北の木地小屋部落から猪苗代に進軍。母成峠に出師し兵がなく、猪苗代城代・高橋権太輔は、城と土津神社に火を放ち退却する。新政府軍の薩摩藩士・川村与十郎(純義)(1836~1904)の部隊が現れる。川村与十郎は猪苗代城で休息を取ること無く、要衝の十六橋を制圧するため、進軍を強行してきた。夕方、十六橋が、夜には戸ノ原口が新政府軍の手に落ちる。 会津藩の主力部隊のほとんどは、越後戦線や日光方面に出払っていた。
	8月23日【10月8日】	■新政府(神奈川府)が、エドワルド・スネルの武器売却に抗議する。スネルは会津藩等に武器5万2千ドルを売却したのだ。 □会津藩家老・梶原平馬は、越後長岡藩家老・河井継之助を仲介により、スネルからライフル銃780挺と2万ドル相当の弾薬を、河井も数百挺の元込め銃とガトリング砲を2挺購入した。
		■東海道先鋒総督府参謀・海江田信義(薩摩藩)(1832~1906)、軍務官判事に就任。 ■新政府、府県が新たに兵員を取立てることを禁じる。
		■「戊辰戦争(会津戦争) ─鶴ヶ城籠城戦─8月23日~9月22日」、はじまる。
		■「戊辰戦争(会津戦争)─鶴ヶ城北出丸の戦い」。鶴ヶ城外郭各門が、新政府軍に次々と破られると、会津兵は鶴ヶ城北出丸まで退却。この堅固な北出丸で、新政府軍の勢いを食い止める。砲兵隊指揮の薩摩藩士・大山弥助(巌)(1842~1916)も、大手門前に於て右股を貫通銃創する。 ■戊辰戦争(会津戦争)─白虎隊士19人自刃。
	8月24日【10月9日】	■村橋直衛(のちの久成)(薩摩藩士)(1842~1892)、加治木大砲隊長として250名の兵が、越後松崎浜(新潟市東区松崎)に上陸。
		■薩摩藩士樺山十兵衛(1845~1868)、東北戦争で負傷し、死去。24才。 □弘化2年生まれる。文久3年(1863)島津久光に随従して上洛、御所警護にあたる。元治元年(1864)禁門の変で戦う。第一次幕長戦争では救応隊に属す。戊辰戦争では「鳥羽・伏見の戦い」に参軍。小隊長として、慶応4年7月13日の磐城平城攻防戦で深手を負い、横浜軍陣病院でこの日死去。
		■砲兵隊指揮の薩摩藩士・大山弥助(巌)、前日の負傷で後送される。
	8月25日【10月10日】	■大総督府、東京築地の旧幕府海軍所を接収(後の海軍造兵廠)。

明治150年その歩みを知る、つなぐ（前編）　西郷どん、大久保卿、薩摩藩年表帖（中巻）

西暦 *1868*

8月26日 【10月11日】	■天皇誕生日（9/22、11/3）を「天長節」として制定。後に新暦に換算した11月3日に変更。 ■金穀出納所、「東京府下富商ヨリ募借」。 □新政府、東京の豪商に御東幸御用金八六万両を賦課。	3232
	■貫通銃創の薩摩藩士・大山弥助（巌）（1842〜1916）、三春の龍穏院（福島県田村郡三春町）の病院に着く。	3233
	■「戊辰戦争—秋田戦争（院内口・仙北方面の戦い）—大館戦」。大館城（秋田県大館市中城）落城の情報が久保田（秋田）の奥羽鎮撫総督府に届くと、下参謀大山格之助（綱良）（薩摩藩）（1825〜1877）は、佐賀藩とその支藩の小城藩兵を派遣する。	3234
8月27日 【10月12日】	■「御即位ノ宣命」。**明治天皇（17才）**（1852〜1912）、**紫宸殿において、政情の激しい移り変わりにより遅れていた「即位の大礼」を行う。** □公卿、在京諸藩主、諸徴士、紫宸殿下に列す。議定、参与は、小御所にて天皇と対面、神酒を賜わる。	3235
	■新政府、日光神領を接収する通達を出す。日光奉行所が廃止され、真岡県の管轄となる。	3236
8月29日 【10月14日】	■明治天皇、妙法院に行幸。さらに、孝明天皇 後 月輪東山 稜 御参拝。 ■東幸供奉の者が、この日、命じられる。	3237
	■東京府、「武家所有船極印」。	3238
8月— 【10月—】	■**この月、香港造幣局から機械一式が、香港より大阪の到着。** □参与職外国官権判事・五代才助（友厚）（薩摩藩）（1836〜1885）、会計官判事・三岡八郎（由利公正）（越前福井藩）（1829〜1909）らと共に、英国商人グラバーを通じて、香港より造幣機械の買い入れ（6万両）を行うなど大阪造幣寮の設置に奔走する。	3239
	■この月、承久3年（1221）「承久の変」で配流の土御門（第83代）・順徳（第84代）二上皇の霊を、二上皇父・後鳥羽上皇（第82代）を祀る摂津水無瀬宮（大阪府三島郡島本町広瀬3丁目）に合祀する。 □明治までは仏式であったが、明治6年（1873）に正式に神道形式とし、官幣中社に列格、昭和14年（1939）3月1日、天皇奉祀の社であるところから官幣大社「水無瀬神宮」となる。	3240
	■この月、箱館府判事**井上石見（長秋）**（薩摩藩）（1831〜1868）、樺太沿岸視察中、行方不明遭難死する。9月ともいう。 □長秋は、天保2年、鹿児島諏訪神社神職井上祐住の子に生まれる。万延元年（1860）上京、田中河内介ら尊王の志士と交わる。文久2年（1862）島津久光上洛以降は、藩命を奉じて粟田宮をはじめとする堂上公卿や諸侯、志士の間を奔走する。また兄の井上出雲（後の藤井良節）（1817〜1876）と共に岩倉村に蟄居中の岩倉具視を訪問し、薩摩藩との連絡役も務める。慶応2年（1866）岩倉の命を受けて大原重徳をはじめとする反幕公卿の糾合を計り、二十二卿列参を策す。大政奉還の折には近衛忠房へ入説するなど、重要な政治的役割を果たした。岩倉具視に国学者・神道家を引き合わせたのは、井上石見（長秋）である。明治維新後も新政府に出仕して制度事務局判事加勢を皮切りに、明治元年閏4月5日、徴士参与・内国事務局判事等を勤めた。同年閏4月24日、箱館府判事を拝命して当地に赴き、蝦夷各地を調査。しかし、北蝦夷地（樺太）沿岸巡視からの帰航中、海難事故に遭い死亡。	3241

101

西暦1868

慶応4 明治1	9月1日 【10月16日】	■東京出張の軍務官軍曹・鈴木三樹三郎(元御陵衛士)(1837〜1919)、勅使附属警衛之兵隊を召連れて帰京するようににと命ぜられる。	32
		■軍監中村半次郎(桐野利秋)(1838〜1877)、大内に到着し、会津若松攻略のための軍議を主催し栃原進撃を部署。	32
	9月2日 【10月17日】	**■京都府職制に倣い「東京府職制」が公布され、市政裁判所から府へ事務が移される。** □府庁を開き、事務を施行する。	32
		■「戊辰戦争(会津戦争)—関山の戦い(2日〜4日)」。4日にかけて、阿賀野川北側山地の本郷関山で戦闘がある。軍監中村半次郎(桐野利秋)(薩摩藩)指揮により、新政府軍、3日にしてようやく栃沢(福島県大沼郡会津美里町)を攻略し、さらに関山の前方に進出する。関山宿は、日光・田島方面からの鶴ヶ城下入口。	32
	9月3日 【10月18日】	■米国商船の水夫が泥酔して、兵庫港の衛兵を負傷させたうえ、県庁に乱入した件を伊藤博文兵庫県知事が処理したという報告がある。 □その後、伊藤知事は、この事件の処理をめぐり、米国領事館と談判を行い、水夫の有罪判決を得ている。	32
		■小松帯刀(清廉)(1835〜1870)、外国官副知事に昇進。小松は、玄蕃頭に任命される。 □玄蕃頭は玄蕃寮の長官。外国使節の接待などをつかさどる。	32
	9月4日 【10月19日】	■東京市中の取締を諸藩の隊長に命じて、それを「邏卒取締隊」と称す(太政官布達)。	32
		■「戊辰戦争(会津戦争)—関山の戦い(2日〜4日)」。 大総督府軍監・中村半次郎(桐野利秋)、日光口を破る。会津兵・旧幕兵は関山に火を放って退去、新政府軍は、ようやく関山から本郷へと進攻することができた。	32
	9月5日 【10月20日】	■軍監中村半次郎(桐野利秋)、8日まで、若松南部の戦いの参軍。	32
	9月7日 【10月22日】	■箱館へ兵隊を送る計画を立てる新政府は、奥羽鎮撫総督・九条道孝(公卿)(1839〜1906)、東北遊撃軍将・久我通久(公卿)(1842〜1925)へ、箱館派遣部隊の総督の人選を依頼する。翌8日にかけて、諸藩へ秋田、箱館及び東京への派兵を命じる。 □秋田へは、長門国萩藩(500人)、周防国徳山藩(200人)、豊前国小倉藩(350人)、出雲国松江藩(300人)、東京へは、筑後国久留米藩(500人)、安芸国広島藩(300人)、箱館へは、備後国福山藩(500人)、越前国大野藩(200人)、伊予宇和島藩(500人)。	32
明治1	9月8日 【10月23日】	■「改元ノ詔」。 ■「年号ハ一世一元トス」(行政官布告)。 □「明治に改元」、年号を一世一元とする。改元は、慶応4年1月1日に遡って適用するとした。松平春嶽が新しい年号の候補をいくつか出し、その中から決まるという。	32
		■四条隆平(1841〜1911)、越後府知事となる。 9月11日、久我維麿(のちの北畠通城)(1849〜1888)、柏崎県知事となる。	32
	9月9日 【10月24日】	**■大久保利通(1830〜1878)、海路東京を発し、京都に向かう。**	32
	9月10日 【10月25日】	■京都府出仕の槙村正直(長州藩)(1834〜1896)、議政官史官試補となる。	32
		■「旧旗下兵採用」。大総督府、旧旗下兵を市中取締に採用。	32

明治150年その歩みを知る、つなぐ（前編）　西郷どん、大久保卿、薩摩藩年表帖（中巻）

西暦**1868**

9月10日 【10月25日】	■「戊辰戦争（会津戦争）―越後口の新政府軍が若松に到達」。 越後津川の新政府軍、阿賀川（阿賀野川）を進み、会津盆地に侵攻、若松に到達する。伊地知正治（薩摩藩）(1828〜1886)・板垣退助(1837〜1919)（土佐藩）・山県狂介（有朋）(1838〜1922)（長州藩）・中村半次郎（桐野利秋）（薩摩藩）(1838〜1877)ら、軍議し、鶴ヶ城攻めの分担区域を定める。 3257
9月12日 【10月27日】	■「東京府、商法知司事ニ豪商任命」。 □会計官付属商法知司事補に、三井家手代の斎藤専蔵・三野村利左衛門(1821〜1877)、同商法判司事に手代永田甚七が就任。 3258
	■「戊辰戦争（会津戦争）」。若松に到達した越後口新政府軍が軍議。 伊地知正治（薩摩藩）・板垣退助（土佐藩）・山県狂介（有朋）（長州藩）・中村半次郎（桐野利秋）（薩摩藩）ら、若松攻城の分担区域を定め、13日を攻撃日と3万の全軍伝える。 3259
9月13日 【10月28日】	■**この日上京した鎮将府議政局参与大久保利通**(1830〜1878)**、輔相岩倉具視**(1825〜1883)**、総裁局顧問参与木戸準一郎（木戸孝允）**(1833〜1877)**と会し、車駕発輦（天皇の行幸）を議す。** 3260
	■「徳川亀之助家来諸伺鎮将府東京府ニ於テ取扱方ヲ定ム」。 3261
9月14日 【10月29日】	■鎮将府議政局参与大久保利通、明治天皇より直垂を賜う。 3262
	■「戊辰戦争（会津戦争）―鶴ヶ城籠城戦（8月23日〜9月22日）」。新政府軍、早朝、小田山山上の大砲一発の砲声を合図に戦闘がはじまる。全軍の砲門を開き、鶴ヶ城へ向けた一斉砲撃を行う。小田山山上にはアームストロング砲1門を含む15門が据えられて、総数約50門による砲撃であった。この日から18日まで新政府軍の総攻撃。一日2千発以上の砲弾が浴びせられ、鶴ヶ城では死傷者が続出する。 3263
	■**薩摩藩北陸出征軍の総差引（司令官）・西郷吉之助（隆盛）**(1828〜1877)**、米沢に至る。** 3264
9月15日 【10月30日】	■前会津藩主松平容保(1836〜1893)は、米沢藩からの降伏勧告を受け入れた。若年寄・手代木直右衛門勝任(1826〜1903)、副軍事奉行・秋月悌次郎(1824〜1900)、君命により密かに城を出て米沢藩が布陣している森台村（現・福島県河沼郡湯川村桜町森台）へ向かい、降伏の仲介を依頼する。 □坂本龍馬を暗殺したといわれる京都見廻組与頭・佐々木只三郎(1833〜1868)は、手代木の実弟。 ■「奥羽越列藩同盟盟主格の仙台藩、正式降伏」。仙台藩、伊達慶邦(1825〜1874)の謝罪降伏嘆願書を、仙台追討総督四条隆謌(1828〜1898)に上呈。仙台藩、米沢藩の働きかけでついに降伏。奥羽越列藩同盟崩壊。 3265
9月16日 【10月31日】	■新政府、京都に皇学所（九条邸・上京今出川寺町西）・漢学所（梶井宮邸・上京河原町今出川南）を創立する旨布達。 ■白峯宮（京都市上京区今出川通堀川東入ル飛鳥井町261）が創建される。 □京都の中では最も新しい神社である。第122代明治天皇(1852〜1912)は社地を公家飛鳥井家邸跡に定め、父孝明天皇の遺志を継ぎ、保元の乱により讃岐国へ配流になった崇徳天皇（第75代）(1119〜1164)の慰霊のため、讃岐の白峯陵より神霊を迎えて、創建する。明治6年（1873）12月24日には、淡路に配流の第47代淳仁天皇(733〜765)霊も合祀。その後、官幣中社白峯宮と称していたが、昭和15年(1940)2月11日、天皇奉祀の社であるところから官幣大社「白峯神宮」となる。 3266

西暦1868

明治1	9月一 【10月一】	■結局、陸奥国八戸藩は一人の死傷者も出さなかった。最後まで「列藩同盟」の看板は下ろさなかったが、戦後の懲罰もなかった。 □9代藩主南部信順(1814~1872)は、薩摩藩より迎えられていた。薩摩藩8代藩主・島津重豪(1745~1833)の十四男である。
	9月17日 【11月1日】	■「山形藩、新政府軍に降伏」。出羽国山形藩、降伏・謝罪嘆願書を米沢藩主の周旋添書と共に、福島の白河口総督府に差し出す。のちに重臣が、上山滞陣中の会津征討越後口総督府参謀・黒田了介(清隆)(薩摩藩)(1840~1900)へ嘆願書を提出。
	9月18日 【11月2日】	■木戸準一郎(木戸孝允)(1833~1877)、大久保利通(1830~1878)に「版籍奉還」を相談。大久保との原則的同意成立。木戸は同日、後藤象二郎(1838~1897)に「版籍奉還」を告知。 □「すべての土地・人民は天皇のものであり、私有すべきでない」として版と籍、つまり領地と領民を朝廷に返上することを協議、原則的同意成立。 ■長門国長州藩13代藩主・毛利敬親(1819~1871)、従三位に昇叙し、参議如元。左近衛権中将を兼任。
		■「増上寺復飾帰俗」。 □復飾とは僧が還俗すること。帰俗とは、出家者が再び俗家にかえること。罪を犯した出家者が俗にかえるのを還俗、自ら俗生活にかえる場合は帰俗と区別することもある。
	9月19日 【11月3日】	■「姑ク議政官ヲ廃シ議参両職以下ヲ行政官ニ併セ議事ノ体裁取調局ヲ設ク」(太政官達第331号)。議政・行政両官の事務分画しがたきをもって、しばらく議政官を廃し、議定・参与をして行政官に入り、機務を商議せしむ。 □議政官下局における議論が所期の効果を収めなかったため、議政官が廃止され、行政官に移管される。明治2年4月12日、再興。さらに「議事体裁取調所」を設置する。 ■三井三郎助、商法知司事に就任。
	9月20日 【11月4日】	■「東幸御発駕」。多くの公卿の反対を押し切り、明治天皇(1852~1912)、鳳輦に乗り、建礼門から出立、京より東京行幸へ出発。 東幸の供は、輔相岩倉具視(1825~1883)、議定中山忠能(1809~1888)、外国官知事・伊達宗城(1818~1892)、参与木戸準一郎(桂小五郎)(1833~1877)、参与大木喬任(佐賀藩士)(1832~1899)らと、天皇の官人だけで2,000名を超え、警護の長州藩・土佐藩・備前岡山藩・伊予国大洲藩の4藩の兵を含め、その総数は3,300人にも及んだという。 ■西周(津和野藩出身)(1829~1897)、新政府からの徴命をうける。
	9月21日 【11月5日】	■神奈川府が「神奈川県」に、越後府が「新潟府」と改称される。 □東久世通禧に代わり、寺島陶蔵(宗則)(薩摩藩)(1832~1893)、神奈川県の知県事に任命される。

明治150年その歩みを知る、つなぐ（前編）　西郷どん、大久保卿、薩摩藩年表帖（中巻）

西暦1868

9月22日 【11月6日】	■「戊辰戦争—会津戦争（閏4月20日〜9月22日）」・鶴ヶ城籠城戦（8月23日〜9月22日）、終結。会津藩が降伏。午前10時、鈴木為輔（1828〜1877）・安藤熊之助らが北迫手門に白旗3本を立てる。城外西郷頼母邸前の甲賀町通りにおいて降伏の儀式が執り行われ、籠城一ヶ月にわたった城下の戦いに終止符が打たれた。容保・藩士の嘆願書に続いて、萱野権兵衛（かやのごんびょうえ）（1830〜1869）・梶原平馬（1842？〜1889）・内藤介右衛門信節（えもんのすけ）（1839〜1899）・原田対馬種龍（原田七郎）（？〜？）・山川大蔵（浩）（1845〜1898）・海老名郡治（季昌）（1843〜1914）・井深宅右衛門重義（1830〜1897）・田中源之進・倉沢右兵衛（のち平治右衛門）（1825〜1900）ら連名の「戦争責任は家臣にある。藩主父子には寛大な処置を」と記した嘆願書が提出された。儀式の出席者は藩主父子、梶原・内藤・萱野。新政府軍は軍監中村半次郎（桐野利秋）（1838〜1877）、軍曹山県小太郎（岡藩士）（1836〜1895）ら。 ■8月に新潟戦争へ参戦を求められ、会津にまで歩を進めている英人医師ウィリアム・ウィリス（1837〜1894）は、ようやく東京へ戻る。ウィリスの戊辰戦争での功績に対し、明治天皇から金欄7枚が贈られ、これが、天皇から西欧人への贈物の初めてとなる。 ■輪王寺宮公現法親王（のちの北白川宮能久親王）（1847〜1895）、使僧を四条総督の軍門に遣わして謝罪状を上った。仙台追討総督四条隆謌（たかうた）（1828〜1898）は、伊勢国津藩をして親王の居館を守衛させる。 ■会津征討越後口総督府会計方・西徳二郎（薩摩藩士）（1847〜1912）は、山形城接収、武器を検分。更に山形藩に庄内征伐の先鋒を命じ、嘆願書の趣旨が発効するまで、家臣一同は謹慎と達する。
9月23日 【11月7日】	■「庄内藩降伏—奥羽越ことごとく平定」。**本州での戦闘が終了**。庄内藩降伏正使・水野藤弥（中老）（1839〜1879）と副使・山岸嘉右衛門（貞文）（郡代兼軍事掛）（1828〜1886）、清川口へ北上中の会津征討越後口参謀・黒田了介（清隆）（薩摩藩）（1840〜1900）を古口本営（山形県最上郡戸沢村古口）に訪ね、嘆願書を提出。米沢藩士・日向国高鍋藩士の協力を得て、降伏条件の提示と26日までの停戦の約を得る。
9月24日 【11月8日】	■「戊辰戦争（会津戦争）—鶴ヶ城引き渡し」。会津藩家老・山川大蔵（おおくら）（のちの浩）（1845〜1898）・小森一貫斎（朱雀士中一番隊頭）（1815〜1871）、午後、城接収の中村半次郎（桐野利秋）（1838〜1877）らを城中に迎え、武装を解除する。 ■「白河口総督府、鶴ヶ城を納める」。鶴ヶ城（会津若松城）が陸軍省の所管になる。
9月25日 【11月9日】	■軍防局内の裁判所廃止。この年正月に設置していた。 ■朝廷、朝臣願をこの日で締め切る。 ■太政官布告で、諸藩に課せられた「軍資金」は廃止される。 □しかし、「海軍資」という名目で諸藩は、従来の倍の負担を強いられる。
9月26日 【11月10日】	■「商法局設置」（東京府と会計官の両管）。 ■会津征討越後口総督府下参謀・黒田了介（清隆）（薩摩藩）（1840〜1900）、清川を経て鶴岡に入り、藩校致道館に陣し、同夜、出羽国庄内藩11代藩主酒井忠篤（ただずみ）（1853〜1915）を引見して降伏を認める。 ■「戊辰戦争（東北戦争）—5月3日〜9月26日」終結。庄内藩・桑名三隊、降伏。結果的には恭順したものの庄内藩は最後まで自領に新政府軍の侵入を許さなかった。
9月27日 【11月11日】	■**参与大久保利通、京都から大阪を経て、この日、海路東京に帰る。**

西暦 *1868*

明治1	9月27日【11月11日】	■新政府、スウェーデン・ノルウェーと修好通商・航海条約を締結	328
		■「庄内藩の鶴岡城開城」。奥羽征討越後口総督府下参謀黒田了介(清隆)(薩摩藩)(1840～1900)・下参謀大山格之助(綱良)(薩摩藩)(1825～1877)が城内検分。城の武器を点検し、武器弾薬は百姓の人馬によって越後新発田の総督府に輸送する。29日、新政府軍の民政局と軍務局が支城の酒田・亀ヶ崎城に置かれる。 ■薩摩藩北陸出征軍の総差引(司令官)・西郷吉之助(隆盛)(1828～1877)、北越より酒田に至って上陸、鶴岡に入る。 □西郷吉之助(隆盛)は、黒田了介(清隆)と共に、庄内藩に寛大な処分をする。11代藩主酒井忠篤(1853～1915)は、禅竜寺において、酒井忠発(庄内藩9代藩主)(1812～1876)は、青龍寺村に、謹慎を命じられる。庄内藩士の帯刀が許されたとされる。	328
	9月28日【11月12日】	■新政府、スペインと修好通商・航海条約を締結。	328
		■「戊辰戦争—秋田戦争—亀田藩降伏」。 旧幕府側庄内藩と共に戦った出羽国亀田藩、人質として鶴岡にいた11代藩主・岩城隆邦(1844～1911)が、征討軍に降伏嘆願書を差し出し降伏。受け取ったのは、秋田の奥羽鎮撫総督府ではなく、奥羽征討越後口総督府下参謀の黒田了介(清隆)(薩摩藩)(1840～1900)だった。そして、その日のうちに、口頭ではあったが「亀田藩は、秋田と庄内の間にあって、やむを得ないことであった」という、予想外の寛大な処置が伝えられた。12月に申し渡された正式の処分も、藩主隆邦の隠居と領地のうち2,000石没収というゆるやかなものだった	328
	9月29日【11月13日】	■東京行幸中、薩摩・長州・肥後・彦根4藩へ市中警護を命ずる(12月24日罷む)。	328
		■西郷吉之助(隆盛)・黒田了介(清隆)・大山格之助(綱良)、越後新発田に向けて、庄内鶴岡を出る。	328
	9月―【11月―】	■大阪府権判事兼外国官権判事・五代才助(友厚)(1836～1885)、大阪府判事に昇進転任。	328
		■鎮将府議政局参与大久保利通(1830～1878)、鎮将府の改革および機務につき、輔相岩倉具視(1825～1883)の諮問に答申する。 ■「鎮将府、昌平校及ヒ医学所管轄」。 ■「諸藩雇外国船東京廻航取締」。	329
		■仙台仙岳院の輪王寺宮公現法親王(のちの北白川宮能久親王)(1847～1895)、この月、新政府に謝罪状を提出。	329
	10月1日【11月14日】	■「会計官ヲ京都府内へ移ス」。	329
		■新政府、9月29日の盛岡城を攻略、奥羽平定を持って、諸軍に帰還命令を出す。	329
	10月2日【11月15日】	■「旗下駿府表移住」。幕臣が駿府に移住。	329
	10月3日【11月16日】	■「中大夫以下ノ輩ニ東京定府ヲ命ス」(行政官達)。 ■外国官副知事東久世通禧(1834～1912)・神奈川知県事寺島宗則(1832～1893)、外国使臣と会見。鶴ヶ城の降伏と会津藩主父子の謹慎処分を知らせる。	329
	10月―【11月―】	■薩摩藩北陸出征軍総差引(司令官)西郷吉之助(隆盛)、東京へ凱旋すると、板垣退助(1837～1919)らと共に、御太刀料・金三百両が下賜される。 吉之助(隆盛)は、その後、京都へ向かう。	329

明治150年その歩みを知る、つなぐ（前編）　西郷どん、大久保卿、薩摩藩年表帖（中巻）

西暦1868

10月6日【11月19日】	■庄内藩の俣野市郎右衛門（景明）（？～1883）・田辺儀兵衛（1825～1895）ら、黒田了介（清隆）（薩摩藩）（1840～1900）と共に、新発田の総督府に至る。	3297
	■仙台追討総督四条隆謌、仙台入城。	3298
10月9日【11月22日】	■輸送船「太江丸」「鳳凰丸」を加えた榎本艦隊、東名浜（松島湾東北隅）より折ノ浜（石巻東南8キロ）へ移動。	3299
	□その際、旧幕府海軍副総裁榎本釜次郎（武揚）（1836～1908）は、「蝦夷地の徳川家永久御預」を嘆願する趣意書を、仙台の仙台追討総督四条隆謌（1828～1898）へ提出していた。	
10月10日【11月23日】	■新政府、諸侯による兵隊指揮を禁止。	3300
	■東幸の明治天皇（1852～1912）、藤沢行在所（遊行寺）に止宿。	3301
10月11日【11月24日】	■「旧江戸城西丸ヲ行宮ト称ス」。	3302
	■旧幕府榎本艦隊、この日から13日にかけて、仙台折ノ浜を出港、宮古に向かう。旧幕軍総督大鳥圭介（1833～1911）、仙台藩の星恂太郎（1840～1876）の額兵隊、古屋佐久左衛門（1833～1869）の衝鋒隊、土方歳三（1835～1869）ら新選組、人見勝太郎（1843～1922）の遊撃隊や奥羽越列藩同盟軍、松平定敬（元桑名藩4代藩主）（1847～1908）、ヨーロッパから帰国の高松凌雲（古屋佐久左衛門の実弟）（1837～1916）らを収容し総勢2,300名、蝦夷地に向かう。開陽、蟠竜、神速、回天、長鯨、大江、鳳凰、回春の8艦で、大江以下の3艦は仙台から参加の艦。千代田形は庄内応援に回り、11月12日箱館に回港。	3303
	■奥羽鎮撫総督府の九条道孝（1839～1906）一行、横手を発ち東京に向かう。	3304
	■最後に残った盛岡藩（南部藩）が降伏し、「東北戦争」は終結。	3305
10月12日【11月25日】	■大総督有栖川熾仁親王、鎮将三条実美、東京府知事烏丸光徳、議政局参与大久保利通等、品川で明治天皇を奉迎。	3306
	■新政府に謝罪状を出した輪王寺宮公現法親王（のちの北白川宮能久親王）（1847～1895）、仙台仙岳院を発ち、11月には、新政府軍により、京都伏見宮邸にて謹慎させられる。	3307
	□この月、輪王寺宮公現法親王は、勅詔を以て生家・伏見宮への復帰を命じられる。	
10月13日【11月26日】	■「車駕東京ニ至ル大総督熾仁親王鎮将三条実美東京府知事烏丸光徳等品川ニ奉迎シ三等官以上及ヒ諸侯ハ坂下門外ニ奉迎ス是日江戸城ヲ以テ東幸ノ皇居ト為シ改メテ東京城ト称ス」。初めて江戸に行幸した明治天皇（1852～1912）、江戸城西ノ丸に入る。天皇は、その日のうちに江戸城西ノ丸を東幸の皇居と定め、「東京城」に改称する。	3308
	□当時、天皇の特講として皇学所御用掛・平田鉄胤（1799～1880）、漢学所御用掛・中沼了三（1816～1896）、神祇官判事・福羽美静（よししず）（1831～1907）が取り巻いていたという。	
10月15日【11月28日】	■鎮将府議政局参与大久保利通、明治天皇に拝謁を賜い、関東鎮撫の功を賞し天盃、ならびに羽二重、二匹を賜る。	3309
	■奥羽鎮撫総督府、東北戦争平定を宣言し、解兵を命じる。	3310

西暦1868

明治1	10月17日【11月30日】	■「直諫ヲ求ムルノ勅語」(直諫啓沃ノ詔)。いわゆる「御東幸万機御親裁ノ詔書」を発する。天皇の政治参加宣言。 ■「祭政一致ノ詔」。神社神道、国教化される。国家神道である。 ■兵庫県知事伊藤博文(1841〜1909)、東征の軍隊を近衛兵とする建白書を太政官に提出。	33
	10月18日【12月1日】	■「神仏判然の令」。京都16本山、久遠寺、本門寺、誕生寺等42本寺へ太政官より「法華宗諸本寺へ達」。1. 三十番神信仰の禁止、2. 曼荼羅に天照大神・八幡大菩薩(大神)の神号書写の禁止、3. 経帷子に天照・八幡の神号書写の禁止。 □「三十番神」とは、国土を一ヶ月三十日間、交替して守護するとされる三十の神。神仏融合思想に基づいた法華経守護の三十神が著名。初め天台宗で、後に日蓮宗で信仰された。	33
		■「鎮将府ヲ廃ス」(行政官布告)。鎮将府(旧江戸鎮台)廃止され、19日、「鎮将府ヲ廃スルヲ以テ其附属等ヲ行政官ニ隷ス」。行政官に移管。	33
	10月19日【12月2日】	■議政局参与大久保利通(1830〜1878)、**本官を以て東京在勤を命ぜられる。**	33
	10月20日【12月3日】	■伊達宗城(1818〜1892)、従二位に昇叙し、権中納言に転任。 議定に就任し、外国官知事兼帯は元の如し。	33
		■奥羽征討越後口総督・仁和寺宮嘉彰親王(後の小松宮彰仁)(1846〜1903)、奥州を平げて凱陣、この日、柏崎に宿す。	33
		■「戊辰戦争──箱館戦争(別称・五稜郭の戦い)(10月20日〜明治2年(1869)5月18日)」、はじまる。午前、旧幕府榎本艦隊「回天」らは、対外的配慮から開港場箱館を避け、箱館より10里ほど北上した噴火湾の鷲ノ木(現・北海道茅部郡森町)の沖に投錨。上陸してはやばやの戦闘を避けたともいう。榎本武揚(1836〜1908)、箱館在留の各国領事に仏語声明書(10月20日付)を隠密裡に届ける。 軍艦は21日にかけて、運送船も少し遅れて、全艦集結する。	33
	10月21日【12月4日】	■真言宗東寺、南大門および金剛力士像・同寺鎮守八幡宮社殿を焼失。	33
	10月22日【12月5日】	■兵庫県知事伊藤博文、総裁局顧問参与木戸準一郎(桂小五郎)に、議政局参与大久保利通と共に東京に永住し、新政府を確立すべしと手紙を書く。	33
	10月23日【12月6日】	■**西郷吉之助(隆盛)、薩摩軍の諸施設・人員を整理して、京都を発し帰藩する。** □西郷は、新政府閣僚就任の要請も固辞して帰郷したという。	33
		■有栖川宮熾仁親王(1835〜1895)、江戸鎮台並びに会津征伐大総督辞表提出。 ■木戸準一郎(木戸孝允)(1833〜1877)、議定議事体裁取調方総裁・山内容堂(1827〜1872)と鍛冶橋邸で時勢談。 ■神奈川県知事寺島陶蔵(宗則)(薩摩藩)(1832〜1893)、横浜で、佐幕派諸藩軍に兵器販売のプロシア商人エドワード・スネル(Edward Shnel)に詰問、スネル服せず。	33
	10月24日【12月7日】	■徳川慶喜の側近として活動していた西周(津和野藩出身)(1829〜1897)、新政府に命じられ沼津到着、徳川家によって開設される沼津小学校(のちの兵学校)頭取を命じられる。 □西周は、同年、『万国公法』を訳刊。	33
		■新政府の軍務官判事・大村益次郎(長州藩)(1824〜1869)、軍務官副知事に異動。	33

明治150年その歩みを知る、つなぐ（前編）　西郷どん、大久保卿、薩摩藩年表帖（中巻）

西暦 1868

10月25日【12月8日】	■有栖川宮熾仁親王（1835～1895）、京都に凱旋。	3324
10月26日【12月9日】	■アーネスト・サトウ（1843～1929）、築地ホテルで薩摩藩の町田民部（久成）（1838～1897）・中井弘蔵（弘）（元薩摩藩士）（1839～1894）・大久保利通（1830～1878）・吉井幸輔（友実）（1828～1891）と会う。また、慶応3年（1867）7月のイカルス号事件（英国水兵殺害事件）の真犯人が判明し金子才吉（1826～1867）であるという知らせが入る。	3325
	■「戊辰戦争（箱館戦争、五稜郭の戦い）―10月26日～明治2年（1869）5月18日」、はじまる。榎本武揚軍ら、五稜郭（北海道函館市五稜郭町・本通1）を無血占領する。	3326
10月27日【12月10日】	■外国事務局判事大隈重信（1838～1922）、外国官副知事に昇進。	3327
	■「東京府ニ令シ徳川旗下等浮浪ノ輩ヲ調査処置セシム」（東京府ニ達）。	3328
	■「氷川神社親祭ノ詔」。天皇、行幸、武蔵大宮氷川神社（埼玉県さいたま市大宮区高鼻町）に向かう。大久保利通、供奉する。■この日、東京市民一同へ酒を下賜される発表がある。	3329
10月28日【12月11日】	■東征大総督熾仁親王（1835～1895）辞任。親王、錦旗などを奉還。■「越後府知事四条隆平ヲ罷メ同府参謀西園寺公望ヲ以テ知事ト為ス」。越後口大参謀西園寺公望（1849～1940）、越後府知事に異動となるも赴任せず。□まだ20才だった西園寺には勉学の志が強く、翌年、職を辞し、海外留学を目指した。■**新政府、行政と家臣の分離を定める「藩治職制」を定め、各藩に執政、参政、公議人などを置く。維新政府による諸藩の内政への介入の第一歩。**	3330
10月30日【12月13日】	■「奥羽追討総督正親町公董へ勅語」。■旧幕府軍による箱館占拠の通報が東京に届く。	3331
	■仙台追討総督四条隆謌（1828～1898）、仙台を発ち、東京に向かう。	3332
10月―【12月―】	■奥羽鎮撫総督府・総督九条道孝（1839～1906）、副総督沢為量（1812～1889）・上参謀醍醐忠敬（1849～1899）、この月、京都に凱旋。	3333
	■鹿児島浄光明寺跡（南洲神社）に、医学院が設立される。同年末、西洋学校、しばらくして「医学校」と改められた。	3334
11月2日【12月15日】	■10月庄内ら東北から発った、凱旋の薩摩兵、京都に着く。	3335
	■「東北平定ニ付大総督熾仁親王へ詔」。■**明治新政府軍務官、「海軍局」を東京築地に設置。**	3336
11月3日【12月16日】	■新政府命令により、徳川昭武（15代将軍徳川慶喜の異母弟）（1853～1910）は、仏留学から帰朝。随行の渋沢篤太夫（栄一）（1840～1931）も、この時帰国する。	3337
11月4日【12月17日】	■「東京遷都祝賀大会」。朝廷、東京行幸（東幸）祝いとして、3,563樽の酒と土器の盃を東京市民に振舞う。	3338
11月5日【12月18日】	■朝廷、泉岳寺大石良雄等を深く嘉賞し、金幣を賜う勅宣を出し、主従の義を強調する。	3339
11月7日【12月20日】	■「越後口総督嘉彰親王へ詔」■烏丸光徳（1832～1873）、東京府知事退任。	3340
11月9日【12月22日】	■**東京互市場を鉄砲洲に開き、「外国事務局」と称す（後の東京運上所）。**	3341

西暦1868

明治1	11月10日 【12月23日】	■京都府、旧幕府により尊王のため死亡させられた者の家族救助のため町村へ調査を命ず。	33
		■駿府藩初代藩主・徳川家達(1863～1940)、明治天皇(1852～1912)に拝謁。	33
	11月12日 【12月25日】	■議政局参与大久保利通、徳川慶喜の謹慎を解き、旧幕府艦の処分することを提議する。	33
	11月14日 【12月27日】	■藩内で版籍奉還の問題を検討した薩摩藩参政・伊地知貞馨(1826～1887)、輔相岩倉具視(1825～1883)に意見書を提出。	33
		□領地奉還後再交付。諸藩は再交付された領地の十分の一を返上。ただし、返上した領地はこれまで通り各藩で支配し、租税のみ上納。伊地知貞馨は、維新前、堀仲左衛門・堀次郎・堀小太郎・伊地知壮之丞の名を名乗る。	
		■仙台追討総督四条隆謌(1828～1898)、東京に凱旋。	33
	11月15日 【12月28日】	■「新嘗祭の事由諭告」。天皇が自ら祭りを行う新嘗祭の趣旨を諭告。	33
		■「泉岳寺義士墳墓賜吊」。	
		■江戸鎮撫取締・勝義邦(海舟)(1823～1899)、参与大久保利通(1830～1878)の指示で、徳川慶喜の榎本隊討伐起用案と謹慎解除の願書提出。徳川家達の箱館征討総督起用案は廃案となり、慶喜の起用も、22日、却下される。	
	11月16日 【12月29日】	■明治天皇、浜殿行幸。	33
	11月17日 【12月30日】	**■英・仏・普・伊の四ヶ国公使、横浜駐屯外国兵の撤去を新政府に通告。**	33
	11月18日 【12月31日】	■新嘗祭遥拝の儀、東京城(江戸城)にて挙行。	33
		■奥羽鎮撫総督九条道孝(1839～1906)、同副総督沢為量(1812～1889)、東京に凱旋。	

西暦1869

明治1	11月19日 【1月1日】	**■「東京開市」。東京鉄砲洲**(現在の中央区明石町一帯)**に互市場開市し、築地に外国人居留地がつくられる。そして、新潟港開港、夷港(両津港)は補助港として開港。**	33
		■「戊辰戦争―箱館戦争(10月20日～明治2年(1869)5月18日)」。新政府、脱走軍(榎本軍)追討命令を出す。	
		□政府勢力を蝦夷地から追い出した榎本武揚(1836～1908)が、天皇や政府に出した嘆願書は通らなかった。「蝦夷地に来たのは徳川家の一人を迎えて主君とし、旧幕臣たちの生活が出来るよう、この地を開拓し、産業を興し、北方の守りを固めるためである。天皇に対し反逆の意志は無い」。	
	11月20日 【1月2日】	■会津戦争で、砲兵隊指揮の薩摩藩士大山弥助(巌)(1842～1916)、この日、鹿児島帰着。砲隊塾を開きながら大砲の研究に取り組み、欧米製のものを改良した「弥助砲」を考案する。	33
		■病院を軍務官支配より京都府支配へ移す。	33
		■京都七口の警衛を廃止。	
		■新政府、箱館港の貿易を停止させる。	33
	11月一 【1月一】	**■西郷吉之助(隆盛)(1828～1877)、鹿児島に凱旋する。自宅に戻らず、日当山温泉で湯治。**	
	11月22日 【1月4日】	■「列国公使朝見」。伊・仏・蘭公使、東京で明治天皇に謁見、信任状を提出。	

110

西暦 **1869**

明治150年その歩みを知る、つなぐ（前編）　西郷どん、大久保卿、薩摩藩年表帖（中巻）

日付	内容	番号
11月23日【1月5日】	■京都府、酒造株を除き株仲間を廃し、「仲間組織」に改める。 □「株仲間」は、江戸時代、幕府や藩に認められた商工業者の同業組合	3357
	■天皇、各国公使朝見。 ■徳川昭武(1853〜1910)、明治天皇(1852〜1912)に拝謁、外国の事情を説明する。昭武は慶喜の異母弟で清水徳川家第6代当主。 ■勝義邦(海舟)(1823〜1899)、新政府兵部大丞に任官。	3358
11月25日【1月7日】	■徳川昭武、常陸国水戸藩第11代藩主に就任。	3359
11月27日【1月9日】	■「京都在住ノ中下大夫上士ニ東京ニ移ラシム」。	3360
	■「車駕西還宣諭」。 ■輔相岩倉具視(1825〜1883)・参与木戸準一郎(桂小五郎)(1833〜1877)ら、浜御殿で英国公使ハリー・パークス(1828〜1885)と会談。外国が戊辰戦争を内戦とみなし「局外中立」の立場を取っていることに対し、不満を表明する。また、米の甲鉄艦ストーンウォール号の引渡し要求をし、箱館の情勢について説明する。 ■「駿遠参三州ハ徳川亀之助ヘ知行ヲ命スルニ依リ、三州ニ領知アル者ハ代地賜与ノ儀ヲ知会セシム(達)」。駿遠参三州(駿河・遠江・三河)は、徳川家達へ知行を命ずるにより、この三州に領知ある者には、代地を賜与する。 ■箱館府知藩事・清水谷公考(1845〜1882)、知藩事のまま、青森口総督に任命される。	3361
11月28日【1月10日】	■東北から凱旋の薩摩兵、鹿児島に着く。高島鞆之助(1844〜1916)も、この時帰藩。	3362
	■明治天皇、東京湾海上実弾演習を叡覧。	3363
11月29日【1月11日】	■東本願寺21世厳如(のちの大谷光勝)(1817〜1894)・現如(大谷光瑩)(1852〜1923)が、全門末に対し八ヶ条の直命。親密であった江戸幕府との関係を払拭し、明治新政府との関係改善を図るため、勤王の立場を明確にする。	3364
	■大久保利通、書を岩倉具視に呈し、帰幸の際は英断を以て新例を開き、聖上(天皇)、海路軍艦に御搭乗あらんことを請う。	3365
11月一【1月一】	■播磨姫路藩10代藩主酒井忠邦(1854〜1879)、版籍奉還の建白書を提出。12月にも再度提出。 □藩主より「一旦」土地を取り上げ、その後あらためて預けて藩の名称を府県と変えることを要求。姫路藩は新政府派の藩主と徳川派の義父酒井忠惇(1839〜1907)派に分裂して藩内抗争を繰り広げており、天皇の権威を後ろ盾として藩内の統制を強化し、藩主の保身を図ろうとしていた。 □姫路藩の動きに対応して、兵庫県知事伊藤博文(1841〜1909)が建白する。全藩主が「政治兵馬の権」を朝廷に奉還し、奉還後の領地は府県とすること、藩主には爵位と俸禄をあたえて貴族として上院の議員とすること、藩士は一部を朝廷の兵士や官吏とし、他は「土着」させることなどを提起。木戸孝允以上の急進論であった。 ■還幸につき、来る1月6日、御所南門外で紫宸殿遙拝し、京都府より酒肴を各町に賜うと布達。	3366
12月1日【1月13日】	■「車駕京師ニ還幸アルモ中大夫等ノ願伺届ハ東京弁事ニ進達セシム」(中大夫以下へ達)。 ■新政府、奥羽・東北諸藩、處分の議を決定する。	3367

西暦 1869

明治1	12月2日【1月14日】	■「遊覧外人止宿禁止」。
	12月3日【1月15日】	■薩摩藩士橋口吉之丞(1843～1868)、切腹となる。享年25。何か事故があったとされる。 □文久2年(1862)兄の橋口壮介(1841～1862)や有馬新七らと共に大坂で佐幕派の九条尚忠関白や京都所司代酒井忠義の襲撃を企て、京都伏見の寺田屋で謀議をめぐらせる。しかしそれをよしとしない島津久光が派遣した奈良原繁・大山綱良ら鎮撫使に公武合体の藩論を告げられて出頭を促されるが、同志田中謙助がこれ以上の議論は無用と断じたために「寺田屋騒動」が発生。真っ先に抜刀した鎮撫使道島五郎兵衛が田中謙助を斬り倒したために激昂した有馬が道島と斬り合ってこれを押さえつけ「橋口、おい(俺)ごと刺せ」と叫んだため、二階から降りてきて居合わせた吉之丞は、有馬ごと道島を刺し殺したという。しかしこの騒動では兄壮介らが斬り殺されて鎮圧されたため、その他の志士たちと鎮撫使に投降した。その後、他の藩士と共に鹿児島に送られ謹慎処分となっていた。
		■輔相岩倉具視(1825～1883)、横浜で6ヶ国の代表全員と会見。 着々と全国統一が進んでいることを強調し、いまだに局外中立が撤廃されないのは理解できないと訴える。翌4日には、各国公使に書簡を送る。この書簡を受けて各国代表は6日に局外中立の撤廃問題について協議し、採決を取るも、賛否が拮抗。
	12月4日【1月16日】	■参与大木喬任(佐賀藩)(1832～1899)、第二代東京府知事に任命される。
	12月5日【1月17日】	■平安隊入隊を一家1人に限る(明治2年2月5日、制限廃止)。
		■駿府藩初代藩主・徳川家達(1863～1940)、帰藩のため東京を発つ。 ■新政府、徳川慶頼(田安藩主、徳川家達の父)(1828～1876)及び前橋藩ほか8藩主に東京市中取締を命じる。 □東京府は藩兵も解散し新たに30藩の兵隊による府兵が、新首府の治安維持に当たることになる。
	12月6日【1月18日】	■「公議所設置及開議ノ旨趣ヲ諸藩公議人ニ諭示ス」。 公議所を東京に翌春開設することが発せられた。

岩倉具視　　徳川家達

明治150年その歩みを知る、つなぐ（前編）　西郷どん、大久保卿、薩摩藩年表帖（中巻）

西暦1869

12月7日 【1月19日】	■「宮殿御営造命令」。「宮殿経営布告」。 ■**新政府、戊辰戦争に関与した諸藩の処分。** □処分は、鳥羽伏見の戦い、関東の戦乱、東北戦争の3種に分けて皇居大広間に処分対象となる「朝敵」諸藩の藩主や重臣を呼び出して、処分発表のセレモニー挙行。25藩が処分されたが、その内容は寛大であった。領地の没収も25藩で103万石であり、会津藩と請西藩のみ全領地を没収された。 ■**天皇、「松平容保ノ死一等ヲ宥ムルノ詔」。** □明治天皇、松平容保の処分につき詔を下す。朝廷は、この事件は家臣に重大な責任があるとし、家臣を重罰に処し、松平容保(かたもり)(1836～1893)・喜徳(のぶのり)(1855～1891)父子に対しては、死一等を減じられ永預けとする。 ■**陸奥国を分って磐城・岩代・陸前・陸中・陸奥の5国とし、出羽国を分って羽前・羽後の2国に定める。** ■新政府、朝廷直隷地を発表し、諸藩主にその地取締を命ずる。 ■行政官から、奥羽大同盟の一件の判決書が出る。新政府、奥羽越らの朝敵藩に対する一斉処分を断行する。 ■輔相岩倉具視(1825～1883)、東京英公使館でパークス(1828～1885)と再度会談。外国の「局外中立」・米の甲鉄艦ストーンウォール号の引渡し要求・箱館の情勢について説明。 ■村橋直衛(のちの久成)(薩摩藩士)(1842～1892)率いる加治木大砲隊が、新発田、会津を経て東京に入る。	3375
12月8日 【1月20日】	■仏教各宗、仏教護持と邪教排斥のため、京都興正寺で「諸宗同徳会盟」を結成。	3376
	■**「京都御還幸―還幸御発輦」。明治天皇(1852～1912)、孝明天皇の御三年祭、立后の儀のため東京出発、京へ向かう。** □今回はかなり簡素化されて、往路で使った豪華な鳳輦は東京に残して、簡素な板輿(いたごし)を使い、お供の人数も半分であった。参与木戸準一郎(桂小五郎)(1833～1877)ら2,153人が従った。 ■「東京定府ヲ命セラレヽ中下大夫等更ニ暫ク京師ニ滞在セシム」。	3377
12月9日 【1月21日】	■新政府、会津藩領地没収、仙台藩減封などの諸侯に対する処分を正式に宣告。	3378
12月10日 【1月22日】	■**新政府、議会「公議所」設置を布告。** 諸藩から選出された公議人を議員とする議事機関である。 □五箇条の御誓文と政体書で高く掲げられた「公論」は、公議所として制度化された。議事体裁取調所の審議を経て公議所の設置が決定された。公議所の名称は、当時流行の〈公議政体〉〈公議輿論(よろん)〉の語に由来する。	3379
12月11日 【1月23日】	■対馬藩家老・樋口鉄四郎ら、新政府成立通告のため朝鮮に出発。 □朝鮮側、通告受理せず。その国書の文面に「皇上」「奉勅」の文字があるという理由と、署名・印章ともに、江戸幕府時代のものと違うという理由という。	3380
	■太田黒亥和太(惟信)(いわたこれのぶ)(熊本藩)(1827～1901)、青森口陸軍参謀に任じられる。	3381
12月12日 【1月24日】	■東北戦争を戦った長崎「振援隊」ら、江戸を経て京都に入る。一同、大宮御所に招かれ親しく明治天皇の賜宴の栄に浴す。	3382
12月13日 【1月25日】	■**「営堂上諸藩社寺等ヘ用達人共の苗字帯刀を禁止」。**	3383

113

西暦1869

明治1	12月13日【1月25日】	■外国官副知事 東 久世通禧(ひがしくぜみちとみ)(1834~1912)、ウィリアム・ウィリス(1837~1894)を東京における医学校と病院の指導のため一年間貸与を、英国公使ハリー・パークス(1828~1885)に要請。1月20日就任。ウィリスは、外交官の身分を持ったまま、31才で東京医学校兼大病院(東京大学医学部前身)の創始者となった。看護人として女子を採用。(東大病院看護婦の始まり)。
	12月14日【1月26日】	■平安隊400人を毎夜市中巡察させる(21日より)。
		■京都に「皇学所」開講。当初、丸太町通北の九条邸内(現・京都御苑内・九条池(厳島神社)の少し北)に設置が予定されていたが、京都御苑北の常盤昇殿町二条邸内(現・同志社女子大学今出川校地構内東南部付近)に設置される。
		■薩摩藩参政・伊地知貞馨(いぢちさだか)(1826~1887)、輔相岩倉具視(1825~1883)と会談。
		■「八王子元同心ヲ軍務官ニ隷属ス」。
	12月15日【1月27日】	■軍務官病院は、「軍務官治療所」と改称。
		■輔相岩倉具視、横浜英国公使館で局外中立解除の交渉をする。そして、早急の布告求める。
		■「戊辰戦争─箱館戦争─蝦夷新政権、成立」。蝦夷地領有宣言式。榎本武揚軍、蝦夷地平定を宣し、五稜郭を本営とする。蝦夷地平定の祝賀会を各国領事を招き開催。弁天砲台、五稜郭、各軍艦、各国艦祝砲を放つ。
	12月19日【1月31日】	■「紅葉山徳川霊屋撤去」。
		■渋沢篤太郎(栄一)(1840~1931)、徳川昭武(15代将軍徳川慶喜の異母弟)(1853~1910)の親書と渡仏一行の費用の勘定書を持して静岡に到り、23日、駿府宝台院の徳川慶喜(1837~1913)に拝謁。慶喜は内命を下して栄一を静岡に留まらせ、勘定組頭となし、尋で勘定頭支配同組頭格御勝手懸り中老手附を命じる。
	12月20日【2月1日】	■神戸港からロシア商船コレヤ号(汽船)に乗船した、長崎「振遠隊」が長崎港に帰着。出港の朝から数えて5ヶ月と3日ぶり、戦役での戦死19人、戦病死4人、負傷19人。
		■「延喜式神名帳所載諸国大小神社」の取り調べを府藩県に命じ、「式外ニテモ大社之分旦即今府藩県側近等ニテ崇敬之神社」についても同様に申し出ることを命じる。□新政府は、祭政一致を実現するためにも、諸社と諸祭奠の調査を行うことになった。
		■(沼津)「徳川家兵学校附属小学校掟書」出される。前年11月、徳川家達が、特に朝命を受けて創立した小学校であった。□沼津兵学校の付属機関であった徳川家兵学校付属小学校は、教育史上「初等教育課程近代化の先駆」とされる。□頭取西 周(にしあまね)(津和野藩出身)(1829~1897)をはじめ旧海陸軍所・開成所出身者を教官として創設された。
	12月22日【2月3日】	■明治天皇、京都に還幸。供奉した大久保利通、入京。
		■新政府、納税等に太政官札を使用する場合の相場を太政官札120両につき正金100両と公定する。
		■鉄砲州に外国事務局を建設。のちに「東京運上所」と改める。
		■歳末年始の官庁休暇制定。

明治150年その歩みを知る、つなぐ（前編）　西郷どん、大久保卿、薩摩藩年表帖（中巻）

西暦1869

12月23日【2月4日】	■外国官副知事 東久世通禧（ひがしくぜみちとみ）（1834～1912）、条約改正の意向を各国代表に通告。（明治2年12月10日、商議延期を通告）。 □新政府は、諸外国に対し、旧幕府の結んだ条約は勅許を得ずに締結したものであることを改めて指摘し、将来的な条約改正の必要性について通知。 ■各府藩県に仮に権知県事、権判県事を置き、その適任者を選んでこれを奏上せしむ。	3398
12月24日【2月5日】	■東京の両替商50余名、会計官官金用達を命ぜられる。	3399
12月25日【2月6日】	■明治天皇、孝明天皇 後 月輪東山 稜（こうめいてんのうのちのつきのわのひがしのみささぎ）御参拝。孝明天皇三年祭。 ■大久保利通、君徳涵養ならびに少壮公卿を留学せしめられんことを、岩倉具視（1825～1883）に進言する。	3400
	■昌平学校（旧昌平坂学問所）・開成学校（旧開成所）、開校令。	3401
12月26日【2月7日】	■グラバー（1838～1911）と五代友厚（薩摩藩）（1836～1885）らとにより、日本初の洋式近代的ドック、小菅修船場（通称ソロバンドック）（長崎市小菅町）の完工落成式が行われる。	3402
	■仏国の軍艦ヴェヌス号、箱館から横浜に帰還、翌日に外国代表会議が開催される。	3403
	■大久保利通、大阪に至る。	3404
12月27日【2月8日】	■大久保利通（1830～1878）、大阪において小松帯刀（1835～1870）、吉井幸輔（友実）（1828～1891）、伊地知正治（1828～1886）らと会し、版籍奉還および藩政改革のことに関し疑議する。	3405
12月28日【2月9日】	■「大婚」。一条美子（のちの昭憲皇太后）（1849～1914）、入内して女御の宣下を蒙り、即日、明治天皇（1852～1912）の皇后に冊立される。 ■米英仏蘭独伊の六ヶ国公使、日本内戦終結と判断し、局外中立解除を宣言。新政府は、ストーンウォール号入手することになる。	3406
12月―【2月―】	■電信架設の廟議決定。	3407

明治2	1月3日【2月13日】	■大久保利通、藩政改革に関する草案成りたるを以て、この日、小松帯刀邸において再び会議を開き決定する。	3408
		■高島鞆之助（1844～1916）、薩摩藩陸軍教佐に任じられる。	3409
	1月4日【2月14日】	■天皇、「前途恢張ノ詔」（かいちょう）いわゆる「政始ノ詔」。 ■大久保利通、大阪から京都へ帰る。	3410
		■アーネスト・サトウ（1843～1929）、アレキサンダー・シーボルト（1846～1911）（フィリップ・フランツ・フォン・シーボルトの長男）、勝義邦（海舟）（1823～1899）を訪問。海舟、サトウに脇差を贈る。 ■アーネスト・サトウが賜暇休暇で帰国するため、東久世通禧（ひがしくぜみちとみ）（1834～1912）らによる送別会がある。そこで、木戸孝允（1833～1877）はサトウに朝鮮政策を、森有礼（薩摩藩）（1847～1889）は蝦夷に日本人キリスト教者を入植させ信仰の自由を与えるなど相談する。	3411
	1月5日【2月15日】	■「横井小楠遭害事件」。新政府議政官参与・横井平四郎（小楠）（59才）（1809～1869）、十津川郷士ら6名に寺町御霊祠前（中京区寺町丸太町下ル東側）において暗殺される。新政府要人が暗殺された最初の事件となる。	3412

115

西暦1869

明治2	1月5日【2月15日】	■「静寛院宮上京ヲ令ス」(第12号)。 ■薩摩藩、神田橋御門内の屋敷(庄内藩主酒井忠篤の上屋敷10,300坪余)を下賜される。薩摩藩ではこれを藩兵の宿舎として使用する。	34
	1月6日【2月16日】	■町民代表に、御所南門の外からの紫宸殿遥拝が許される。 ■「徴士横井平四郎ヲ殺ス者ヲ索ム」(第16号)。	34
	1月7日【2月17日】	■大久保利通、輔相岩倉具視に謁見し、再び政府の基礎確立、海外留学生、侍読選任などの議を建言する。 □「侍読」とは、天皇・東宮に仕え、学問を教授する学者。また、その職。明治天皇の明治8年頃は、「侍講」と称されたという。	34
	1月一【2月一】	■姫路藩の版籍奉還動きに対応して、**兵庫県知事伊藤博文(長州藩)**(1841〜1909)、**太政官大阪出張所の陸奥宗光(紀州藩)**(1844〜1897)を通じ、**六ヶ条の建白書を朝廷に提出。** □「国是綱目」(「兵庫論」と称される)で、天皇中心の体制の樹立、政治・軍事権の奉還、対外的独立の維持、自由権の充実、西洋学術の導入、対外和親政策の推進。 ■オランダ出身の軍医・ボードウィン(1820〜1885)、上海から大阪に着任。大阪仮学校に勤める。	34
	1月9日【2月19日】	■岩崎弥太郎(1835〜1885)、開成館大阪出張所に転勤となり英国汽船で長崎を去る。	34
		■「各藩領内の社寺(勅祭の神社・勅願の寺院)へその人民の支配方」行政官布告。	34
		■新政府、英国公使パークスに、贋悪貨氾濫対策を要請される。	34
	1月10日【2月20日】	■朝廷より京の町々へ酒肴下賜を告げ、遷都問題に動揺する市民を慰撫する。 ■新政府、奥羽諸藩士中松平容保元家来以外の入京許可(第27号)。	
		■新政府、銅輸出解禁に関して各国代表に照会。 ■新政府、北ドイツ連邦との修好通商航海条約に調印。即日実施、明治2年9月11日批准書交換。	34
	1月11日【2月21日】	■外国官副知事小松帯刀(1835〜1870)、大久保利通(1830〜1878)に版籍奉還の申し出を督促。	34
	1月12日【2月22日】	**■関東の旧幕府・旗本領に「県」が設置される。**	34
	1月13日【2月23日】	■京都諸出口通行の禁を解く(第37号)。	34
		■会計官に府県取調御用掛を命ずる。	34
	1月14日【2月24日】	**■大久保利通、広沢真臣、板垣退助ら薩摩・長州・土佐の代表が京都で会い、維新政府の中央集権体制を創出するため、薩長土肥四藩主が版籍奉還の上表を行うことで合意する。会合に参加できなかった肥前藩(副島種臣・大隈重信)には大久保が働きかけ同意を得る。**	34
		■アーネスト・サトウ(1843〜1929)、賜暇で「オッタワ号」に乗り横浜を出港、英国へ帰国。ハリー・パークス夫人も同乗で帰国、サトウの秘書野口富蔵(会津藩)も同行する。	
	1月15日【2月25日】	■大久保利通、京都石薬師より八条殿町、尾崎某邸へ転居する。	34

明治150年その歩みを知る、つなぐ（前編）　西郷どん、大久保卿、薩摩藩年表帖（中巻）

西暦1869

1月一 【2月一】	■この月、薩摩藩、朝廷から鳥羽伏見の戦死者の祭祀用として五百両（五〇〇円）を下賜される。　3428 ■**この月、西郷吉之助（隆盛）(1828〜1877)は、藩の役職辞任。** □西郷は、この頃は坊主頭になっていたという。 ■この月、移封命令阻止のため羽前国庄内藩（鶴岡藩）を代表して側用人・菅実秀^{すげさねひで}　3429 (1830〜1903)が、東京にて、軍務官出仕の黒田清隆（薩摩藩）(1840〜1900)を訪ね、庄内藩降伏の際の事情を聞く。 □黒田は「あれは私の措置ではなく、すべて西郷隆盛の指示でやったこと」と言ったという。
1月17日 【2月27日】	■輔相岩倉具視(1825〜1883)、突然、病を理由に辞職。議定を以て政務を統督する。　3430 ■藩政改革につき藩地より利通の帰国を促しに来た。**議政局参与大久保利通** **(1830〜1878)、この日、賜暇を請う。** □御一新の戦争で弾丸の下をくぐって生きながらえて帰った薩摩藩兵士たちの心の中には、新しい時代の芽が萌してきた。というのは、藩政所にくすぶっている門閥を打破する要求を訴え始めたのである。
1月18日 【2月28日】	■**西郷吉之助（隆盛）は、政府への出仕を求められたが辞す。**　3431
	■「議行両官規則」（第54号）、「議参弁官分課」（第55号）。　3432
	■11日、天璋院（篤姫）(1836〜1883)を訪問して暇乞いをした静寛院宮（和宮）(1846〜　3433 1877)、京に向け出立。
1月19日 【3月1日】	■紀州藩14代藩主・徳川茂承^{もちつぐ}(1844〜1906)、藩士を一同に集め、藩政改革を断行す　3434 ることを宣言し、津田出^{いずる}(1832〜1905)にすべての権限を委ねる。 さらに、津田に逆らう者は自分に逆らう者だと明言し、改革に反発した勘定奉行の田宮儀右衛門^{ぎえもん}を永蟄居に処した。
	■御所で舞楽の催しあり、四等官以下判事にいたるまで、廻廊で自由に拝見、　3435 鶴肉料理と祝酒を賜う。
1月20日 【3月2日】	■明治天皇は、東京へ再び行幸されることが決まる。　3436 ■「毛利宰相中将広封・周防山口・島津少将忠義・薩摩鹿児島・鍋島少将直大・肥前佐賀・山内少将豊範・土佐高知・連署願」。**新政府樹立に貢献した薩長土肥の四藩** **主、連署して、中央集権化事業のための版籍奉還の上表文（建白書）を朝廷に提出。** □建白を受理した朝廷は、その措置については会議を開き「公論」を尽くして指示すると返答、諸藩の反応をみる。 ■**大久保利通、下坂し、22日、帰京する。** ■薩摩藩の小松帯刀、吉井幸輔（友実）と共に帰藩する。
	■「今般大政更始四海一家之御宏謨被爲立候ニ付箱根始諸道關門廢止被仰出候　3437 事」（太政官布告第59号）。新政府、箱根はじめ諸道の関門、関所廃止を布告。 □女性の移動が可能になる。
1月22日 【3月4日】	■**鉄砲洲外国事務所を「東京運上所」と改称、東京府管轄とする（第66号）。**　3438 □明治5年11月8日、「東京税関」と改称。全国の運上所が税関と改称。

117

西暦1869

明治2	1月23日【3月5日】	■岩佐純（福井藩医）(1835〜1912)、長崎の相良知安医学校取調御用掛となる。 □相良知安（佐賀藩出身の蘭方医）(1836〜1906) は、明治新政府が政治的配慮からイギリス医学導入を決めようとしていたとき、純粋に学問的立場からドイツ医学導入を強く説き、その採用に大きく貢献する。 しかし、ウィリアム・ウィリスを推していた西郷隆盛や山内容堂の体面をつぶしたことで薩摩閥、土佐閥の恨みを受けた。
		■薩長土肥の版籍奉還の上表文を「太政官日誌」で公表。 □24日、因幡国鳥取藩も上表、その後各藩が続いた。そして、諸侯は、東京に召集を命じられた。1月だけで6藩、その後2月78藩、3月98藩、4月49藩、5月2藩、6月3藩と、諸藩主が版籍奉還の上表を雪崩現象的に提出した。
	1月24日【3月6日】	■（京都）宮中の歌会始が復活。明治天皇 (1852〜1912) により、即位後最初の会が開かれる。 ■「官員ヲ登庸スルニ人材ヲ公選セシム」（第73号）。
	1月25日【3月7日】	■岩倉具視(1825〜1883)、正二位に昇叙し、権大納言に転任。上局議定は元のまま。 ■「箱館府兵ヲ解体セシム」（第79号）。
	1月27日【3月9日】	■加茂行幸、27日晩から晦日まで神事。 ■大久保利通、浪士の横行を厳重に取り締まるべきことを建言する。
	1月28日【3月10日】	■新年祭再興。 ■大久保利通、論功行賞に関する意見を権大納言岩倉具視に進言し、軍功の恩賞を施行さられんことを請う。
	1月29日【3月11日】	■新政府、勅使柳原前光 (1850〜1894) を薩摩藩に、勅使万里小路博房 (1824〜1884) を長州藩に遣わし、島津久光、毛利敬親を召す事を命じる。
	1月30日【3月12日】	■大久保利通、勅使の随行を命ぜられる。
	1月一【3月一】	■太政官、九門等警備を各藩兵に受け持たせる。 ■伏見の兵学校が「兵学所」と改称。
	2月1日【3月13日】	■ウィリアムス・ウィリス(1837〜1894)、鹿児島で医学指導を開始。動物性食物のために、牛の殺し方も指導する。
		■長崎で井上馨(1836〜1915)らと協議した小松帯刀(1835〜1870)、この日、再び帰藩する。
		■紀州藩14代藩主・徳川茂承(1844〜1906)、自らにかかる経費をこれまでの二十分の一、すなわち、たった一万石にすると宣言。大改革がはじまる。
	2月2日【3月14日】	■御影堂新善光寺境内に隣接する八幡宮(五条通寺町西入ル、別称首途八幡・船八幡)が廃社。
		■大久保利通(1830〜1878)、勅使柳原前光(1850〜1894)と共に参内する。鎮将三条実美(1837〜1891)より勅旨を伝達せられる。
		■新政府、東京本町に貨幣改所を設ける。

西暦**1869**	明治150年その歩みを知る、つなぐ（前編）　西郷どん、大久保卿、薩摩藩年表帖（中巻）	

2月3日 【3月15日】	■京都府への「人民告諭大意」（第2編）を各府藩県に頒布、王政復古の理由を示し、臣民の心得を説く。 □京都には東幸の旨を述べ、市中の慰撫に努めた。 ■静寛院宮（和宮）（1846〜1877）、京都に戻り、聖護院を仮御殿とする。翌日、参内して明治天皇（1852〜1912）と対面。 ■条約改正の審議を外国官に命じる（第106号）。 ■朝廷、毛利元徳に「豊栄神社」号を賜る（第107号）。 ■新政府、甲鉄艦を米国より購入に踏み切る。旧幕府が発注していた米国軍艦「ストーンウォール（甲鉄艦）」である。	3453
2月4日 【3月16日】	■小松帯刀（1835〜1870）、病気のより領地・家格の返上を願い出る。	3454
2月5日 【3月17日】	■新政府、京都・大阪・兵庫・長崎に貨幣改所設置を布告（第111号）。 □京都は、明治4年9月23日府庁内に移転、同5年10月5日廃止。 ■「鉄砲洲外国人居留地広拡」（第114号）。 □ここには公使館や領事館が置かれ、宣教師・医師・教師などの知識人たちが開いた教会や学校も数多く作られた。 ■府県に対して「府県施政順序」（第117号）を頒布。諸藩に議事所の開設を命じる。 □府県事務の大綱をあげ、それぞれの上地風俗を考慮し、漸進的に実施するよう指示。また、明治新政府は「小学校ヲ設ル事」を指示。 ■新政府、会計官貨幣司を廃止して、太政官中に「造幣局」を設置（第118号、119号）。 □新政府、府藩県の札製造を禁止。	3455
2月6日 【3月18日】	■大久保利通、勅使柳原前光に随行して京都出発、鹿児島へ向かう。 □勅書には、朝廷の「体裁」を正すには薩摩・長州両藩の「力」が必要であり、両藩を「股肱」（もっとも頼りとする家臣）とすると記された。 ■権大納言岩倉具視（1825〜1883）、枳殻邸（渉成園）で坂本龍馬、中岡慎太郎の招魂祭を執行する。	3456
	■参与木戸準一郎（木戸孝允）（1833〜1877）、上野戦争で無残な上野公園の閉鎖を止め、市民開放を提議。	3457
2月7日 【3月19日】	■「諸官外国人雇入方ヲ定ム」（第125号）。	3458
2月8日 【3月20日】	■越後府が水原に再置され、公卿壬生基修（1835〜1906）が知事となる。	3459
2月9日 【3月21日】	■「上野祖先ノ墓所ヲ徳川新三位中将ニ下付ス」（第144号）。旧将軍家霊域は法令により徳川宗家の所有が認められ、その境界も明確に指定される。	3460
2月10日 【3月22日】	■明治元年閏4月制定の「陸軍編制」、一先帰休となる。 □中央政府の軍事力に関して、大久保利通らの、藩（とくに雄藩）の兵力に依存しながら中央の力を強めてゆく、大村益次郎らの、藩に依存せずに独自の徴兵によって直轄軍をつくってゆくという二つの構想が再び対立した。	3461
2月11日 【3月23日】	■天皇、「大政賛襄ノ詔」。毛利敬親、島津久光に与えられる。	3462
2月12日 【3月24日】	■「東京金銀座廃止」（第151号）布告。 □造幣局への業務移管に伴い、江戸幕府の貨幣鋳造所だった金座・銀座を廃止。	3463
2月13日 【3月25日】	■大久保利通、勅使柳原前光、11日大阪出帆、この日鹿児島到着。	3464

西暦1869

明治2		
2月13日【3月25日】	■伊勢国亀山との混同を避けるため丹波国亀山を「亀岡」と改称。	34
2月14日【3月26日】	■「上野山内遊覧允許」。	34
2月15日【3月27日】	■勅使柳原前光、島津久光に優詔（天皇の懇ろな詔）を伝える。	34
2月16日【3月28日】	■鹿児島の大久保利通(1830~1878)、川村純義(1836~1904)・野津鎮雄(1835~1880)らと会見し、藩政改革につき大いに人材登用を論じる。 □実際は、島津久光に頼まれた薩摩藩門閥を批判する川村らの説得に、失敗したという。	34
2月17日【3月29日】	■川村純義らは、藩主島津忠義の面前で、家老島津図書（忠義の弟久治）(1841~1872)を面詰するという。 □西郷吉之助（隆盛）らの討幕路線に反対してきた島津図書は、この月、家老職を辞任、同じく西郷に批判的な島津久光側近の参政伊地知貞馨(1826~1887)や側役奈良原繁(1834~1918)も左遷される。分家・一族・門閥の家老級が一掃され、小松帯刀（清廉）も、藩の職を失う。	34
2月18日【3月30日】	■東京への第二回の御東幸を3月7日に決定。	34
2月19日【3月31日】	■御東幸道筋発表（南門前東～後院前通南～堺町通南～三条通東～蹴上それより東海道順路）。	34
	■「ガルトネル開墾条約事件」。 榎本武揚、七重村に300万坪の地を、99か年の約定でプロシア人の貿易商ライノルト・ガルトネルへ貸与（蝦夷地七重村開墾条約書）。 □ガルトネルは、江戸期より蝦夷北辺を防備する諸藩に対して、土地を担保に武器を提供していた。	34
2月―【3月―】	■この頃西郷吉之助（隆盛）(1828~1877)、新国家構想を尋ねるために村田新八(1836~1877)に質問状を持たせて、陽明学者春日潜庵(1811~1878)のもとに派遣。 □春日潜庵は、文化8年8月3日に筑前守春日仲恭の子として京都に生まれた。父と同じく久我家諸大夫となり、通明・建通父子に仕えて讃岐守に任ぜられた。佐竹重政（読書・書道）、五十君南山（儒学）、鈴木遺音（崎門学）、富松万山に師事し、のち池田草庵と親交を持ち、陽明学を修めた。朱子学から陽明学に転じ、佐藤一斎、山田方谷、梁川星巌らと交遊、維新の傑士にして殆んどこの人の門を叩かぬものは無かったという。不羈奔放で名高かった横井小楠も、潜庵には一目置いたともいわれている上、橋本左内、松浦武四郎らも師事した。西郷隆盛なども潜庵に傾倒しており、弟の小兵衛と村田新八を、わざわざ鹿児島から入門させて教えを受けさせたという。久我家諸大夫として、孝明天皇、三条実万らの信頼を得た。「安政の大獄」では捕らえられて投獄された。後に許され維新後は、慶応4年2月（1868）久我通久が大和国鎮撫総督に任ぜられるとその参謀となった。奈良県が設置されると、同年5月19日初代知事に就任。同年7月24日に知事を辞し退官。	34

西暦1869

明治150年その歩みを知る、つなぐ（前編）　西郷どん、大久保卿、薩摩藩年表帖（中巻）

2月20日【4月1日】

■薩摩藩の藩政改革開始。新たに知政所を置く。 3474

□藩治職制を実施し、知政所をおいて、執政・参政・公儀人の三職（執政は欠）と、会計・軍務・監察・糺明の四局と別に内務局（知事の家事に関する機関）をおいた。知政所は本局として、公用方・神社方・伝事方と学館・医院を管轄した。また、藩の地方政治機関として、外城に地頭・同副役が置かれ、諸島には在番・巡察と筆者が置かれた。

□執政心得に門閥であるが西郷隆盛を支持した桂久武（1830～1877）、その下の参政には、伊地知正治（1828～1886）、橋口兼三（1828～1900）、伊集院兼寛（1838～1898）、大迫貞清（1825～1896）が起用される。また、五局の総裁には、大山綱良（1825～1877）ら西郷の同志が就任した。職員数合計3,149人であった。ここに、七七万石大名島津の城下から、鹿児島藩知政所の所在地鹿児島に生まれ変わった。

□軍務局は、海軍方、陸軍方、兵器方、軍馬方で構成され、陸軍方には大隊長、教頭、教佐、騎兵1隊長、砲兵1隊長、歩兵小隊長がおかれる。さらに半隊長、分隊長、小頭等がおかれる。これらが11等に分けられ俸禄が与えられた。大隊長には、桐野利秋、篠原国幹、川村純義、野津鎮雄、樺山資紀、種田政明、田原直助（明章）が就任する。

□**田原直助**（1813～1896）は、文化10年10月11日生まれ。薩摩藩士。鋳製方として砲台を築造。島津斎彬は、中浜万次郎が薩摩藩に送られてきた時、彼が漂流先である米国で学んだ造船の技術を軍賦役の田中静左衛門、徒目付田原直助らに伝習させた。その結果、嘉永4年（1851）の琉球式の武装帆船「以呂波丸」建造などを経て、嘉永7年（1854）わが国初の西洋式軍船昇平丸が建造される。斎彬は反射炉の建設のため、嘉永5年冬には、磯邸の竹林（御取添地）を開き、江夏十郎直義・中原猶介（1832～1868）・田原直助らの努力によって翌年の夏に落成させた。 3475

田原は、薩摩藩の軍艦修復のため・安政4年（1857）12月1日には、江戸より宇和島藩を訪問している。村田蔵六（大村益次郎）などとも交流したという。維新後は兵部省などに勤めた。明治29年12月1日死去。84才。

□**江夏十郎直義**は、庭奉行兼鳥預頭取で伽役。集成館・反射炉製造の掛員をつとめ、安政5年には松木弘安（寺島宗則）と共に長崎に赴き勝海舟や和蘭人と交渉して蒸気船購入をはかった（斉彬の死により中断）。三女・八重は、英人医師ウィリアム・ウィリスと結婚し、息子アルバートをもうけている。

■新政府、私的に外国から借金をすることを禁止し、借金をする場合は外国官の「指図」を待てと、指示する。藩の統制である。 3476

2月21日【4月2日】

■新政府、米英公使から贋悪貨問題解決を促される。 3477

2月22日【4月3日】

■勅使柳原前光、鹿児島を発し、東帰。大久保利通は藩政のため滞留する。 3478

■商法司廃止、諸開港場に通商司設置布告（第186号）。3月15日、商法司廃止。この日、外国官の下に「通商司」を設置。その勧商業務を継承して物価の安定、金融の疎通、貿易の管理等の経済政策を担当しようとした。 3479

□物産富殖を各府県の職務とするとし、外国人の利益独占・金貨流出防止のためである。

■柏崎県が越後府に併合され、佐渡県が越後府の管轄下に置かれる（第188号）。新潟府が新潟県と改称（第190号）、管轄地を新潟町のみに限定される。

121

西暦**1869**

明治2	2月22日【4月3日】	■越後国各藩が版籍奉還を上表する。この日、村松藩、以後、椎谷藩が3月20日、黒川藩が3月24日、糸魚川藩が4月8日、長岡藩・三根山藩が4月15日、新発田藩が4月27日、高田藩が5月2日、与板藩が5月3日にそれぞれ上表する。	348
	2月23日【4月4日】	■藩主島津忠義(1840〜1897)、村田新八を伴い日当山温泉を訪ねて西郷吉之助(隆盛)(1828〜1877)に、藩政への参加を求む。	348
		■皇居吹上御苑がこの日から25日まで拝観が許可される(群衆8人死亡)。	348
	2月24日【4月5日】	■西郷吉之助(隆盛)、島津忠義に従い鹿児島に帰る。	348
		■「太政官東京遷移布告」。天皇が東京に滞在する際は、太政官も東京に移すことになり、事実上東京を首都とすることになる。	348
	2月25日【4月6日】	■西郷吉之助(隆盛)、薩摩藩参政に任ぜられ、一代寄合となる。	348
		■大山綱良(1825〜1877)、薩摩藩監察総裁に任ぜられる。	
		■天皇、「公議所開局ノ詔書」。 □東幸に際し議事所を東京に移し、二等官以上及び公家諸侯の会議を開くこととする。	348
	2月26日【4月7日】	■島津久光(12代藩主島津忠義の父)(1817〜1887)、病をおしてこの日、京都に向けて鹿児島を発つ。 □久光は維新後も薩摩藩における権力を握り続けたが、新政府が進める急進的改革に批判的立場をとっていた。が、藩体制の改革を要求する川村純義・野津鎮雄・伊集院兼寛等の戊辰戦争の凱旋将兵(下級士族層が中心)と対立した。 ■長州藩使者・杉孫七郎(1835〜1920)、鹿児島に来る。	348
	2月28日【4月9日】	■島津忠義、声明。「今日に至り、旧格に泥み閥閲を唱える弊風を除かなければ、朝廷に対して申し訳ないから、そのような心得違いをしないように」。 □西郷隆盛は、藩政の改革で藩主島津家一門と功臣の私領地を取り上げて藩の直轄とすること、門閥別の家禄は8分の1に削減するが、他の士族は2割増とした。そして、藩政と家政を分け、藩庁を知政所、家政所を内務局とし、一門・重臣の特権を止め、藩が任命した地頭が行政を行うことにした。さらに、兵制の整備(常備隊の設置)を精力的に行い、戊辰参戦の功があった下級武士の不満解消に努めた。 □薩摩の下級武士たちは、東北戦後やっと門閥を恐れなくなって、ついに追い出すことに成功したのである。実際に、島津久光の命令には従わないことはあっても、西郷隆盛の命令に背くことはなくなったという。	348
		■「宮・堂上へ、菊御紋付の品をその祈願所に寄附禁止」行政官布告。	348
		■黒田了介(清隆)(薩摩藩)(1840〜1900)、青森口陸軍参謀に任じられる。	349
	2月一【4月一】	■大久保利通、前年亡くなった母の遺言の趣旨により妹3人に添え状を附し、各々、金百両を贈る。また、大中神社(島津家中興の英主・貴久を祀る)(現在の南林寺)に、大願成就御礼のため石燈籠一対を奉献する。	349
		■紀州藩(紀伊国和歌山県)の津田出(1832〜1905)、この月、藩政改革で、砲兵・騎兵・歩兵・工兵の4寮を置き、軍務局を設置。	
	3月3日【4月14日】	■前日京都に着いた島津久光、参内。	349

明治150年その歩みを知る、つなぐ（前編）　西郷どん、大久保卿、薩摩藩年表帖（中巻）

西暦 1869

3月4日【4月15日】	■会計官副知事大隈重信（1838～1922）、久世喜弘（治作）（大垣藩）（1825～1882）、新貨幣につき建議。 □明治政府、貨幣を円形として金銀銅の貨幣を鋳造する「円貨の制度」を定める。	3494
3月5日【4月16日】	■京都府、目安箱への匿名投書禁止。	3495
	■長崎知府事・沢宣嘉（1836～1873）、明治政府参与に任官。 ■東京府、「訴訟局」を置く。	3496
3月6日【4月17日】	■「十津川郷士ノ処分ヲ令ス」。 □十津川郷士は、維新後は全員士族となったが、上平主税（1824～1891）など一部過激派は新政府の近代化政策に反発して横井小楠暗殺事件などを起こした。上平は、この事件で島流し（島流し刑の最後の例）となった。上平主税は、伊豆新島への終身流刑（明治12年3月特赦）となった。流刑中医業を生かし種痘をするなど、多くの島民や流人の命を救い、又手習師匠をするなど新島の恩人と尊敬された。今も主税の在島記念の流人塔が、門人によって建てられている。 ■刑部省、「横井小楠遭害事件」徒党・金本顕蔵（摩斎）（1829～1871）へ、家謹慎を命ずる。京で尊王攘夷論を唱えて天皇京都還幸事件にも関係し、明治3年6月8日、東京送りとなる。	3497
	■島津久光を従三位に叙し、参議兼左近衛権中将に任ず。 □しかし久光は、病を理由に13日に京都を発ち、21日鹿児島に着く。改革を進める政府に、守旧派の久光の意見が受け入れられる余地はない。新政府には、既に久光の居場所はどこにも無くなっていた。 ■「山県有朋及西郷従道ヲ露仏二国ニ差遣シ地理形勢ヲ視察セシム」。毛利中将、島津中将、長崎府、兵庫県へ達。 □山県有朋（長州藩）（1838～1922）、西郷従道（薩摩藩）（1843～1902）と共に欧州視察を命じられる。	3498
3月7日【4月18日】	■天皇、東行報告のため下賀茂神社へ行幸。 ■「遷都行幸」。明治天皇（1852～1912）、再度、東京遷都行幸に京都を出立。 □東幸に反対する公家や商人、庶民の声を押しのけての出発だった。皇后行啓を知り、市中に遷都の浮説起こり、人心は少なからず動揺した。	3499
	■「公議所開所」。貢士対策所に代わり「公議所」が、東京大手町の神田橋内（旧姫路藩邸）で開かれる。 □各藩と諸学校から選ばれた公務人227人（8月20日に公議人と改称）で構成され、議案提出権を有する。立法機関ではなく、諮問機関・建議機関である。議長は日向国高鍋藩出身の秋月種樹（1833～1904）、議長心得（議事運営の主任）が薩摩藩出身の森有礼（1847～1889）、副議長に旧幕臣の神田孝平（1830～1898）。議員の在職期間は4年、議員の年齢は25歳以上で、議員は議案を建言することができるとされた。公議所は明治2年（1869）3月7日から6月7日まで22回（18回とも）会議を開いたのち、7月に「集議院」と改称された。 □諸藩が封建・郡県論を展開する。	3500
3月8日【4月19日】	■村橋直衛（のちの久成）（薩摩藩士）（1842～1892）ら、箱館出兵のため品川から軍艦「春日」にて青森へ向かう。	3501

西暦1869

明治2	3月9日 【4月20日】	■「戊辰戦争─箱館戦争(別称・五稜郭の戦い)(10月20日～明治2年(1869)5月18日)」。ようやく、海軍力が整備され春を待った、箱館討伐の海軍、参謀増田虎之助(明道)(長州藩)、参謀補助石井富之助(佐賀藩)を筆頭に、中島四郎佐衛(長州藩、甲鉄艦長)(1836～1889)、谷村小吉(谷村昌武)(薩摩藩、陽春艦長)(1842～1869)・赤塚源六(薩摩藩、春日艦長)(1834～1873)・山県久太郎(長州藩、第二丁卯艦長)(1839～1890)らが指揮する新政府軍艦隊「甲鉄(ストーンウォール号)」「陽春」「春日」「第二丁卯」及び飛龍(岡敬三郎)、豊安(入江良之進)、戊辰(小山辰彦)、晨風(西田元三郎)の運用船4隻、品川を出港、箱館に向かう。 □谷村昌武は、天保13年1月18日、薩摩藩士谷村昌徳の子に生まれ、母は松方氏。通称・愛之助、小吉。嘉永5年(1852)島津斉彬の小姓、のち奥小姓となる。斉彬が没し、島津茂久(忠義)が襲封するとその側近となり、小納戸見習などを務める。安政6年(1859)大久保一蔵(利通)らの脱藩計画を知り、それを阻むために茂久へ報告。それが後見の島津久光へと伝わり「誠忠士面々へ」の諭告書が下され、大久保らを引き止める事に成功する。また文久2年(1862)沖永良部島に流されていた西郷吉之助(隆盛)の赦免を嘆願している。その後も久光の公武合体政策を支え、慶応2年(1866)藩の海軍所が設立された際には、その創立に尽力した。慶応3年(1867)西郷吉之助の討幕論を支持して藩論を討幕へ転換させる事に尽力。明治政府では軍艦「富士山」「武蔵」の艦長を歴任するが、明治2年(1869)箱館出征の6月7日に病没した。	35□
	3月10日 【4月21日】	■大久保利通(1830～1878)、藩政改革尽力に対し、島津忠義(1840～1897)より左安吉の短刀と三諸物を賜う。	35□
		■「取調掛」を置く(癸丑〈1853〉以来憂国死節(国を憂い枯れ果てた)及び幽囚沈淪(捕らわれ落ちぶれた)の者取調のため)。	35□
	3月11日 【4月22日】	■明治新政府、グラバー管理の小菅修船場(通称ソロバンドック)を洋銀12万ドルで買収、長崎製鉄所の付属にする。 □洋銀は、当時の東洋における国際通貨のメキシコ・ドル貨。	35□
		■**大久保利通、鹿児島出発、京都へ向かう。**	35□
	3月12日 【4月23日】	■伊勢大神宮へ天皇御親拝の始(明治天皇が伊勢へ行幸、内宮外宮御親拝)。 □明治天皇、歴代天皇で初めて伊勢神宮に参拝。	35□
		■「公議所」、初の会議を開く。公議所には、公議人と称する者を各藩より1人ずつ出させた。 □3～4月、諸藩より約220名参加、税制改革、切腹の禁止、帯刀廃止などを討議するも不成立。制度寮副総裁心得・公議所議事取調掛・森有礼(薩摩藩)(1847～1889)は、「早く蛮風を除くべし」と「廃刀案」「一夫一婦制」「日本語廃止論」など6件を提出するも反対に遭い、世間が擾乱するのを見て退職願を出し鹿児島に帰る。7月8日、「集議院」と改称した。 □「廃刀案」に対しては、大久保利通は「士族の困窮しているときに誇りを傷つける」と猛反対したにも拘らず「廃刀は随意なること」と、森は改めて公議所に提出したが、一同の大反対に遭う。守旧派士族の怒りは甚だしく、暗殺の危険さえあった。森は苦悩し辞表を出したが、大久保は懲戒免職の処分を下したという。 ■「待詔局ヲ設ケ卑賤ニ至ルマテ意見ヲ上陳スルヲ得セシム」(布告)。 □東京城内、太政官に「待詔局」設置。待詔局は、士民有志からの建言を受理、処理する機関。	35□

明治150年その歩みを知る、つなぐ（前編）　西郷どん、大久保卿、薩摩藩年表帖（中巻）

西暦1869

3月一【4月一】	■薩摩藩参政西郷吉之助（隆盛）（1828〜1877）は、文久2年（1862）に沖永良部島遠島・知行没収になって以来、無高であった（役米料だけが与えられていた）が、この月、許されて再び高持ちになる。	3509
3月15日【4月26日】	■大久保利通、鹿児島から入京。 ■「戊辰以来社寺民政市政三裁判所へ出仕セシ旧幕臣ノ姓名及其履歴ヲ調査セシム」。 ■「商法司」廃止。 ■京都府、御池神泉苑町西入小浜藩邸に徒刑場（今の刑務所）を開設。徒刑の仕法、罪人の扱い方などを決定、六角牢獄に未決囚を拘留。	3510
	■参与木戸孝允（1833〜1877）、上野寛永寺の社地に招魂社を建立したいと日記に記す。 □軍務官副知事・大村益次郎（1824〜1869）はこの意見に反対、上野東照宮、寛永寺の社地は旧幕府軍の亡魂の地であり、招魂社を建てるには不適切だと述べた。	3511
3月16日【4月27日】	■大久保利通（1830〜1878）、上局議定兼権大納言岩倉具視（1825〜1883）に謁見し復命する。同日、京都を発し、翌朝、大阪に着す。	3512
3月18日【4月29日】	■兵庫県知事伊藤博文（1841〜1909）、東京勤務を命じられる。	3513
3月20日【5月1日】	■「東京城修理」。町に触れる。	3514
	■新政府艦隊（甲鉄艦中心）、宮古湾（現・岩手県宮古市沖）に入る。	3515
3月22日【5月3日】	■モンブラン伯爵（1833〜1894）、鹿児島で島津忠義に謁見し、ナポレオン3世から預かってきた品を贈る。 □モンブランは、薩摩藩の密航留学生、パリ万国博覧会での活躍で、薩摩藩から軍制改革顧問に招聘され、鹿児島に滞在するなどしていた。	3516
3月23日【5月4日】	■東京府、「開墾掛」を置く。 ■「徳川家士別手組八十人ヲ軍務官ニ隷属ス」。	3517
	■新政府艦隊、悪天候のため宮古湾内に碇泊。	3518
3月24日【5月5日】	■京都府、「御一新」により角倉与一の加茂川高瀬舟支配、角倉伊織の嵯峨川高瀬船支配および木村宗右衛門の淀川過書船支配を停止する。	3519
	■「東京再幸ニ付諸藩士ハ勿論公卿ノ附属ニ至ルマテ不都合ナキ様其主人ヨリ予メ論告セシム」。	3520
3月25日【5月6日】	■「戊辰戦争—宮古湾海戦」。 榎本艦隊の「蟠竜」は荒波で遅れ行方不明、「高尾」は機関に故障を起こし、甲鉄艦の奪回に動く「回天」は、奇襲決行予定日の25日未明、単独にて宮古湾に突撃。日本における近代的な海戦のさきがけとなったこの戦闘は、戦闘時間約30分、脱走軍死傷者50人余、新政府軍死傷者30人余という大激戦であった。荒井郁之助（1836〜1909）は、失敗を認め箱館へ逃走。負傷しながら奮戦の艦長甲賀源吾（1839〜1869）、さらに、こめかみを打ち抜かれ戦死。 □この時、東郷平八郎（薩摩藩）（1848〜1934）は、新政府軍艦「春日」の備砲を指揮する三等士官だった。 ■新選組中島登（のぼり）（1838〜1887）は、箱館へ脱出する。	3521

125

西暦*1869*

明治2	3月27日 【5月8日】	■新政府艦隊「甲鉄（ストーンウォール号）」・「春日」・「第二丁卯」・「陽春」と運用船が、青森に到着。 □村橋直衛（のちの久成）（薩摩藩士）（1842〜1892）は、旧幕軍征討青森口鎮撫総督府軍監となる。
	3月28日 【5月9日】	■「東京遷都」。明治天皇（1852〜1912）、再び東京城に入り、東京城を「皇城」と称する。以来、東京が首都と定まる。 □京都は、即位の礼や大嘗祭を行うと皇室典範で定められたように、儀礼空間としての性質が残された。 ■「東京著御ノ旨ヲ西京ニ報ス」。
	3月29日 【5月10日】	■大久保利通、上局議定兼権大納言岩倉具視に、近時、紙幣暴落に関し意見を陳述する。
	3月30日 【5月11日】	■京都に楠社を創建することは、却下する達が出される。
		■「戊辰戦争―箱館戦争」。榎本軍の内地侵入を防ぐため、久我通久（公卿）（1842〜1925）を箱館鎮撫総督に任じ、軍艦「朝陽」にて差遣を命ぜられる。朝陽船将は、中牟田倉之助（佐賀藩）（1837〜1916）。
	3月一 【5月一】	■薩摩藩、藩主の葬儀を神式とする。
	4月1日 【5月12日】	■大久保利通（1830〜1878）、多年の宿願により伊勢大廟に参拝し、6日、帰京する。
	4月2日 【5月13日】	■箱館鎮撫総督久我通久、軍艦「朝陽」で品川を発つ。
	4月4日 【5月15日】	■天皇、「右大臣三條実美ヲ修史総裁に任スルの詔」。
	4月6日 【5月17日】	■前日5日塩釜着の箱館鎮撫総督・久我通久（1842〜1925）は、一大隊を率いて仙台に入り、抗戦派を処分。
		■青森口海陸軍参謀・山田市之允（後の顕義）（長州藩）（1844〜1892）、陸軍参謀黒田了介（清隆）（薩摩藩）（1840〜1900）、海軍参謀増田虎之助（明道）（佐賀藩）が協議の結果、脱走軍とはまったく反対の日本海側、江差の北方3里ほどの乙部村（現・北海道爾志郡乙部町）へ上陸し、攻撃を開始することに決定。第1軍参謀は山田顕義で、松前、津軽、長州、津、大野、福山藩兵。第2軍参謀は黒田清隆で、松前、津軽、薩摩、備前、長州、水戸、福山藩兵。第3軍総督は清水谷公考で、松前、水戸、筑後、薩摩、備前、徳山、福山藩兵という構成であった。 ■「戊辰戦争―箱館戦争（別称・五稜郭の戦い）（10月20日〜明治2年（1869）5月18日）」。雪解けを待った新政府軍第1軍、甲鉄（ストーンウォール号）、陽春、第二丁卯、春日の護衛4艦と雇外国商船ヤンシー号らに長門、福山、弘前、徳山、大野、松前の兵1,400人を、オーサカ号には荷物を乗せて青森港を出帆、風と霧のため平館で滞船後、乙部へ向かう。 □同時に箱館在留の外国領事へは、脱走軍に対する攻撃を開始する旨の通知を行い、居留民の避難を勧告、このため箱館市中は騒然となったという。
	4月7日 【5月18日】	■知恩院山内の神社を撤去することに決定。

明治150年その歩みを知る、つなぐ（前編）　西郷どん、大久保卿、薩摩藩年表帖（中巻）

西暦 1869

4月7日【5月18日】	■新政府軍務官（知官事仁和寺宮嘉彰親王（後の小松宮彰仁）、薩摩藩に600人の兵による東京警護を命じる。 □薩摩藩は、京都警護の410名を差し出した。新政府は、親兵のはしりを計画した。 [3534]
	■箱館駐在各国領事、在日外国人に避難を指示。 [3535]
4月8日【5月19日】	■「民部官ヲ置キ神祇官以下六官ニ定メ従来弁事へ差出ノ願伺等六官ニ進致セシム」布告。**新政府、「民部官を設置」、府県の事務を総管させる。** ■新政府、府・県の私兵編成を禁じる。 [3536]
4月9日【5月20日】	■板垣退助（土佐藩）(1837〜1919)、東京に向かう。 [3537]
4月10日【5月21日】	■伊藤博文（長州藩）(1841〜1909)、兵庫県知事を罷免され同県判事に格下げされる。 [3538]
4月11日【5月22日】	■明治政府参与に任官された沢宣嘉(1836〜1873)、長崎から上京。 [3539]
4月12日【5月23日】	■「戊辰戦争―箱館戦争」。予定より早く、新政府軍陸軍参謀・黒田了介(清隆)(薩摩藩)率いる第2軍が、江差に到着。 [3540]
4月13日【5月24日】	■鍋島直正（前佐賀藩主）(1815〜1871)、行政官機務取扱を兼任。 [3541]
4月14日【5月25日】	■「内廷職知事」を置く。 □内国事務局督徳大寺実則(1840〜1919)が兼帯し、5月16日に中御門経之(1821〜1891)が内廷職知事に任じられる。 [3542]
4月15日【5月26日】	■「戊辰戦争―箱館戦争」。箱館鎮撫総督・久我通久(1842〜1925)、青森到着。翌日、三厩（現・青森県東津軽郡外ヶ浜町）で艦隊に加わる。 [3543]
4月17日【5月28日】	■参与神奈川県知事・寺島宗則(1832〜1893)、外国官副知事に昇進。 [3544]
	■「戊辰戦争―箱館戦争」。制海権を握る新政府軍艦隊「甲鉄（ストーンウォール号）」・「春日」・「陽春」・「第二丁卯」・「朝陽」などが、早朝、三厩を出港。 [3545]
4月18日【5月29日】	■**大久保利通(1830〜1878)、下坂にて海路より24日、東京に着す。** [3546]
	■薩摩藩京都警護の3小隊410人、東京府警衛となり上京。 [3547]
4月20日【5月31日】	■「国是立定会議」。前年11月と12月、播磨姫路藩は、版籍奉還の建白書を提出していた。 □この日の二等官以上の會議に親臨して、「可否ヲ獻替セシムルノ勅語」（施政諮問の詔）。 ■「城外移徙」。東京城修理のため。 [3548]
4月21日【6月1日】	■新政府、英・伊・仏・米・独と、茶・生糸増税約書に調印。（未実施）。 ■**上局議定兼権大納言岩倉具視(1825〜1883)、東京に移る。** [3549]
4月22日【6月2日】	■新政府、茶・生糸増税約書の実施延期を代償に、下関賠償金残額支払いの3年間延期を、英・仏・蘭・米4ヶ国に要請。 □明治3年2月6日、4ヶ国承諾。 [3550]
4月24日【6月4日】	■「戊辰戦争―箱館戦争―第一次箱館港海戦」。新政府軍艦船8隻、箱館港にて榎本軍艦船と戦う（「回天」他2隻と弁天台場で防戦し、勝敗決せず）。 [3551]

西暦 1869

明治2	4月26日 【6月6日】	■大久保利通、時局匡済に関する意見書を提出する。大久保は、岩倉具視に手紙を書き、体面は平穏だが現実は危機的状況と伝える。 □匡済とは、悪をただし、乱れを救うこと。
	4月27日 【6月7日】	■青森口総督・清水谷公考（箱館府知事）(1845～1882)、津軽藩兵を率いてヤンシー号で江差へ向かう。翌日、上陸。第3軍であったが、結局第4軍での上陸となる。
	4月29日 【6月9日】	■兵庫県判事・通商司知事伊藤博文(1841～1909)、東京に向かう。
		■「陸海軍軍律」が定められる。 □さらに、「糺問司」の設置による、兵士に対する刑事裁判制度の発足する。
	4月一 【6月一】	■東京の大久保利通(1830～1878)、藩地悪幣禁止のことを島津忠義(1840～1897)に建言する。
	5月1日 【6月10日】	■島津忠鑑（珍彦）（久光の四男））(1844～1910)が総督として、薩摩藩参政西郷吉之助（隆盛）(1828～1877)が箱館戦争の応援に総差引（司令官）として藩兵を率いて鹿児島を出帆。
	5月2日 【6月11日】	■新政府、太政官札を正金に交換することを禁止する。 ■キリシタン禁制高札に対して、明治政府法律顧問のオランダ出身の米国改革派教会牧師フルベッキ(1830～1898)は、この日のブリーフ・スケッチ(Brief Sketch、1869年6月11日付)の中で取り除くよう建言。
	5月3日 【6月12日】	■この日までに全国262藩の版籍奉還が提出される。 ■「大夫士以下官ニ就ク者其長官ノ管轄ニ属セントス」。 ■行政官機務取扱・鍋島直正（前佐賀藩主）(1815～1871)、待詔院上局議長を兼任。
	5月4日 【6月13日】	■島津忠義(1840～1897)正室・暐姫（暐子）（島津斉彬三女）(1851～1869)、死去。
	5月5日 【6月14日】	■大久保利通、政府の基礎確立につき建言する。
	5月6日 【6月15日】	■薩摩藩総差引西郷吉之助（隆盛）、小銃隊半大隊、大砲隊半小隊、408人と共に上京し、神田橋の藩邸に入る。
		■新政府艦隊が艦長軍議開催。全艦隊、箱館港内突入を策す。
	5月7日 【6月16日】	■「戊辰戦争─箱館戦争─第二次箱館港海戦」。榎本艦隊「回天」、砲撃により機能停止し、沖ノ口近くの浅瀬で浮砲台として戦闘に参加。軍艦は機関の修理を終えた「蟠竜」ただ1艦となっていたが、何とか、新政府艦隊を退かせる。 ■新政府艦隊、箱館港口の策条をすべて切断する。
	5月8日 【6月17日】	■木戸準一郎（孝允）、大阪東病院で蘭国医師ボードィンの診察を受ける。
		■「会計官職制章程ヲ定ム」（御沙汰）。 □会計官の一部局として「監督司」を設置。監督司は、金穀の出納及び百般の会計を監督する機関。後に検査寮、検査局と改称。会計検査院の前身。
		■「是迄医師画工諸職人等、位階及国名受領之儀、仁和寺、大覚寺、勧修寺ヨリ差許来候処、向後廃一、且従来許置候向モ総テ可、為ニ停止一旨、被仰出候事、…」。仁和寺・大覚寺・勧修寺、医師・画工・職職人などに位階及国名を授けることを禁止される。

西暦1869	明治150年その歩みを知る、つなぐ（前編）　西郷どん、大久保卿、薩摩藩年表帖（中巻）

5月10日【6月19日】	■（京都）八条家々士河合縫殿介等、攘夷を唱え徒党を組んだため逮捕（逮捕者12名）。	3567
	■武器の補給を終えた新政府軍、甲鉄艦で軍議。11日暁3時箱館・五稜郭を総攻撃に決まる。 □作戦は陸軍本隊が五稜郭を包囲し、海軍は箱館港と大森浜側から箱館を挟撃。奇襲部隊が箱館山裏手から上陸するという3ルートとする。	3568
5月11日【6月20日】	■「戊辰戦争―箱館戦争（10月20日～明治2年（1869）5月18日）―第三次箱館港海戦―榎本艦隊全滅」。海・陸の新政府軍、総攻撃開始。艦隊は、再び箱館港に進攻し榎本海軍全滅。新政府軍、箱館（函館）を攻略。 ■「戊辰戦争―一本木関門の戦い」で土方歳三（1835～1869）、銃弾で戦死、享年35。 ■薩摩藩、筑後藩兵が箱館病院に来る。その時、箱館病院長高松凌雲（1837～1916）は、赤十字精神を説いて、病院の安泰に成功する。	3569
	■大久保利通、あらためて、官吏公選のことを建言する。	3570
5月12日【6月21日】	■大久保利通、当官を以て行政官機務を命ぜられる。 ■中村半次郎（桐野利秋）（1838～1877）、小銃隊半大隊、大砲隊半小隊、435人を率いて上京、薩摩藩神田橋邸に入る。	3571
	■「新政府軍、榎本武揚に降伏を勧告」。 夜更け、旧幕軍征討青森口鎮撫総督府軍監・村橋直衛（のちの久成）（薩摩藩士）（1842～1892）、同藩士池田次郎兵衛と名乗る二人が、前日の箱館市街戦での戦禍を免れた箱館病院を訪れ、矢不来で負傷した会津遊撃隊長・諏訪常吉（1833～1869）を見舞い、和平策の周旋を依頼した。諏訪は、藩主松平容保が京都守護職時代京都にあって小野権之丞と共に諸藩との折衝を担当、薩長同盟成立以前の薩摩藩とは都城守護で緊密な連携関係にあった。しかし、諏訪常吉は重傷だったので（翌日死去）、事務長小野権之丞（元会津藩公用人）（1818～1889）と箱館病院長高松凌雲（1837～1916）に、この事を託した。高松凌雲は、古屋佐久左衛門（衝鋒隊）（1833～1869）の実弟で、パリに留学させてくれた幕府への恩義に従い、兄や蝦夷政府総裁・榎本武揚（1836～1908）らに合流。箱館戦争に医師として参加、箱館病院の院長に就任する。ここで凌雲は、戦傷者を敵味方を問わず治療した。 □村橋久成は、開拓使ビール（サッポロビールの前身）の生みの親として知られる。	3572
5月13日【6月22日】	■天皇、「人材公選ノ詔」。公選ノ法ヲ設ケ更ニ補相議定参与ヲ登庸ス。上下議局を開くをもって、議政官を廃し、輔相一人・議定四人・参与六人・弁事を行政官に置く。 □大久保利通の建議に依り、上局（議政官）再廃止、上下議局を設置。さらに、三等官以上の役人に選挙権を与え、輔相という今の総理大臣格をはじめとして、議定や参与、知事などに到るまで、公平な選挙法によって定められた。5月15日に明治最初の役人選挙（三等官以上）、行われる（1回かぎり）。 議定を辞した三条実美（1837～1891）が輔相に、岩倉具視（1825～1883）、徳大寺実則（1840～1919）、鍋島直正（前佐賀藩主）（1815～1871）の三氏が上局議定に、東久世通禧（1834～1912）、木戸準一郎（桂小五郎）（長州藩士）（1833～1877）、大久保利通（薩摩藩士）（1830～1878）、後藤象二郎（土佐藩士）（1838～1897）、副島種臣（佐賀藩士）（1828～1905）、板垣退助（土佐藩士）（1837～1919）の六氏が参与に当選。 ■上局、公議所において、版籍奉還上表の諮問が行われる。	3573

西暦1869

明治2	5月14日【6月23日】	■「戊辰戦争─箱館戦争」。新政府軍側の降伏勧告に対し、蝦夷政府総裁榎本武揚(1836~1908)・副総裁松平太郎(1839~1909)は、箱館病院長高松凌雲(1837~1916)・病院事務長小野権之丞(元会津藩公用人)(1818~1889)宛に手紙を送る。 このまま蝦夷地を拝領の上、北部の国境警備にあたるように勅許を得たい旨を認める。この時榎本は、オランダ留学中のテキスト『万国海律全書』と『海の国際法と外交』が「皇国無二ノ書ニ候ヘバ兵火ニ付シ烏有ト相成」ことを惜しんで、新政府軍海軍参謀へ送り、籠城決死の覚悟を披歴した。	35
	5月15日【6月24日】	■外国官副知事小松帯刀(1835~1870)、官吏公選により退職。 ■神祇事務局判事であった福羽美静(1831~1907)、神祇官副知事に昇進。 ■松平春嶽(1828~1890)、民部官知事に就任する。	
	5月16日【6月25日】	■「留守官ヲ置ク」(御沙汰)。 □京都御所の宮殿の維持管理に「留守官」を置く。しかし当時の京都は、公家や藩主・役人などが民衆を巻きこみ東京再幸(あるいは東京奠都)に対する大規模な反対運動を起こし、これとともに新政府の欧化政策に不満を持つ尊攘派による政府要人の襲撃・暗殺事件が頻発するなど騒然たる状況にあった。	35
		■伊藤博文(1841~1909)、今までの職を免じられ会計官権判事になる。 ■薩摩藩総差引・西郷吉之助(隆盛)(1828~1877)、中村半次郎(桐野利秋)(1838~1877)、1大隊と砲対小隊を率いて箱館戦争の応援で、品川を出港。	35
	5月17日【6月26日】	■「箱館戦争」。榎本武揚ら総裁陣、亀田において蝦夷征討軍海陸軍総参謀・黒田清隆(了介)(1840~1900)らに会見。 □降伏を決意した榎本は、蘭国留学時代から携えていたオルトラン著「万国海律全書」(自らが書写し数多くの脚注等を挿入)を戦災から回避しようと新政府軍に送っていた。黒田清隆、榎本武揚の見識の深さに感銘し、後、榎本の助命に奔走。後、明治5年、特赦。後、榎本武揚は、黒田清隆内閣の文部大臣などの要職を歴任する。 後、明治32年(1899)、榎本の息子武憲(1873~1924)と黒田の娘梅子が結婚し、縁戚関係に至る。	37
	5月18日【6月27日】	■「本丸址練兵天覧」。 ■「制度寮ヲ廃ス」(布告)。 ■7日、待詔院上局議長の兼任を止め、制度寮総裁を兼任となった鍋島直正(前佐賀藩主)(1815~1871)、制度寮廃止に伴い、同寮総裁の兼任を解く。	35
		■五稜郭開城。「戊辰戦争─慶応4年(1868)年1月3日~明治2年(1869)5月18日」終結。「戊辰戦争(箱館戦争、五稜郭の戦い)─10月20日~明治2年(1869)5月18日」終結。 朝7時、榎本武揚(1836~1908)以下松平太郎(1839~1909)、荒井郁之助(1836~1909)、大鳥圭介(1833~1911)の4人は、庭に整列した全員の見送りをうけ、亀田会議所へ赴き、駕籠で箱館へ護送された。午後1時過ぎには、郭内の1,000人余も箱館へ護送されて称名寺、実行寺等の寺院へ収容された。小彰義隊頭取・渋沢成一郎(1838~1912)らという。次いで、軍監前田雅楽が柳川藩2小隊を率いて武器等の引取のため五稜郭へ入った。会計奉行榎本対馬守(道章)(1834~1882)らが応接に当たり、元込銃107、ピストル48、ミニエー銃など1,600、長カノン9、その他の大砲33門等の武器および米500俵余の兵糧一切の引渡しを終え、降伏式は滞りなく無事終了した。	35

130

明治150年その歩みを知る、つなぐ（前編）　西郷どん、大久保卿、薩摩藩年表帖（中巻）

西暦 **1869**

5月19日【6月28日】	■山県有朋（長州藩）、洋行の送別会。 □山県は、西郷従道（薩摩藩）と共に、5月、長崎を出航、欧州視察に向かう。英仏独露など主要国を巡り、ドイツやフランスの徴兵制度をはじめ兵制を中心とした各種制度の研究を行う。明治3年（1870）8月2日、帰国した。渡欧し、各国の軍事制度を視察する。 □御堀耕助（旧名は太田市之進）（長州藩）（1841～1871）は、藩命を受け同行することになるが、香港まで行って病気のためいったん帰国した。	3581
5月20日【6月29日】	■参与大久保利通（薩摩藩）、それまで島義勇（佐賀藩）（1822～1874）が住んでいた霞が関の家に入居する。	3582
5月21日【6月30日】	■「祭政一致、皇道復興、国民をして報本反始の義を重んぜしめ、治教をあまねからしむる件」（御下問書第469号）。 □「報本反始」は、天地や祖先などの恩に報いること。 ■版籍奉還後の方向を決める東京大会議始まる。 □翌日の2日にわたって、東京在留の上級官員、諸侯等を御前に集めて勅問を行う。皇道興隆・知藩事被任・蝦夷地開拓の3件であった。	3583
5月22日【7月1日】	■**参与大久保利通（1830～1878）、従四位に叙せられる。**	3584
5月23日【7月2日】	■木戸準一郎（孝允）、神戸に入る。	3585
5月24日【7月3日】	■木戸準一郎（孝允）、東京に向かうためグラバーの汽船に乗船。	3586
	■三井八郎右衛門高福（1808～1885）・同三郎助高景（1850～1912）・同次郎右衛門・同元之助、島田八郎左衛門（？～1883）・小野善助（1831～1887）、通商司為替会社并御貸付方総頭取を任ぜられる。	3587
5月25日【7月4日】	■**薩摩藩総差引・西郷吉之助（隆盛）（1828～1877）、榎本軍討伐増援のため精兵を率いて赴き箱館に着くも、戊辰戦争（箱館戦争）は終わっていた。**	3588
5月27日【7月6日】	■「奈良府所属ノ十津川郷ヲ軍務官ニ隷ス」。 ■「寺院安置諸神堂宇破却」。	3589
5月29日【7月8日】	■木戸準一郎（孝允）（1833～1877）、井上馨（1836～1915）、東京に入る。	3590
5月―【7月―】	■大阪府判事五代才助（友厚）（1836～1885）、大阪の富豪を説き、大阪に為替会社、通商会社設立を策す。が、会計局権判事に任ぜられ、横浜転勤を命ぜられる。	3591
	■大村益次郎、開成所に管理されていた横浜語学所を兵部省の管轄に移す。 □この学校は元来、幕府がフランス軍事顧問団を教師として開校したものであり、大村はこれを引き継いで士官養成に役立てようとした。	3592
6月―【7月―】	■隆盛弟・西郷従道（26才）（1843～1902）、薩摩藩士・得能良介（1825～1883）の娘、清子（1854～1928）と結婚。清子は西郷家に同居する。 □**得能良介**は、明治元年（1868）まで小松帯刀・西郷隆盛・大久保利通らと共に国事に奔走。同年3月御小納戸頭取御用取次見習、明治2（1869）2月には伝事に就いていた。	3593
6月1日【7月9日】	■**箱館戦争勝利の新政府軍、東京に凱旋。西郷吉之助（隆盛）も東京着。**	3594

西暦1869

明治2	6月2日 【7月10日】	■天皇、「鳥羽伏見戦功行賞敕」。新政府、「戊辰軍功ヲ賞スルノ詔書」（第497号）、「戊辰戦争戦功賞典表」を発表。各藩、追討参謀ら公卿に軍功賞金・賞典禄が下賜される。 35

□薩摩藩・長州藩には、それぞれ10万石、土佐藩には4万石、日向国佐土原藩（薩摩藩支藩）・肥前国大村藩・松代藩・大垣藩・鳥取藩にはそれぞれ3万石が、佐賀藩、長門長府藩（長州藩支藩）、彦根藩ら6藩には2万石が、広島藩ら5藩に1万5千石、筑前福岡藩ら8藩に1万石、周防国徳山藩（長州藩支藩）ら2藩に永世賞典禄8千石を下賜される。

■島津久光、従二位・権大納言に推任叙されたが、辞退。

■戊辰戦功を賞して、**西郷吉之助（隆盛）（薩摩藩）(1828~1877)が藩士としては最高の永世禄2,000石**、吉井幸輔（友実）（薩摩藩）(1828~1891)・伊地知正治（しょうじ）（薩摩藩）(1828~1886)が1,000石を下賜される。大山格之助（綱良）(1825~1877)（薩摩藩）は800石、中村半次郎（桐野利秋）（薩摩藩）(1838~1877)は賞典禄200石を賜る。さらに、海江田信義（薩摩藩）(1832~1906)は1,000両、樺山資紀（薩摩藩）(1837~1922)は400両であった。 35

□西郷隆盛は、戊辰戦争の終了で帰路東京に寄った際、永世禄を下賜された。このときに残留の命を受けたが、断って翌日鹿児島へ帰る。

■戊辰戦功を賞して、大村益次郎(1824~1869)が1,500石、板垣退助（土佐藩）(1837~1919)が1,000石、山県有朋（長州藩）(1838~1922)、前原一誠（長州藩）(1834~1876)が600石を、木梨精一郎（長州藩）(1845~1910)、渡辺清（大村藩）(1835~1904)、河田景与（鳥取藩）(1828~1897)らが450石を、香川敬三（水戸藩）(1839~1915)らは300石を下賜される。

■戊辰戦功を賞して、皇族の仁和寺宮嘉彰親王（のちの小松宮彰仁親王）が1,500石、有栖川宮熾仁親王(1835~1895)が1,200石を下賜される。 35

■奥羽鎮撫総督府・総督であった九条道孝(1839~1906)、軍功により賞典禄800石を、副総督であった沢為量(1812~1889)賞典禄800石を、上参謀であった醍醐忠敬(1849~1899)、武功目覚ましく600石を永世下賜される。 35

■奥羽追討平潟口総督、仙台追討総督であった四条隆謌(1828~1898)、維新の功績により永世禄300石を与えられ、同年7月に陸軍少将に任ぜられる。奥羽追討越後口副総督であった四条隆平（兄隆謌の養子）(1841~1911)、戊辰の戦功をもって賞典録200石を永世下賜される。

■松平春嶽、茂昭、永世禄一万石を、天皇より下賜。

■岩倉具定（具視の第三子（次男））(1852~1910)、柳原前光(1850~1894)、正親町公董(1839~1879)、西園寺公望(1849~1940)らは賞典禄300石を、岩倉具経（具視の三男）(1853~1890)は賞典禄200石を、大原重実（綾小路俊実）(1833~1877)らは賞典禄100石を、烏丸光徳(1832~1873)らは賞典禄50石を永世下賜される。 35

■**参与大久保利通(1830~1878)、従三位に叙される。** 36

■明年の仁孝天皇二十五回忌までは京都に逗留することが徳川家に布告された静寛院宮（和宮）(1846~1877)に、この日、京都在住の沙汰（第498号）が出され、聖護院の屋敷が「栄御殿えいごてん」と改称される。

	6月3日 【7月11日】	■（京都）川東聞名寺（現・京都市左京区東大路通仁王門上ル北門前町）に「兵器司」をおく（人数38人、小使2人）。 36

132

明治150年その歩みを知る、つなぐ（前編）　西郷どん、大久保卿、薩摩藩年表帖（中巻）

西暦1869

6月4日 【7月12日】	■金峰山蔵王権現(中郡峰山町)(現・京都府京丹後市峰山町吉原)、「金峰神社」と改称。8月26日、蔵王権現の御前仏を撤去。　3603
	■**天皇、「蝦夷開拓ノ詔」**。鍋島直正に賜ふ。　3604 □行政官機務取扱・中納言鍋島直正(前佐賀藩主)(1815〜1871)、蝦夷開拓督務(北海道庁官の前身)を兼任(第501号)。 ■「民部官職制ヲ定ム」(第503号)。知官事は、「府県ノ事務ヲ総判シ戸籍駅逓橋道水利開墾物産済貧養老等ノ事ヲ監督スルヲ掌ル」。 ■「社寺制法及び戸籍法編成方」(民部官布告)。 ■木戸準一郎(桂小五郎)、従四位の下に叙せられ参議を拝命。 ■長門国長州藩13代藩主・毛利敬親(1819〜1871)は隠居願を呈出していたのが勅許され、世子毛利定広が家督を継ぎ、元徳(1839〜1896)となる。
6月5日 【7月13日】	■東京会計官、酒田本間家に対し五万両の調達を申しつける。本間家では、これを8月から9月にかけて納入した。　3605 同月　酒井忠宝(1856〜1921)、版籍奉還を許され、庄内藩知事となる。
6月8日 【7月16日】	■箱館出軍の薩摩兵の銃隊2小隊、砲隊半小隊が東京に到着する。　3606 残りの兵は直接鹿児島に帰る。
	■軍務官「陸軍局」廃止(第518号)。　3607 ■「陸軍将ヲシテ軍務官ニ出仕セシム」(第519号)。
6月10日 【7月18日】	■「神職神葬祭、神職継目、主要神社精査のことなどの達」(神祇事務局)。　3608
6月11日 【7月19日】	■参与大久保利通(1830〜1878)、輔相三条実美に謁見し、榎本武揚ら処置の件を談じる。　3609 ■岩倉具視、大久保利通・副島種臣らと会し、知藩事を世襲制とすることを内定する。木戸孝允は欠席していた。 □大久保利通は、鹿児島の桂右衛門(久武)に宛てた手紙の中で、郡県論を「空論」として斥け、政府は漸進主義の立場であり、公議所での郡県論は「無用の論」であり「国体」に合わないとし、「閉局」に内定したと述べている。大久保も郡県論を排する、郡県・封建併用論者であることが分かる。(『大久保利通文書』)。
6月12日 【7月20日】	■「箱館降伏人処置ヲ軍務官ニ委任ス」(第526号)。　3610 ■招魂場社地の候補に、東京府所有の九段坂上三番町通元歩兵屯地跡が挙がる。この日、軍務官知事仁和寺宮嘉彰親王(後の小松宮彰仁親王)(1846〜1903)は、軍務官副知事・大村益次郎(1824〜1869)、香川敬三(水戸藩)(1839〜1915)、船越洋之助(衛)(広島藩)(1840〜1913)、増田虎之助(明道)(長州藩)、佐藤嘉七郎(金義)、松岡新七郎に九段一帯の検分を命じる。検分の結果、大村らはこの地に招魂社を建てるべきと上奏した。
6月14日 【7月22日】	■「三陸巡察使ヲ置ク」(第536号)。　3611 ■「府県附属ノ旧幕臣ニシテ朝臣ノ班シ扶助ヲ給スル者ノ人員旧録ヲ録上セシム」(第537号)。
6月一 【7月一】	■大久保利通、版籍奉還の実施に関する諮問に答申する。　3612
6月16日 【7月24日】	■**「ガルトネル開墾条約事件」**。　3613 箱館府、プロシア人ガルトネルと開拓のため七重村の地の租借を約定。「地所開拓之為蝦夷政府アル・ガルトネル氏の約定」および「蝦夷島開拓人員之掟則」。

西暦1869

明治2	6月16日【7月24日】	■箱館出征の艦船が凱旋。兵部卿仁和寺宮嘉彰親王（小松宮彰仁親王）らが迎え、祝砲。

■鹿児島の中村半次郎（桐野利秋）（1838～1877）、この日の日付で、東京の大久保利通、吉井友実宛に、「忠義公のご意向は、県知事になるのは辞退して大山綱良に任せたい、ということで、藩主（藩知事）をそのまま県知事にするという中央の方針に反するむつかしい事態に、鹿児島ではなっている」という報告を書く。

■「公卿諸侯ノ称ヲ廃シ華族ト改ム」（行政官布達542号）。
公卿・諸侯の称を廃止して「華族」する。

■「版籍奉還」（太政官布告第544号）。朝廷、諸藩の版籍奉還を聴許（第543号）。この日より、諸藩主を「知藩事」に任命していく。
翌年8月までに計274藩主が知藩事に任命された。版籍奉還において、藩主が期待していた領地の再交付はしていない。旧来の個別領有権の再確認を行わずに、法的には天皇に領有権を一元化した。
□版籍奉還は、明治政府により行われた中央集権化事業の1つ。諸大名から天皇への領地（版図）と領民（戸籍）の返還。知藩事は中央政府から任命される地方官であり、藩の領域も藩主に支配権が安堵された「所領」ではなく、地方官である知藩事が中央政府から統治を命じられた「管轄地」とされた。
□木戸準一郎（木戸孝允）と伊藤博文は、世襲知藩事に猛反対し、岩倉具視や大久保利通と対立、辞表まで提出して「世襲」の文字を排除した。
□島津忠義は薩摩藩知事となるが、実質的な藩政は西郷隆盛に任せていたといわれている。

	6月19日【7月27日】	■招魂場（東京招魂社、靖国神社の前身）の仮本殿、拝殿が起工。
	6月20日【7月28日】	■長崎府を「長崎県」と名称変更（第550号）。幕府直轄地の長崎と天草。判事野村盛秀（薩摩藩）（1831～1873）が第二代知事に任命される。

■陸奥宗光（和歌山藩）（1844～1897）、第四代兵庫県知事に任命される。

■府中（駿府）は「静岡」に地名替え。
8月7日、駿河国府中藩は「静岡藩」と名を改める。天皇に対する不忠に通じるとされたという。「静岡」と名付けたのは、駿府藩主・徳川家達（1863～1940）の漢学の師・向山黄村（1826～1897）が、賤ヶ丘、賤機などの地名から採用したという。

	6月一【7月一】	■鹿児島藩、噯（郷士年寄）・与頭（地頭）・横目などの三役、郷役人を廃止して新たに「常備隊」をおく。その小隊長、半隊長、分隊長に民政をとらせ軍政を布く。隊員は18才から35才までの旧武士で編成し、一小隊を90名とする常備隊とし、常備隊には入れなかった者は予備隊とした。

□城下・外城（地方）に令して「常備隊」を編成する。城下に銃隊4大隊、大砲隊と兵具隊を各2大隊を置き、この時に小隊を大隊に改編する。1大隊は約800人で、8小隊からなる。その他に地方に常備兵17大隊余、予備隊20大隊余、大砲隊9座・1分隊を作ったという。
□城下の大隊長に任命されたのは、中村半次郎（桐野利秋）（1838～1877）・篠原国幹（1837～1877）・川村純義（1836～1904）・野津鎮雄（1835～1880）・種田政明（1837～1876）・樺山資紀（1837～1922）・田原明章（1813～1896）など。

明治150年その歩みを知る、つなぐ（前編）　西郷どん、大久保卿、薩摩藩年表帖（中巻）

西暦 **1869**

6月21日 【7月29日】	■版籍奉還後の兵制のための会議が、25日まで開かれる。大久保利通(1830〜1878)、木戸孝允(1833〜1877)、大村益次郎(1824〜1869)、吉井幸輔（友実）(1828〜1891)、副島種臣(1828〜1905)ら。 □この日、大久保と大村は大激論。さらに、大久保利通は23日には大村と吉井、24日には副島種臣と、25日には大村と大論議する。	3622
6月22日 【7月30日】	■東京築地に「海軍操錬所」が設立される。海軍兵学校の前身。 ■府県のみならず藩が三府や開港場などで「商会所」を設けて商業活動を行っていたことについて、今後は一切「廃絶」すると命じる。	3623
6月23日 【7月31日】	■会計官、回収廃棄紙幣と製造器械を河東練兵場で焼却。 ■稽古場外の発砲を禁止（第559号）。	3624
	■新政府、薩摩（鹿児島）、長州（山口）、土佐（高知）、三藩の兵を召すの議を決する。東京（皇居）の常備兵である。 □木戸孝允らの徴兵制の主張が、大久保利通らに斥けられた。 ■軍務官は、同月29日から5日間に渡って招魂祭を行うと諸藩に通達。 ■木戸孝允は、榎本武揚らの死罪・禁固を主張。	3625
6月24日 【8月1日】	■静岡藩知事・徳川家達(1863〜1940)、城代屋敷より宮ヶ崎町新宮兵部邸に移る。	3626
	■「弾正台ヲ置ク」（第566号）。明治政府、警察機関である「弾正台」設置。 ■「弾正台ヲ置キ刑法官中監察司ヲ廃ス」、「弾正台ヲ置キ官員ヲ定ム」。 □弾正台はそれまでの刑法官監察司に代わる監察機関として設置され、東京の本台のほかに留守官として京都に支台がおかれた。 長官である弾正台尹は九条道孝（1839〜1906)、次官である弾正大弼には9月24日、池田茂政(1839〜1899)、弾正少弼には、のちに明治政府に出仕した黒田清綱（薩摩藩)(1830〜1917)が任じられた。 ■九段坂上招魂場祭典挙行、達する。	3627
	■朝廷、未提出の藩に版籍奉還を命じる。 □以降の奉還は38藩主であった。すべての藩主は、天皇による所領の再交付を待ち望んだ。	3628
	■露国兵、北蝦夷地（樺太）函泊を占領、明治政府が抗議しなかったため兵営陣地を構築。	3629
6月25日 【8月2日】	■諸藩主を知藩事（地方官）に任命、274人が定まる。 ■新政府、藩に11ヶ条の「諸務変革令」を出す。 □従来の支配地に対して、表高でなく実際に藩に収納される現米総高をはじめとして、諸産物や諸税、公廨（役所）費用、職制、職員・藩士・兵卒の員数、給禄・扶持米、支配地絵図、戸口などの調査報告を10月までにするよう求めた。また、旧藩主の家禄を現米総高の十分の一に定め、それに準じて家臣の給禄も適宜改革するよう命じた。さらに藩知事を華族に列すると共に、旧藩士家老以下を一律士族とし、旧来の主従関係を制度的に断ち切った。 ■「士族ノ称ニ関スル件」（行政官達第576号）。明治政府が身分制度を再編。藩知事家臣（上級武士）を「士族」、下級武士を「卒」と称し、農工商を「平民」とする。	3630

西暦 1869

明治2	6月26日【8月3日】	■沢宣嘉(のぶよし)(1836～1873)、外国官知事に就任。 ■大久保利通の妾おゆう(勇)とその家族が上京。 □鹿児島の家族の上京を期に、妾おゆうとその子は高輪別邸(芝区二本榎西町)に住む。本妻満寿(1840？～1878)、上京は、明治7年という。本妻満寿と家族は、東京麹町三年町(現在の霞ケ関首相官邸附近)の本邸に住んだ。
	6月27日【8月4日】	■「徴士雇士ノ称ヲ廃ス」(第585号)。「徴士」廃止。
	6月28日【8月5日】	■明治天皇(1852～1912)、皇居神祇官代に臨御、国是一定を天神地祇(てんじんち)および列祖の霊に告げ給う。戊辰戦争戦没者祭典を執行。 ■招魂場仮設本殿、仮設拝殿にて清祓の儀が執行される。
	6月29日【8月6日】	■東京九段坂上の元歩兵屯所跡の火除地に招魂場(東京招魂社、靖国神社の前身)が創建され、軍務官知事仁和寺宮嘉彰親王を祭主にこの日から5日間祭典を行い、戊辰戦争(鳥羽・伏見の役から箱館戦争)の戦死者3,588名を祀る。 □この合祀は、前年の京都河東操練場における招魂祭に次ぐ祭祀であった。
	6月30日【8月7日】	「弾正台大小忠巡察ヲシテ宮中府中城中市中ヲ巡察セシム」(第594号)。 ■諸藩が雇った外国船が開港場以外に入国することを禁止し、違反した場合は積荷を没収して罰金を科すと布告。 ■榎本武揚(たけあき)(1836～1908)以下7人、東京辰ノ口(現在の千代田区丸の内一丁目)の軍務局糺間所に入牢。
	6月一【8月一】	■6月25日東京を発った西郷吉之助(隆盛)(1828～1877)、鹿児島に帰って来るが、また自宅には滞在せず、吉田温泉(宮崎県えびの市)で湯治するも湯当たりして発熱下痢。 ■この月、山岡鉄舟(鉄太郎)(1836～1888)、静岡藩々政補翼となり、清水の次郎長(1820～1893)と相識り、「壮士之墓」を揮毫して与える。
	夏	■薩摩藩主に提出した「山本覚馬建白(管見)」が認められ、山本覚馬(1828～1892)は、夏頃、許され釈放されて、鹿児島藩二本松邸を出るという。
	7月一【8月一】	■通商司所管の「京都通商会社」を設置し、外国貿易および諸商品の仲介を行う。明治3年8月、「京都開商会社」と改称。 □明治初期に内外通商活動の振興を目的につくられた日本最初の株式会社組織。明治2年(1869)2月22日に設置された通商司の指導のもとに、5月頃から東京、大阪、京都など全国9ヶ所に半官半民の会社として為替会社と共に設立された。有力商人や貿易商社を指導して貿易を行わせ、自らも取引の仲介にあたって内外通商全般の発展、拡大に努めた。
	7月1日【8月8日】	■参与大久保利通(1830～1878)、書を上局議定岩倉具視(1825～1883)に呈し、政府要路の人選および官制改革につき英断を促す。「今朝差出候人撰一紙草々輔相エ御廻し被下両公限リニ而明日ハ御裁決被為遊候」。
	7月2日【8月9日】	■新政府、日本の銭貨を統一(1両=10貫文とする)。 ■府兵禁止につき、京都の平安隊を「警固方」と改称。 □明治4年までには750人に達し、同5年10月邏卒に再編される。
	7月3日【8月10日】	■西園寺公望(1849～1940)、正三位権中納言の官位を返上、「望一郎」と名乗る。 ■蝦夷開拓総督鍋島直正(前佐賀藩主)(1815～1871)、議定を辞任。

明治150年その歩みを知る、つなぐ（前編）　西郷どん、大久保卿、薩摩藩年表帖（中巻）

西暦 1869

7月4日【8月11日】	■参与五代友厚（鹿児島藩）(1836～1885)、横浜会計官を辞任、下野し実業家に転身、大阪に戻ることを決意した。	3644
7月5日【8月12日】	■高島鞆之助（鹿児島藩）(1844～1916)、軍功により章典禄8石を支給される。 □生還した薩摩藩城下士の章典禄は、8石と定められていた。	3645
7月6日【8月13日】	■鹿児島藩、朝廷からの下賜金で、松原神社隣に招魂社を建て死者の霊を祭る。翌年2月10日には、山下町照国神社傍に移し靖献霊社（いたまれいしゃ）と称した。 □明治7年に官祭社に列せられ明治8年に鹿児島招魂社に改称、昭和14年(1939)4月1日、内務大臣布告により「鹿児島県護国神社」(鹿児島市草牟田二丁目)に改称。 ■静岡藩知事となった徳川家達（いえさと）(1863～1940)、天璋院（篤姫）(1836～1883)に手紙を書く。	3646 3647

鹿児島県護国神社

五代友厚

高島鞆之助

西暦1869

明治2	7月7日 【8月14日】	■「宮内省」設置。太政官制により、大宝令の制に準じて設置される。 ■これより先、亀岡藩(丹波・5万石)・狭山藩(河内・1万石)・吉井藩(上野・1万石)三藩の知藩事は、辞表を提出した。しかし、この日、却下。	364
		■大久保利通と満寿の間に、五男雄熊(1869〜1943)、生まれる。	364
	7月8日 【8月15日】	■西郷吉之助(隆盛)(1828〜1877)、武村の屋敷(690坪)を三崎平太左衛門から購入、移転する。この頃、奄美から愛加那(1837〜1902)の子・菊次郎(8才)(1861〜1928)を引き取る。	365
		■「公議所ヲ集議院ト改称ス」(第621号)。 □公議所が「集議院」と改称され上局、下局が置かれる。集議院の長官は公卿大原重徳(1801〜1879)、次官は公卿阿野公誠(1818〜1879)、判官(下局次官)に神田孝平(元幕府蕃書調所頭取)(1830〜1898)、丸山作楽(島原藩)(1840〜1899)らが任じられた。 ■「職員令並官位相当表」(第622号)。 □「二官六省の制─太政官制Ⅱ」を敷く。輔相、議定、参与が廃止され、新政府は行政組織を再編。神祇・太政の二官、その下の行政組織として民部・大蔵・兵部・刑部・宮内・外務の六省を置く。行政官は太政官に、民部官は改組される形で民部省に、会計官は大蔵省に、軍務官は兵部省に、外国官は外務省に、刑法官は刑部省となる。神祇官は、太政官の上位に位置づけ、太政官は、左右大臣・大納言・参議で構成、天皇を補佐し国政全般にあたる。米国の影響を受けた政体書体制を廃止して、「祭政一致」を原則とした復古的な官制となる。待詔院、集議院、大学校、弾正台、宣教使、開拓使(北方開拓のため外国官が所管していた業務中、開拓に関する部分を分離独立)などの諸機関が置かれる。各省卿、大・少輔を設置。輔相の名称は廃止された。	365

□三条実美(1837〜1891)、正式に右大臣に任ぜられる。
□8月、上局議定岩倉具視(1825〜1883)、徳大寺実則(1840〜1919)、大納言に任ぜられる。

□「会計官ヲ廃シ大蔵省ヲ建テ造幣寮出納用度租税監督通商鉱山ノ六司ヲ管ス」。造幣局は大蔵省所属となり、「造幣寮」と改称、造幣局知事も造幣寮頭と改称。
□「民部官を廃して民部省を置き、民部省職員令、民部省官位相当表(「職員令並官位相当表」中)を定める」。民部省所掌事務は「府県事務ヲ総判シ戸籍駅逓橋道水利開墾物産済貧養老等ノ事ヲ管督スル」と定められた。

□軍務官に替えて「兵部省」を置く。省中に一寮・三司・武官を設け、京都に置く。軍務官知事仁和寺宮嘉彰親王(小松宮彰仁親王)は兵部卿に異動、軍務官副知事大村益次郎は、兵部大輔に異動となり実務を執る。一等から三等の軍将が、大将、中将、少将と改称された。

□民部官知事松平春嶽、民部卿に異動、8月11日、大蔵卿兼務。沢宣嘉が外務卿、正親町三条実愛が刑部卿、会計官知事万里小路博房が宮内卿となる。
□大教の宣布・宣教を目的として設置された宣教使長官に中山忠能、同次官に福羽美静(1831〜1907)が任ぜられる。
□位階制は、初位の上に九位(正九位、従九位)を設けて全20階とする。

明治150年その歩みを知る、つなぐ（前編）　西郷どん、大久保卿、薩摩藩年表帖（中巻）

西暦**1869**

7月8日 【8月15日】	■「留守弾正台ヲ置ク」（第626号）。のち、弾正台京都支台、京都出張弾正台。 ■弁事伝達所・弁事役所を「弁官伝達所・弁官役所」と改称（第627号）。 ■「行政官支配等ヲ弁官ノ支配トナス」（第628号）。 ■兵部省で大阪に兵学寮が設けることが決まる。 **■副島種臣（佐賀）、前原一誠（山口）、大久保利通（鹿児島）の3名が参議となる。** **その後、参議に広沢真臣（山口）、佐々木高行（高知）と斎藤利行（前名は渡辺弥久馬）（高知）（1822〜1881）、大隈重信（佐賀）が就任する。参議は薩長土肥四藩に独占される。** **しかし、参議大久保利通は、木戸孝允と共に、待詔院**（たいしょういん）**学士を拝命、御紋章入りの太刀一腰を賜う。** □参議は、大臣、納言と共に明治政府の重職の一つとして置かれ、閣僚にあたる卿より上位で、さらに上位にある右大臣、左大臣、太政大臣などが実質的権限を持たない場合が多かったため、職掌分担なしに閣僚たちを指導する、いわば集団制の政府首班として位置づけられた。 ■京都府は、7月13日松田道之大参事（鳥取藩）（1839〜1882）、同月17日、長谷信篤知事（1818〜1902）、槇村正直権大参事（山口藩）（1834〜1896）、大山彦八権大参事（大山巌兄の成美）（鹿児島藩）（1835〜1876）などの体制となる。 □百官の廃止は、京都の公家社会に大きな衝撃を与えた。「百官」とは、いわゆる朝廷の官職の総称で、公家社会においてはその人物の職業そのものを表していた。つまりその廃止は、公家全員の失業を意味していた。一番深刻な事態に陥ったのは、官家士族と呼ばれる人々であった。「官家士族」とは、公家社会出身でありながら華族に編入されなかった諸官人や社寺関係者などのことをいう。新政府からの登用もなく、華族として保護を受けることもなかった官家士族の生活は困窮していくことになる。	3652 3653
7月9日 【8月16日】	■「浜殿石室ヲ延遼館ト号ス」（第629号）。	3654
	■前土佐藩主・山内容堂（豊信）（1827〜1872）、学校知事を依願退職し、麝香間祗候（じゃこうのましこう）となる。 □麝香間祗候は、明治維新の功労者である華族または親任官の地位にあった官吏を優遇するため、明治時代の初めに置かれた資格。職制・俸給等はない名誉職。	3655
7月11日 【8月18日】	■新政府、官吏を勅授官・奏授官・判授官に分ける。7月27日、勅任官・奏任官・判任官と改称。	3656
7月12日 【8月19日】	**■「高輪談判」。イギリス・フランス・アメリカ合衆国・イタリア・北ドイツ連邦の5ヶ国のの駐日公使、外国人に渡った贋札・偽造貨幣について、明治政府と交渉する。**	3657
7月13日 【8月20日】	■紀伊国和歌山藩の津田出（いずる）（1832〜1905）、兵庫県知事陸奥宗光（1844〜1897）と共に版籍奉還上奏後、和歌山藩大参事に任命される。	3658
	■鍋島直正（前佐賀藩主）（1815〜1871）、蝦夷開拓督務から組織替えにより初代開拓長官に命じられる（第649号）。 □勅書によると、直正の請願により設けられた職で、国家体制が整い国を挙げて蝦夷地開拓に着手するまで少しの間、直正に蝦夷地開拓を委ねるというものであった。 ■江戸鎮撫取締・勝義邦（海舟）（1823〜1899）、諱を「安芳」と改める。	3659

139

西暦1869

明治2	7月14日 【8月21日】	■箱館遠征の新政府軍薩摩兵、鹿児島帰着。	36
		■大納言岩倉具視（1825～1883）、待詔院を廃止し大久保利通（1830～1878）、木戸孝允（1833～1877）に参議復帰を促す。	36
	7月15日 【8月22日】	■第二代東京府知事・大木喬任（佐賀藩）（1832～1899）、退任。この日付けで東京府大参事就任。	36
	7月17日 【8月24日】	■太政官令（第655号）にて東京、大阪、京都以外の府を県と改称。奈良府は奈良県と改称（第669号）。 ■税所篤（鹿児島藩）（1827～1910）、陸奥宗光に替わり、神奈川県権知事（第五代）に任じられる。 ■政府、贋貨幣問題で、正貨と交換を決定。 ■蝦夷開拓史となった伊勢国の探検家の松浦武四郎（1818～1888）が、蝦夷の改名候補を政府に提出「蝦夷地道名之儀勘弁申上候書付」。 □候補は日高見道、北加伊道、海北道、海島道、東北道、千島道。すべて地理や歴史に基づく。北加伊道はアイヌ民族が自らの住む土地を「kay」と呼び、北に位置することから名づけられる。	36
	7月18日 【8月25日】	■会計官権判事伊藤博文（1841～1909）、大蔵少輔となる。大輔は大隈重信（1838～1922）。 ■勝安芳（海舟）（1823～1899）、明治新政府の外務大丞に任官。	366
	7月19日 【8月26日】	■益満休之助（薩摩藩）（1841～1868）と共に江戸市中で江戸城二の丸に放火するなどの破壊工作を行って、幕府を挑発するのに一役買った、元薩摩藩士・伊牟田尚平（1832～1869）、強盗、殺人、傷害、脱藩の罪で「苗字帯刀取り上げの上、京都で梟首（獄門）」となる。享年37。その首級は三条粟田口に晒された。生い立ち等は、上巻P37参照。	366
	7月20日 【8月27日】	■蝦夷開拓御用掛・島義勇（佐賀藩）（1822～1874）、開拓使判官に任命される。 □義勇は、35才の時に鍋島藩公の命により単身で、幕府による蝦夷地探検に赴き、函館、樺太、宗谷、北見、釧路、十勝、日高を2年かけて踏破。アイヌの生活や自然の様子などをまとめた報告書は『入北記』として詳細に記載され藩公に献上されていた。	366
	7月22日 【8月29日】	■待詔院学士の大久保利通（1830～1878）・木戸孝允（1833～1877）、民部大輔広沢真臣（1834～1871）、参議になる。 □大久保利通、木戸孝允、一閣を去って閑職に就くや、政府部内の動揺、甚だしく、この日遂に広沢正臣と共に参議に任ぜられることになる。	366
		■英国ヴィクトリア女王の第2王子・エジンバラ公殿下（Duke of Edinburgh）（1844～1900）、東亜遍歴途上に長崎来朝。 □この訪日は、外国王族の接遇という新しい問題を明治政府に提起した。公使パークス（1828～1885）は、同公が天皇と対等の立場で面会することを希望し、これに対して政府、宮中で賛否両論の検討が行われた結果、同公を国賓として遇することに決まった。	366
		■「招魂社ニ合祀スル者ノ氏名ヲ録上セシム」（665号）。 ■新政府、通商司のもとに「通商会社」と「為替会社」を設立。通商会社が内外の商業を行い、為替会社がその資金を提供する。為替会社は、東京、大阪、京都、横浜、新潟、敦賀、神戸の8社。	366

明治150年その歩みを知る、つなぐ（前編）　西郷どん、大久保卿、薩摩藩年表帖（中巻）

西暦1869

7月23日【8月30日】	■**英国エジンバラ公殿下、横浜着港。東京はもちろん、神戸・大阪・長崎と、約1ヶ月に渡る日本滞在である。これ以降、訪日する外国からの賓客は激増した。** ■弘文・淳仁・仲恭の三天皇が追諡をうけ、天皇系譜に加えられる。 ■参議大久保利通、「定大目的」「政出一本」「機事用密」の三事を、右大臣三条実美、大納言岩倉具視に建言する。	3670
7月24日【8月31日】	■「箱館府ヲ廃ス」(670号)。箱館府知事・清水谷公考(1845〜1882)、開拓使次官に就任し、引き続き蝦夷地の統治にあたる。 □箱館府廃止の事を聞きそのまま上京、勤務せずままであった。	3671
7月25日【9月1日】	■岩村通俊(土佐藩)(1840〜1915)、松浦武四郎(1818〜1888)ら、開拓使判官を命ぜられる。	3672
7月27日【9月3日】	■「京都刑部省留守ヲ廃ス」(682号)。	3673
	■「民部省規則」。 ■「府県奉職規則」と「県官人員並常備金規則」布告。 □府県官員の服務規程であり、府県行政は民部省・大蔵省・兵部省などに必ず伺いを立てて指示を受けて行うようにと、地方官の専決を禁止した。地方官の独断による租税額の改革（農民の減税要求に譲歩しての減免措置）、私的な金品の蓄えや兵隊の取立てなどを厳禁した。「県官人員並常備金規則」は、県の官員と常備金について石高に応じた定員と定額を定めた。 ■兵部大輔大村益次郎(1824〜1869)、故郷の父に会うためと大阪に兵学校設置（のちの大阪陸軍兵学寮）の準備のため、東京を出る。	3674
7月28日【9月4日】	■英国エジンバラ公殿下(1844〜1900)、参内、明治天皇(1852〜1912)に拝謁。パークス同伴。	3675
7月29日【9月5日】	■明治最初の盛大な能楽が、赤坂の和歌山藩邸で演じられる。エジンバラ公来朝が、能楽再興の機運となる。	3676
7月一【9月一】	■この月、旧幕府陸軍の一部が、静岡藩開墾方に改組され、金谷原(現・静岡県牧之原市)に200戸移住（翌年300戸）し、開墾をする。	3677
8月1日【9月6日】	■英国エジンバラ公殿下を、浜離宮の迎賓館(のちの延遼館)に招待する。 □延遼館は、日本初の西洋風石造建築。幕末に幕府の海軍所施設として建造された建物が基礎となっている。 ■英国公使パークス(1828〜1885)、北蝦夷地(樺太)がロシアに狙われていることを外国官副知事・寺島宗則(1832〜1893)に指摘。	3678
8月3日【9月8日】	■上野国高崎藩で重税に抵抗する農民が一揆を起こす（高崎五万石一揆）。次いで、甲府県などに農民一揆。	3679
8月4日【9月9日】	■2代玄々堂松田緑山(1837〜1903)、太政官楮幣局(後の内閣印刷局)の用命で東上するよう達せられる。 □9月民部省から民部省札を製造を依頼され、龍山と共に東京へ移住。しかし、ほぼ同一の物を大量印刷するのは可能だったが、すぐに偽札が出まわってしまい役を降ろされるが、文明開化を急速に進める明治政府は、その後も竜文切手、証券印紙、新旧公債証書などの製造を依頼する。ここでも贋造品に悩まされため、明治7年(1874)1月15日に得能良介(鹿児島藩)(1825〜1883)が紙幣寮頭になると、銅版彫刻の請負制度を廃止し、玄々堂一派は半ば切り捨てられてしまう。 ■「京都兵部省移転」(第707号)。	3680

西暦1869

明治2	8月4日 【9月9日】	■参議大久保利通の提議に基づき、政治大刷新の廟議(朝廷の評議)が決定する。	36
	8月5日 【9月10日】	■「旧刑名改定ノ儀刑部省開申」。磔罪(是迄磔)、梟示(是迄梟首)、斬罪(是迄刎首)、徒罪(是迄徒刑)、笞罪(是迄笞刑)。	36
		■大久保利通、兵部卿仁和寺宮嘉彰親王(後の小松宮彰仁)に随行して、横浜英国公使館の夜会に赴く。	
		■「按察府ヲ岩代国白石ニ置ク」(第710号)。	36
	8月6日 【9月11日】	■「静寛宮御住居ヲ栄御殿ト称ス」(第711号)。	36
	8月7日 【9月12日】	■京都府民・島田八郎左衛門(?~1883)に会計官通商司商社頭取を、明荷屋吉兵衛等23人にその頭取並に命じる。	36
	8月8日 【9月13日】	■「京都治療所ヲ廃ス」(第719号)。	36
	8月9日 【9月14日】	■軍務官治療所、「兵部省病院」と改称。	36
		■「諸藩兵員ヲ録上セシム」(第720号)。	36
		■英国公使ハリー・パークス(1828~1885)、東京運上所において、大納言岩倉具視(1825~1883)・開拓長官鍋島直正(1815~1871)・外務卿沢宣嘉(1836~1873)・参議大久保利通(1830~1878)・外国官副知事寺島宗則(1832~1893)・大蔵副知事大隈重信(1838~1922)らと会見し、再び「樺太問題」を討議。	
		□先に寺島宗則との会談で樺太への積極策を勧めたパークスは、このたびは一変して「樺太はすでに大半がロシアに属しており、今から日本が着手するのは遅すぎる」ことを力説した。パークスは、日本の樺太進出によってロシアと衝突が起こることを危惧した。	
	8月10日 【9月15日】	■天皇、初めて太政官に親臨し、議事を聴く。	368
		■「施政方針四ヶ条誓約書」成る。大臣・納言・参議の三条実美(1837~1891)・岩倉具視・徳大寺実則(1840~1919)・広沢真臣(1834~1871)、副島種臣(1828~1905)・大久保利通の6人、連名による誓約書を交わす。	
		□大久保利通の三事(定大目的・政出一本・機事要密)を土台にしたもので、政令一途、全国一和を基本、政府は公平であれ、皇威宣揚、国権拡張を約束した。また、三職は毎月4~6回、各自の邸宅を行き来して、親睦を深めることも約束した。	
		■参議大久保利通、右大臣三条実美に上書きし、ロシア北地侵略問題につき自ら出張折衝の任にあたらんことを請う。允可されず。	369
	8月11日 【9月16日】	■外務大丞・丸山作楽(島原藩)(1840~1899)、樺太出張。対露交渉にあたる。	369
		■「大蔵省所管租税・監督・通商・鉱山ノ四司ヲ民部省所管トナス」。	369

明治150年その歩みを知る、つなぐ（前編）　西郷どん、大久保卿、薩摩藩年表帖（中巻）

西暦1869

8月12日【9月17日】	■「徳川昭武ニ蝦夷開拓ノ請ヲ聴ス」（第726号）。 ■**「民部大蔵両省を併合」**。新政府、民部・大蔵2省を合併する。 □漸進論的改革を唱える岩倉具視、鹿児島藩大久保利通一派と、急進論的改革を唱える右大臣三条実美、山口藩の木戸孝允一派の対立である。徴税（民部省）と財政（大蔵省）機構の一体化による中央集権体制の確立を主張する木戸一派の官吏が強く推進した結果である。地租改正の方針について、民部省は地方民の窮状に接して、その減税要求を容れようという立場に立ったのに対し、大蔵省は財政支出の増加に対処して収入の確保を必要と考えていた。ただし、形式上は両省とも存続され、卿以下少丞以上の幹部が両省の役職を兼ねる（例えば、民部兼大蔵卿松平春嶽、民部兼大蔵卿伊達宗城、民部兼大蔵大輔大隈重信、民部兼大蔵少輔伊藤博文、民部兼大蔵大丞井上馨など）ことで統一されたため、「民蔵省」とも称された。	3693
8月13日【9月18日】	■兵部大輔大村益次郎（1824〜1869）、大阪の兵部省兵学寮・京都宇治の火薬製造所等の調査のため京都に入る。不平士族の間に不穏な動きがあるから取り止めるようにと、参議木戸孝允（桂小五郎）（1833〜1877）から言われていたという。 ■勝安芳（海舟）（1823〜1899）、外務大丞を辞す。	3694 3695
8月15日【9月20日】	■「蝦夷地自今北海道ト被称十一箇国ニ分割国名郡名別紙之通被仰出候事」（太政官布告第734号）。**新政府、蝦夷地を「北海道」と改称し、11国（石狩、胆振、渡島、後志、天塩、日高、十勝、北見、釧路、根室、千島）、86郡を設置。** □太政官布告により、蝦夷地・北洲・十州島と云われた本島とその付随の島を北海道と改称した。その名称は、五畿七道を踏襲した。政府による審議を経て「北加伊道」案が「北海道」と改字。南海道、東海道という地域名にならって「北」の「海道」で「北海道」になる。 ■待詔院下局、集議院に合併（第735号）。	3696
8月16日【9月21日】	■開拓長官鍋島直正（元肥前国佐賀藩主）（1815〜1871）、大納言に転任。	3697
8月17日【9月22日】	■小松帯刀（鹿児島藩）（1835〜1870）、領地返上が許可され、永世録300石を給せられる。 □小松は、版籍奉還では、島津久光を説得し率先して自らの領地を返上して範を示した。	3698
8月18日【9月23日】	■豊国神社、仮殿として新日吉神社（京都市東山区妙法院前側町）の神楽殿を借用。	3699
8月19日【9月24日】	■参議大久保利通（1830〜1878）、参議副島種臣（1828〜1905）と共に右大臣三条実美（1837〜1891）に謁見し、政府の目的につき建言する。	3700
8月20日【9月25日】	■**明治新政府、東京市内の地所、約916万6,770坪を民間に払下げを行う。** ■英国公使パークス、エジンバラ公に対する明治政府の手厚いもてなしに対し、外務卿沢宣嘉に、この日付けの書翰を送り、感謝と満足を表明する。	3701
8月22日【9月27日】	■各国領事、書簡で、箱館における現在の最高責任者及び運上所業務の責任者を外務省に問う。 ■「招魂社ニ永世高一万石ヲ下賜ス」（第786号）。	3702

西暦 1869

明治2	8月24日【9月29日】	■第一代民部卿・大蔵卿を免ぜられ、松平春嶽(1828〜1890)、大学別当・侍講に就任。 ■参議大久保利通(1830〜1878)、東久世通禧(1834〜1912)を開拓使長官に推薦する。 ■「諸官員東京ニ家族ヲ移スヲ許ス」(太政官布告第794号)。 □官吏が東京に家族を呼び寄せることを認める。この時、最初に家族という語を用いたとされる。
	8月25日【9月30日】	■「用ヲ節シテ救助ニ充ツル」(農民救恤ノ詔)。救恤とは、困っている人々を救い恵むこと。 ■「親王家ノ菊章ヲ定ム」。 ■「社寺ニ於テ菊章ヲ用フルヲ禁ス」(大政官布告令第803号)。江戸時代には「寺社」であったのが「社寺」に順序が変わる。社ハ伊勢、八幡・上下賀茂等、寺ハ泉涌寺・般舟院等之外ハ、一切禁止。「菊花紋章」の使用禁止にはいくつかの段階があり、何度も公布されている。 □般舟院は、当時は京都市上京区今出川通千本東入般舟院前町にあった。 ■太政官事務局である弁官の長「大弁」に転じていた東久世通禧、第二代開拓長官に任命される。 □前任の鍋島直正が実務にとりかかる前に大納言に転じ辞職したため、実質的に開拓使の事業を始動させたのは東久世通禧である。 ■物産局に「撫育科」「開墾科」「御林科」を置く。
	8月29日【10月4日】	■「咸臨丸昇平丸二船ヲ開拓使ニ属ス」(第830号)。
	8月一【10月一】	■この月、「静寛院宮拝借邸返上ニ付御道具類ヲ徳川新三位邸ヘ運搬ス」。 □静寛院宮が京都に移り、道具類を徳川清水屋敷から徳川家達邸に運搬したのか。 **■兵部省内に「会計司」・「糺問司」が設けられる**。糺問司、これが司法統括機関の嚆矢である。 ■京都河東に下士官養成のための「仏式軍事伝習所」を設ける。 ■三井八郎右衛門高福(1808〜1885)、開拓御用掛総頭取を命ぜられる。 ■参議大久保利通、制度規則取り調べの件、その他、時務十数ヶ条を右大臣三条実美に建言する。 ■北蝦夷地を「樺太」と改称。
	9月2日【10月6日】	**■天皇、「贋金處分諮詢ノ詔」**(贋金処分に関して集議院に下し給へる御下問)。 ■「元会津降伏人ヲ北海道ニ移住セシム」(第840号)。
	9月3日【10月7日】	■太政官、東本願寺門主光勝(厳如)の申請により、北海道の新道創開・教化普及・移民奨励に従事させる。
	9月4日【10月8日】	■大阪に兵部省「陸軍兵学寮」が設置される(第849号)。兵部省京都兵学所を廃し、大阪兵学寮へ移した。 □大村益次郎の新軍隊建設構想の柱をなすものであった。

	明治150年その歩みを知る、つなぐ（前編）　西郷どん、大久保卿、薩摩藩年表帖（中巻）	

西暦**1869**

9月4日 【10月8日】	■「**大村益次郎襲撃事件**」。兵部大輔・大村益次郎（1824～1869）、長州藩の借りていた木屋町押小路下ルの旅館で、酒席の最中、神代直人ら8名の刺客により襲撃され重傷を負い、シーボルトの娘イネの手厚い看護も実らず、11月5日、大阪の病院で死去（45才）。来客（長州藩大隊指令の静間彦太郎）および大村家来3人死亡。犯人8人中1人（宮和田進）斬殺さる。急進開化主義に対する強い反感があり、廃刀論、兵制改革の主唱者なりと暗殺を受けたという。 □大村が倒れたあと兵部省は大混乱に陥った。その混乱は翌明治3年8月に山県有朋らが、欧州視察旅行より帰国して兵部省の実権を振るまで続いたという。 ■仁和寺・大覚寺・勧修寺が、僧官位免許することを禁止される。	3710
9月6日 【10月10日】	■「**澳太利亜國ト條約ヲ締結ス**」（第853号）。 □明治政府とオーストリア・ハンガリー帝国は、「日墺修好通商航海条約」を締結し、両国間の外交関係を樹立。イギリス公使パークスの仲介、即日実施。明治4年12月3日、批准書交換。	3711
9月7日 【10月11日】	■留守弾正台を京都に設けた（第855号）によって、「弾例」を規定する（第856号）。 □留守弾正台は、御所中立売御門内の今出川屋敷に設けられた。 □弾例は、弾正台の行う官人糾弾の基準と庶務執行のための細則とを集めた法令集。	3712
	■**第一回目の集議院が、12月27日まで開かれる**。長官には大原重徳、次官に阿野公誠、判官に神田孝平、丸山作楽らが任じられた。 □市来四郎（寺師宗道の弟、薩摩藩）（1829～1903）は、明治2年（1869）春、集議院の不体裁を論じ、国会の体裁にすべきとの提案を赤松則良（元幕臣）（1841～1920）、宇都宮三郎（元幕臣）（1834～1902）、松本良順（元幕臣）（1832～1907）、内田政風（薩摩藩）（1815～1893）、伊集院兼寛（薩摩藩）（1838～1898）らとした。国会の体裁とは赤松則良が外国の本で調べたものであるが、当時は祭政一致主義であり取り上げられなかった。	3713
9月10日 【10月14日】	■大年寄ら、太政官に東京遷都に伴う京都衰微の状況を訴える。	3714
9月12日 【10月16日】	■伊達宗城（前宇和島藩主）（1818～1892）、第二代民部卿・大蔵卿に就任。	3715
9月13日 【10月17日】	■新政府、対馬宗家に朝鮮への使節派遣中止を指令。同月、朝鮮政府、王政復古を報じた宗義達（厳原（府中を厳原と改名）藩知事）（1847～1902）の書簡を非難、差し返す。	3716
9月14日 【10月18日】	■「**箱館戦功ヲ賞スルノ詔書**」（第869号）。新政府、「箱館戦争軍功賞典表」を発表。 □清水谷公考（1845～1882）、9月3日開拓使次官を辞任し、この日、箱館戦争の恩賞として永世250石を賜わる。プロシア商人に七重村の土地を貸した件では始末書をとられる。そのため国際法の知識不足を悟り、開拓使次官という最高官位を捨てる。 □黒田清隆（鹿児島藩）（1840～1900）、箱館戦争の恩賞として永世700石を賜わる。山田顕義（山口県）（1844～1892）も、永世600石の恩賞を賜る。 □村橋直衛（のちの久成）（鹿児島藩）（1842～1892）は、金400両の賞典を下賜。 ■「御留守中諸藩ヲシテ京地七口ヲ警衛セシム」（第876号）。	3717
9月15日 【10月19日】	■参議大久保利通（1830～1878）、参議前原一誠（山口藩）（1834～1876）を訪れ、徳川慶喜以下の処分を議論する。 ■「京都弁官伝達所改称」（第881号）。 □京都弁官伝達所を「留守官伝達所」と改称。	3718

西暦1869

明治2	9月17日【10月21日】	■神祇官中に「諸陵寮」設置(第882号)。律令の諸陵司(陵墓の管理を担当した役所)が復活する。
	9月18日【10月22日】	■「諸藩ヲシテ海軍操練所ニ生徒ヲ進致セシム」(第898号)。新政府、「海軍操練所」を築地に設置(海軍兵学校の源)、諸藩から生徒を募る。□築地の元芸州屋敷内に創立開設された。明治3年(1870)11月4日、「海軍兵学寮」と改称し、明治9年(1876)8月31日、改称されて「海軍兵学校」が開校。
	9月19日【10月23日】	■大久保利通、薩摩(鹿児島)、長州(山口)の老公を朝廷に召されんことを請い、且つ、徳川慶喜以下、宥し免じ、榎本武揚ら処分に関する意見を右大臣三条実美、大納言岩倉具視に具申する。■自由往来の妨げになっていた諸藩の津留(米穀の領外への移出禁止)を廃止。
	9月21日【10月25日】	■第二代開拓使長官東久世通禧、開拓使吏員100人、根室方面に向かう農工民約200人を伴い、英国の雇船テールス号で品川を出帆、箱館に向かう。
	9月24日【10月28日】	■御所石薬師門前で、町組代表者ら千人、皇后東啓反対・天皇還幸を要求しデモを行う。遷都問題で京都市民に動揺広がった。
	9月25日【10月29日】	■第二代開拓使長官東久世通禧(1834〜1912)、島義勇(佐賀藩)(1822〜1874)判官、岩村通俊(高知藩)(1840〜1915)判官、松本十郎(旧名戸田擢十郎)(元庄内藩)(1840〜1916)判官、竹田十右衛門(信順)(越後高田藩)判官、得能恭之助(のち得能亜斯登)(宇和島藩)(1837〜1896)権判官らと共に箱館に着任。■「留守刑部省ヲ廃す」(第934号)。
	9月26日【10月30日】	■「皇道復古ノ勳功ヲ賞スル詔書」(第935号)。新政府、「復古功臣賞典表」を発表。王政復古の功を賞し、三条実美以下33人に禄を給し位を進む。■「右大臣三条実美へ有功ヲ賞スルノ詔」(第936号)、「大納言岩倉具視へ有功ヲ賞スルノ詔」(第937号)。右大臣三条実美(1837〜1891)、大納言岩倉具視(1825〜1883)の2人には、5,000石の賞典禄が下賜される。■中御門経之(1821〜1891)には賞典禄1,500石を、東久世通禧(1834〜1912)には賞典禄1000石、永世下賜。■松平春嶽(1828〜1890)、正二位に叙せられる。■西郷吉之助(隆盛)(1828〜1877)、正三位に叙せられる。■復古功臣賞典は、木戸孝允(桂小五郎)(山口藩)(1833〜1877)・広沢真臣(山口藩)(1834〜1871)・大久保利通(鹿児島藩)(1830〜1878)に永世禄1,800石を、小松帯刀(清廉)(鹿児島藩)(1835〜1870)・岩下方平(左次右衛門)(鹿児島藩)(1827〜1900)・後藤象二郎(高知藩)には1,000石、副島種臣(佐賀藩)(1828〜1905)は600石の賞典禄を賜る。参与辻維岳(将曹)(広島藩)(1823〜1894)、賞典禄400石を下付される。
	9月27日【10月31日】	■政府の徴兵に応じて、鹿児島藩知事・島津忠義(1840〜1897)は、城下二番大隊と城下三番大隊、一・二番砲隊を率いて上京する。
		■明治天皇、集議院議場に出御。
	9月28日【11月1日】	■「徳川慶喜ノ謹慎ヲ免ス」(第942号)、「松平容保ノ家名ヲ立テシム」(第944号)。□明治天皇(1852〜1912)、太政官をして特旨をもって入道公現親王(北白川宮能久親王)(1847〜1895)・徳川慶喜(1837〜1913)の謹慎を許し、松平容保(1836〜1893)・林忠崇(元上総国請西藩3代藩主)(1848〜1941)の家を存禄し、継嗣を奏請させる。勅して慶喜・容保以下の罪を許される。慶喜、隠居謹慎蟄居を免ぜられる。容保は家名再興が許可された。

	明治150年その歩みを知る、つなぐ(前編)　西郷どん、大久保卿、薩摩藩年表帖(中巻)

西暦**1869**

9月30日 【11月3日】	■「宣教使官員ヲ定ム」(第947号)。国学者や儒学者が採用された。 □「宣教使」は、祭政一致の方針を国民に徹底させる大教宣布のための機関として設置された官職。	3729
	■函館の裁判所が「開拓使出張所」となり、開庁された旨の布告が出される。 □箱館の地名表記が「函館」となるという。しかし、明治9年まで混用されており、「函館」を正字として統一したのは、明治9年5月という。	3730
9月一 【11月一】	■天皇、「刑律改撰ノ詔」。	3731
	■「東京主宮門守衛規律之大概」(第957号)。	
	■高知藩知事(旧土佐藩主)・山内豊範(1846〜1886)、京都霊山の山腹に「高知招魂社」を創建し、坂本龍馬、中岡慎太郎ら100余烈士の祭神を祀る。境内地には、その他、鳥取招魂社、福岡招魂社、熊本招魂社、水戸招魂社、京都招魂社、山口招魂社などのの旧各藩招魂社が散在する。	3732
	■雲井龍雄(旧米沢藩士)(1844〜1871)は、戊辰戦争後、米沢で謹慎したが、解かれた龍雄は興譲館助教となるが2ヶ月で辞任してこの月上京、新政府は龍雄を集議員議員に任じた。	3733
	■民部省の民部監督正・上野景範(鹿児島)(1845〜1888)、特命全権公使としてハワイに派遣される。 □先立ってハワイ王国へ集団移住していた日本人、いわゆる「元年者」が、現地にて労働環境など様々な問題に直面し、それが国際的に報道された。	
	■**この月、鹿児島藩軍楽隊(隊長鎌田真平、西謙蔵、長倉彦二(中村祐庸)、四元義豊ら30名)結成され、英国軍楽隊に伝習を受ける。** □島津久光は、英国との和議後いち早く軍楽隊を創ることに着手した。鹿児島藩軍楽隊を出張させ、横浜本牧の法華宗妙香寺にて、英国陸軍第十連隊第一軍楽長ジョン・ウィリアム・フェントン(1831〜1890)につき、初めは鼓笛の練習を、明治3年6月英国ベッソン社より楽器が届くと昼夜4回の猛練習が始まった。連日連夜の猛練習の末、同年8月に山手公園にてフェントンの指揮により、英国軍楽隊と共演する。フェントンは、予定されている各藩徴兵の天覧演習では、国歌演奏が行われるから、国歌の練習から始めようと提案、フェントンは歌詞を作ってくれば自分が作曲すると言っていると、接伴係の薩摩藩士原田宗助(後の海軍造兵総監)は上司に指示を仰いだ。伝習小頭・頴川吉次郎が鹿児島藩砲兵隊長大山弥助(巌)(1842〜1916)を訪問し相談した時、たまたま同藩出身の野津鎮雄(御親兵大隊長)と大迫貞清(鹿児島藩少参事)がいた。野津と大迫は頴川の話を聴いてなるほどもっともであるとして、『歌詞は新たに作るより、古歌から選び出すべき』と大山に進言した。弥助(巌)は英国国歌『ゴッド・セイヴ・ザ・クイーン』を参考に、薩摩琵琶「蓬莱山」の一節にうたわれている「君が代は千代に八千代にさざれ石の巌となりて苔のむすまで」と言う歌詞をフェントンに紹介し、フェントンはこれをもとに作曲を試みた。という大山の回想がある。明治3年9月8日、越中島大調練の日、フェントン作曲の「君が代」が、鹿児島藩音楽伝習隊、西謙蔵(のちの陸軍軍楽隊長)(1844?〜1924)の指揮で、初演されたのは、西洋楽器到着後わずか3か月のことであった。鹿児島藩の作った「君が代」とされる。	3734

西暦1869

明治2	10月1日 【11月4日】	■(京都)門跡内諸役を廃止、諸般惣摂署(宗務役所)取扱いとする。	37
	10月2日 【11月5日】	■兵部大輔・大村益次郎、大阪仮病院入院。 ■政府、京都府申入れの「窮民救助のため大参事はじめ奏任官までの官禄返上」を許可。この件、留守判官から府に達。	37
		■参議大久保利通、位階秩禄の返上を請う。允可されず再び請うところあり。依りて、特に禄半高の返納を許される	37
	10月3日 【11月6日】	■壬生基修(1835~1906)、第三代東京府知事に任命される。	37
	10月4日 【11月7日】	■通商司、民間商社の設立を許可。 ■民部省、人民に養蚕奨励。	37
	10月5日 【11月8日】	■明治天皇皇后(のちの昭憲皇太后)(1849~1914)、京都から東京へ出発する。24日、東京着。	37
		■**鹿児島藩知事島津忠義(1840~1897)、東京に至る。**1大隊は神田橋邸を宿舎とし、残りの大隊と砲隊は、数寄屋橋御門内の大河内邸と町奉行役邸を宿舎とする。 □大河内邸は、上野高崎藩8万2千石の松平右京亮輝昭の上屋敷。町奉行役邸は大河内邸の南にあった南町奉行所。	37
	10月7日 【11月10日】	■「西洋形風帆船蒸気船自今百姓町人に至る迄所持被差許候間」(太政官布告第968号)。「西洋形船百姓町人所有允許」。**西洋型船舶の建造・購入奨励示達。庶民の西洋型船舶所有が許される。**	37
		□新時代を迎えて産業は発展、海運のニーズは拡大、物資や旅客を輸送する船舶も増えていたが、それに比例して和船を中心とした海難も増大した。そのため、外国船購入と建造を呼びかけた。	
	10月8日 【11月11日】	■新政府、石炭輸出に関して英・仏・米・独代表に照会。	37
	10月9日 【11月12日】	■「宣教使を神祇官に所属せしむる件」(太政官布告第974号)。宣教使、神祇官に移管。	37
	10月10日 【11月13日】	■京都府庁を旧軍務官屋敷(元守護職屋敷、現在地)へ移転(第980号)。	37
	10月12日 【11月15日】	■新川県(現在の富山県)で、年貢減免の20,000人の一揆が起こる。	37
	10月一 【11月一】	■静岡藩沼津小学校、「兵学校」と改称される。	37
	10月15日 【11月18日】	■徳川慶喜(1837~1913)、静岡紺屋町元代官屋敷に移る。5日とも。	37
		■東京府、「日誌掛」を置く。	
	10月16日 【11月19日】	■参議大久保利通(1830~1878)、島津忠義に随従する川村純義(1836~1904)、村田新八(1836~1877)らの諸士を招き、更に進んで朝廷に出仕、国務に尽力せんことを勧説する。	37
	10月20日 【11月23日】	■「芝新銭坐ニ陸軍操練所ヲ設ケ演習日割ヲ定ム」(第1001号)。	37

明治150年その歩みを知る、つなぐ（前編）　西郷どん、大久保卿、薩摩藩年表帖（中巻）

西暦1869

10月22日 【11月25日】	■新政府、静岡藩に対し3,000人の兵を養うよう命令、来春学校附修行兵を取り立てるため吟味を行う旨通達。 ■沼津兵学校頭取・西周助（のち周）（津和野藩出身）（1829～1897）、明治政府の徴命により上京、兵部省に出仕し、学制取調御用掛を兼任。 □以後、陸軍軍制の整備・軍人勅諭の制定などに参画。	3752
10月27日 【11月30日】	■ボードウイン（1820～1885）、大村益次郎の右大腿部切断手術を執刀。 □大村益次郎は、ボードウイン・緒方惟準らのすすめで大阪仮病院に移送・入院していた。	3753
10月28日 【12月1日】	■大久保利通、政府財政上の非政を論じ、当局の反省を求む。	3754
10月一 【12月一】	■この月、鹿児島藩は、民事方が民事局として会計局から独立。以後も短期間に制度の改革が行われる。	3755
	■この月、津田出（1832～1905）、陸奥宗光（1844～1897）らにより、和歌山藩が独自で徴兵制度（交代兵取立之制）開始。翌年には、徴兵検査に関する布達と次々に徴兵制に関する整備を行う。これが近代日本初の徴兵とされる。	3756
	■この月、新政府、藩制取調掛を設置。	3757
11月2日 【12月4日】	■「東京府下ノ武家地を東京府に管ス」（第1032号）。 ■「無刀乗馬ヲ禁ス」（第1033号）。 □暗殺防止対策であろう。 ■「兵部省ヲシテ大坂城ヲ管轄セシム」（第1034号）。 ■参議大久保利通（1830～1878）、右大臣三条実美の勧告により待詔院輔勤の意を翻す。	3758
11月3日 【12月5日】	■慶喜の正室・徳川美香子（1835～1894）、静岡に向かい東紺屋町に入る。10年ぶりに共に暮らすようになる。	3759
11月4日 【12月6日】	■建設中の大阪造幣寮が火事。 ■「京都大蔵省京都府中ニ移転」（第1038号）。	3760
11月5日 【12月7日】	■兵部大輔・大村益次郎（1824～1869）、大阪の病院で死去（45才）。	3761
	■英国公債に関する秘密会談が岩倉具視邸である。 □大納言岩倉具視（1825～1883）、大蔵大輔大隈重信（1838～1922）・大蔵少輔伊藤博文（1841～1909）ら政府首脳、英国公使ハリー・パークス（1828～1885）と、鉄道建設と借款について意見交換。	3762
11月9日 【12月11日】	■東京府、府兵設置の建白書を提出。 □兵部省は、各藩から兵士を選抜して府兵を組織して、東京府の警察事務を行わせることになる。	3763
11月10日 【12月12日】	■鉄道敷設の朝議決定。 □「幹線は東西両京を連絡し、枝線は東京より横浜に至り、又琵琶湖辺より敦賀に達し、別に一線は京都より神戸に至るべし」（東京－京都の幹線と東京－横浜、京都－神戸、琵琶湖畔－敦賀の三支線）。我が国初の鉄道計画。 ■大蔵大輔大隈重信、大蔵少輔伊藤博文らに、鉄道を開設するに当たり、英国から借入金に関する交渉の全権が委任される。	3764

西暦1869

明治2	11月11日 【12月13日】	■鹿児島藩、戊辰戦争戦死者470人余、江戸藩邸殉難者34人の遺族には50俵以下扶持米を30年～15年間支給し、重傷者79人に一世限り扶持米40俵以下を、病死者42人に一時賜金70両以下を支給する。	37
		■『奇兵隊日記』、筆が折られる。	37
	11月12日 【12月14日】	■「新貨鋳造ニ付藩々ノ銅製大砲ヲ買収ス」(第1050号)。「諸藩無用ノ銅製大砲ヲ徴シ之ヲ東京真崎鋳銭座ニ集メシム」。 □新政府、天保通宝(百文)鋳造のため、各藩の銅製大砲を東京浅草真崎鋳銭座において買い上げる。翌年4月廃止。	
		■新政府、英国人レイとロンドン公債(鉄道公債)を契約(100万ポンド)。 鉄道は表看板で、実情は贋金問題解決。 □伊達、大隈、伊藤の署名したものだったが、翌年6月、解約。	37
	11月13日 【12月15日】	■「従四位大村永敏へ賜誄」。大村益次郎に贈従三位。 □誄は、「偲び言」の意。死者の生前の功徳をたたえて哀悼の意を述べる言葉。 ■松平容保の嫡男・容大(1869～1910)に、家名(会津松平家)存続が許される。	
	11月15日 【12月17日】	■「兵部省出張所ヲ十津川ニ設ク」(第1058号)。	37
		■有栖川宮熾仁親王(1835～1895)、東京に移転。 ■東京府、「府兵掛」を置く。	37
	11月17日 【12月19日】	■京都壬生寺本尊地蔵菩薩像を、明治天皇即位につき開帳。～11月23日。 ■京都府下力士東征出陣につき、角力場1ヶ所永世下賜される (八坂神社地内北林889坪)(第1157号)。	37
		■「府県村名改称分合等ハ民部省ニ稟候セシム」(第1062号)。 ■「兵部省中武庫司ヲ建テ兵器司ヲ廃ス」(第1063号)。 □軍務官設置の兵器司を廃し、兵部省上申の「武庫司」をおく。	37
	11月18日 【12月20日】	■河田佐久馬(景与)(鳥取藩)(1828～1897)兵部大丞らの兵部省、故大村益次郎兵部大輔の上申(兵部省軍務ノ大綱)を上陳。 □「海陸四達ノ要地」大阪に、海陸軍兵学寮、砲銃火薬製造局を置く事などを上申。	37
	11月19日 【12月21日】	**■金銀銅の自由貿易を禁ず(第1068号)。** □日本は、初期には前代以来の朱印船貿易が中心で、長崎商人が活躍。江戸府は長崎を天領として奉行をおき、貿易を監督した。その後幕府の鎖国政策によって、通商の相手はオランダと中国に限られ、またオランダ人は長崎出島、中国人は唐人町にのみ居留を許され、厳しい制限の下で貿易が行われた。 貿易の方法には変遷があったが、特定の商人団体に貿易を独占させて、最大の輸入品である生糸を下値に押え、また、金、銀、銅の流出を防ぐことが主眼とされた。輸入品は、生糸のほか絹織物、砂糖、薬種、雑貨など、輸出品は金、銀、銅、俵物などであった。金、銀、銅の流失は、著しかった。	37
	11月20日 【12月22日】	■京都伝馬所廃止(第1072号)。	37
		■「在東京藩知事有位華族隠居嫡子ヲシテ朔望ニ天機ヲ伺ハシム」(第1070号)。 □「朔」は1日、「望」は15日、陰暦の1日と15日のこと。**華族(元武家)は、東京に住居することが定められる。** ■東京府、「編修局」を置き、「日誌掛」を廃止する。	37

明治150年その歩みを知る、つなぐ（前編） 西郷どん、大久保卿、薩摩藩年表帖（中巻）

西暦1869

11月22日【12月24日】	■島津斉彬に従一位を追贈。	3778
	■黒田清隆（鹿児島藩）（29才）（1840～1900）、中山清（旧幕府旗本の中山勝重の娘）（15才）（1855？～1878）と結婚。	3779
11月23日【12月25日】	■大納言岩倉具視（1825～1883）、兵部省御用掛兼務。	3780
	■勝安芳（海舟）（1823～1899）、川村純義（鹿児島藩）（1836～1904）、明治新政府兵部省の兵部大丞に任官。	
11月24日【12月26日】	■**島津忠義（1840～1897）、鹿児島に帰る。このとき、東京には2大隊と砲兵1大隊を東京に残留させる。**	3781
11月26日【12月28日】	■渋沢篤太郎（栄一）（元幕臣）（1840～1931）、明治政府出仕、民部省租税正に就く。	3782
	□大蔵大輔兼民部大輔大隈重信（1838～1922）の説得により、渋沢栄一の官吏としての活躍が始まる。	
11月27日【12月29日】	■**長州の諸隊（奇兵隊ら）解散、常備軍に編成しその剰余員は解散帰郷するように命じる。**	3783
	■**年寄、名主制を廃し、大年寄、中年寄を置く。**	3784
	□地方制度は、明治4年7月の廃藩置県までほとんど手を付けられなかった。	
11月28日【12月30日】	■府、京都市中伝馬所を廃し人選を以て人足請負方を布達。	3785
	■参議大久保利通、大納言岩倉具視の来訪をうけ、兵部省の事を談議する。	3786
11月一【12月一】	■**鹿児島藩、この月までには、藩内1,060ヶ寺の廃絶を断行する。**	3787
	□鹿児島藩では徹底され、島津宗家の菩提寺である福昌寺、島津斉彬を祀るに南泉院、篤姫の実家の島津今和泉家の墓地があった光台寺、島津今和泉家の鹿児島城下の本邸の東隣には大龍寺など、ことごとく廃寺となる。	
	□慶応元年（1865）、黒田了介（清隆）（1840～1900）、橋口兼三（1828～1900）、千田貞暁（1836～1908）、市来四郎（1829～1903）らが、廃仏の断行を家老の桂右衛門（桂久武）（1830～1877）に申し出て、鹿児島藩知事島津忠義や国父久光までもがその提案を承認する。こうして薩摩藩内に廃仏毀釈の嵐が吹き荒れ、寺院が次々と取り壊され、経典は焼かれ仏具は兵器に化けていく。	
	□寺院廃合取調掛・市来四郎らは、寺院の石高や僧侶数を地域別に徹底的に調べ上げたという。その結果は、大小寺院の総数が1,066寺、それらの寺院の石高が15,118石、僧侶数が2,964名であったという。寺院の敷地や田畑、山林などは税金が免除されていて、堂宇の修繕や祭事などで毎年大きな金銀や米の支出があった。彼らの調査によれば、藩全体の寺院関係支出は、10万余石にもなるとされた。幕末の薩摩藩は87万石というから、財政に占める寺院関連支出がかなり大きかったといえる。	
	□「慶応初年（一八六五）に千六百十六を数えた薩藩内の寺院は、ここに全滅したのである。二千九百六十六人の、かつての僧尼はすべて還俗。元士族は再び士族に、農は農、商は商に帰った。三分の一は、兵士になったという」。幕末より、厳しい弾圧があったという。	
	■この月、和歌山藩藩津田出（1832～1905）、プロイセン王国下士官カール・ケッペン（1833～1907）を招聘し、ドイツ式軍政改革を遂行。	3788

西暦 1869

明治2	11月一【12月一】

■御堀耕助(旧名は太田市之進)(山口藩)(1841〜1871)は、日本公務弁理職(総領事)に任命されて渡仏するモンブラン伯爵(1833〜1894)と秘書の前田正名(鹿児島藩)(1850〜1921)と共に横浜を発ち、パリで山県有朋、西郷従道たちに合流する。

□前田正名は、嘉永3年3月12日、鹿児島藩士漢方医・前田善安の六男として生まれる。慶応元年(1865)長崎へ藩費留学して「語学塾」に学ぶ。『和訳英辞典』(『薩摩辞書』)を、高橋新吉及び15才上の兄の献吉と発行。この辞書の政府買上げ金と国費により、留学生の指名を受ける。大久保利通、大隈重信の計らいによるものであった。明治2年(1869)11月、フランスに留学し、同8年二等書記生としてフランス公使館勤務。明治10年帰国後、内務省御用掛、翌年には三田有種場を開設。明治11年(1878)、大久保利通に参加を進言し、仏国博覧会事務官長となる。明治14年(1881)、前田正名は、松方正義を媒酌人、大隈重信を親代わりとして、大久保利通の姪・石原イチと大久保邸で結婚式を挙げる。同年、大蔵省・農商務省の大書記官になって理事官に進む。「明治14年の政変」により大隈重信は下野し、国家財政の中枢を占めたのは、松方正義であった。松方は、特定政商を保護、大資本工業による殖産興業を推進、日本資本主義の方向性を確立しつつあった。それに対して、前田は、"松方デフレ"による地方在来産業の没落を目の当たりにし、輸出部門を中心とする地方中小工業・農業優先の近代化を主張。この主張をもとに、体系的経済計画である『興業意見』を同17年著し、殖産興業に努めたが、松方ら政府主流に否定され、挫折する結果となった。同21年6月山梨県知事、同22年農商務省工務局長、明治23年(1890)から10月20日元老院議官を務める。同23年農商務省次官を歴任するも、同年興業銀行条例創案の起草にあたり貸付権をめぐって農商務相・陸奥宗光と対立して下野。前田は、全く潔癖で厳しく、すきのない古武士のようであった。また、直情径行的で、思ったことは誰にも遠慮なく言い、お世辞などは絶対に言わなかったという。以後全国を行脚し、地方産業振興運動や実業団体の組織化を推進、「布衣の農相」と評された。貴族院議員も務める。大正10年(1921)8月11日、死の同日、男爵を授けられた。

□布衣とは、平民用の着物。転じて、官位の無い者。

前田正名

前田献吉

152

明治150年その歩みを知る、つなぐ（前編）　西郷どん、大久保卿、薩摩藩年表帖（中巻）

西暦1869

11月一 【12月一】	□**前田献吉**（1835〜1894）は、戊辰戦争では春日丸に乗船し北越戦争、箱館戦争に従軍。留学費用を稼ぐために高橋新吉、弟正名と共に英和辞書編纂を計画、慶応2年（1866）に江戸開成所から出された『英和対訳袖珍辞書』を底本として辞書編纂を開始し、明治元年（1868）1月に脱稿。翌年、上海の美華書院の印刷により『和訳英辞書』（通称『薩摩辞書』）の名で刊行。 3790 明治3年（1870）8月、私費留学のため妻と共に渡米しフィラデルフィアに滞在。翌年9月、海軍生徒として官費留学となる。明治6年（1873）9月、米国留学中の華頂宮博経親王が病のため帰朝するに際し随従を命ぜられ帰国。翌年7月7日、海軍軍医寮（海軍省医務局の前身）七等出仕に任官。以後、兼内務省六等出仕、海軍省六等出仕、同医務局副長、同医務局長、同医務局副長、同五等出仕などを歴任。明治10年（1877）3月、西南戦争に際し鹿児島に派遣される。翌年3月 西南戦争から凱旋、箱根で休養。 明治12年（1879）5月17日、外務省に転じ五等出仕となり、朝鮮国釜山港在勤の管理官に発令され赴任。明治13年2月21日、総領事（元山津在勤）、兼元山港郵便局事務取扱、兼判事、明治15年8月9日総領事（釜山港在勤）、兼釜山浦郵便局事務総括などを歴任し、明治19年（1886）3月23日に非職となる。同年5月22日、駒場農学校長に就任。同年7月22日、学校の再編により東京農林学校長に就任。明治22年（1889）3月15日、元老院議官に就任。翌年10月20日、元老院が廃止され非職となり錦鶏間祗候。明治27年（1894）1月23日、貴族院勅選議員に任じられたが、同年12月21日、在任中に病のため死去。
	□**高橋新吉（良昭）**（1843〜1918）は、天保14年1月28日、薩摩藩士高橋七郎（良顕）の次男として生まれる。村田新八の従弟である。若くして長崎に遊学し、何礼之の許で英学を学ぶ。留学費用を稼ぐために前田献吉・正名兄弟と共に英和辞書編纂を計画、「英和対訳袖珍辞書」を底本として辞書編纂を開始。途中、藩の財政支援とガイド・フルベッキの助力によって明治元年（1868）に完成する。明治3年（1870）アメリカへの留学を実現し、翌年に帰国。明治6年（1873）『和訳英辞林』を校訂して東京で再版。明治7年（1874）明治政府に招かれて大蔵省租税寮に出仕、大蔵権少書記官。以後長崎・神戸・大阪の各税関長、長崎県権大書記官などを歴任した。ニューヨーク在勤領事を務めたのち、農商務省に転じて書記官・商務局長を務めた。 3791 明治21年（1888）九州鉄道初代社長に就任して実業界に転進し、明治30年（1897）には貴族院勅撰議員に任命される。明治31年、日本勧業銀行総裁に就任。このほか、南満州鉄道株式会社や東洋拓殖会社、韓国銀行の設立委員などを務めている。明治44年（1911）3月14日、錦鶏間祗候を仰せ付けられた。大正7年（1918）11月30日、76才で没する直前に、長年の功績によって男爵が授けられた。
	■この月（25日ともいう）、御陵衛士の生き残り（鈴木三樹三郎、篠原泰之進、阿部十郎、内海次郎、加納鷲雄、新井忠雄）、京都戒光寺墓地に、「油小路事件」「会津藩邸で横死」「戊辰戦争で戦死」など、伊東甲子太郎ら同志の墓碑を建立。 3792 □石香炉・手水場は、墓碑建設時に毛内監物の出身・弘前藩から供えられたもの。

西暦1870

明治2	12月1日 【1月2日】	■浦上キリスト教徒事件の配流のための乗船が始まる。長崎駐在の各国領事、浦上キリシタン処分に抗議。 3793

西暦1870

明治2	12月1日【1月2日】	■「長州藩脱隊騒動」はじまる。 剰余員となった者は怨み、諸隊(奇兵隊ら)の脱退騒動。 □賞罰の不正・不公平、諸隊幹部の堕落、会計の不明朗、隊士への差別的処置など、諸隊内部の問題と共に、洋式兵制採用や家禄削減にも向けられていた。	379
	12月2日【1月3日】	■旗本領の上知が決定され、府・藩・県のいずれかに所属することが定められた。これにより全国の旗本領が消滅した。 ■旧幕臣の中下大夫以下の称を廃して、士族・卒と改め、禄制を定める(太政官布第1104号)。 □旧幕臣の禄制を定めて府県の管轄下に置き、旧幕臣の政府への収納を命じる。 ■「京都東京二府管内ノ士族ヲ以テ其貫属ト為ス」(第1105号)。 □「貫属」とは、地方自治体の管轄に属すること。 ■参議木戸孝允(桂小五郎)(1833〜1877)、支那朝鮮使節に任命される。 ■参議前原一誠(1834〜1876)、兵部大輔就任。	379
	12月3日【1月4日】	■一向宗仏光寺が北海道後志石狩を下付され、開拓を委託される(第1115号)。 □明治新政府は、東本願寺だけでなく、増上寺には北海道静内郡および積丹等の土地の開拓を、仏光寺には北海道後志、石狩の地の開拓を命じた。	379
		■大久保利通、木戸孝允を訪問し政府内での薩長提携を話し合う。 □大久保は、鹿児島(薩摩)・山口(長州)の二藩は「皇国の柱石」であり、両藩が「合一」して朝廷を補佐し、これを基軸として佐賀・福井・宇和島藩にも呼びかけるという薩長両藩を中心とする有力藩による政府強化策を考えていた。	379
	12月4日【1月5日】	■木戸孝允と大久保利通に、毛利敬親、島津久光、西郷吉之助(隆盛)に上京命令を伝えるため帰国せよの命令が出る。 □大久保は、薩長両藩による中央政府の強化を主張した。木戸孝允(1833〜1877)は毛利敬親を、大久保利通(1830〜1878)は島津久光(12代藩主島津忠義の父)(1817〜1887)と西郷吉之助(隆盛)(1828〜1877)を上京させるために帰藩する。が、失敗する。	379
	12月5日【1月6日】	■新政府、藩府県札の増製を禁止し、かつ明治以後製造の藩府県札の通用を禁止する(第1118号)。 ■旧幕府時代の諸藩の飛地を、府県管轄とする方法を達する。	379
	12月6日【1月7日】	■外務権大録・佐田白茅(1833〜1907)(久留米藩)らを、朝鮮李朝に派遣。日本の政権交代通告に関して交渉するが失敗。 □佐田は、のち、政府に征韓を主張する報告書を提出。	380
	12月7日【1月8日】	■「東京府囚獄ヲ刑部省ニ交割セシム」(第1127号)。	380
	12月8日【1月9日】	■浦上キリスト教徒3,404人を乗せた汽船2隻が出航。	380
	12月10日【1月11日】	■新政府、各国に対し、条約改正交渉は所定の期日(明治5年7月1日)をもって商議する旨を通告。	380
	12月11日【1月12日】	■京都府の大参事松田道之(鳥取藩)(1839〜1882)、権大参事槇村正直(山口藩)(1834〜1896)、天皇の還幸を、参議広沢真臣(山口藩)(1834〜1871)、大蔵大輔兼民部大輔大隈重信(佐賀藩)(1838〜1922)宛に願書出す。	380
		■「兵部省附属ノ者五百八十六人ヲ東京府ノ貫属トナス」。	380

明治150年その歩みを知る、つなぐ（前編） 西郷どん、大久保卿、薩摩藩年表帖（中巻）

西暦1870

12月12日
【1月13日】

■英人医師ウィリアム・ウィリス（1837～1894）が、鹿児島に赴任し、この日、鹿児島に医学校開設。第1期生には高木兼寛（1849～1920）、実吉安純（1848～1932）ら。翌年1月にはウィリスが校長兼病院長となる。 3806

□ドイツ医学を選んだ政府により東京医学校兼病院長ウィリスが解雇になったことを知った西郷隆盛と大久保利通、医師石神良策（1821～1875）らが、相談して鹿児島に招いたのである。明治4年、鹿児島県士族江夏十郎直義の三女・八重と結婚（2年後に息子アルバートが誕生）。森有礼からの要請で英語の発音指導に当たった。明治10年（1877）西南戦争勃発で西郷隆盛に従軍を申し出るが止められる。アルバートを連れて帰国するまでの15年間、日本の近代医学・医療の基礎を築き、発展に貢献した。アルバートは、明治39年（1906）再来日し、24年ぶりに母八重と再会。アルバートは日本定住を決め、奈良県富雄村（奈良市）に居を構え、関西大学をはじめ奈良県の中学、岡山県など35年間、英語教師として勤めた。日本女性と結婚し二男一女の子宝に恵まれ、昭和16年（1941）9月、帰化して「宇利有平」として昭和18年（1943）12月17日、69才で没し、奈良市の白毫寺に眠る。江夏八重は昭和6年（1931）81才で没し、東京白金台瑞聖寺に眠る。

□**高木兼寛**は、嘉永2年9月15日、薩摩藩郷士・高木喜助兼次の長男として日向国諸県郡穆佐郷（現・宮崎県宮崎市高岡町穆佐）に生まれる。通称は藤四郎。穆園と号す。地元で敬愛されていた医師の黒木了輔にあこがれを抱き、医学の道を志す。17才のときから薩摩藩蘭方医の石神良策に師事、戊辰戦争の際には薩摩藩9番隊付の軍医として従軍。ウィリスの相国寺での治療に驚く。会津戦争が終わると明治2年（1869）開成所洋学局に入学し英語と西洋医学を学ぶ。明治3年（1870）鹿児島藩によって創設された鹿児島医学校に入学すると、再会した校長ウィリアム・ウィリスに認められて教授に抜擢された。明治5年（1872）海軍医務行政の中央機関・海軍軍医寮（後の海軍省医務局）の幹部になった石神良策の推挙により一等軍医副（中尉相当官）として海軍入り。海軍病院勤務の傍ら病院や軍医制度に関する建議を多数行い、この年に大軍医（大尉相当官）に昇進。 3807

軍医少監（少佐相当官）であった明治8年（1875）当時の海軍病院学舎（後の海軍軍医学校）教官のイギリス海軍軍医アンダーソンに認められ、彼の母校セント・トーマス病院医学校（現キングス・カレッジ・ロンドン）に留学。在学中に最優秀学生の表彰を受けると共に、英国外科医・内科医・産科医の資格と英国医学校の外科学教授資格を取得し、明治13年（1880）帰国。帰国後は東京海軍病院長、明治15年（1882）海軍医務局副長兼学舎長（軍医学校校長）と海軍医療の中枢を歩み、最終的に明治16年（1883）海軍医務局長、明治18年（1885）海軍軍医総監（少将相当官、海軍軍医の最高階級）の役職を歴任。

明治21年（1888）日本最初の博士号授与者（文学・法学・工学・医学各4名）の列に加えられ、医学博士号を授与された。そして兼寛は、有志と共に起ち上げた成医会に医学校の成医会講習所や、国内初の看護学校「看護婦教育所」を併設したり、皇族や華族などの後ろ盾を得て、貧しい人びとのための病院である有志共立東京病院（のちの東京慈恵会病院）を設立するなど、わが国の医療・看護の発展に大いに寄与。さらに日露戦争で麦飯の有効性が注目されていた明治38年（1905）には、華族に列せられて男爵位を授けられた。この時、人々は親愛と揶揄の両方の意味を込めて彼のことを「ビタミンの父」、「麦飯男爵」と呼んだという。明治25年（1892）予備役となったが、その後も「東京慈恵医院」「東京病院」等で臨床に立ちつつ、貴族院議員、大日本医師会会長、東京市教育会会長などの要職に就いた。大正3年（1914）3月1日に退役。大正9年（1920）4月13日、自邸内で散歩中に脳溢血を起こして倒れ、死去。死去の直後に従二位と勲一等旭日大綬章が追贈された。

155

西暦1870

明治2	12月12日【1月13日】	■**実吉安純**は、嘉永元年3月20日、薩摩藩士・実吉安福の二男として生まれる。医学を志し池上祥斎に入門。戊辰戦争に参戦の後、明治2年（1869）6月、下総佐倉の順天堂に入塾し、のち大学東校に移る。明治4年（1871）12月、兵部省13等出仕(海軍病院分課)・医務局当直として海軍軍医の歩みを始めた。兵学寮出勤、「大阪丸」乗組員、海軍医務局学舎長を経て、明治9年（1876）8月、大軍医に昇進し海軍本病院に配属された。明治10年（1877）3月、西南戦争に征討軍団本営付として出征し、のち征討第4旅団付に異動。 明治12年（1879）7月、英国留学し、ロンドンのセント・トマス病院医学校で学び、明治18年（1885）9月に帰国。翌月、軍医中監に進み軍医学舎勤務となる。明治19年（1886）4月、海軍軍医学校教授に就任。同年5月から明治24年（1891）3月まで警察医長を兼務した。明治22年（1889）4月、海軍軍医学校長となる。明治24年（1891）8月、医学博士号を取得。翌年8月、海軍軍医総監（海軍軍医中将）に進級し海軍中央衛生会議議長に就任。明治30年（1897）4月、海軍省医務局長となる。明治38年（1905）12月12日、予備役に編入され、大正2年（1913）2月、後備役を経て、大正4年（1915）2月16日に退役。明治33年（1900）5月、日清戦争における功により男爵を叙爵。明治38年（1905）12月13日、貴族院勅選議員に任じられた。明治40年（1907）9月、日露戦争における功により子爵に昇爵。大正9年（1920）4月、東京慈恵会医院専門学校長に就任。他に日本赤十字社評議員、日本医師共済生命保険社長を務めた。昭和7年（1932）3月1日、死去。85才。
		■新政府、山陵修復の債務に苦しむ戸田忠至(下野国高徳藩初代藩主)(1809～1883)に対し、7,000両を支給する。
		■東京神田相生町の大火、約1,100戸焼失。 □翌年、鎮火社を創建、市民の勘違いで祭神を秋葉大権現と思い、地名が「秋葉原」になる。
	12月13日【1月14日】	■大久保利通、木戸孝允と共に天皇拝謁を賜い、火鉢一個、絹一匹に添えて優詔を賜う。
	12月14日【1月15日】	■京都府、鉄砲取締を布告し、鉄砲商以外の所蔵を禁じ、所持者は申告させる。明治5年1月29日、再布告。
	12月17日【1月18日】	■「八王子同心並邸宅ヲ神奈川県ニ交割す」（第1165号）。
	12月18日【1月19日】	■開拓使次官を辞任した、清水谷公考(1845～1882)、大阪開成所に入学、さらに明治4年10月、ロシア留学を命じられる。
		■高輪応接所で、英米仏独公使らが三条大政大臣、岩倉右大臣、沢外務卿ら政府首脳部と談判。各国代表、浦上キリスト教徒の各藩移送について抗議。 ■大久保利通、東京を発するに臨み、時事に関する意見書を同友に分つ、題して妄議と云う。 ■**大久保利通、木戸孝允と共に横浜を出港し、21日神戸に着く。**
	12月20日【1月21日】	■**「粟田口止刑事件」はじまる。死刑執行の当日、弾正台京都支台の海江田信義(弾正大忠)(鹿児島藩)(1832～1906)が中心となって、大村益次郎襲撃犯の処刑執行を直前で差し止める。** □京都府の独断で処刑を執行する事は難しく、その日の処刑を延期する。22日、京都府は弁官へ、京都弾正台糾弾の書を提出。 □弁官は、朝廷の最高機関、太政官の職である左大弁・右大弁・左中弁・右中弁・左少弁・右少弁の総称。

明治150年その歩みを知る、つなぐ(前編)　西郷どん、大久保卿、薩摩藩年表帖(中巻)

西暦 1870

日付	内容	番号
12月20日【1月21日】	■「稲葉騒動」はじまる。この日夜から24日にかけて、西尾張地域一帯(稲沢・一宮・津島の133村)で大規模な農民一揆が起こり、役人に救米を要求する。	3817
	■曹洞宗本山の対立、永平寺を総持寺の上位と定める(第1173号)。 ■「士族ノ采地ヲ収メ租税ヲ納致セシム」(第1176号)。采地とは領地。	3818
12月23日【1月24日】	■「京都兵部省ヲ廃ス」(第1184号)。京都兵部省は、大阪に統一。 □仁和寺宮嘉彰親王(小松宮彰仁親王)、兵部卿辞任。 ■新政府、「留守官」を京都府に兼務させる。	3819
	■新政府、府藩県の紙幣製造を禁止する。	3820
12月24日【1月25日】	■「粟田口止刑事件」。参議大久保利通(1830〜1878)、京都に赴き、事件の善後措置に尽力する。 □弾正台設置前後に起こった横井小楠および大村益次郎の襲撃・暗殺事件においては、これを取り締まるべき弾正台京都支台の海江田信義(弾正大忠)・古賀十郎(大巡察)(柳川藩)ら自身が横井・大村の政策を非難し、暗殺は彼らの自業自得であると主張、あまつさえ暗殺犯の減刑までも主張するに至った。「粟田口止刑事件」は、新政府内部で問題化した。	3821
	■外務大丞丸山作楽(島原藩)(1840〜1899)ら、樺太函泊にて、ロシア陸軍中佐デプレラドウィッチらと日露関係調整交渉を行うが容易に妥結せず。 □翌明治3年3月に帰国し、政府に、ロシア南下への積極対抗策を進言するが容れられなかった。	3822
12月25日【1月26日】	■日本初、電信(公衆電報)が東京(築地運上所)・横浜(裁判所)間に開通。	3823
	■「上野国吉井藩、廃藩」(廃藩の先駆け)。10代藩主・吉井信謹(1853〜1890)、藩知事を辞す。吉井藩は岩鼻県(現・埼玉県)に合併となる。	3824
12月26日【1月27日】	■河内国狭山藩の廃藩、認められる。堺県(現・大阪府)に併合となる。	3825
12月27日【1月28日】	■参議木戸孝允(1833〜1877)、三田尻に入る。	3826
	■「集議院閉院」(第1200号)。	3827
12月28日【1月29日】	■大阪兵学寮に、新生徒33名を入学させ青年舎生徒とし、歩・騎・砲3科の士官として養成する。	3828
12月29日【1月30日】	■「粟田口止刑事件」終結。大村益次郎暗殺犯5名、粟田口刑場で処刑される。 □28日の夜に東京の弾正台本台から正式な指示が到着した。団伸二郎(山口藩)(1849？〜1870)、太田光太郎(山口藩)(1849？〜1870)、五十嵐伊織(越後府兵)(1842？〜1870)、金輪五郎(秋田藩)(1833〜1870)、伊藤源助(元白河藩)(1842？〜1870)。「大村暗殺犯死刑中止事件」として裁判がはじまることになる。 □金輪は、脱藩して薩摩藩による江戸市中の攪乱活動に参加後、鳥羽・伏見の戦いでは鹿児島藩に属し、のち、相楽総三の赤報隊に参加した。	3829
12月一【1月一】	■西郷吉之助(隆盛)(1828〜1877)、藩主名で位階返上の案文を書き、初めて「隆盛」という名を用いる。 □明治2年9月26日、正三位に叙された時、父・隆盛の名が誤用されたともいう。隆盛は、藩主島津忠義(1840〜1897)が従三位で、自分がその上の正三位は受けられぬと辞退届を出し、翌年5月許された。	3830

西暦 *1870*

明治2	12月一 【1月一】	■「兵部省を当分元鳥取藩邸（東京都千代田区丸の内三丁目の帝国劇場付近）に置く」（第1209号）。
		■新門辰五郎（1800？～1875）、この月、清水港本町の廻船問屋松本屋の奥座敷で、清水次郎長（1820～1893）と会見、慶喜（1837～1913）の身辺警護について意見交換。
明治3	1月1日 【2月1日】	■新政府、名古屋以西の諸藩に浦上キリシタン総配流を断行。禁教令が残る明治時代、最後の「浦上四番崩れ」の旅が始まる。
	1月3日 【2月3日】	■天皇、「神霊鎮祭ノ詔」（太政官布告第3号）。「大教宣布ノ詔」（太政官布告第4号）「治教を明らかにし惟神の大道を宣揚すべし」。明治天皇、神祇官にて祭典、鎮祭の詔ならびに大教宣布の詔、宣教使ヲ置ク。 □国家の中心は天皇であり、その祖先は天照などの諸霊であるとの考えに立つ神道が「大教」の名で組織的に全国民に布教されることになる。これは神社神道（神社で行われてきた神道）と皇室神道（皇室の祭祀）を一体化し、これを「大教」として全国民に布教しようと意図したもので、「国家神道の始り」。
	1月4日 【2月4日】	■「神祇官神殿鎮座」（太政官布告第6号）。
	1月5日 【2月5日】	■松平容保家来並びに諸藩人の罪を宥す（太政官布告第8号）。 □斗南藩成立。梶原平馬（1842？～1889）や山川浩（1845～1898）ら会津藩士の嘆願に応えて、旧会津藩士4,674名余と箱館降伏29名が謹慎を解かれて、斗南藩が成立。
	1月6日 【2月6日】	■新政府、米国代理公使ポートマンと旧幕府が交わした鉄道建設計画を破棄。米国駐日弁理公使デロングに通告。 ■東京府、「貫属掛」を置く。
	1月一 【2月一】	■鹿児島藩常備隊が改まり、城下には常備銃隊4大隊と大砲隊4座（1座は砲8門）、外城には常備銃隊14大隊と大砲隊3座半を編制し、総員は銃隊が約14,400人、大砲隊が約800人と砲60門、他に予備銃隊30大隊があり、大隊の合計は48であったという。
	1月10日 【2月10日】	■大久保利通、兵庫出帆。
	1月11日 【2月11日】	■大久保利通、三田尻に入り湯田温泉松田屋で木戸孝允と会う。
		■旧仙台藩京都藩邸の兵部省病院は、元十津川邸に移転、「兵部省出張兵隊治療所」と改称。
	1月13日 【2月13日】	■学習院（日の御門前）の神祇官京都出張所を廃す。
	1月15日 【2月15日】	■参議大久保利通（1830～1878）、前長州藩主毛利敬親（1819～1871）に謁見し、物を賜る。
	1月17日 【2月17日】	■「旧本丸阯軍神祭―最初の陸軍観兵式」。明治天皇、皇居旧本丸跡において鹿児島藩兵の調練を1尺の雪が積もる中見学し、兵士に酒肴料を下賜。このときの大隊長は、兵部大丞川村純義（最初の三番大隊長）（1836～1904）、陸軍大佐篠原国幹（1837～1877）であった。
	1月18日 【2月18日】	■西郷隆盛（1828～1877）、鹿児島藩参政を辞め、相談役（藩政顧問）となる。一世養俸150俵を受ける。
	1月19日 【2月19日】	■大久保利通、島津久光と西郷隆盛に上京を促す明治天皇の内旨を伝えるため鹿児島に入る。 □久光は疾のため上京の猶予を請う。西郷隆盛、また事情あり出京を許さず。

明治150年その歩みを知る、つなぐ（前編）　西郷どん、大久保卿、薩摩藩年表帖（中巻）

西暦1870

1月22日【2月22日】	■川島外務権大録ら6名、樺太函泊にてロシア兵の埠頭工事を阻止しようとして、ロシア兵に逮捕される（翌日釈放）。	3847
1月25日【2月25日】	■「栄御殿」の静寛院宮（和宮）（1846〜1877）、念願だった仁孝天皇陵へ参拝。□江戸幕府第14代将軍徳川家茂の正室・和宮は、第120代仁孝天皇の第八皇女。	3848
1月26日【2月26日】	■大久保利通（1830〜1878）、鹿児島藩知事島津忠義（1840〜1897）に謁見し、藩政につき建議する。	3849
	■「長州藩脱隊騒動」。周防山口藩の兵制改革に反対して、大楽源太郎（1832〜1871）ら除隊兵士が、山口藩庁を取り囲む事件を起こす。	3850
1月27日【2月27日】	■「郵船及商船規則」（太政官布告第57号）。□西洋型船への転換を推奨し、同型船の保護政策の一環としての船舶の検査、国旗掲揚、船舶の衝突に関する注意など、船舶の運航に関する規定である。日の丸（日章旗）の寸法が定められ、商船に掲げる国旗と決められる。	3851
1月29日【3月1日】	■鹿児島の高島鞆之助（1844〜1916）、野津鎮雄（1835〜1880）、中村半次郎（桐野利秋）（1838〜1877）、貴島国彦（清）（1843〜1877）、黒田清綱（1830〜1917）と共に、軍務局についての相談で大久保利通（1830〜1878）を訪ねる。	3852
	■開拓使判官・島義勇（佐賀藩）（1822〜1874）、解任される。□ほぼ無人の原野であった札幌に「五州第一の都」（世界一の都）を造るという壮大な構想をえがいたが、多額の費用がかかり、時期尚早と岩村通俊（土佐藩）（1840〜1915）判官に反対され、第二代開拓使長官東久世通禧（1834〜1912）とも予算をめぐり衝突した。	3853
1月―【3月―】	■この月、島津久光、改めて位階を辞退する上表を行う。□上表文に言うには、明治維新にあたっての自分の功績は全て兄島津斉彬から受け継いだ「余慶」であるから、既に斉彬へ位階が追贈された以上、自分へも位階が叙されることは「褒賞を重ねる恐れ」があると。	3854
	■この月、紀伊国和歌山藩の津田出（1832〜1905）は、「兵賦略則」を発布。□和歌山藩の正規軍は解体され、藩全域に徴兵制度が布かれることになった。	3855
2月2日【3月2日】	■京都留守官を京都府に合併（第53号）し、5月7日には宮内省に移す。	3856
	■トーマス・ウィリアム・キンダー（Thomas William Kinder）（元香港造幣局長キンドル）（1817〜1884）を造幣首長に任命。□大阪造幣寮の建設・機械据え付けなどを指揮する。	3857
	■「兵部省中ニ造兵司ヲ置ク」（第75号）。□「造兵司」は、兵部大輔大村益次郎の建言で、幕府の長崎製鉄所の機械および技術者、職工を、東京関口製造所（後の東京砲兵工廠）からも機械の一部が大阪に移設して新設した。同年3月、大坂城の北東地区に当たる三ノ丸米蔵の跡が造兵司の地と定められた。これが大阪砲兵工廠の始まりである。	3858
2月5日【3月6日】	■「京都諸藩邸不用ノモノ処分ヲ定メシム」（第86号）。□新政府は、京都にある諸藩邸址往々荒蕪に帰するため桑茶の栽植を命令した。■華族元服者の染歯（お歯黒）や描眉が禁止される（第88号）。	3859
2月6日【3月7日】	■鹿児島藩相談役西郷隆盛ら、山口奇兵隊脱隊騒擾視察のため、鹿児島発。	3860

西暦 *1870*

明治3	2月一 【3月一】	■高島鞆之助(1844~1916)、一番大隊、四番大隊、三・四砲隊と共に、大隊の教佐として上京に向けて、鹿児島を発つ。 □90人で一小隊、六小隊で一大隊である。前任大隊、砲隊との交代のためである。	3
		■大坂城内の軍事病院・陸軍軍医学校が正式発足。	3
		■天皇の京都への「還幸延引(かんこうえんいん)」が発表される。 □東北地方の情勢が不安定であることと、東北地域を中心に凶作に見舞われた。	3
	2月9日 【3月10日】	■**兵部省の下に「陸軍掛」と「海軍掛」との分課が設けられる。** □新政府は、陸海軍の整備に乗り出した。陸軍部は、兵部大丞山田顕義(山口)、権大丞船越衛(広島)・桜井慎平(山口)・西郷従道(鹿児島)(1843~1902)・曾我祐準(柳河)ら。兵部大丞川村純義(鹿児島)(1836~1904)は海軍掛となり、以後海軍のことに専従するようになった。	38
	2月10日 【3月11日】	■鹿児島藩相談役西郷隆盛、三田尻(みたじり)中関港(なかのせきこう)に入航。	38
		■安倍氏(土御門家)と賀茂氏(幸徳井家)の「天文暦道ヲ大学ニ管轄セシム」(第98号)。	38
		■東本願寺現如(大谷光瑩(こうえい))(1852~1923)、明治新政府から請け負った北海道開拓事業の責任者として、百数十名の随員を従えて北海道へ渡る。	38
	2月11日 【3月12日】	■**「長州藩脱隊騒動」終結。**木戸孝允(1833~1877)ら、脱隊騒動鎮圧。 □脱退騒動が起こったとき、山口藩内では農民一揆が続発。反乱兵士と一揆農民が結合する可能性が生じたことから、山口藩出身の木戸孝允や広沢真臣のみならず、岩倉具視なども危機感を募らせ、武力弾圧に踏み出した。	38
	2月12日 【3月13日】	■鹿児島藩相談役西郷隆盛(1828~1877)、村田新八(1836~1877)・大山弥助(巖)(1842~1916)・池上四郎(1842~1877)らを伴って山口着。西郷、参議木戸孝允(1833~1877)と会見。	38
	2月13日 【3月14日】	■西郷隆盛、奇兵隊脱隊騒擾の状を視察し、奇兵隊からの助援の請を断わり、山口藩知事・毛利元徳(もとのり)(1839~1896)に謁見。	38
		■明治政府、北海道開拓使から「樺太開拓使」を分離設置(第102号)。 ■「京都出張大蔵省ヲ廃ス」(第103号)。	38
	2月14日 【3月15日】	■西郷隆盛、鹿児島に向けて山口を発つ。	38
		■新政府、アメリカ公使デ・ロングに樺太国境問題に関してアメリカ合衆国の幹旋を依頼する(明治3年11月4日に取りやめ)。	387
	2月16日 【3月17日】	■元の禄高廃止、総て廩米賜減石の定、通達される。 □廩米(りんまい)とは蔵に貯えてある米。	38
	2月17日 【3月18日】	■西郷隆盛、鹿児島着。	387
	2月18日 【3月19日】	■京都府、長州藩奇兵隊解散に対する反乱逃亡者が当府へ潜入する恐れありと、取締厳重にするよう達す。25日、再達。	
		■「外国人雇入心得」(外務省布達第163号)。	387
	2月19日 【3月20日】	■民部省駅逓司京都出張所設置(京都地方の駅逓の連絡事務にあたる)。	387

明治150年その歩みを知る、つなぐ（前編）　西郷どん、大久保卿、薩摩藩年表帖（中巻）

西暦1870

| 2月20日【3月21日】 | ■仁和寺宮嘉彰 親王(1846～1903)、東伏見宮(後の小松宮彰仁)と改称(太政官布告第111号)。
■京都諸藩兵を兵部省支配に管する(太政官布告第112号)。
■「各藩常備兵編制規則ヲ定ム」(115号)。兵部省より各藩に対し布達。新政府、藩軍事力へ介入をはじめる。
□士族・卒族のほか、新たに兵隊取立を禁止。藩の常備軍と庶民からの徴兵による中央政府直轄軍という2本立ての軍制が構想され始めた。
□新政府は、歩兵は60人を以て1小隊、2小隊を以て1中隊、5中隊を以て1大隊(10小隊)とし、砲兵の場合は砲2門を以て1分隊、3分隊(砲6門)を以て1隊とする。と同時に、「石高壱万石ニ付一小隊之割合ヲ以デ可相走事」と、規定高1万石につき1小隊(60人)という基準する。 | 3879 |

| 2月22日【3月23日】 | ■政府、府藩県に、外国からの借金および歳入・物産を抵当とする物品の購入を禁止。2月25日、各国公使に通告。 | 3880 |

| 2月24日【3月25日】 | ■大久保利通、島津久光との面談で激論となり、「言うべからずの沙汰」を受ける。 | 3881 |
| | ■「第一、第二、第五大隊ノ依頼帰省御暇ヲ止ム」(第126号)。 | 3882 |

2月25日【3月26日】	■上京要請叶わず、大久保利通(1830～1878)、黒田清隆(1840～1900)らと共に鹿児島を発し、長崎を経て東上する。	3883
	■新政府、各国代表に、府藩県への債権貸付禁止を通告。	3884
	■佐渡の法華宗二十か寺など各宗住職、廃寺請書を申渡される。	3885
	■東京府へ兵制統一が達せられる。 □3月に41藩の兵で6区の警備地区2,150人を保有した。	3886

| 2月27日【3月28日】 | ■「横井小楠遭害事件」。横井小南暗殺犯人ら8名、海路東京へ護送。 | 3887 |
| | ■太政官、京都市中地子銭免除(3月19日には、大年寄以下諸町役を集め、還幸延期・地子免除・産業基立金下賜を伝える)。 | |

| 2月29日【3月30日】 | ■「離宮濱殿ヲ海軍所ト為ス」(第149号)。兵部省、浜御殿(現在の浜離宮恩賜庭園)に海軍所を置いた。 | 3888 |

2月一【3月一】	■この月、新政府、府藩県に「方一寸五分」の印鑑を新調するように指示。	3889
	■この月、「大学規制」・「中小学規則」が定められる。この規則は、洋学系統の構想によるものであり、これに対して国学派および漢学派は強い不満をもち、その後は国学・漢学両派が結束して洋学派と対立することとなった。	
	■この月、外務省は「漢語学所」を設立。	

| 3月2日【4月2日】 | ■天皇、京都還幸にあたり、京都市中惣代らに酒肴を下賜。 | 3890 |

| 3月8日【4月8日】 | ■中村半次郎(桐野利秋)(1838～1877)、鹿児島藩城下常備銃隊大隊長に就任。 | 3891 |
| | ■太政官(第182号)、京都市中に人民産業基立金(通称、お土産金、京都のみの特例)五万両を下付、さらに閏10月にも同額を下付する。 | 3892 |

西暦1870

明治3	3月9日 【4月9日】	■お雇外国人英人エドモンド・モレル(1840〜1871)、日本の鉄道導入のため来日、横浜港に到着。お雇外国人は、同年末には19人に達した。 □モレルは早速4月28日に、民部大蔵少輔兼会計官権判事・伊藤博文(1841〜1909)に近代産業と人材育成の機関作成を趣旨とする意見書を提出。また民部大蔵大輔の大隈重信と相談の上、日本の鉄道の軌間を1,067mmの狭軌に定めている。
	3月12日 【4月12日】	■**参議大久保利通(1830〜1878)、東京に着く。**17日参朝、復命する。
	3月14日 【4月14日】	■留守官、還幸延期を京都市民に告諭。 □18日から20日には、大年寄役以下の町役を府庁に集め還幸延期を説諭。大納言中御門経之、留守次官阿野公誠始め、出席した。
	3月17日 【4月17日】	■「親王家等にて菊御紋付の品を社寺へ寄附するを禁ずる件」(太政官布告第205号)。
	3月18日 【4月18日】	■西郷隆盛(1828〜1877)次男・午次郎(1870〜1935)が誕生。母は糸子(1843〜1922)。
		■「恭明宮」(現在の京都国立博物館の地)地鎮祭。明治2年(1869)2月に岩倉具視(1825〜1883)と中御門経之(1821〜1891)によって計画され、神祇官の許可を受け、明治4年(1871)5月に建てられたという。明治維新後の神仏分離によってそれまで御所の黒戸に安置されていた仏像と歴代天皇の位牌を奉安する霊廟・仏堂として創設。東京遷都に際し天皇に随行しなかった宮中の女官のための居住施設を兼ねた建物。明治4年11月10日、宮内省管轄となる。恭明宮はわずか2年で廃絶される。 □明治9年(1876)に宮内省から京都府に管理権が移され、明治11年までには、霊牌殿は泉涌寺に、仏像仏具は、水薬師寺(下京区西七条石井町)に移され、残った建物は皇室ゆかりの寺院に移された。
		■「御還幸延引令」。 ■大久保利通、東京の三条実美公邸に会し、君徳涵養、その他、施政について建議する。
	3月19日 【4月19日】	■**鹿児島藩、東京駐在兵を従来の2大隊から半分の1大隊にする。** □明治2年に、三島・沖永良部島が数度にわたり大風に襲われ砂糖の産出高が減少したことに加えて、外国の砂糖の輸入によって砂糖価格が下落したため藩財政が逼迫した。実際は、軍隊の中央集権化に不満であったのであろう。
		■海軍操練所生徒・前田十郎左衛門(鹿児島藩)(1849〜1870)、伊月一郎(徳島藩)(1848〜1891)を英国実習のため、英艦フィービー号に乗り組み横浜を出航(初の留学生派遣)。 □前田十郎左衛門は、鹿児島藩士前田新之助(名は清政)の子として嘉永2年鹿児島城下に生まれた。名は清廉。明治2年(1869)6月8日慶応義塾に入社。次いで開成所に学び、さらに海軍操練所に進んだ。同3年、海軍術修業のため英国留学を命ぜられ英艦隊に乗艦するも、英国に向かう途中、9月13日、割腹自殺。生真面目、完璧主義故のうつ状態であったという。 ■「品川県支配地駒場野ヲ兵部省練兵場に定ム」(第215号)。
	3月20日 【4月20日】	■洛中洛外境界変更につき、洛内に編入の社寺境内領地はすべて地子免除の旨布達。
		■**箱館戦争降伏兵に、赦免令が出される。**徳川慶喜家来は静岡藩に(第219号)、伊達慶邦家来は仙台藩に(第220号)。

明治150年その歩みを知る、つなぐ（前編）　西郷どん、大久保卿、薩摩藩年表帖（中巻）

西暦**1870**

3月22日 【4月22日】	■「二条城ヲ留守官ニ管轄セシム」（第222号）。	3904
3月24日 【4月24日】	■一橋兵と田安兵は、この日に兵部省の下に入ることを命じられる（第233号）。 □3月晦日にそれぞれ五大隊、六大隊となり、11月に東京府に所属。鹿児島藩徴兵の一部の交代の代替えである。	3905
3月25日 【4月25日】	■開拓使判官を解任された島義勇（佐賀藩）（1822〜1874）、帰京。	3906
3月27日 【4月27日】	■一番、四番大隊、東京到着。 大山弥助（巌）（1842〜1916）、東京守備の鹿児島藩兵として上京、弥助（巌）の率いる大砲隊一番大隊は、数寄屋橋の旧江戸南町奉行所に駐屯。	3907
3月28日 【4月28日】	■鹿児島藩二番大隊と三番大隊は、一番、四番大隊と交代で帰国を命じられ、東京を発つ。 □一番大隊の大隊長は中村半次郎（桐野利秋）（1838〜1877）、四番大隊の大隊長は野津鎮雄（1835〜1880）、二番大隊と三番大隊の大隊長は篠原国幹（1837〜1877）、種田政明（1837〜1876）。	3908
	■京都府、兵部省食客・山本覚馬（新島八重の兄）（1828〜1892）をもらい下げたいと交渉。 □弁官は許可。海外事情熟知の者が府にいないため。 ■「粟田口止刑事件」。**大村暗殺犯人処刑中止事件の判決下る。** □海江田信義はじめ弾正台京都支台幹部は、全て謹慎、長谷京都府知事も行政処分を受けたという。	3909
	■「天台宗東叡日光二山ハ本山ノ名目ヲ止メ比叡山管轄ト為ス」（第240号）。	3910
3月29日 【4月29日】	■元御陵衛士の軍務官軍曹・鈴木三樹三郎（1837〜1919）、この日の軍曹職廃止（第245号）に伴い、東京府貫属士族として終身四人扶持を得る。	3911
3月30日 【4月30日】	■大久保利通、政府の基礎確立につき、大納言岩倉具視の諮問に答える。	3912
4月1日 【5月1日】	■参議大久保利通（1830〜1878）、紫組懸緒を賜わる。 □紫組懸緒は衣冠時の冠のこと。旧幕時代、公家側では堂上のみ可。武家側では、侍従以上の任官のみ可で侍従に任官しなければ着用不可であったが、これを機に天皇が直接武家功臣に授けるようになった。維新後の身分制度を考える上のターニングポイントともいわれる。他に、西郷隆盛・後藤象二郎・斎藤利行（前名は渡辺弥久馬）・佐々木高行・木戸孝允ら、従四位下に叙せられた者が下賜された。	3913
4月2日 【5月2日】	■有栖川宮熾仁親王（1835〜1895）、二代目兵部卿に就任。 ■大久保利通、これより先、位階章典返上を請うこと両回に及びしか、同日、また、位階章典返禄の返上を請う。4日に至り、遂に残り半高の返上を許される。 ■島義勇（佐賀藩）（1822〜1874）、大学少監に転じる。さらに侍従を務める。	3914
4月3日 【5月3日】	■「兵学寮陸軍学舎規定ヲ定メ諸藩士入学ヲ許ス」（第259号）。 □各藩（大藩4人、中藩3人、小藩5万石以上2人、5万石未満1人の割）より、生徒を入学させる。	3915
4月4日 【5月4日】	■「海軍所ヲ東京ニ建テ陸軍所ヲ大阪ニ建ツ」（第261号）。	3916

西暦1870

明治3	4月5日 【5月5日】	■「癸丑以来時事ニ奔走シ力ヲ國家ニ効セシ者ノ事績ヲ録上セシム」(第267号)。
	4月8日 【5月8日】	■得能良介(鹿児島)(1825〜1883)、大久保利通の推挙によって大蔵大丞兼民部大丞に任じられる。 □当時の民部大蔵省は、大隈重信・伊藤博文ら急進的な中央集権論者が要職を占め、大久保と度々対立していた。大久保は薩摩出身者を送り込んで巻き返しを図ろうとした。大久保が得能を推挙したことを、鹿児島藩庁に伝えた書簡(同年4月14日付)では、得能と黒田清隆(開拓使)は政府における薩摩出身者の今後を左右する重要人物なので、薩摩への帰国を命じないように要請している。だが、大久保のこの戦略は失敗に終わり、大久保によって同時期に推挙された多くの薩摩出身者のうち大蔵省の要職に至ったのは、得能と松方正義のみであった。
	4月一 【5月一】	■この月、京都府は、洋学者山本覚馬を登庸、開物勧業を伝習させる。
	4月13日 【5月13日】	■京都府、政府の恩典に対する感謝の意を込めて、河東操練場(今の京大病院南半分)と下鴨社で皇恩感謝の式典を執り行う。 □「河東操練場」は、幕府が元治元年(1864)陸軍総裁職松平容保に与えた城東練兵場。
	4月17日 【5月17日】	■「駒場野練兵天覧」。初の天覧演習。 明治天皇、駒場野練兵場において練兵を閲兵。天皇は馬に乗り午前5時に東京城(皇居)を出て途中、芝の吉井友実邸で小憩して午前8時に駒場野に到着。親兵諸隊並びに在京諸藩の兵で臨時編成した連合兵団1万8千余の演武を観覧された。午前9時、烽火一発を合図に操錬が始まる。これに、鹿児島藩徴兵は第1大隊として先頭を進み、さらに1砲隊が参加、大隊長は兵部大丞川村純義であった。これには右大臣三条実美、大納言徳大寺実則、大納言岩倉具視、参議大久保利通、兵部大輔参議前原一誠も参加。明治天皇が東京城に帰るのは午後6時。
	4月18日 【5月18日】	■弾正少弼吉井友実(鹿児島)(1828〜1891)、民部少輔兼大蔵少輔に任命される。
	4月23日 【5月23日】	■「宣教使心得書」神祇官達。 □謙虚に誠実に教化を宣布するよう訴えた。
	4月24日 【5月24日】	■「教導隊編制」(第316号)。京都の仏式軍事伝習所を大阪兵学寮内に移し改称。 □下士養成を目的とする。山口・岡山両藩士を主体として京都に設けられた仏式伝習所・伝習生を教導隊として編成し、砲兵30名、騎兵20名、建築兵5名を置く。
	4月29日 【5月29日】	■鹿児島藩職制改革で、桂久武(1830〜1877)、伊地知正治(1828〜1886)、大迫貞清(1825〜1896)、橋口兼三(1828〜1900)、伊集院兼寛(1838〜1898)、西郷隆盛(1828〜1877)の参政6名が権大参事に異動。
	4月一 【5月一】	■この月、江夏蘇助(仲左衛門)(鹿児島藩)(1831〜1870)、東京浜町の旅館死去。享年40。 □文久2年4月の「寺田屋騒動」で派遣された鎮撫使の一人で、慶応2年(1866)3月28日、長崎から密航出国し米国へ渡った6名、薩摩藩第二次米国留学生である。

明治150年その歩みを知る、つなぐ（前編）　西郷どん、大久保卿、薩摩藩年表帖（中巻）

西暦 1870

4月一 【5月一】	■新政府の対朝鮮外交は、従来通りの交際を求める国書の受け取りを朝鮮側が拒否したことから紛糾した。3月、外務少録森山茂（大和国出身）（1842〜1919）と共に釜山の草梁（チョリャン）倭館に派遣され、国交樹立の予備交渉にあたった外務省の佐田白茅（久留米藩）（1833〜1907）は、この月に帰国すると政府に報告書を提出した。「対朝鮮政策三箇条」では「断交状態」・「国使派遣」・「対清条約先行」の3つの選択肢が提示されていた。 □その後も外務省の日朝修好交渉は続いた。佐田白茅は、のちには「征韓論」を唱えた。明治4年7月には清国との間で日清修好条規および通商章程を調印し、帰国後の佐田は外務大録に任じられたが、同年8月、西郷隆盛ら征韓派に同調し辞官・帰郷。その後は閑居し文筆活動に従事した。	3927
5月2日 【5月31日】	■篠原国幹（1837〜1877）、鹿児島藩参政を命じられるも断るという。	3928
5月7日 【6月5日】	■高島鞆之助（1844〜1916）、東京の大久保利通（1830〜1878）邸を訪れる。この日は、黒田清隆（1840〜1900）、野津鎮雄（1835〜1880）、西徳二郎（徳次郎）（1847〜1912）も、大久保を訪れる。	3929
5月7日 【6月5日】	■太政官は、府下の社寺地を総て、京都府に管轄させる旨を達する（第337号）。 ■「留守官ノ京都府兼任ヲ免し宮中ニ移転セシム」（第339号）。	3930
5月8日 【6月6日】	■参議大久保利通、右大臣三条実美より百官協力、その職務を遂行すべき旨を諭される。	3931
5月9日 【6月7日】	**■箱館戦争に功のあった黒田清隆（鹿児島藩）（1840〜1900）、樺太専任の開拓次官となる。** □7月から樺太に赴き、現地のロシア官吏との関係を調整し、北海道を視察して帰京した。10月20日に建議して、樺太は3年も持たないとし、北海道の開拓に専念すべきこと、並びに欧米の開拓方法に学ぶことに本腰を入れなければならないと論じた。この主張は、政府に容れられることとなった。	3932
5月11日 【6月9日】	■京都府、徒刑場を上京主税町旧幕府所司代邸（元千本邸）に移す。	3933
5月12日 【6月10日】	■徳川幕府の横浜語学所（明治2年5月政府所管）を大阪の兵学寮の管轄に入れ、同所の生徒35名を入学させ幼年生徒とし、幼年学舎を新設。 □兵学寮は、「海陸両軍ノ士官ヲ教育培養スル所」で「幼年学舎、青年学舎」の二つがあった。本格的な士官教育制度が発足することとなり、初代兵学頭（校長）には川村純義（鹿児島）（1836〜1904）が就任する。	3934
5月13日 【6月11日】	■「庚午事変」（稲田騒動）起こる。 徳島藩淡路洲本城下で洲本在住の蜂須賀家臣（士族）が、淡路を徳島藩から独立を目指す尊王派・稲田邦植（徳島藩洲本城代家老）（1855〜1931）の別邸や学問所などを襲撃。 □政府からの処分は、徳島側の主謀者10人が斬首（後に蜂須賀茂韶の嘆願陳情により切腹になった）。これは日本法制史上、最後の切腹刑となった。	3935
	■租税権正前島密（1835〜1919）、駅逓権正に兼任就任。 □前島は、太政官に郵便制度創設を建議。郵便制度視察、鉄道建設借款契約締結のため渡英することとなる。前島来輔は、明治2年（1869）明治政府の招聘により、民部省・大蔵省に出仕。「密」に改名していた。	3936

西暦1870

明治3	5月15日 【6月13日】	■「陸軍国旗章及びその他諸旗章制定」（第355号）。 □兵部省考案の「陸軍御國旗」（旭日旗）が、新生日本の各藩統合陸軍の象徴として採用される。
		■残留していた中村半次郎（桐野利秋）（1838〜1877）、1大隊と共に鹿児島に帰る。 □残りの部隊は小銃隊1大隊、箱館から東京に配属された兵、さらには京都から東京に配属された3小隊であった。
		□『陸軍省沿革史』の記述。「東京に在りて国都を守護するものは纔に長州の兵のみと為り、薩州の兵は其藩士西郷隆盛之を率いて帰藩し、土兵亦其例を逐い、兵権散じて復た収拾すべからざるに至れり」。
	5月17日 【6月15日】	■北海道に仙台藩らの士族・卒が入植。のちの屯田兵である。
	5月22日 【6月20日】	■「粟田口止刑事件」で3月、謹慎処分となった海江田信義（鹿児島藩）（1832〜1906）、この日、弾正大忠を辞任。
	5月28日 【6月26日】	■二回目の集議院開院のため明治3年4月中に上京せよと議員に達せられ（集議院の開院式（第375号））、この日、集議院は開院され、9月10日に閉院する。のち明治6年（1873）6月25日に左院に併合され、廃止となる。
		□集議院において、右大臣三条実美、大納言岩倉具視、大納言徳大寺実則、参議大久保利通、参議広沢真臣、参議副島種臣、参議佐々木高行ら列席のもと、大久保利通らが作成した「藩制」案が下問される。出席議員数は219人であるが、鹿児島藩は欠席している。
		□鹿児島藩は、海軍・陸軍費等の大久保の中央集権構想に反対し、伊地知正治（1828〜1886）らを中心に地方分権を軸としていた。
	5月30日 【6月28日】	■政府、戸籍編成に関連し、府藩県に管下の石高・戸口の申告を命ずる。
		■「諸国ノ神明宮ヲ総テ太神宮ヲ称セシム」（神祇官への指令）。
	5月― 【6月―】	■東京府、捕亡方を廃止し「府兵局」（警視庁の前身）を設置する。
		■徳川邸にて謹慎の、松本良順（元奥羽列藩同盟軍の軍医）（1832〜1907）、この月、謹慎を赦される。
		■この月、東京・浜離宮の石室を公式に「延遼館」と命名する。 この月竣工、7月命名ともいう。 □日本初の西洋風石造建築物で、幕末に幕府の海軍所施設として建造された建物が基礎となっている。明治2年、浜離宮内の迎賓館として整備され多くの国賓を迎えた。
		■この月、海軍操練所生徒・前田十郎左衛門（鹿児島）（1849〜1870）、伊月一郎（1848〜1891）を、英国実習のため派遣（初の留学生）。

明治150年その歩みを知る、つなぐ（前編）　西郷どん、大久保卿、薩摩藩年表帖（中巻）

西暦**1870**

6月8日【7月6日】	■「国事犯罪ノ者ヲ寛典ニ処セシム」（第391号）。 □国事に係わった政治犯は、府藩県で減刑しても良いことになる。 ■3月に天赦の令で釈放された人見寧（勝太郎）（旧幕遊撃隊、元松前奉行）（1843～1922）、兵部大丞・勝安芳（海舟）（1823～1899）を訪問し、鹿児島行きの紹介状と路銀の借用を求める。 □勝太郎は、翌日、鹿児島に向け出発。鹿児島に入ると、権大参事西郷吉之助（隆盛）（1828～1877）を訪問。人見は、同行を希望した旧幕臣梅沢鉄三郎と共に行った。
6月12日【7月10日】	■支那朝鮮使節派遣中止。 ■勝安芳（海舟）（1823～1899）、兵部大丞を辞す。
6月13日【7月11日】	■大久保利通とおゆう（勇）との間に、六男駿熊（1870～1912）、生まれる。
6月18日【7月16日】	■政府、鉄道線路測量を各府藩県に布告。
6月23日【7月21日】	■駅逓権正前島密（1835～1919）、西洋諸国の郵便事業視察のため、横浜を出帆。
6月24日【7月22日】	■「深川富岡門前遊女町吉原移転命令」。
6月25日【7月23日】	■「高輪水口藩邸ヲ海軍病院ト称ス」（第424号）。
6月29日【7月27日】	■大久保利通（1830～1878）、閣議において民部・大蔵両省の分離を切論する。 □大久保・広沢真臣・副島種臣・佐々木高行の4参議は、地方官の支持を受けて再分離を求めた。 ■外務大丞柳原前光（1850～1894）、通商交渉の為に清国に派遣される。
6月―【7月―】	■大山綱良（1825～1877）、鹿児島藩権大参事心得となり藩政に参与。
7月3日【7月30日】	■**西郷隆盛（1828～1877）、鹿児島藩権大参事を辞め、執務役となると同時に、太政官から鹿児島藩大参事に任命される。（辞令交付は8月）。**
7月7日【8月3日】	■東本願寺大谷光瑩（1852～1923）ら僧178人、札幌付近の道路工事のため函館に到着。 □明治4年10月、本願寺道路完成。石狩国の札幌と胆振国の尾去列とを山越えで結ぶ街道である。
7月8日【8月4日】	■京都府大参事兼留守判官・河田佐久馬（景与）（鳥取藩）（1828～1897）、弾正大忠に転任。 ■「東京府下諸官邸私邸各一ヶ所ニ定ム」（第451号）。
7月10日【8月6日】	■**「民部省大蔵省分省セシム」（第457号）。民部・大蔵、両省を置き、大久保利通は、広沢正臣と共に民部省御用掛を命ぜられる。**鉄道掛は民部省へ移管。電信主管庁は民部省となり初めて伝信機掛をおく。 □だが、大久保の主張した旧幕臣官吏の追放が認められず、租税については一括して大蔵省が担当することになったために、漸進論的改革を唱える岩倉具視、大久保利通一派（鹿児島藩）と急進論的改革を唱える三条実美、木戸孝允一派（山口藩）両者の対立が続いた。 ■東京府大参事大木喬任（佐賀藩）（1832～1899）、第三代目（最後）民部卿・大蔵卿に転任。

西暦1870

明治3	7月12日【8月8日】	■慶応3年（1867）6月、京の三本木料亭吉田屋にて「薩土盟約」成立させた、島津久光の側役・蓑田伝兵衛（1812～1870）、死去。享年59。 □薩摩藩士の蓑田伝兵衛は、文化9年生まれ。長崎に在勤し外国汽船、武器の購入にあたる。のち島津久光の側役となり西郷隆盛、大久保利通らとの連絡にあたった。
	7月13日【8月9日】	■大学別当・侍講の松平春嶽（1828～1890）、同職を免じられ、麝香間祗候になる。それ以後の春嶽は二度と明治政府の要職に就くことがなかった。 □後に『逸事史補』などの幕末維新史記録を執筆した。その人物評には、大久保利通と西郷隆盛もある。 「大久保参議は、古今未曾有の大英雄と申さなければならない。威望凛々としていることは霜のようであった。徳望は自然に備わっていた。木戸・広沢とは比べられない。胆力にいたっては世界第一とも言える。私が大久保をこのように称賛するのは衆人の称賛とは違うのである。……徳川の処分、封土（領地）の奉還、廃藩置県、西京の皇居を移し、首府を東京とすること、また、箱館戦争その他外国との交際、第一には日本全国の人心を鎮定してその方向を定めた。大久保一人が、全国を維持することによるものである。維新の功績は大久保をもって第一とする。世論はともあれ、大久保の功績は世界第一とする理由だ」。 「西郷の勇断は実に恐るべきものであった。世界中の豪傑の一人であるだろう。外国人は皆仰ぎ慕ったという。兵隊が西郷に従うことは実に驚くほどである。英雄である。仁者である。この西郷を見出したのは、私の友人島津斉彬であった。……西郷は初め茶坊主であったという。斉彬は深く西郷の人となりを見抜き、後に大事業をなすべきはこの人であると深く心に思われ、庭口の番人を申し付けられたということである。庭口の番人とはあまりにおかしく思うけれども、島津家にもこの例はないそうである。斉彬は、江戸の状況の報告また天下のために尽力周旋するなど秘密の事柄に西郷を用いられ、近習小姓にも知られずに庭口から直に出入りして、内々に言上させた。これは島津斉彬公の工夫である。私慶永と斉彬卿が面会して話した時、「私の家来はたくさんいるけれども、誰も役に立つ者はいない。西郷一人は薩摩の国の貴重な大宝である。しかしながら、彼は独立の気性があるから、彼を使うものは私以外にはないだろう」とおっしゃった。他には使う者はいないだろうと。果たしてその通り。実に島津君の確言と思った」。
	7月14日【8月10日】	■伊達宗城（前宇和島藩主）（1818～1892）、麝香間祗候になる。
	7月16日【8月12日】	■参議大久保利通（鹿児島藩）（1830～1878）、大蔵大輔大隈重信（佐賀藩）（1838～1922）の進退につき、右大臣三条実美、大納言岩倉具視に建言する。
	7月17日【8月13日】	■「京都府下人民産業基立金残額ヲ交付セシム」（第467号）。
	7月19日【8月15日】	■「鹿児島外三藩徴兵兵食並月給香代薬種料渡方規則ヲ改ム」（第473号）。「親兵の走り」である。

明治150年その歩みを知る、つなぐ(前編)　西郷どん、大久保卿、薩摩藩年表帖(中巻)

西暦 1870

7月20日
【8月16日】

■小松帯刀（清廉）(1835～1870)、**大阪の夕陽ヶ丘陸軍病院にて死去**。享年36。生い立ち等は、上巻P42参照。

□新政府においては、明治元年1月28日、徴士参与と外国事務掛、2月2日総裁局顧問（同月20日辞す）、3月外国事務局判事、5月23日には、後藤象二郎と共に大阪府事管理となる。10月27日、外国官副知事、玄蕃頭。
他にも「堺事件」や「浦上四番崩れ」の交渉を行う。仏国が、江戸幕府の借金を新政府が返済しないなら横須賀造船所を差し押さえると主張した際、清廉と大隈重信は英国から資金を借りて仏国に返済して窮地を脱している。またグラバーや五代友厚と共に、長崎に日本初の西洋式ドックを備えた小菅修船場を建設した。明治2年（1869）1月11日には大久保利通に版籍奉還の申し出を催促し、1月20日に吉井友実と共に鹿児島に帰藩する。同年1月8日付大久保宛書状では、この頃和蘭人軍医のアントニウス・F・ボードイン（1820～1885）の診察を受けたことが記されている。
長崎で井上馨らと協議し、明治2年2月1日に再び帰藩する。2月4日には病気により領地・家格の返上を願い出て、5月15日に官吏公選により退職する。版籍奉還では、島津久光を説得し率先して自らの領地を返上して範を示し、8月17日には領地返上が許可され、永世禄300石を給せられ、さらに明治2年（1869）9月26日、賞典禄1,000石を給与される。9月には下腹部の腫瘍が悪化し、大阪薩摩掘（大阪市西区立売堀）に借宅する。
明治3年（1870）1月には大久保や木戸らが小松を見舞うが、この頃には遺言書を作成している。この日に数え年36才で大阪にて病死し、最期は側室・三木琴（琴仙子）（1848～1874）が看取った。葬儀は同年7月21日に天王寺村夕日岡（大阪市天王寺区夕陽丘）で神式により行われた。

小松帯刀

三木琴（琴仙子）

西暦1870

明治3	7月22日 【8月18日】	■田方貢租は米納、畑方は石代金納によるべきことを布達。
	7月23日 【8月19日】	■弘文・淳仁・仲恭の三天皇に追諡。 □5月、明治政府(太政官)は、大友皇子・淡路廃帝・九条廃帝の三天皇に追諡を行うことにして、神祇官および大学に追諡の選定を命じていた。
	7月27日 【8月23日】	■鹿児島藩士横山正太郎安武(森有礼の実兄)(1843〜1870)、時の政策を批判する10個条を記した建白書「時弊十条」と、別封の征韓論反対の建白書「征韓の非」を添えて集議院前に置き、朝、近くの元津軽藩邸裏門前で自刃。 □建白書の内容は、新政府の腐敗と、朝鮮問罪のことよりも内治を先にすべきことを訴えたもの。その死は世間で話題となり、影響の大なるをみて新政府は島津忠義に祭祀料100両を下賜した。西郷隆盛は、明治5年(1872)8月に碑文「朝廷百官遊蕩驕奢、而誤事者多」(百官遊蕩して驕奢に耽り、事を誤る者多し)を作って横山安武を讃え弔い、墓のそばの幟に「精神、日を貫いて華夷に見われ(あらわれ)、気節、霜を凌いで天地知る」という語を書いた。 □正太郎は、天保14年1月1日、鹿児島城下城ヶ谷に森喜右衛門有恕の四男として誕生。安政4年(1857)、隣家の造士館助教・儒学者の横山安容(鶴汀)の跡を継いで藩に出仕し、近侍として島津斉彬、後に島津久光に側近として仕える。明治元年(1868)5月より久光の五男悦之助(島津忠欽)(1845〜1915)の補導役となり、藩外での遊学を勧め、悦之助に従い明治2年4月19日、佐賀藩の弘道館、その後山口藩の明倫館に留学する。明治3年(1870)1月26日、山口藩の諸隊解散を含む兵制改革に反対し、脱退兵約1,000人が藩庁を囲む等の暴動事件が発生し、安武は同年2月に騒動を報告するため無断で鹿児島に帰国したため、久光の怒りに触れ、悦之助補導役を免ぜられた。その後、陽明学を学ぶため京都同郷の折田要蔵の家に食客となって春日潜庵の塾を訪ねるが、潜庵が謹慎蟄居中のため入塾できず、7月東京に出て田口文蔵の門人となる。そして、その実践的精神に深い感銘を受け、自分の思いを実践せんがため、明治新政府弾劾を決意する。
		■大久保利通、伊地知正治(1828〜1886)から横山の自死を聞く。 ■樺太出張を命じられた開拓次官黒田清隆(鹿児島藩)(1840〜1900)、大久保利通に暇乞いの挨拶をする。
	7月28日 【8月24日】	■鹿児島藩邸、横山安武を芝大圓寺に葬ると共に、葬式料・法事料を下賜する。
		■太政官は、翌年1月に出す「社寺上知令」による諸政策を進めるため、あらかじめ府藩県管内の本山、末寺等を調査し、民部省へ提出するよう達する(493号)。 ■普仏戦争(プロイセン王国とフランス)に、日本は中立を宣言する。
	8月1日 【8月27日】	■高知藩の谷干城(守部)(1837〜1911)、軍務局の財政改革のため18ヶ条の改革案を藩庁に提示。
		■鍋島直正(前佐賀藩主)(1815〜1871)、大納言を辞し、麝香之間祗候となる。
	8月2日 【8月28日】	■明治2年(1869)5月、共に渡欧し軍制を調査した山県有朋(1838〜1922)と西郷従道(1843〜1902)、パリで合流した御堀耕助(山口藩)(1841〜1871)が、ヨーロッパからアメリカ経由で帰国。 □御堀は帰国後、鹿児島で治療を受けていたが病状が悪化して三田尻へ帰り、病床を見舞った従兄弟の乃木希典(乃木の父・希次が御堀の父・要蔵の弟)(1849〜1912)を、黒田清隆に紹介し、乃木が陸軍で栄達するきっかけを作ったという。

明治150年その歩みを知る、つなぐ(前編)　西郷どん、大久保卿、薩摩藩年表帖(中巻)

西暦1870

8月9日【9月4日】	■島津忠義(1840〜1897)、故横山安武に感状をあたえ、祭祀料を下賜する。	3973
	■「民部・大蔵分省につき、その寮・司・掛区分(抄)」(太政官布告第520号)。 ■**明治政府が鴉片(アヘン)の使用を禁止(第522号)**。販売主首謀者は打ち首、喫煙者は懲役1年に。	3974
8月10日【9月5日】	■太政官から故横山安武に、祭祀料百両(百円)が下賜される。	3975
8月15日【9月10日】	「山口藩桂太郎仏国ノ留学」。 □桂太郎(1848〜1913)は、兵制研究のため、ドイツへ留学。当初、フランスに赴く予定だったが、普仏戦争での勝利を目の当たりにし、新興国として勃興著しいドイツ帝国(プロシャ)で勉学に励んだ。明治6年(1873)10月に帰朝する。	3976
8月18日【9月13日】	■鹿児島藩庁は横山安武に太政官から下された目録返上を布達すると共に、この日、太政官から下賜された目録返上を太政官に上申する。 □鹿児島藩は、あらぬ疑いを避けようとした。	3977
8月19日【9月14日】	■神奈川県権知事(第五代)税所篤(鹿児島藩)(1827〜1910)、辞任。	3978
8月20日【9月15日】	■**海江田信義(鹿児島藩)(1832〜1906)、奈良県知事(第一次奈良県)に任命される。大久保利通の尽力という。** □海江田は、同時に従五位に叙せられるが、明治4年(1871)廃藩置県で解任される。海江田が業務の多さを解消するために県庁を、手狭な旧奉行所から、興福寺境内の一乗院に移転したさい、民部省の承認を経なかったのが原因という。	3979
8月22日【9月17日】	■東京鳥取藩邸(千代田区丸の内、帝国劇場辺り)、新政府に引き渡され、兵部省になる。	3980
8月24日【9月19日】	■大蔵省租税正・渋沢栄一(1840〜1931)、大蔵少丞兼務に任じられ、従六位に叙せられる。	3981
8月25日【9月20日】	■横山安武自刃に衝撃を受けた鹿児島藩大参事西郷隆盛(1828〜1877)は、上申書を自ら書き、それを教頭の池上四郎(1842〜1877)が携えてこの日、太政官への使者に立つ。結果は一旦下賜したものを返上した例はないとして却下される。これをうけて藩庁は御扶持米35俵を30年間下賜し、横山を靖献霊社に配祀することを決める。 □西郷は、役人の驕奢により新政府から人心が離れつつあり、薩摩人がその悪弊に染まることを憂慮して、薩摩出身の心ある軍人・役人だけでも鹿児島に帰らせるためにも、池上四郎を東京へ派遣した。 □このとき「東京に在りて国都を守護するものはわずかに長州の兵のみ」という状態であり、さらに水戸藩・筑前福岡藩はオランダ式、鹿児島藩・肥前佐賀藩・肥後熊本藩・名古屋藩はイギリス式、高知藩・彦根藩・米沢藩はフランス式、和歌山藩はドイツ式と、兵器、服装も各藩ではばらばらであり、寄せ集めの状態であった。統一された国軍の形成が急務であり、統一された国軍を形成するには西郷隆盛の協力が必要であると明治政府は判断する。	3982
8月28日【9月23日】	■**山県有朋、西郷従道を、それぞれ兵部少輔、兵部権大丞とし国軍の立て直しを図る。** □大村益次郎亡き後の兵部省の立て直しである。西郷隆盛を軍政首班を任命されたが上京しなかった。	3983

171

西暦 *1870*

明治3	8月28日 【9月23日】	■大山弥助（巌）（鹿児島藩）（1842〜1916）・品川弥二郎（山口藩）（1843〜1900）ら、普仏戦争視察の為、横浜から米飛脚船クレド・ハフリック号で派遣される。中浜万次郎（1827〜1898）同行。11月11日以後、この普仏戦争を観戦する。	39
	8月— 【9月—】	■明治2年（1869）9月23日、罪を許された、隠居の酒井忠篤（前庄内藩主）（1853〜1915）、この月、親書を鹿児島藩知事島津忠義（1840〜1897）、鹿児島藩大参事西郷隆盛（1828〜1877）に送って交誼を結ぶ。 □忠篤は、親書を託して旧家臣の犬塚勝弥（盛魏）、長沢顕郎（惟和）を鹿児島に派遣。両名は、西郷隆盛と交わると共に兵器製造所や紡績所を見学するなど鹿児島の内情を視察して帰った。 □犬塚の書翰には、西郷は、「いまの政府は申さば錆ついた鉄車も同然で、油を引いたぐらいでは動くものではない。先づ鉄槌で一旦、響きを入れた上で、動かすことを考えなければなるまい。」と語ったとある。また「荘内の藩政改革について、いろいろ西郷氏に相談中に中殿様（当時、忠発を大殿様、忠篤を中殿様、忠宝を殿様と呼んだ）の練兵修行の意気込みや、粗末な綿服を着て勉学に励んでいることを話したところ、西郷氏は両手をついて聞きいり、そのことには別に返事はなく、ただ『貴藩の興隆は今日よりと存じます』と力強く答えた。」とある。	39
		■大阪造幣寮、ほぼ完成。 ■この月、兵学寮に教官が置かれ、同年9月、海陸軍に佐尉官を置き、ほぼ兵制が定まる。	39
		■大納言岩倉具視、「建国策」を呈す。 □中央政府や地方制度のあり方、家禄制改革や士族卒の帰農商化、地方行政権の中央官庁への統一等の項目を立て、全体として中央集権化の推進を図ろうとするものであった。	39
	9月2日 【9月26日】	**■参議前原一誠（山口藩）（1834〜1876）、兵部大輔を病気のため辞任する。** □山口における唯一の海軍理解者・前原は、徴兵制を支持する兵部少輔山県有朋（山口藩）（1838〜1922）に追われるように下野し、萩へ帰郷した。	39
		■大蔵大輔大隈重信（佐賀藩）（1838〜1922）、副島種臣（佐賀藩）（1828〜1905）に変わり、参議となる。 □大隈重信の参議昇格を巡り、賛成派の木戸孝允と反対派の大久保利通・副島種臣・広沢真臣が対立し、大久保らが一時辞表を出す騒動となったという。結局木戸が譲歩し、大隈の参議昇格と引き換えに民部大輔と大蔵大輔との兼任を解かれ、民部省の職務は、大久保らが関与することになる。 ■兵部省、鹿児島・山口・佐賀・高知四藩兵の一か年交代を上申。 □これまで規定がなかったため、各藩の都合で行われていた交代を1か年毎と定め、その代りその際の費用は国庫の負担とすると上申。	398
	9月3日 【9月27日】	■大久保利通（1830〜1878）、廃藩置県の準備として朝権確立政府大改革のため、鹿児島藩を挙げて朝廷に尽くさんことを岩倉具視に内談する。 □廃藩置県断行は、困難を極めた。開けた大名として有名だった福井の松平春嶽でさえも、島津久光に送った手紙には、「藩をつぶすことには反対である」と書いている。版籍奉還が還し奉ったのに対し、藩を廃して県を置くということばの違いもこれ等の事情からであった。 ■大久保利通、越中島において観兵式挙行につき、一新例を開き、軍隊に勅語を賜うべきことを岩倉具視に進言する。	399

明治150年その歩みを知る、つなぐ(前編)　西郷どん、大久保卿、薩摩藩年表帖(中巻)

9月5日 【9月29日】	■近江国膳所藩(6万石)は他藩に先がけて、城郭は「旧法」であることから取壊したいと願い出た。さらに、この日、熊本藩が申請する。申請文には、火器を使用する戦闘では城郭は「無用の贅物」となり、「旧習」を一新するためにも取壊したいとした。 □「旧法」や「旧習」を口実としているが、財政悪化が真の理由であった。同年中には、大藩である山口藩はじめ、19藩から申請が出された。 ■「弾正台京都出張所ヲ廃ス」(第566号)。前称の弾正台京都支台である。
9月8日 【10月2日】	■明治天皇の臨席のもと、薩摩(鹿児島)・長州(山口)、肥前(佐賀)、土佐(高知)四藩の操練が越中島で行われる。天皇の越中島行幸に大久保利通、広沢真臣らの参議、兵部大丞川村純義も随行。 □鹿児島藩大隊長・野津鎮雄(1835〜1880)が、四番大隊を率いて参加。 ■「君が代」、初めて演奏される。 □越中島操練で鹿児島藩音楽伝習隊が、西謙蔵(のちの陸軍軍楽隊長)(1844？〜1924)の指揮で、英国陸軍軍楽長フェイントン作曲の「君が代」を吹奏楽演奏した。
9月10日 【10月4日】	■「藩制改革」布告(太政官布告第579号)。諸藩の三つの区分(15万石の大藩、5万石以上の中藩、5万石未満の小藩)を第1条として計13条からなっており、職制・海陸軍費・公廨費・家禄などの大本を示す。これにより藩治職制での職制に代えて、藩知事・大参事・権大参事・少参事・権少参事・大属、少属、権少属、史生のほか新しい職制を定め、さらに藩財政の大枠を定め、藩に対して、歳入歳出の明細書の提出、藩債・藩札の整理計画の樹立などを命じる。 □「藩債」とは、諸藩が三都(江戸または東京、京都、大阪)の商人や外国商社などに負っていた債務。 □藩知事家禄の制を定め、知藩事の家禄を現行石高の1/10とし、残りの10分の1を陸海軍費に、10分の9を藩庁経費と藩職員つまりは旧家臣=藩所属の士族卒)の俸給とすること、歳出入の明細を政府に提出することなどを命じた。 □藩組織の全国的な統一が強制されるなど、中央政府による各藩に対する統制が強められる一方、多くの藩で財政の逼迫化が深刻化し、廃藩を申し出る藩が相次いだ。廃藩置県以前に自ら廃藩を選択した藩は、13藩であった。が、明治政府は、これで海軍という直轄の軍事力をもつことになる。 ■第二回集議院閉院(第582号)。
9月14日 【10月8日】	■高知藩の板垣退助(1837〜1919)・後藤象二郎(1838〜1897)・岩崎弥太郎(1835〜1885)ら、藩少参事谷干城(守部)(1837〜1911)の藩政改革案を中止させるべく東京を出立、高知に向かう。 □谷干城は、切迫する藩財政再建の為に財政緊縮、冗費削減などの財政改革にも着手するが、この改革を巡り板垣、後藤らと対立し遂に失脚にまで至る。
9月16日 【10月10日】	■英本国政府、グラバー商会に対し破産を宣告。 □グラバー(1838〜1911)は、日本の政情不安定で武器弾薬の需要を見込み大量買付けをした。しかし、予想外の早期安定で売却できず、負債数10万弗となる。日本の国情安定が、グラバーを破滅させたことになる。明治4年(1871)8月、グラバー商会廃社。倒産後も三菱の顧問におさまり高給を得る。新事務所は神戸に作る。

173

西暦1870

明治3	9月17日 【10月11日】	■「親兵のはしり、鹿児島藩脱落」。鹿児島藩四番大隊、鹿児島に帰る。 □鹿児島藩の要請でて外国船が使用された。鹿児島藩は、以後の常備兵提供を拒否したのであり、政府に対する不信感の表明であった。こうした行動は憶測が憶測を呼び、鹿児島藩はクーデターを行うのではないかというデマが広まることになった。
	9月18日 【10月12日】	■兵部省に「将・佐・尉・曹」と、陸海軍大将から陸海軍権曹長までの11等級が設けられる(太政官布達第604号)。
	9月19日 【10月13日】	■「平民苗氏ヲ許ス」(第608号)、いわゆる「平民苗字許可令」公布。政府、それまで平民に禁ぜられていた苗字(名字)の使用を許可(四民平等)。
	9月20日 【10月14日】	■西周(津和野藩出身)(1829～1897)は、この日、新政府の命を受け、兵部省、少丞准席(翻訳局勤務)として出仕、大学の学制取締御用掛を兼務する。
	9月23日 【10月16日】	■東京招魂社で兵部省主催による洋式競馬「招魂社競馬」開催。 □明治31年(1898)11月5日まで、招魂社(靖国神社)の例大祭に際して、競馬が開催された。
	9月28日 【10月22日】	■10日「藩制改革」が布告されると、鹿児島藩は「徴兵解免ノ願書」を政府に提出する。 □容易に「親兵」たりえない情勢のもとで、徴兵を東京に差し出す意味はないとした。鹿児島藩は、中央政府に異議を唱えた。 ■「按察使を廃ス」(第634号)。
	9月29日 【10月23日】	■新政府、兵部省に対して「親米三十万石並諸藩上納之海軍資金年々其省へ御渡可相成候間、海陸軍諸般之用度ニ可充事」との指示を出す。
	9月30日 【10月24日】	■神祇官、京都における事務処理規則を制定。
	9月31日 【10月25日】	■「駅々目安箱ヲ廃ス」(第645号)
	9月一 【10月一】	■中山慶子(明治天皇の生母、孝明天皇の典侍)(1836～1907)、この月、遷都に伴い東京に移住。 ■前参議・前原一誠(山口藩)(1834～1876)、この月、帰郷する。
	10月一 【10月一】	■この月、ワシントン・ロンドン・パリ・ベルリンに公使館を設置。
	10月2日 【10月26日】	■明治政府、兵制統一を布告(第649号)。海軍は英国式、陸軍はフランス式と定める。 ■諸藩常備兵員を定める(1万石につき兵60人)。 ■皇居にあった神祇官、近衛家邸に移転。新宿区下落合だろうか。 ■英・仏・独の3ヶ国兼務の少弁務使(代理公使)として鮫島尚信(1845～1880)に、東京から帰還命令があった。米国少弁務使は、森有礼(1847～1889)が任命される。2人は、慶応元年(1865)薩摩藩の留学生として英国に留学している。 □退職帰郷した森有礼は、鹿児島で2月に英学塾を開いていたが、再出仕を命じられた。
	10月3日 【10月27日】	■民部兼大蔵少輔伊藤博文(1841～1909)、神戸に残した家族と共に、船で東京に向かう。 ■「海軍御旗章国旗章並諸旗章ヲ定ム」(第651号)。

明治150年その歩みを知る、つなぐ（前編）　西郷どん、大久保卿、薩摩藩年表帖（中巻）

西暦 1870

10月4日 【10月28日】	■大蔵省、徴兵上京の費用は「藩制」で規定された陸軍資によって藩が負担し、帰藩の費用は、兵部省の年額30万石の定額予算の中で支出すると通達。	4012
10月5日 【10月29日】	■大久保利通、政府改革断行につき木戸孝允と会見する。	4013
10月8日 【11月1日】	■靖献霊社に合祀することが、鹿児島藩知政所から横山安武遺族に通達され、翌日に祭祀が行われる。	4014
10月9日 【11月2日】	**■政府、仮刑律にかわり「新律綱領」を定める。刑法典で、全6巻8図14律192条より成る。** □妻と妾を同等の二親等とすると定められる。 ■政府、大改革の意見書を三条実美、岩倉具視に提出する。	4015
10月10日 【11月3日】	■「開拓使東京出張所」を芝増上寺に置く（第664号）。 ■「横井小楠遭害事件」。捕まった実行犯であった4名（上田立夫、津下四郎左衛門、前岡力雄、鹿島又之允）が、処刑されることとなった。その他、実行犯の協力者として3人が流刑、4人が禁固刑に処される。	4016
10月12日 【11月5日】	■初代刑部卿・正親町三条実愛、辞任。	4017
10月14日 【11月7日】	■能久親王（輪王寺宮公現法親王）（1847〜1895）、この日、輪王寺門跡を辞任。伏見宮家に復帰。 □明治天皇の命により還俗し、幼名の伏見満宮と呼ばれた。このとき下向を命じられ、同時に2年前に駿府で談判した縁故のある有栖川宮熾仁（1835〜1895）親王の邸に、ドイツ留学に出発するまでのあいだ同居する事となる。 ■政府、改革の議を木戸孝允（山口藩）（1833〜1877）に謀り、同意を得、尋て、大隈重信（佐賀藩）（1838〜1922）、斎藤利行（前名は渡辺弥久馬）（高知藩）（1822〜1881）（1822〜1881）、佐々木高行（高知藩）（1830〜1910）の諸参議、皆、同意する。	4018 4019
10月15日 【11月8日】	**■大久保利通（1830〜1878）、大納言兼兵部省御用掛岩倉具視の書に答え、帝国海軍振興のため勝安芳（海舟）（1823〜1899）を兵部省に登用せられんことを請う。** ■鎮火社（現在の秋葉神社）創建。鎮火神社の鎮座祭実施。明治2年12月12日の大火を受け、明治天皇の勅命で、現在のJR秋葉原駅構内（東京都千代田区神田花岡町）の地に建てられたという。	4020
10月17日 【11月10日】	■「外国公使旅行ノ節取扱方ヲ定ム」（第681号）。 ■富山藩で排仏が行われ、領内寺院を一宗一寺とする。	4021 4022
10月18日 【11月11日】	■京都府、寺町錦天神境内歓喜光寺に神仏混淆しないよう達する。 **■外国人に東京府下の遊覧を許可する（第684号）。**	4023 4024
10月19日 【11月12日】	■「土佐開成商社」、東京・大阪・高知間の運航を開始（郵便汽船三菱会社のはじめ）。	4025
10月23日 【11月16日】	■「春日祭大原野祭吉田祭二度ヲ一度ニ定ム」（第692号）。	4026
10月24日 【11月17日】	**■外務省、唐語通訳教習所を開設（第698号）。**	4027

西暦1870

明治3	10月25日 【11月18日】	■太政官より「大小神社取調書」作成が府藩県に令達（第700号）。式内社をはじめ全国神社が調査される。
	10月28日 【11月21日】	■大阪の元十津川邸の「兵部省出張兵隊治療所」廃止。
		■酒井忠篤（前羽前国庄内藩藩主）(1853～1915) は、藩士の中から選抜した18名の青年と近習頭、近習11名を率いて横浜港を出発。一行は、西国を巡った後、11月17日に鹿児島に到着する。
	10月― 【11月―】	■兵部権大丞の弟西郷従道(1843～1902)、帰国して兄・隆盛(1828～1877)の上京出仕を促す。11月とも。 □鹿児島藩内に存在した一部によるクーデターの動きは、西郷従道の説得により収まり、藩として政府へ協力することになった。
		■大学出仕奥山嘉一郎（のち政敬）(1845～1916)、理学校事務取扱を命じられる。 □奥山政敬は、弘化2年3月10日、薩摩藩士奥山政恒の次男として生まれる。大坂で何礼之に学んだのち、明治2年(1869)大学少得業生兼少寮長に就任し、翌明治3年(1870)大得業生兼大舎長に進む。同年9月には大学出仕となり、この月から大阪開成所分局・理学所の事務取扱を務めた。明治4年(1871)7月に文部省が設置されると文部省出仕（のち文部省七等出仕）となり、本省に勤務。翌年9月に出仕を免ぜられたが、11月には再び文部省七等出仕となり、第四大学区第一番中学の学長に就任。明治6年(1873)4月に校名が第三大学区第一番中学と改められ、さらに同月に開明学校、翌4月に大阪外国語学校、同10月に大阪英語学校と移り変わる中、出仕を免ぜられる明治8年(1875)10月10日まで校長として在職。この間、明治6年8月に設けられた大阪師範学校の校長も明治6年12月5日から明治8年3月まで兼務した。 免出仕後は裁判官に転じ、明治9年(1876)3月に七等判事に就任（翌年6月、判事に更任）。東京裁判所在勤となり、11月に千葉裁判所が東京裁判所千葉支庁に改組されると支庁長を命じられた。明治13年(1880)11月からは松山裁判所長（のち松山始審裁判所長）を務め、明治17年(1884)12月に大審院在勤（のち大審院評定官に更任）となったのち、明治23年(1890)8月から名古屋始審裁判所長を、同年10月から大阪地方裁判所長を務めた。明治24年12月、函館控訴院検事長に転じ、大審院検事、広島控訴院検事長を経て明治26年(1893)12月に広島控訴院長に就任。明治34年(1901)5月には貴族院議員に勅選され、翌6月に判事を退職。退職後は貴族院議員のほか、田川炭鉱株式会社取締役社長を務めた。大正5年(1916)7月18日、東京小石川御殿山の自邸で死去。71才。同日、贈従三位。
	閏10月2日 【11月24日】	■政府、パリの日本公務弁理職（総領事）モンブラン伯爵(1833～1894)を解任。 □薩摩藩密航留学生だった鮫島尚信(1845～1880)を、欧州公使に任命していた。
	閏10月3日 【11月25日】	■山口・佐賀両藩の徴兵交代兵が上京。 □鹿児島藩は「藩制」以後の政府の介入に反発し、ついに交代兵を出さなかった。9月下旬からは、四藩徴兵は、鹿児島藩を欠いた三藩徴兵に変じていた。
	閏10月4日 【11月26日】	■軍事掛・少参事阿部潜（邦之助）(静岡藩)(1839～?)、鹿児島藩に招かれ鹿児島赴任のため本官逸職。芸州に赴き、広島藩の兵学校設立顧問となったともいう。 □阿部は、息子の源吾らと共に鹿児島藩の教育改革を援助した。徳川沼津兵学校の立役者たちは、新政府はもとより諸藩の教育改革を援助したのだ。

明治150年その歩みを知る、つなぐ(前編)　西郷どん、大久保卿、薩摩藩年表帖(中巻)

西暦 **1870**

10月一 【11月一】	■大久保利通、宮内省その他の時事政務につき意見を奏すべきの勅諚を岩倉具視より伝えられる。	4036
閏10月7日 【11月29日】	■「蓮池門弾薬庫火災」。江戸城旧本丸炎上。	4037
閏10月9日 【12月1日】	■東京の開拓使庁が廃止され、東京出張所と改称される(第729号)。函館出張所を本庁とする。	4038
閏10月12日 【12月4日】	■「東京在留外国人遊歩区域規程」(第735号)。	4039
閏10月15日 【12月7日】	■「是より先「十月」前大坂軍事病院附蘭医ボードウイン、大学東校に雇庸さる。是日、満期帰国せんとするを以て、之に謁を賜ひ、勅して其功績を褒す。尋で「二十八日」金三千両を賜ひ、功碑に代へ、賞典文を授く」。 □ボードウインは、6月に軍事病院を辞し、帰国のため、横浜に滞在していた。	4040
閏10月17日 【12月9日】	■明石博高(1839~1910)、京都府に出仕。 □京都府の槙村正直府権大参事・三井源右衛門府御用掛・山本覚馬府顧問らの懇願による、舎密局、医学校、療病院その他の施設ができる端緒となる。	4041
	■「士族隠居願養子願ノ方ヲ定ム」(第742号)。 ■「天社神道土御門家免許ヲ禁ス」(第745号)。 太政官、土御門家(陰陽家総取締)に、天社神道(混淆神道)の布教禁止の布告。	4042
閏10月18日 【12月10日】	■土佐藩の岩崎弥太郎(1835~1885)、土佐開成商社を藩直営から分離し「九十九商会」と改称。	4043
閏10月19日 【12月11日】	■西郷隆準(隆盛弟・吉二郎の子)、父を家祖として西郷隆盛家より分家する。	4044
	■兵学寮に係る「兵学令」公布。	4045
	■「民部大蔵両省城内ニ移転」(第751号)。	4046
閏10月20日 【12月12日】	■各藩(大藩9人、中藩6人、小藩3人の割)より生徒133名を、大阪兵学寮青年学舎に入学させる。 □同月中、幼年生徒10名をフランスに留学させる。	4047
	■**「工部省ヲ置ク」(第755号)布告**。新政府、工部省を設置。 □殖産興業を推進する工部省が民部省から分離された。「殖産興業政策を推進」。民部省から鉱山・製鉄・灯明台・鉄道・電信機の5掛を移管して、工部省を皇居内に設置。明治6年、初代工部卿に就任した伊藤博文(1841~1909)は、「19世紀後半の西欧先進国の産業構造をそっくり日本へ移植する」という壮大な工業化構想をスローガンに掲げた。大久保利通と工部省は、欧米からの技術移転を進める。すなわち、外国から優れた技術者を呼んできて、最も有効な方法を伝授してもらった。それも殖産興業分野に限らず、政治・法制・軍事・外交・金融・財政・教育・美術・音楽など人文社会分野まで多岐にわたった。フランスの法学者で民法・刑法の起草にかかわったボアソナード、ドイツの法学者で明治憲法の生みの親と称されたロエスレルらを筆頭に、そのお雇い外国人への報酬は、太政大臣を超える者もおり、一般の公務員の約20倍だったという。 ■「民部省の社寺掛を寺院寮と改制」太政官布告。 ■広島藩預かりの朝彦親王(1824~1891)、伏見宮邸に帰ることを許される。(終身禄300石、12月5日、京都着)。 □明治5年1月、謹慎を解かれて伏見宮家の一員に復帰する。	4048

西暦 1870

明治3	閏10月22日【12月14日】	■「元浜殿海軍所ヲ止メ代地ヲ交付ス」（第761号）。東京浜殿の海軍所を築地に移す。
	閏10月23日【12月15日】	■浜殿は宮内省管轄となる（第767号）。
	閏10月26日【12月18日】	■「海軍資金上納石代相場ヲ定ム」（第776号）。
	閏10月29日【12月21日】	■「浜殿元海軍病院ヲ兵部省ニ交付ス」（第782号）。
	閏10月一【12月一】	■「弾正台目安箱ヲ廃ス」（第790号）。
	11月2日【12月23日】	■**大蔵少輔伊藤博文(1841〜1909)ら一行21名、貨幣制度、金融機関調査のため横浜で米国汽船「アメリカ号」に乗船、サンフランシスコに向かう。**
	11月4日【12月25日】	■東京築地の海軍操練所を「海軍兵学寮」、大阪の兵学寮を「陸軍兵学寮」と改称（第796号）。 □翌年入学の鹿児島出身の山本権兵衛(1852〜1933)、日高壮之丞(1848〜1932)は第二期生である。
	11月7日【12月28日】	■「太政官中ニ舎人局雅楽局宮内省中ニ次侍従内舎人局御厩局ヲ置ク」（第802号）。 ■**前庄内藩主の酒井忠篤(1853〜1915)ら、藩士の中から選抜した18名の青年と近習頭、近習11名を連れて、海路、鹿児島に到着。** □更に、11月になると47名の藩士たちが鹿児島に向かい、先発の人たちと合わせると合計76名の庄内藩士が、翌年3月まで滞在して西郷隆盛の知遇を得て兵学を修めて帰国した。
	11月10日【12月31日】	■大久保利通、横須賀製鉄所、神子元島燈台、劒埼燈台などを視察し、14日帰京する。 □下田港南沖11kmにある神子元島燈台竣工は明治3年11月11日で、初点灯には三条実美、大久保利通、大隈重信らと英国公使ハリー・パークスが来島し立ち会っている。 □横須賀製鉄所は、新政府は明治元年(1868)9月にオリエンタル・バンク(英国領インド帝国にあった植民地銀行)から貸付を受け、ソシエテ・ジェネラル(フランスの銀行)に対する旧幕府の債務を返済し、もって横須賀製鉄所を接収。明治政府の手により明治4年(1871)に製鉄所として完成し、後に、横須賀海軍工廠として発展して行く。
	11月一【12月一】	■大久保利通、官禄その他の事務につき意見を右大臣三条実美に具陳する。 ■樺太専任の開拓次官黒田清隆（1840〜1900）、開拓方法の調査のため、欧米視察の命を受ける。

明治150年その歩みを知る、つなぐ（前編）　西郷どん、大久保卿、薩摩藩年表帖（中巻）

西暦1871

明治3	11月13日 【1月3日】	■「徴兵規則」(8ヶ条)(第826号)発布。 □太政官から、府藩県に徴兵規則を達する。「一万石ニ五人ツ、大阪出張兵部省へ可差出事」。「士族卒庶人ニ不拘身体強壮ニシテ兵卒ノ任ニ堪ヘキ者」。 版籍奉還されたが依然として各藩の勢力は侮りがたく、新政府はこれらに対抗し統制するために天皇直隷の軍隊を持つことを必要としていた。大村益次郎の実質的な後継者として、西郷隆盛の協力を得た兵部少輔山県有朋（1838〜1922）の構想のもと、「徴兵規則」が制定され、各府藩県より士族・卒・庶人にかかわらず1万石につき5人を徴兵すること、免役条項などを定める。 □最初の段階で早くも種々の困難に直面し、明治4年2月29日をはじめとして、差出期限を延期する旨の布達が何度か出され、五畿内だけの実施で、結局全国実施されないままに終わった。	4060
	11月16日 【1月6日】	■鹿児島藩大参事西郷隆盛(1828〜1877)、月照十三年忌に七言絶句を作り捧げる。	4061
	11月19日 【1月9日】	■京都府、戸籍法改正につき宗門人別改帳の廃止を布告。	4062
		■旧官人位階廃止(第845号)。	4063
	11月20日 【1月10日】	■京都府、産業振興のため、普国人リュードルフ・レーマン(Ruhdolf Lehmann)(1842〜1914)を招聘。 □リュードルフは、京都府が角倉邸に新設した学校である「角倉洋学所」にドイツ語教師ならびに建築技師として招かれた。当時の権大参事槇村正直が、京都府顧問山本覚馬などの策を採用し、外国人教師を迎えて語学教育を行うことを決定したためである。	4064
		■知藩事や外交官として赴任する者を除く華族である旧藩主は、東京に居住することと布告される(第847号)。	4065
		■西園寺望一郎(公望)、仏国留学を命ぜられる。	
	11月23日 【1月13日】	■明治天皇(1852〜1912)は、島津久光、毛利敬親に大政輔翼の沙汰を伝達させるため岩倉具視を勅使とし、大久保利通、木戸孝允と共に随行を命じる。 □薩長両藩の藩力に依拠しで中央政府を強化する方策が決定されており、鹿児島藩の支持協力を確保することは、明治政府を維持するために欠くべからざるものであった。	4066
	11月25日 【1月15日】	■信濃国松代藩で7万人の農民一揆。日本各地で「世直し」の騒乱が続く。	4067
	11月29日 【1月19日】	■大久保利通、木戸孝允と共に横浜を出帆。	4068
	11月30日 【1月20日】	■「照高院宮北白川宮ト改称」(第881号)。北白川宮智成親王(1856〜1872)。 ■「梶井宮梨本宮ト改称」(第882号)。梨本宮守脩親王(1819〜1881)。	4069
	11月一 【1月一】	■西郷隆盛(1828〜1877)などと交遊し5ヶ月滞在した、人見寧(勝太郎)(旧幕遊撃隊、元松前奉行)(1843〜1922)、鹿児島から駿河に戻り、勝安芳(海舟)(1823〜1899)に帰郷を報告。明治4年(1871)静岡に徳川家が設立した静岡学問所で、校長に相当する学問処大長に就任する。	4070
		■吉井友実(鹿児島藩)(1828〜1891)、民部大丞に就任。 ■アーネスト・サトウ(1843〜1929)、賜暇を終えて日本に戻る。	4071

西暦1871

明治3	11月— 【1月—】	■「ガルトネル開墾条約事件」。開拓使、銀62,500ドルの賠償金を支払うことで契約を解消して、プロシア人ガルトネルの借地の一部と附属物を収め、七重村に開墾場を設置。	40
		□通称「七重官園」。正式名称は明治5年(1873)5月七重開墾場、1875年4月同農業試験場、1876年1月観業課試験場、1878年7月観業試験場などと変遷。	
	12月2日 【1月22日】	■西園寺望一郎(公望)(1849〜1940)、横浜港から出航、ヨーロッパ官費留学に向かう。	40
	12月3日 【1月23日】	■大久保利通、京都に着す。	40
		■森有礼(鹿児島藩)(1847〜1889)、横浜港から米国郵船グレート・リパブリック号で出航、少弁務使として任地ワシントンに向かう。	40
		□森有礼は、明治5年1月21日、岩倉使節団一行を迎える。同6年7月23日、横浜に帰着する。	
	12月5日 【1月25日】	■「山口高知佐賀三藩徴兵一大隊編制例ヲ定ム」(第892号)。	40
		□明治政府は、各藩の兵制規格の統一を図る。	
	12月7日 【1月27日】	■英国代理公使F.O.アダムス(Francis Ottiwell Adams)、金沢、大聖寺富山諸藩預けの浦上キリシタンが残酷な取扱いを受けているという外字新聞の報道を取り上げて、右大臣三条実美、外務卿沢宣嘉に待遇改善の申し入れを行う。	40
	12月9日 【1月29日】	■野村盛秀(鹿児島藩)(1831〜1873)、松方正義(鹿児島藩)(1835〜1924)の後任として日田県知事に転任を命じられる。	40
	12月10日 【1月30日】	■「ガルトネル開墾条約事件」。明治政府、ガルトネルに銀55,000ドル(他に7,500ドル先月交付)を渡し、七重村貸付の条約書を取り戻す。	40
		■「京都、東京宮華族ヲシテ領知ヲ上知セシム」(第902、903号)。	
		■華族とみなされなかった多くの地下家、公家に仕えていた青侍などの家臣層も、士卒族に統合される。	
		■「外務省元福岡藩邸へ移転」(第917号)。	
	12月11日 【1月31日】	■薩摩海軍の三等士官・東郷平八郎(1848〜1934)、江戸鹿児島藩邸から、竜腰艦の見習士官に任命し、月給十四円を給するとの辞令を受ける。	40
		□平八郎は、日本国の海軍見習士官になった。「竜腰艦」は熊本藩がイギリスに発注した装甲艦である。のちに佐賀の乱や西南戦争などに出動する。平八郎は竜腰艦で砲術などに磨きをかけた。たが、わずか2ヶ月余りで船から降りることになる。	
	12月12日 【2月1日】	■東京日本橋大火。1,180戸全焼、57戸半焼。	40
	12月13日 【2月2日】	■名古屋、広島、岡山、熊本の4藩に東京守衛のため、それぞれ1大隊の差出しを命ず。	40
		□先の4藩徴兵体制の弱体化は、こういう形で補充された。	
	12月15日 【2月4日】	■神祇官中諸陵寮、御陵衛士として15名を任命。	40
		■若江薫子(1835〜1881)、「天皇京都還幸事件」で禁錮2年の判決下る。若江邸の座敷牢に押し込めとなる。	
		□「横井小楠遭害事件」に連座した金本顕蔵(摩斎)(1829〜1871)が、天皇還幸事件に関係し明治3年6月8日に東京送りとされた際に、金本の書に意見を付けた薫子の文書が押収されたことで同犯者と見なされ、京都府に拘留された。岩倉具視には「手のつけられぬ女」といわれたという。	

明治150年その歩みを知る、つなぐ（前編）　西郷どん、大久保卿、薩摩藩年表帖（中巻）

西暦 **1871**

12月18日 【2月7日】	■四藩徴兵瓦解に危機感を抱いた政府からの勅使の大納言岩倉具視（1825～1883）、随行者の参議大久保利通（1830～1878）、兵部大丞川村純義（1836～1904）、兵部少輔山県有朋（1838～1922）らの一行、鹿児島に至る。藩主島津忠義、西郷隆盛、迎える。 □岩倉は所労のため暫く旅館に引篭っていたが、その間大久保利通らは、鹿児島藩大参事西郷隆盛以下の藩重職と会談を遂げ、西郷は喜んで奮起を約し、桂久武（1830～1877）以下の藩要路も、一藩を挙げて極力政府の改革支持を誓う。 彼らは、西郷隆盛から鹿児島藩、山口藩、高知藩三藩の兵からなる御親兵の提案をうけ、これに賛同するという。	4084
12月19日 【2月8日】	■「中野騒動」。松代藩の高井郡高井野村（現上高井郡高山村）から発生した一揆勢約2,000人が、羽場村（現同郡小布施町）に結集して中野町（現長野県中野市）に向かい、特権的豪農や商家を打ちこわしし、中野県庁を焼き討ちし、県吏を殺害。 □松代藩（長野）卒族（旧足軽）の騒擾が隣接の中野県に波及し、数万人の規模に拡大。民部省の意向を受け、増税策を次々と打ち出した高石和道中野県大参事は逃亡し、松代藩に匿われ謹慎となった。これを受けて松代藩ほか各藩兵が鎮圧に向かい、12月21日になって一揆勢は退散。	4085
	■「大蔵省ヲシテ本丸趾ニ政庁ヲ造建セシム」（第943号）。	4086
12月20日 【2月9日】	■勅使大納言岩倉具視に対して、凱旋兵士の藩政改革運動以来の改革や廃藩置県に対して不満の島津久光は、所労のため上京猶予を願う。 ■西郷隆盛、大久保利通と会見。	4087
	■「新律綱領」（第944号）を頒布。 明治新政府初の刑法典。江戸幕府や中国の刑法典をもとにして作成され、華族・士族に閏刑を認めるなど、刑に身分的差別を設けていた。 □全6巻8図14律192条より成る刑法典。翌年、その印刷と販売が許可され、初めて国民もその内容を知ることとなる。「閏刑」とは、特別の身分にあるものに対して特別の刑罰を定めたもの。 ■明治3年（1870）1月には佐賀に帰郷して着座（準家老）に就任して藩政改革を行うが、後に中央に呼び戻され明治政府に出仕し、11月、太政官中弁となった江藤新平（佐賀藩）（1834～1874）、虎ノ門で佐賀藩の卒族刺客に斬られ、負傷する。	4088
12月22日 【2月11日】	■大久保利通、西郷隆盛と会談、合意に達する。 □兵部少輔山県有朋の説明を肯定した西郷隆盛は「木戸孝允と協議の上，更に土藩にも勧め，薩長土三藩の兵を以て御親兵を組織す」と述べた。 ■勅使の大納言岩倉具視、城内本丸で、島津久光病気により代理忠義に対して勅書及び恩賜品を授け、更に久光の上京に当っては、必ず西郷隆盛大参事を随従せしむべしとの意を付言せる演説書を手交した。	4089
	■「各藩常備兵編制定則」を定める。 □2月20日制定の「常備編隊規則」を更に詳細にする規定が、太政官布告される。	4090
	■「京都諸御門常番ヲ廃ス」（第967号）。	4091
12月24日 【2月13日】	■島津久光、御礼のために勅使の旅館に出向き、来春中の上京を約す。	4092

西暦**1871**

明治3	12月24日 【2月13日】	■「農工商ノ輩猥ニ帯刀スルヲ禁シ地方官ヲシテ提理セシム」(第984号)公布。 「庶民の佩刀禁止令」公布。士族といえども特定以外の帯刀を禁ず。 □苗字帯刀は武士の特権だが、武士の経済力が極端に切迫した江戸中期から末期頃には、その特権は金で売買される例が横行し、借金のカタとか、金さえあれば平民でも入手可能だった。博徒や、豪農、商人、庄屋など、平民で苗字帯刀の身分の者がいた。 ■「三府並開港場取締心得」太政官布告(第989号)。 ■「中野騒動」。政府は、民部大丞・吉井友実(鹿児島)を派遣すると共に、徴兵3中隊に中野県出張を命じ、兵部省は兵部権少丞・沢宣種(1847～?)の率いる佐賀藩徴兵1大隊を出兵させる。	40
	12月25日 【2月14日】	■勅使大納言岩倉具視、大参事西郷隆盛を招き、「前途」について懇談。 ■島津久光、西郷隆盛の出仕を許す。	40
	12月26日 【2月15日】	■鹿児島藩大参事西郷隆盛(1828～1877)、参議大久保利通(1830～1878)を訪ねる。	40
	12月27日 【2月16日】	■少弁務使(代理公使)森有礼(1847～1889)、サンフランシスコに到着。その後ワシントンへ向かい弁務使館を開く。	40
	12月28日 【2月17日】	■勅使岩倉具視、鹿児島を発し、山口に向かう。	40
		■政府転覆を企てたとして、26日判決が下りた雲井龍雄(旧米沢藩士)27才(1844～1871)、2日後のこの日、旧会津藩士原直鉄23才(1848～1870)、同26才簗瀬克吉・斗南藩士族能見武一郎らと共に処刑される。 □梟首判決の雲井龍雄は、小伝馬町の獄で斬首されたのち小塚原に梟首され、その胴は大学東校に送られて解剖の授業に使用されたという。戊辰戦争終結後、龍雄は米沢藩の推薦を受け新政府の集議院に勤めるも、戊辰戦争中の言動や、廃仏毀釈反対などが仇となり1か月足らずで集議院を追われた。それでも自分の信念・理想を貫いた龍雄は、薩長中心の新政策を激しく批判、維新政府に不満を持つ人々を集め「帰順部曲点検所」を組織し、政府に対抗したが、政府への陰謀と看做され逮捕された。事件は全くの無実の冤罪事件で、明治22年(1889)明治憲法発布を機に名誉回復した。	40
	12月29日 【2月18日】	■大蔵少輔伊藤博文、米国から調査の報告と大蔵卿伊達宗城に建議を送る。 □欧米の実情を鑑み、貨幣本位を銀より「金本位制」を提議した。	40
		■大久保利通、西郷隆盛に会見。 □この時西郷は、政治意見書を提出したという。	41
	12月― 【2月―】	■内示により「藩御預所」の管轄が、府・藩・県のいずれかに移管され、各地に残っていた藩御預所が形式上消滅した。 □実際の引き渡しは翌年までずれる地域もあり、伊予国内の高知藩御預所のように所属の曖昧なまま廃藩置県を迎えた地域もあった。 ■この月、吉田清成(鹿児島藩)(1845～1891)、ニューヨーク市などで銀行保険業務の実際を学び帰国する。 □理財に通暁した才を買われて、明治4年2月大蔵省へ出仕、同年10月には大蔵少輔へ昇任、大久保利通・大隈重信らを補佐し、秩禄処分の実施にあたった。	41

明治150年その歩みを知る、つなぐ（前編）　西郷どん、大久保卿、薩摩藩年表帖（中巻）

西暦*1871*

明治4		
1月1日【2月19日】	■山川健次郎（元会津藩士）(1854〜1931)、アメリカへの国費留学生に選抜され、樺太専任開拓次官・黒田清隆（鹿児島藩）(1840〜1900)の引率で、この日、大型外輪船「じゃぱん号」に乗って渡米。同月23日、サンフランシスコに到着。 □北海道開拓使で技術者養成のため、何人かの書生をアメリカに留学させることになり、その一員に選ばれた。留学生を選定するにあたり、旧幕府側に理解を示す開拓使黒田清隆がいたことが幸いしたという。	4102
1月2日【2月20日】	■大久保利通、照国神社（鹿児島市照国町）(祭神は薩摩藩第11代藩主の島津斉彬)に参詣し、尋て、島津久光、島津忠義に謁見して国事を言上する。	4103
1月3日【2月21日】	■西郷隆盛と大久保利通、池上四郎を伴い「政府改革案」を持ち鹿児島を出帆、東京に向かう。 □勅命により明治政府に入ることとなった西郷隆盛が、菊次郎（10才）(1861〜1928)を連れて東京に赴任する。 □大久保利通は、長男利和(1859〜1945)、次男伸顕(1861〜1949)の二子を伴う。	4104
1月4日【2月22日】	■大久保利通、日向細島に於いて勅使岩倉具視に追いつく。	4105
1月5日【2月23日】	■「社寺領現在ノ境内ヲ除クノ外上知被仰出土地ハ府県藩ニ管轄セシムルノ件」「寺社領上知令」(第一次上知令)(太政官布告第4号)。全国の寺社で、境内を除く領地や除地の上知(収公)を命じる。 □版籍奉還路線の延長として寺社領の上知が決定され、府・藩・県のいずれかに所属することが定められた。これにより全国の寺社領が消滅した。この時の上知の対象の「社寺領」は「朱印地」・「黒印地」に相当する領域だった。明治新政府は、江戸幕府権力と密接に結びついていた寺社の経済的基盤を掘り崩す。	4106
1月6日【2月24日】	■「中野騒動」。 この日から明治政府軍（佐賀藩兵を主力とする）によって一揆の参加者の探索が進められ、約600名が逮捕された。2月27日には斬首刑6名、絞首刑22名、徒刑十年124名、その他処罰数百名などが刑に処された。	4107
1月7日【2月25日】	■西郷隆盛ら、山口着。	4108
1月8日【2月26日】	■勅使の大納言岩倉具視、山口着、毛利氏に勅書を伝達。前長州藩主毛利敬親(1819〜1871)、公疾を以て上京を辞す。 ■西郷隆盛(1828〜1877)、大久保利通(1830〜1878)、木戸孝允(1833〜1877)を訪問、出仕を誘う。	4109
1月9日【2月27日】	■鹿児島山口二藩の代表者ら、山口にて政府の政権確立について会談。版籍奉還後の情勢と今後の方針の「大意」を論じ、その「要領」を同意、桂・西郷・大久保、共に高知藩に赴くことに決す。	4110

西暦1871

明治4	1月9日 【2月27日】	■「広沢真臣、暗殺される」。参議広沢真臣（山口藩）(1834～1871)、東京府麹町富士見町の私邸に招いた宴会後の深夜、刺客の襲撃によって暗殺される。享年39。この日、正三位を追贈、金幣3,000両を下賜される。『広沢真臣日記』（文久3年4月7日より明治4年正月5日）を残す。 □横井小楠、大村益次郎に続く維新政府要人の暗殺であり、太政官は、その日「廣澤参議ヲ賊セシ者ヲ探索捕縛セシム」（第7号）を出し、広沢を信頼していた明治天皇は2月25日、「参議廣澤真臣ヲ害セシ賊ヲ大索スルノ詔」という犯人逮捕を督促する異例の詔勅が発せられた。 □明治12年(1879)12月27日、維新の功を賞し広沢家は華族に列せられた。因みに、当時の華族は旧藩主と公家に限定されており、華族令制定以前にこの三例（先に没した木戸・大久保の遺族）を除いて士族から華族に昇ることはなかった。明治17年(1884)7月、嫡子金次郎(1871～1928)に伯爵が授けられた。	41
	1月10日 【2月28日】	■西郷・大久保、毛利敬親に謁見し、鹿児島・山口、二藩の更に提携し、大いに国事に勤むべきを説く。 □毛利敬親は、受諾の返事を行うと共に、病気により上京の猶予を願い出る。いずれにしても山口藩の同意も取り付けたのである。	41
	1月13日 【3月3日】	■桂・西郷・大久保、池上ら、山口を発つ。	41
	1月14日 【3月4日】	■勅使岩倉具視、山口を発し、東帰の途に就く。	41
	1月16日 【3月6日】	■**西郷隆盛**(1828～1877)・**木戸孝允**(1833～1877)・**大久保利通**(1830～1878)、山口藩の雲揚艦で、周防山口藩権大参事・杉孫七郎(1835～1920)、池上四郎(1842～1877)らを伴い、治政改革のため土佐の山内容堂（豊信）(1827～1872)を訪問するため、三田尻を出航して土佐に向かう。	41
	1月17日 【3月7日】	■西郷隆盛一行は土佐浦戸に到着し、西郷は高知城下の豪商・浅井家に、大久保は湊屋横山家にそれぞれ宿泊。	41
	1月18日 【3月8日】	■高知藩大参事板垣退助(1837～1919)、桂・西郷・大久保らの宿舎を訪ね会談。	41
	1月19日 【3月9日】	■寅賓館（旧名称は開成館）での正式の会談は、高知側の権大参事福岡孝弟(1835～1919)や少数参事らを交えて行われ、高知藩は明治政府への親兵派遣を承諾するも、正式には明日と述べる。	41
	1月20日 【3月10日】	■「鹿児島・山口、高知、三藩の提携、再び成る」。 高知藩知事山内豊範(1846～1886)、正式の許可を出す。	41
	1月21日 【3月11日】	■西郷一行、土佐を発つ。	41
	1月22日 【3月12日】	■西郷・大久保・木戸・板垣・池上らは神戸に着き、大阪で兵部少輔山県有朋(1838～1922)と会談し、一同そろって大阪を出航し東京へ向かう。	41
	1月24日 【3月14日】	■「東海道筋ニ新式郵便ヲ開キ其制度ヲ定ム」（太政官布告第40号）。郵便規則を制定。 □租税権正・駅逓権正の前島密(1835～1919)の提案により、東京、京都、大阪で郵便事業が決定する。	41

明治150年その歩みを知る、つなぐ（前編）　西郷どん、大久保卿、薩摩藩年表帖（中巻）

西暦1871

1月25日 【3月15日】	■日本国駐米少弁務使（代理公使）森有礼（1847〜1889）、突然、ボストンに新島敬幹（襄）（1843〜1890）を呼び出し、初めて対面する。互いに肝胆相照らすところがあったという。 □森は、留学生の管轄を職務の一つとしていた上に、同じ薩摩出身の学生がモンソン・アカデミーに数名留学していたので、新島に関する情報は相当把握していた。 `4123`
1月一 【3月一】	■徳島藩知事・蜂須賀茂韶（1846〜1918）、廃藩を建白。 □「断絶藩の名を廃し」て各藩の管轄地の広さに応じて、2県から5県に区分するという廃藩置県の建議であった。全国が統一されていない現状を「遺憾」とし、「天下の地方」を一致させよというものである。 `4124`
2月2日 【3月22日】	■西郷隆盛、大久保利通、木戸孝允、山県有朋、板垣退助、東京に入る。 （明治維新政府の大変革が本格化）。 `4125`
2月一 【3月一】	■西郷隆盛（1828〜1877）、板垣退助（1837〜1919）らを参議に登傭の件および藩知事隊軍の事などにつき、大納言岩倉具視（1825〜1883）に建言する。 `4126`
2月4日 【3月24日】	■野村盛秀（鹿児島藩）（1831〜1873）、日田県知事に着任。 ■「日田県事件（大楽騒動）」はじまる。山口藩で反乱を起こし九州に逃亡の攘夷派大楽源太郎（1832〜1871）首謀の集団が、明治3年12月19日の野村盛秀（鹿児島藩）（1831〜1873）の日田県知事の就任を機に、新政府の陰謀から福岡藩と仏教を守ることを名目に、豊津藩・久留米藩の攘夷派や、廃仏毀釈によって追放された僧侶、さらに農民一揆とも結んで、日田県庁を襲撃した。新政府は、野村盛秀救出のため、陸軍少将四條隆謌を総督とする山口・熊本藩連合軍らを日田に派遣。 □さらに鹿児島藩が支援の予定であったが、鹿児島藩の大山綱良（1825〜1877）が、山口藩の方に非があるとし、独断で軍の解散を決定。一方、大楽集団取締役の木戸孝允が、鹿児島藩に反発し激怒し下野する姿勢を見せた。このため小久保利通、西郷隆盛が、木戸孝允へ大山の行動を詫びる羽目となる。 `4127`
2月4日 【3月24日】	■「二卿事件」の攘夷派の華族愛宕通旭（1846〜1872）ら、東京に入る。 □王政復古後の物価の騰貴、政府高官の洋風化などに反発し、華族外山光輔（1843〜1872）と提携して政権の刷新を画策する。 `4128`
2月6日 【3月26日】	■西園寺望一郎（公望）（1849〜1940）、官費留学生として、この日、パリに着く。 □以来、明治13年（1880）10月21日、横浜に入港するまでの10年間が、西園寺の最初のフランス滞在である。 `4129`
2月8日 【3月28日】	■鹿児島・山口・高知三藩の代表者ら、親兵貢献の必要性を右大臣三条実美（1837〜1891）に進言。そして、10日「御親兵の創設」を決める。 `4130`
2月13日 【4月2日】	■「常備兵編制規則」公布。 前年11月の徴兵規則に基づき、廃藩置県に備えて藩の指揮権に属さない天皇直属の軍を創設すべく発せられ、明治政府直属の軍隊で天皇及び御所の護衛を目的とする。政府、鹿児島、山口、高知3藩の兵を徴して親兵を編成することを命ずる。徴兵への反感が強く、天皇の親兵としたのである。 □1万石につき、一小隊60名で、77万石の鹿児島藩は77小隊4,620名となる。 `4131`

185

西暦 1871

明治4	2月14日【4月3日】	■「日田県事件(大楽騒動)」。 政府、日田県に再び巡察使を派遣し、兵力として鹿児島・山口・熊本藩の三藩に日田への出兵を、高知藩には四国地方への警備出兵を命じた。 ■「諸社ニ於テ猥ニ神楽ヲ奉納スルコトヲ禁ス」(太政官達)。 ■華族の戸籍は、すべて東京に移すという布告が出る。
	2月15日【4月4日】	■大阪で大蔵省造幣寮として創業式。 現在の2倍強の面積をもち、世界最大の規模とされる。統一的な貨幣鋳造を開始する。明治政府、新貨の鋳造にのりだす。 □右大臣三条実美、大蔵卿伊達宗徳、参議大隈重信らが列席。 ■西郷隆盛(1828~1877)、池上四郎(1842~1877)を伴って東京を発ち、親兵徴集のため鹿児島に向かう。鹿児島への帰途、竜腰艦の見習士官・東郷平八郎(1848~1934)と会い勉強するように励ます。 □東郷平八郎は、弘化4年12月22日、薩摩国鹿児島城下の加治屋町二本松馬場に、薩摩藩士・東郷実友と堀与三左衛門の三女・益子の四男として生まれる。幼名は仲五郎。14才の時、元服して平八郎実良と名乗る。文久3年(1863)薩摩藩士として薩英戦争に従軍し初陣、慶応3年(1867)6月に分家して一家を興す。戊辰戦争では春日丸に乗り組み、新潟・箱館に転戦して阿波沖海戦や箱館戦争、宮古湾海戦で戦う。海軍士官として明治4年(1871)から同11年(1878)まで、イギリスのポーツマスに官費留学する。 ■木戸孝允(1833~1877)も準備の為、この頃帰藩する。

東郷平八郎

当時の大蔵省造幣寮玄関

明治150年その歩みを知る、つなぐ（前編）　西郷どん、大久保卿、薩摩藩年表帖（中巻）

西暦 1871

| 2月17日【4月6日】 | ■太政官（太政官布告第80号）より府藩県にあてて、「今般海軍水卒検査ノ上御撰用相成候間、海辺漁師ノ内十八歳ヨリ二十五歳ヲ限り、身体壮健ニシテ且懇願候者、地方官ニ於テ名前取調来ル六月中兵部省可申出事」との布達が出される。初めて一般より水兵を募る。 4135 |
| | □海軍は陸軍に比べて、はるかに人数が少いこともあり、最初から海に慣れ親んだ者から志願者を募るという方式が基本とされた。 |

2月19日【4月8日】	■「日田県事件（大楽騒動）」。日田県（大分）の騒擾に対して、東京守衛の熊本藩1大隊の派遣が命ぜられる。 4136
	□この月、他にも徳島藩兵1大隊が甲府県へ、岡山藩兵1大隊が福島県に出兵を命ぜられた。各地に、農民一揆と結びついた反政府騒擾が頻発した。
	□御親兵が編制される過程ながら、その反面で政府は、実際に諸藩の兵隊を動かし始めていた。

| 2月20日【4月9日】 | ■諸侯・華族は、すべて東京府の貫属となる。 4137 |

2月22日【4月11日】	■「鹿児島山口高知三藩ヨリ御親兵ヲ徴シ兵部省ニ管セシム」（太政官布告第89号）。四藩徴兵瓦解から再建の三藩による「御親兵」発足。 4138
	□鹿児島藩歩兵4大隊・砲隊4隊、山口藩歩兵3大隊、高知藩歩兵2大隊・騎兵2小隊・砲隊2隊の献兵による親兵設置が令せられ、三藩の常備兵6,275人は東京に集合して親兵となり、兵部省の管下に入ることになる。鹿児島藩は3,174人の親兵であった。
	■東郷平八郎（1848〜1934）、兵部省から「今般海軍修行の為め英国へ差遣はされ候事」との辞令を受ける。
	□留学の命を受けたのは12名（16名とも）。鹿児島からは、平八郎と伊地知休八（弘一）（のち海軍大佐）（？〜1895）、原田宗助（宗介）（のち海軍造兵総監）（1848〜1909）の3名であった。この留学に対しては、平八郎は、西郷隆盛に頼んで力添えしてもらったともいう。
	□原田宗助は、薩摩藩士の子として嘉永元年9月に生まれる。明治4年イギリスに留学、海軍技術をまなぶ。同19年海相西郷従道の欧米視察に随行。同33年海軍造兵総監となる。明治42年9月29日死去。62才。海軍兵学寮卒。
	□伊地知弘一は、薩摩に生まれる。明治4年イギリスに留学、海軍技術をまなぶ。明治12年（1879）12月少佐、同13年1月孟春艦長、明治17年（1884）1月21日天城艦長、同年5月15日清輝艦長、明治18年6月中佐、明治19年（1886）7月大佐、明治20年4月東艦長、同年6月11日から9月比叡艦長、明治22年（1889）4月火薬工廠長、明治24年（1891）12月14日高千穂艦長、翌年9月5日から明治27年（1894）2月26日まで厳島艦長、同年7月休職、明治28年（1895）1月28日死去。49才。

| 2月25日【4月14日】 | ■「参議広沢真臣ヲ害セシ賊ヲ大索スルノ詔」。 4139 |

| 2月26日【4月15日】 | ■前日鹿児島に戻った西郷隆盛（1828〜1877）は、鹿児島藩知事父子に謁して朝命を伝え許可を得て、城下常備隊四大隊と砲兵四隊、合わせて4千人を上京準備にとりかかった。 4140 |

| 2月30日【4月19日】 | ■大蔵卿伊達宗城・参議大隈重信・大蔵少輔井上馨及び大蔵少丞渋沢栄一ら、連名にて当分金銀両本位に定むる旨を、米国の大蔵少輔伊藤博文に返書。 4141 |

187

西暦1871

明治4	2月一 【4月一】	■高島鞆之助（1844～1916）、この月教佐として、一番大隊、四番大隊、三番砲隊、四番砲隊と共に上京。 □4月まで廃藩置県に備えた出兵が続く。
	3月5日 【4月24日】	■「勅祭神社其他ヨリ玉串等献上ノ手続ヲ定ム」（太政官達第108号）。 ■制度取調専務・江藤新平（佐賀藩）（1834～1874）、岩倉に請われ、近代的な集権国家と四民平等を説き、対清政策など「対外策」を大納言岩倉具視へ呈す。
	3月7日 【4月26日】	■樺山資紀（1837～1922）、大隊長に就任。鹿児島には新たに編成した1大隊（大隊長は樺山資紀）が残留する。 ■「二卿事件」。 華族外山光輔（1843～1872）・愛宕通旭（1846～1872）らの武力による天皇京都還幸計画発覚する。外山光輔が捕縛され、10日に東京の久留米藩藩邸が政府に押収されて藩知事有馬頼咸（1828～1881）が幽閉された。13日には政府の命令を受けた熊本藩兵が久留米城を接収して藩幹部を拘束した。明治政府は巡察使四条隆謌少将率いる軍を久留米に派遣し、事態の糾明にあたった。 □大楽源太郎（山口藩）（1832～1871）は、直前に逃亡したが、3月16日に久留米で応変隊隊員により斬殺される。
	3月11日 【4月30日】	■神武天皇祭の始（後に4月3日に改める）。 ■大隊長種田政明（1837～1876）、三番大隊の5小隊を引率して上京。このとき三番大隊の教頭は野津道貫（七次）（1841～1908）と永山弥一郎（1838～1877）、教佐は大野四郎助（精忠組）。 □この時、川路利良（1834～1879）も上京したものと思われる。川路は、薩摩藩与力（準士分）・川路利愛の長男として天保5年5月11日、薩摩国鹿児島郡鹿児島近在比志島村に生まれる。重野安繹（成斎）に漢学を、坂口源七兵衛に真影流剣術を学ぶ。元治元年（1864）禁門の変で長州藩遊撃隊総督の来島又兵衛を狙撃して倒すという戦功を挙げ、西郷隆盛や大久保利通から高く評価され、軍功を認められ士格となる。慶応3年（1867）御兵具一番小隊長に任命され、西洋兵学を学んだ。慶応4年（1868）戊辰戦争の鳥羽・伏見の戦いに薩摩官軍大隊長として出征し、上野戦争では彰義隊潰走の糸口をつくる。東北に転戦し、磐城浅川の戦いで敵弾により負傷したが、傷が癒えると会津戦争に参加。戦功により明治2年（1869）兵器奉行に昇進した。明治4年（1871）西郷の招きで東京府大属となり、同年に権典事、典事に累進。同年9月には39才で邏卒総長に任ぜられ、ただちに司法省の西欧視察団（8人）の一員として欧州各国の警察を視察する。帰国後、警察制度の改革を建議し、ジョゼフ・フーシェ（1759～1820）に範をとった仏国の警察制度を参考に、日本の警察制度を確立した。明治7年（1874）警視庁創設に伴い満40才で初代大警視に就任する。フーシェは総裁政府時代から密偵を雇い、秘密警察を使って国家のあらゆるものを監視させたと言われる。
	3月13日 【5月2日】	■官費留学の東郷平八郎（鹿児島藩）（1848～1934）ら12名、フランス商船で横浜出港。 ■二条城を京都府所管とする。
	3月14日 【5月3日】	■「二卿事件」。愛宕通旭、捕縛される。最終的には二卿事件への関与が疑われて、丸山作楽（島原藩）（1840～1899）、小河一敏（豊後出身）（1813～1886）、河上彦斎（熊本）（1834～1872）、古賀十郎（柳川）（？～1872）ら339名が逮捕されるという大事件となる。

明治150年その歩みを知る、つなぐ（前編）　西郷どん、大久保卿、薩摩藩年表帖（中巻）

西暦1871

3月16日 【5月5日】	■「日田県事件（大楽騒動）」。二卿事件を企てるも失敗した大楽源太郎（山口藩）（1832～1871）、逃げた先の久留米で応変隊隊員により斬殺される。	4150
3月18日 【5月7日】	■神仏判然は排仏ではなく、廃毀合併は慎重にすべきこと通達される（太政官布告第143号（東本願寺等に達）、第144号（京都府に達））。	4151
3月23日 【5月12日】	■4ヶ月半の間、鹿児島で西郷隆盛の薫陶を受けた酒井忠篤（羽前国庄内藩前藩主）（1853～1915）ら、鹿児島を去る。	4152
3月28日 【5月17日】	■前長州藩主毛利敬親（1819～1871）、死去。享年53。4月15日、贈従一位。	4153
3月一 【5月一】	■熊本藩（54万石）知藩事細川護久（1839～1893）、知藩事辞職を願い出る。 □政府の権力を確立するためには、官制の簡素化と共に人材の登用が必要であると主張する。	4154
4月2日 【5月20日】	■京都府、神武天皇遥拝所を八坂神社東南隅と定め、市中に3月11日当日の遥拝を令す。	4155
4月4日 【5月22日】	■「府藩県戸籍の法改正（抄）」（大政官布告第170号）制定。 いわゆる「壬申戸籍」で、それまで各府県ごとに行われていた戸籍作成に関する規則を、日本で最初に全国統一様式にあらためる戸籍ができ、戸籍法は、翌年に全国的戸籍を作成することを命じたが、それによって作成された戸籍を「明治5年式戸籍」という。戸籍法により戸籍区が設けられ、各区に戸長が置かれ戸籍関係事務にあたることとされた。 □明治5年（1872）2月1日施行。全国に区設置（行政区画）、戸長・副戸長配置。 「宗門人別帳・寺請制度（寺檀制度）」廃止となる。 ■「諸藩蔵前切手ト唱へ米券売買ヲ禁ス」（大政官布告第171号）。 ■英国公使ハリー・パークス（1828～1885）、賜暇帰国のため横浜出港。 ■徳川沼津学校掛・江原素六（鋳三郎）（元撒兵隊頭）（1842～1922）、新政府より海外（アメリカ）視察を命じられる。 □江原は、沼津では、旧幕臣の授産事業として、愛鷹山官林の払い下げ運動や愛鷹山で牛や羊を飼い、西洋式の牧畜を始め、牛乳やバター、チーズ、羊毛などを生産、茶の輸出会社の設立などを行っていた。	4156
4月9日 【5月27日】	■四番大隊、鹿児島を出発。	4157
	■2月8日、第1ドックを完成した横須賀製鉄所を工部省管轄中に「横須賀造船所」と改称（大政官布告第179号）。 □明治5年10月に工部省から海軍省の管轄になり、明治9年（1876）8月31日には海軍省直属となり、明治17年（1884）には横須賀鎮守府直轄となる。明治36年（1903）には組織改革によって「横須賀海軍工廠」となり、多くの軍艦を製造した。現在は在日米軍横須賀海軍施設。 ■横浜製鉄所を「横浜製作所」と改称。 ■官営長崎製鉄所は「長崎造船所」と改称。 □長崎造船所を工部省に移管、明治5年10月長崎製作所、同10年1月長崎工作分局、同16年9月「長崎造船局」と改称、同17年7月岩崎弥太郎に貸与。	4158

西暦1871

明治4	4月10日【5月28日】	■一番・二番大隊、鹿児島を出発。一番大隊教頭は野崎貞澄(1840〜1906)。

□**野崎貞澄**は、天保11年1月、薩摩藩士野崎貞門の嫡男として生まれる。戊辰戦争に従軍し、明治維新後は御親兵として上京する。明治4年(1871)7月23日陸軍大尉任官、御親兵1番大隊副官、同年9月3日、陸軍少佐として一番大隊長に就任。明治5年(1872)7月27日、陸軍中佐昇進、近衛局分課、同年8月13日、東京鎮台大弐心得、明治6年(1873)1月12日名古屋鎮台大弐心得、同年4月15日、名古屋鎮台大弐御用取扱、同年12月27日、近衛局出仕、明治7年(1874)1月20日、近衛歩兵第1連隊長として佐賀の乱に出動。その際、帝国陸軍最初の軍旗拝受を栄に浴している。明治10年(1877)5月17日、出征第2旅団参謀兼勤として、西南戦争に従軍。明治11年(1878)9月、仙台鎮台参謀長、同年11月21日、陸軍大佐昇進、同年12月19日、熊本鎮台参謀長、明治14年(1881)1月28日には中部監軍部参謀に就任。翌年2月6日、陸軍少将に進級して広島鎮台司令官に就任。明治18年(1885)5月21日、歩兵第12旅団長、明治19年(1886)8月18日、歩兵第2旅団長へ異動。明治20年(1887)5月24日、軍功により男爵位を授けられて華族となる。明治21年(1888)5月29日、勲二等旭日重光章、明治22年(1889)8月24日、将校学校監。翌年6月7日、陸軍中将に進み、第6師団長に親補される。同年6月19日従三位、明治25年(1892)12月8日に休職。
日清戦争では明治27年(1894)8月30日、留守近衛師団長として復帰し、9月5日、留守第1師団長に転じ、明治28年(1895)6月9日に召集解除。同年8月20日、勲一等瑞宝章、明治33年(1900)6月10日、予備役に編入され、同年6月20日正三位。明治36年(1903)12月1日、後備役となる。明治39年1月8日、死去。68才。同日、贈従二位、旭日大綬章。

□信濃町の慶應義塾大学病院の敷地は元は野崎家のもの。孫に、吹奏楽ポップスの父といわれる作曲家の岩井直溥(1923〜2014)がいる。

	4月15日【6月2日】	■鹿児島藩兵、東京に着く。
	4月16日【6月3日】	■西郷隆盛(1828〜1877)、島津久光(1817〜1887)に代わって島津忠義(1840〜1897)に従い、わずかな供回りと共に、船で鹿児島を発つ。
	4月18日【6月5日】	■京都伏見稲荷神社の境内地を上地。
	4月21日【6月8日】	■西郷隆盛、大久保利通、島津忠義に従い上京、東京市ヶ谷旧尾張藩邸に駐屯。

□収容する兵舎がいままでの東京鹿児島藩邸だけでは狭いの、市ヶ谷の名古屋(尾張)藩上屋敷(81,144.3坪)がそれにあてられる。西郷も当初はそこに滞在する。明治政府ははじめ離宮にする予定で尾張藩上屋敷をとりあげ、支度金6,000両を下賜して、尾張徳川家の屋敷を永田町に移した。その後離宮は赤坂の和歌山藩上屋敷におくことになる。それをみて東京府が御親兵の兵舎として使用することを願い出て、明治4年2月24日に兵部省所有となったという。

□島津久光は、分家玉里島津家を興すも、明治政府の急激な欧化政策に反対し、鹿児島に留まった。

明治150年その歩みを知る、つなぐ（前編）　西郷どん、大久保卿、薩摩藩年表帖（中巻）

西暦1871

4月23日【6月10日】	■日田騒動をはじめ、各地の騒動を鎮圧した新政府は、太政官布告第200号により、諸藩常備兵に対する指揮・動員体制を制度化するため、全国に置く軍事機構としての「鎮台」の最初の二つの設置を決めた。 一つは豊前小倉の西海道鎮台（分営は博多・日田）、もう一つの東山道鎮台は、本営を陸前石巻に、分営を福島と盛岡に置くとされた。 □実際に部隊編成を行ったのは西海道鎮台のみであった。 □この「鎮台」とは、日本陸軍の編成単位で常設されるものとしては最大の部隊単位であった。兵制としては御親兵の後を継ぐものである。	4164
4月25日【6月12日】	■文部省の前身たる大学の大丞・町田久成（鹿児島）（1838～1897）ら、旧物破壊の風潮を憂慮し、太政官に対し文化財保護を訴える献言書を提出。 ■寺院寮、民部省内へ移転（太政官布告第208号）。 ■大山弥助（巌）（鹿児島）（1842～1916）、親兵を統括する兵部省の役職、兵部権大丞に任命される。	4165
4月27日【6月14日】	■大蔵卿・伊達宗城（1818～1892）を全権大臣とし、清国に派遣。	4166
4月28日【6月15日】	■大久保利通（1830～1878）、「日田県事件（大楽騒動）」のため山口に出張の命を受ける。 ■親兵は、この日、鹿児島藩兵が1番大隊から4番大隊、山口藩兵が5番大隊から7番大隊、高知藩兵が8番・9番大隊に編制される。	4167
4月一【6月一】	■この月、名古屋藩（56万石）知藩事徳川慶勝、政治の統一化を図るための五策を建議。学校制度の統一、人材の登用、軍事権の統一、一州一知事制、華族家禄の平均化である。	4168
	■この月、羽前国庄内藩（鶴岡藩）用人であった菅実秀（1830～1903）、東京で初めて西郷隆盛（1828～1877）に会う。 □二人の仲は管鮑の交わりであり、その熱い交情は世間に喧伝され、よく知られるところである。 □アーネスト・サトウ（1843～1929）も、この年、西郷隆盛に会う。このときの西郷は非常に無口で、「いつまで東京にいるか分からない」と言ったという。	4169
5月5日【6月22日】	■京都府は、神武天皇遥拝式、八坂神社遥拝所および市内各氏神で執行。 ■太政官の令により官民遥拝所を京都府庁内に設け、神武天皇畝傍山陵を遥拝。	4170
5月9日【6月26日】	■前年11月日本を発った大蔵少輔伊藤博文（1841～1909）、米国から横浜に帰港。	4171
5月10日【6月27日】	■近代日本最初の貨幣法「新貨条例及び造幣規」（太政官布告第267号）が布告され、貨幣の名称を「円・銭・厘」とし十進法を採用。旧1両を1円とし、金本位制を採用。金貨を本位貨幣、銀貨を補助貨幣とする新貨制度。 □純金二分（1,500ミリグラム）を円の定量とし、円の100分の1を銭、銭の10分の1を厘とする。	4172
5月12日【6月29日】	■「二卿事件」。事件審問を弾正台と京都府にて同時に開始。	4173
5月13日【6月30日】	■副島種臣（1828～1905）、樺太の境界問題解決のためロシアへ派遣を命ぜられる。	4174
5月14日【7月1日】	■大久保利通（1830～1878）、山口藩藩知事毛利元徳（1839～1896）に謁見し、尋て毛利敬親の墓に詣でる。	4175

西暦1871

明治4	5月14日 【7月1日】	■「神社以下大小神社ノ世襲神職ヲ廃シテ精選補任セシム」(太政官布告第234号)。 (神社は国家の宗祀につき、神宮以下神社の世襲神職を廃し精選補任の件)・ 「官社以下定額及神官職員規則等」を布告。 □政府、全国各神社の社格制定。神社はすべて国家の宗祀たることを宣する。 また、神官・官幣社・国幣社及び以下の諸社の定額、神官の職制を定める。後者は、 官・国幣社、府藩県社、郷社、産土社を制定するものであった。この意味は、 国家が祭祀すべき神々の体系を定めたという重大な意味がある。天皇陵もしく は京都御所における皇霊祭祀が天台宗や真言宗の影響力から完全に離れ、神祇 官の管轄となり、亀井茲監(石見津和野藩知事)・福羽美静の構想は頂点に達した。 ■「官社以下定額及神官職員規則ヲ定メ神官従来ノ叙爵ヲ止メ地方貫属支配ト為 シ士民ノ内へ適宜編籍セシム」(太政官布告第235号)。 ■貴船神社が上賀茂神社(賀茂別雷神社)から独立。
	5月17日 【7月4日】	■大久保利通、木戸孝允と相携えて帰途に就く。
	5月18日 【7月5日】	■高知藩兵、東京着。
	5月23日 【7月10日】	■「古器旧物ヲ保存セシム」(太政官布告第251号)。 □「古器旧物保存方」が布告される。大学大丞町田久成(鹿児島)(1838～1897)の 献言書により、明治政府は、「廃仏毀釈」によって破壊された文化遺産の調査を 始める。政府は全国的に伝世の古器旧物を保全すべきことを通達すると共に 各地方官庁で品目、所蔵人を調査のうえ政府に報告するよう指令。古器旧物類 を31の部門に分類。この分類は後世博物館の列品分類の基準ともなる。 我国初の文化財保護政策ともされるが、寺社財産の捕捉とウィーン万博出品の 目的という。
	5月24日 【7月11日】	■「社寺領上知につき、境内の区別を一定し、収納ある分は、六ケ年平均取調べ 提出の件」(太政官達第258号)。 □田畑・山林、例え不毛地であろうと、墓地以外の境外地は全て「上知」。
	5月25日 【7月12日】	■政府、「教導団」を置く。 大阪の陸軍兵学寮内の下士養成を目的とする教導隊を東京に移して改称。 □御親兵、2鎮台、教導団をおき、各藩の反対に備えたうえで廃藩置県を行うこ とになる。
	5月27日 【7月13日】	■参議大久保利通(1830～1878)、木戸孝允(1833～1877)、東京着。 □大久保利通は、西郷隆盛(1828～1877)と議論し、政令を一途に出でしめんがため、 木戸孝允一人を参議に推さんとする。
	5月末	■山口藩兵、東京着。
	5月― 【7月―】	■この月、「諸門跡・比丘尼御所号等廃止、寺院は地方官管轄」(太政官達第270号)。
		■この月、木戸孝允発行の『新聞雑誌』創刊。 □ニュースのほかに世間の雑事も掲載するという意味の紙名。形式も最初は 半紙数枚綴りの木版印刷であったから、新聞と雑誌の中間の形式をとっていた。
		■「開拓使庁」を札幌に置く。札幌官園を置く。 □6月1日、札幌を本府とする。函館出張所を函館出張開拓庁とする。

明治150年その歩みを知る、つなぐ（前編）　西郷どん、大久保卿、薩摩藩年表帖（中巻）

西暦1871

6月1日【7月18日】	■**西郷隆盛、大久保利通を訪ねる。** □政府の統一は「根本」が一つになっていなくてはできないものである。そこで「根本」を一つにするために、木戸孝允一人を押し立てて、他の者は彼に協力するようにすべきである。木戸の単独参議就任により、政府の「根本」を1つにするという方策であった。大久保は西郷提案に同意した。 以後、西郷は三藩提携論の考えから高知藩大参事の板垣退助と山口藩権大参事の杉孫七郎にも呼びかけ、三藩の意思として木戸参議の実現に向けて動き出す。	4187
6月6日【7月23日】	■嵯峨清凉寺本尊釈迦如来像を、東京で開帳。	4188
6月7日【7月24日】	■**1月から5月まで、アメリカ合衆国とヨーロッパ諸国を旅行した樺太専任開拓次官・黒田清隆（1840～1900）、米国より帰朝。** □旅行中、米国大統領グラント（1822～1885）に会い、農務長官ホーレス・ケプロン（1804～1885）が黒田に会って顧問に赴くことを承諾し、他多数のお雇い外国人の招請の道を開いた。ケプロンは、日本滞在期間3年10ヶ月、黒田は、ケプロンの構想を基に北海道開拓政策を進める。	4189
6月11日【7月28日】	■政府、大改革断行のことにつき、大納言岩倉具視に意見を具申する。	4190
6月12日【7月29日】	■山口知藩事・毛利元徳（1839～1896）、東京着。	4191
6月14日【7月31日】	■京都府、民部省のシベリア海岸に流行の牛疫（リュンドル・ペスト）に対する予防法を布告。	4192
6月17日【8月3日】	■「菊御紋使用は、皇族の外、すべて禁止の件」（太政官布告第285号）。 皇族以外が菊の紋章を使用することを禁止する。 ■「寺院御所号・門跡号・院家・院室等の名称廃止」（太政官布告第287号）。その後、明治18年（1885）、旧門跡寺院で残存している寺院に限って名乗ることを許される。 □京都では、仁和寺・大覚寺はじめ御所号・門跡号・院家・院室など、および坊官・候人の名称を廃し、処分。 ■「寺院禄制」（太政官布告無号）。	4193
6月23日【8月9日】	■山県有朋・井上馨・三条実美・岩倉具視らが木戸孝允に参議就任を要請するが、木戸は頑なに拒否し続ける。大久保利通はこの日、西郷隆盛に、木戸と共に参議になることを勧め、西郷も各省の人事大刷新を条件として同意する。	4194
6月24日【8月10日】	■大久保利通、自己の改革案の修正と人事刷新を岩倉具視に申し出る。 □大納言・参議の残存（大納言のみ外務・大蔵・中務省の長官兼務）と各省官員の大削減である。前項が木戸への妥協、後項が西郷への配慮である。 木戸は、それでも難色を示したが、大隈重信の周旋により、ようやく参議就任を、それも暫定的という条件で承諾する。大隈は、政府改革（制度・機構問題を一時棚上げしたうえで、木戸・西郷の両名が参議に就任し、改革問題は後日各省長官を含めた「公論」を尽くして結論を出すという妥協案を示した。 ■「芝山内源興院親兵病院」。	4195
6月25日【8月11日】	■**政府首脳人事更送。大久保利通は参議を退く。木戸孝允以外の参議が辞任、西郷隆盛が参議に就任。** □武力を背景に、内閣人員の入れ替えを始める。 ■有栖川宮熾仁親王（1835～1895）、兵部卿（二代目）免官。	4196

西暦1871

明治4	6月26日 【8月12日】	■京都府庁を二条城に移転。
	6月27日 【8月13日】	■太政官、知事に寺院住職の進退を所管せしめる。
		■右大臣三条実美(1837〜1891)、神祇伯を兼帯。 ■6月25日宮内卿を辞任した万里小路博房(1824〜1884)、宮内大輔となる。
		■大久保利通(1830〜1878)は、大蔵卿に任ぜられる。大隈重信(佐賀)(1838〜1922)は大蔵大輔となる。
		■伊達宗城(1818〜1892)は、大蔵卿・全権大臣等を罷め、麝香間祗候(2回目)に遇せられる。
	6月28日 【8月14日】	■三職会議で、板垣退助を兵部省大輔とし、大木喬任を民部省大輔から文部省大輔に移し、中務省の新設を取り止めることになどを内定。
	6月29日 【8月15日】	■大蔵卿大久保利通、兵部、民部両省の人選につき、大納言岩倉具視の諮問に答える。同日、右大臣三条実美、大久保利通を訪れ、政府の職制大改革につき終始、格段幹旋の功を賞せられる。
	6月一 【8月一】	■この月、津田出(1832〜1905)は、陸奥宗光(1844〜1897)に和歌山藩都督(徴兵軍の総指揮官)を譲る。
		■この月、東京の旧藩邸が、官用地として上地替となる。
	7月1日 【8月16日】	■大蔵卿大久保利通、制度取調掛を命ぜられる。
		■兵部少輔山県有朋(1838〜1922)、参議西郷隆盛(1828〜1877)を訪ね「廃藩置県」を説く。
		□廃藩論が政府内部で公然と提起された。提起したのは山口藩の鳥尾小弥太と野村靖であった。廃藩置県案は、大久保利通・木戸孝允ら薩長の主要人間で密かに練られ、三条実美・岩倉具視・西郷隆盛・板垣退助・大隈重信らの賛成を得た。
	7月2日 【8月17日】	■福岡知藩事黒田長知(1839〜1902)、藩における太政官札偽造が日田知藩事・松方正義(鹿児島)により告発され、知藩事を免職、謹慎させられる。
		□後任の知藩事には、長男の長成(1867〜1939)ではなく有栖川宮熾仁親王が就任したが廃藩置県まであとわずかであった。福岡藩は佐幕派であったため、鹿児島藩など他藩も当たり前のようにやっていた札偽造であるが、見せしめとして告発されたという。
	7月3日 【8月18日】	■大蔵権大丞租税正・渋沢栄一(1840〜1931)、制度取調御用掛を命じられる。
		■大久保利通とおゆう(勇)の間に、七男・七熊(1871〜1943)、生まれる。
	7月4日 【8月19日】	■東西両本願寺の坊官と家来で三代以上の者を、士族卒の等級に分け、京都府貫属とする。

明治150年その歩みを知る、つなぐ（前編）　西郷どん、大久保卿、薩摩藩年表帖（中巻）

西暦 **1871**

7月4日 【8月19日】	■山口藩知事毛利元徳・鹿児島藩知事島津忠義・高知藩知事山之内豊範・名古屋藩知事徳川慶勝・元福井藩主松平慶永の5名に「国事御諮詢」のため、毎月3回（2日・12日・22日）出仕することが命じられる（『明治天皇記』）。 □岩倉が提唱し木戸・大久保・西郷の同意を得て実現したものという。 ■「郷社定則」（大政官達第321号）。 「郷社ハ凡戸籍一区ニ一社ヲ定額トス」と定められ、区内にある特定の一社を郷社に列格し、他の郷社付属の村社あるいは無格社とされた。 ■社寺領上知が済み、「大小神社氏子取調」（大政官達第322号）を発布し、氏子調を開始する。氏子調は同法令によって郷社とされた神社の氏子となることを義務付けるもので、宗教政策の側面と同時に、戸籍や身分証明の側面を持つ。寺請制度の変更で、江戸時代の寺の役割をそのまま神社が取って代わることになる。 ■「神社禄制制定につき境内外区別取調提出の件」（大政官達第324号）。 ■「神社禄制」（太政官布告無号）。 ■「官国弊社以下神官家禄、元高に準じ、禄制の通り下賜」（大政官達第325号）。 ■「宣教使、大教を宣布の件」（太政官布告第327号）。 ■布哇（ハワイ）と「日布修好通商条約」を締結。	4208
7月5日 【8月20日】	■参議西郷隆盛と参議木戸孝允が制度取調会議長となり、会議が開かれる。 □しかし、藩力による中央集権化を狙った三藩提携論は機能不全に陥り、政府の一体性すら保持することが困難になった。	4209
7月6日 【8月21日】	■参議西郷隆盛、委員の決定権委任の勅許を得る。 □これにより西郷は、新官制・内閣人事・廃藩置県等の審議を主導する。 ■九段坂上の木戸孝允邸にて、西郷隆盛、大久保利通、山県有朋が会合。	4210
7月9日 【8月24日】	■「刑部省弾正台ヲ廃シ司法省ヲ置ク」（太政官布告第336号）。 □刑部省と弾正台を廃止して、新たに「司法省」を設置。権限は刑事裁判のみで、民事は大蔵省所管であった。 ■木戸孝允の屋敷で政府の秘密最高首脳会議、参加者は山口の木戸孝允（1833～1877）・山県有朋（1838～1922）・井上馨（1836～1915）。鹿児島は西郷隆盛（1828～1877）・大久保利通（1830～1878）・西郷従道（1843～1902）・大山巌（1842～1916）。	4211
7月10日 【8月25日】	■木戸・西郷・大久保会談で廃藩の発令日が14日と決まる。	4212
7月12日 【8月27日】	■木戸・西郷・大久保会談。 細部では相互に異論があるものの大綱が決定された。そして、右大臣三条実美に廃藩断行を告げて、天皇に上奏し裁可を得ることが決まる。 □三条実美には木戸と西郷が、岩倉具視には木戸と大久保が、それぞれはじめて廃藩計画を通知する。	4213
7月13日 【8月28日】	■新政府、尾去沢銅山を没収。 □明治元年（1868）賊軍となった盛岡藩は、薩長から軍資金7万両を要求された。藩は鍵屋に7万両を納めさせ、代わりに尾去沢銅山の経営権を移譲した。新政府大蔵省は、旧盛岡藩の外債を肩代わりし、その代償として盛岡藩資産を調査中に、豪商村井茂兵衛（1821～1873）から5万5千円の証文に「内借し奉る」の文字を見つけ、村井の債務と決めつけ尾去沢銅山を没収した。 ■山岡鉄舟（鉄太郎）（1836～1888）、新政府に出仕し静岡県権大参事を経て、廃藩置県に伴い、この日、茨城県参事となり、12月22日には伊万里県権令となる。	4214

195

西暦1871

| 明治4 | 7月14日【8月29日】 | ■中川将行・矢吹秀一・永峰秀樹・吉田泰正の同級生4人、沼津兵学校を退校して海軍に入りたいと、静岡の勝海舟(1823〜1899)に嘆願。 |

■天皇、「廃藩置縣ノ詔」。「廃藩置県ノ詔書」(太政官達第350号)。

■「廃藩置縣ノ詔」。「鹿児島、山口、佐賀、高知藩各藩知事に勅語」(第351号)。
■「廃藩置縣ノ詔」。「名古屋、熊本、鳥取、徳島藩各藩知事に勅語」(第352号)。

■「藩ヲ廃シ県ヲ置ク」(太政官布告第353号)。
□御親兵の兵力を背景に大納言岩倉具視の企画で、明治天皇が在京56藩知藩事を集め、未曾有の改革といわれた「廃藩置県」の詔書を出す。
□知藩事の職を免じ、全国に1使(開拓使)、3府(東京府・京都府・大阪府)、302県を設置。天皇は小御所代に出席し、呼ばれていた鹿児島藩知事・島津忠義(1840〜1897)、山口藩知事・毛利元徳(1839〜1896)、佐賀藩知事・鍋島直大(1846〜1921)、高知藩知事・山内豊範(1846〜1886)の代理である板垣退助(1837〜1919)の4人を前にして、右大臣三条実美(1837〜1891)が勅語を読み上げた。261藩全てが消滅し中央集権体制が確立しだした。**これにより、全国が明治政府の直轄となる。**
□藩は府県となり、知藩事は免職され、中央政府から府知事・県知事が派遣された。旧来の藩制を廃して、郡県制度を敷き中央集権をはかる。そのまま県に置き換えたため細かく分かれ全国で3府302県になり、飛地も多く地域としてのまとまりも弱いものだった。

■新政府、諸藩発行の藩札をすべて、本日の相場により追って交換する旨を布告する。

■「弁官ヲ廃ス」(御沙汰第356号)。
■正親町三条実愛、大納言を辞す。

■「久光公は当務の急務を知らるるも、事皆西郷・大久保一輩の専断に出て、予議せる処なきを以て、往年以来の積憤重なりて不満に堪へられず、発令の報鹿児島に達せし夜陰は、公子侍臣に命じ、邸中に花火を揚げしめ、憤気を漏されたり」(鹿児島県史料「忠義公史料七巻」所収『市来四郎自叙伝十』より)。
□後、島津忠義(1840〜1897)一家は、鹿児島城(鶴丸城)(鹿児島市城山麓)を明け渡し、磯御殿(鹿児島市吉野・仙巌園)へ引っ越す。

□琉球王国は、江戸時代を通じて、日本(鹿児島藩)と中国に両属していたが、この廃藩置県に伴い、鹿児島県の下に入った。

□鹿児島藩は、鹿児島県となるが、県名についてはこんな話もある。
朝廷に味方をした忠勤藩には藩名をそのまま県名として許可し、鹿児島県を初めに山口・高知・佐賀・福岡・広島県などである。反朝廷側に立った藩で態度が曖昧であった藩、敵対した藩は、その藩内の郡名をつけさせたという。
曖昧県では、熊本藩の白川県、金沢藩の石川県、岩槻藩の埼玉県の如く、朝敵藩では、松江の島根県、高松の香川県、桑名の三重県、名古屋の愛知県、水戸の茨城県、高崎の群馬県、仙台の宮城県、盛岡の岩手県など。
まことしやかに語られている。

	明治150年その歩みを知る、つなぐ（前編）　西郷どん、大久保卿、薩摩藩年表帖（中巻）

西暦1871

7月14日【8月29日】	■岩倉具視(1825～1883)、大納言から異動して外務卿(外務省の長官)に就任。	4218
	■大隈重信(佐賀)(1838～1922)・板垣退助(高知)(1837～1919)、参議に就任。西郷・木戸に加え参議は4名となる。藩閥勢力の均衡を図るためである。 ■兵部少輔山県有朋(1838～1922)、兵部大輔に昇進。 □この年、山県は、欧州で得た識見を基に、将来は欧米に伍する軍事力強化の必要性を述べた意見書を西郷従道らと共に提出した。薩長土三藩の軍事指導者、西郷・山県・板垣の連携体制が成立した。 ■津田出(1832～1905)、新政府による廃藩置県により、正式に和歌山県大参事に任命される。のち大蔵少輔、陸軍大輔、元老院議官、貴族院議員などを歴任した。	
7月15日【8月30日】	■兵部大丞・川村純義(鹿児島)(1836～1904)、兵部少輔に昇進。	4219
	■「右大臣以下各卿大輔の集会」。 □廃藩後の処置について議論が百出し「声高」にそれぞれが論じ合い紛糾。それまで黙って聞いていた西郷隆盛の「この上もし各藩にて異議等」がでたならば、兵を差し向けて「撃ち潰す」、という一言でたちまち議論がやんだという。(『保古飛呂比』)。	4220
7月18日【9月2日】	■「大学ヲ廃シ文部省ヲ置ク」(太政官布告第361号)。 □大学廃止、東京神田の湯島聖堂内(昌平坂学問所跡)に「文部省」が設置される。学校(大学南校・大学東校)は単に「南校」・「東校」と改称されて、医薬政策も、文部省管轄となる。 □(大阪)開成所も文部省管轄となる。	4221
7月19日【9月3日】	■太政官伝達所より、人民よりの諸願伺書等の「京都御政府」の名称を以後「京都府御庁」とするよう伝達あり。	4222
7月20日【9月4日】	■大蔵省内に紙幣局を設置。 ■中村半次郎(桐野利秋)(鹿児島藩)(1838～1877)、兵部省出仕。	4223
7月23日【9月7日】	■この日の制度取調会議では、職制が決定され、29日に発表される。 ■第三代東京府知事・壬生基修(1835～1906)、退任。同日、由利公正(1829～1909)が第四代東京府知事に任命される。	4224
7月24日【9月8日】	■鹿児島藩親兵の4番大隊を廃止(他の番号はそのまま)。 □鹿児島藩兵の中から帰県する者が続出した。新しい軍隊秩序や待遇の不満は鎮台にも充満していた。	4225
7月25日【9月9日】	■新政府、租税に関する布告を各県に発する。政府は各県に対して本年9月までは、昨年徴収した租税によって諸費を賄うよう命じた。 □「廃藩置県につき租税の一般法則を制定しなければならないが、「因襲」にとらわれている現状で急速に定めることは「民情」にそむくことが多い。したがって、今年は「旧慣」により徴収するようにと」(『太政官日誌』)。	4226
7月一【9月一】	■「兵部省陸軍条令」制定。陸軍省の骨子が出来上がる。	4227
7月27日【9月11日】	■「民部省ヲ廃ス」(太政官布告第375号)。政府、民部省を廃し、大蔵省に合併する。	4228

197

西暦 1871

| 明治4 | 7月28日【9月12日】 | ■政府、大蔵省高官要職の任命を行う。 |

大蔵大輔に井上馨(山口)(1836〜1915)。大蔵少輔伊藤博文(山口)は租税頭に、大蔵少丞吉田清成(鹿児島)は租税権頭に、大蔵少丞安藤就高(元大垣藩士)は租税助に任ぜられる。
□大蔵省は、財政、民政及び司法に亘る広範な業務を所管することになり、井上馨の掌握した権限は、断然他を圧する強大なものとなった。

■民部大輔大木喬任(佐賀)(1832〜1899)は初代文部卿に、江藤新平(佐賀)(1834〜1874)は初代文部大輔に任ぜられる。
■「兵部省官等表」。大元帥・元帥がおかれる。
■「兵部省職員令改正」。
□陸軍掛・海軍掛を改めて、兵部省に「陸軍部」・「海軍部」設置。
□兵部省内の糺問司が、「海陸軍糺糺問司」となる。

■兵部省出仕の中村半次郎(桐野利秋)(1838〜1877)、陸軍少将に任じられ、同時に従五位に叙せられる。その機会に苗字を「桐野」と改めて、名を「桐野利秋」として届け出た。次いで函館に視察を命ぜられる。
□帰ってきてからは札幌に鎮台を設置する必要を上申。これがのちの屯田兵設置の嚆矢となるという。

| | 7月29日【9月13日】 | ■「日清修好条規」締結。朝鮮の宗主国である清国との修好条規を天津で調印。日清間最初の条約。 |

□大蔵卿伊達宗城(1818〜1892)、外務大丞柳原前光(1850〜1894)と共に清へ渡り、李鴻章(1823〜1901)との間で締結した。明治6年(1873)4月30日に批准書交換。
明治政府は、清国と朝鮮、日本の三国関係での独立国家としての優位な立場を確立し、欧米諸国との不平等条約の改正の前提としようとした。

伊達宗城　柳原前光

李鴻章

明治150年その歩みを知る、つなぐ（前編）　西郷どん、大久保卿、薩摩藩年表帖（中巻）

西暦**1871**

7月29日 【9月13日】	■「太政官職制ヲ定ム」（太政官布告第385号）。政府、太政官の官制を改め、新たに正院および左右両院を置き、その下に八省を置いた。神祇、文部、工部、大蔵、兵部、司法、宮内、外務である。「太政官制Ⅲ」。 □二官六省制から三院八省制になる。 正院（太政大臣・納言・参議等）、右院（諸省）、左院である。太政官職制（1871年7月29日設置〜同年8月10日官制改正〜1873年5月2日改正〜1875年4月14日改正〜1880年2月28日改正〜1881年10月21日改正〜1885年12月22日廃止）。 ■「太政官職制並ニ事務章程」（太政官布告第386号）。 太政官発令に係る「布告」、諸省発令に係る「布達」との区別がなされる。 ■**右大臣三条実美（さねとみ）（1837〜1891）、制度改正により、天皇を補弼する政府の最高責任者、「太政大臣」となる。** □「正院」は太政官の最高機関で行政機関、「左院」は立法機関であり、「右院」は行政上の諮問機関で、各省卿及び次官で構成された。太政大臣は天皇の輔弼機関であり、すべての行政に対し完全な指揮監督権をもつ。左大臣、右大臣は、太政大臣不在時の代理。各省卿は実質的な国務遂行機関であり、また、行政事務の遂行に当たっては太政大臣の指令を受ける必要がある。参議は国務国策の審議立案者であり、一時期を除いて各省卿を兼務していた。 □参議（木戸孝允、西郷隆盛、板垣退助、大隈重信）は太政大臣、納言（この納言は明治4年（1871）8月、左右大臣に改められた）と共に正院を構成し、大臣・納言を補佐して大政に参与し、天皇を補翼する重職となった。その後、大蔵卿（大久保利通）、文部卿（大木喬任）、兵部大輔（山県有朋）、大蔵大輔（井上馨）、文部大輔（江藤新平）、工部大輔（後藤象二郎）、司法大輔（佐々木高行）、外務大輔（寺島宗則）となる。かつての藩士たちが政府の実権を握ることになったのである。 宮内大輔万里小路博房は公卿。	4231
7月— 【9月—】	■廃藩置県により鹿児島県が設置され、知政所が「鹿児島県庁」に改称。	4232
	■東京府から「邏卒設置」が達せられる。邏卒3,000人の内鹿児島県人が2,000人を占めることになる。帯刀を禁じ3尺棒を持たせたのが特徴であった。 □新体制の警察を目指して努力したのは、参議西郷隆盛という。	4233
8月1日 【9月15日】	■村田新八（鹿児島）（1836〜1877）、参議西郷隆盛（1828〜1877）の推挙で宮内大丞（くないたいじょう）に任命される。	4234
8月3日 【9月17日】	■政府、大蔵省を神田橋内、元山口藩邸に移転する。	4235
8月4日 【9月18日】	■「武一騒動」始まる。「旧藩主引留め一揆」が、広島で起こる。 □旧知藩事浅野長訓が東京に向け、広島城を出発しようとした時、城門前に集まった近郊からの者も含む農民らが、道路をさえぎって「おとめ申す、おとめ申す。」と哀訴。長訓一行は城内に引き返し、ついに出発を延期せざるを得ないことになった。一揆のはじまりである。 以後、10月4日に鎮圧されるまで県下全域に広がる。	4236
	■「諸陵寮ヲ廃ス」。諸陵寮は神祇官に統廃合された。 ■最初の侍従長に徳大寺実則（さねつね）（1840〜1919）を任命。 ■兵部大丞・前五條県知事、鷲尾隆聚（わしのおたかつむ）（1843〜1912）、若松県知事に就任。	4237
8月5日 【9月19日】	■太政大臣三条実美（1837〜1891）、鉄道一部竣工につき、横浜に於て汽車に試乗する。	4238

西暦1871

明治4	8月7日【9月21日】	■樺太開拓使廃止（太政官布告第397号）。□北海道開拓使に再び合併する。
	8月8日【9月22日】	■中央官制小改正で「神祇省」が、神祇の祭祀と行政を掌る機関として律令制以来の神祇官に代わって設置される（太政官布告第398号）。□最上位に置いていた神祇官廃止、格下げして神祇省となり太政官へ移す。形式と内容の不一致というものであった。神祇卿は設置されず、神祇大輔に福羽美静（ふくばびせい）（1831～1907）が任命された。
	8月9日【9月23日】	■「散髪制服略服脱刀随意ニ任セ礼服ノ節ハ帯刀セシム」（太政官布告第399号）「散髪脱刀令」、散髪・制服・脱刀を随意とし、礼服の節は帯刀させる。□旧風を改め、官吏および華士族の散髪・廃刀の自由が認められる。以後日本髪から断髪にする女性増加。さらに、帽子が流行する。
	8月10日【9月24日】	■「明治中央集権国家が誕生」。「官制等級ヲ改定ス」（太政官布告第400号）。官制を改定し、太政官を本官とし諸省を分官とする。従来の職階と連動する位階制（官位相当制）を廃止し、新たに全15等の官等を設ける。□納言は、左大臣・右大臣となる。□15等の官は、天皇が直接任命する3等以上は勅任官、7等以上は奉任官、8等以下は判任官と称された。親任官である卿（大臣）、大輔、少輔、大丞、少丞、以下、六等出仕、七等出仕、大録、八等出仕、権大録、九等出仕、中録、十等出仕、権中録、十一等出仕、少録、十二等出仕、権少録、十三等出仕、十四等出仕、十五等出仕と続く。□太政大臣三条実美（1837～1891）は、神祇伯を辞す。□文部大輔江藤新平（1834～1874）、左院副議長に就任。
	8月11日【9月25日】	■駅逓権正前島密（1835～1919）、英国から帰朝し、17日、駅逓頭になる。
	8月13日【9月27日】	■渋沢栄一（1840～1931）、大蔵大丞に任ぜられる。
	8月15日【9月29日】	■官庁用地の上地が、中止となる（太政官布告第410号）。
	8月18日【10月2日】	■明治天皇、馬車を召され浜殿へ行幸（馬車にて行幸の始め）。途中、鹿児島藩軍楽隊が奏楽とされる。■「制度局ヲ左院ニ管セシム」（太政官布告第417号）。□10月から制度局国法御前会議が月2回開かれ、左院副議長兼文部大輔江藤新平（佐賀）（1834～1874）、洋書進講担当の侍講加藤弘之（元幕臣）（1836～1916）、太政官権大史長三洲（ちょうさんしゅう）（豊後国出身）（1833～1895）らが、出席して諸制度を起草したという。■これまでの鎮台を廃止し新たに「東京鎮台」設置。□第一分営は新潟、第二は上田、第三は名古屋に置かれる。■司法省に、東京府へ捕亡因獄の事務を引き渡すよう命じる（太政官達第419号）。■東京府に、司法省へ聴訟断獄の事務を引き渡すよう命じる（太政官達第429号）。

明治150年その歩みを知る、つなぐ（前編）　西郷どん、大久保卿、薩摩藩年表帖（中巻）

西暦 **1871**

8月19日【10月3日】	■「大蔵省職制事務章程ヲ定ム」（太政官布告第423号）。 □大蔵省戸籍寮に社寺課を置き、神祇省直轄外の事項を管掌の件（抄）。 □民部省廃止につき、社寺及び神職・僧尼管掌の事務を大蔵省に所属（抄）。 ■捕亡・囚獄・徒場の事務を東京府に移管し、代わって聴訟・断獄の事務を司法省に移管する（太政官布告第419号、420号）。 ■府学（中小学校及び西洋語学所）を、文部省に移管する。 ■黒田清隆（1840〜1900）は、10年間1,000万両をもって総額とするという大規模予算計画、いわゆる開拓使十年計画が話し合われて決定する（太政官布告第425号）。 □黒田は、ロシア帝国に対抗する国力を充実させるため北海道の開拓に力を入れるべきだという建議を行った。	4247
8月20日【10月4日】	■「集議院ヲ左院ノ被管トス」（太政官達第432号）。集議院が左院に属する。 ■**諸藩常備兵の鎮台への再編に着手した兵部省が、兵部省陸軍部内条例、陸軍士官兵卒給俸諸定則などを定めたうえで、旧2鎮台を廃止し全国に4鎮台（東京・大阪・鎮西（熊本）・東北（仙台））を置くことをあらためて決定。** □大阪鎮台の第一分営は小浜、第二は高松。西海道鎮台は廃止され、替わって「鎮西鎮台」が小倉だが、当分、熊本に設置された。第一分営は広島、東山道鎮台の代わりに「東北鎮台」が設けられ、本営を石巻に置く予定としながら、当分は仙台に置くことにした。結局石巻への移転は実現せず、東北鎮台は「仙台鎮台」に改称。第一分営は青森。 □諸藩の常備兵を解隊することになる。鹿児島城内に鎮西鎮台第二分営として歩兵4小隊がおかれる。	4248
	■小野惇輔（高松太郎）（1842〜1898）、維新の功労者である坂本龍馬の系統が途絶えることを防ごうと、朝旨により「坂本直」と改名し、龍馬遺跡を相続。 高松太郎の母千鶴は、龍馬の長姉。	4249
8月21日【10月5日】	■グラバー商会、廃社。	4250
	■陸奥宗光（和歌山）（1844〜1897）、神奈川県知事（第4代）に任じられる。 ■坂本龍馬、中岡慎太郎両家共、その姪に故人の家督相続を許される。中岡家は、甥・代三郎（姉・京の長男）（中岡照行）が家督を継ぐ。明治新政府は、龍馬の家督を相続した坂本直（高松太郎）に永世録十五扶持を贈る。	4251
8月23日【10月7日】	■廃藩置県により、大山綱良（1825〜1877）、鹿児島県大参事に就任する。	4252
	■「留守官ヲ廃ス」（太政官布告第438号）。 京都留守官制が廃止され、事実上東京が首都となる。	4253
8月24日【10月8日】	■弾正台廃止。 □刑部省との統合による司法省の新設にともなって廃止された。	4254
8月27日【10月11日】	■徳川家達（1863〜1940）、静岡藩知事を免じられ、東京に転居。 慶喜（1837〜1913）は、静岡に止まり、徳川宗家の家族となる。	4255
8月一【10月一】	■兵部省から全11編204条からなる「陸海軍刑律」が公布される。 □この時に採用された兵は、旧幕兵、十津川脱走兵、和歌山、大垣、名古屋、富山、大泉、新発田、伊万里その他の旧藩兵であった。	4256

西暦1871

明治4	8月一 【10月一】	■大蔵卿大久保利通(1830～1878)、関税改正に関する意見書を正院に提出する。 ■この月、宮中の仏教関係品が一掃される。	425
	9月2日 【10月15日】	■東寺(教王護国寺)の後七日御修法・大元帥御修法など勅会を廃止。	425
		■大蔵卿大久保利通、大蔵大輔井上馨、3府302県を3府73県に統合する案を正院に上申する。	425
	9月4日 【10月17日】	■天皇、「服制更正ノ敕諭」。服制改革敕諭である。	426
	9月10日 【10月23日】	■**島津久光(12代藩主島津忠義の父)(1817～1887)、新政府から分家するよう命じられ、島津忠義(1840～1897)の賞典禄10万石のうち5万石を家禄として分賜される(玉里島津家の創立)。** □島津本家を継いでいるのは子の忠義で、久光は後見人にすぎなかったが、その久光を独立させたのである。勅書では、体裁上褒賞の形をとっているが、これまでいくら久光に上京を促しても、名義上は当主である息子の忠義を派遣したり、忠義に弁明させたりといったことが続いたので、久光その人を動かすために強制的に分家させたのだという。久光は、明治政府の急激な欧化政策に反対であった。	
	9月13日 【10月26日】	■島津久光、従二位に叙される。	426
		■東京府「府兵掛」を「取締掛」に改める。10月に府兵は廃止される。	426
	9月14日 【10月27日】	■天皇「神器奉安ノ詔」。「神殿造営、神器・皇霊奉安の詔書」太政官沙汰。「皇霊賢所奉遷」。歴代皇霊は賢所に移された。明治天皇は「新に神殿を造り、神器と列聖皇霊とをここに奉安し、仰て以て万機の政を視んと欲す」と詔書で述べる。 翌年3月14日の神祇省の廃止に備えて、4月には八神、天神地祇も宮中に移され、11月、神殿と改められた。賢所、皇霊殿、神殿の「宮中三殿」が成立。 □明治維新を経て神祇官が再興されるにあたり、明治2年(1869)神祇官の神殿が創建されて遷座祭が行われた。この際には、八神殿の8神だけでなく、天神地祇と歴代の天皇の霊も祀られた。 それまで歴代の天皇の霊は黒戸で仏式に祀られていたが、これに伴い黒戸は廃止されている。この日の詔で、神祇官は宣教のみを行うこととなった。	426
	9月15日 【10月28日】	■明智光秀の首塚(下京区梅宮町)(現・京都市東山区梅宮町)を取り払い、塚趾大義を説明した高札を掲示。	426
	9月17日 【10月30日】	■大蔵卿大久保利通、右大臣外務卿岩倉具視に呈し、遣外使節に関する朝議を速やかに決定さられんことを請う。	426
	9月20日 【11月2日】	■政府、後藤象二郎(1838～1897)を左院議長に、伊藤博文(1841～1909)を工部大輔となす。	426
	9月21日 【11月3日】	■京浜の鉄道、川崎迄開通し、大久保利通は、初めて汽車に試乗する。	426
	9月22日 【11月4日】	■明治天皇、日比谷操練所にて陸軍整列御閲兵(最初の天長節観兵式)。	426
	9月27日 【11月9日】	■静岡県、「沼津兵学校」を兵部省管轄にされたき旨を兵部省に願い出る。	426
		■太政大臣三条実美、岩倉使節団の件に同意。	427

明治150年その歩みを知る、つなぐ（前編）　西郷どん、大久保卿、薩摩藩年表帖（中巻）

西暦1871

9月29日 【11月11日】	■兵部省布達「鎮台本分営権義概則」。 □藩の結合を崩して諸藩の兵隊を混合させることを求める。	4272
9月30日 【11月12日】	■静岡藩沼津兵学校、兵部省に移管。	4273
9月― 【11月―】	■島地黙雷(しまじもくらい)(1838〜1911)、教部省開設請願書を発表。	4274
	■大蔵卿大久保利通(1830〜1878)、宮内大丞吉井友実(鹿児島)(1828〜1891)を宮内少輔に、元田永孚(たまき)(熊本)(1818〜1891)を侍講に推薦する。 □吉井友実は、11月宮内少輔に就任。 ■ようやく、民事訴訟裁判が大蔵省から司法省に移管されるが、実施されたのは東京府のみ。従来通り大蔵省監督下の地方官が裁判を行う（行政庁である府県が、同時に司法権も行使）。 司法省大輔佐々木高行が岩倉使節団に理事官として加わり、保守派の佐々木は、司法少輔宍戸璣(たまき)(前名山県半蔵、山口)(1829〜1901)を司法大輔に、司法中判事伊丹重賢(しげかた)(1830〜1900)を司法少輔に昇格させるが、両人共に穏健派。急進派の司法省権中判事島本仲道(高知)(1833〜1893)・同河野敏鎌(高知)(1844〜1895)らが、強力なリーダとして左院副議長兼文部大輔江藤新平(佐賀)(1834〜1874)の司法卿就任を、参議大隈重信(佐賀)(1838〜1922)・大蔵大輔井上馨(山口)(1836〜1915)に働きかける。 ■参議大隈重信、条約改正の予備交渉のために使節を派遣することを提議。	4275
10月1日 【11月13日】	■東本願寺、坊官制を廃止し、10日に「寺務所」を開設。 □明治2年に東本願寺が「衆議所」を開設し門末の要望に答えたが、坊官の反対で失敗、明治4年8月、闡彰院東瀛(1804〜1871)が仮事務所を開設していた。「坊官」は、僧房の事務を執る職員で僧衣を着るが俗人で帯刀・妻帯を許されていた。	4276
10月2日 【11月14日】	■槙村正直(山口藩)(1834〜1896)、京都府大参事となる	4277
10月3日 【11月15日】	■東本願寺改革派指導者・東瀛(とうえい)(元伏見西方寺住職、闡彰院空覚(せんしょういんくうかく))(1804〜1871)、嗣講寮で暗殺される。再び東本願寺寺務所改革が挫折。	4278
	■「先般戸籍法改正につき、従前の宗門人別帳廃止、提出に及ばざる件」大蔵省達。 「宗門人別改帳」廃止を布達。 □宗門人別改帳（宗旨人別改帳、寺請制度）は、江戸幕府がキリシタン信仰を禁止するために設けた制度。家ごと、個人ごとに仏教信者であることを檀那寺に証明させたもの。	4279
10月4日 【11月16日】	■五榜の掲示のうち、第五札(郷村脱走禁止)が除却される(太政官布告第516号)。	4280
10月5日 【11月17日】	■京都市中地蔵祭等を禁じ、石像支堂を撤去させる(明治6年2月再建)。 □廃仏毀釈を受けて京都府布令で地蔵撤去。	4281
	■伊地知正治(鹿児島)(1828〜1886)、鹿児島県大参事から中議官となる。明治5年2月8日に大議官になる。	4282
10月7日 【11月19日】	■政府、旧藩知事惜別を名とする暴動に対し、即決処罰を命ずる。 □政府は徹底的な取締りと処罰を命じた布告を出す。政府は、一揆を天皇蔑視の大罪として位置づけ、府県の権限で処決できると共に鎮台の出兵をも認めた。	4283

西暦**1871**

明治4 10月8日 【11月20日】	■**外務卿岩倉具視（1825〜1883）を右大臣に任じ、遣外使節団特命全権大使として欧米各国派遣を命じられる。**通商条約改正予備交渉の為である。 副使は、参議木戸孝允(桂小五郎)(1833〜1877)、大蔵卿大久保利通(1830〜1878)、工部大輔伊藤博文(1841〜1909)、外務少輔山口尚芳(元佐賀藩士)(1839〜1894)の4名。 ■郷士百姓町人等の地子免除のことを廃止（太政官布告第524号）。
10月一 【11月一】	■**東京府権典事・川路利良（1834〜1879）は、この月鹿児島に帰り、2,000人を鹿児島から募集した。** □これには旧郷士が応募していて、旧城下士対旧外城郷士の対立が、軍隊対警察官の対立に置き変えられた争いが、花の東京で繰り広げられたという。 ■戊辰戦争に兵器方として従軍した中原尚雄（元鹿児島藩伊集院郷士族）(1845〜1914)、この月、東京府取締りのための邏卒に徴募する。同年10月20日、東京府第一大区取締組組頭となる。西南戦争の直接的なきっかけを作ったとされる人物である。
10月12日 【11月24日】	■この日、文部大丞に就任した田中不二麿（名古屋藩）(1845〜1909)、同月22日、現職のまま理事官に任じられて岩倉使節団の一員として教育関係の視察を担当することとなる。
10月14日 【11月26日】	■**政府、各国代表に、条約改正商議開始期限を岩倉使節帰国まで延期すると通告。** ■布令27号で「平民廻国修行の名義をもって『六十六部』と称し、仲間を立ち寄り宿所を設置、米銭などの施物を乞い候義、今から一切禁止候義」。 六十六部廻国巡礼の風習が禁止される。 □土俗的な風習への圧力は、廃仏毀釈の狂気が収まったこの年以降も、近代化政策(文明開化)のもとに押し進められる。六十六部の禁止（太政官布告第538号）、普化宗の廃止（10月28日、第558号）、修験宗の廃止、僧侶の托鉢禁止、祈祷などの禁止など。
10月15日 【11月27日】	■第二代開拓使長官だった東久世通禧（1834〜1912）、三代目侍従長に転じる。 □樺太専務であった次官黒田清隆（1840〜1900）が、次官のまま開拓使を掌握し、使庁、出張使庁体制が見直される。
10月16日 【11月28日】	■大蔵大輔井上馨（1836〜1915）が、時事に鑑み職を辞せんとする。大蔵卿大久保利通(1830〜1878)は、説得して決意を翻させ、大久保不在中は、参議西郷隆盛(1828〜1877)が大蔵省事務監督となる。
10月17日 【11月29日】	■侍従長徳大寺実則（1840〜1919）、宮内卿に転任。
10月19日 【12月1日】	■「皇族華族取扱規則」（太政官布告546号）。 □華族は、四民の上に立ってその模範となることが求められた。
10月20日 【12月2日】	■宮内大丞村田新八（1836〜1877）、理事官として参加が決定した侍従長東久世通禧（1834〜1912）の随員として岩倉使節団の一員となる。今回の海外巡遊は、宮内大丞として海外の文物を実見し、それを若き大皇に伝えるという名目であった。 ■大蔵大輔井上馨・大蔵少輔吉田清成の名を以て、新貨幣為替座を三井組に命ずる。
10月22日 【12月4日】	■「華族奨励の勅論」。天皇は、華族子弟の海外留学を奨励した。

明治150年その歩みを知る、つなぐ（前編）　西郷どん、大久保卿、薩摩藩年表帖（中巻）

西暦1871

10月23日 【12月5日】	■新政府、邏卒（現在の巡査）3千人設置を決める（太政官布告第553号）。同月には兵部省大阪出張所は廃止廃され、12月には大阪兵学寮も東京に移転される。 ■東京府達「取締組大体規則」によって、その組織、編成、職務が定められる。	4294
10月28日 【12月10日】	■初めての地方統一官制である、「府県官制」を制定（太政官布告第560号）。府知事・県知事が定められる。 ■太政官、「普化宗の廃止」（第538号）布告。 同宗僧侶が民籍へ編入。普化宗・虚無僧特権が廃止され、尺八も一般化。 □普化宗は、唐の普化和尚を鼻祖とする禅宗の一派。江戸幕府との繋がりや身分制度が強かったためもあるが、民間宗教禁止令の一つ。 「明暗寺」は京都東山池田町にあったという。明治21年(1888)に東福寺塔頭・善慧院に「明暗教会」として復興され、東京に支部が置かれた。さらに昭和25年(1950)、善慧院に「宗教法人普化正宗明暗寺」として再興された。	4296
10月一 【12月一】	■西本願寺明如（大谷光尊）(1850〜1903)、家督を相続し21世法主となる。 □大谷光尊は、明治政府の教務省の大教正（のちの教導職）となったが、神道優先の大教院(大教宣布と教導職の指導のための中央機関)から真宗各派と共に分離、宗教・寺法・財政の改革に着手した。明治5年1月には、参政島地黙雷(1838〜1911)・赤松連城(1841〜1919)らを海外に派遣し、その補佐を受けて、本願寺教団の近代的発展の基礎を築いた。 ■この月、開拓使は女子留学生の募集を開始。 往復の旅費、学費、生活費は一切官費で賄われ、そのうえ年間800ドルの小遣いを与えるという破格の条件にも関わらず、応募者は現れない。岩倉使節団の出発が迫っており、あわてた黒田清隆（1840〜1900）は四方八方に声をかけ、外務省の役人の娘である吉益亮子(15才)、上田禎子(15才)、旧幕府の外国奉行だった益田鳳の娘である永井繁子(9才、幕府の軍医であった永井玄栄の養女となる)、蘭学者で旧幕府の通訳だった津田仙(1837〜1908)の娘である、うめ(梅子)(8才)、それに加えて、山川浩(1845〜1898)の末妹である咲子(捨松)(12才)の派遣が急遽決定された。母親がこの際に「捨てたつもりで待つ」という意を込めて、咲子から「捨松」に改名させたという。	4297 4298
11月1日 【12月12日】	■東北鎮台本営が、仙台に置かれる。	4299
11月2日 【12月13日】	■「県知事を県令とする」（太政官布告第563号）。	4300
11月4日 【12月15日】	■明治天皇、遣外使節を御前に召され、親しく勅語を賜う。 ■副島種臣（佐賀）(1828〜1905)、外務卿となる。	4301
11月6日 【12月17日】	■「伊万里キリシタン事件」。 伊万里県(佐賀県)管下の高島、蔭の尾島、伊王島、神の島、大山、出津、黒崎の村々のキリシタン67人が捕縛され、19日投獄された。翌月22日、釈放される。	4302
11月8日 【12月19日】	■台湾で「琉球漂流民殺害事件」（宮古島島民遭難事件）が起こる。 琉球政府で記録したものであるが、日付、人数等、違う証言もある。 □宮古島船琉球人54名、台湾に漂着し台湾先住民の一部族「牡丹社」に救助を求めるが殺される。	4303

205

西暦 1871

明治4	11月9日 【12月20日】	■「四字（時）西郷を訪う不在、直に岩卿（岩倉）に至り条公（三条）、西郷、大隈、板垣等の会す。且朝鮮へ着手の順序を論ず。五字過退散」『木戸孝允日記』。 □正院全メンバーが集合し、5時過ぎまで「朝鮮へ着手の順序」を協議とある。	43
	11月10日 【12月21日】	■「岩倉欧米使節団」、東京を発ち横浜に向かう。	43
	11月12日 【12月23日】	■太政大臣三条実美（1837～1891）、参議西郷隆盛（鹿児島）（1828～1877）らに、留守内閣（留守政府）が任される。 □留守内閣は、欧米使節団が帰国するまで新しいことは決めないと、誓約書を交わした。内外の大改革は実施しないことなど12ヶ条の約定（「大臣参議及各省卿大輔約定書」）を交わした。 □「内地の事務は大使帰国の上で大いに改正するの目的なれば、其内可成丈新規の改正を要す可らず」。国内の重要政策の変更・決定は、岩倉使節団が帰国するまで、自重する事（極力現状維持）、特に外交・財政・人事については遵守する事。緊急の場合は手紙等のやり取りで対応する。但し「廃藩置県の処置は内地事務の統一に帰せしむべき基なれば、条理を逐て順次其効を挙げ、改正の地歩をなさしむべし」と、廃藩置県徹底に関する施策については、留守政府の権限で実行する、などであった。 □三条実美、西郷隆盛以外の留守内閣陣容は、井上馨（大蔵大輔、山口）、板垣退助（参議、高知）、後藤象二郎（工部大輔、高知）、大隈重信（大久保利通後任の大蔵卿・参議、佐賀）、江藤新平（文部大輔、佐賀）、大木喬任（文部卿、佐賀）、副島種臣（岩倉具視後任の外務卿、佐賀）、山県有朋（兵部大輔、山口）、山尾庸三（工部少輔、山口）、渋沢栄一（大蔵大丞、元幕臣）、黒田清隆（開拓使次官、鹿児島）であった。	43

岩倉欧米使節団

明治150年その歩みを知る、つなぐ（前編） 西郷どん、大久保卿、薩摩藩年表帖（中巻）

西暦1871

| 11月12日【12月23日】 | ■「岩倉欧米使節団」、駐日米公使デ・ロングの案内で、太平洋会社の郵船アメリカ号で午前10時横浜波止場出航、条約改正交渉、海外視察を行う。 | 4307 |

全権大使が右大臣岩倉具視（1825～1883）、全権副使が参議木戸孝允（山口）（1833～1877）、大久保利通（鹿児島）（1830～1878）、工部大輔伊藤博文（山口）（1841～1909）、外務少輔山口尚芳（佐賀）（1839～1894）の4人。一等書記官の外務大記福地源一郎（元幕臣）（1841～1906）、二等書記官の外務七等出仕林董三郎（董）（元幕臣）（1850～1913）をはじめとする、一等から四等に分けられた書記官たち、後に『米欧回覧実記』を著す権少外史久米邦武（元佐賀藩士）（1839～1931）、神奈川県大参事内海忠勝（元長州藩士）（1843～1905）らの大使、理事官として、教育調査を文部大丞田中不二麿（名古屋）（1845～1909）、制度・儀式調査を宮内省派遣の侍従長東久世通禧（1834～1912）、法律調査を司法大輔佐々木高行（三四郎）（高知）（1830～1910）、軍政調査を兵部大丞山田顕義（山口）（1844～1892）、理財会計調査を大蔵省派遣の戸籍頭田中光顕（顕助）（高知）（1843～1939）、興業技術調査を工部省派遣の造船頭肥田為良（元幕臣）（1830～1889）らが随行。

随行学生に鍋島直大（元佐賀藩知事）（1846～1921）。同行する形で初の女子留学生5人（8才津田梅子、12才山川咲子（大山捨松）、15才吉益亮子、9才永井繁子、15才上田悌子）や中江兆民らも留学に出発。初代の駐米公使となった森有礼（1847～1889）によって正式な留学生として認可された新島敬幹（襄）（1843～1890）も、米国から通訳として乗り込む。のち、新島は、使節団の報告書ともいうべき「理事功程」を編集。津田うめ（梅子）（1864～1929）は女子英学塾（後の津田塾大学）を設立。大山巌伯爵夫人として捨松（1860～1919）は、鹿鳴館を舞台とした対列強外交をみごとに仕切り、「鹿鳴館の花」と称された。

□岩倉欧米使節団は、安政5年（1858）の通商条約が日本にとって不平等条約であり、その改正交渉のため出航した。しかし、「浦上四番崩れ」が原因のひとつになって、条約改正交渉はことごとく失敗。国民の信仰や良心の尊厳を無視して迫害する国を、近代国家として認めることはできないと言われる。米国を後にヨーロッパに渡った使節団は、英国やベルギー、至る所で信仰弾圧の停止を勧告されることになる。

□大久保利通は、二子、長男利和（1859～1945）、次男伸顕（1861～1949）を、留学のため同伴する。

□中江兆民（高知）（1847～1901）は、使節団には司法省9等出仕として採用される。このとき、兆民は大久保利通に採用を直訴したという。

	■「兵部省出仕、仏国留学被仰付候事」という辞令を受けた**陸軍少将大山巌（鹿児島）（1842～1916）**、横浜から仏国飛脚船でインド洋・地中海経由でパリーに向かう。	4308
11月13日【12月24日】	■「竹槍騒動」。この日に士族反乱、同年11月17日に「日田県一揆」農民一揆が起こった。	4309
	■**従来の東京府（第一次）に代わり、改めて東京府が設置される。** □この後も、同年12月に品川県から166か村が編入されるなど、東京府の管轄地区は拡大をつづけ、明治6年（1873）までには、「三多摩」（明治26年編入）を除けば、現在の「東京都」のイメージに近い範囲が、東京府の管轄となる。	4310
11月14日【12月25日】	■大山綱良（1825～1877）、鹿児島県参事に就任する。 □翌年には鹿児島常備隊も廃止になり、警察が登場する。	4311

西暦**1871**

明治4	11月14日【12月25日】	■「第一次府県統合」始まり、全国の県を改廃する。 ■九州の28県を11県と改める。 □日向国南部、大隅国東部に「都城県」(太政官布告595号)が設置され、旧島津藩領が鹿児島県と都城県とに大きく分断される。島津久光は、「薩隅分県」は長州の陰謀だと疑い、また、自身の鹿児島県令への就任を希望した。 □薩摩・大隅・日向の3国7県を廃止し、鹿児島県、宮崎県、美々津県を設置。
	11月17日【12月28日】	■「大嘗会挙行」。 □天皇即位の後、始めて新穀を以て天照大神及天神地祇を奉祭したまう儀式をいう。
	11月20日【12月31日】	■内田政風(鹿児島)(1815~1893)、金沢県大参事に任ぜられる。 □明治5年(1872)2月2日、石川県参事に就任。同年9月5日、石川県権令に就任。翌年12月27日、石川県令に就任。明治8年(1875)3月3日、石川県令を辞任。

西暦**1872**

明治5	11月22日【1月2日】	■11月14日からこの日までにいわゆる「第一次府県統合」が実施される。全国でそれまでの3府302県が、同年8月・9月・11月に数回統廃合を行い、3府72県に統合される。 ■越後口副総督であった四条隆平(兄隆謌の養子)(1841~1911)、奈良県知県事に就任。廃仏知事・四条隆平のすさまじい、廃仏希釈がはじまる。 ■税所篤(鹿児島)(1827~1910)、堺県知県事に任じられる。
	11月25日【1月5日】	■全国の学校すべてが、文部省管轄となる。 ■「貫属掛」を廃止し、その事務を「戸籍掛」に引き継ぐ。
	11月27日【1月7日】	■府県奉職規則を廃止、「県治条例(抄)」(太政官達第623号)発布。県治職制が定められ、県の長官は令または権令と称される。県庁の事務は、庶務課、聴訟課、租税課、出納課の4課とされ、県内の訴訟、捕亡は、聴訟課の事務とされる。 □県の長官の名称を知県事から「県令」(政府における官等が四等官の者)あるいは「権令」(同五等官の者)に改称する。また、参事を府県に置く。東京・京都・大阪の3府についてはそのまま、「知事」という名称が使われた。
	11月―【1月―】	■この月、京都御所九門警衛廃止し、門内通行鑑札を廃止する。
		■政府、大蔵省に命じて、旧藩の外国債を処分させる。
	11月末【1月―】	■東京府全域が6つの大区と97の小区に画定された。 □その後、隣接諸郡からの編入などを経て、11大区・103小区となる。
	12月2日【1月11日】	■「学制取調掛」が設けられる。 □学制起草委員である。翌年3月には学制原典を、太政官に提出する。
	12月3日【1月12日】	■「二卿事件」。判決が出て、中心人物、華族の外山光輔(1843~1872)と愛宕通旭(1846~1871)が二条城芙蓉之間にて切腹。 □攘夷派の公卿が、明治政府の転覆を謀ったクーデター未遂事件。
	12月4日【1月13日】	■参議少将西郷隆盛(1828~1877)、兵部少輔(陸軍部)に就任。
	12月6日【1月15日】	■岩倉欧米使節団、桑港(サンフランシスコ)に着し、20日、華盛頓(ワシントン)に向かう。

明治150年その歩みを知る、つなぐ（前編）　西郷どん、大久保卿、薩摩藩年表帖（中巻）

西暦 **1872**

12月8日 【1月17日】	■「親兵三兵靴衣服修復料渡を定む」御親兵掛達。 □三兵は、鹿児島・山口・高知藩三藩の親兵。 ■大阪の陸軍兵学寮内の下士養成を目的とする教導隊を東京に移して「教導団」 と改称。
12月10日 【1月19日】	■天皇のための御練兵御用掛が新設される。 □岡田善長(よしなが)(元幕臣)(1838〜1907)、酒井忠篤(ただずみ)(元庄内藩11代藩主)(1853〜1915)が、 任用される。 □酒井忠篤は、明治4年(1871)7月に兵部省に出仕していた。 ■古金銀預証券の発行を布告。 ■大阪の陸軍兵学寮、東京の和田倉門外に移転。7日ともいう。
12月16日 【1月25日】	■静岡藩沼津兵学校、「沼津出張兵学寮」と改称。
12月18日 【1月27日】	■肥前伊万里県の藩士ら暴動。
	■大蔵大丞渋沢栄一(1840〜1931)、紙幣頭兼任。
12月22日 【1月31日】	■「伊万里キリシタン事件」。事件は外交上の重大問題化した。伊万里県、「教論 の実効相顕候に付き」という理由をつけて、全員不改心のまま釈放。 □この日、権令として赴任した山岡高歩(たかゆき)(鉄舟)の英断か。
	■「神宮大宮司をして神宮大麻を頒布せしむる件」。 神宮に関する制度が一新されて、御師による祈祷・神楽・配札は全て停止され、 翌年、神宮司庁から神宮大麻(おおぬさ)(神札)が奉製・頒布される運びとなって、全国神職 会を通して全国700万戸に1個2銭で強制配布することに決まる。 □神宮大麻(じんぐうたいま)とは、伊勢神宮の御祭神、天照大御神様のお神札のこと。
12月23日 【2月1日】	■東京府「開墾掛」を廃止する。
12月24日 【2月2日】	■兵部大輔山県有朋(山口)、兵部少輔川村純義(鹿児島)、同西郷従道(鹿児島) は、連名で意見書を提出し「兵部即今ノ目途ハ内ニ在リ、将来ノ目途ハ外ニアリ」 として、対内的軍備から対外的軍備への拡大を唱える。 ■山岡鉄太郎(鉄舟)、伊万里県権令を命ぜられる。5年1月赴任。
12月26日 【2月4日】	■東本願寺、「浄土真宗」を宗名にしたい旨、京都府へ願い出る。
	■「東京裁判所設置」。
	■岩倉全権団はアメリカのソルトレーク市(ユタ州)に到着タウンゼント・ホテル に投宿し、ニューヨークの新聞を見て、はじめて「伊万里キリシタン事件」を知る。
12月27日 【2月5日】	■「新紙幣ヲ発行ス」(太政官布告第678号)。新紙幣発行の旨、布告。新紙幣(ゲ ルマン札)を製造し、明治5年2月15日から発行し、既発行の政府紙幣、旧藩札と 交換する旨を布告する。 ■東京府下武家の地、地租を課す(太政官達682号)。 ■「75府県の列順を定む」(太政官布告第687号)。 □1東京府、2京都府、3大阪府、4神奈川県、5兵庫県、6長崎県、7新潟県、8埼玉県、 9入間県、10足柄県…。 ■東京裁判所(2等裁判所)、開設(太政官布告677号)。 □司法省内に東京裁判所が置かれる。我が国で初めての裁判所設置である。

西暦 1872

明治5	12月28日【2月6日】	■兵部省、「海軍読法ヲ定ム」。 □国家への忠節、上官への敬礼、服従などを要求すると共に、徒党・脱走盗奪賭博・押買押借・喧嘩闘争並放蕩酒狂・戦場での怯儒恐怖の所業などを禁止、処罰の対象とすることを宣告。
	12月—【2月—】	■ウィーン万博への公式参加を決めた明治政府、参議大隈重信、外務大輔寺島宗則、大蔵大輔井上馨らを「墺国博覧会事務取扱」とする。 ■この月、藩の常備兵は、鎮台から各県庁の管轄に移されて「兵隊之称号叶相廃候事」と指示され、「自今総而解隊致シ、辛未十二月相達候通各県管轄高ニ応シ捕亡吏差置可申事」との通達が出される。 藩の常備兵は、軍隊と分離した警察組織の中に吸収されていった。
	1月—【2月—】	■兵部省、「陸軍読法改正」。 □海軍側で作った読法を陸軍側で改正。
	1月2日【2月10日】	■外国公使(英・米・独・仏・伊・西・蘭)、新年の賀詞を述べるために参内。以後、この行事は通例になる。 ■聖護院宮智成親王(1856～1872)、死去。17才。 □留学中の明治5年(1872)3月、遺言で兄に当たる能久親王(1847～1895)が北白川宮を相続。輪王寺宮公現法親王である。

寺島宗則

大隈重信

井上馨

明治150年その歩みを知る、つなぐ（前編）　西郷どん、大久保卿、薩摩藩年表帖（中巻）

西暦1872

1月4日 【2月12日】	■前鹿児島藩知事・島津忠義(1840〜1897)弟の**島津久治(図書)**(1841〜1872)、急死。4342 享年32。贈従四位。 島津家に伝わる公式系図などでは急病によるとしているが、西郷隆盛から大久保利通に宛てた当時の書簡では「ピストル自殺」と明言されている。 □久治は、天保12年、島津久光の次男として重富館(鹿児島県姶良市)に誕生。母は島津千百子。嘉永5年(1852)閏4月に島津久宝(1801〜1873)の養嗣子となることが決定し、同年3月に家督を相続、そして、久宝の娘と結婚する。盈進館(文館)、厳翼館(武館)を創設し、文武を奨励した。文政2年(1855)に海防総頭取に任命され、薩摩藩の沿岸防衛の要を務める。文久3年(1863)薩英戦争勃発に際して実兄の茂久(のちの忠義)の代理として薩摩藩海軍の指揮を執る。元治元年(1864)禁門の変でも、兄茂久の代理として皇居警衛総督、同年12月には薩英戦争講和使節代表となり長崎を訪問する。慶応2年(1866)25才で家老に任ぜられる。若年でありながら次々と要職を務めた。 が、この頃の薩摩藩内では討幕派が主流となり、父久光と共に孝明天皇の基本方針に沿った公武合体派の論調をとっていた久治は、窮地に立たされることとなる。慶応3年(1867)には小松帯刀、桂久武らの強硬論に対して、重職では慎重論を唱えただ一人反論した。明治元年(1868)戊辰戦争では私領の宮之城領4番隊を会津藩攻撃に向かわせたものの、久治本人は参加しなかった。これが若手藩士からは「軟弱」行為と映り、明治2年(1869)2月17日川村純義らに藩主の目前で詰問されるという屈辱的な目に遭うとされている。 同年2月に家老を辞職し、同年8月には私領15,750石を藩に返上、代わりに家禄1,500石を賜る。以後は国政・藩政にはかかわらず、教育事業に参加した。明治4年(1871)所領のあった吉野村(現・鹿児島市吉野町)に第12郷校が建設された際、校舎の建設資材の提供などを積極的に行っている。 この年正月に急死。家老辞職の頃より孤立感から気鬱となっており、父・久光も「気遣っていたが手遅れとなった」とある。幕末の勝者側の、それも藩主の一門としてはあまりにも哀れな最期であった。あとには前年生まれたばかりの長男・長丸(1871〜1927)と未亡人が残された。長丸は長じて叔父・珍彦(1844〜1910)の娘である治子と結婚、明治30年(1897)3月に男爵となり、華族に列した。
1月6日 【2月14日】	■松平容保(1836〜1893)・喜徳(容保の養子、慶喜の弟)(1855〜1891)ら、蟄居を許さ4343 れ無罪放免。 ■榎本武揚(1836〜1908)、箱館戦争の罪により入獄中、開拓使次官黒田清隆(了介)(1840〜1900)の助命運動により出獄謹慎。板倉勝静(1823〜1889)・大鳥圭介(1833〜1911)・澤太郎左衛門(1834〜1898)・渋沢成一郎(1838〜1912)他は、特旨を以て釈放。
1月8日 【2月16日】	■明治天皇、日比谷門外の操練場で行軍式を御閲兵。4344 ■旧幕臣永井尚志(1816〜1891)、同松平太郎(1839〜1909)、赦免される。榎本武揚は親類預けとなる。
1月10日 【2月18日】	■「鎮台官員条例」布達。4345 □「帥」(司令官)の任務として「賦兵徴募ノコトヲ専ラ取扱フヘキ事」など、賦兵に関する多くの条項を含まれた。
1月12日 【2月20日】	■旧幕臣永井尚志、開拓使御用掛を、同松平太郎、開拓使出仕を仰せつけられる。4346 永井尚志は19日、少議官に任命。

西暦1872

明治5	1月13日【2月21日】	■英国代理公使アダムス、外務卿副島種臣(1828～1905)を訪ねて真相を質する。
		□前年12月、長崎発行の外字新聞に、「伊万里キリシタン事件」をとり上げる論説が載る。「先年(浦上キリシタン事件)の捕り方のように、いままたキリシタン信徒が捕縛されについて、文明国の人々は同情と悲嘆を禁じえない」。
	1月14日【2月22日】	■開拓使兌換証券発行を布告(布告第6号)。
		■岩倉欧米使節団、米国公使デロング(1832～1876)から、キリシタン迫害の注意を喚起される。
		同日付で岩倉具視の太政大臣三条実美に送った手紙で、「この節柄の儀、この一事は、実に残念の事に御座候」と述べた。副使山口もまた外務卿副島に手紙を送り、「僕等命を奉じて条約改正の箇条中にも最も苦心する事件に候処、前載の如き事件差起り候ては各国の嫌疑も有之……深く案じ痛み罷り在候」と述べた。
	1月16日【2月24日】	■「琉球漂流民殺害事件」。台湾牡丹社で清国人民官に保護された琉球宮古島民、福建省福州の琉球館に引取られる。
	1月17日【2月25日】	■神祇八神(吉田神社斎場)、神祇省の神殿へ遷座。
	1月20日【2月28日】	■大鳥圭介(1833～1911)、19日就任の左院少議官を免じられ、開拓史御用掛五等出仕に任じられる。
	1月21日【2月29日】	■岩倉欧米使節団、米国大陸を東へ横断して、首都華盛頓(ワシントン)に着す。森有礼少弁務使(駐米公使)、使節団一行を迎える。
		□森有礼は出迎え、条約改正交渉を献策(米国の好意を過大評価)、これに伊藤博文が同調。
		□森はこの年、不正確な日本語を廃止して英語に変える「国語廃止論」を主張して、米の言語学者、米人の文部省顧問、伊藤博文らの反対を受ける。帰国の途中、森はロンドンに行き、進化論で高名な哲学者ハーバート・スペンサー(Herbert Spencer、1820～1903)に会って「宗教の必要」は同感されたが、「国語の改変」より国民の意識の進化があって初めて、それが言葉に表れると言われたという。
	1月23日【3月2日】	■明治天皇の操練が始まる。
		□岩倉具視、大久保利通、西郷隆盛、木戸孝允らは、明治天皇に対し、公家的な柔和なイメージから脱却し、武人的な君主へと成長することを望んだ。
		■新島敬幹(襄)(1843～1890)は、森有礼少弁務使(駐米公使)(1847～1889)から「できるだけ早くワシントンへ来て、使節団に協力してほしい」旨の電報を受け取る。
	1月24日【3月3日】	■明治天皇(1852～1912)が初めて牛肉を試食とされる。
	1月25日【3月4日】	■大蔵大輔井上馨(山口)(1836～1915)、三井家首脳部を私邸に招き、呉服業の三井家からの分離を勧告。
		■全権大使岩倉具視以下、衣冠帯剣にて米大統領グラント(1822～1885)に謁見する。グラントは、日本におけるキリシタン禁制を解くことの必要を勧告。
	1月27日【3月6日】	**■左院(議長後藤象二郎・副議長江藤新平)のヨーロッパ視察団、横浜出航。**
		随行は、中議官西岡逾明(宜軒)(佐賀)(1837～？)・少議官高崎正風(鹿児島)(1836～1912)・同小室信夫(丹後国出身、足利三代木造梟首事件参加)(1839～1898)・中議生鈴木貫一(彦根)(1843～1914)・少議生安川繁成(元白河藩士)(1839～1906)の5名。
		□岩倉視察団とは別にイギリス・フランスの議会制度の調査研究のためである。

明治150年その歩みを知る、つなぐ（前編）　西郷どん、大久保卿、薩摩藩年表帖（中巻）

西暦1872

1月29日【3月8日】	■「世襲ノ卒ハ士族ニ編入ス」（太政官布第29号）卒族の称が廃止。卒族のうち世襲であった家の者も士族に編入されることとなった一方、新規に一代限りで卒に雇われた者は平民に復籍することとなった。**皇族・華族・士族・平民の身分制度設定。** ■明治4年太政官布告第170号により日本初の近代的な全国戸籍調査実施（戸籍簿を編成）（明治5年式戸籍（壬申戸籍）〜明治19年10月15日）。総人口は33,110,825人。「四民平等」の推進を前提としていたが、士族・平民・新平民などの身分差別呼称を残した。	4360
	■島義勇（佐賀）（1822〜1874）、初代秋田県権令の就任。	4361
1月─【3月─】	■この月、鹿児島県庁、伊地知貞馨（1826〜1887）・奈良原繁（1834〜1918）を琉球に派遣□廃藩置県に対応した琉球王府の措置を要求（琉球の管理権が鹿児島県から日本政府に移る）。交渉は不調に終る。	4362
	■文部省の町田久成（鹿児島）（1838〜1897）、田中芳男（元幕臣）（1838〜1916）ら、ウィーン万国博覧会御用掛に就任。 ■龍馬暗殺団の一人、今井信郎（元京都見廻組）（1841〜1918）は、この月、参議兼兵部少輔（陸軍部）西郷隆盛（1828〜1877）の口添えにより特赦を受け放免される。この年、今井信郎は、静岡に行き、駿府城敷地内に私立学校を設立したが、その後、静岡県官史となる。	4363
2月1日【3月9日】	■新島敬幹（襄）（1843〜1890）、森有礼少弁務使（駐米公使）（1847〜1889）の紹介で、岩倉遣外使節団に三等書記官心得として協力することになる。教育事情視察に関して通訳の仕事を委嘱されると同時に、「日本の普通教育」について論文提出を求められたようである。	4364
2月2日【3月10日】	■**北京に初めて公使館を設ける。**初代公使に柳原前光（1850〜1894）。 □この月、柳原前光は、批准書交換を前に修正交渉のため、北京に派遣される。	4365
2月3日【3月11日】	■「岩倉使節団、条約改正交渉に入る」。全権大使岩倉具視、大久保利通ら、米国国務長官ハミルトン・フィッシュに会見し、条約改正のことを商議する。	4366
2月8日【3月16日】	■大阪鎮台第一分営を、京都府小浜に設置。	4367
	■太政官正院内に、墺国（オーストリア共和国）博覧会事務局を設置。	4368
2月9日【3月17日】	■開拓使出仕松平太郎（1839〜1909）、5等出仕。	4369
2月11日【3月19日】	■京都府、東京出張所官員を初めて派遣。東京出張所は八丁堀三井屋敷に設けられた。	4370
2月12日【3月20日】	■渋沢栄一（1840〜1931）、大蔵大丞を免じられ、大蔵省三等出仕、大蔵少輔事務取扱を命ぜられる。紙幣頭元の如し。同月20日、澳国博覧会御用掛となる。 □渋沢栄一は、事実上の大蔵次官の地位になる。	4371
	■**条約改正着手の議が起り、委任状要求のため、副使の大久保利通（1830〜1878）・伊藤博文（1841〜1909）、条約改正の全権委任状を得るための一時帰国にワシントン出発。** □岩倉使節団は、米国の首都ワシントンで、国務長官ハミルトン・フィッシュ（1808〜1893）と条約改正交渉に入った。しかし使節団の当面の目的は条約改正交渉の延期の要請であったことから、全権委任状を持参していなかった。使節団は、この不備をフィッシュから指摘された。	4372

213

西暦1872

明治5	2月一 【3月一】	■この月、秩禄処分案（大蔵省案、家禄廃止計画）が、太政官正院で内決される。 □かなり急進的内容で、3千万円外債募集・家禄削減案（1/3減額、残額を6ヶ年継続後打切り）であり、これは約定違反であった。大隈重信が作成、井上馨が協力し、西郷隆盛は賛成したという。後に大修正となる。
	2月13日 【3月21日】	■兵学寮を和田倉門外より馬場先門外の徳大寺実則邸に移転。
	2月15日 【3月23日】	■「地所四民共永代売買所持ヲ許ス」（太政官布告第50号）。 寛永20年（1643）以来の「田畑永代売買禁止令」が廃止。 □封建的領有制の地所永代売買の禁を解き、土地の売買・所持を許可。 前年の大蔵卿大久保利通・大蔵大輔井上馨の建議による。
		■参議兼大蔵省事務総督西郷隆盛、大久保利通宛てに手紙を記す。 □廃藩後の新県人事は順調、旧藩の外債償却完了・内国債償却開始、秩禄処分（家禄廃止）の原資に充てるアメリカでの外債3千万円募集のため大蔵少輔吉田清成の派遣を報告。「此の機会失うべからず、両全の良法」と意欲を示す（秩禄処分に積極的）。 □先に大久保は、サンフランシスコで撮影した写真を西郷へ送る。「寫眞にて見たる処では余分丈夫とも受取られれば以来撮影は御無用の方然るべしなどかる諧謔（おどけ）の手紙なるよし」（明治11年5月27日付け東京日日新聞）。 大久保利通が、暗殺された時に持っていたという。
	2月一 【3月一】	■明治4年7月、本丸に置かれた知政所を改称した「鹿児島県庁」を、旧軍務局跡に移す。外城諸隊を解散し諸郷に「郡制」をしく。 □県治条例に従い、庁内分課を庶務・聴訟・租税・出納の四課とする。
	2月16日 【3月24日】	■フランス人弁護士ジョルジュ・ブスケ（1846～1937）、横浜着。 日本で初めての御雇い外国人とされる。 □江藤新平（佐賀）（1834～1874）は、明治2年、参議副島種臣（佐賀）（1828～1905）が箕作麟祥（1846～1897）に翻訳させたフランス刑法典の一部を見てその優秀さに感心する。制度取調局専務であった江藤は、直ちに、太政官制度取調局において箕作麟祥にフランス5法典全部の翻訳に着手させるが（『仏蘭西法律書』）、翻訳に窮した箕作は自らのフランス留学を提案するに至り、法律家を招聘することになった。
	2月18日 【3月26日】	■兵部省、「海陸軍刑律」を領布。 ■「御嶽行者皇居侵入事件」。白装束に身を固めた御嶽行者10名が皇居に乱入し、4名が射殺され、1名が重傷、5名が逮捕されるという。 □精進潔斎を信条とする山岳信仰の徒である彼らは、肉食は許しがたい行為であるとした。
	2月20日 【3月28日】	■長崎の「振遠隊」解散。
	2月23日 【3月31日】	■荒井郁之助（1836～1909）、5等出仕。創設された開拓使仮学校掛最高官となる。 ■沢太郎左衛門（1834～1898）は、この月に兵部省6等出仕。のち海軍大学校教授に転じてすぐに開拓使を離れていく。
	2月24日 【4月1日】	■神戸に楠社（湊川神社）が創建。 □祭典を司る官庁である式部寮は、5月24日をもって鎮座祭とし、翌25日に楠社祭を行うと決定し、兵庫県に布達。

明治150年その歩みを知る、つなぐ（前編）　西郷どん、大久保卿、薩摩藩年表帖（中巻）

西暦**1872**

日付	内容	番号
2月24日【4月1日】	■開拓史御用掛大鳥圭介(1833〜1911)、兼任大蔵少丞となり、大蔵少輔吉田清成(鹿児島藩)(1845〜1891)に、理事官として随行し、外債発行の交渉と開拓器械等研究のため、アメリカに向け横浜出港。 □参議兼大蔵省事務総督西郷隆盛が、3千万円のアメリカでの外債募集のため派遣したという。 □三井三郎助高景(たかかげ)(1850〜1912)も、吉田清成に、同族子弟5人と共に随行渡米、ニューブランズウィックに滞在し銀行での実務研究をしたという。	4383
2月25日【4月2日】	■「官社以下府県社郷社神官給禄の定額」(太政官達第58号)。 □神社の維持費、祭典費用の給付が保証されたが、一年後には対象となる神社があまりに多数にのぼるため、再び廃止となる。	4384
2月26日【4月3日】	■「東京大火」。 東京和田蔵門兵部省(旧会津藩邸)より出火、麹町、京橋を消失。工部省・築地ホテルなど被災、34ヶ町、約28万坪が延焼。2,900戸以上が全焼し、被災者は5万人を数えたという。 □当時の銀座・築地一帯には諸省の庁舎などが建ち並んでいたが、裏通りには職人・小商人・行商などの市民が地借・店借のかたちで集住していた。政府はこの大火を契機に、2月30日、太政官は東京府下の家屋を石造(煉瓦建築など)にし不燃化するよう東京府に指令、首都東京の市街地を一新する意図の下に、銀座一帯の道路を拡張し、家屋を不燃性の煉瓦建築とする洋式煉瓦街の建築事業に着手した。煉瓦街の第一候補が全焼した銀座の東海道筋に当たる通りで、同年8月には着工、同6年7月には煉瓦街が完成、現在の繁華街・銀座通りの原型が誕生することになる。	4385
2月27日【4月4日】	■山県有朋(1838〜1922)、兵部大輔辞任。西郷隆盛(1828〜1877)少将、兵部少輔(陸軍部)辞任。川村純義(1836〜1904)、兵部少輔(海軍部)辞任。	4386
2月28日【4月5日】	■「**兵部省ヲ廃シ陸海軍両省ヲ置ク**」(太政官布告第62号)。 □兵部省、政府の軍事防衛に対する方針の転換により廃止。薩摩閥および長州閥からの要望により、兵部省を陸軍省と海軍省に分離。 ■**陸軍卿は人材難で欠員のまま派閥バランス人事で、山県有朋は陸軍大輔兼近衛都督(陸軍卿は欠員)、西郷従道は陸軍少輔兼近衛副都督に就任。川村純義、海軍少輔に就任。** ■同時に『陸軍省日誌』が刊行される(明治16年まで)。脱走兵が多く見られた。	4387
	■西郷菊次郎(隆盛と愛加那の子)(1861〜1928)、米国留学に出発。従兄の市来宗介(宗二)(隆盛妹・琴の子)(1849〜1877)も同行。 □明治7年(1874)7月頃に帰国した。西郷隆盛(1828〜1877)は、明治5年8月と明治6年5月に、米国の二人に書簡を送っている。	4388
2月29日【4月6日】	■桐野利秋(中村半次郎)(鹿児島)(1838〜1877)、この日、鎮西鎮台司令長官(のち熊本鎮台と改称)に任命され、熊本に赴任。	4389
2月30日【4月7日】	■東本願寺旧臣7名が、京都府大参事槇村正直(1834〜1896)より寺務を執ることを禁じられる。 □従来、幕藩体制において本願寺の宗政は、坊官をはじめとした「寺侍」とよばれる家臣団の手に委ねられてきた。	4390

西暦 1872

明治5	2月一 【4月一】	■大阪造兵司が「大砲製造所」と改称。
		■京都府大参事槇村正直、兼工部省鉄道寮御用兼任命ぜられる。
		□この頃、敦賀〜京都〜大阪の鉄道建設費を改めて見積もるが、70万円とされていたものが140万かかるとされる。工部省は国有化案、大蔵省は民営化案を主張した。
	3月2日 【4月9日】	■「元兵部省ニ陸軍省ヲ置築地海軍所ニ海軍省ヲ被置候事」(太政官布告第65号)。
		□廃止後、薩摩閥および長州閥からの要望により、「陸軍省」(兵部省の地・東京鳥取藩邸)と「海軍省」(元築地海軍所)が新設される。
		□陸軍省が「糾問司」を所管し、海軍省には「糾問掛」を置くこととなる。このとき「軍法会議」という呼称が初めて用いられた。
	3月5日 【4月12日】	■最初の陸軍中将に、陸軍大輔山県有朋(山口)(1838〜1922)が任命される。
	3月7日 【4月14日】	■特旨にて、親類預けの榎本武揚(たけあき)(元幕臣)(1836〜1908)の罪を赦す。6日とも。
	3月8日 【4月15日】	■「鹿児島県集成館ヲ大砲製造所ト同県火薬製造所ヲ火巧所ト改メ造兵司管轄トス」(陸軍省第16号)。
		■榎本武揚(たけあき)(1836〜1908)、黒田清隆(鹿児島)(1840〜1900)が次官を務める開拓使に四等出仕として仕官、北海道鉱山検査巡回を命じられる。12日とも。
		□榎本武揚は、「開拓使御用掛申付候事但当分出勤に不及候事」と、月給は百両で任官しながら、為すこともなく遊んで居ったという。
	3月9日 【4月16日】	■「近衛条例」を制定し「近衛局」を置く(薩長土の三藩の兵約1万)。
		■木戸孝允(桂小五郎)(1833〜1877)、アメリカで、新島敬幹(襄)(1843〜1890)を通訳として欧米使節団田中不二麿(1845〜1909)に同行させることを決める。
	3月10日 【4月17日】	■勝安芳(海舟)(1823〜1899)、天璋院(篤姫)(1836〜1883)と隅田川に遊ぶ。
	3月11日 【4月18日】	■東本願寺に新たに議事・渥美契縁、石川舜台ら僧侶5名が入り、「改正掛」に任命される。
		□新政府の後押しのもとに東本願寺内の人事刷新が行われ、従来の「坊官制度」は廃止された。これにより本山と末寺は坊官を介さない僧侶による直結した寺務を行うこととなり、以後この5人が東本願寺の宗務の中核を担うこととなる。
	3月12日 【4月19日】	■東京・大阪・鎮西・東北の「鎮台条例」を定める。
		□大阪兵学寮の高畠道憲、大島貞薫(1806〜1888)、宮本信順の3名が「徴兵掛」に任命される。陸軍省は、徴兵制の採用を志向し準備した。
		■森本弘策(元榎本海軍・千代田形艦長)(1841?〜?)、開拓使仮学校の教授並算術方として出仕。官等は八等。
	3月13日 【4月20日】	■明治天皇、文部省・東校(下谷御徒町の旧医学所跡)に行幸。

明治150年その歩みを知る、つなぐ（前編）　西郷どん、大久保卿、薩摩藩年表帖（中巻）

西暦*1872*

3月14日【4月21日】	■「神祇省ヲ廃シ教部省ヲ置ク」（太政官布告82号）。
	神祇省を廃し、「教義ニ関係スル一切ノ事務ヲ統理スル」機関として「教部省を置く」。神祇省所属の宣教使廃止。初代の卿は嵯峨実愛、大輔は福羽美静（「外国の長所を取り入れるべきだ」との意見に反対意見が続出したため5月解任）。
	新政府、神社・寺院を管理させると共に、芸能を教部省管轄する。左院副議長兼文部大輔江藤新平(佐賀)（1834〜1874）、教部省御用掛を兼務。
	■「神祇省及び大蔵省戸籍寮社寺課廃止」。
	□教部省は、神道・仏教の教義・教派、社寺の廃立、神官・僧侶の任命・昇叙などをつかさどり、4月には、神官、僧侶を教導職とし、仏教に一宗一管長制をしく。教導職14級の制度を定め、国民教化に乗り出す。
	■浄土真宗という呼称の使用については江戸時代より長らく浄土宗との間で論争が続いていた。西本願寺、この日の太政官公布をもって「真宗」を公称。同時に「一向宗」という俗称も、宗門として正式に廃止。

3月17日【4月24日】	■天皇に直隷する近衛都督の下、御親兵を改称した壮兵からなる「近衛兵」を創設（太政官布告86号）。
	□宮城警備と共に鎮台に設置された鎮台兵を指導・訓練する役目も担った。近衛都督初代は、陸軍大輔・陸軍中将山県有朋（1838〜1922）。

3月22日【4月29日】	■皇太后九条夙子）（のちの英照皇太后）（1835〜1897）、京都より東京に行啓。
	□孝明天皇の女御にして明治天皇の嫡母（実母ではない）。

3月23日【4月30日】	■赤坂に「離宮」を置く（太政官布告第91号）。
	■「神祇省廃止につき、祭事祀典の事務は式部寮にて所管」（太政官布告第92号）。
	□これまで神社祭祀は神祇官で取り扱い、仏教と寺院の取り扱いは民部省内で行ってきたのを改め、神祇祭祀は式部寮で、宣教に関しては神道・仏教共に教部省の管轄になった。

3月24日【5月1日】	■京都府大参事槙村正直（山口）（1834〜1896）、太政官の命により京阪間鉄道建築御用掛兼任となり、工部省と協議。
	■副使大久保利通、副使伊藤博文と共に、帰朝。翌日、太政官正院に登庁して全権委任状の交付を願い出る。
	□岩倉使節団は、最初の訪問国であるアメリカ合衆国において、当初の条約改正の予備交渉という方針を変更し、直ちに改正交渉に入ることを決定した。
	□大久保、伊藤は、同時に4ヶ条の改正条約要旨を提出した。その中に、「日本の法律中に外教の明禁なしと雖も、尚高札に其の禁令を掲示するを以て、外人は一概に自由信仰を妨ぐるの野蛮国と見做し、対等の権を許すことを甘んぜず、故に此の高札の禁令を除くこと」の一条件があった。

3月25日【5月2日】	■北海道開拓使次官・黒田清隆（鹿児島）（1840〜1900）、函館の次席に就任することとなった松平太郎（1839〜1909）と共に、ニューヨーク号で函館港に入る。
	□黒田次官は、酒田県（旧庄内藩）士族50人を函館の邏卒とすることで、酒田県参事菅実秀（旧庄内藩家老）と交渉を開始しており、函館でその詰めが行われた。庄内藩は、戊辰戦争時黒田次官が庄内藩攻撃軍の参謀で、降伏交渉に際して庄内藩の処分に関し庄内藩士を納得せしめる配慮を示したため、戦後、家老菅実秀が、藩を代表して黒田のところへお礼言上に来たという藩とされている。

3月28日【5月5日】	■太政官布達により、自今開港場県庁に国旗（日章旗）を掲揚すべしと令す。

西暦1872

明治5	3月29日【5月6日】	■「尾去沢銅山事件」。尾去沢銅山払下げ。 □大蔵大輔井上馨(山口)(1836～1915)、工部少輔山尾庸三(山口)(1837～1917)に、井上家出入り政商・岡田平蔵(1834～1874)に尾去沢銅山経営を下命するよう要請。 間もなく、無利息15年賦3万6,800円で岡田に払い下げ。 のちに司法卿になる江藤新平が調査を開始。	441
	3月一【5月一】	■伏見満宮(輪王寺宮公現法親王)(1847～1895)、この月、弟北白川宮智成親王(1856～1872)の遺言により北白川宮家を相続し、諱を「能久」と賜る。	441
	4月一【5月一】	■この月、神奈川県令陸奥宗光(和歌山)(1844～1897)、「田租改正」を建議。 ■この月、左院少議官宮島誠一郎(元米沢藩士)(1838～1911)、大議官伊地知正治(鹿児島)(1828～1886)に相談し「立国憲議(憲法制定の建議)」を、左院議長後藤象二郎(1838～1897)に提出。 □参議西郷隆盛・板垣退助も好意的であり、宮島の提案に左院副議長江藤新平は反対した。 ■大蔵大輔井上馨・大蔵少輔事務取扱渋沢栄一、太陽暦に改むべきことを正院に建議。	441
	4月1日【5月7日】	■臨済宗妙心寺、学寮・般若林を同寺山内に創設(明治8年4月閉鎖)。 ■鎮西鎮台が「熊本鎮台」に改称。	441
	4月2日【5月8日】	■「天神地祇八神遷座」。 □八神殿、神祇官から宮中へ遷座。	441
	4月4日【5月10日】	■北条元利(元米沢藩士)(1849～1905)、東京府権区長に就任。 □置賜県参事高崎五六(鹿児島)(1836～1896)の斡旋で、東京府大参事三島通庸(鹿児島)(1835～1888)に紹介され、三島の配慮で就任したという。	441
	4月8日【5月14日】	■大蔵少輔吉田清成(鹿児島)(1845～1891)、開拓史御用掛兼任大蔵少丞・大鳥圭介(1833～1911)ら、ワシントン入り。 □少弁務使森有礼(鹿児島)(1847～1889)は、外債募集は自分の職権と考え吉田の派遣を不満に感じ、秩禄処分・外債募集に反対の意見を新聞に流し、吉田の職務の妨害をする。吉田と森は、慶応元年に鹿児島からイギリスに送られた留学生仲間であった。 □吉田清成は、カリフォルニア銀行や銀行家ジェイコブ・シフ(1847～1920)と交渉する。ところが担保捻出措置としての秩禄処分に反対する岩倉全権使節団と衝突し、ニューヨークの新聞で報道されてしまう。それでもシフは引受に前向きであった。協議が必要であるというので、吉田はシフの代理人に連れられてイギリスへ渡る。甲斐なく利率の交渉で平行線になる。しかし、情報の早いロンドンにはたくさんのオファーが来た。結局、明治6年1月13日、オリエンタル・バンクの申し出を受けて、条件こそ良かったが申込の遅かったオランダ商館の方は流れた。同年、外債は年利7%で発行され、借入金は大半が直ちに地金・洋銀へ交換され準備金に充てられた。明治7年(1874)9月、アメリカ滞在のまま同国駐在公使に任命される。明治11年(1878)7月25日に吉田清成駐米公使とエヴァーツ(1818～1901)国務長官の間で締結された「吉田・エヴァーツ条約」(「日本国合衆国間現存条約中或箇条ヲ改正シ且両国ノ通商ヲ増進スル為ノ約書」)で知られている。 ■開拓史御用掛・大蔵小丞兼任の大鳥圭介は、ワシントンにて岩倉遣外使節団全権副使の木戸孝允(桂小五郎)(1833～1877)らと対談。 岩倉具視(1825～1883)全権大使は、外債発行に不賛成の意。	441

西暦 **1872**

明治150年その歩みを知る、つなぐ（前編）　西郷どん、大久保卿、薩摩藩年表帖（中巻）

4月9日 【5月15日】	■太政大臣三条実美、在米少弁務使・森有礼あてに打電。 □**留守政府は大久保、伊藤に対し反発。留守政府は、各国と結んだ条約中に最恵国待遇の条項があり、米国との交渉により譲歩した内容が各国に適応されるのを恐れた。そのため、欧米各国の交渉者を1ヶ所に集めて交渉する方法を採用した。** ■**「荘屋名主年寄等ヲ廃シ戸長副戸長ト改称シ給料並ニ諸入用割合ヲ定ム」（太政官布告第117号）。** 政府、庄屋・名主・年寄等の廃止と、戸長・副戸長等の設置を命じる。 ■陸軍裁判所を置く（太政官布告第118号）。 ■**華士族子弟の民籍編入が許可される。** ■博覧会事務局、東京在住の華族の所持宝物類の調査をする。	4418
4月10日 【5月16日】	■「皇太后宮東京御着」。 皇太后九条夙子（あさこ）（のちの英照皇太后（えいしょうこうたいごう））（1835～1897）、赤坂離宮に遷御。	4419
4月11日 【5月17日】	■フランス軍参謀中佐マルクリー（1824～1894）ら第二次軍事顧問団16名、来日。後にシャルル・クロード・ムニエール大佐に交代、陸軍士官学校の創設、地図、測量の指導などに関与する。 □明治政府は、明治3年10月兵制統一で、陸軍はフランス式と定めた。	4420
4月14日 【5月20日】	■外国人への土地転売が禁止となる（太政官布告第124号）。	4421
4月15日 【5月21日】	■3月、芝増上寺の方丈25棟を購入して、この日、開拓使学校（初代校長は荒井郁之助）が設置される。札幌農学校の前身。	4422
4月17日 【5月23日】	■副使大久保利通、副使伊藤博文と共に、連署して条約改正の議につき、指令を請う。	4423

三条実美

伊藤博文

大久保利通

西暦1872

| 明治5 | 4月18日【5月24日】 | ■**藩債はすべて大蔵省に引き受け、処分することを定める。** 44 |

□諸藩が負っていた債務、廃藩置県後、新政府はそれらの実態を調査し、処分に着手。負債は、古債(天保14年(1843)以前の債務)、旧債(天保15年(1844)〜慶応3年(1867)の債務)、新債(明治元年(1868)〜明治5年(1872)の債務)に区分され、古債に対しては棄却、旧・新債に対しては、新政府がそれらを肩代りして、公債証書を交付、また現金で償還する。

■**陸軍中将兼陸軍大輔・山県有朋(山口)(1838〜1922)、近衛都督辞任。**

□「山城屋事件」が明るみに出た。山城屋和助は山口藩出身という縁故で兵部省御用商人となり、軍需品の納入などに携わっていた。まもなく、陸軍省の公金15万ドルを借用して生糸相場に手を出した。借用金は国家予算の1%、陸軍省予算の10%。この借金の背景には、陸軍省保管の現銀が価格低落を被っていたことがある。陸軍省は資金運用を理由として公金貸し付けを行った。

ところが、ヨーロッパでの生糸相場の暴落にあって投機は失敗。山城屋は陸軍省から更に金を借り出し、フランスの商人と直接取引をしようとフランスに渡った。そのうちに、一人の日本人がフランスで豪遊しているという情報が、フランス駐在中弁務使鮫島尚信(鹿児島)やイギリス駐在大弁務使寺島宗則(鹿児島)の耳に入り、日本の外務卿副島種臣(佐賀)へ連絡された。

この頃、山県有朋は近衛都督として近衛兵を統括する立場にあったが、近衛兵内部の薩摩系軍人には長州人である山県を近衛都督としていただくことを不服とする空気が強かった。そこに山城屋の一件を聞いた陸軍省会計監督・種田政明(鹿児島)(1837〜1876)が密かに調査を始めて、「一品の抵当も無しに多額の陸軍省公金が貸し付けられていた」ことが発覚、少将桐野利秋ら薩摩系陸軍人の激しく追及するところとなった。この年、江藤新平(佐賀)率いる司法省による本格的な調査が始まろうとしていた。

□徴兵令を推進する山県を、西郷隆盛は弟の従道と共に山県を評価し、辞任には反対したという。

| | 4月22日【5月28日】 | ■鹿児島県参事大山綱良(つなよし)(1825〜1877)、病の為兵部省を辞職した酒井玄蕃(のりつね了恒)(旧庄内藩士)(1843〜1876)と東京で初めて会見。 442 |

| | 4月25日【5月31日】 | ■**「教導職(十四級)を置き、教部省これを管轄」(太政官布告第132号)。** 442 |

□教導職は、大教宣布のために設置された宗教司吏。全国の神官と僧侶がすべて教導職に任命されて国民の教化にあたることになる。

■**左院副議長兼教部省御用掛・江藤新平(佐賀)(1834〜1874)、井上馨(山口)(1836〜1915)の推挙で、初代司法卿に就任。**

□江藤は、就任直後「司法省の方針を示すの書」を執筆し、司法省の職掌は、公正・迅速・簡潔な民事裁判をすることと悪人は罰するが決して冤罪は出さない刑事事件を行うと公言、さらに、司法改革を推し進めるため、全国に裁判所を設けて地方官から裁判権を接収することを決定する。

| | 4月28日【6月3日】 | ■**「教導職へ教則三条(三条の教憲)交付」教部省達。三条教則を定む。** 442 |

□「(一)敬神愛国の旨を体すべき事。(二)天理人道を明らかにすべき事。(三)皇上を奉戴し朝旨を遵守せしむべき事」。

教部省が、神社・寺院を管理する。神祇官による神道唯一主義に無理が指摘され、キリスト教に対抗するために民衆教化に実績ある仏僧を取り入れた教導職をもうけ、神々への崇敬を民衆に教導していくこととなった。神道宣布組織の中に仏教教団を改編しようとするものであった。

明治150年その歩みを知る、つなぐ（前編）　西郷どん、大久保卿、薩摩藩年表帖（中巻）

西暦**1872**

4月29日【6月4日】	■「神官教導職、東西に区分」教部省達。 ■大議官伊地知正治(鹿児島)(1828～1886)、左院副議長に就任。	4428
4月30日【6月5日】	■「教部省設置につき、神官同省管轄」(太政官布告第140号)。 ■「教義につき教導職管長を以て達すべし」(太政官布告第141号)。 神仏道各教宗派に管長設置。	4429
5月2日【6月7日】	■太政官左院、司法卿江藤新平(佐賀)(1834～1874)の欧米派遣発令。しかし、太政大臣三条実美が、出発延期を要請。	4430
5月7日【6月12日】	■太政官布告第144号に基づき、品川・横浜(現・桜木町)3.8kmで、日本最初の鉄道が仮営業を開始。1日2往復の旅客列車を運転。 ■「従来通称名乗両様相用来候輩自今一名タルヘキ事」(太政官布告第149号)。 複名禁止令―選択的一人一名主義。	4431
5月9日【6月14日】	■京都府、乞食追払令を出す。 □ロシア皇子の来朝に備えた。	4432
5月10日【6月15日】	■勝安芳(海舟)(1823～1899)、海軍大輔就任。海軍卿は欠員。	4433
5月11日【6月16日】	■「沼津出張兵学寮」、東京に移転。在学中の生徒は企員が兵学寮教導団の工兵生徒に編入される。 □徳川家の沼津兵学校は、実質的に閉校となる。	4434
	■「琉球漂流民殺害事件」(宮古島島民遭難事件)。 日清修好条規改定交渉で天津滞在の外務大丞兼少弁務使柳原前光(1850～1894)、この日付で「京報」に琉球遭難民の記事掲載を知る。柳原は、北京駐在公使を通じて外務卿副島種臣(1828～1905)に報告。	4435
5月14日【6月19日】	■岩倉全権副使大久保利通、副使伊藤博文、条約改正を行う権限がある「国書委任状」の下付を受ける。 □しかし、特定国との調印不許可の留保付、事実上使用不可能。外務卿副島種臣は、岩倉使節団の軽率・無定見を厳しく批判した。	4436
5月15日【6月20日】	■大蔵省、府県為替方の設置を通達。 ■大蔵大輔井上馨、三井、小野、島田の為替方三家に、府県租税金を為替方法によって送納することを委託する。 □いち早く取り組んだ小野組は、1府28県を任され全国40数ヶ所に出張所を設置、取扱高でも三井・島田組を凌ぐ。	4437
5月17日【6月22日】	■副使大久保利通、副使伊藤博文、再び、横浜から米国に向かう。副島種臣により駐イギリス大弁使任命の前外務大輔寺島宗則も同船(岩倉使節団の監視)。	4438
5月19日【6月24日】	■左院、「下議院ヲ設クルノ議」を正院に提出。	4439
	■太政官布告第158号で、文部省官員を社寺の古器物調査のため京都に派遣することに決定。	4440
5月20日【6月25日】	■「教部省諸陵寮事務ヲ管ス」。 同年3月14日に新設した教部省に諸陵課が置かれた。 ■司法卿江藤新平(佐賀)(1834～1874)、「司法省仮規程」制定。司法省は裁判所・裁判官の総括をする。同日、正院に対して、各府県の裁判所を司法省の管轄に置きたいので至急の評決を求める(全国裁判事務の司法省への統一)。	4441

西暦1872

明治5	5月21日 【6月26日】	■大蔵大輔井上馨（山口）(1836～1915)、大蔵少輔渋沢栄一(1840～1931)、三井八郎右衛門、小野善助及び三井・小野両組の番頭手代を井上邸に招致し、両組共同にて国立銀行を創立せんことを告諭。 ■麹町紀尾井町紀州長屋に「仮大教院」が設けられる。	44
	5月22日 【6月27日】	■「司法事務」全5条、制定。 □司法省による全国裁判所統轄の方針及び裁判内容への不干渉。 「司法省誓約五箇条」、制定。司法省は「民ノ司直」であり、責務は「人民ノ権利ヲ保護」することとする。 ■真宗興正寺本寂(1808～1877)、東京の教部省に入る。6月13日、教導職権大教正に、明治9年9月、同大教正に就任。	44
	5月23日 【6月28日】	■**明治天皇(1852～1912)、品川湾より御召艦「龍驤」(艦長伊東祐麿(鹿児島))で関西・中国・西国巡幸。** 新制の正服（燕尾形ホック掛けの洋服）を初めて着用する。随員の長・参議西郷隆盛(1828～1877)・陸軍少輔西郷従道(1843～1902)・海軍少輔川村純義(1836～1904)・宮内卿徳大寺実則(1840～1919)ら70余、随行。近衛兵1小隊・軍艦9隻動員。 □伊勢山田を振り出しに、大阪・京都・山口県馬関・長崎・熊本を経て、島津久光慰撫のため鹿児島に向かう。 □明治初期、天皇はまだ全く見知らぬ存在であった。明治政府は国家元首として頂点に立つ明治天皇を人々に知らしめる必要があった。そこで行われたのが「御巡幸」と呼ばれる天皇の全国行脚であった。 ■海軍大輔・勝安芳（海舟）(1823～1899)、静岡より赤坂氷川町4（現・赤坂6-6-4)に移転。	44
	5月24日 【6月29日】	■兵庫楠社を「湊川神社」と改称し、最初唯一の別格官弊社に列格する（太政官布告第166号）。 □湊川神社（兵庫県神戸市中央区多聞通3-1-1)、5月1日、上棟式、この日、鎮座祭、翌25日楠社祭（楠公祭）。造営されたのは、この年8月。	44
	5月25日 【6月30日】	■静岡県参事を辞職、文部省二等出仕した大久保一翁(1818～1888)、第五代東京府知事に任命される。由利公正(1829～1909)、5月2日から岩倉使節団の随行に加わることになり外遊中に東京府知事免官（正式には7月15日)。	444
	5月27日 【7月2日】	■琵琶湖疏水計画を市民出願（府許可、政府不許可）。	444
		■司法省裁判所(1等裁判所)開設。 ■太政官布告第158号に基づき、日本初の文化財調査とされる、壬申検査一行、東京を発ち、名古屋に向かう。	444
	5月28日 【7月3日】	■山科郷士に、太政官より東京府新宿の土地42町歩を下賜される。それは東京内藤新宿元本多邸土地・同大久保百人町・同大角場他の荒れ地であった。	444
	5月29日 【7月4日】	■司法卿江藤新平（佐賀）(1834～1874)、新聞記者を招いて、司法省裁判所と東京裁判所を傍聴させる。	445
	5月30日 【7月5日】	■明治天皇、伊勢などへ行幸、京都には、この日から6月4日まで滞在。	445
		■大蔵大輔井上馨、正院に対し琉球完全併合を建議。 ■外務卿副島種臣は、琉球藩とし外交権を封じることを建議。	445

明治150年その歩みを知る、つなぐ（前編）　西郷どん、大久保卿、薩摩藩年表帖（中巻）

西暦1872

5月一 【7月一】	■明治の三大漢学者の一人・南摩綱紀（旧会津藩士）(1823〜1909)は、この月、京都府職員として、旧所司代邸上中屋敷（のち旧待賢小学校の校地）「京都府中学校」（日本最古の旧制中学校、京都府立洛北高等学校の起源）に奉職。 □会津藩の京都守護職時代の事跡を記した『会津藩庁記録』を見つけ出して松平家に返納したのは、この京都府中学校に勤務した時期のこと。	4453
	■**この月、川路利良（鹿児島）(1834〜1879)は、東京府邏卒総長に任ぜられる。** ■「江戸三十三間堂廃止」。富岡八幡宮の東側（現東京都江東区富岡2丁目付近）にあった。	4454
6月一 【7月一】	■この月、山岡鉄舟（鉄太郎）(1836〜1888)、侍従番長となり、明治天皇(1852〜1912)の側近となる。 □参議西郷隆盛(1828〜1877)と約束して、10年間の約束で明治天皇に仕えるという。	4455
6月2日 【7月7日】	■明治天皇、孝明天皇後月輪東山稜御参拝。	4456
	■**正院、琉球措置を左院（立法審議機関）に諮問。** □左院は、性急な日清両属解消は「清国と争端を開く」恐れありとして、現状維持説。結局、急進（大蔵省）・漸進（外務省）・現状維持（左院）のうちの中間の外務省案（琉球藩設置）を採用。鹿児島県経由で在琉の伊地知貞馨(1826〜1887)を通じて、琉球王府に日本新政慶賀の使節を東京に派遣するよう達する。	4457
	■岩倉全権団副使大久保利通、副使伊藤博文と共に、桑港（サンフランシスコ）に着し、17日、華盛頓（ワシントン）に入る。	4458
6月3日 【7月8日】	■明治天皇(1852〜1912)、日本で最初の近代中学校・高等学校、「京都府中学校」（京都府立洛北高等学校の起源）に行幸。 □諸学校を見学した天皇は、学事の進歩を称賛、知事に勅語を下賜。	4459
6月4日 【7月9日】	■明治天皇、大阪造幣寮行幸。天皇は、その折に3日間、造幣寮応接所で過ごしベランダからの景色に感動、「泉布観」と命名した。 □造幣寮首長のお雇い外国人キンドル(1817〜1884)は、6月の大阪造幣寮行幸の際、最敬礼をしなかったとして、西郷隆盛を怒らせたという逸話がある。	4460
	■**「マリア・ルス号事件」起こる。** ペルー船籍のマリア・ルス号が、航海中の悪天候から帆先を破損、横浜港にこの修理のために入港。 □**7日の深夜、一人の清国人苦力が監視の目を欺いて海中へ逃亡し、イギリス軍艦（アイアンデューク号）に救助を求めた。イギリスはマリア・ルスを「奴隷運搬船」と判断し、イギリス在日代理公使ワトソンは、日本政府外務省に対し清国人救助を要請する。**	4461
6月5日 【7月10日】	■岩倉全権団、作り上げた「大日本・合衆国、新定条約並附録草案」10ヶ条を米国側に渡す。	4462
6月6日 【7月11日】	■明治天皇、大阪の開成所（舎密局）に行幸。	4463
6月7日 【7月12日】	■「琉球漂流民殺害事件」。琉球宮古島民、福建省福州から那覇に帰還。	4464
	■文部大丞町田久成（鹿児島）(1838〜1897)、宮内小丞、参議大隈重信(1838〜1922)に、「名古屋城犬山城等保存ノ儀」を建議。	4465

西暦 1872

明治5	6月9日【7月14日】	■「社寺にて説教執行すべし」(教部省達第3号)。仏教各宗に教導職取締を置き、三条教則を体して説教すべしと達する。

■大蔵大輔井上馨(1836~1915)、大蔵少輔事務取扱渋沢栄一(元幕臣)(1840~1931)、滞英中の大蔵少輔吉田清成(鹿児島)(1845~1891)に、禄制処分の苦心多き事情を報ず。

	6月12日【7月17日】	■「神宮以下諸神社祭典ノ節僧尼参詣苦シカラス」(太政官布告第175号)。神官及ビ諸社祭典ノ節、僧尼ノ参拝ヲ許ス。

	6月13日【7月18日】	■3月、華族に列せられた真宗東本願寺大谷光勝(厳如)(1817~1894)、大教正および教導職の真宗管長に就任。

	6月14日【7月19日】	■西国巡幸の天皇御召艦「龍驤」が長崎に入港。

明治天皇(1852~1912)は、筆頭供奉員西郷隆盛(1828~1877)陸軍少将、徳大寺実則(1840~1919)宮内卿兼侍従長、河瀬真孝(山口)(1840~1919)工部少輔、西郷従道(1843~1902)陸軍少輔、川村純義(1836~1904)海軍少輔、吉井友実(1828~1891)宮内少輔らを従えて大波止の新桟橋から上陸する。

	6月17日【7月22日】	■御召艦「龍驤」、熊本に向けて長崎出港。

■大久保利通(1830~1878)・伊藤博文(1841~1909)、ワシントンに到着。全権岩倉具視(1825~1883)・木戸孝允(1833~1877)ら、米国務長官フィッシュ(1808~1893)と会談。19日、条約改正交渉打ち切りを通達。

	6月18日【7月23日】	■神奈川県令陸奥宗光、大蔵省租税頭に転任。8月17日、県令を辞任。

□大蔵大輔井上馨(山口)が抜擢。租税頭陸奥宗光(和歌山)、権頭松方正義(鹿児島)と共に、地租改正法案策定にあたる。

	6月21日【7月26日】	■元土佐藩主・内国事務総裁・山内容堂(豊信)(1827~1872)、死去。享年46。

□明治後の容堂は、官職には就きながらも、ほとんど政治に積極的に参画することもなく、周囲の諫止をも聞かず、放蕩三昧の日々を過ごしたという。明治2年9月26日、正二位に昇叙。明治5年6月28日、贈従一位。

■伊地知貞馨(1826~1887)、琉球王府に、琉球藩設置方針踏まえ日本新政権慶賀使節の派遣要請を伝える。

	6月22日【7月27日】	■御召艦「龍驤」、鹿児島到着。明治天皇の西国巡幸に従い西郷隆盛は、1年半ぶりに帰郷。天皇19才、西郷44才。24日天皇は、薩英戦争同様の調練を見る。

■駐英大弁務使(駐英大使)寺島宗則、交渉打ち切りを外務卿副島種臣に報告。

	6月23日【7月28日】	■明治天皇、可愛・吾平・高屋の神代三陵遙拝。

	6月24日【7月29日】	■文部省がすすめる「学制」(「学事奨励に関する被仰出書」)が、太政官において認可される。

□学制とは、教育の目的を説くために学制頒布に当たり発せられた太政官布告で、文部卿大木喬任により教育行政方針九ヶ条頒布。

■北海道手宮港を「小樽」と改称。

■初代秋田県権令・島義勇(佐賀)(1822~1874)、退官となる。

□八郎潟を干拓する大事業を構想した。だが、このプロジェクトも反発を招いた。

明治150年その歩みを知る、つなぐ（前編）　西郷どん、大久保卿、薩摩藩年表帖（中巻）

西暦1872

6月27日 【8月1日】	■明治3年閏10月19日の兵学令を廃し、「陸軍兵学寮概則」制定。 □幼年学校、教導団、士官学校の教育について規定。	4481
6月28日 【8月2日】	■玉里島津家初代・島津久光（1817〜1887）、衣冠束帯の姿を整えて天皇の行在所に赴き、宮内卿徳大寺実則を通じ天皇に「14箇条の建白書」を奉呈。明治政府の改革方針に反する守旧的内容を含んだ意見書で、身分の上下、男女の別が緩んでいること、西郷・大久保を政府からはずすようなどの要求をする。 □天皇鹿児島巡幸も、久光の反政府感情を和らげることはできなかった。	4482
	■「マリア・ルス号事件」。英米代理公使（ワトソン、シェパード）、清人奴隷虐待の調査申入れ。 □日本の裁判権無視、これは国家主権侵害にあたると述べる。外務卿副島種臣は、日本領海内でおきた事件とみなし、神奈川県に与えられた居留地規則による裁判権でこの事件を審理することを決める。	4483
	■岩倉全権団副使大久保利通ら、ボストンに至る。	4484
7月一 【8月一】	■「琉球漂流民殺害事件」。琉球駐在官伊地知貞馨（1826〜1887）、台湾生番による琉球人殺害事件報告の為、鹿児島へ帰還して報告。	4485
7月1日 【8月4日】	■「マリア・ルス号事件」。外務卿副島種臣（佐賀）（1828〜1905）、神奈川県参事大江卓（元土佐陸援隊）（1847〜1921）に、居留地規則による裁判権によりマリア・ルス号の取調べを命じる。 □司法卿江藤新平、神奈川県令（兼大蔵省租税頭）陸奥宗光は、反対。陸奥は8月17日、県令辞任、租税頭に専任。大江は神奈川県権令に昇格する。	4486
7月2日 【8月5日】	■明治天皇、西郷隆盛、鹿児島を発つ。香川県丸亀・神戸を経て東京に向かう。 □西郷隆盛は、島津久光の怒りで、久光にはとうとう拝謁できなかった。	4487
7月3日 【8月6日】	■大蔵省、華士族卒触頭を廃し所在区戸長に事務をとらせる。	4488
	■使節団副使大久保利通ら、ボストンを出帆し、英国に向かう。15日、倫敦（ロンドン）に到着も、書中休暇を以って高官に会えず、英国国内各地を巡回する。	4489
7月4日 【8月7日】	■天皇の西日本還幸に随行の西郷隆盛・従道兄弟、鹿児島からの帰路、四国丸亀で急ぎ帰京命令を受ける。 □鹿児島・高知系近衛兵（旧御親兵）が陸軍大輔近衛都督山県有朋に反発、山県が辞表提出までいき、追詰められる（官僚的な軍統治施策、山城屋和助事件への関与など）。	4490
	■全国一般に地券交付（壬申地券）。大蔵省、売買・譲渡にかかわらず、全ての所有地に対して、地券交付を通達。壬申地券の交付本格化。 □地券とは、土地権利証で、所有者・所在・地目・段別・地価・地租が書かれている。	4491
	■「マリア・ルス号事件」。大江卓（裁判長）、マリア・ルス号ペルー人船長と清国人苦力（クーリー）召喚。 □日本側は審理を開始し、ペルー船の出港を禁止した。	
7月5日 【8月8日】	■西郷隆盛・従道兄弟、東京着。	4492

西暦1872

明治5	7月8日 【8月11日】	■京都府知事・長谷信篤(1818~1902)、7月15日前後の盂蘭盆会の習俗を「風紀上、衛生上」よくないとして禁止する。 ■梅渓通善(安政勤王八十八廷臣の一人)(1821~1899)、男山八幡宮宮司に就任。7月19日平野神社・伏見稲荷神社の宮司を兼任。
	7月12日 【8月15日】	■巡幸の明治天皇、東京帰着。
	7月14日 【8月17日】	■岩倉全権使節団、リバプールに着き、翌日ロンドンに到着。 □アメリカ滞在が長引き、イギリス到着は遅れる。女王・政府高官は避暑に出掛けており、使節団はロンドンで空しく待機。
	7月18日 【8月21日】	■鹿児島県士族・時任為基(1842~1905)、8等出仕で開拓使に転じる。 □時任は天保13年5月、鹿児島城下新屋敷通町で藩士時任為徳の長男として生まれる。幼名を静吉と称した。藩の公用人下役を勤めた。明治4年(1871)8月、新政府に出仕して、のちに東京府典事に就任。次いで典事に任じた。この日、開拓使八等出仕に転任し、8月七等出仕に進んだ。同6年12月樺太に出張。同7年4月六等出仕となり、札幌本庁在勤となる。同8年(1875)8月、樺太と千島を交換する際に、日本側の理事官として五等出仕に補された。函館から日進艦に搭乗して露領カムチャツカに航し、帰路暴風雨に遭って難航した。さらに根室より玄武丸に搭じて、再び占守(シュムシュ)島に航行して交換式を行った。翌年再び、千島を視察して「大日本地名アトイヤ」の国標を択捉島から持ち帰った。この年の12月に札幌本庁民事局長に命じられ、同9年1月、開拓権大書記官に任命された。その後函館の行政官・杉浦誠(元幕臣)(1826~1900)の後を次いで、函館支庁に在勤。明治10年(1877)9月28日から同19年12月28日、支庁廃止となるまでの9年間余、函館に住み着いた。「寛仁にして民を愛し、頗る徳望あり」。下巻に続く。
	7月19日 【8月22日】	■琉球国王尚泰(1843~1901)、表敬使節派遣要請を受諾。
		■「マリア・ルス号事件」。清国人苦力231人全てを、神奈川県施設に収容。
		■参議西郷隆盛(1828~1877)、陸軍元帥となり、近衛都督(2代目)を兼任。29日、改めて陸軍元帥兼参議に任じられる。 □西郷は参議兼陸軍元帥となり、文官・武官の最高位につくことになるため、木戸孝允は、西郷の元帥就任に反対していた。 □4月に、公金不正融資を受け多額の軍事費を使い込んだ「山城屋事件」で山県有朋(1838~1922)が近衛都督を辞任したため、薩長の均衡をとるために三弟・西郷従道(1843~1902)を近衛副都督から解任する。西郷隆盛は山県を庇い、政治生命を救った。 ■東京へ戻った篠原国幹(鹿児島)(1837~1877)は、陸軍少将に昇進、さらに近衛局長官となる。
	7月25日 【8月28日】	■前年に起こった「琉球漂流民殺害事件」(宮古島島民遭難事件)の結果、宮古島島民多数が台湾で虐殺されたとの報告が、琉球政府から鹿児島県庁に届き、熊本鎮台鹿児島分営の少佐樺山資紀(1837~1922)は、熊本鎮台司令長官の桐野利秋(中村半次郎)(1838~1877)に報告するため、この日に鹿児島を出発して熊本に至ったが、あいにく利秋は広島分営に出張中だったため、単身上京し、この件について樺山が利秋と直接話したのは、11月になって桐野利秋が上京したときだったという。
		■租税寮中に「地租改正局」を置く。

明治150年その歩みを知る、つなぐ（前編）　西郷どん、大久保卿、薩摩藩年表帖（中巻）

西暦**1872**

7月27日 【8月30日】	■「マリア・ルス号事件」。 マリア・ルスの船長は訴追され、神奈川県庁に設置された大江卓（元土佐陸援隊）(1847～1921)を裁判長とする特設裁判所は、この日の判決（第一次裁判）で、港内での乗客虐待に対する厳重処罰として、清国人の解放を条件にマリア・ルスの出航許可を与える。 □しかし、船長は判決を不服としたうえ、清国人の「移民契約」履行請求の訴えを起こし、清国人をマリア・ルスに戻すよう主張する。また再審となる。	4502
7月29日 【9月1日】	■琉球使節・伊江王子朝直（尚健）(1818～1896)一行、首里を発する。	4503
7月30日 【9月2日】	■大蔵大輔井上馨(1836～1915)、人身売買の廃止を正院に建白し、同時に人権の自由を説く。	4504
7月— 【9月—】	■地租改正事業を推進するため、大蔵省租税寮に「地租改正局」が置かれる。地租改正方法の策定に取りかかる。 ■東京青山に神葬墓地（神道の墓地）が造られる。 □美濃郡上藩主・青山家の下屋敷跡に開設された。現在の青山霊園である。	4505
8月1日 【9月3日】	■青木周蔵（山口）(1844～1914)、憲法草案「大日本政規」を起草。 □この年冬、岩倉遣外使節団の一員として参加していた木戸孝允は、ドイツ滞在中の青木周蔵に対し、憲法草案の作成を命じた。憲法学者グナイスト（Rudolf von Gneist）に学んだ青木は、プロイセン憲法を参考としたうえで日本の国情に鑑み「大日本政規」と題する憲法草案、および憲法制定の理由書を起草した。 大日本政規修正が、のちの「帝号大日本国政典」である。	4506

尚泰

伊江朝直

大江卓

西暦1872

明治5	8月2日【9月4日】	■大政官、「学事奨励ニ関スル被仰出書」(太政官布告第214号)。個人の自立に不可欠な学問の効用を力説、全国民教育実現への決意宣言。政府・文部省・文部大輔田中不二麿(麻呂)(1845~1909)、近代教育発程の第一歩たる「学制」(「学事奨励に関する被仰出書」)制定(学区制と就学奨励)につき布告。□8年の義務就学(但し、有名無実)。この日、設置を決めたのは4校のみ。男女平等の義務教育を実施。フランス式の学区制で、全国画一的な学校体系で国民皆学を目指す。全国を8の大学区に分け、8大学校の、1大学区を32中学区に分け、256中学校の1中学区を210小学区に分け、53,760小学校を目指し、小学校は人口600人に1校、中学校は人口13万人に1校の割合で設置するという構想。下等小学4年、上等小学4年の「4・4制」となる。□鹿児島県は5番大学区、19~24の6中学区、1,250小学区となる。
	8月3日【9月5日】	■「学制」発布(文部省布達第13・14号)。文部省が全国に近代教育発程の第一歩たる学制を頒布。学区制と就学奨励。□学制が布かれ、東校は、「第一大学区医学校」と改称。東大病院の前身。南校は「第一大学区第一番中学」と改称。■「司法省職制章程並ニ事務章程」(太政官無号達)。22章108条。行政・司法未分離の旧制をそのまま引継いで、地方裁判の権はこれまで大蔵省の監督下に属する地方官に一任されていたが、司法省職制・事務章程・裁判所構成・判検事職制・裁判事務規定する。お雇いフランス人弁護士のジョルジュ・ブスケ(1846~1937)の協力得た司法卿江藤新平(佐賀)による近代的司法制度の体系化である。司法省の役割は「全国法憲を司り各裁判所を統轄す」。省務は裁判所、検事局、明法寮に分ける。□証書人・代書人・代言人の職制が定められた他、地方官(府知事・県令・府県参事など)から裁判権接収。江藤新平は、公正・迅速・簡易な民事裁判、無実の罪は出さない刑事裁判を目指す。そのため、本省事務組織、裁判所の判事・検事、法令の調査研究のための明法寮を設置。組織相互の職務権限明確化のため章程を作った。■「司法省官制改正」(太政官布告第218号)。臨時裁判所、司法省裁判所(所長は司法卿兼務)、出張裁判所(所長は判事)、府県裁判所(所長は判事)、区裁判所(所長は解部)を置く。■「司法省職務定制」制定(太政官布告無号)。■「寺院に仏器什物等の簿帳備附の件」(教部省達第31号)。
	8月5日【9月7日】	■「府県裁判所設置開始」。神奈川・埼玉・入間3県に裁判所開設。□同月12日、足柄・木更津・新治・栃木・印旛・群馬・宇都宮の8県、9月13日兵庫、同月19日山梨、10月7日京都、同月20日大阪裁判所開設。□この司法改革は、大蔵省、地方官に属した権限を奪うものであったから、官僚組織の常として大蔵省や地方官は陰に陽に強く抵抗する。■大蔵省、為替方三家に為替方の廃止を通達、同日、三井・小野組合銀行に為替御用を命じる。■水戸に鎮台分営を設ける。
	8月8日【9月10日】	■「神官総て教導職に補する件」(大政官布告第220号)。■池上四郎(鹿児島)(1842~1877)、外務省十等出仕に任じられる。■池上四郎・武市正幹・彭城中平、太政官正院から「御用候條清国牛荘へ差遣」する旨の命を受ける。

明治150年その歩みを知る、つなぐ（前編）　西郷どん、大久保卿、薩摩藩年表帖（中巻）

西暦**1872**

8月9日 【9月11日】	■池上四郎、外務省から清・露・朝鮮探偵として派遣の命を受ける。 ■鎮西鎮台第二分営長（鹿児島）陸軍少佐樺山資紀（鹿児島）(1837〜1922)、上京。陸軍元帥兼参議西郷隆盛・実弟陸軍少輔西郷従道に報告。「琉球漂流民殺害事件」への積極的対処を建言する。 ■樺山資紀、「琉球漂流民殺害事件」で池上四郎に面会。	4513
8月10日 【9月12日】	■司法卿江藤新平（佐賀）(1834〜1874)、「聴訟断獄ノ事務ヲ混同スル勿ラシム」（司法省布達第6号）。 「聴訟之儀ハ人民ノ権利ヲ伸シムル為メニ其曲直ヲ断スルノ説ニ候得者最懇説篤諭シテ能ク其情ヲ尽サシムヘキノ処右事務ヲ断獄ト混同シ訴訴原被告人へ笞杖ヲ加へ候向モ有之哉ニ相聞へ甚以無謂次第ニ付自今右様之儀無之様厚注意可致事」。 □司法職務定制の制定当時は、民事事件においてさえも拷問が用いられることがあった。	4514
8月12日 【9月14日】	■名古屋、伊勢、京都の各社寺や華族の宝物検査を終了した壬申検査団、この日、正倉院を開封。 □県令はじめ東大寺僧侶、寺役人の同席のもと天保4年(1833)以来であった。	4515
	■田方についても、石代納を認める。 □明治新政府は当初、田方の年貢を米納，畑方を石代納と定めていた。	4516
8月13日 【9月15日】	■文部大輔福岡孝弟（高知）(1835〜1919)、司法大輔に転任。	4517
8月14日 【9月16日】	■「琉球漂流民殺害事件」。鹿児島県使者伊地知貞馨(いじちさだか)(1826〜1887)、外務卿副島種臣（佐賀）(1828〜1905)に面会。琉球宮古島民の台湾遭難の報告及び鹿児島県参事大山綱良(1825〜1877)の問罪の軍隊派遣建言を提出(台湾出兵論登場)。 □琉球を自国の領土とみなす立場から、清国に対して事件の責任を問う。宮古島を含む琉球王国は、清国の宗主権下にあり（古くから中国の王朝に臣属する）ながらも鹿児島県の管轄を受ける（17世紀初頭に薩摩の島津氏に占領される）という日清両国の係争の地であり、台湾に至っては明確に清国の領域であるという問題があった。 □先に上京していた樺山資紀は、伊地知とも打ち合わせ、いきなりの「問罪の」軍隊派遣でなく、とりあえず現地調査を行う穏当な線に後退。当初「異論」をみせた西郷隆盛も了解する。	4518
8月15日 【9月17日】	■「外務省十等出仕池上四郎外二名清牛荘差往探察ノ要件」。外務卿副島種臣、外務省十等出仕池上四郎（鹿児島）(1842〜1877)・外務省十等出仕武市正幹（高知）・外務権中録彭城中平(さかきちゅうへい)（佐賀）(1832〜1874)へ内諭。 □陸軍元帥兼参議西郷隆盛と参議板垣退助は、陸軍参謀局（のち参謀本部）として調査させたという。 □池上らは、16日、英船セート号で横浜を出航、神戸で下船。18日、神戸で劉少丞と会う。25日、神戸出航、9月1日午後2時、上海に到着。	4519
8月16日 【9月18日】	■「マリア・ルス号事件」。第二次裁判。再審理がはじまる。 □第一次裁判で自らを有罪とされただけでなく、清国人苦力がマリア・ルス号に戻るかどうかは、彼ら自身に決めさせるという判決に納得しない船長のヘレイラは、苦力全員に対してマカオで交わした契約履行請求の訴訟を起こした。	4520

西暦 1872

明治5	8月19日 【9月21日】	■「台湾事件により琉球王を出府せしめ、三ヶ条の条約を立てられ、そのうえ何分の決断する内議なり」『樺山資紀日記』。 □琉球藩設置と琉球漂流民殺害事件(台湾出兵問題)とが結合。
	8月23日 【9月25日】	■「東京府邏卒ヲ司法省ニ管轄セシム」。 東京府の邏卒、全国警察の統合をはかった司法省に移管。
	8月25日 【9月27日】	■「マリア・ルス号事件」。裁判長大江卓(元土佐陸援隊)(1847〜1921)、移民契約書は人身売買にあたる、清国人は帰国させる判決。 □裁判の審議で船長側弁護人在日イギリス人弁護士ディッキンズが「日本が奴隷契約が無効であるというなら、日本においてもっとも酷い奴隷契約が有効に認められて、悲惨な生活をなしつつあるではないか。それは遊女の約定である」として遊女の年季証文の写しと横浜病院医治報告書を提出してきた。日本国内でも娼妓という「人身売買」が公然と行われており、奴隷売買を非難する資格がないとのこの批判により、我国は公娼制度を廃止せざるを得なくなった。
	8月28日 【9月30日】	■「司法省警保寮、設置」(大政官布告第243号)。 □司法卿江藤新平は、軍事と警察を分離することにして、約4,000人の東京府邏卒を、司法省管轄下に入れ、警保寮(2等)とする。近代警察として機能させ、人民警保を任務とする行政警察事務を担当することとし、十五等を置く。近衛兵(約5千500人)に括坑する勢力で、これを背景に司法省は、軍部の綱紀粛正、藩閥の腐敗摘発ができた。 □東京府邏卒総長川路利良(鹿児島)(1834〜1879)を警保助に昇格。9月3日、司法大丞大検事(検事総長)島本仲道(高知)(1833〜1893)を警保頭に兼任させ、司法省3等出仕(勅任官処遇)とする。 ■「海陸軍刑律」公布。 □第2条は、軍人の範囲を「海陸軍ノ将校、下士、兵卒、水夫、並ニ海陸軍武学生、海陸軍医官、会計書記ノ吏百工役夫常員アル者」と定義した。 ■「博覧会事務職ヲ幸橋御門内ニ移ス」。
	8月29日 【10月1日】	■中原尚雄(元鹿児島藩伊集院郷士族)(1845〜1914)、司法省警保寮少警部に任じられる。
	8月30日 【10月2日】	■「許可ヲ経スシテ社寺ヲ創立スルヲ禁ス」(大蔵省達第118号)。 ■芝神明宮改称、「芝大神宮」を称す。
	8月― 【10月―】	■左院、「国会議院手続取調」を正院に提出。 この年、左院において「民選議院仮規則」「国会議員規則」を起草。 ■三井・小野組合銀行に大蔵省為替方御用を命じる。 □第一国立銀行設立準備機関的役割。 ■政府は全国に、知行制を廃して禄米を県庁から支給するように指令。 □鹿児島県はこれを無視し、明治6年12月設けられた禄税も、在来の軍役高出米で肩がわりさせた。 ■横山正太郎安武(森有礼の実兄)(1843〜1870)の自刃で、参議兼陸軍元帥西郷隆盛は、この月、碑文「朝廷百官遊蕩驕奢、而誤時事者多」(百官遊蕩して驕奢に耽り、事を誤る者多し)を作って横山安武を讃え弔い、墓のそばの幟に「精神、日を貫いて華夷に見われ、気節、霜を凌いで天地知る」という語を書いた。

西暦**1872**

明治150年その歩みを知る、つなぐ（前編）　西郷どん、大久保卿、薩摩藩年表帖（中巻）

9月一 【10月一】	■「五山盟約」。身延山久遠寺（山梨県南巨摩郡身延町）、池上本門寺、京都妙顕寺、京都本圀寺、中山法華経寺（千葉県市川市中山二丁目）の間で、五山をもって大本山に定め、この五山の中から管長を選出し、管長は五山の総代として東京に在位し公平に宗務を総括すること、五山の住職を決めるときには、法類の中で人選公挙すること、五山会合のときは身延を席首とすることなどが盟約された。 □これによって、互いに分立する五山始め四十四箇本山の状況を身延中心の共同体制（日蓮宗）へと転換した。　4530
9月2日 【10月4日】	■「教部省ヲ元中山忠能邸ニ移ス」。 ■「工部省ヲ元教部省ニ移ス」。　4531
9月3日 【10月5日】	■琉球使節伊江王子朝直（尚健）一行、東京着。　4532
9月7日 【10月9日】	■陸軍元帥の服制が制定（太政官布告第252号）。　4533
9月12日 【10月14日】	■司法省官吏の司法中録井上毅（熊本）（1844〜1895）・警保助川路利良（鹿児島）（1834〜1879）・司法少丞河野敏鎌（高知）（1844〜1895）・司法省七等出仕沼間守一（元幕臣）（1844〜1890）・同名村泰蔵（長崎出身）（1840〜1907）・権中判事岸良兼養（鹿児島）（1837〜1883）・同八等出仕益田克徳（元幕臣）（1852〜1903）・明法助鶴田皓（佐賀）（1836〜1888）らが、フランス郵船「ゴタベリイ」で司法省ヨーロッパ視察団として、欧州留学に向かう。司法卿江藤新平の指示であろう。　4534 □**岸良兼養**（鹿児島）（1837〜1883）は、薩摩藩士岸良兼善の長男として生まれる。島津久光の小姓として、久光、島津忠義父子と精忠組との連絡役を務めた。明治政府に出仕し、慶応4年（1868）閏4月23日、議政官史官試補に就任。以後、監察司知事、弾正大巡察、明治4年（1871）3月20日、刑部少丞などを歴任。明治4年（1871）7月9日、刑部省が弾正台と合併して司法省となり、同年8月8日、司法少判事、次いで権中判事に任官。明治5年（1872）この日、司法制度調査のため渡欧。明治6年（1873）9月6日に帰国。 ■同船で、東本願寺現如（大谷光瑩）（1852〜1923）、随行の松本白華（1838〜1926）・石川舜台（1841〜1931）・成島柳北（元幕臣）（1837〜1884）・姉小路公義（1859〜1905）・陸軍省の松田正久（元小城藩士）（1845〜1914）・関信三（1843〜1880）らも、洋行に出発。欧州の宗教行政を調査する。木戸孝允・西本願寺ラインと江藤新平・東本願寺ラインの対抗であろうか。 ■天皇、「鉄道開業ノ勅語」。天皇臨幸して、新橋・横浜間鉄道開業式挙行（日本最初の鉄道開通）。　4535 ■天皇、「鉄道開業式中外衆庶ヘ勅語」「鉄道開業式各国公使ヘ勅語」「鉄道開業式横浜在留外商ノ祝詞ヲ聞カセラレ賜ヒタル勅語」「鉄道開業式親臨工部省職員鉄道局長以下ヘ勅語」。
9月13日 【10月15日】	■文部省、教科書編輯寮を廃止（太政官布告第262号）。　4536 ■「マリア・ルス号事件」。裁判により、清国人苦力229人は解放され、清国使節（江蘇補用同知の官職にある陳福勲、3世紀ぶりに公式に来日した中国官人）に引き渡す。清国船で帰国。清国政府は日本の友情的行動への謝意を表明した。

西暦1872

明治5		
9月14日【10月16日】	■天皇、「琉球王冊封ノ詔」。「第一次琉球処分」。琉球王国を「琉球藩」として分離。 □天皇、琉球国王尚泰の名代伊江王子朝直（尚健）に、尚泰を琉球藩王に封じ華族とし、琉球藩とした。その外交権を全て日本の外務省に引き継がせたが、琉球と清国の関係については保留した。 ■札幌開拓使庁を本庁と改め、函館、根室、宗谷、浦河、樺太に5支庁を置く。	45
9月15日【10月17日】	■外務大丞花房義質（岡山）(1842〜1917)、陸軍中佐北村重頼（高知）(1845〜1878)・陸軍少佐河村洋與（洋与）・同大尉別府晋介（景長）(鹿児島）(1847〜1877)らと軍艦「春日」で朝鮮派遣、草梁倭館着（明治政府の初めての軍艦の海外派遣）。 □16日、旧対馬藩役人を退去させ、「草梁倭館」を外務省に接収、一方的に外務省直轄「日本公館」とする（元来は朝鮮政府の所有、伝統的に対馬藩が役人・商人を滞在させていた）。朝鮮側は硬化、全ての交渉を拒否、生活物資供給制限などする。 □西郷隆盛らは、別府晋介らを、外務大丞花房義質の随員（実際は変装しての探偵）として釜山に派遣。韓服を着、韓帽を戴き、変装して2ヶ月近く朝鮮内地を偵察したという。 ■「修験宗の廃止、本山・当山・羽黒とも、天台・真言両宗に帰入」（太政官布達第273号）。吉野金峯山寺、湯殿山・月山・羽黒山での廃仏。 ■「法相、華厳、律、兼学、融通念仏ノ五宗其他望ノ宗内総本山ノ所轄タラシム」（太政官布告第274号）。	45
9月18日【10月20日】	■司法省明法寮（翌年、司法省法学校に改組）、教育開始。 フランスの法学者ボアソナード(1825〜1910)、弁護士ブスケ(1846〜1937)招聘。 ■アメリカ公使デロング(1832〜1876)、外務卿副島種臣(1828〜1905)に、嘉永7年(1854)琉球条約を日本が引継ぐか否か問い合せる。 □琉米修好条約は、1854年7月11日（咸豊4年6月17日）琉球王国とアメリカ合衆国が締結した条約。正式名称は「亜米利加合衆国琉球王国政府トノ定約」。 ■工部少輔山尾庸三、関西鉄道会社の資金を工部省にて借上げ、京阪間の鉄道を建築せんことを正院に建議。許可される。	45
9月19日【10月21日】	■京都の智積院、学寮16寮を売却。 □隆盛期は、3万坪の境内に70余の学寮が軒を並べ真言宗新義派の学寮を誇っていた。明治2年(1869)土佐藩の陣所となっていた教学研鑽の根本道場の勧学院が爆発炎上していた。	45
9月20日【10月22日】	■「辰ノ口元分析所ヘ印書局ヲ置キ正院管轄ス」（太政官布告第280号）。太政官正院印書局設立。	45
9月24日【10月26日】	■大蔵省、三井八郎右衛門・小野善助に、第一国立銀行開業にあたって、京都府から東京府へ籍を移させる。	45
9月25日【10月27日】	■アメリカ公使デロング、外務卿副島種臣を訪問。 □厦門駐在米領事リゼンドル(1830〜1899)の存在、台湾に関する知識紹介。台湾は「浮きもの」（国際法上の国家にも属さない無主の地）と教える。リゼンドル流の先住民との平和的交渉を勧め、副島の派兵論を牽制。	45
9月26日【10月28日】	■外務省横浜出張所で副島・リゼンドル会談、27日、東京迎賓館で続行。リゼンドル、清国政府に灯台設置要請から台湾領有論まで展開。	45
9月28日【10月30日】	■外務省、琉球藩の外交権を回収し外務省に移管。	45

明治150年その歩みを知る、つなぐ（前編）　西郷どん、大久保卿、薩摩藩年表帖（中巻）

西暦1872

10月2日 【11月2日】	■京都府、大教院建設を理由に教部省の達示と偽り、僧侶信徒が不正な募金を行うことを禁止（府布令書207号）。　4547
	■「琉球漂流民殺害事件」。台湾問題に関する外務省意見書が、正院に提出される。リゼンドル第1覚書が下敷で、清国の先住民対策徹底を要請。正院裁可。　4548
10月3日 【11月3日】	■先般の管長設置太政官布告により、日蓮門下各山、身延山久遠寺を総本山とした「日蓮宗」として統合。　4549
10月4日 【11月4日】	■「官営富岡製糸工場」、フランス製機械を使って操業開始。　4550
	□新政府は、製糸業を機械化することによって、唯一の輸出商品である生糸の大量生産を行い、輸入超過の貿易収支の改善図ろうとした。「富国強兵」の旗印、模範官営工場スタート。
10月5日 【11月5日】	■外務卿副島種臣（1828〜1905）、アメリカ公使デロング（1832〜1876）に書簡で、琉米修好条約は、琉球統合後もそのまま有効である旨を正式に伝える。　4551
10月7日 【11月7日】	■「除隊取扱規則」制定。除隊を許可する条件を定めた。　4552
	□一、嗣子ニシテ父母ヲ失ヒ他ニ兄弟無ク営産ニ差支候者、一、独子独孫ニシテ父母祖父母病気或ハ極老ニ及ヒ其者ナケレハ余年ヲ保ツ能ハサル者、一、兄弟有リト雖モ病気戎ハ不具或ハ幼稚ニシテ父母ノ病気ヲ看護スル事能ハサル者。
	■「京都府ニ裁判所ヲ置ク」。
	□司法省三等出仕樺山資綱（鹿児島）・司法大丞（四等官）島本仲道（高知）（1833〜1893）・司法権中判事（五等官）早川景矩（熊本）（?〜?）ら、京都府庁訪問。府知事（三等官）長谷信篤（1818〜1902）、府参事（五等官）槙村正直（山口）（1834〜1896）が応対する。同日、長谷は正院に裁判所設置、聴訴・断獄事務引渡しについて問い合わせ。12日、正院より二条城内に裁判所設置、司法省官員への事務引渡しの達し。
10月8日 【11月8日】	■永井尚志（元幕臣）（1816〜1891）、三等議官に任命される。　4553
10月9日 【11月9日】	■「琉球漂流民殺害事件」。太政官、陸軍少佐樺山資紀（鹿児島）（1837〜1922）に台湾視察派遣命令。明治6年3月5日、長崎出発。　4554
10月10日 【11月10日】	■司法卿江藤新平（佐賀）主宰の、司法省明法寮における民法会議発足。　4555
	□司法省御雇外人のジョルジュ・ブスケ（1846〜1937）、左院御雇外人デュ・ブスケ（1815〜1891）を顧問格に、司法大輔福岡孝弟、兼大判事松本暢、同玉乃世履、左院2等議官細川潤次郎、明法権頭楠田英世、警保頭島本仲道ら出席。箕作訳「仏蘭西法律書（民法）」を底本として「皇国民法仮規則」（楠田・左院纏め）を参考にして進める。明治6年3月10日、「民法仮法則」全9巻88箇条完成。江藤の参議就任などあり実施に至らず。後、明治23年（1890）3月に民法公布されるが、フランス法系に反対論強く施行されず。明治29年（1896）ドイツ法系の保守的な民法が制定、同31年（1898）7月16日施行となる。
	■司法卿江藤新平、白州での取扱いで官員・華士族・平民同等と布達。
	■北海道居住者奨勧に10年間免税。
10月12日 【11月12日】	■岩倉使節団本隊から、本隊と離れて回覧を行っている各理事宮と随行に対して、当年中に欧州を発って帰朝するよう指示する通達が出された。　4556
10月13日 【11月13日】	■京都府、警固方を「邏卒」と改称し、邏卒規則書制定。　4557
	■海軍省水路局が、海軍卿直轄の「水路寮」となり海軍省の外局となる。　4558

西暦1872

明治5	10月15日 【11月15日】	■「琉球漂流民殺害事件」。リゼンドル(1830〜1899)が第2覚書、起稿。日本側の台湾領有を清国が拒否することを前提にした台湾平定軍事作戦計画とそれに必要な兵員数・輸送方法・兵要地誌・清側配備状況など。また、根拠地は宮古島より長崎が良いと追加。 □第3覚書では先住民確保の具体的方法 ・ 先住民地域の地理風俗に関して記述。第2・3覚書は翌々年(1874)の台湾出兵で基本的に踏襲される。第4覚書では、国際社会の権力政治の観点から日本の台湾領有を理論付ける。 ■外務卿副島種臣、リゼンドルを「2等官の敬礼を与え、月額1,000円」で雇用申請。 □太政大臣三条実美から許可を受けた副島は、米国公使デロングに書翰を送り雇用斡旋を求めた。	45
	10月18日 【11月18日】	■京都府(二条城の府庁門内)に裁判所開設。所長司法権中判事・早川景矩(熊本)。京都府庁の聴訴・断獄の2課は司法省に接収。 □21日、京都府知事長谷信篤・参事槇村正直は、地方官の裁判権留保の上書を太政官正院に提出。民刑事裁判権という住民統治に不可欠な手段を失えば、人民の教育や行政施行も困難になると主張する。	45
	10月20日 【11月20日】	■大阪裁判所、開設。	45
		■警保寮に巡査を置く(太政官布告第314号)。	45
	10月21日 【11月21日】	■大蔵省少輔渋沢栄一起草意見書が、大蔵大輔井上馨より太政大臣三条実美へ提出される。財政に打撃あるため清国との戦争回避すべきである。 ■この頃、外務卿副島種臣は、リゼンドル第2覚書の提出を受け、台湾先住民族地域の領有を清国に認めさせることができるのは自分だけであると上奏。	45
	10月25日 【11月25日】	■「**文部教部両省合併**」(**太政官布告第322号**)。 神祇官は、教部省が文部省に併合と、さらに次第に縮小していく。 ■鉄道開業に尽くした参議大隈重信(佐賀)(1838〜1922)、工部大輔伊藤博文(山口)(1841〜1909)、鉄道頭井上勝(山口)(1843〜1910)、鉄道助竹田春風(山口)(1845〜1891)、鉄道寮七等出仕伊藤勅典、ならびに雇外国人カーギル、シェパードらに、その功労として、賞が与えられる。	45
	10月20日 【11月20日】	■長崎造船所、「長崎製作所」と改称。	456
	10月27日 【11月27日】	■岩倉使節団、英外相グランヴィル(1815〜1891)と会見。 □外相は、キリスト教迫害中の日本とは条約改正談判を中止せよという国民の建言もあるが、日本が信教の自由を認めることによって、対日感情も好転するであろうと言い、岩倉全権大使は、日本のキリシタン禁制も近く緩むであろうと答えた。	456
	10月29日 【11月29日】	■参議大隈重信、工部大輔山尾庸三(1837〜1917)、灯台視察のため横浜出港。アーネスト・サトウ(1843〜1929)同行。下田・伊勢神宮・明石・金比羅宮・長崎で引き返し山口・宮島・厳島神社などに寄り、11月22日大阪に至る。	456
	10月— 【11月—】	■海軍条例制定により、兵部省内に裁判所を置く。	456

西暦 1872

日付	内容	番号
11月4日【12月4日】	■大蔵大輔井上馨(山口)(1836～1915)、辞職をほのめかして家に引籠もる。 □司法・文部両省の経費定額の要求あり、大蔵大輔井上馨は、之に反対し疾と称したという。	4569
11月5日【12月5日】	■「正院歴史課ニ於テ国史編輯ニ付諸省ノ記録文書等ヲ収束整備セシム」(太政官達)。 □国史編輯局は太政官制のもとで「歴史課」と改称された。	4570
	■全権大使岩倉具視(1825～1883)、副使の木戸孝允(桂小五郎)(1833～1877)・大久保利通(1830～1878)・伊藤博文(1841～1909)ら、新たに制定したる大礼服を着用し、ヴィクトリア女皇(1819～1901)に拝謁する。	4571
11月9日【12月9日】	■天皇、「改暦ノ詔」。 ■「太陰暦ヲ廃シ太陽暦ヲ頒行ス」(太政官布告第337号)。 **明治政府、太陽暦の採用を布告。一日を二四時間とする定時法が採用される。** □政府、太陰太陽暦を廃止し、12月2日の翌日から太陽暦を採用することを布告。(12月3日を以て、明治6年1月1日と定める)。19日、各国に太陽暦採用通告。 □新暦に改めた際、二十四時間制と午前午後の時称が公に定められると共に、「字」が「時」と改められるという。	4572
11月10日【12月10日】	■太政大臣三条実美より島津久光の西郷弾劾書簡を見せられ、事態収拾のため、陸軍元帥兼参議西郷隆盛が帰郷、直ちに久光の執事宛に詫び状を出す。 久光の建言を政府が黙殺したため、久光は一層怒り、西郷を政府から追放せよと執拗に迫っていた。 □久光の命で出頭したが、罪状書を認め、久光は西郷を詰問した。 西郷は、翌明治6年(1873)3月まで滞在し、久光を宥めたという。	4573
11月11日【12月11日】	■ニューヨーク・タイムズ、「マリア・ルス号事件」への日本の人道主義的対応を激賞。	4574
11月12日【12月12日】	■「大礼服及通常礼服ヲ定メ衣冠ヲ祭服ト為シ直垂狩衣上下等ヲ廃ス」(太政官布告第339号)。 □軍人や警官に続き文官の礼服にも洋式が採用され、それまでの公家風・武家風の和服礼装(裃や束帯)が廃止され、政府役人に大礼服、通常礼服の着用が義務づけられる。 □この太政官布告では男性の礼服が洋装とされたのみ。明治19年(1886)女官服にも洋服が採用される。 □大礼服のデザインは、左院の宮島誠一郎(元米沢藩士)(1838～1911)が、西欧の事情に通じたお雇い外国人デュ・ブスケ(1815～1891)と共に考案したという。 □明治政府内の老人、とりわけ元藩主や元公家などはこれに猛反対し、断髪をせずに和装のままで抵抗した者もあったという。	4575
11月14日【12月14日】	■陸軍省、「懲罰令」を制定。 □懲罰としての「営倉」が初見。営倉は、個々の隊長の裁量に基づく行政処分で、命令違反、任務放棄、兵器損失、脱走、私的闘争など、軍人の本分に反した兵卒を個室に拘禁したもの。	4576

235

西暦 1872

明治5	11月15日【12月15日】	■「太陽暦御頒行神武天皇御即位ヲ以テ紀元ト定メラルニ付十一月二十五日御祭典」（太政官布告第342号）、「第一月廿九日 神武天皇御即位相當日ニ付祝日ト被定例年御祭典被執行候事」（太政官布告第344号）。 □神武天皇即位の年を紀元とし、即位日の1月29日を祝日とする。明治6年（1873）10月14日に、2月11日に変更する。 ■「**国立銀行条例」（太政官布告第349号）**、「**国立銀行成規」公布**。銀行設立を許可。 □島津家とゆかりのあった商人と士族が、翌年設立したのが大阪の「第五国立銀行」であった。国立銀行条例の下に設立された実質的に4番目の国立銀行であり、大阪で最初に設立された国立銀行であった。明治6年（1873）12月10日に、大阪西大組立売堀北通に資本金50万円で開業した。頭取は鹿児島県士族であった重久左平太。発起人に第九代濱崎太平次（薩摩藩の財政立て直しに貢献した八代太平次の弟の彌兵衛の長男）ら。旧薩摩藩主島津家及び少数株主の合計5名の参加により資本金35万円の資金を集め、15万円を一般株主に対して募集を行い設立。翌年には、第五国立銀行鹿児島支店開業。	45
	11月16日【12月16日】	■高島炭坑で坑夫の暴動。	45
		■全権大使岩倉具視、副使大久保利通ら、仏国巴里（パリ）に着す。 26日、大統領ティエール（1797〜1877）に謁見する。	45
	11月18日【12月18日】	■諸鎮台、諸県等の在来の小銃器は、陸軍省等の「武庫司」に引き渡されることとなる。 □鎮台は、軍隊と分離した警察組織の中に吸収されていった。	45
	11月19日【12月19日】	■明治天皇、外務卿副島種臣（1828〜1905）を清国派遣勅命。 修好条規批准交換、同治帝成婚祝意など。 □この時から対外的には外務卿を外務大臣と呼ぶ。命令には台湾問題や琉球民遭難事件の処置などには触れられていない。	45
	11月22日【12月22日】	■アーネスト・サトウ（1843〜1929）、参議大隈重信（1838〜1922）らと別れて大阪から淀川船で京都に向かう、石清水八幡宮・天王山を訪ね西国街道を京都へ、数日間京都の観光名所を巡り、26日清滝から愛宕山登山、28日白川から比叡山に登る、12月1日宇治、12月2日鞍馬・大原に登る。	45
	11月23日【12月23日】	■司法卿江藤新平（佐賀）（1834〜1874）、司法大輔福岡孝弟（高知）（1835〜1919）、「妾廃止」の建議案（11月21日付）を提出。却下される。 □妾の習俗を国法によって公認することに対し、一夫一婦制の欧米諸国から批判の声が揚がっていた。	45
	11月24日【12月24日】	■**「大教院建設あるにつき、神社・寺院・説教所を小教院として三条教則に基き教導の件」（教部省達第29号）**。 □「大教院」は、教導職に任命された全寺院の住職合同の教育・研究機関として設置され、教導職の教育・統轄にあたると共に、教化運動の推進・指導機関として、翌年、東京芝の増上寺に置かれる。のちには神官の教導職も参加して神仏合同の教育機関となり、皇学・仏学・漢学・洋学の四科目を立てて、古事記・梵網経・大学・西洋起国大意などの講義が行われた。ついで各府県では大寺院を選んで中教院に、全国すべての社寺を小教院にあて、国民の教化にあたることになった。これに伴い神社・寺院・説教所を小教院として三条教則に基づき教尊することを命ずる。**神仏分離政策は頓挫し、神仏共同布教体制となる**。	458

236

明治150年その歩みを知る、つなぐ（前編）　西郷どん、大久保卿、薩摩藩年表帖（中巻）

西暦 **1872**

11月28日【12月28日】	■天皇、「徴兵令ノ詔」及び「太政官告諭」（太政官布告第379号）、出される。限定徴兵を改め国民皆兵の制度化。明治6年1月10日、発布。 ■太政官「諭告」。 種々の封建的身分が撤廃され、士族の特権と「常職」の解消が必然化。 □明治4年末、兵部大輔山県有朋らの建議。当初、山県ら陸軍省首脳は、士族と卒の小規模軍隊を計画、左院が四民平等原則に反すると反対。山城屋和助事件で窮地に陥り、また薩土派が掌握する「近衛」を解隊したい山県は、これを飲む。 □西郷隆盛も最終的には山県の考え方を支持して、山城屋事件で山県が辞職に追い込まれた後も、西郷は桐野利秋らの反対論を退けたという。その当時の計画では、常備兵として31,680名、戦時に46,350名という、頗る小規模のものだった。 □当時の徴兵に関する告論の条文中に、「凡そ天地の間一事一物として税あらざるはなし、以て国有に充づ、然らば即ち人たるもの固より心力を尽くし国に報ぜざるべからず、西人これを称して血税とす」と布告され、一部国民は条文中の血税に対してとんでもない解釈をした。 ■司法卿江藤新平、地方官（府県知事）・戸長の人民権利侵害には、人民は裁判所に救済を求められる（司法省通達第46条布告）。 □司法省は、地方官の専横や怠慢によって人民の権利が侵害される時は、人民は裁判所に出訴して救済を求めることができる旨の達を公布。これで、府県庁と裁判所との抗争はますます激化する。大蔵大輔井上馨は、陸軍省の1,000万円要求に対しては比較的早期に800万円を認めて妥協したが、文部省の200万円要求には100万円、司法省の96万円要求には45万円を固執して、譲歩しなかった。
11月29日【12月29日】	■「山城屋事件」。 山城屋和助（本名は野村三千三）（1836～1872）、この日、手紙や関係書類を処分した後、陸軍省に赴き、陸軍大輔山県有朋（1838～1922）への面会を申し入れるが拒絶される。面会を諦めた山城屋は、陸軍省内部の一室で割腹自殺する。死後も司法省によって事件が追及されるも、真相は究明されないまま終わった。 □司法卿江藤新平は、陸軍少将桐野利秋（鹿児島）が山城屋店舗封鎖を計画しているのを知り、西郷隆盛経由でこれを止めさせ、大検事島本仲道に捜査を命じる。山県は、山城屋をパリから呼び戻し貸付けた陸軍省公金の即時返済を迫った。結局、政争に巻き込まれて、陸軍大丞兼会計局長・船越衛（広島）（1840～1913）が公金貸付けの責任をとって辞職。閉門98日の処罰をうける。
11月一【12月一】	■「七本山盟約」。この月、身延山久遠寺・池上本門寺・中山法華経寺・京都妙顕寺・京都本圀寺の五山及び京都妙満寺・新潟本成寺、大本山として盟約する。
	■外務卿副島種臣（佐賀）（1828～1905）、明治天皇に対し台湾の生蕃の地を日本が領有すべしと上奏。 □日本の国力からすると大胆にすぎ、大蔵大輔井上馨（山口）（1836～1915）らが財政上の理由から反対する。
12月1日【12月30日】	■リゼンドル（1830～1899）、外務省准2等出仕（次官待遇）、明治天皇に謁見。月俸千円で、外務卿副島の倍であったという。 □明治政府はこの専門家の経験を欲していた。
12月2日【12月31日】	■大分県中4郡一揆。

西暦 1873

明治6	12月3日【1月1日】	■太陰暦を廃し、太陽暦を採用することの詔書が発せられ、太政官布告第337号により施行。 □1年を365日とし、それを12月に分け、4年毎に閏年をおくこと、1日を24時間とすること、旧暦の明治5年12月3日を新暦の明治6年1月1日とすることが定められた。
	1月2日	■岩倉欧米使節団の伊藤博文、パリから参議大隈、外務卿副島に手紙を送る。 □「各国政府の意向は、西教(キリスト教)を忌みにくむという、東洋旧来の風習を懸念する心が脱け切らないようである」。
	1月3日	■岩倉欧米使節団の田中不二麿(文部大丞)(1845〜1909)、帰国するため、ベルリンからパリに向かう。
	1月4日	■西本願寺の島地黙雷(1838〜1911)、真宗の大教院分離建白書を出し、前年12月6日、パリで発表の「三条教則批判書」を教部省に送る。 □黙雷は外遊中であるが、政府の宗教の本質を過つ宗教政策を、歯に衣着せず批判する。
	1月6日	■太政大臣三条実美、ヨーロッパ在の岩倉具視に手紙を記す。 □島津久光、大蔵省、台湾、朝鮮などについてや、西郷隆盛が島津久光に会うため休暇をとって帰郷せざるを得ない事情を述べる。そして、西郷が久光に面会し、意外に氷解成り、今春は一同上京との事と、楽観的な憶測を伝える。
	1月8日	■「大教院」、紀尾井坂の紀州邸から移設して東京芝の増上寺に開院。これに伴い、神社・寺院・説教所を小教院として三条教則に基づき教導することを命ずる。 □山門に白木の大鳥居が建てられ、本堂の本尊は別に移され仏教色を排除し、神鏡を置いて注連縄を張り、そこで烏帽子直垂の神官と共に各宗派管長が祭儀を行ったという。それは、造化三神(天御中主神、高皇産霊神、神皇産霊神)と天照大神が祀られ、僧侶・神官がそれぞれの政治的思惑を秘めて参集し、奇怪な様相であったという。

現在の増上寺

島地黙雷

明治150年その歩みを知る、つなぐ（前編）　西郷どん、大久保卿、薩摩藩年表帖（中巻）

西暦1873

1月9日	■名古屋鎮台、広島鎮台を設置して、6個鎮台制（東京、仙台、名古屋、大阪、広島、熊本）をしく。14営所をおき、平時31,680人、戦時46,350人の兵員と定めた。東北鎮台を「仙台鎮台」に改称。 □北海道・沖縄は除く。 4597
1月10日	■京都府参事槇村正直、地方官が裁判権管轄する建白書「京都裁判所の弊害」を太政官正院へ提出。 4598
	■**明治政府、国民皆兵の「徴兵令」（徴兵編成並概則）を施行（北海道除外）。** 4599 □男子は満20才で徴兵検査を受け、検査合格者の中から抽選で「常備軍」の兵役に3年間服させることとしたほか、「常備軍」服役の後4年間は「後備軍」として戦時召集の対象とした。また、満17才から40才までの男子を「国民軍」の兵籍に登録することも定めた。徴兵令は、国民皆兵が原則だが、「常備兵免役概則」で官庁勤務者、官公立学校生徒、医術等修行中の者、一家の主人のほか、270円の代人料を収めた者などを「常備軍」兵役の免除者としていた。 □徴兵令は、最初の明治6年には東京鎮台管区だけに施行され、翌年に名古屋・大阪両鎮台管区に拡大、明治8年に至ってはじめて全国に施行された。 □士族の常職廃止（家禄支給の根拠は抹消。職業階層としての斉一性を士族から剥奪）。しかし、財政的制約と山県有朋の少数精鋭主義により広範な免役条項あり、軍主力は旧藩兵の寄集めとなる。
1月12日	■**正院、これより鉄道の建設は民間会社に一任し、其会社設立取扱方を大蔵省に委任すべきことを発令。** 4600
1月13日	■孝明天皇の祭典と逢拝式挙行、逢拝所は天皇の御陵に設けられる。 4601
	■大蔵少輔吉田清成（鹿児島藩）(1845〜1891)、ロンドンでオリエンタル・バンク（英国東洋銀行）を引受け先とする契約調印。募集は好調、1,083万円余の実収を確保。 4602
1月14日	■大蔵大輔井上馨、太政大臣三条実美・参議大隈重信・大蔵少輔渋沢栄一らに説得されてしぶしぶ再出勤。 4603 ■全国の城郭の財産所管方針の太政官達書（全国城郭存廃ノ処分並兵営地等撰定方。単に「廃城令」（または「存城廃城令」ともいう））を大蔵省に発し、陸軍が軍用として使用する城郭と、陸軍省から大蔵省に引渡し売却用財産として処分する城郭にこれを区分した。 □前者を「存城処分」、後者を「廃城処分」いうが、「会津若松城（鶴ヶ城）」にように、存城処分後に陸軍の兵営地とする目的で城郭建造物がすべて取り壊されたものもあれば、「姫路城」のように、一部の建造物が取り壊され、陸軍施設が設置されたが、天守等の主要な建造物やほとんどの遺構が現存し、国宝や特別史跡になっているものもある。
1月15日	■都城県の一部（日向国）と合併して「宮崎県」が発足。同日、美々津県廃止。 4604 □大隅国は鹿児島県になる。 ■豊岡県（現在の京都府北部と兵庫県北部）権令に、桂久武（前都城県参事、鹿児島藩）(1830〜1877)就任。6月14日、免じられる。 □桂久武は、病を理由に断り帰郷する。帰郷後は霧島山麓の開拓指導や、鉱山開発の指導を行う。
	■大蔵少輔渋沢栄一、滞欧中の大蔵卿大久保利通及び工部大輔伊藤博文に書を送り、大蔵省内の事情を報じて、其対策を熟慮せんことを求める。 4605
1月17日	■榎本武揚(1836〜1908)、開拓使中判官に就任する。 4606

西暦1873

明治6	1月19日	■大蔵省と司法省・文部省の対立で、太政大臣三条実美(1837～1891)、右大臣並びに遣外使節団特命全権大使岩倉具視(1825～1883)に、国事多難のため勅令をもって、副使大久保利通(1830～1878)・木戸孝允(桂小五郎)(1833～1877)の呼び返しを求める。 □陸軍元帥兼参議西郷隆盛(1828～1877)は、島津久光が政府の施策に対しことごとに極度の不満を抱き，遠く鹿児島から政府首脳を非難攻撃して止まなく、流石の西郷も「副城の着発弾には何とも力及ばず大よわりにて御座候」と嘆声を発していた。
	1月20日	■政府、大教院建築出願を許可。
	1月22日	■「華士族家督相続ノ条規ヲ定ム」(太政官布告第28号) □政府、華士族の本家分家親戚等の間で合家を認めるとし、女子が戸主になることを許可。
	1月24日	■司法卿江藤新平(佐賀)(1834～1874)、大蔵省の予算削減に抗議し辞表提出(4千字の長文)。大蔵大輔井上馨・大蔵少輔渋沢栄一と対立した。 □司法大輔福岡孝弟・明法権頭楠田英世(佐賀)(1831～1906)ら司法省官員、司法卿擁護の意見書を、正院へ提出。江藤・井上の対立は、予算問題と大蔵省管轄地方官から裁判権と司法省に移管する司法権問題であった。 ■岩倉全権使節団、仏外相レミュザと会談。キリシタン迫害問題が出る。 □大久保利通は、フランスを、イギリスやアメリカと同様、日本が範とするにはあまりに進み過ぎているとみなしていた。パリから、ロシア留学中の西徳二郎(鹿児島藩)(1847～1912)に宛てた手紙で、彼はドイツやロシアのほうが日本にとってよりふさわしいモデルになるであろうと述べている。
	1月25日	■東京府に巡査・番人を置く。
	1月26日	■陸軍兵学寮の中に「士官学校」「幼年学校」「教導団」の三校舎を設ける。
	1月28日	■大隈重信(1838～1922)を総裁とするウィーン万国博政府派遣団に、西陣の工芸家・伊達弥助(機織)(1839～1892)とその手代早川忠七、丹山陸郎(陶磁器)らが随行する。西陣の二人は、2年間掛けて各国の先進技術を研究する。
	1月29日	■神武天王の祭典と逢拝式挙行、遙拝所は八坂神社境内に設けられる。 (明治7年9月、伊勢神宮に移される)。
	1月30日	■「教導職中東西両部の名を廃し、一般に神道と呼称の件」(教部省達第5号)。
	1月31日	■佐野常民(佐賀)(1823～1902)、イタリア及びオランダの全権大使に任命される。 □慶応3年(1867)に開催されたパリ万国博覧会を見学した佐野は、明治3年3月、新政府に出仕、同5年2月には博覧会御用掛に任命されていた。
	1月一	■欧米列国は、この月、岩倉遣欧使節に、さらに浦上信徒弾圧事件につき抗議した。
	2月3日	■太政官布告第35号で、禄高人員帳記録及び民籍編入に関する大蔵省への不服申立ては3月31日以降は不受理と宣言。 大蔵省による家禄の全体的把握が3月で決着、禄制廃止のための条件が整う。 □大久保利通・井上馨・大隈重信の計画が実る。

明治150年その歩みを知る、つなぐ（前編）　西郷どん、大久保卿、薩摩藩年表帖（中巻）

西暦 **1873**

2月5日	■太政官正院、司法卿江藤新平の辞表却下。 〈4620〉 □正院が歳入歳出を見直した結果、大蔵省の歳入見込みが僅少であることが判明。各省予算減額に固執していた大蔵大輔井上馨（山口）（1836〜1915）の面目失墜する。
2月7日	■**「復讐ヲ厳禁ス（敵討禁止令）」（太政官布告第37号）を発布し、仇討を禁止。** 〈4621〉 □明治5年7月、司法卿江藤新平が左院に意見書提出。江藤新平らによる司法制度の整備が行われる。 ■ロシアに初めて公使を置く（初代公使は沢宣嘉）。
2月9日	■大蔵大輔・造幣頭井上馨、造幣寮全職員の丁髷（ちょんまげ）を切り、洋服を着させる通達を出す。 〈4622〉
2月10日	■「神官僧侶以外も教導職に補すべし」（教部省達第10号）。 〈4623〉
2月12日	■京都府下の各宗僧侶、三条教則の教導につき妙法院で集会を開く。 〈4624〉
2月13日	■京都の初代秦蔵六（はたぞうろく）（1823〜1890）、天皇の御璽（ぎょじ）（天皇の内印）・国璽（こくじ）（国家の表象として用いる印）の黄金印の鋳造を宮内省から命ぜられる。 〈4625〉 ■岩倉全権使節団、ベルギー蔵相モローと会談。またも、キリシタン迫害問題が出る。 〈4626〉 □宗教弾圧は各国で問題にされた。それほど日本のキリシタン弾圧は、欧米に悪名高かった。
2月17日	■外務卿副島種臣、参議大隈重信に、特命全権大使発令の閣議決定を急ぐよう催促。 〈4627〉 ■副使大久保利通、巴里（パリ）を発し、白耳義（ベルギー）に入り、武律悉（ブラッセル）に着く。 〈4628〉
2月21日	■**「五榜の掲示」のうち第三札が撤廃される。全国のキリスト教禁止の高札を撤廃。慶長19（1614）以来の切支丹（キリシタン）の長い弾圧と追害が終わる。** 〈4629〉 □キリシタンの禁制が人道問題として外国公使団の抗議を受け、明治政府の内政外交上の大問題になる。外国公使団が「信仰は国法を超えた人権であって、それを弾圧するのは人道に背く」と抗議。 それに対し日本政府の主張は「キリシタンは国禁の宗教であるから、信徒は犯法の徒。その処罰は内政問題であって外国の干渉は受けない」と返答した。 のち、アメリカ、イギリス、フランス、オランダ、ベルギーなどの各国政府が、アメリカにいる岩倉具視全権大使に「キリシタン追害は人道問題だから中止すべき」と勧告。欧州各国を訪問していた岩倉全権使節団は、その政府また在野からも猛抗議を受けた。 それで、岩倉具視は、政府に電報でキリシタン禁制の中止を申し入れ、日本政府はキリシタン禁制の停止を外交上の立場からも考慮せざるを得なくなる。 外交上の立場、諸外国の圧力と条約改正の防げになることからと、キリシタン禁制の高札が撤去されることになった。
2月23日	■大久保利通、木戸孝允と共にベルギー近郊「ワーテルロー」の古戦場を弔う。 〈4630〉

241

西暦1873

明治6	2月24日	■「布告発令毎ニ三十日間便宜ノ地ニ掲示シ並ニ従来ノ高札ヲ取除カシム」（太政官布告第68号）。明治維新後、高札掲示の方法で公布されていたところ、これを「文書掲示の方法」へ変更する。
		□高札制度が廃止されると同時に他の高札も除却され、「五榜の掲示」に示された各条は事実上廃止される。氏子調べも同年中止となる。
		□「明治六年二月二十四日、布告して他の高札と共に一切撤廃したれば、二百五十余年間全国到る所に掲げし耶蘇教禁制の高札、ここに影を失ひ、同三四両月に、さきに捕縛せし旧教徒を悉く放免せり、これ、耶蘇教の一大障害を除かれしものといふべきなり」。『明治事物起源』。
		■副使大久保利通(1830〜1878)、和蘭海牙(オランダヘーグ)に至り、翌日、国王ウィレム三世(1817〜1890)に拝謁する。
	2月25日	■佐野常民(1823〜1902)、ワグネル(1831〜1892)ら、ウィーン万国博覧会(5月1日〜11月2日)へ出発。
		□日本からウィーン万博に派遣された人々の数は、官員・通訳・技術伝習生・御雇外国人・展覧会場建設要員をあわせると、総勢100名に近くにのぼるという。
	2月27日	■京都にある賢所・御所・中宮御所等宮殿管理を、京都府に委す。 3月20日、大宮御所も。
		■「琉球漂流民殺害事件」（宮古島島民遭難事件）。 外務卿副島種臣(1828〜1905)を、台湾で起きた「琉球漂流民殺害事件」の処理交渉の特命全権公使に任命、清国に派遣を決める。 同日、太政官、副島渡航用に軍艦2隻差出し命令。
	2月28日	■司法少判事(六等官)北畠治房(1833〜1921)、京都裁判所所長就任。 裁判所の移転を本省へ上申。
	3月1日	■天璋院(篤姫)(1836〜1883)、断髪許可証を得る
	3月3日	■琉球国王尚泰(1843〜1901)を「琉球藩王」と定める命を受けた使節・尚健(伊江朝直(1818〜1896)ら一行を乗せた船が、那覇港に到着。 □伊江朝直は、維新慶賀使として上京していた。
		■熊本鎮台司令長官・桐野利秋(鹿児島)(1838〜1877)少将、退任して帰京。
		■「藩債処分法」公布。 旧藩府債償還の処分を定める(天保14年以前のものは公債としない等)。
	3月5日	■「琉球漂流民殺害事件」。 陸軍少佐樺山資紀(鹿児島)(1837〜1922)、清国調査のため長崎発。
		■「越前護法大一揆」。越前真宗門徒の大決起、大野・今立・坂井3郡下で勃発。 □「開化」・「復古」が人民を直撃、反発する人民が決起。県は、官兵・旧鯖江貫属を派遣、武力弾圧を行い、13日、一揆勢は四散。22日から鎮台兵進駐の下に、一旦容認した一揆側「願書」を取り消し、一揆参加者の一斉検挙を開始。
	3月7日	■岩倉使節団、大久保利通ら、海牙(ヘーグ)を発する。
		■「神武天皇即位日を紀元節として制定」(大政官布告第91号)。

明治150年その歩みを知る、つなぐ（前編）　西郷どん、大久保卿、薩摩藩年表帖（中巻）

西暦 1873

3月8日	■「小田県民遭難事件」。小田県(岡山県西部と広島県東部)浅口郡柏島村の船頭ら4名、紀州からの帰途遭難、台湾南部に漂流。先住民に船・積荷を略奪されるという。 □清朝現地当局に保護され、清国視察中の福島九成(佐賀)(1842～1914)に金銭を給与され、7月20日神戸に送還され、事件が発覚する。 □台湾先住民らに救われたともいい、日時、異説も多いが、この事件もあり、征韓論を巡る政変後、台湾問題が再燃する。 4645
	■「招魂社及ヒ官国幣社等制札」。 □制札は、禁令・法規などを箇条書きに記して、道端や寺社の境内などに立てた札。 4646
3月9日	■天皇、副島大使(外務卿)一行謁見。(「琉球漂流民殺害事件」)加害先住民処置要求に止め、独走に枠をはめる。 ■太政大臣三条実美、「清国にての心得方達しの件」の命令書を特命全権公使・副島種臣に交付。 □「今回批准書を交換するが、この際、生蕃暴虐の事件を談判する事は我が政府の国民に対する義務であり、止む終えないものである」。 4647
	■大久保利通、伊藤博文、木戸孝允、山口尚芳などの岩倉全権使節団一行、独逸伯林(ドイツベルリン)に到着。 4648
3月11日	■全権使節岩倉具視(1825～1883)を始め、大久保利通(1830～1878)、ドイツ皇帝ヴィルヘルム一世(1797～1888)に拝謁。国書を奉呈し、また、15日、宰相ビスマルク(1815～1898)に会見する。翌日、ビスマルクの招宴出席。 4649
3月12日	■「琉球漂流民殺害事件」。台湾問題に就いて清国と談判のため、10日、東京を出た特命全権大使副島種臣(1828～1905)が軍艦「龍驤」に搭乗し横浜を出港。軍艦による海外派遣の最初となる。 □副島は台湾問題交渉、日清修好条規批准書交換のためで、外務大丞柳原前光、外務省お雇いのチャールス・リゼンドル(前厦門領事)(1830～1899)らを伴い清国に向かった。 4650
3月14日	■「諸県へお預けの長崎県下異宗徒帰籍仰付けらるる件」(大政官正院達)。浦上キリスト教徒の解放が指示される。 ■「大教院事務章程並教導職職制」(教部省無号達)。 4651
	■勅使勝安芳(海舟)(海軍大輔)(1823～1899)・同西四辻公業(1838～1899)が、陸軍元帥兼参議西郷隆盛(1828～1877)と玉里島津家初代・島津久光(1817～1887)上京要請のため出立。 □明治5年(1872)左院四等議官として再度官に就いた海江田信義(鹿児島)(1832～1906)も、勅使に付き従うという。 4652
3月一	■「血税一揆(徴兵令反対一揆)」。 この月、渡会県(三重県の一部)牟婁郡神内村からはじまる。 □北条県(美作)の一揆・鳥取県(伯耆)会見郡の一揆・名東郡7郡(讃岐)の一揆(西讃竹槍騒動)など、明治7年(1874)12月の高知県幡多郡における蜂起まで続く。 4653
3月19日	■特命全権大使副島種臣(1828～1905)、鹿児島立寄り、西郷隆盛と会見。 4654
	■遣外使節団副使の大久保利通(1830～1878)・木戸孝允(1833～1877)に、召還の朝命届く。太政大臣三条実美より手紙が届いた。 □大久保は即時帰国、木戸は巡遊継続を主張し対立。 4655

243

西暦 1873

明治6	3月20日	■明治天皇(1852~1912)、率先してまげの断髪を行う。明治天皇が西洋風に断髪。 □これに倣い、断髪する者が増加。「ザンギリ頭をたたいてみれば文明開化の音がする」という詞が、同年5月『新聞雑誌』第2号に掲載されて流行する。散髪姿の割合は東京の全住民のうち、明治10年(1877)頃は6割、同14年(1881)頃は8割、同22年(1889)頃にはほぼ全員断髪となったという。
	3月21日	■勅使勝安芳(海舟)(海軍大輔)・同西四辻公業、鹿児島に入る。 ■特命全権大使副島種臣、鹿児島を発つ。長崎に向かう。
	3月22日	■23日かけて、函館の大火。1,000戸以上を焼失。
		■23日かけて、横浜相生町の大火。1,577戸を焼失。
	3月25日	■「新旧公債発行条例」制定。 発行額2,339万5,550円。地券藩債・藩札の整理方針であった。
	3月28日	■大久保利通、伯林(ベルリン)を発し、帰朝の途に就く。 木戸孝允(1833~1877)は、行を別に露国(ロシア)に向かう。木戸孝允は、4月16日、デンマークのクローフで一行と別れ、ドイツ、オーストリア、イタリア、スイス、など2ヶ月にわたり官費観光旅行、そして、帰国の途に就く。
	3月31日	■特命全権大使副島種臣ら、上海到着。
		■「マリア・ルス号事件」。派遣されたペルー国使節のガルシャ海軍大臣が来日、事件の謝罪と損害賠償を要求する。
	3月—	■森有礼少弁務使(駐米公使)(1847~1889)、代理公使辞職を希望し、この月に任を解かれ欧州周りで、7月23日に日本に帰国する。
	4月—	■少将桐野利秋(中村半次郎)(1838~1877)、この月、陸軍裁判所所長を兼任し、6月25日、正五位に叙せられる。
	4月5日	■陸軍少将谷干城(高知)(1837~1911)、熊本鎮台司令長官に就任。
		■西郷隆盛(1828~1877)、鹿児島から東京に帰任。
	4月8日	■「小野組転籍事件」はじまる。京都の豪商「小野組」が京都府庁へ転籍願いを提出。 □小野組は慶応3年(1867)の王政復古以来、三井組、島田組と共に朝廷に多額の献金をして新政府の財政を支えてきた。そのため国庫金を無利子で運用できる特権を得ていたが、当時、用達商人が新規に金銭取扱をはじめる場合、そのつど戸籍謄本を必要とした。しかし、いちいち京都から取り寄せていたのでは業務に支障をきたすという理由で、小野組(8代)の小野善助(包賢)(1831~1887)が、上級番頭・小野善右衛門(西村勘六)(1826~1900)と連名で、京都府庁に京都秋野々町から東京への転籍を、6日には大阪と神戸店の支配人小野助次郎が神戸への転籍を願い出た。小野組は当時、すでに全国に多くの支店を持つ大商人であり、租税収入の減少と献納金の喪失は京都府には受け入れがたかった。京都府庁は、資金調達や財政の悪化を恐れてなかなか許可しなかった。さらに、善右衛門と助次郎を白州に呼び入れ、粗むしろの上にすわらせて、転籍の理由を尋問し、その中止を強要した。京都府知事は公卿出身の長谷信篤であったが、実権は長州出身の参事槙村正直(木戸の腹心)が握っており、槙村は、木戸孝允の京都邸買収にあたったり、木戸の機密金の運用を三井源右衛門と相談したりしていた。 □その紛糾は、日本で初めての行政訴訟事件となる。そして、京都裁判所の所管から司法省臨時裁判所へ法廷が移され、「明治六年の政変」もあって、国家的事件に発展して行く。

明治150年その歩みを知る、つなぐ（前編） 西郷どん、大久保卿、薩摩藩年表帖（中巻）

西暦**1873**

4月9日	■皇后、向島の桜を観給う。
4月12日	■大蔵大輔井上馨、地租改正法案審議の地方官合同、開催。 大蔵省指令による禄制画一化に不安の声で延期となる。
4月13日	■大久保利通、仏国・馬耳塞（マルセーユ）を出帆する。
4月14日	■明治天皇、鎌倉行幸。宮内卿徳大寺実則・宮内大輔万里小路博房の他侍従・侍医および供奉御練兵御用掛・岡田善長（元幕臣）（1838～1907）らを従え、太政大臣以下百官の奉送裡に新橋停車場を出発。 □2月14日から教導団司令長官心得陸軍少将曾我祐準（元柳河藩士）（1844～1935）を指揮長官として鎌倉の地で行われていた陸軍野営演習を親覧、4月17日、東京還幸。
4月―	■「三谷三九郎事件」発覚。 □三九郎は、江戸期の豪商の歴代名。三谷家は代々両替商を営み、三九郎は慶応4年（1868）の会計基立金調達に応じ、山県有朋や井上馨に取り入り、総督府の御用係となり、官金出納業務を取り扱うなど、三井、小野両組と並び称される江戸屈指の大商人であった。ところが明治5年（1872）三谷家の手代伊沢弥七が水油投機に失敗、その穴埋めに官公預金を利用し30万円の損失を生じた。この対策に、この年1月、東京商社（三井組と小野組の合弁）から45万円を借金、さらに横浜の外商から10万円の借入れを試みたが、この月に二重担保を告発され、問題化した。
4月18日	■山県有朋（1838～1922）中将、「山城屋事件」に関する司法省の追及を受けて陸軍大輔を辞任。
4月19日	■鹿児島県参事大山綱良（1825～1877）、県権令に就任。
	■左院議長後藤象二郎（高知）（1838～1897）、文部卿大木喬任（佐賀）（1832～1899）、司法卿江藤新平（佐賀）（1834～1874）ら、参議に任ぜられる。 □大木喬任は、文部卿退任、文部卿は欠員となる。江藤新平も司法卿退任、司法卿は欠員となる。参議は他に木戸・西郷・大隈・板垣。薩長出身者は西郷・木戸のみ。土佐・佐賀出身者に比重が偏る。大蔵・司法・文部など内閣対立を避けようとした。
4月21日	■全権大使副島種臣一行、天津着。
4月23日	■4月17日、鹿児島発の玉里島津家初代・島津久光、鹿児島士族250人率い上京。この日、帰任する。
4月29日	■明治天皇、習志野原に行幸（近衛兵の演習を観覧）。 □天皇は近衛兵2,800を騎馬で親卒、下総大和田村に行幸、テントに野営。西郷隆盛が、雨中徹夜で天皇のテントを護衛したという。 □5月1日までの近衛兵の大演習で、西郷・政府は、久光に対抗した。 ■「山城屋事件」に関する司法省の追及を受けて陸軍大輔を辞任した山県有朋中将、西郷隆盛の尽力により、陸軍御用掛（陸軍卿代理）で復活。 □山県に代わりうる人材がなかった。さらに、島津久光の勢いを削ぐには、兵隊が必要であった。 ■大蔵大輔井上馨の地租改正法案審議の地方官合同、再開。 □華族禄制は正院で審議するので、大蔵省は士族禄制審議のみとするなど正院の介入、議員間での紛議のため、井上は会議を打切る。

西暦 **1873**

明治6	4月30日	■「日清修好条規」成立、この日、批准書交換。 □10月28日、公布。特命全権大使副島種臣(1828~1905)、天津において李鴻章(1823~1901)と日清条約を締結調印する。
	5月1日	■「ウィーン万国博覧会開幕～11月2日」。 **日本、オーストリアのウィーン万国博覧会に初めて参加。** □同博覧会出品事務局弁理公使・担当副総裁佐野常民らが渡欧し、日本館は大いに異彩を放つ。赤字となるが、「神功皇后・武内宿彌の図」(河鍋暁斎)、「富嶽図」(高橋由一)出品。ワグネル、日本御用掛として活動。
	5月2日	■「小野助転籍事件」。小野助次郎、京都府庁へ呼出し。4日、指示に従い改めて転籍の口上書を提出。小野善助・小野善右衛門も提出。 ■天皇、「太政官職制章程ノ敕旨」。「太政官職制並正院事務章程」(太政官達)。 起草者は新任参議・江藤新平(佐賀)(1834~1874)。 □立法事務の特権が、正院(太政官)にあることが明示される。参議は内閣議官と称し、正院における参議の地位向上が明確なものとなった。右院は臨時機関となる。予算編成権は正院へ移管。大蔵省は骨抜きとなる。 □天皇輔弼の責に任じる者は太政大臣および左右大臣のみとなり、参議は国務国策の審議立案者として区別された。参議には西郷隆盛、木戸孝允、板垣退助、大隈重信など事実上、明治政府の実力者が任じられていた。 □政府は、島津久光に対しては、天皇の久光謁見、邸宅贈与、久光邸臨幸、久光の子珍彦を侍従にするなどで対応。 ■「小野組転籍事件」。司法大輔福岡孝弟、京都府と京都裁判所の権限争議を訴訟と見做して司法裁判所で裁判すべきものとの伺いを正院に上申。正院は、内部に法制課が新設されたばかりで、司法省はその議案(指令案)を待つ。
	5月3日	■反大蔵省派が勝利し、**大蔵大輔井上馨(山口)(1836~1915)、憤然辞表提出。** □井上馨は、参議兼司法卿江藤新平に予算問題や「尾去沢銅山事件」の汚職を追及された。大蔵大丞(三等出仕)渋沢栄一(1840~1931)も辞表提出。 ■明治天皇、午後2時、山里御苑に出御、従二位島津久光を御茶屋に召見し、太政大臣三条実美をして去歳六月建言の各条に就きて質さしめたまふ。 ■清・露・朝鮮探偵の池上四郎・彭城中平、営口(中国遼寧省)に帰着。
	5月5日	■「皇城炎上」。皇居および太政官・宮内省庁舎が失火で焼失。 天皇は、赤坂離宮を仮皇居とする。 □その際、献金の嚆矢となったのは左院副議長伊地知正治(鹿児島)(1828~1886)の献金であったという。
	5月7日	■井上馨、渋沢栄一ら、財政改革意見を提出。その建議書「財政改革に関する奏議」は、公費を投じて『新聞雑誌』・『日新真事誌』・『ジャパン・ガゼット』などに掲載される。のちに問題になる。 ■「小野組転籍事件」。 京都裁判所から司法省に、「京都府による断獄事務侵害の実情」が報告される。

明治150年その歩みを知る、つなぐ（前編）　西郷どん、大久保卿、薩摩藩年表帖（中巻）

西暦1873

5月7日	■特命全権大使副島種臣（1828～1905）、北京着。清朝総理衙門（外務官庁、総署）と皇帝謁見交渉。 □同治帝親政を機に、立礼5回・各国一括での謁見は可能と譲歩されてきたが、日本と清は同種同文なので、礼式どおり跪拝を要求される。副島は跪拝を忌避し、特命全権は公使よりも上だとし、別扱いを要求した。
5月8日	**■陸海軍武官官等改正により、「大元帥・元帥を廃止」する。**
	■文部大輔田中不二麿（1845～1909）、太政官正院に対し、文部省博物館等の施設の、太政官所轄の博覧会事務局への合併取りやめを上申。5月22日にも再度合併取り止めの上申をした。この上申以来、1年8ヶ月にわたって前後7回の上申を行う。
5月9日	■大蔵大輔井上馨と大蔵大丞（三等出仕）渋沢栄一の辞表受理。14日、出仕を免ぜられる。 ■参議大隈重信（佐賀）（1838～1922）、大蔵省事務総裁となる。
	■海軍少将伊東祐麿（鹿児島）（1832～1906）、「筑波」艦で営口（中国遼寧省）に来航、池上四郎（鹿児島）（1842～1877）らと会う。
	□13日、伊東は「筑波」艦に帰る。14日、伊東と会ったことで疑われたらしく、池上四郎ら、急遽営口を引き払い英国船に乗船。18日、上海到着。上海で北京行きを画策。
	■「世界恐慌」。ウィーン株式取引所大暴落。取り付け騒ぎ・会社倒産、ヨーロッパ各国に波及し大不況始まる。
5月10日	**■大元帥・元帥の階級が廃止されたため、西郷隆盛（1828～1877）は、初の陸軍大将兼参議に任じられる。近衛都督、故の如し。**
	■上京の島津久光（1817～1887）、麝香間祗候の就任を承諾。 □旧体制復活を期待した随行の旧鹿児島士族は失望。薩摩系近衛士官の威嚇もあり、1ヶ月後退京。しかし、久光の一大デモンストレーションで、随行鹿児島士族は、結髪帯刀し、異常な関心を集める。保守的な風潮を強め全国の守旧派を勇気づける。
5月12日	■大蔵省地方官合同で、地租改正法案可決。19日、同案を太政官に提出。
5月14日	■井上馨と渋沢栄一の財政改革建議が『日新真事誌』に掲載されたことで、太政官布告違反で免官処分。
5月17日	■大阪鎮台彦根営所、伏見屯所へ転営。
5月18日	■天皇、「宮城造営緩延ノ勅諭」。太政大臣三条実美に賜う。
5月20日	■天皇、「人民誘導ノ勅諭」。地方長官に賜う。
	■「小野組転籍事件」。正院法制課小松彰課長（3等官）、京都府と京都裁判所の権利争議は、京都府が不条理、京都裁判所の議論が正当、但し、これを訴訟と見做し司法裁判所で裁判するべきでない、との議案を纏める。

西暦1873

明治6	5月21日	■埼玉県令**野村盛秀**(鹿児島)(1831~1873)、死去。43才。

□幼くして父・野元綱美を失い、母の手で育てられる。やがてその才を見込まれて同じ薩摩藩士の野村家を継いだ。元治元年(1864)長崎を訪れた際に、同じ薩摩藩士で薩英戦争の際に英国に密航しようとした疑いで追われていた五代才助(友厚)(1836~1885)と遭遇する。だが、五代の広い世界を見たいという情熱に打たれた野村は、五代のために弁明書を書いて赦免を得ることに成功した。
□慶応3年(1867)パリ万国博覧会に薩摩藩が独自に参加した際に、家老岩下方平(1827~1900)を団長とする訪問団に加わってフランスを訪れた。明治元年(1868)2月16日、長崎裁判所判事兼九州鎮撫使参謀に就任して九州地方の平定に尽力し、翌年6月20日、そのまま二代目長崎県知事に転じる。明治3年(1870)12月19日、松方正義の後任として日田県知事に転じ、廃藩置県後に日田県が廃止されると、明治3年11月13日、初代埼玉県知事となり、参事白根多助(山口)(1819~1882)の補佐を得て県統治機構を整備したが、在任中に病死した。

	5月26日	■北条県(美作)で農民大一揆。6月2日、大阪鎮台兵が暴動を鎮圧。

各地で血税一揆が相次ぐ。

■**岩倉使節団の副使大久保利通**(1830~1878)**、欧州より帰朝する。**
翌日、帰朝届けを三条実美に提出。

□しかし、大蔵卿大久保は、参議ではないから閣議に参加することはできなかった。遣欧使節のとき不在中、江藤新平に制度を変更されて、大久保の権力を奪われた。大久保は政府内の風雲を傍観、岩倉具視帰国まで静観の構えであった。

	5月27日	■「小野組転籍事件」。

小野組総支配人小野善右衛門、京都府庁の白州で京都府七等出仕谷口起孝に尋問される。京都府大参事槇村正直(1834~1896)は、京都の豪商小野一族の他府転籍願を不許可とする。小野組、これを不満として、同日、京都裁判所に提訴する。

□小野側は、五代友厚により司法省達第46号(地方官が人民の権利を侵害したときは裁判所への出訴を許す)を知り、京都裁判所に、「先般御布達も之れ有り候儀に付、恐れ多く候えども、余儀なく御訴訟申し上げ奉り候、何卒出格の御憐愍を以て速に送籍御聞き届け相成り候様、伏して願い上げ奉り候」と、恐る恐る「難渋御訴訟」申し上げる。

■「小野組転籍事件」。
正院、正院法制課の議案を承認。京都府へ訴訟の受理・説諭の理由を問合せる。

■エルサレムに立ち寄った島地黙雷(1838~1911)、この日、インドに上陸。
西インドのムンバイからアラハバードを経てカルカッタまで列車で移動し、インドの仏跡を訪ねた最初の日本人となった。7月に日本に帰国。

	5月29日	■「氏子調施行停止の件」大政官布告。

明治4年7月4日発布の「大小神社氏子取調」廃止。
■「神官奉務規則」(教部省達第25号)。

	5月30日	■大蔵卿大久保利通帰朝の宴がある。

明治150年その歩みを知る、つなぐ（前編）　西郷どん、大久保卿、薩摩藩年表帖（中巻）

西暦1873

5月31日	■朝鮮、草梁の外務省7等出仕広津弘信（元久留米藩士）（1819～1883）、朝鮮人民への布告用の「東莱府伝令書」に、日本人の髪型・風俗変質を非難する項目ありと報告。 □6月後半～7月の閣議、外務卿代理外務少輔・上野景範（鹿児島）（1845～1888） （外務卿副島種臣は清国全権大使、外務大輔寺島宗則は駐英大弁務使で、上野が外務省務の最高責任者）は、在留邦人保護のための軍隊派遣を主張。板垣・三条は同調。西郷隆盛は自ら非武装で使節を引受けると発言。 副島外務卿の帰国を待つことになる。
5月—	■鹿児島県権令大山綱良（1825～1877）、田尻八十二をして、関東地方の養蚕、織物業を視察させる。 □翌年、大山は授産場を興し、明治8年、伊敷玉江橋口に水車織物場を設置する。
	■この月、侍従山岡鉄舟（鉄太郎）（1836～1888）、宮内少丞となる。 ■この月、石坂周造（元浪士組頭取）（1832～1903）、静岡県榛原郡相良町で石油事業を手掛け、日本初の石油事業の創始者となる。
6月1日	■「小野組転籍事件」。 京都裁判所、小野組転籍「御難渋訴訟」受理決定。日本で最初の行政訴訟。
6月4日	■各府県へ御真影下賜。 □第一次奈良県令四条隆平（たかとし）（1841～1911）が、他県に先駆けて天皇の写真の下賜を願出て、興福寺南大門跡に遥拝所を設置し、天皇像の民衆への浸透に努めた。 □明治4年ごろから明治天皇の肖像を御真影として下賜し、その姿形を人々に知らしめようという計画が政府内部にもあり、また外交上の理由から天皇の肖像が必要であった。さらに宮中の様相も西欧に見習って、欧米の各国元首や天皇の肖像を飾ることが計画されていた。「東都随一」の写真師・内田九一（くいち）（1844～1875）は、御巡幸出発前の明治5年4月に束帯姿と小直衣・金巾姿の天皇を、翌年10月には洋装礼服姿の天皇を撮影し、後者を複製したものが「御真影」として地方官庁・学校などに下賜されたという。
6月6日	■ドイツ人医師ホフマン（1837～1894）、明治天皇の指示により、病気の西郷隆盛（1828～1877）を診察する。 その治療記録によると、西郷の身長178センチ、体重108キロ。 □西郷隆盛は病気になり、弟西郷従道の邸で過ごしていた。
6月—	■外務少記森山茂（奈良県出身）（1842～1919）が釜山から帰国。 李朝政府が日本の国書を拒絶した。
6月8日	■山県有朋（1838～1922）中将、陸軍卿に復職。
	■木戸孝允、マルセイユより乗船。
6月9日	■京都の白峯宮が、官幣中社に昇格。
	■大蔵事務総裁大隈重信（1838～1922）、「明治六年歳入見込会計書」を官報「太政官日誌」に掲載。財政は黒字。毎年37万円を外債利払い。 □大蔵省、会計見込表を公表。予算を初公表。歳計予算制度、確立する。 井上馨の財政政策尽力は、無に帰した。
6月11日	■国立銀行条例による日本最初の銀行、第一国立銀行創立総会。

西暦1873

| 明治6 | 6月12日 | ■「初めて正式に、朝鮮問題が新政府の閣議に諮られる」。 |

7参議（西郷隆盛、木戸孝允、板垣退助、後藤象二郎、大木喬任、江藤新平、大隈重信）
により、李朝政府問題を審議。

□外務少記・森山茂が釜山から帰国後、李朝政府が日本の国書を拒絶したうえ、
使節を侮辱し、居留民の安全が脅かされているので、朝鮮から撤退するか、
武力で修好条約を締結させるかの裁決が必要であると報告し、それを外務少輔・
上野景範（鹿児島）（1845〜1888）が、内閣に議案として提出したことに始まる。

■参議西郷隆盛（1828〜1877）、参議板垣退助（1837〜1919）らと征韓論に対する論争
がはじまる。

□議案は当初、板垣が武力による修好条約締結（征韓論）を主張したのに対し、
西郷は武力を不可として、自分が旧例の服装で全権大使になる（遣韓大使論）と
主張して対立したという。隆盛の死後、板垣退助らの自由民権運動の中で、板
垣の推進する征韓論は西郷の主張として流布され、板垣ではなく西郷が征韓論
の首魁として定着したという。西郷のほかの有力対抗馬の使節候補は、外務卿
副島種臣（1828〜1905）だった。

□征韓論とは、鎖国政策を続けていた朝鮮に対し、武力をもって国交を開かせ、
我が国の勢力を伸展すべしとする論。

■赤塚源六（鹿児島）（1834〜1873）、死去。40才。

□薩摩藩の鋳物所の役人、薩摩藩士・赤塚真矩の四男として生れる。源六が生ま
れた年に父真矩は死亡。そのために家計が貧しく親戚の家に寄食し苦労をした。
剣を示現流 薬丸半左衛門（東郷弥十郎）に学び、兵学を赤松小三郎に学んだ。
安政6年（1859）精忠組結成に参加。文久3年（1863）薩英戦争には決死隊の一員と
して戦功を挙げた。慶応2年（1866）船奉行見習となる。この時、京都守衛のため
海軍兵一番遊撃隊半隊長として上京。慶応3年（1867）遊撃一番隊隊長となる。
同年の王政復古を前にして長崎に赴き軍艦「春日丸」を購入。前艦長松方正義の
後任となって艦長に就任した。明けて慶応4年（1868）1月、赤塚は「春日丸」を運
送船護衛の軍艦として兵庫沖に待機させておき、「鳥羽・伏見の戦い」が始まると
それに乗船して運送船と共に鹿児島を目指した。しかし、1月4日に「春日丸」を
発見した旧幕府軍艦「開陽丸」が砲撃を開始し、「春日丸」は応戦。双方にそれほど
の被害は及ばなかったものの、赤塚は撤退を選んで鹿児島へ逃げ延びる。
運送船一艘は逃げ切れずに自焼してしまった（阿波沖海戦）。同年8月、奥羽に航
して、越後の戦いに陸軍を援護した。明治2年（1869）3月、箱館に向かい、幕艦
回天丸と戦い、この戦いで高雄丸を大破させる。そして、五稜郭の戦いに参加
した。特殊任務として弁天台場・七重浜にかけて仕掛けてあった旧幕府軍の水雷
を除去した。同年6月、帰京。明治4年8月、海軍中佐になる。その後、大佐に任
じられる。

| | 6月14日 | ■「マリア・ルス号事件」。政府、ペルーの損害賠償請求を拒否する。 |

| | 6月15日 | ■「小野組転籍事件」。京都裁判所長・北畠治房（奈良法隆寺の郷士平岡末重の四男）（1833〜1921）、被告欠席のまま、小野組転籍受理判決。 |

「原告素願のとおりなすべき旨、裁判（判決）および候条、至急送籍これ有くべく
この段あい達し候也」と申し渡す。京都府は、「送籍の許否は行政の権内に在り、
司法の関与すべき限りにあらず」と主張した。

□京都裁判所長北畠治房は、天誅組志士の生残りで、参議司法卿江藤新平の眼
鏡にかなった硬骨漢であった。

明治150年その歩みを知る、つなぐ（前編）　西郷どん、大久保卿、薩摩藩年表帖（中巻）

西暦1873

6月15日	■「石高ノ称ヲ廃止シタルニ由リ地租ハ従前ノ租額ヲ反別ニ配賦収入セシム」（大蔵省達第98号）。石高の称を廃止し、反別とする。　4724 □石高制は、土地の標準的な収量（玄米収穫量）である石高を基準として組み立てられていたが、田を1反ごとに分け、それに課税することとなる。
6月16日	■「筑前竹槍一揆」。福岡県で米価騰貴・徴兵令・学制反対による農民一揆。6月末まで猛威を振るい、被差別部落など2,200余戸を焼く。　4725 □新政府の政策に対する潜在的な不安や不信感が、干害の恐れと米価など物価高騰を背景にした。農民たちは、田畑永大売買禁止令の廃止で解放された被差別部落民に、農地を奪われるのではないかと危機感を抱いたのだ。 1月から西日本各地で暴動事件が頻発していた。 □他、北条県・鳥取県・名東県でも一揆。
	■「小野組転籍事件」。京都府庁、不承服の抗議書簡を京都裁判所へ送付。　4726
6月18日	■清・露・朝鮮探偵の彭城中平（長崎出身）（1832～1874）、清国人を伴い、上海を出航し、帰国の途に就く。　4727
6月20日	■清国特命全権大使副島種臣（佐賀）（1828～1905）、謁見辞退し帰国通告。　4728 □跪拝問題で、交渉は暗礁に乗り上げた。
6月21日	■「筑前竹槍一揆」。福岡県の暴動農民、県庁に乱入。多数の死者。　4729 □スローガンは、「旧暦復帰（太陽暦では水田農民の生活のリズムが崩れる）」、「士族は藩政に戻り、士族の本務を専行ありたきこと」など。一揆の参加人員は十万人といわれるが、6月23日に平静に向かう。県は、政府に防備・鎮圧を要請、25日に一揆勢は鎮圧される。
	■副島随員柳原前光（一等書記官、外務大丞）（1850～1894）・外務少丞鄭永寧（1829～1897）、総署を訪問し琉球民遭難事件に関する清国側見解を質問。　4730 □清国は朝鮮の「和戦権利」に関与せずとの言質も引出す。文書化はしないが、台湾先住民は清国の管理が及ばぬ「化外」であるので責任負えないとの言葉も引出す。
6月23日	■「小野組転籍事件」。京都裁判所は「裁判に不服なら司法裁判所に上告するがよい。そうしないなら請書（承服状）を出すべし」と通告。　4731 だが、府側は上告もせず、請書も提出しなかった。 □京都府庁は、小野側を府庁に呼び出して裁判所に訴えたのはけしからんと逆にこれを脅迫。ここで、事件は転籍をめぐる行政訴訟から刑事訴訟に発展した。
6月24日	■皇后宮、英照皇太后宮、富岡製糸場行啓。　4732
	■フランスで、弁理公使鮫島尚信（鹿児島）（1845～1880）、法学者ボアソナアド（1825～1910）と15条の御雇契約結ぶ。　4733
6月25日	■京都裁判所、二条城内より有栖川宮旧邸（堺町御門内桜町）へ移転。　4734
	■「集議院ヲ廃シ其事務ヲ左院ニ属ス」（太政官布告228号）。　4735 明治2年以来の集議院を廃止、その事務を左院の所管とする。 ■「マリア・ルス号事件」。アメリカ公使の仲介により日本・ペルー約定成立。 □この両国間の紛争解決のために両国間で仲裁契約が結ばれ、両国同意のもとで、第三国のロシア帝国による国際仲裁裁判が開催されることになる。
6月26日	■名東県（香川県）で徴兵反対一揆。　4736

251

西暦1873

明治6	6月29日	■特命全権大使副島種臣(1828～1905)、ようやく、清国皇帝同治帝(1856～1875)に謁見。国書奉呈。跪拝なし。立礼3回。外国使節間でも評判となる。	47
		□副島の判断で外務大丞柳原前光(1850～1894)により、台湾における宮古島民殺害に関する清国政府への抗議が行われた。	
	6月―	■島津忠義(元鹿児島藩知事)(1840～1897)は、賞典禄五万石を五年間、鹿児島県下の学校資金として寄付する。	47
		□西郷隆盛は、近在の学校の武小学と田上小学に門札を書いて励ました。	
		■全国の歩兵、工兵に携帯銃を支給。	47
		■岩倉使節団、開催中のウィーン万国博覧会を見学。	47
	7月―	■島地黙雷(1838～1911)、外遊から日本に帰国。	47
	7月2日	■西郷従道(1843～1902)少将、陸軍大輔となる。	47
	7月3日	■「小野組転籍事件」。司法権中検事(5等官)澄川拙三、京都出張報告。京都府は裁判所申渡しに対し請書も上告もなし、罰せざるを得ないと報告。	47
	7月5日	■「小野組転籍事件」。京都府庶務課長関谷生三、小野組に転籍許す通告。	47
		■「小野組転籍事件」。司法省、正院へ「京都府の官員を推問する儀」伺う。	47
	7月7日	■清・露・朝鮮探偵の彭城中平(長崎出身)(1832～1874)、東京着。その視察報告書『清国滞在中見聞事件』は、当時有力な参考資料とされた。	47
	7月8日	■「小野組転籍事件」。正院、司法省に取調書類詳細をもって改めて伺うよう指示。	47
	7月10日	■山川浩(元会津藩士)(1845～1898)、陸軍裁判大主理に任ぜられる。さらに、熊本鎮台在勤を、申し付けられる。	47
	7月12日	■「小野組転籍事件」。司法省六等出仕早川勇(福岡)(1832～1899)、太政官へ出頭。取調書類を示して閣議で説明。「ただちに罪を科すべき」と閣議は決定。	47
		□西郷隆盛、中岡慎太郎、高杉晋作らと接触し、三条実美ら五卿の西遷を実現させ、薩長同盟の基礎づくりに奔走した勤王の志士早川勇である。	
		■「琉球漂流民殺害事件」。陸軍少佐樺山資紀(鹿児島)(1837～1922)、上海で外務大丞柳原前光(1850～1894)と会い、西郷隆盛・従道兄弟への手紙を託す。	475
		□清国が先住民地域を「化外」と表明したこと、出兵すべきであること、ロシアの極東進出の脅威などについて記す。	
	7月13日	■「小野組転籍事件」。京都裁判所聴訟課中解部・犬塚重遠、京都府庶務課長関谷生三と区長・戸長らを訊問。関谷らを監置処分とする。	475
		□犬塚重遠は、クレージーキャッツ犬塚弘の父方の祖父という。	
		■「小野組転籍事件」。司法省中検事澄川拙三、閣議決定により擬律案(知事8円、参事6円の贖罪金)作成。	475
	7月16日	■「小野組転籍事件」。太政官正院法制課長(3等官)楠田英世(佐賀)(1831～1906)、澄川拙三の擬律案を採用。	475
		□この指令案は直ちに承認され、三条実美の上奏も裁可され、特命として京都裁判所に電達。	

明治150年その歩みを知る、つなぐ（前編）　西郷どん、大久保卿、薩摩藩年表帖（中巻）

西暦1873

7月17日	■「開拓使三官園行幸」。 □官園は、開拓使が北海道および東京府に設置した、農業に関する試験・普及機関。三官園は、明治4年8月設置された東京府青山南町に1号（松平頼英邸跡）、青山北町に2号（稲葉正邦邸跡）、麻布新笄町に3号（堀田正倫邸跡）。 ■「社寺ノ什物類神官僧侶等恣ニ処分スルヲ禁ス」（太政官布告第249号）。
7月19日	■「小野組転籍事件」。京都裁判所、京都府知事（3等官）長谷信篤・参事（5等官）槇村正直に呼出状を送付。槇村は長谷を説得して、自ら太政官正院に進達状（役所への上申を取り次ぐ手紙）を執筆。 ■「鎮台条例」改正。東京、佐倉、新潟、仙台、青森、名古屋、金沢、大阪、大津、姫路、広島、丸亀、熊本、小倉の14師管を置き、これを6軍管に隷す。 □2条例を統合して新しい鎮台条例に改正された。条例は各鎮台を軍管とし制度未定の北海道を第7軍管とし、14営所を各師管とし、鎮台司令官は陸軍卿に直隷し、管内の静謐を保護し外敵の防御に当たり、草賊に備えることを任としたという。
7月20日	■司法省臨時裁判所、4月10日太政官布告（官吏が公務・外交を妨げる内容を新聞に掲載することを禁止）に違反として、前大蔵大輔井上馨（山口）（1836〜1915）に贖罪金3円を課す。 ■岩倉使節団、仏国マルセイユ港を発つ。
7月21日	■「琉球漂流民殺害事件」。 **陸軍大将兼参議西郷隆盛、弟の陸軍大輔西郷従道へ手紙を送る。台湾出兵の場合、陸軍少佐別府晋介が鹿児島よりも出兵する意志ありを伝える。** □数日後、陸軍少佐樺山資紀から手紙。清国が「化外」を言明したからには、気候を考慮して「十月を期限に突入」してはどうか、また、ロシアの極東進出が脅威であるとする。
7月22日	■「小野組転籍事件」。 京都府7等出仕谷口起孝（元膳所藩士）、上京、太政官正院に進達状を提出。 □転籍遅延の事情を説明し、訴訟の却下を求めた。
7月23日	■開拓大判官であった岩村通俊（高知）（1840〜1915）、佐賀県令を命じられる。 **■岩倉使節団の全権副使木戸孝允（1833〜1877）、欧州より帰朝する。** 工部大輔山尾庸三（山口）がボートで木戸の船を訪れる。 □木戸も大久保利通も、留守居役の西郷隆盛や板垣退助らに負い目を感じ、また使節団の中では、大久保・木戸は一時は口もきかないほど疎遠になっていた。 ■森有礼少弁務使（前駐米公使）（1847〜1889）、欧州周りで日本に帰国。
7月25日	■参議兼大蔵省事務総裁・大隈重信、三条太政大臣あてに出張伺いを提出。
7月26日	■「琉球漂流民殺害事件」。 全権大使副島種臣（1828〜1905）、清国より帰朝。使事を復命する。 ■木戸孝允（山口）、井上馨（山口）を訪問。

西暦1873

明治6	7月28日	■天皇、「地租令頒布ノ詔」。

■「地租改正法」と「地租改正条例」(太政官布告第272号)公布。地租改正施行規則、地方官心得書を頒布。

□政府、全国の地租を改正し、旧法廃止。全ての土地に地券を設け、地価百分の三を租税とする。旧来の石高制に基づく物納から金納に改める、豊凶にかかわらず地租を増減しない、地券所有者を地租納税者とすることなどが骨子となっている。これ以後の地券を「改正地券」という。そして、府県庁・郡村の公費を1/3以内とする。

□租税頭陸奥宗光(和歌山)(1844~1897)・民部大丞・租税権頭松方正義(鹿児島)(1835~1924)の建議であった。新政府は、幕府や藩が定めていた年貢の税制を踏襲してきたが、国家の歳入を安定させる必要に迫られた。松方正義は、日田県知事在任3年の後、明治3年(1870)民部省に転任。さらに、明治4年(1871)大蔵省へ勤務。翌年、大蔵権大丞となった松方は財政政策の専門家としての力量が大久保利通に評価されて、地租改正などに取り組んだ。

■「尾去沢銅山事件」。
参議木戸孝允、井上馨宅に宿泊。渋沢栄一も同席。
木戸は、井上馨救済と尾去沢銅山事件のもみ消し工作を図った。

	7月29日	■「小野組転籍事件」。

京都裁判所、長谷信篤京都府知事の名代を呼び出し、次のような命令を下す。
「上告もせず、請書も出さざる科は、違令律条例の違式重に擬し、笞二十(懲役二十日)とすべきだが、官吏私罪贖令に照らして、贖金八円を申しつける。五日以内に差し出すべし」。

■参議西郷隆盛、強硬論者の参議板垣退助にあて手紙を出す。
板垣の朝鮮派兵論を批判し、派兵するならロシア兵が「度々暴挙」している樺太が「朝鮮よりは先」と論じる。「兵端を開き候わん…暴挙の事は差し見得候に付き、討つべきの名も慥かに相立ち候事…」。「使節は必ず暴殺され、開戦のきっかけになる。私の派遣に協力ください、死ぬ覚悟はできています」。
「兵隊を派遣すれば日本から戦争を仕掛けたことになるから、使節をまず送って、朝鮮が無礼なことをすることは明らかであるから、朝鮮を叩く名分ができる。その使節にはぜひ自分を推せんして欲しい」。

□西郷は、板垣を説得するため、意図的な手紙を送った。
参議6名の内、副島種臣と同様の佐賀出身は、大隈重信・江藤新平・大木喬任、高知出身が板垣退助・後藤象二郎、鹿児島は西郷隆盛だけだった。

	7月31日	■西郷隆盛、板垣退助を訪問。
	7月―	■この月、東本願寺から渡欧した大谷光瑩(1852~1923)ら一行が帰国。

8月に東本願寺機構と同寺高倉学寮機構の改革を断行する。

■この月、地主神社(東山区)は村社に、岩屋神社(東山区山科大宮小路町)が郷社に列格。

明治150年その歩みを知る、つなぐ（前編）　西郷どん、大久保卿、薩摩藩年表帖（中巻）

西暦1873

7月一	■この月、参議木戸孝允(1833～1877)、「憲法制定の建言書」を政府に提出し、さらに木戸系の新聞『新聞雑誌』150号にもこれを掲載。 □憲法学者グナイスト(Rudolf von Gneist)に学んだ青木周蔵（山口）(1844～1914)は、プロイセン憲法を参考としたうえで日本の国情に鑑み「大日本政規」と題する憲法草案、および憲法制定の理由書を起草した。木戸はこの理由書に基づく「憲法制定の建言書」を政府に提出し、さらに『新聞雑誌』にもこれを掲載した。のちの「帝号大日本国政典」は「大日本政規」に修正を加えたものであるが、修正の中には議院の大部分を地方官で構成することや元老院を新設することなど、重要な変更点も含まれる。 ■「琉球漂流民殺害事件」。お雇いのチャールス・リゼンドル（前厦門領事）による台湾征討の計画書「台湾蕃地処分ニ付米国人李仙得ノ意見書」が、外務卿副島種臣宛に提出され、担当人事も進められる。
8月1日	■第一国立銀行開業。 □翌日より壱円・弐円・五円・拾円・弐拾円の五種の銀行紙幣を発行。 ■政府、米穀の輸出を解禁し、三井・小野両組に米穀の買取と海外輸出に当らせる（明治7年8月1日禁止）。
8月2日	■「小野組転籍事件」。 府知事長谷、京都裁判所に対して不当であり贖罪金は納付しないと回答。
8月3日	■「小野組転籍事件」。 京都裁判所、裁可による判決であり申し開きの余地なしと回答。 ■**これより先、参議西郷隆盛、征韓の意見書を提出。西郷、この日手紙を出し、遣韓大使選定を太政大臣三条実美に促し、自らこれに当らんことを請う。** ■**大蔵卿大久保利通**(1830～1878)**、左院三等議官宮島誠一郎**（元米沢藩士）(1838～1911)**と会見。わざわざ中途帰国させられたのに、すでに改革はすんでしまっていて何もすることがない……と失望の心境を語る。**
8月4日	■「小野組転籍事件」。 長谷府知事の特命をうけた山本覚馬(1828～1892)、この事件による京都府大参事・槇村正直(1834～1896)の危機を救うべく、妹八重(1845～1932)に付き添われ、この日、横浜に到着。そして、上京、京都府出張所（八丁堀三井屋敷）に入り、12月まで滞在。征韓論議のさなか、右大臣岩倉具視(1825～1883)、参議木戸孝允(1833～1877)、参議司法卿江藤新平(1834～1874)、工部大輔伊藤博文(1841～1909)の間を奔走する。しばしば木戸孝允とも会談する。
8月5日	■「小野組転籍事件」。京都裁判所、槇村正直府大参事の名代を呼び出し、長谷信篤同様の命令（贖金は六円）を下す。しかし両者とも5日以内に贖金を納めず、「ただ今、太政官へ伺い中につき、請書を提出することはできない」と返答した。槇村は、丹波へ旅行に出かける。
8月7日	■大久保利通、木戸孝允の訪問をうけ時事を談論する。 ■西郷隆盛、池上四郎からの清国内地視察延長要請について、板垣退助に同意と斡旋を求める。
8月9日	■「**琉球漂流民殺害事件**」。 **西郷隆盛、7月下旬の陸軍少佐樺山資紀から手紙を板垣退助に廻す。** □この手紙は岩倉具視のもとに残り、政府高官に回覧された。

西暦1873

明治6	8月10日	■「小野組転籍事件」。京都裁判所長北畠治房、京都府知事・参事が贖罪金を納付しないため、拘留する権利を委任してくれるよう司法省に電報で上申。	47
	8月13日	■閣議、朝鮮使節派遣議論。	47
	8月14日	■東本願寺が総務職(寺務総裁)を設置し、同寺新門主大谷光瑩(1852~1923)が同職に就任(東本願寺職制の改革を断行)。	47
		■西郷隆盛、板垣退助に手紙を送る。閣議での積極的支持発言を求める。西郷を死なしてはならないという消極論に釘をさす。	47
		■「小野組転籍事件」。京都府参事槙村正直、在東京の京都府出張所から「出京許可願」を提出。15日、正院、却下。	
	8月15日	■大久保利通(1830~1878)、村田新八(鹿児島)(1836~1877)・大山巌(鹿児島)(1842~1916)に礼状。	47
		□村田・大山は、ヨーロッパ留学中、岩倉具視と別れた大久保をパリで出迎え、留学の川路利良(鹿児島)(1834~1879)・川村清雄(1852~1934)・前田正名(鹿児島)(1850~1921)などと慰労会を開いてくれた。	
		■外務卿副島種臣(佐賀)(1828~1905)・外務少輔上野景範(鹿児島)(1845~1888)、木戸孝允(山口)(1833~1877)を訪問。	
		□木戸は、7日、20日と上野景範を訪れている。木戸は内政優先。外務省首脳(副島ら)の対外強硬論を批判、財政上の見地から征台征韓を時期尚早とした。	
	8月16日	■同年、初めて官吏に暑中休暇を賜う。大久保利通は箱根に赴き、富士登山を試み、尋で京坂、近畿地方に遊ぶ。	478
		■参議西郷隆盛、太政大臣三条実美を訪問。「内乱を冀(こいねが)う心を外に移して国を興すの遠略」と、自分を朝鮮使節として派遣するよう直談判。	478
	8月17日	■「小野組転籍事件」。京都府知事・参事名代、京都裁判所に出頭し、裁判請書の提出と贖罪金納付を申し出る。	478
		■この日、政府部内(三条・西郷・板垣・大隈・後藤・江藤)で征韓論による西郷隆盛の朝鮮使節派遣の合意が行われる。板垣退助・副島種臣らが対朝鮮政策の西郷案に同意した。	478
		■西郷隆盛、板垣退助に感謝の手紙を送る。	
	8月18日	■京都豊国神社、別格官幣社に列格(社殿なく豊公墓前に社地が与えられる)。	478
		■参議木戸孝允(1833~1877)、内治優先、朝鮮派遣使節反対意見書を提出。内治優先論が表面化する。しかし、木戸は病気のため引きこもったので西郷隆盛たちの論を左右することは、叶わなかった。	478
		□内治優先論とは、国内の政治体制の確立を優先すべしとする論。	
		■参議西郷隆盛、太政大臣三条実美を訪問。	
	8月19日	**■朝鮮使節派遣が決まり、西郷隆盛は、板垣退助にあて喜びの手紙を出す。**	479
		「実(じっと)先生の御蔭を以て快然たる心持、始めて生し申候、病気も頓に平癒し三条公の御殿より先生の御宅迄飛んで参候仕合、足も軽く覚へ申候、もうは横棒の憂も有之間敷生涯の愉快此事に御座候云々」。	
		■三条実美、西郷隆盛の朝鮮使節派遣を上奏し、なお岩倉具視全権大使の帰朝を待って確定すべきを命ぜられる。	
		□西郷の朝鮮使節派遣は、内定で終った。	
		■板垣退助、西郷隆盛を訪問。	

明治150年その歩みを知る、つなぐ（前編）　西郷どん、大久保卿、薩摩藩年表帖（中巻）

西暦**1873**

8月20日	■「小野組転籍事件」。贖金を納めた槇村正直(山口)(1834〜1896)、私的に上京、参議木戸孝允(山口)(1833〜1877)を訪ねる。　　4791 □前日、京都府権典事木村源蔵が、麹町富士見町の木戸を訪問している。
8月21日	■木戸孝允、西郷隆盛を訪問し長時間懇談。　　4792
8月23日	■「琉球漂流民殺害事件」。上海・北京・福建調査を経た陸軍少佐樺山資紀(鹿児島)(1837〜1922)、台湾淡水上陸。3ヶ月滞在。　　4793
8月29日	■「尾去沢銅山事件」。前大蔵大輔井上馨(山口)(1836〜1915)・前工部省鉄道頭井上勝(山口)(1843〜1910)・前大蔵省造幣権頭益田孝(元幕臣)(1848〜1938)ら、秋田県鹿角郡の尾去沢銅山到着。　　4794 □銅山地境に「従四位井上馨所有地」と木標を立てたといわれる。井上は、木戸孝允の忠告にもかかわらず「奥州行」して疑惑を深める。参議江藤新平は司法大丞兼検事警保頭島本仲道(高知)(1833〜1893)に調査させる。 結果、司法省は容疑充分として井上の拘引を太政官に提案する。 □しかし、参議木戸孝允は、盟友井上馨の救済に動く。
8月30日	■「小野組転籍事件」。太政官正院、10日付の京都府知事・参事の長谷・槇村逮捕許諾請求に関して司法省へ指令。　　4795 □両名を推問し、不都合あれば糾弾する。捕縛は見合わせる。
8月31日	■「小野組転籍事件」。京都府顧問山本覚馬、木戸孝允を訪問。　　4796 □木戸孝允は「小野組転籍拒否事件」が小野組御用達御免事件であることを知る。
9月1日	■日本最初の近代的啓蒙学術団体「明六社」、創立。政治、経済、教育、宗教、思想、哲学、婦人問題など多くの分野で開明欧化、自由進取の立場から論陣を張り封建思想を批判し、開国政策の理論的代弁者として啓蒙的役割を果す。　　4797 □米国から帰国した森有礼(前駐米公使、外務省官吏)(鹿児島)(1847〜1889)、福沢諭吉(元幕臣、元大蔵省官吏)(1835〜1901)・加藤弘之(出石藩出身の元幕臣、文部省官吏)(1836〜1916)・中村正直(元幕臣、大蔵省官吏)(1832〜1891)・西周(元幕臣、陸軍省官吏)(1829〜1897)・西村茂樹(文部省官吏)・津田真道(陸軍省官吏)・箕作秋坪(岡山出身、元幕臣)(1826〜1886)・杉亨二(元幕臣)(1828〜1917)・箕作麟祥(元幕臣、司法省官吏)(1846〜1897)らと共に、文明開化啓蒙活動を目的として「明六社」を結成。名称の由来は明治六年結成からきている。 ■三条実美は西郷隆盛に、使節に「内決」したので外務卿と協議して準備を進めるよう促す。西郷は9月20日出発で準備。
9月2日	■開拓次官黒田清隆(鹿児島)(1840〜1900)、樺太出兵を建議。　　4798 □樺太問題担当の黒田は、樺太現地における日露間の紛争に対応して出兵するよう建言した。 ■「小野組転籍事件」。正院、太政大臣三条の意向により京都府と京都裁判所の権限争議について、臨時裁判所を開いて裁くと閣議決定。
9月3日	■三条実美、木戸孝允に西郷派遣の後、征韓出兵に必要を告げる。　　4799 恐らく西郷隆盛は暴殺されるだろうから出兵が必要と告げた。 □木戸は、内政優先と出兵による列強の反撥を懸念し、西郷の派遣に反対する。
9月5日	■三池炭山を官営とする。　　4800 □三池・柳河両藩にて開抗経営されていたものを、工部省の管理に属させ鉱山寮支営を下里村に置いた。

西暦1873

明治6	9月5日	■左院のヨーロッパ視察団、中議官西岡逾明(宜軒)(佐賀)(1837～?)・少議官高崎正風(鹿児島)(1836～1912)、同小室信夫(丹後国出身、足利三代木造梟首事件参加)(1839～1898)・中議生鈴木貫一(彦根)(1843～1914)・少議生安川繁成(元白河藩士)(1839～1906)の5名が共に、イギリス・フランスの議会制度の調査研究し帰国。	48
	9月6日	■岩倉使節団、郵船「ゴルテンエン」号で長崎着、9日神戸着。	48
		■明治5年9月に横浜から出航して渡欧、フランス中心に司法制度の調査研究を行った司法省官吏の司法中録井上毅(熊本)(1844～1895)・警保助川路利良(鹿児島)(1834～1879)・司法少丞河野敏鎌(高知)(1844～1895)・権中判事岸良兼養(鹿児島)(1837～1883)らが、帰国する。 □彼らは、10月に明治六年政変で上司の江藤新平が下野した後は、大久保利通に登用されることになる。	48
	9月12日	■陸軍大将兼参議西郷隆盛、陸軍少佐別府晋介宛て手紙を送る。 「岩倉具視が帰国するので病気(高血圧)療養のため滞在している渋谷の西郷従道別邸を引き揚げ、日本橋小網町(現在は日本橋小学校)の自宅で待機することにした」。 □弟西郷従道の説得に応じて明治4年に上京して参議に就任した。その時から隆盛は小網町に住み、この年、征韓論に敗れて鹿児島に帰るまでの約2年間ここに起居した。2,633坪もある屋敷には長屋に書生を15人ほど住まわせ、下男を7人雇い、猟犬数頭を飼っていたといわれる。	48
	9月13日	■「岩倉使節団、帰国」。特命全権大使岩倉具視(1825～1883)らの一行、1年10ヶ月ぶりに欧州より帰朝する。午後3時、参内復命。副使伊藤博文(工部大輔)(1841～1909)、副使山口尚芳(外務少輔)(1839～1894)ら、満身創痍の帰国。 大久保・木戸や留守政府高官などの出迎えは無かった。 □使節団は、22ヶ月間で米国とヨーロッパ12ヶ国を廻った。日本→亜米利加→英吉利→仏蘭西→白耳義(ベルギー)→阿蘭陀→独逸→露西亜→丁抹(デンマーク)→瑞典(スウェーデン)→独逸→伊太利→墺太利(オーストリア)→瑞西(スイス)→仏蘭西→日本の行程であった。しかし、予定(10ヶ月半)より、1ヶ年の遅れであった。 □長州閥は不振で、土佐・佐賀が羽振りを利かせていた。陸軍卿山県有朋は山城屋和助事件(陸軍省公金不正費消事件)への関与により窮地に陥り、大蔵大輔井上馨は専横を非難されて辞職を余儀なくされ、更に尾去沢銅山事件(国有財産不正払い下げ事件)の疑惑を追及されていた。 □岩倉帰国までの間に西郷隆盛主導留守内閣が施行した主な政策は、警視庁の前身となる東京府邏卒(ポリス)の採用、府県の統廃合(3府72県)、各県に府県裁判所を設置、田畑永代売買の解禁、陸軍省・海軍省の設置、東京女学校・東京師範学校の設立、学制の制定、人身売買禁止令の発布、散髪廃刀の自由、切り捨て・仇討ちの禁止、国立銀行条例公布、太陽暦の採用、徴兵令の布告、キリスト教禁制の高札の撤廃、華士族と平民の結婚許可、地租改正条例の布告などであった。 □海外視察組と留守政府組との間には、「海外視察が終わるまで、郵送文書での合意なくして明治政府の主要な体制・人事を変更しない」という約束が交わされていた。それを留守政府が大きく反故にしていた。しかし、海外視察組も約束を大きく反故にしたため、留守政府の責任は問われないことになった。 だが、留守政府による征韓論の方針は、海外視察組には到底承伏し難い暴挙にしか見えなかった。	48

明治150年その歩みを知る、つなぐ（前編）　西郷どん、大久保卿、薩摩藩年表帖（中巻）

西暦1873

9月13日	■西郷隆盛、2日の黒田清隆建議に同日、同調するかのような手紙を送る。しかし、この日、西郷は、樺太出兵決定の可能性は低く、朝鮮問題に支障が出るのを懸念して消極的意向を示す。
9月14日	■この日岩倉具視は、参内し使事を伏奏する。 ■西郷隆盛は、遣韓問題を決せられんことを迫る。閣議では大使派遣問題は議決できなかった。 ■伊藤博文、木戸孝允を訪問。伊藤が西郷派遣慎重論を述べると、これまでの確執が溶解する。 ■「小野組転籍事件」。司法省、京都府知事・参事に臨時裁判所に出頭するため上京・待機せよと召喚状を出す。
9月15日	■右大臣岩倉具視、太政大臣三条実美を訪問。 大久保の参議起用と木戸の職務復帰を協議。 ■「小野組転籍事件」。木戸孝允は、伊藤博文宛手紙を送る。20、21日も。小野組転籍事件（郷党の子分槇村正直救済）を訴える。 ■「小野組転籍事件」。 司法省、臨時裁判所を行政府に主導させないため「陪審」を建議。
9月16日	■木戸孝允（1833～1877）、軽い脳梗塞のため左半身が不自由となる。 □伊藤博文が木戸の代理人の役割を果たす。 ■「小野組転籍事件」。 木戸、早朝から福沢諭吉を訪ね、その後、岩倉具視を訪ねる。夜、訪れた山本覚馬（1828～1892）と、京都府知事・参事の裁判・「陪審」のことなどについて話す。
9月19日	■右大臣岩倉具視、フランス駐在公使鮫島尚信（鹿児島）（1845～1880）に、礼と帰国後の政情を伝える手紙を送る。 □1・大蔵省の井上馨・渋沢栄一辞任と鉄道頭井上勝辞任。2・島津久光上京の混乱。3・処々の一揆も片付き、麦米とも豊作、先ず以って平穏。4・台湾は「即今着手に至るまじく」、朝鮮も「是れ以って即時の事にては之れなくや」と急務と見ず。樺太などロシア問題は重要視。
9月20日	■「小野組転籍事件」。京都府権典事木村源蔵と山本覚馬、木戸孝允を訪問。翌日も。 ■「小野組転籍事件」。夜、参議江藤新平（佐賀）（1834～1874）、木戸孝允を訪問。恨み言を並べる。京都裁判所の小野事件裁判が廃止となった。
	■世界恐慌、ニューヨーク波及。ニューヨーク株式取引所閉鎖。
9月21日	■大久保利通、休暇の関西旅行より帰京する。
9月22日	■「小野組転籍事件」。 太政官正院、京都府の知事・参事を糾問する臨時裁判所では陪審を設けることとし、規則などが定まるまでは、開廷を見合わせる、と司法省に指令。 □槇村（京都府参事）の後ろ楯の木戸孝允と、長谷（京都府知事）の後ろ楯の三条実美が連携して、正院決定を動かす。既に、司法省からの召喚状により、京都府知事長谷信篤、参事槇村正直は、公務出張のようにアメリカ四番館（太平洋郵船）の外輪汽船で、神戸から横浜へ向かったという。
9月24日	■右大臣岩倉具視、大蔵卿大久保利通、伊藤博文を招き内政中心を確認。 ■大久保利通、木戸孝允を訪問。

西暦1873

明治6	9月25日	■伊藤博文(1841~1909)、木戸孝允(1833~1877)を訪問し協力を要請、岩倉具視(1825~1883)と協議後、大久保利通(1830~1878)に報告。 □黒田清隆が大久保説得を引受けたとのこと。また、黒田は、むしろ西郷隆盛による大久保説得がより効果的だろうとのこと。また、大久保が参議になれば西郷も喜び、佐賀・土佐の参議からの引き離しも可能と判断する。西郷抱き込みが、岩倉・黒田・木戸・伊藤4者共通の了解事項となる。	48
	9月26日	■**大蔵卿大久保利通、太政大臣三条実美・右大臣岩倉具視より極力懇論ありしも、参議就任を辞退する。** □使節団の失敗の責任を理由に固辞したといい、島津久光からの心理的重圧も感じていた。 □久光は、西郷隆盛・大久保利通ら旧家臣が政府高官に成り上がり、廃藩を実行したのに憤慨し、久光と旧士族団の大挙上京となった。大久保は「憂とせざること能わず」と困惑。久光は、政府の近代化政策を弾劾し人事刷新を迫って、天皇以下を右往左往させる。こうした状況で参議を引き受けるのは、火中の栗を拾う愚行と、大久保は考えた。ただでさえ使節団の失敗で意気消沈の大久保にとって、この上、旧主の怒りに直面するのは堪え難いことであった。	48
	9月27日	■ロシア公使として着任する前の沢宣嘉(1836~1873)、死去。9月30日、贈正三位。 □のち、ロシア公使には急遽、榎本武揚が着任することになる。 ■前夜に奥羽旅行から戻った井上馨、木戸孝允を訪ねる。 ■**木戸孝允、説得に来た伊藤博文に、大久保利通の参議就任が先決と主張。同日、伊藤は岩倉具視に2度手紙を送り、大久保の参議就任の必要性説く。** □伊藤は、大久保の参議起用により、木戸・西郷隆盛の3人組による政権掌握を狙う。 ■**西郷隆盛、三条実美を訪問、朝鮮使節派遣最終決定の遅れを責める。**	48
	9月28日	■**三条実美、岩倉具視に手紙。** **「朝鮮事件、西郷頗る切迫、昨日御談申し上げ候通りにつき甚だ痛心」。** ■「**小野組転籍事件**」。 司法大輔福岡孝弟(高知)・司法省三等出仕樺山資綱(鹿児島)・司法大丞(四等官)島本仲道(高知)、連署して進退を賭けた上申を太政大臣三条実美に提出。	48
	9月29日	■「**小野組転籍事件**」。 福岡孝弟、太政大臣三条実美に対し陪審規則を作るため京都府知事・参事の捕縛が遅れるのなら、陪審設置の件は返上するとの上申をする。	48
	9月30日	■大久保利通、書を岩倉具視に呈し、木戸孝允の意見を根軸として時局を収拾するの外なき旨を進言する。 □三条実美・岩倉具視の執拗な懇請、伊藤博文の精力的な説得工作、黒田清隆の熱心な説得も、大久保の固い辞退の意志を動かすことができない。 ■**岩倉具視、西郷隆盛を訪問。切迫の実情を知る。**	48
	10月1日	■「**尾去沢銅山事件**」。司法大検事・警保頭島本仲道、司法大輔福岡孝弟に対し、尾去沢銅山事件に関して井上馨捕縛を申入れる。 □福岡孝弟は、小野組転籍事件に関し「陪審の設置伺」を取消し、長州閥の司法介入を牽制しておき、一挙に汚職摘発する決意を固める。	
	10月2日	■西郷隆盛三男・酉三(1873~1903)が誕生。母は糸子(1843~1922)。 □長男寅太郎は寅年、次男午次郎は午年、酉三は酉年生まれ。	

明治150年その歩みを知る、つなぐ(前編)　西郷どん、大久保卿、薩摩藩年表帖(中巻)

西暦**1873**

10月2日	■**右大臣岩倉具視、各参議を個別に招いて意見を求める。** 4824 □この時、工部大輔伊藤博文は参議大隈重信に、新任参議(後藤象二郎・大木喬任・江藤新平)を解任して大久保利通を就任させたく、同意であれば三条・岩倉にその旨伝えるよう依頼する。大隈は賛同した。伊藤博文は、井上馨、槙村正直を救うため、江藤新平追い落としを図った。この政治工作により、朝鮮使節問題は、西郷隆盛の意図とは異なった方向に流され始める。 ■「小野組転籍事件」。 太政大臣三条実美、9月29日司法大輔福岡孝弟上申に対し、京都府参事(槙村正直)捕縛については、奏聞中で追って御沙汰あるべしとの指令を発す。
10月3日	■「小野組転籍事件」。正院、陪審返上を却下。「参座」と名付ける。 4825
10月4日	■朝鮮使節問題急浮上で、三条実美は、閣議で論議すべき問題点を列挙し岩倉具視に示す。 4826
10月—	■**大蔵卿大久保利通**(1830〜1878)、**新たに内務省創設の議を建言する。** 4827 □近代化のモデルを求めて独逸(ドイツ)を訪問した大久保は、宰相ビスマルクという強い指導者の下で、官僚機構を活用した近代化を推し進めている様を目の当たりにして、強い影響を受けていた。
10月7日	■淳仁天皇神霊を淡路国三原から迎え、京都の白峯宮に合祀。 4828
	■維新後新政府に出仕し、明治4年(1871)から2年間ロンドンに留学し、帰国した片岡健吉(高知)(1844〜1903)、海軍中佐就任。 4829
10月8日	■**大蔵卿大久保利通、右大臣岩倉具視**(1825〜1883)**に会い、参議就任を承知する。** 4830 □大久保は、三条・岩倉に途中で変節しない旨の約定書を要求、外務卿副島種臣の参議就任と工部大輔伊藤の閣議列席、木戸孝允の留任を条件とした。 大久保は、閣議決定を覆す、盟友西郷隆盛との対決、島津久光との確執で、長男・次男に遺書を書いたという。
10月9日	■「小野組転籍事件」。太政官正院、「参座規則」公布。臨時裁判所は10月14日開廷とする。筆頭参座は、三等官正院大内史・土方久元(高知)(1833〜1918)。 4831 □太政官正院は、司法省の出した「逮捕許諾請求」に対し、かねてより病気中の槙村正直が快方へ向かい、指図を受ければ罷り出ると言うので、呼び出して糾問し、もし抗拒して不出頭であるなら捕縛してもよい、と指令。
10月10日	■伊藤博文(1841〜1909)、大久保利通に手紙で木戸孝允との面会を要請。 4832 大久保は木戸を訪問し方針を打ち合わせ後、伊藤博文に報告する。
10月11日	■**太政大臣三条実美、参議西郷隆盛に書簡。12日に開催予定の閣議を14日に** 4833 **延期する。西郷は、この日の返事で「派遣は上奏して許可を得たもので、変更すると勅命の権威失墜となる。死をもって謝罪するしかない」。** ■三条は、岩倉具視に手紙を書く。
10月12日	■**大久保利通**(1830〜1878)、**ついに再び参議就任、大蔵卿は辞任。翌日、外務卿** 4834 **副島種臣**(1828〜1905)**も参議就任、外務事務総裁となる。**
10月13日	■右大臣岩倉具視、参議の板垣退助と副島種臣を自邸に招き改説を願う。 4835 ■板垣、大久保利通に閣議の進め方を提案。西郷隆盛の一身上のことなので、まず西郷を外して審議、後、西郷を加える。大久保は同意する。

西暦1873

明治6　10月14日

■「明治六年十月の政変」はじまる。
延ばされていた閣議が開かれる。右大臣岩倉具視、訪ねて来た参議西郷隆盛に閣議欠席を要求、西郷これを拒否。二人は、閣議に同行。三条、岩倉、西郷、板垣、大隈、後藤、江藤、大木、大久保、副島の10人、木戸は病気欠席、伊藤博文は大内史(官房長官)兼任として列席。

■大久保利通は朝議に於いて、今日、内外の状勢、征韓の時機にあらざるを論ず。西郷隆盛は、堅く前議を執して遣韓大使を即決せられんことを主張する。

□参議大久保利通はこの際、征韓問題の緩急順序につき意見書を岩倉具視に提出し、また征韓の可否に関する意見書を三条実美・岩倉具視に提出する。
大久保は、使節派遣に反対する理由として治安対策と殖産興業を核とする内治優先論を体系的に打ち出す。

□議論沸騰時、西郷は、「日本と朝鮮との間でこれまで様々な外交問題が生じ、関係がこじれていることから、朝鮮へ軍隊を派遣しようとする意見があるが、朝鮮へ即時派兵するのではなく、先に公然と使節を派遣するのが筋道だ」と改めて同様の主張を行ったが、大久保は、「使節の派遣は朝鮮との軋轢を生んで戦争に繋がり、現在の日本の国情を考えると得策ではない」と反論した。
大久保は西郷が朝鮮に行けば必ず殺されて戦争になるということを前提にして反対意見を展開し、西郷は安易に戦争をしないためにも大使の派遣が必要だと主張して、両者の主張は平行線を辿ったという見解もある。

□議論沸騰明日に持越し。

□征韓党が、西郷隆盛・板垣退助・江藤新平・後藤象二郎・副島種臣・桐野利秋・篠原国幹等で、三条実美はしかたなしに賛成、非征韓党は、岩倉具視を筆頭に木戸孝允・大隈重信・大木喬任・大久保利通・伊藤博文・黒田清隆・井上馨・陸奥宗光・寺島宗則・渋沢栄一で、準征韓党に、川村純義・伊地知正治・島義勇・大山巌、中立党に、山県有朋・勝海舟・西郷従道・鳥尾小弥太・吉井友実と入り乱れて政争の坩堝(るつぼ)と化してしまう。

■「小野組転籍事件」。司法省で、臨時裁判所、開廷。
■「小野組転籍事件」。木戸孝允は、筆頭参座土方久元(高知)に「御直訴」を送る。夜、土方は返事で、司法省と参座に対立があると報告。木戸は土方に激励の返書を送る。

木戸孝允

土方久元

明治150年その歩みを知る、つなぐ（前編）　西郷どん、大久保卿、薩摩藩年表帖（中巻）

西暦 1873

10月15日	■「明治六年十月の政変」。参議西郷隆盛は、太政官に登庁し「遣韓使節決定始末」（朝鮮事件ニ付西郷隆盛建白）を三条太政大臣宛に提出する。そして三条実美に上奏を迫る。これは三条への無言の圧力となる。 □岩倉右大臣の背反に自失した三条は、上奏に一日だけの猶予を請い、その夜、岩倉を訪ね協力を哀願。岩倉はこれに応じず。 ■「明治六年十月の政変」。主張すべきことは主張したとした西郷欠席の中、西郷隆盛の朝鮮派遣が、閣議で太政大臣三条実美一任に決定。派遣した使節が殺害されて必ず開戦となると唱える大久保利通は、辞意を決心。 □西郷の意見におしまくられて8月17日の決定を認めた。

4838

10月17日	■「明治六年十月の政変」。閣議が開かれる。参議大久保利通、事、志と違うを以て辞表を、三条実美太政大臣に提出し欠席する。同じく反対する参議の木戸孝允・大隈重信・大木喬任らが辞表を提出して欠席。それを見て、右大臣岩倉具視もこれは留守政府が決めたこととして辞意を表明して欠席。三条は、上奏予定見送る。 ■「明治六年十月の政変」。西郷隆盛は、「遣韓使節決定始末」（朝鮮事件ニ付西郷隆盛建白）の写しを大久保利通や島津久光にまで配布し、自己の意図の周知徹底をはかる。平和的・道義的な交渉への決意を天下に公約した。 ■「小野組転籍事件」。臨時裁判所第2回公判。京都府大参事・槇村正直（山口）（1834〜1896）、司法省地下の仮監獄にて拘禁される。

4839

10月18日	■「明治六年十月の政変」。西郷隆盛は、三条実美邸で改説を請われるが拒否。西郷の決意と岩倉辞意を憂慮した太政大臣三条実美は、高熱で昏倒。三条は、太政大臣辞表を提出する。 ■「明治六年十月の政変」。伊藤博文、太政大臣代理に岩倉具視を説得するしかないと、木戸孝允に訴える。夜、岩倉を訪問し、三条に代って太政大臣を摂行すべしと説く。 ■「明治六年十月の政変」。西郷隆盛は、「副島の咄に、条公（さねとみ）は前晩迄は岩倉卿へ向かい、海陸軍を率い、自ら討征致すべき旨、御返答相成り候位に御座候由。憐れむべき御小胆故か、終に病を発せられ、残念の仕合いに御座候」。 ■「小野組転籍事件」。臨時裁判所第3回公判。京都府知事長谷信篤は「聞いていない」「記憶にない」と答えるのみ。外出禁止となる。 □長州閥首領の木戸孝允は、参座土方久元と参議江藤新平へ手紙を書き、善後策を講じる。

4840

10月19日	■「明治六年十月の政変」。木戸・伊藤は、大久保利通にも働きかける。大久保は岩倉に奮起を促し、岩倉は「断然振起すべし」と約束、大久保に「是非噴発いたし候様」と申し送る。 ■「小野組転籍事件」。参議木戸孝允（山口）、前日の布達に対抗する「上書」を正院に提出して、参議江藤新平を攻撃。代言人（弁護士）児玉淳一郎（山口）（1846〜1916）が起草、児玉が師事する福沢諭吉（元幕臣）（1835〜1901）が添削という。 ■「新聞紙発行条目」（太政官布告第352号）制定。 □明治政府、言論活動の規制に踏み出す。新聞紙の発行は許可制となり、国体誹謗などが掲載禁止事項が決める。

4841

西暦1873

明治6	10月20日	■「明治六年十月の政変」。参議大久保利通、宮内少輔吉井友実と協力して宮内卿徳大寺実則を説得、直接岩倉具視に太政大臣代理の大命下るよう取り計らう。 ■「明治六年十月の政変」。明治天皇、三条邸を見舞いさらに岩倉邸を自ら訪れて、右大臣岩倉具視に勅して、太政大臣の代理を命ぜられる。同日午後、西郷隆盛、後藤象二郎、副島種臣、江藤新平の4参議、岩倉具視を訪れ、速やかに朝議の決行を迫る。岩倉具視、堅く持して動かず。 ■「明治六年十月の政変」。参議木戸孝允、太政大臣代理岩倉具視に、工部大輔伊藤博文の参議採用を願う手紙を書く。 ■「小野組転籍事件」。木戸孝允、「京都府に於ける紛争に対する条陳書」14ヶ条を太政官に提出し、各参議にも投じて槙村正直を弁護。	48
	10月21日	■捕縛必至の前大蔵大輔井上馨(1836〜1915)、横浜から大阪に向かう。	48
	10月22日	■「明治六年十月の政変」。岩倉具視を太政大臣代理とする閣議。 西郷隆盛、板垣退助、副島種臣、江藤新平の4参議、岩倉に15日の閣議決定の上奏迫る。岩倉は、三条実美と自分は別人なので自分の思うようにする(閣議決定に拘束されない)、閣議決定の上奏と共に自説を添える、と言う。 □岩倉の露骨な違法・越権に対して、4参議は抗議辞職か天皇直訴しか道はなくなる。岩倉は宮内卿兼侍従長徳大寺実則に直訴阻止を手配する。 拒否された西郷隆盛らは、大久保利通邸を訪問し後事を託す。	48
	10月23日	■「明治六年十月の政変」。太政大臣代理岩倉具視、参朝して、征韓論に関する閣議経緯を陳奏し、これに対する意見書を上げる。 □太政大臣代理岩倉具視、西郷隆盛派遣決定を上奏。但し、もし使節に万が一のことがあれば、後事が続かないので、不可とすべきと信ずる、と代理としての個人的意見を奏陳した。 ■「明治六年十月の政変」。西郷隆盛、勅裁を待たず参議・近衛都督・陸軍大臣辞表を提出、東京郊外に身を隠す。この時点では未だ西郷派遣の天皇裁可は出ていない。辞表は岩倉の違法行為への抗議辞任。 ■「明治六年十月の政変」。この日、陸軍少将桐野利秋(中村半次郎)(1838〜1877)、辞表提出。陸軍少将篠原国幹(1837〜1877)はじめ、29日迄に46人辞表提出。	48
	10月24日	■「明治六年十月の政変」。「衆庶同心協力、漸く全国一致の治体に至る。ここに於て国政を整へ民力を養ひ、勉めて成功を永遠に期すべし。今汝具視が奏状、これを嘉納す」。明治天皇は、岩倉具視の上奏を入れ、勅許で征韓論を退け、朝鮮遣使(西郷隆盛の派遣)を無期延期とする。 ■「明治六年十月の政変」。太政大臣代理岩倉具視、大久保利通の献策を受けて、西郷隆盛の正三位・陸軍大臣(本官)の辞表却下。兼官の参議・近衛都督辞表は受理。 □本官はそのままなので、形式的には西郷の地位に変動はない(大久保の配慮)。 ■「明治六年十月の政変」。木戸孝允、辞表提出するも、却下される。 ■「明治六年十月の政変」。天皇、近衛将校を宮中に召し、勅諭を賜う。 「西郷隆盛等辞職ニ付キ陸軍武官ニ下シ給ヘル勅語」。 □「西郷正三位病氣ニ付、辞表之趣アツテ参議・近衛都督等差免シ、最モ大将 舊ノ如ク申付ヲケリ。元ヨリ國家ノ柱石ト信頼スルノ意ニ於テ渝ルコトナシ。皆々決シテ疑念ヲ懷カス。是迄ノ如ク、職務ヲ勉勵セヨ」。	48

明治150年その歩みを知る、つなぐ（前編）　西郷どん、大久保卿、薩摩藩年表帖（中巻）

西暦 1873

10月25日	■「明治六年十月の政変」。征韓論敗れ西郷の辞表を聞いた、江藤新平（佐賀）（1834～1874）・副島種臣（佐賀）（1828～1905）・板垣退助（高知）（1837～1919）・後藤象二郎（高知）（1838～1897）ら参議辞職を受理される。	4847

□この一連の辞職に同調して、征韓論・遣韓大使派の林有造（高知）（1842～1921）や鹿児島の淵辺群平（1840～1877）・別府晋介（1847～1877）・河野主一郎（1847～1922）・辺見十郎太（昌邦）（1849～1877）をはじめとする政治家・軍人・官僚600名余が次々に大量に辞任。この後も辞職が続いた。

□このとき、西郷の推挙で兵部大輔・大村益次郎の後任に補されながら、能力不足と自覚して、先に下野していた前原一誠（山口）（1834～1876）は「宜シク西郷ノ職ヲ復シテ薩長調和ノ実ヲ計ルベシ、然ラザレバ、賢ヲ失フノ議起コラント」という内容の書簡を三条実美（1837～1891）に送り、明治政府の前途を憂えた。そして、この政変が士族反乱や自由民権運動の発端となる。

■「明治六年十月の政変」。

閣議で西郷使節派遣に同意しながら大隈重信（佐賀）（1838～1922）、大木喬任（佐賀）（1832～1899）両参議は、辞表提出せず。大久保利通の辞表は却下される。

	■「明治六年十月の政変」。新内閣成立し、閣僚の補充にあたり、内閣議官が各参議、各省の卿を兼ねるに至る。	4848

■明治天皇、近衛局長官篠原国幹、以下佐官10人、大尉1人を小御所代に呼んで、天皇は動揺することなく職務を達成するように要請。
篠原国幹は病気と称して参加していない。

□西郷隆盛（1828～1877）の参議兼近衛都督を免ぜられ陸軍大将、故の如し。

■参議木戸孝允、元老院設置を主唱。
■参議大久保利通（1830～1878）、施政の要目、三ヶ条を提議する。

□工部大輔伊藤博文（山口）（1841～1909）、参議兼工部卿（初代）に就任。
□大隈重信（佐賀）（1838～1922）、参議兼大蔵卿に就任。
□大木喬任（佐賀）（1832～1899）、参議兼司法卿に就任。
□海軍大輔勝安芳（海舟）（1823～1899）、参議に転任し、海軍卿を兼任。
海舟は、海軍拡充案を提議したが、閣議で一笑に付されたという。

■「小野組転籍事件」。太政大臣代理岩倉具視、京都府参事槙村正直の拘留を解く「特命」布達（超法規措置）。
■「小野組転籍事件」。司法省急進派の司法大輔福岡孝弟（高知）（1835～1919）・三等出仕樺山資綱（鹿児島）・司法大丞（警保頭兼大検事）島本仲道（高知）（1833～1893）以下司法省首脳は抗議文を提出。
□山城屋和助事件・三谷三九郎事件の山県有朋、尾去沢銅山事件の井上馨、小野組転籍事件の槙村正直……と、長州汚職閣は、明治六年政変の最大の受益者であった。
■「小野組転籍事件」。参議兼司法卿大木喬任、「槙村裁判に関する警保寮ポリスの不穏な動き」を大久保利通に報告。

10月26日	■大久保利通は、伊藤博文、大隈重信を自邸に招き今後の政府運営を協議。	4849
10月27日	■大久保利通の要請で天皇、参議と夕食。	4850

西暦1873

| 明治6 | 10月28日 | ■「明治六年十月の政変」。「征韓論」で敗れた西郷隆盛(1828～1877)、品川より乗船し鹿児島に向かう。この政変が、士族反乱や自由民権運動の発端ともなる。 | 48 |

■寺島宗則(鹿児島)(1832～1893)、副島種臣にかわり参議兼外務卿就任。
■大久保利通、岩倉具視に書簡。
「ロシアとの樺太問題交渉 (クシュンコタン (久春古丹) 放火事件の善後処置と日露国境画定)では、「前議の御決定」(副島種臣時代の既定路線)を踏襲しなければ、旧参議にたいし御申し訳あるまじ」と記す。

| | 10月29日 | ■天皇、近衛将校140人余を小御所代に呼んで、午前11時、「國事多難ニ就テ近衛局ニ下シ給ヘル勅語」を親諭。 | 48 |

「一新之業日洽カラスシテ未タ其半二至ラス、今ヤ一層努力スルニ非スンハ、成功期スヘカラス。況ヤ北地ノ事情其餘國事多難、内外容易ナラサル形勢ニ際シ、朕深ク之ヲ憂フ。汝等宜ク朕カ意ヲ體認シ、一層勉勵、其職ヲ盡サンコトヲ望ム」。
□陸軍少将・近衛局長官篠原国幹(1837～1877)は、明治天皇に呼ばれているにもかかわらず、これにも欠席の知らせもせずに参内していない。
□天皇の親衛隊としての近衛兵は存立が危ぶまれ、板垣退助 (1837～1919) が高知出身の近衛兵を引き止める。しかし、武市熊吉 (陸軍少佐)(1840～1874)ら40数人が辞職。

| | 10月31日 | ■退任した後藤象二郎に代わり、伊丹重賢 (山城国出身)(1830～1900) が左院議長に就任。 | 48 |

| | 11月3日 | ■祭日に国旗掲揚の制を定める。 | 48 |

| | 11月5日 | ■「小野組転籍事件」。司法大輔福岡孝弟(高知)・三等出仕樺山資紀(鹿児島)・司法大丞(警保頭兼大検事)島本仲道(高知)、辞表提出。10日、受理。 | 48 |

■「小野組転籍事件」。警保寮奏任官一同(警保権頭丁野遠影(丹山)(高知)(1831～1916)・警保助川路利良(鹿児島)(1834～1879)・大警視国分友諒(鹿児島)(1837～1877)・同田辺良顕 (福井)(1834～1897)、正院へ京都府参事槙村正直の拘留を解く特命への説明を求める「上書」提出。

| | 11月10日 | ■下野した西郷隆盛、鹿児島に帰着、武村に住む。だが西郷は、来客を避けるためか、武村屋敷はほとんど留守にしていたという。 | 48 |

□西郷は、西別府の農事小屋のほか、明治7年は鰻温泉(指宿市山川)、白鳥温泉(宮崎県えびの市)、日当山温泉(霧島市隼人町)など、明治8年は吉野開墾社(鹿児島市吉野町)、桜島、日当山温泉など、明治9年は栗野岳温泉(湧水町)、桜島の有村温泉(大正大噴火で埋没)、日当山温泉などで、農作業、狩猟、湯治などをして過ごした。いずれもお供は従僕数人と犬数頭であった。
□明治政府は、辞職願を提出した下士官の多くについては辞職を許可せず、非役扱いに留める処置を行った。政府は欠員が多数生じて混乱が生じることを避けるため、既に辞職願を提出して鹿児島に帰郷し、実際は勤務していない状態であるにもかかわらず、下士官達の職だけはそのままにして置いたのだ。この特別処置で、辞職願を提出して鹿児島に帰郷していたはずの下士官達の給与が依然、政府から引き続き支給され、鹿児島県庁に対して送金されていた。

明治150年その歩みを知る、つなぐ（前編）　西郷どん、大久保卿、薩摩藩年表帖（中巻）

西暦1873

11月10日	■「内務省ヲ置ク」（太政官布告375号）。 **内治優先を建前に際立した新政府、新たに内務省設置を布告。** □「巨大官庁・大蔵省」誕生に対する政府内の反発は収まらず、この日、徴税以外の国内行政部門は再度分離されて、新しく内務省が創設されることとなった。政変による人心不安のなかで、先ず新政権の威信を得る必要があった。 岩倉遺欧使節団として、西欧の大工業の実態を目撃した大久保利通は、フランス第二帝政の国内省と、プロイセン王国の帝国宰相府をモデルに設立を強行、民間製造業の保護育成を通じて輸出振興を当面のスローガンとした。 軍需産業を通じて殖産興業を図るのが工部省、民営化による競争主義で殖産興業を図るのが内務省となる。また、犯罪捜査担当の司法警察とは別に、人民警保担当の行政警察を所管するための設置であった。 ■司法卿大木喬任、辞職した島本仲道（高知）の後任に、司法大丞河野敏鎌（高知）（1844～1895）を警保頭兼大検事に任命。
11月11日	■軍艦「春日」、台湾近海測量出動。
11月14日	■北海道開拓次官・黒田清隆（1840～1900）の下の元鹿児島藩士永山弥一郎（1838～1877）、同永山武四郎（1837～1904）、同時任為基（1842～1905）、同安田定則（1845～1892）と共に連名して、この日、右大臣岩倉具視に「北海道の屯田兵創設における建白書」を提出する。 □ロシアに対する樺太と北海道の兵備の必要と、そのための費用を憂え、「今略屯田の制に倣い、民を移して之に充て、且耕し且守るときは、開拓の業封疆の守り両ながら其便を得ん」というものであった。 下野した西郷隆盛が、明治4年以来士族による北方警備と開拓を主唱していた。黒田は、旧松前藩と東北諸藩の貧窮士族を想定したとされる。
11月15日	■フランス人法学者ボアソナアド（1825～1910）、名村泰蔵（長崎出身）（1840～1907）と共に横浜着。 □29日、ボアソナアド、フランス人法律家ブスケ（1846～1937）、法律編成見込書・法学教授見込書を司法卿大木喬任に提出。
11月一	■政府、工部卿伊藤博文・外務卿寺島宗則に「政体取調」指示。
11月18日	■夜、歩兵一大隊が駐屯する鹿児島旧城内の熊本鎮台第二分営所が焼失する。分営長陸軍少佐・貴島国彦（清）（鹿児島）（1843～1877）は、東京出張中であった。 □12月7日ともいうが、熊本鎮台第二分営所は12月12日解散となる。 兵たちは全員脱営、貴島は責任を負って辞職という。
11月24日	■参議木戸孝允（1833～1877）、参議兼工部卿伊藤博文（1841～1909）に、薩摩に対する恨みを書いた手紙を出す。 ■少将山田顕義（山口）（1844～1892）、清国公使に任命される。
11月25日	■太政大臣三条実美（1837～1891）、右大臣岩倉具視（1825～1883）に、東京府知事・大久保一翁（1818～1888）を内務卿に推薦する。
11月26日	■家禄処分に関する閣議が岩倉邸で開かれる。家禄税創設のみ決定。
11月29日	■天皇臨席して評議。禄税の方針は決まるが、木戸孝允は不満。 ■**大久保利通（1830～1878）、初代内務卿に就任。参議兼。** この時、大久保は、立憲政体に関する意見書を起草して政体取り調委員たる伊藤博文参議に示す。大久保は、福沢諭吉なども組込もうとした。

西暦1873

明治6	11月—	■西郷隆盛と共に帰郷した末弟・小兵衛(25才)(1847～1877)が、大山家の長女・有馬国子(大山巌の姉)の娘、松子(マスをマツと改名)(?～1896)と結婚。	48
		■桐野利秋(中村半次郎)(1838～1877)は、鹿児島郡吉田郷本城村字宇都谷(現在の鹿児島市本城町)にある久部山の原野を開墾して日を過ごす。	48
	12月5日	■清国留学生で台湾視察の福島九成(ぎゅうせい)(佐賀)(1842～1914)、右大臣岩倉具視に「台湾出兵建白書」を提出。	48
	12月6日	■台湾調査の児玉利国(鹿児島)(1840～1925)・成富清風(佐賀、清国留学生)(1838～1882)、帰国。	48
		□児玉利国は、鹿児島県出身。天保11年4月23日、児玉軍兵衛の長男として生れる。明治3年(1870)陸軍大尉に任官し御親兵3番大隊2番小隊長となる。翌年、海軍に転じ、海軍省9等出仕(水平本部)となる。以後、清国出張、福建・台湾出張、提督府出勤などを経て、明治8年(1875)3月、海軍少佐に進級。明治10年(1877)2月から10月まで西南戦争に出征。東海水兵本営副長、東海水兵分営長、「富士山艦」艦長、「海門」艦長、「金剛艦」艦長、「扶桑艦」艦長兼常備小艦隊参謀長、参謀本部海軍部第1局長、海軍参謀本部第1局長、海軍参謀部第1課長、横須賀鎮守府参謀長などを歴任し、明治26年(1893)6月、海軍少将となり予備役に編入され、のち台湾総督府事務官に就任。明治38年(1905)10月19日に退役。明治29年(1896)9月11日、貴族院議員に勅選され、大正14年4月26日、86才で死去するまで在任した。	
	12月7日	■参議木戸孝允、家禄税反対意見書を参議兼工部卿伊藤博文(1841～1909)を通じ政府に提出。	48
	12月8日	■佐賀県令岩村通俊、大蔵卿大隈重信に宛て書簡を送る。	48
		□「城下宝琳院に士族集団憂国党が結集。40～50代中心で勢力3千余、守旧派で士族独裁政治をめざす。征韓尚早・邪宗排斥・武道興隆を唱え島津久光を盟主と仰ぐ。対抗して征韓党が結成される。20～30代中心で勢力2千余、一時藩校弘道館を占拠。他に中立党(勢力500)も結成。佐賀県庁では統制できず。この年、九州北部は不作で、米価高騰。福岡県の大農民暴動の影響もあり、佐賀城下は物情騒然となっている」。	
	12月9日	■東京東福田町の大火。日本橋、神田と合わせ5,752戸余が全焼。	487
		■明治天皇、「皇族は自今海陸軍に従軍すべき」と沙汰。	
		□イギリス留学中の東伏見宮嘉彰親王(のちの小松宮彰仁親王)は、前年、「欧州諸国の制に鑑るに皇族華冑は必ず幼少より身を兵籍に委ね兵学操練を修習」と、欧州にならい皇族は率先して軍務につくべきことを上書していた。	

明治150年その歩みを知る、つなぐ（前編）　西郷どん、大久保卿、薩摩藩年表帖（中巻）

西暦1873

12月10日	■第五国立銀行、開業。	4874

□頭取は、鹿児島県士族であった重久左平太で、旧薩摩藩主島津家及び少数株主の合計5名の参加により資本金35万円の資金を集め、15万円を一般株主に対して募集を行い設立したという。
当初大阪に本店を置くと同時に、東京と鹿児島に支店を設置したが、明治9年(1876)1月に本店を東京に移転し、大阪は支店とした。

□島津家の出資について賛成派である奈良際繁（旧島津家家臣，二代目頭取，沖縄県知事）は「我々互ニ島津家ヘ尽スノ精神ハ何事ニ限ラス易キヲ拾テ難キヲ取ル者ナリ」（『第五国立銀行沿革事誌』）と述べ、一方、島津邸内の強硬な反対論者、内田政風（石川県権令）(1815～1893)は「銀行営業ノ如キハ質屋漂ト等シキモノニシテ堂々タクル華族家ノ従事ス可キ業務ニアラズ殊ニ公ノ御趣旨ニモ悖戻スル老ナリ」と主張していたが、結局は当主島津久光の意見が銀行持続論となったため、島津家出資は継続したという。

	■「琉球漂流民殺害事件」。陸軍少佐樺山資紀（鹿児島）(1837～1922)、台湾より香港に向かう。上海・寧波・舟山・厦門を調査。	4875
12月12日	■「明六社」を結成した**森有礼（鹿児島）(1847～1889)、外務大丞に任命され本省勤務となる。**	4876

■木戸孝允の反対論を受けて家禄税に関する閣議。
□大隈重信からは家禄奉還制が再提起、勝海舟がこれに賛同。木戸を支持するのは伊藤博文のみであるが、その伊藤も岩倉具視に責められ引き下る。岩倉・大久保利通主導で家禄税・官禄税創設が最終決定。家禄奉還制もほぼ決定。

12月15日	■参議木戸孝允、右大臣岩倉具視に再度抗議。 ■酒井玄蕃（了恒）（旧庄内藩士）(1843～1876)、栗田元輔・伊藤孝継と共に横浜で乗船、鹿児島に向かう。	4877
12月17日	■天皇、横須賀に行幸。 **■内務卿大久保利通、帰国した児玉利国（鹿児島）・成富清風（佐賀）を自宅に招いて台湾事情聴取。**	4878
12月18日	■「尾去沢銅山事件」。 村井茂兵衛(1821～1873)、事件を司法省裁判所検事局に訴える。 □前大蔵大輔井上馨、前大蔵大丞渋沢栄一ら数名、連座する。	4879
12月19日	■「真崎松平慶永邸行幸」。 明治天皇が春嶽の浅草橋場町「真崎邸」へお立ち寄りになる。	4880
12月20日	■大久保利通は、岩倉具視に報告。 □「四方人身悩々たることはもとより御承知の通りにて、今日に行きがかり候原因また容易ならず、来年二月頃までは国家維持の成否あい分かれ申すべく」。	4881
12月21日	■少将谷干城上京不在の熊本鎮台で、第11大隊に騒動がある。23日鎮圧。	4882
12月23日	■**「佐賀征韓党」結成。**江藤新平（不在）を党首に選出。強硬に征韓論を唱えた。 □この月、征韓党中島鼎蔵(1849～1874)・山田平蔵(1844～1874)が上京、副島種臣・江藤新平に帰郷して指導してくれるよう依頼。板垣退助（高知）が自重を促し、江藤のみ帰郷することにする。	4883

西暦1873

| 明治6 | 12月23日 | ■「小野組転籍事件」。臨時裁判所第4回公判。**参座一同の投票により槇村正直、無罪となる。** |

■参議兼内務卿大久保利通、五代友厚に2通の借用書と地券(担保)を送る。明治5年5月の3千円と明治6年5月の4千円。

| | 12月25日 | ■**内閣顧問設置(〜1877年10月18日)。** 玉里島津家初代・島津久光(1817〜1887)、内閣顧問に任命される。 |

□ここでいう「内閣」とは、太政大臣・左大臣・右大臣・参議の合議体のこと、内閣顧問は、内閣の諮問機関で、大臣の次、参議の上位。

■**「屯田兵設置」許可される。**
屯田兵(とんでんへい)は、明治時代に北海道の警備と開拓にあたった兵士とその部隊である。

| | 12月27日 | ■**政府、華士族に家禄税を賦課(太政官布告422号)し、翌日、奏任(そうにん)以上に官禄税を課す。** |

□「即今内外国事多端、費用も 野(おびただしき) の折柄に付、陸海軍資の為め明治七年以後当分の所、別冊の通、賞典禄を除くの外、家禄税設けられ候条、此旨華士族へ布告すべき事」。

■「禄税賦課」(同423号)、「家禄奉還」(同425号)布告。423号では、禄高ごとに禄税の石高が定められる。
425号では、「華士族卒在官の外、自今農工商の職業相営候儀、差許され候旨、去る明治四年辛未十二月布告候処、薄緑の者資本金これ無きより、其志を遂げ兼候輩もこれある哉に相聞候に付、特別の訳を以て別冊の通方法相設、家禄賞典禄百石未満の者に限り奉還開届候条、望の者は其管轄庁へ願出るべく、此旨士族並に元卒へ布告すべき事。但、本文願出の向は禄税上納に及ばざる事」。
□秩禄奉還の法を定める(家禄・賞典禄100石未満の者で奉還を願う者は、永世禄6ヵ年分・終身禄4ヵ年分を、現金および公債証書をもって支給)。
■「家禄奉還之者へ資金被下方規則」・「産業資本之為官林荒蕪地払下規則」が制定される。
■府県ならびに各院省に対して「金穀出納順序」を定める(太政官達第427号および同第428号)。

■**木戸孝允、入閣を決意。**

| | 12月28日 | ■「小野組転籍事件」。 |

参議司法卿大木喬任、太政大臣三条実美に、槇村正直は天皇の裁可(京都裁判所判決)でも心服できないものは従わずと述べているが、これは国体維持に係る問題。拷問を用いてでも法廷で糾弾すべきである旨の「伺」を提出。

■西郷隆盛下野を知った外務省十等出仕池上四郎(鹿児島)(1842〜1877)、派遣された満洲から帰国。翌日、外務省に帰朝の届け出。

| | 12月29日 | ■天皇臨席しての家禄処分の再評議。 |

■「小野組転籍事件」。三条実美、司法省に指令。「臨時裁判所の参座全員の解任、槇村正直への更なる糾弾は不要、口供(公判調書)により取調べ伺い出ること」。

明治150年その歩みを知る、つなぐ(前編) 　西郷どん、大久保卿、薩摩藩年表帖(中巻)

西暦 1873

12月30日	■酒井玄蕃(了恒(のりつね))(1843〜1876)ら旧庄内藩士、鹿児島到着。
	■「小野組転籍事件」。参議兼司法卿大木喬任、正院に京都府知事らの判決案を上申。太政大臣三条実美が天皇に上奏、裁可を得る。
12月31日	■「小野組転籍事件」終結に向かう。臨時裁判所北畠治房(はるふさ)(1833〜1921)、長谷知事へ対して懲役100日もしくは贖罪金40円、槇村大参事に対しては懲役100日もしくは贖罪金30円、他4名にも贖罪金という命令を下す。

□しかし、中央政府の征韓論を巡る政争によって参議兼司法卿江藤新平(1834〜1874)が野に下り、佐賀の乱で没したのをきっかけに木戸孝允(1833〜1877)が動いて、翌年には、大参事槇村正直(1834〜1896)は釈放される。
□明治7年、ようやく送籍手続きがとられて小野助次郎、小野善右衛門両名の希望は叶うことになる。

槇村正直

江藤新平

山本覚馬

西暦 1874

明治7	1月1日	■増上寺焼失。元旦に大殿・放火焼失。
	1月6日	■**1月早々、私費留学生として留まった欧州から帰国した村田新八（鹿児島）(1836～1877)は、西郷隆盛が下野して帰郷したのを聞くと、内務卿大久保利通を訪ねる。**
	1月7日	■明治天皇、桜田操練場行幸。 □明治4年(1871)日比谷・霞が関の旧武家地一帯に陸軍操練所が設置され、明治18年(1885)「日比谷練兵場」と改称された。
	1月9日	■**旧庄内藩士酒井玄蕃（了恒）(1843～1876)、鹿児島での西郷隆盛との談話筆記。酒井は、初めて西郷隆盛に会見し「征韓論破裂」の真相を聞く。この前後に篠原国幹と親交を温める。**

□隆盛は言う。「…今日の御国情に相成り候ては、所詮無事に相済むべき事もこれなく、畢竟は魯（ロシア）と戦争に相成り候外これなく、既に戦争と御決着に相成り候日には、直ちに軍略にて取り運び申さずば相成らず、只今北海道を保護し、それにて魯国に対峙相成るべきか。左すればいよいよ以て朝鮮の事御取り運びに相成り、ホッセット（ポシェット湾）の方よりニコライ（ニコライエフスク）までも張り出し、この方よりきっと一歩彼の地に踏み込んで北地は護衛し、且つ聞くが如くんば、都留児（トルコ）へは魯国よりも是非このままにては相済み申さず、震って国体を引き起こせと、泣いて心付け仕り候由、また英国にても同じく泣いて右の通りにいたし候趣、これ何故に候や、兼ねて掎角の勢いにて、英・魯の際に近く事起こり申すべきと、この頃亜国（アメリカ）公使の極内の心付けもこれあり、且つ欧羅巴（ヨーロッパ）にては、北海道は各国雑居の地に致し候目論見頻りにこれありと相聞き、大方その事も近々懸け合いに相成るべく、とにかく英にて海軍世界に敵なく候間、却って北海道は暫時英・仏へ借し候方は如何などと申す事にて、欧羅巴においても魯の北海道を目懸け候は、甚だ以て大乱に関係いたし候。右故趣向も付け候には相違これなく、右の通りの時情（事情）に御座候えば、日本にてその通りに憤発致し候とならば、都留児においても、是非一憤発は致すべく、左すればいよいよ英にて兼ねてよりのホー蘭土（ポーランド）より事を起こすには相違これなく、能々英国と申し合わせ、事を挙げ候日には、魯国恐るに足らずと存じ奉り候」。

「その段きっとなく申し述べ候処、岩倉は現に軍は恐ろしくとも申し難き儀に候えば、それにては順序を失うと云う。その順序と申し候えば、全く平常無事の日の順序にこれあり、今日既に戦争と御決定相成り候上は、直ぐと戦略の上にて御運び相成らずば相済み難き儀、畢竟国家のためその義務を尽くすとの順序に御座候わば、縦い異同これある共、始終見込み一定致さざる儀にはこれなく、始めには参議の方へ手を入れ、その論を破り候積りの処、却って参議は大抵同存と相成り。これよりは戦争に決まり候上は、軍略を説き、彼は今日平世の順序を云う。左候わば御軍略は如何と岩倉へ承り候処、軍略は知らずと申す事、御存知これなくば、何にとて存知候者より御聴き成られざるやとまで申し候事にて、軍が恐ろしくて出来申さずば、今日政府と申す事は御止めに成り、商法支配処とにても名を易え候事ならそれと申す物、今日政府と申し候上は、その義務揚げずと申す訳はこれなく、義務を落し候なら、更に政府にはこれなくと申す事にて、随分甚だしき議論もいたし候」。

明治150年その歩みを知る、つなぐ（前編）　西郷どん、大久保卿、薩摩藩年表帖（中巻）

西暦1874

1月9日	■「内務省ヲ外務省ノ次ニ列ス」（太政官達）。

4897

■司法省警保寮、内務省に移管（太政官達番外無号）。
□司法警察は司法省が所管（検事が司法警察官を総摂）、行政警察は内務省が所管する。1等官となり官員4,000人が転属。

1月10日
■西郷復職運動に失敗した、司法省警保助兼大警視・坂元純煕（鹿児島）（1843～1914）が部下100人を連れて鹿児島に帰った。司法省警保寮少警部中原尚雄（元鹿児島藩伊集院郷士族）（1845～1914）も、依願免官。
□この日、司法省警保助兼大警視・川路利良（鹿児島）（1834～1879）は、警察内の指揮権を確立した。

4898

■「内務省職制及事務章程」制定。内務卿大久保利通、内務省の事務を開始する。勧業、警保、戸籍、駅逓、土木、地理の六寮および測量の一局を置く。
□これらの業務は、大蔵・司法・工部省から移され、検閲機能も付加し、人民の戸籍、地方行政、警察、産業指導を一手に操る絶大な権力をもつ。
大久保の地位は太政大臣三条・右大臣岩倉の下位にあるが、重要な政策決定は最終的に大久保の決断に委ねられることが多く、大久保を中軸に大蔵卿大隈重信・工部卿伊藤博文が両脇を固める形で主流派が形成された。

4899

■参議兼司法卿大木喬任（佐賀）（1832～1899）、江藤新平（佐賀）を呼出し、佐賀への帰郷を止めるよう勧告。

1月12日
■板垣退助（高知）（1837～1919）・後藤象二郎（高知）（1838～1897）、江藤新平（佐賀）（1834～1874）、副島種臣（佐賀）（1828～1905）、由利公正（1829～1909）（福井）、小室信夫（足利三代木造梟首事件犯人）（1839～1898）、古沢滋（高知）（1847～1911）ら、**日本で最初の政党、「愛国公党」を結成。**
□副島種臣邸で愛国公党結成という。

4900

■片岡健吉（高知）（1844～1903）、病気を理由に海軍中佐の辞表提出（8月22日免官）。

1月13日
■前参議江藤新平（佐賀）、再度の帰県申請の回答を待たずに東京を出発。佐賀に戻るため横浜港を出る。香月経五郎（1849～1874）、軍職を辞し帰郷の海老原穆（鹿児島）（1830～1901）も同行。後藤象二郎（高知）は、横浜まで見送る。
□佐賀では、前年12月23日、江藤派の青年士族らが征韓党を結成していた。

4901

■官を辞し帰郷を決めた宮内大丞・村田新八（鹿児島）（1836～1877）は、かつての上司、東久世通禧（1834～1912）を訪問する。

1月14日
■「喰違の変」。
右大臣岩倉具視（1825～1883）、赤坂喰違坂で征韓派・高知藩士族武市熊吉（正幹）（元近衛陸軍大尉）（1840～1874）・武市喜久馬（同少尉）（1847～1874）兄弟、山崎則雄ら9人に襲撃され負傷。岩倉は、軽症を負ったが濠に滑り落ちたため刺客に発見されず、危地を脱したという。

4902

□彼らは、前年、西郷隆盛や板垣退助に従い、職を辞した元官僚・軍人であった。武市熊吉は、西郷や板垣らの密命を帯びて、池上四郎（鹿児島）（1842～1877）と共に満州（中国東北部）に出張、軍事的偵察を遂げて、帰国復命していた。

西暦 *1874*

明治7	1月14日	■開拓中判官榎本武揚(元幕臣)(1836〜1908)、最初の海軍中将に任命される。

□これは当時の外交慣例で武官公使の方が交渉上有利と判断されたためで、伊藤博文らの建言で実現したものという。1月10日の閣議で領土交渉使節に決定し、18日、駐露特命全権公使に任命された。

■川路利良(1834〜1879)に拮抗する、司法省警保助兼大警視坂元純熙(すみひろ)(1843〜1914)、大警視兼権中検事・国分友諒(ともさね)(1837〜1877)らを中心とする、鹿児島県人の征韓断行と西郷参議復職運動を巡る所謂ポリス沸騰が起こる。二人は、この日、辞表を提出する。

□川路より上席の警保助であり、川路が海外視察中の警察を掌握していた鹿児島出身の坂元純熙は、西郷の対韓政策を支持していた。そして坂元・国分は、西郷復職運動を行った。

100余人の辞表に対し、川路は、直ちに辞表を受理して免職にする。

■内務卿大久保利通、司法省警保寮幹部に訓示。

	1月15日	■帰郷の江藤新平(佐賀)、神戸に寄港。船客一同は厳重な取調べを受けた。

後に岩倉具視襲撃が起きたことを知る。

■同船に乗り合わせた林有造(高知)(1842〜1921)と山中一郎(佐賀)(1848〜1874)は、誤解を避けるため神戸で下船した。また司法省の三等出仕を辞した樺山資綱(鹿児島)もおり、一緒に同行した。林有造は、副島種臣の指示により、西郷隆盛から民選議院設立への賛意を得る為に、鹿児島に行く途上であった。

□板垣退助・後藤象二郎らは、林有造を使者として、佐賀の江藤新平と鹿児島の西郷隆盛に、建白書を送り賛成の署名を求める。江藤は、賛成して署名するが、西郷は反対して「御建白の趣は、至極当然の儀と存候、然れども天下の事は独り議論のみにては行はるべからざるものと存候へば、僕等は、先づ腕力を用ゐて然る後此事成るべしと存候」という返書を寄こす。

■岩倉具視遭難で首都警保のため警察・消防を所管する「東京警視庁」を内務省に置く(太政官達6号)。

警保寮から分離独立。警視長以下警視から権少警部の官等が定められる。

□各警視出張所に新しい火の見櫓が建てられるようになる。次いで全国に警察署設置。

□鍛冶橋内旧津山藩江戸藩邸に設置される。

■警保頭の河野敏鎌(とがま)(高知)(1844〜1895)、司法権大判事(勅任3等官)に任命。

異例のスピード出世であった。上には司法大判事佐々木高行(2等官)(高知)(1830〜1910)。

■司法権大検事兼大蔵大丞などを歴任した得能良介(鹿児島)(1825〜1883)、渋沢栄一の後任であった芳川顕正(よしかわあきまさ)(1842〜1920)の後を受けて第3代の紙幣頭兼大蔵大丞となる。

	1月16日	■高島炭坑が官営(工部省所管)となる。

□国家主導の「上から」の資本主義化を図るために進めた殖産興業政策。それは、旧幕府や諸藩が進めた洋式工場や鉱山を接収し、官営事業とすることから着手された。

明治150年その歩みを知る、つなぐ（前編）　西郷どん、大久保卿、薩摩藩年表帖（中巻）

西暦 1874

1月17日	■「**愛国公党**」の高知県貫属士族板垣退助、同古沢迂郎（滋）、同岡本健三郎（前大蔵大丞、海援隊士）（1842～1885）、佐賀県貫属士族江藤新平、同副島種臣、名東県貫属士族小室信夫、敦賀県貫属士族由利公正（前東京府知事）、東京府貫属士族後藤象二郎ら8名、**民選議院設立建白書を左院に提出する。** □起草は、1月12日に古沢迂郎（滋）（1847～1911）がし、副島種臣が筆を入れたという。板垣らは、翌日、新聞『日新真事誌』に建白書の内容を公表し大きな反響を得た。建白書では、政府の有司専制が政治危機を招いているとして、「天下ノ公議ヲ張ル」ために民選議院を設置すべきであると主張した。 ■板垣退助、参議木戸孝允を訪問。 □事前に板垣から参議木戸に渡されることになっていたが、木戸への使者小室信夫が『日新真事誌』に建白書を持ち込み、全文を公表する。木戸は、すこぶる感情を害したといわれる。 ■太政大臣三条実美、参議兼大蔵卿大隈重信に、台湾問題に関する特命全権大使だった副島種臣の交渉結果検討を依頼。 ■「喰違の変」。東京警視庁、首謀者武市熊吉（1840～1874）を逮捕。共犯者（元高知藩士、陸軍少尉・曹長など）8人も逮捕。 ■警視庁、各府県から邏卒2,000名採用を決める。	4907
1月18日	■内務卿大久保利通、副島種臣を訪問。 ■政府、海軍中将榎本武揚を、特命全権公使として露国公使在勤を命ずる。 ■「喰違の変」。犯人の裁判が司法省臨時裁判所ではじまる。	4908
1月19日	■政府、オランダ人医師アントニウス・ボードウィン（1820～1885）に、高島炭坑償却金40万ドルを支払う。 □明治3年（1870）閏10月20日、発足した工部省は、初期の官営事業を統括した。そして、「御雇外国人」を招聘し、多くの日本の技術者の指導・育成に当たらせた。特に、幕末にフランスの支援で、創設された横須賀造船所は、当時、国内最大の総合工場だった。そして、機械製作や技術者養成の面で、他産業の発達にも貢献した。これらの官営工場において、日本人の職工・工女らによる技術の習得が図られた。そして、技術習得をした彼らの流動によって、民間への技術移転が図られた。また、官営事業自体の払下げによって、日本における産業資本主義の発展の基礎がなされたのである。 ■厦門（アモイ）領事・陸軍少佐福島九成（佐賀）（1842～1914）、再び台湾出張を命じられる。	4909
1月20日	■前参議江藤新平、伊万里上陸。嬉野温泉に滞在。	4910
	■村田新八（1836～1877）は、「大久保さんのことは良く分かっている。あとは、西郷さんの意見を聞いた上で決める」と言い、官を辞して、この頃帰郷するという。	4911
	■天皇、「宮廷ノ用度ヲ減シ軍資ニ充ツル詔」。 ■「神社遥拝所造営等ヲ名トシ配札勧財ノ所業ヲ禁ス」（教部省達）。	4912
1月21日	■板垣退助、参議木戸孝允を訪問するが、木戸に建白書の間違いを指摘される。	4913
	■樺太境界問題交渉、樺太と千島列島の一部との交換を提案する。	4914
1月23日	■軍旗親授式。 □明治天皇から、近衛師団の近衛歩兵第1連隊と近衛歩兵第2連隊に親授される。	4915

275

西暦 1874

明治7	1月24日	■司法省警保助兼大警視・川路利良(1834〜1879)を長官「大警視」とする。 川路利良は2月18日、正六位に叙せられる。 □鍛冶橋内旧津山藩江戸藩邸に設置され、元薩摩藩士の川路利良が初代大警視(後の警視総監)に任じられた。同年8月4日、大警視が「警視長」と改称されるが「警視庁」と同音であるのが「事務上不都合」であるとして、10月14日に再び「大警視」を長官とした。
	1月25日	■酒井玄蕃(了恒)(のりつね)(1843〜1876)ら旧庄内藩士、鹿児島を発つ。2月9日、東京着。 ■前参議江藤新平(1834〜1874)、佐賀に帰郷。 ■参議木戸孝允(1833〜1877)、欠員であった兼文部卿(二代目)に任じられる。
	1月26日	■「琉球漂流民殺害事件」。太政大臣三条実美、内務卿大久保利通と参議兼大蔵卿大隈重信に対し、台湾および朝鮮問題について取り調べを命じる。大久保利通、大隈重信、朝鮮問題および台湾蕃地問題調査委員を命ぜられる。 □先住民の居住地域「蕃地」のうち清国統治の及ぶ地域を「熟蕃」(じゅくばん)(主に平地の農耕民。平埔蕃とも)、及ばない地域を「生蕃」(せいばん)(主に山岳地の狩猟民。高山蕃とも)と呼んでいた。
	1月27日	■明治天皇(1852〜1912)、初めて東京招魂社(のちの靖国神社)に参拝。 ■「警視庁職制並諸規則」制定。邏卒が「巡査」と改称。これまで町費で賄われていた准警吏を廃止、国費による巡査を増員。 □消防事務は同庁安寧課消防掛に属し、消防組員は各警察署長の指揮の下に活動することになる。
	1月28日	■東京青山御所が開かれる。皇城が焼失し、皇太后が、仮皇居赤坂離宮隣接の青山御所に移った。 ■内務卿大久保利通、佐賀県権令岩村通俊(1840〜1915)を更迭、弟高俊(神奈川県権参事)(1845〜1905)が就任。佐賀の治安回復を指令。 □通俊は就任半年で転任申し出、弟を推挙した。「小千谷談判、慈眼寺会談」を決裂させた岩村精一郎(高俊)(土佐藩士)である。 ■「検事職制章程司法警察規則」制定(太政官達第14号)。
	1月―	■内務卿大久保利通(1830〜1878)、大蔵卿大隈重信(1838〜1922)と連署し、華士族授産に関することを地方官に令達する。 □維新後、武士階級は、その地位を取り上げられ、その不平不満として反政府運動が多発した。この膨大な失業士族に対応すべく、殖産興業政策の推進が政府への国家的要請となっていた。具体的には、農・工・商業への転職の推進、官林荒蕪地の安価での払い下げ、北海道移住の奨励などの施策が採られた。
	2月1日	■「佐賀の乱―2月1日〜3月1日」、起こる。 □封建主義への回帰を目指す保守反動的な「憂国党」が、官金預かり業者である小野組におしかけ、20万円余奪う。そして、店員らが逃亡する。
	2月2日	■前参議江藤新平は、義弟(妻の実家)のいる長崎郊外深堀に移り静養、舟遊びなど楽しむ。
	2月3日	■「佐賀の乱」。福岡県庁、大久保利通に佐賀県士族動静不穏電報を打つ。

明治150年その歩みを知る、つなぐ（前編）　西郷どん、大久保卿、薩摩藩年表帖（中巻）

西暦1874

2月4日	■「佐賀の乱」。内務卿大久保利通内示。陸軍大輔（陸軍少将）西郷従道（1843～1902）、熊本鎮台司令官・谷干城（守部）（高知）（1837～1911）に、佐賀県士族の鎮圧命令。 □谷は、まず佐賀県庁に使者を送る。
2月5日	■「佐賀の乱」。前秋田県初代権令・島義勇（佐賀）（1822～1874）、太政大臣三条実美（1837～1891）に直接鎮撫を要請され、佐賀に向かう。 ■佐賀県権令岩村高俊（1845～1905）、兵力による鎮圧を内務卿大久保利通に建白。 □島義勇は、佐賀に赴任する岩村高俊と同船、不法分子を一網打尽にするとの岩村の傍若無人な広言に不快を感じ、岩村が鎮台兵出動打ち合わせのため下関で下船したのを知り、文官が兵を率いて赴任するとは何事だと怒る。
2月6日	■「琉球漂流民殺害事件」。参議内務卿大久保利通、参議大蔵卿大隈重信と連携して、報復、討蕃撫民を目指す9ヶ条の「台湾蕃地処分要略」および朝鮮遣使に関する取調書を提出する。 □大久保・大隈は、副島種臣、リゼンドル（1830～1899）、柳原前光（1850～1894）、鄭永寧（1829～1897）らと相談した。 ■「琉球漂流民殺害事件」。**三条実美、岩倉具視は、参議を集めて「台湾征討」を決め、天皇に裁可を仰ぐ、参議兼文部卿木戸孝允は、病気と称して欠席。** □「内治の急」を唱え、外征に反対した大久保利通らも、このころ士族の不満が高まりつつあった（西郷隆盛の下野につられて一挙に表面化）のを勘案し、ここは台湾征討という外征によって国論の統一をはかろうとした。
2月7日	■**「佐賀の乱」。参議兼内務卿大久保利通、右大臣岩倉具視に、自ら佐賀に出張し、擾乱鎮定の任に当たらんことを請う。** ■**竹橋内兵営建設」。**
2月8日	■参議兼文部卿木戸孝允（1833～1877）、参議兼工部卿伊藤博文（1841～1909）に時局を嘆き辞意の固いことを手紙で伝える。 ■参議兼内務卿大久保利通、木戸孝允に、出張中の内務卿代理を頼む。
2月9日	■「佐賀の乱」。島義勇、長崎着。 ■「佐賀の乱」。江藤新平（佐賀）（1834～1874）、長崎にて土佐の林有造（1842～1921）と会談。 □林有造は、西郷隆盛に民撰議院設立への同意を取り付ける為に鹿児島に行った帰途。肥前が決起しても薩摩は呼応しないとの観測を示す。
	■**「佐賀の乱」。内務卿大久保利通は、文官でありながら兵権を握る権限を得る。** □征討総督である東伏見宮嘉彰親王（のちの小松宮彰仁親王）の現地着任までの間だけの全権委任を受けたのは10日ともいう。
2月10日	■「佐賀の乱」。佐賀鎮定全権委任された大久保利通（1830～1878）、陸軍省に至り、陸軍大輔（陸軍少将）西郷従道（1843～1902）、陸軍省第四局長（陸軍少将）野津鎮雄（1835～1880）らと佐賀鎮定のことを協議する。
	■「佐賀の乱」。熊本・広島・大阪鎮台兵、出兵。
	■東京府の番人、廃止。
2月11日	■**「佐賀の乱」。島義勇、長崎で憂国党幹部と会談。後、深堀に江藤新平と会談。佐賀県権令岩村高俊の暴挙（鎮台兵を率いて佐賀県庁に赴任、鎮圧）阻止で意見一致。**
2月12日	■「正院中法制財務両課ヲ廃シ其事務ヲ左院ニ附ス（太政官達）。

西暦1874

明治7	2月12日	■「佐賀の乱」。江藤新平が佐賀に戻り、正式に征韓党党首に就任。

2月13日 ■「佐賀の乱」。征韓党党首江藤新平、「決戦之議」を起草、その檄文を発する。
征韓党幹部、旧藩校弘道館に集合。江藤の「決戦之議」配布。本部を佐賀城北方にある実相院(佐賀市大和町大字川上)に移す。

2月14日 ■「佐賀の乱」。島義勇、佐賀に入る。島も「決戦之議」に同調し、征韓・憂国両党の結束が決まる。
□新政府の施策にあきたらず公然と藩制復帰を唱える保守派の憂国党、首領は前秋田県権令の島義勇(1822〜1874)。前参議・江藤新平(1834〜1874)は、爆発寸前の不平士族や農民の騒ぎを鎮めることができず、逆に征韓・政府改革を求める征韓党党首に担がれる。旧武士階級に与えた影響は大きく、禄を失って生活に苦しんだ士族たちの不平不満が政府への反抗となった。
のち、唐津、小城、蓮池の士族たちも続々と反乱軍に身を投じる。
■「佐賀の乱」。熊本鎮台より1個大隊650、出動。佐賀県権令岩村高俊(1845〜1905)と共に有明海北上。

■「佐賀の乱−2月1日〜3月1日」。大久保利通(1830〜1878)、「佐賀の乱」鎮圧のため、博多に向けて東京を出発。井上毅(熊本)(1844〜1895)、随行。
■玉里島津家初代・島津久光(1817〜1887)、内旨を奉して、「佐賀の乱」の勃発を受けて明治六年政変により下野した西郷隆盛(1828〜1877)を慰撫するため、鹿児島に向けて東京を発つ。

■参議兼文部卿木戸孝允(1833〜1877)、三条実美により、兼内務卿(第二代)に就任。

2月15日 ■西郷隆盛、鰻温泉(指宿市山川)を訪ね、福村市左衛門宅に逗留、読書と狩猟を楽しむ。

■「佐賀の乱」。佐賀県権令岩村高俊(1845〜1905)、熊本鎮台兵の護衛で、筑後川河口より佐賀城二の丸の県庁に入る。
□高俊は、岩村通俊(西南戦争後の鹿児島県令)(1840〜1915)、林有造(高知、西南戦争に与する)(1842〜1921)の弟。

2月16日 ■「佐賀の乱」。佐賀県庁に征韓党、憂国党あわせて2,500人が包囲。佐賀城の熊本鎮台兵と交戦。

■「佐賀の乱」。大久保利通、神戸に入港。

2月17日 ■「佐賀の乱」。大久保利通(1830〜1878)、野津鎮雄(鹿児島)(1835〜1880)少将、三浦梧楼(山口)(1847〜1926)少将らと会議し、大阪鎮台を佐賀に出兵させる。
■大久保利通、黒田清隆に宛てて手紙を書き、台湾「要略」について念押しする。

■「佐賀の乱」。太政大臣三条実美、地方長官に訓令を出す。

■「佐賀の乱」。苦戦を受け政府は、混乱が東京に波及することを防ぐため、新聞に軍事関係の記事掲載を禁止。
■「佐賀の乱」。
山陰、山陽、西海、南海17県に官用以外の銃砲弾売買運輸禁止を通達。

2月18日 ■「佐賀の乱」。
佐賀権令岩村高俊、熊本鎮台兵、県庁を脱出。征韓党ら、佐賀県庁を占領。
■「佐賀の乱」。政府征討軍を迎え撃つべく兵力を強化するため反乱軍は、九州各地に同志の参加を呼びかける密使を飛ばす。

明治150年その歩みを知る、つなぐ(前編)　西郷どん、大久保卿、薩摩藩年表帖(中巻)

西暦1874

2月18日	■「佐賀の乱」。大久保利通、神戸を出航。	4952
	■勝安芳(海舟)(1823~1899)、正四位に昇叙し、参議・海軍卿如元。	4953
2月19日	■「佐賀の乱」。大久保利通・野津鎮雄のアメリカ船、東京・大阪鎮台兵船団、博多に到着して佐賀征討本営を置く。	4954
	■「佐賀の乱」。政府、佐賀の反乱兵に征討令を発する。	4955
	■「神符ヲ授クルハ社頭ニ限ル其社外ニ配布スル者ハ管轄庁ノ許可ヲ受ケシム」(教部省達)。	
2月20日	■「佐賀の乱」。野津鎮雄少将らの政府軍、三道より佐賀に向けて進撃する。	4956
	■「佐賀の乱」。島津久光、東京から鹿児島着。 □元藩士に佐賀に呼応しないよう睨みをきかせる。また、西郷を呼出し自重を命じる。 □西郷隆盛は、島津久光より「佐賀の乱」の鎮定を命じられるが、断ったという話もある。	4957
2月22日	■「佐賀の乱」。 長崎港に「東艦」(旧名ストーンウォール)、輸送船「大坂丸」の2艦が入港。 ■「佐賀の乱」。佐賀挙兵軍、福岡県境朝日山で迎撃準備、政府軍と本格的戦闘。政府軍、挙兵軍の防衛線突破。	4958
	■陸軍省布達第106条により陸軍省第6局を廃し、陸軍省外局として「参謀局」を置く。局長山県有朋。 ■万福寺派(黄檗宗)、臨済宗へ合附。 □明治政府教部省が禅宗を臨済、曹洞の二宗と定めたため、強引に「臨済宗黄檗派」に改称させられた。明治9年(1876)2月、「黄檗宗」として正式に禅宗の一宗として独立する。	4959
2月23日	■「佐賀の乱—2月1日~3月1日」。 江藤新平、征韓党解散命令。江藤ら、西郷隆盛の援軍を仰ごうと、征韓党幹部を連れて佐賀を脱出。しかし、実際には佐賀挙兵側の抗戦は続く。 ■島義勇(佐賀)(1822~1874)、島津久光に調停を要請するため、重松基吉(島義勇の弟)(1824~1874)と中川義純(1819~1874)を鹿児島に派遣。 □二人は、共に島津久光のもとに向かった。憂国党の幹部は、鎮台兵が佐賀を蹂躙し、士族のプライドを傷つけられたことを訴え、島津久光に謝罪・帰順しようとした。久光はこれに理解を示し、佐賀の大久保に使者を送るが、久光からの依頼を拒否した大久保利通の命で捕えられる。	4960
	■一命を取り留めた岩倉具視(1825~1883)は、この日に公務に復帰。 ■「佐賀の乱」。政府、東伏見宮嘉彰親王(のちの小松宮彰仁親王)(1846~1903)を佐賀征伐総督に任じ、陸軍卿山県有朋(山口)(1838~1922)を征討参軍に任命。 24日、海軍少将伊東祐麿(鹿児島)(1832~1906)を参軍となす。 大久保利通(1830~1878)の兵事、御委任を解かれる。	4961
2月24日	■酒井玄蕃(了恒)(1843~1876)ら旧庄内藩士、帰郷。 鹿児島出張につき酒田県首脳に報告。	4962
2月25日	■「佐賀の乱」。江藤新平ら、鹿児島県米の津(鹿児島県出水市米ノ津町)に上陸。	4963

西暦 *1874*

明治7	2月26日	■「佐賀の乱」。 大久保利通、エンピール銃の弾薬30万ダース、モルチール砲13門などの補給を要請。
	2月27日	■「佐賀の乱」。佐賀反乱兵の抵抗終わる。多くの降伏者を出し鎮定される。 ■「佐賀の乱」。江藤新平ら、鹿児島に入る。
	2月28日	■「佐賀の乱」。島義勇ら、鹿児島に脱出。 ■「佐賀の乱」。 憂国党降伏。新式装備を誇る政府軍の総攻撃により反乱軍は崩れ、政府軍は佐賀城を取り戻す。 □外務少輔山口尚芳（佐賀）の率いる長崎から入った海軍の陸戦隊及び長崎県貫属隊が無人の佐賀城を確保。 ■「佐賀の乱」。午後、大久保利通は、佐賀城下の宗龍寺(佐賀市水ヶ江)に入る。
		■「佐賀の乱」。天皇、「佐賀縣ノ暴動征討ノ詔」。 東伏見宮嘉彰親王（のちの小松宮彰仁親王）に賜う。
	2月―	■佐川官兵衛（元会津藩家老）(1831〜1877)、初代大警視（後の警視総監）・川路利良（鹿児島）(1834〜1879) の要請と周囲の生活苦にあえぐ旧会津藩士たちの要望もあり、ついに、警視庁に出仕するため旧会津藩士300名と東京に向かう。
	3月―	■「琉球漂流民殺害事件」。参謀局、陸軍少佐樺山資紀（鹿児島）(1837〜1922)ら7名の軍人を南清及び台湾に派遣する。 □樺山らは、次いで台湾出兵に従軍する。
	3月1日	■「佐賀の乱」。 **江藤新平(1834〜1874)、鰻（宇奈木とも）温泉で西郷隆盛(1828〜1877)と面会。激論するも、しかし、西郷の同意を得ることはできなかった。西郷は、島津久光に会うよう勧めるが江藤は従わない。翌日、指宿まで見送った。この時、西郷が江藤に「おいの言うとおりにせんとあてが違いもすぞ！」と怒鳴ったという。** □西郷は、久光が西郷の萩の乱挙兵に同調することを心配しており、自分のすすめで江藤が久光の下に行けば、悪いようにはしないだろうと考えたという。
		■「佐賀の乱―2月1日〜3月1日」、戦闘終結。 大久保利通(1830〜1878)と政府軍、佐賀城に入城。佐賀県権令岩村高俊（高知）(1845〜1905)・内務大書記官武井守正（姫路）(1842〜1926)・陸軍少佐石井邦猷（元豊後日出藩藩士）(1837〜1893)らに善後策を諮問。 □江藤、島の佐賀脱出を知った政府軍は、大規模な追跡捜索を開始する。
		■「佐賀の乱」。征討総督東伏見宮嘉彰親王、近衛兵二大隊を率い東京出発
	3月2日	■「琉球漂流民殺害事件」。陸軍少佐樺山資紀、台湾海峡の膨湖諸島を調査。
		■「佐賀の乱」。 大久保利通の諮問に対し、佐賀県権令岩村通俊らは賊徒巨魁は梟首、次ぐものは斬首などと答申。

明治150年その歩みを知る、つなぐ（前編）　西郷どん、大久保卿、薩摩藩年表帖（中巻）

西暦 **1874**

3月3日	■「佐賀の乱」。江藤新平ら、垂水に上陸。宮崎に向かい、日向飫肥の小倉処平(1846〜1877)が用意してくれた船で、四国宇和島に渡る。 ■「佐賀の乱」。島義勇ら、鹿児島県米の津に上陸。
3月4日	■「佐賀の乱」。太政官、「佐賀戦争平定」布告。江藤新平の人相書き配布。
3月6日	■「佐賀の乱」。島義勇(佐賀)(1822〜1874)ら、島津久光に嘆願書を提出するも監禁される。16日に佐賀に護送される。
3月7日	■太政大臣三条実美(1837〜1891)・右大臣岩倉具視(1825〜1883)、内外こと多しとして連名で大久保利通(1830〜1878)に帰還を要請。
3月8日	■**招魂社に、「在地の地租の免除、祭祀並びに修繕の官費支給」という、国家による保護・管理が行われる。** □各地の招魂場で旧藩主などが、行ってきた祭祀が、廃藩置県後、財政的な後ろ盾を失ってできなくなり、荒廃する招魂施設もあった。このため、政府は官費をもって維持することとし、これらの招魂場を「招魂社」とした。
3月9日	■「琉球漂流民殺害事件」。陸軍少佐樺山資紀ら、台湾打狗(高尾)に上陸。
3月10日	■駐露特命全権公使榎本武揚(1836〜1908)、横浜出航、ロシアへ向かう。 □樺太交渉のためペテルブルクに向かい、6月10日、到着。
3月12日	■「静寛院宮邸地買上」。麻布市兵衛町の邸である。 □静寛院宮(和宮)は、7月8日、居を京都栄御殿から東京麻布へ移す。
3月13日	■政府・法華宗各派の管長設置を公許する。 ■「佐賀の乱」。 リゼンドル(1830〜1899)、大蔵卿大隈重信(1838〜1922)の諮問に台湾遠征の具体計画を提出。 ■**台湾遠征成功には必要権限を与えられた「長官」が不可欠との話で、大久保利通の意を受けて黒田清隆は谷干城(高知)を押すが、西郷従道が自ら望み三条実美・岩倉具視に工作。黒田も折れる。**
3月14日	■「佐賀の乱」。征伐総督東伏見宮嘉彰親王(のちの小松宮彰仁親王)(1846〜1903)、佐賀に到着。大久保利通、御委任権限に関し、総督嘉彰親王に上申する。
3月15日	■佐川官兵衛、九等出仕、警視庁勤務に任命される。旧会津藩士300名巡査等に採用される。
3月19日	■「佐賀の乱」。大久保利通、三条・岩倉に佐賀事件処理完了まで帰京せずと返答。
3月20日	■「佐賀の乱」。 太政大臣三条実美、大久保利通の全権委任状の「死刑といえども、臨機に処分のこと」を取り消し、処刑は内務卿木戸孝允の取り計らいとする旨、大久保に電報。
3月26日	■板垣退助(1837〜1919)、土佐へ帰郷。
3月28日	■**政府は、ロンドンで外債を募り、その資金で秩禄公債の詳細を定めた「家禄引換公債証書発行条例」を布告。** □明治6年(1873)の秩禄奉還の法に基づき、家禄引換公債証書を支給。

281

西暦 **1874**

明治7	3月29日	■「佐賀の乱」。西郷隆盛に保護を断られた江藤新平 (1834～1874) は、10日、日向へ出て16日、伊予に渡り捕吏を逃れるため3組に別れて高知を目指す。24日、土佐高知に入る。頼る初代高知県参事・林有造 (1842～1921) らに保護を拒まれ阿波へ逃れる途中、この日、高知県幡多郡甲浦で、同行者2人と共に捕まる。	499
		□江藤を捕縛した高知県少属の細川是非之助 (1843～1895) は、江藤を高知へ護送中、まるで彼を賓客を遇するかのような寛大な待遇で接し、通常は三日しかかからない高知への行程をゆっくり六日間かけて送り届けたという。 高知へ到着する前夜、最後の宿所となった家において宴を開く。その際、江藤は細川に対して厚情と配慮に対する感謝の礼を述べ、記念として一枚の書と和歌を書いて、細川に手渡した。「人心維危、道心維微（人心これ危く、道心これ微なり）故聖人戒之曰、誠執其中（故に聖人これを戒めて曰く、「誠にその中をとれ」と）余毎懐此言、未嘗不感歎敬称也（余、この言を思うごとに、未だかつて、感歎敬称ならざるなり）因得移人心維危語、以自戒且賦和歌一首歌云（因って「人心これ危し」の語を移し得て、以て自戒し、かつ和歌一首を賦す。歌に云う）郭公 声待ちかねて つひに将 月をも恨む 人心哉（ほととぎす 声待ちかねて ついにまた 月をも恨む 人心かな）」。細川は、政府に抗議された高知県庁に叱責された。納得してやった、いかにも「土佐っぽ」である。	
	3月30日	■参議兼文部卿兼内務卿木戸孝允 (1833～1877)、この日の閣議で、台湾派遣慎重論を述べる。	499
	3月31日	■「琉球漂流民殺害事件」。参議兼大蔵卿大隈重信、参議兼外務卿寺島宗則、陸軍少将兼陸軍大輔西郷従道、特命全権公使柳原前光による「大隈寺島両参議西郷少将柳原公使蕃地処分目的十三条署名」が成立。 □台湾出兵に係わる各部門最高責任者により暗号利用が確認された。	499
	3月一	■明六社の「明六雑誌」創刊。第1号に西周「洋学ヲ以テ国語ヲ書スルノ論」掲載。洋字使用論でローマ字論争が起こる。 ■野に下った前大蔵大輔井上馨 (山口) (1836～1915)、商社「先収会社」を設立、前大蔵省造幣権頭益田孝 (元幕臣) (1848～1938)、東京店頭取に就任。 □明治9年 (1876) に解散したが、益田らの人員と事業は三井組によって引き継がれ、同年7月、三井物産会社となる。	499
	4月一	■この月、勅使万里小路博房 (宮内大輔) (1824～1884) および山岡鉄太郎 (鉄舟) (宮内少丞) (1836～1888) が、内勅を奉じ鹿児島に派遣される。西郷南州説得のためである。 □西郷の千切れた糸を手繰り寄せようと鹿児島を訪れた山岡は、この時、西郷隆盛と語りあい旧情を温め、昔と変わらず高潔な志を宿していることを知り、西郷が政府打倒など考えていないと確信したというが、鉄舟は、西郷が政府に戻る気がない事を気付いていたといわれる。	499
	4月2日	■「台湾征討、はじまる」。台湾征討、閣議決定。 文部卿兼内務卿木戸孝允、閣議決定書への参議としての承認押印拒否。	499
	4月4日	■「台湾征討」。三条実美により、正院に台湾蕃地事務局が設置される。同日、西郷従道 (西郷隆盛の弟) (1843～1902) は陸軍中将に昇進し、遠征軍司令官である台湾蕃地事務都督に任命される。 □英・米の駐日公使が出兵反対の意向を示す。	499

明治150年その歩みを知る、つなぐ（前編）　西郷どん、大久保卿、薩摩藩年表帖（中巻）

西暦1874

4月5日	■「佐賀の乱」。佐賀臨時裁判所設置。 佐賀城内で、裁判長は、司法権大判事河野敏鎌（高知）(1844〜1895)。 ■「佐賀の乱」。参議文部卿兼内務卿代理木戸孝允、太政大臣三条実美に江藤新平減刑の書簡を送る。	4997
	■「台湾征討」。 参議大蔵卿大隈重信(1838〜1922)は、台湾蕃地事務局長官に任命される。 ■「台湾征討」。参議伊藤博文、右大臣岩倉具視への手紙で、政府の台湾征討方針に危惧を示す。5月、一度、郷里山口に退去するという話もある。 ■「佐賀の乱」。陸軍大輔少将・津田出（和歌山）(1832〜1905)、陸軍卿代理就任(6月3日まで、佐賀の乱への対応のため)。	4998
4月6日	■「台湾征討」。大政大臣三条実美(1837〜1891)ら、陸軍少将谷干城（高知）(1837〜1911)と海軍少将赤松則良（旧幕臣）(1841〜1920)に参軍を命じる。また、陸軍中佐佐久間左馬太（山口）(1844〜1915)・陸軍少佐福島九成（佐賀）(1842〜1914)を参謀に任命。外務省お雇いリゼンドル推薦のアメリカ軍人カッセルやワッソンが参画。熊本鎮台歩兵・砲兵、「日進」ほか2艦動員、イギリス汽船・アメリカ汽船も用船として参画。	4999
4月7日	**■「台湾征討」。** **「事務都督の指揮を受くべき事」と云う出兵命令が、海軍省と陸軍省に出される。** ■「佐賀の乱」。海軍から孟春艦の海軍歩兵1小隊海軍砲兵2門と熊本鎮台所轄歩兵1大隊砲兵1小隊の佐賀出張が命じられる。 ■「佐賀の乱」。江藤新平(1834〜1874)ら、軍艦「猶竜」で佐賀に護送される。	5000
4月8日	■「台湾征討」。リゼンドルを外務省准2等出仕から台湾蕃地事務局准2等出仕(副長官)に配置変え、柳原前光(1850〜1894)を清国駐剳特命全権公使とする。	5001
	■「佐賀の乱」。裁判長河野敏鎌（権大判事）（高知）(1844〜1895)・直班検事岸良兼養（大判事）（鹿児島）(1837〜1883)、江藤梟首の「擬律伺」を参議大久保利通に上申。江藤新平は、かつては河野敏鎌の上司であった。 □大久保の江藤抹殺の執念は、凄まじかったという。 ■「佐賀の乱」。佐賀城内臨時裁判所で、江藤・島らの尋問開始。 参議大久保利通、征伐総督東伏見宮嘉彰親王に随従し傍聴。	5002
4月9日	■「台湾征討」。蕃地事務都督西郷従道(1843〜1902)、軍艦日進・孟春を率いて品川を出港、長崎に向かう。	5003
4月10日	**■板垣退助(1837〜1919)ら、高知で民選議院設立運動の為に日本初の政治結社「立志社」を創立。** 当面の目的は士族授産と学校設立による新時代教育。 □社長に片岡健吉(1844〜1903)、副社長に谷重喜(1843〜1887)が就任し、社員は千人を越えた。	5004
	■「台湾征討」。9日米国船の行先を問い合わせた英駐日公使パークス(1828〜1885)、外務卿寺島宗則(1832〜1893)と会談。 □副島種臣は無主の地への「打蕃撫民」と説明するが、パークスは日清間の紛争は英資本の経済活動に影響あり危惧する。また、清政府へは柳原全権公使が伝えると説明すると、パークスは順番が逆と反撃。	5005
4月12日	■陸軍少将谷干城（高知）(1837〜1911)の台湾出征に伴い、陸軍少将野津鎮雄（陸軍省第4局長）（鹿児島）(1835〜1880)が熊本鎮台司令長官兼務となる。	5006

西暦1874

明治7	4月13日	■東京日日新聞主筆・岸田吟香(岡山県出身)(1833～1905)、台湾征討軍に従軍記者として参加。『台湾従軍記』を連載する。
		■「佐賀の乱」佐賀城内臨時裁判所で、江藤新平(佐賀)(1834～1874)・島義勇(佐賀)(1822～1874)、中島鼎蔵(1849～1874)・山田平蔵(1844～1874)ら13人の首謀者は刑を宣告され、即日、処刑、江藤・島は梟首。
		「除族ノ上、梟首申シ付ル(士族の身分を剥奪し、さらし首に処す)」。大久保利通は、井上毅(熊本)(1844～1895)と共に見届けた。近代司法制度に尽力した江藤に対し「死刑ありき」の暗黒裁判であったという。
		□福沢諭吉の江藤裁判批判。「佐賀の乱の時には、断じて江藤を殺して之れを疑わず、加うるに、此の犯罪の巨魁を補えて更に公然裁判もなく、其の場所に於て、刑に処したるは、之れを刑と云うべからず。其の実は戦場にて討ち取りたるものの如し。鄭重なる政府の体裁に於て大なる欠典と云うべし」(『丁丑公論』)。
		□江藤新平、島義勇は、大正元年(1912)、ようやく、罪名消滅。大正5年(1916)4月11日、四位を復位追贈され、公的に名誉を回復した。江藤新平はそれでも賊軍の汚名を受けたことは重く、地元・佐賀であまり顧みられなくなった。明治150年を迎えた平成30年には、ようやく銅像建設の動きがはじまった。
		一方、島義勇は、北海道では「開拓の父」として慕われる。北海道神宮のほか、札幌市役所(札幌市中央区)にも銅像が立つ。昭和4年(1929)には円山公園(札幌市中央区)に顕彰碑「島判官紀功碑」が建立された。
		■「台湾征討」。英駐日公使パークス、清国が日本の出兵を侵略と見なすならば、英人・英船舶の参加を禁止すると外務卿寺島宗則に通告。
	4月15日	■「台湾征討」。遠征根拠地長崎に向かう蕃地事務都督西郷従道、佐賀に立ち寄り参議大久保利通と出兵につき会談。
	4月17日	■大久保利通、佐賀の乱を鎮圧し、処分を終えて、佐賀を発する。
		■「台湾征討」。参議兼文部卿兼内務卿木戸孝允(1833～1877)、台湾出兵に反対して太政大臣三条実美(1837～1891)に辞表を提出。18日、下野。
	4月18日	■「台湾征討」。英駐日公使パークスの呼びかけでイタリア、ロシア、スペインなど各国が局外中立を表明する中、当初協力が見込まれていた米国駐日公使ビンガム(1815～1900)は、清国の敵対行為には、米人・米船の参加禁止を通告。
	4月19日	■「台湾征討」。台湾征伐出兵の準備に入るが、雇用船の目途もつかず、政府は一旦は派兵の延期を決定、西郷従道に出発延期を命ずる。
		■「台湾征討」。正院発長崎県令あてに、大隈長官に台湾遠征の一時中止を伝達するよう打電した。英・米の駐日公使は、清国への敵対行為にあたるとした。
		□西郷従道都督は出発延期命令に従わない。リゼンドル、カッセル、ワッソンのアメリカ人グループも強行を主張。
	4月20日	■「台湾征討」。太政大臣三条実美は、この日も打電。三条の書状を託した、この日出港の北海丸が長崎に着き、詳細を把握するまで行動を控えるよう命令した。
		□北海丸は25日、長崎に到着した。西郷従道は、反対姿勢を強く示す。
	4月21日	■命に従い、4月15日鹿児島を発った島津久光、東京に着く。
	4月22日	■「台湾征討」。台湾征伐本部として蕃地事務局が、長崎西浜町の元薩摩藩邸跡に設けられる。長崎は、その兵站基地となる。
	4月23日	■「国璽御璽ヲ鋳造ス」。7月20日に新しい国璽・御璽の印影が回達された。

明治150年その歩みを知る、つなぐ（前編）　西郷どん、大久保卿、薩摩藩年表帖（中巻）

西暦1874

4月24日	■佐賀の乱を鎮圧し、処分を終えた大久保利通、佐賀から、この日、帰京。	5018

4月25日
■東伏見宮嘉彰親王（のちの小松宮彰仁親王）(1846～1903)と大久保利通(1830～1878)が、参内復命し、優諚（天子のありがたい言葉）を賜る。　5019
■「台湾征討」。大久保利通、征台につき、諸外国、局外中立を通告せるを以て、さらに事件を処理せんが為、自ら長崎に出張せんことを請う。

4月27日
■「台湾征討」。海軍陸上砲兵隊の第1陣270名を乗せた「有功丸」が出発。指揮官は、厦門（アモイ）領事・陸軍少佐福島九成（佐賀）(1842～1914)。　5020
アメリカ人カッセル、ワッソンも同行。外務省お雇いリゼンドルの秘書としてエドワード・ハウス(1836～1901)が、従軍記者として同乗。
□ハウスは、翌年、『征台紀事 (The Japanese Expedition to Formosa)』を著し、台湾征討の実際を描いた。

	■玉里島津家初代・島津久光(1817～1887)、左大臣に任じられる。	5021
	■大久保利通、内務卿（第三代）に復帰。	5022

4月28日
■「台湾征討」。「兵隊進退」の委任をうけた内務卿大久保利通、長崎出張を命ぜられ、翌日、東京を発す。　5023

4月30日
■伊地知正治（鹿児島）(1828～1886)、左院副議長から左院議長に昇進。　5024
□岩倉具視は、陸軍省大輔西郷従道が台湾に出兵するので、陸軍省大輔の後釜に伊地知を考えた。これに対して、大久保利通はこの人事は待つようにといって、伊地知を政府に留めたという。

4月一
■「台湾征討」。この月、西郷隆盛(1828～1877)は、台湾征討軍の都督となった三弟・西郷従道(1843～1902)の要請を入れ、鹿児島から徴募して、兵約300名を長崎に送る。　5025
□徴集隊指揮長として参加したのが坂元純熙(1843～1914)、徴集隊指揮副長に国分友諒(1837～1877)及び篠原五郎(1847～1909)、指揮長副が中原尚雄(1845～1914)であった。しかし国分は、帰国後、私学校党との間で相容れざるところあって、再び上京し、明治8年、大警視川路利良の好意で警察に復帰する。坂元も、再び上京し陸軍に出仕した。

5月2日
■「台湾征討」。大久保利通西下を知った西郷従道の指示で、谷干城・赤松則良ら、長崎から台湾に向けて出航。　5026
軍艦「日進」「孟春」と輸送船「明光丸」「三邦丸」に分乗する熊本鎮台歩兵第19大隊・東京鎮台第3砲隊、それから信号隊、鹿児島士族300名の徴集隊、輜重を請け負う大倉組の人夫であった。輸送船を用立てたのは三菱会社である。

□輸送船の備えがなく英国や米国の船会社による兵員の輸送を想定したが、局外中立を理由に協力を拒否。政府の保護を享受する日本国郵便蒸汽船会社に運航を委託し大型船を購入しようとするが煮え切らない。長崎に設置された台湾蕃地事務局の大隈重信長官は、やむなく新興の三菱を起用することを決意。要請を受けることは経営戦略を根底から覆すことになるが、岩崎弥太郎（高知）(1835～1885)は受諾。政府は、計10隻の外国船を購入し運航を三菱に委託。兵員・武器・食糧等の輸送に全力を投入する。
■中原尚雄（元鹿児島藩伊集院郷士族）は、台湾征討徴集隊4番小隊半隊長として従軍する。

西暦1874

明治7	5月2日	■天皇、「地方官会議ノ告諭」。議院憲法ヲ頒示ス。 ■政府、地方官会議の召集を決定し、議院憲法及議院規則凡例を頒布（台湾事件のため、召集に至らず）。 ■「台湾征討」。政府は、各国外交団の干渉に対応するため長崎にいるリゼンドルの至急帰京を要請。	50
	5月3日	■「台湾征討」。大久保利通、長崎着。	50
		■「台湾征討」。門（アモイ）領事・陸軍少佐福島九成^{きゅうせい}（佐賀）(1842〜1914)指揮の第1陣「有功丸」、まず厦門（アモイ）に立ち寄って清国の福州総督李鶴年（1827〜1890)に出兵の告知。	50
	5月4日	■「台湾征討」。内務卿大久保利通(1830〜1878)・台湾蕃地事務局長官大隈重信(1838〜1922)・台湾蕃地事務都督西郷従道（西郷隆盛の弟）(1843〜1902)の長崎三者会談、台湾出兵に関する内外要務を協定する。 □参軍以下主力部隊を2日に出港させた西郷従道の強硬意見で、台湾出兵を決定。西郷従道は、天皇から都督に任ぜられ勅書を奉ずるゆえ、新たな勅書が無い限り後戻りは出来ないと述べて、三条実美からの台湾出兵保留命令を受け入れなかった。また、大久保の長崎行きは、西郷の暴走を抑止するためではなく、逡巡する大隈に活をいれ西郷を激励するためであったという。	50
	5月6日	■大久保利通、長崎を発す。	50
		■「台湾征討」。第1陣「有功丸」、台湾琅橋湾に到着し陣営作成。近在の台湾先住諸部族のうち、猪労束（パイワン族の村落）らは友好を表明する。	50
	5月7日	■「台湾征討」。参軍赤松則良（旧幕臣）(1841〜1920)、「日進」艦と合流。 ■「琉球漂流民殺害事件」。陸軍少佐樺山資紀（鹿児島）(1837〜1922)、先住民地域で工作中に台湾出兵の「日進」艦に出会い合流。1年2ヶ月の大調査旅行であった。	50
	5月10日	■「台湾征討」。陸軍少将谷干城、海軍少将赤松則良を乗せた第2便の日進はじめ、続々と艦船が到着する。	50
	5月11日	■「台湾征討」。征討軍、宮古島民殺害を行った牡丹社の酋長と会見して犯人捕縛を要求したが拒否される。 ■「台湾征討」。出兵通知受けた清国の福州総督李鶴年（1827〜1890)、琉球も台湾も清国に属している、台湾への出兵は領土相互不可越を約束した日清修好条規違反であり撤兵要求の回答を都督西郷従道(1843〜1902)に送る。 ■「台湾征討」。清国総署大臣恭親王(1833〜1898)、台湾は「中国版図」内であるから日本が出兵するとは信じ難いが、もし実行するのであればなぜ事前に清側に「議及」しないのかとの抗議的照会を発す。	503
	5月12日	■（高知）立志社、一般大衆を加えた最初の集会。	503
		■左院に「国憲編纂掛」を置く。	503
		■地租改正条例（太政官布告第52号）第8章（耕地の地租は、改正後5年間は時価の高低にかかわらず新定価額によって徴収する）追加。 □地価5年間据置。	

明治150年その歩みを知る、つなぐ（前編）　西郷どん、大久保卿、薩摩藩年表帖（中巻）

西暦**1874**

5月13日	■参議兼文部卿木戸孝允(1833〜1877)に免官の辞令出るが、宮内省一等出仕を命じられる。5月19日、木戸孝允は、宮内省出仕の罷免を願い出るが却下。5月26日、木戸は再び罷免を願い出る。 5038
	□木戸の辞任から西郷従道の着任まで、文部大輔の田中不二麿（名古屋）が文部卿の職務を代行。
5月15日	■内務卿大久保利通、リゼンドルと共に長崎から神戸を経て帰京し、即日、参朝し、5039 復命する。また、太政大臣三条実美に「大久保参議復命書」を提出する。
5月17日	■「台湾征討」。台湾蕃地事務都督・西郷従道、「高砂丸」で船が足りず残された兵600を率いて長崎を出発。 5040 総兵数は作業員を入れても3,000にも満たなかったとされる。
	■「台湾征討」。部隊が奥地を偵察行動中、別行動をとった6人の兵員が銃撃され5041 1人が死亡。従軍記者エドワード・H・ハウスによれば、彼らは勝手に隊を離脱して現地の村に入り込んでいたといい、徳富蘇峰の『近世日本国民史』では彼らは任務中だったことになっている。この、鹿児島県士族徴集隊の伍長であった北川直征が、近代日本外征史上における戦死者第1号ということになる。
	□台湾南部の「東龍宮」には、日本統治期、台北県知事を務めた田中綱常(鹿児島)(1842〜1903)が祭神として祀られており、明治29年（1896）台湾総督に任じられた乃木希典（1849〜1912)、北川直征、良山某、中山某らも共に祀られている。北川直征以外の良山某、中山某も「征台の役」の戦死者であろう。
5月18日	■「海軍主船寮」を東京石川島へ移転。 5042
5月19日	■駐清公使柳原前光(1850〜1894)、赴任のため横浜発。 5043
	■「台湾征討」。明治政府、国民に対して琉球藩・小田県の人民に危害を加えた台湾先住民を懲罰する旨の布達が行う。 これが近代日本初の外征「征台の役」である。
5月22日	■「台湾征討」。参謀長佐久間左馬太(山口)(1844〜1915)の部隊200、激戦の末、5044 四重渓にて牡丹社酋長・阿禄親子を倒す。
	■西郷従道(1843〜1902)指揮の台湾征討軍、高砂丸で台湾南西端の社寮港に上陸。 □牡丹社の首長親子の青竹に吊るされた首を見た西郷従道は、首をとるような野蛮な振る舞いはすべきでないとたしなめたという。
	■春日潜庵(1811〜1878)、西郷隆盛(1828〜1877)に書簡を送る。 5045
	□潜庵は、明治維新後、慶応4年（1868）2月、久我通久(1842〜1925)が大和国鎮撫総督に任じられるとその参謀となった。奈良県（第一次）が設置されると、同年5月19日、初代知事に就任。同年7月24日に知事を辞し退官。明治2年(1869)3月に、久我通久から謹慎・蟄居を命じられる。その後は学を講じた。明治11年3月23日、平野別邸にて死去。66才。 右京区鳴滝泉谷町の宝蔵寺（春日潜庵の墓）、春日潜庵先生邸宅趾（上京区烏丸通一条上る三筋目西入南側）。

西暦 1874

明治7	5月23日	■**左大臣島津久光**（1817〜1887）、**旧習復帰の建白を行う。それは先14ヶ条のもの** **と同様の傾向の内容を持つ、20ヶ条に増えた建白書であった。** □1天皇の衣装を洋服に改めた、2西洋の暦（太陽暦）を導入した、3皇室までも全 て洋風に倣うようになった、4各省が外国人を雇って彼らの指導を受けている、 10学校の規則を洋風にしている、13軍隊を洋式にしている、16邪宗（キリスト教） の蔓延を防がない、17外国人との婚姻を許した、20散髪脱刀して洋風になり、 国風の衣装風俗を軽んじているなど。 □しかし、新政府の意思決定からは実質的に排除される。久光は、大久保利通 らが推進する開化政策を過度な欧化政策で、わが国の美風を損なうと激しく 大久保を攻撃。かつて自分が薫陶した家来と、政府内で激突した。 久光は大久保の罷免を要求した。

| | 5月25日 | ■**内務卿大久保利通**（1830〜1878）、富岡製糸場のフランス人お雇いポール・ブ
リューナ（1840〜1908）の契約の中途解約を進言。
□一般的な日本人職工の年俸74円などに比べて、9,000円の年俸が支払われてお
り、非常に高額であった。翌月には参議兼工部卿伊藤博文が三条実美に同様の
進言をした。
■内務卿大久保利通、島津久光の建白書により辞職を請う。允可（許可）されず。
□大久保は、薩長土を中心に作った新政府から西郷隆盛、板垣退助、そして
木戸孝允までも去ることになり、明治政府の危機に苦しんだ。
大久保は、居直って出仕を拒否。 |

| | 5月27日 | ■**木戸孝允、島津久光に、大久保利通について手紙を書く。そして、東京を発**
ち山口に向かう。 |

| | 6月1日 | ■「台湾征討」。
長雨にたたられた台湾征討軍、ようやく、牡丹社の本拠地への進撃開始。 |

| | | ■「台湾征討」。
政府、13隻の汽船買入れ、三菱会社に貸し下げ軍事輸送にあたらせる。
■浅草本願寺で「華族会館発足」。永田町の華族集会所ともいう。
□3月、「華族会議」結成。総代中山忠能。岩倉使節団で「貴族」の存在を認識した
木戸孝允と、三条実美の腹心尾崎三良（戸田雅楽）（1842〜1918）の工作で「華族通款
社」（明治6年12月設立、若手華族の学術研究団体）と「麝香間祗候会議」（明治6年
11月設立、保守的華族長老団体）が合同し、「華族の研学討論機関」として設立。
この日、「華族会館」に発展。「協同勉励学術を研精」する機関と位置づける。
□華族会館は単なるクラブではなく、書籍局、講義局、勉強局、翻訳局の設置
がその規約に謳われていた。2ヶ月後に永田町の旧二本松藩邸に移り、ここで創
立総会を開いている。 |

| | 6月3日 | ■「台湾征討」。台湾征討軍、事件発生地域を制圧して現地の占領を続ける。 |

| | 6月4日 | ■「台湾征討」。台湾遠征軍1300、3方面から、牡丹・高士仏の二社を総攻撃、翌5日、
牡丹大社を占領。生番は逃走する。牡丹社より撤兵、根拠地に帰還。
□「東京日日新聞」主筆の岸田吟香は、日本最初の従軍記者として現地からの
報道に活躍して評判をとるが、病気により7月に帰国。25日の同紙上に体験談を
載せる。 |

| | | ■有栖川宮熾仁親王（1835〜1895）、華族会館の初代館長に就任。11月1日に辞任。
■「台湾征討」。清国総署雇人の英人、総署大臣恭親王の抗議照会を外務省に持参。 |

明治150年その歩みを知る、つなぐ（前編）　西郷どん、大久保卿、薩摩藩年表帖（中巻）

西暦1874

6月6日	■左大臣島津久光、太政大臣三条実美と右大臣岩倉具視の説得で、20ヶ条建白書を取り下げる。内務卿大久保利通(1830〜1878)も、13日ぶりに出仕する。	5054
	■「台湾征討」。西郷従道、参軍谷干城と陸軍少佐樺山資紀を東京派遣し、終了を報告。併せて台湾の植民地化を東京に向け建言した。	5055
6月9日	■岩倉使節団で発った中江兆民（高知）(1847〜1901)、2年4ヶ月間のフランス留学より帰国。この日、横浜に到着。8月、仏学塾「開業願」を提出。	5056
6月14日	■この月、三条太政大臣は三度、森山茂(大和国出身)(1842〜1919)を派遣。この日、朝鮮に滞在の森山茂、3回目の交渉、好転の兆し。21日、外務卿寺島宗則宛に報告。日本の征韓論や台湾出兵は、清国を通して知られていて、日本の出方が注目されている。 □森山は、5ヶ月以内に、外務卿寺島宗則と外務大丞宗重正（元対馬藩主）(1847〜1902)の書契を持参、朝鮮政府の礼曹判書に提出し交渉の事前協議に入る旨通告し帰国。	5057
6月18日	■陸軍参謀局条例を定める。 ■「台湾征討」。駐日英国公使パークス、外務卿寺島宗則に各国公使に公告なしの台湾出兵を難詰。 □「大兵を他国領土に送るにあたって各国公使に公告する以前に、軍隊が「私に」出動したのは文明国にあるまじきことだ、日本が万国公法を犯しているのは明らかだ、清国への場合は例外としても他国へ3千もの大軍を送れば必ず戦争になる、日本が清国に向かってそのようなことをしたからには他国が日本に向かって同様なことをしても文句は言えないだろう、もし他国が北海道に3千の軍隊を上陸させたら日本はどうするつもりか」。さらに、パークスは、清国総署大臣から外務卿あての照会に回答したのかと日本側の落ち度を突いてくる。寺島は未だ回答していないと日本側の怠慢を告白。 ■「台湾征討」。 蕃地事務局長官大隈重信(1838〜1922)、蕃地事務局准2等出仕リゼンドル(1830〜1899)と連署で、台湾出兵の法理的根拠をお雇いボアソナアド(1825〜1910)に諮問。	5058
6月21日	■参議・海軍卿勝安芳(海舟)(1823〜1899)、内地旅行問題についてアーネスト・サトウ(1843〜1929)と会見。	5059
6月22日	■駐露特命全権公使榎本武揚(たけあき)(1836〜1908)、ロシア外務省アジア局長ストレモーホフと会談。	5060
6月23日	■「北海道屯田兵制度」制定。 ■黒田清隆（鹿児島）(1840〜1900)、陸軍中将となり、北海道屯田憲兵事務総理を命じられる。	5061
6月24日	■「栄御殿」の静寛院宮(和宮)(1846〜1877)、京都出発、東京へ向かう。	5062
	■「台湾征討」。北京の清国皇帝、「日本が撤兵に応じない場合はこれを討伐せよ」との勅命をくだす。 □5月22日と6月1日には、台湾沖に清国軍艦が現れていた。清国軍の装備は貧弱で士気も低く、軍1万を台湾に派遣するがマラリアに苦しむ日本軍3千に対しても何も手出しせずいた。	5063

西暦1874

明治7	6月25日	■「台湾征討」。ボアソナアド(1825~1910)、大隈重信(1838~1922)へ意見書。出兵がもたらす戦争への危険性警告。 □内務卿大久保利通(1830~1878)は、その後何度もボアソナアドに会い、その万国公法理論が重要・有効と認め、北京への随行を決める。 ■「台湾征討」。谷干城(1837~1911)、台湾平定凱旋復命。干城、原住民平定近いと報告。
	6月—	**■この頃、薩摩旧厩跡に「私学校」が設立される。** 政変後の近衛兵・巡査などの大量辞職、帰郷からすでに半年以上、貧乏生活で農作業や釣りなどに日々を過ごすしかない士族達の鬱屈は募るばかりで、西郷らは県令大山に相談し賛成を受けた。彼らに教育を授け、組織的に統制して暴発を防ぐために作られたという。 □私学校は、150畳の大校舎で、旧近衛兵500~600名を入校させ、「銃隊学校」と称し、篠原国幹(1837~1877)が監督した。次いで城下11ヶ所に分校が設けられ、明治9年内には、県下102の各郷にも分校がつくられ、計236の分校になったという。これをもって銃隊学校を「本校」と呼ぶ。 本校の東隣には、旧藩砲隊出身者のための「砲隊学校」を建築し、200名を収容、村田新八(1836~1877)を監督とした。この二校の費用は、私学校とは言いながら県の予算から運営費が出ていた。 もともと東京永田町にあった「集義塾」を移した、鶴嶺神社(現照国神社)に設置された幼年学校は「賞典学校」とも呼ばれた。西郷隆盛、鹿児島県令大山綱良(1825~1877)、桐野利秋(中村半次郎)(1838~1877)、大久保利通などの賞典禄によって設立されたからだ。賞典学校は、教授4名を揃えた本格的学校だった。監督は淵辺群平(1840~1877)であったが、辞任後、篠原国幹が兼務した。漢学の久木田泰蔵、洋学の深見有常(元大学南校教師)らの日本人教師のほか、オランダ人スケッペル、イギリス人コップスなどの外国人講師も教育にあたった。また、この学校には、外国留学制度もあった。 さらにその後、西郷により吉野開墾社が作られ、旧教導団生徒150名を収容。吉田村では桐野利秋が指導し、率先して開墾にあたった。明治9年内には、県内すべての郷に分校が設立され、郷士を収容するようになる。 ■9月の私学校開校には、庄内からはるばる藩士戸田・池田・黒谷の3名が入学、12月には伴兼之18才と榊原政治16才が入学を申し込んで来た。この二人は、西郷隆盛、篠原国幹が止めたにも関わらず明治10年(1877)西南戦争に参加し、伴兼之は田原坂の戦いの中、明治10年3月10日植木の戦いで戦死、榊原政治は肥後御船で負傷し、同年5月10日延岡病院で死亡した。なんと、伴之兄の鱸成信もまた、政府軍陸軍少尉として西南戦争して出陣し戦死したという。 ■第9連隊、京都伏見に編成され、大阪鎮台下におかれる。
	7月3日	■「台湾征討」。内務卿大久保利通(1830~1878)、台湾蕃地処分に関する意見書を太政大臣三条実美に提出する。 ■三宅島噴火。
	7月5日	■「台湾征討」。台湾問題に関する閣議。意見分立してまとまらず。 □閣議に備えて、リゼンドルが、一、「蕃地」領有、二、償金と引換えに台湾を返還、の2つの選択肢を示し、幕引き方法に償金説が浮上。大勢がこれに傾きだす。 ■佐々木高行(高知)(1830~1910)、左院副議長に就任。

明治150年その歩みを知る、つなぐ（前編）　西郷どん、大久保卿、薩摩藩年表帖（中巻）

西暦1874

7月7日	■京都の六道珍皇寺（俗称、六道さん）が、建仁寺山内大昌院と合併し「大昌院」と改称（明治26年（1893）に珍皇寺の古名を復活）。　5069
	■参議兼工部卿伊藤博文（山口）（1841～1909）、地方官会議議長となる。対清国、時局切迫につき会議を開くに至らず。　5070
7月8日	■「台湾征討」。太政大臣三条実美、陸軍卿山県有朋に命じ、台湾問題を陸軍将官の見解を問わせる。この日の閣議で報告。　5071 □山県有朋、津田出、山田顕義、三浦梧楼、井田譲（大垣）、曾我祐準（柳河）各少将は、開戦に消極的。野津鎮雄（鹿児島）・種田政明（鹿児島）2少将のみ戦備は不充分だが戦えなくはないと回答。
	■静寛院宮（和宮）（1846～1877）、京都から東京に到着。 □降嫁の際に宿泊した徳川清水邸にいったん入り、その後、買い上げた麻布市兵衛町の邸に入る。11月12日、徳川家達を招待、29日には天璋院（篤姫）（1836～1883）、本寿院（1807～1885）らを御殿に招待する。天璋院とは、5年ぶりの再会である。
7月9日	■辞職した木戸孝允（1833～1877）、山口に着く。　5072
	■「台湾征討」。閣議、台湾問題につき、清国との開戦も辞せずと決定。暗黙のうちに償金説に立脚しながらも、表面上は「やむをえず戦う」と決定。　5073
	■「喰違の変」犯人の征韓派・高知藩士族武市熊吉（元近衛陸軍大尉）（1840～1874）・武市喜久馬（同少尉）兄弟、山崎則雄ら9人、処刑される。
7月12日	■外務省が管轄している琉球藩を内務省に移管。内国化を進める。　5074
7月13日	■「台湾征討」。内務卿大久保利通（1830～1878）、渡清を内願。　5075 □大久保の独断を危惧、不信の岩倉具視が反対。三条実美も同調。
7月16日	■「台湾征討」。外務少丞・田辺太一（元幕臣）（1831～1915）、交渉のため北京に向かう。柳原前光（1850～1894）の援助、償金による解決訓令される。　5076
7月24日	■「台湾征討」。台湾問題のため、特命全権公使柳原前光が、天津において李鴻章と会見。　5077 □開戦決意と「蕃地」有償放棄はワン・セットの筈であったが、柳原はこれを理解せず、強気の開戦決意に立脚した交渉を続け、意見の不一致はなかなか埋まらず。
7月28日	■「台湾征討」。台湾蕃地事務局長官大隈重信、閣議に「海外出師の議」を提出。　5078 ■「台湾征討」。政府、台湾征討で三菱に輸送業務を委託
7月29日	■「台湾征討」。岩倉具視、大久保の清国使節への「切迫内願」に態度を軟化させ、大久保派遣の件を明日の閣議にかけようと約束。　5079
7月30日	■「台湾征討」。大久保利通、渡清への側面支援を伊藤博文に要請。伊藤、黒田清隆も消極的であった。　5080 □大久保利道渡清には、大隈重信も辞職すると猛反対。
8月ー	■宮内省五等出仕・元田永孚（熊本）（1818～1891）が上奏。　5081 □「太政大臣三条実美、左大臣島津久光、右大臣岩倉具視、宮内省出仕木戸孝允、参議大久保利通、陸軍大将西郷隆盛の6輔臣は復古の元臣で、天皇の腹心股肱である。かれらに親しみ愛し信じ任じ、終始一体となって離れるべきではない」。

291

西暦1874

明治7	8月1日	■「台湾征討」。内務卿大久保利通(1830〜1878)、全権弁理大臣として清国へ差し遣いを命じられる。

■「台湾征討」。内務卿大久保利通(1830〜1878)、全権弁理大臣として清国へ
差し遣いを命じられる。
□都督西郷従道の方針は、蛮族の懲罰と暴虐の再発防止であり、侵略行動は
命令していない。しかし欧米各国は、日本と清国の軍事衝突やそれによる
自己権益の侵害を恐れ、日本を批判し国際問題化していた。

8月2日
■政府、陸軍中将兼開拓使次官黒田清隆(鹿児島)(1840〜1900)の兼任を解き、
参議兼開拓使長官に任命する。
□明治4年(1871)10月に東久世通禧開拓使長官が辞職すると、黒田が次官のまま、
東京にあって開拓使の長となっていた。
■左院議長伊地知正治(鹿児島)(1828〜1886)、陸軍卿山県有朋(山口)(1838〜1922)
ら、共に兼参議となる。
□大久保利通・大隈重信・大木喬任・伊藤博文・勝海舟・寺島宗則を入れて全9名と
なる。大久保利通の提案である。
■大蔵大丞・遠藤謹助(山口)(1836〜1893)ら、造幣寮務改革を建議。

8月3日
■太政官達「陵墓掌丁ヲ置ク」、「寺院境内ノ御陵墓取調」。
□府県に陵墓掌、陵墓丁、守丁を置いて管理することになる。
■「諸陵掛設置」。教部省、諸陵掛を設置。

■「台湾征討」。
特命全権公使柳原前光、清国の大臣と会見折衝して、台湾問題を議す。

8月4日
■大警視を「警視長」に改称。

8月5日
■「台湾征討」。明治天皇、全権弁理大臣大久保利通を召見して勅諭を賜う。
■海軍少輔川村純義(鹿児島)(1836〜1904)中将、海軍大輔に昇進。

8月6日
■「台湾征討」。日本は、台湾出兵の際に、清国や清国内に権益を持つ列強に
対しての通達・根回しを行わなかった。大久保利通、全権弁理大臣として井上
毅(熊本)(1844〜1895)、外務少丞・田辺太一(元幕臣)(1831〜1915)らを率い出発。
参議・海軍卿勝安芳(海舟)(1823〜1899)、参議・左院議長伊地知正治(鹿児島)(1828〜
1886)らが、新橋で見送る。
■参議兼工部卿伊藤博文(山口)(1841〜1909)、内務卿を兼務する。

8月8日
■外務大丞・森有礼(1847〜1889)により、日本最初の洋式商科専門教育たる
「商法講習所」を設立。
□銀座尾張町に創設した商業学校。現在の一橋大学の源流。

8月10日
■「台湾征討」。全権弁理大臣大久保利通、長崎に着し、議官高崎正風(鹿児島)(1836
〜1912)、小牧昌業(鹿児島)(1843〜1922)の二人を北京に先行させる。

8月11日
■西郷隆盛(1828〜1877)、篠原冬一郎(国幹)(1837〜1877)に宛、手紙を出す。
□「実にこの地は霊境にて、気候秋の央を過ぎ候位に御座候。今暫らくは入湯の
賦にて御座候」と認め、また「最早や世間広く相成囲を解かれ、多幸の仕合はせ
に御座候」。

8月14日
■海軍仮提督府を鹿児島県に置くことを決定。
□太政官は差し当って鹿児島に提督府を仮設することを承認した。
思いつくままの海軍省の上申であった。

8月15日
■「台湾征討」。立志社総代・林有造(高知)(1842〜1921)、台湾征討の義勇兵編成願
を高知県権令に提出(10月28日不認可)。

明治150年その歩みを知る、つなぐ（前編）　西郷どん、大久保卿、薩摩藩年表帖（中巻）

西暦1874

8月16日	■「台湾征討」。全権弁理大臣大久保利通、軍艦「龍驤」に搭乗、長崎を発す。顧問ボアソナアド(1825～1910)、随員司法省7等出仕名村泰蔵・同井上毅・特例弁務使リゼンドルら21名。	5094
	■「ワッパ騒動」。酒田県で農民による雑税廃止・村役人不正追求運動が起こり、田川郡中心に全域に広がる。	5095
8月18日	■明治政府、正式に、賊軍の汚名を負った者の祭祀を許可する。 □戊辰戦争で新政府軍に敵対し「朝敵」となった戦死者の霊を祭ることが出来るようになった。	5096
8月19日	■「台湾征討」。全権弁理大臣大久保利通、「孟春艦」に乗船、上海到着。	5097
8月21日	■九州北部風水害。長崎、熊本、福岡の3県に大被害。	5098
8月27日	■小松帯刀(清廉)(1835～1870)側室・三木琴(琴仙子)(1848～1874)、大阪で死去。26才。 □弘化4年、三木吉兵衛の六女として生まれる。京都祇園の名芸妓として知られ、文久3年(1863)京都で活動していた薩摩藩士・小松清廉と知り合い、以後職柄から清廉の京都での情報収集に協力していたといわれる。慶応元年(1865)清廉に引き取られて京都の小松邸の接待掛となり、本名に復する。慶応2年(1866)10月、長男・安千代(後の小松清直)(1866～1918)を、明治3年(1870)長女壽美を出産。その後、清廉が大阪で病床に伏すと、献身的に看病し最期を看取った。その際に「わたしが死んだら帯刀(清廉)公の傍らに埋めてほしい」と頼んだという。明治3年(1870)に清廉が死去すると、長男・安千代を鹿児島の正妻・千賀(近)に預け、自身は清廉と親交のあつかった五代友厚邸で長女の壽美と共に暮らした。墓は本人の願いどおりに鹿児島県日置市日吉町吉利の祢寝・小松家歴代墓所に建てられた。なお、千賀(近)は、壽美も引き取り、千賀に育てられた安千代は、明治5年(1872)9月25日に小松家を継いだ。	5099
8月一	■鹿児島県令(権令)代理・田畑常秋(1828～1877)、大蔵卿大隈重信にあてて上申書を出す。「川辺郡7島、3島、駅讃郡口之永良部島の11島は僻遠の小島で米穀の生育も宜しくなく、島民はカライモ、ソテツの類を以ってようやく生計を立てている状態で、飢饉の憂いはあり、とくに近年外国の難破船がしばしば漂着するので、その非常手当用として用心米49石4斗を各島に分けて備えおくほどであったので、島民救済のため一切免税の件を申請」。	5100
9月3日	■「官国弊社の経費を定め官費支給の件」大政官布告。	5101
9月10日	■「台湾征討」。全権弁理大臣大久保利通、北京に着す。	5102
9月11日	■「ワッパ騒動」。酒田県当局は、指導者を一斉検挙。	5103
9月14日	■「台湾征討」。全権弁理大臣大久保利通(1830～1878)、清国全権・恭親王(清朝当路の大官)(1833～1898)以下と談判を開始。16日、第2回。19日、第3回と続く。	5104
9月16日	■「台湾征討」。駐清英国公使ウェード(1818～1895)、全権弁理大臣大久保利通を訪問。清国が日本の出兵を非理としなければ撤兵するか問うてきた。	5105
9月19日	■明治天皇、近衛・東京鎮台・教導団の諸兵3,370、砲18門などを統率して豊島郡元蓮沼村に行幸、陸軍中将山県有朋を参謀長として、自ら陸軍演習を指揮。	5106
9月20日	■兵学寮内に「水雷製造局」が設置される。	5107
9月24日	■海軍省、兵器製造所を築地小田原町に設置。12月、「海軍造兵所」と改称。	5108

西暦1874

明治7	9月26日	■「台湾征討」。英国公使ウェード、全権大久保利通を再訪。日本が撤兵するなら斡旋すると持ちかけ、英国は清国で200商社が活動しており平和を望むと述べる。	51
	9月29日	■「官国弊社霊代ヲ私ニ開扉スルヲ禁ス」(教部省達)。	51
	9月ー	■日本と朝鮮、日本公館長森山茂(奈良県出身)(1842～1919)と釜山地方管轄東莱府使との間で交渉開始合意。台湾出兵の影響で朝鮮は軟化。 10月、森山は一旦帰国する。	
	10月3日	■旧暦8月23日のこの日、白虎隊七回忌に当り、白虎隊士の墓をこの地(飯盛山白虎隊墳墓)(福島県会津若松市一箕町大字八幡弁天下)に改葬し、墓地が作られる。	
	10月5日	**■鹿児島県権令大山綱良(1825～1877)、県令に就任。** □地元出身者が県政責任者となるのは異例のことであり、鹿児島県の特殊性を示した。大山綱良は、士族に有利な税制・禄制を施行、内務省の県政改革要求を拒否、地方民会開催に反対し、政府に対し半独立的立場をとった。 **■4年間に及ぶスイス留学から帰国した大山巌(1842～1916)が、その足で鹿児島に帰郷し、西郷隆盛(1828～1877)に上京を促すが、1ヶ月にわたる説得も失敗に終わり帰京する。**	51
		■「台湾征討」。全権弁理大臣大久保利通、清廷総理衙門、諸大臣と4回目の折衝を重ねるも同日、談判不調を以て、断然、帰国に及ぶべき旨を通告する。 清国側は帰国するなら引き止めないと冷ややかに対応した。	51
	10月14日	■「台湾征討」。 大久保利通、駐清英国公使ウェードを訪問。償金と引換えに撤兵可能と伝える。	51
	10月15日	■「台湾征討」。右大臣岩倉具視(1825～1883)、北京の大久保利通に書簡。 国内情勢を伝え、駐日英国公使パークスが平和的収束を忠告、調停にあたってもよいとの意向であると伝える。	51
	10月16日	■「台湾征討」。大久保利通、リゼンドルに償金の代りに琉球の日本への帰属を条件にしてはどうかと相談。 □リゼンドルは、これは清国が承知しないだろう。但し、台湾で遭難した琉球人の償金を清が日本に支払えば、実質的に清国が琉球に対して日本の権利を認めたことになると言う。	51
	10月17日	■島崎藤村(1872～1943)の父正樹(1831～1886)、天皇の行列に直訴状「憂国の歌」を書いた扇を投込む。不敬罪に問われる。 □正樹は、小説「夜明け前」の主人公青山半蔵のモデル。	51
		■旧庄内藩士酒井玄蕃(了恒)(1843～1876)、開拓使の黒田清隆の密命を受け、開拓幹事調所広丈(鹿児島)(1840～1911)、庄内藩の親友・勝山重良らと間使と共に、北京で全権弁理大臣大久保利通に会う。 □間使らは、約3ヶ月の間、清国の調査を行っていた。	51
	10月18日	■「台湾征討」。日清間の第5回協議。20日、第6回、23日、第7回会談と続く。	51
	10月22日	**■木戸孝允(1833～1877)、山口県士族の協同会社と授産局の総管を兼務する。**	51
		■大蔵省、預り官金の抵当増額令を発布。 □政府、府県為替方に対し官金予金相当額の担保を要求し、同年12月15日までに担保不足分を提出するよう命じる。令を直接の契機として当時の最大の富豪であった小野、島田両組が倒産する。三井組は耐える。	51

明治150年その歩みを知る、つなぐ（前編）　西郷どん、大久保卿、薩摩藩年表帖（中巻）

西暦1874

10月25日	■「台湾征討」。北京で行われた講和会議、一旦決裂。 □日本政府は、井上毅(熊本)(1844~1895)立案の交渉決裂宣言書を送り10月26日出発と決定。夕方、駐清英国公使ウェード(1818~1895)が仲裁、日清双方を往復。
10月27日	■「陸軍士官学校条例」制定。
	■「台湾征討」。 日清双方が調停案受諾。全権弁理大臣大久保利通が巻き込んだ駐清英国公使ウェードの調停により、清国政府、遂に要求に応じ、償金を和し、和議、成立する。
10月30日	■西郷隆盛、鹿児島県庁を通じて送金されてくる給与の返還を、政府に対して願い出る口上書を書き、それに166名の辞職した下士官達が署名し、最終的に政府に対し給与を返還した。 □国家財政が多難な折、仕事もしていない自分達に給与が支払われている現状を西郷は良しとはせず、常に憂いていた。しかし、明治8年(1875)に入っても、給与の送金が依然として続いた。
10月31日	■編書課廃止、「報告課」に併合(文部省達)。
	■「台湾征討―日清両国互換条款および互換憑単」が北京で調印。全権弁理大臣大久保利通(1830~1878)、駐清英公使ウェードの調停で、清国と台湾問題の協定を結ぶ。台湾遠征軍の撤兵と清国からの賠償金50万両(約77万円)。 □清国は、日本の征台を「日本国属民」を保護した「保民の義挙」と認めて、先住民に害された者の遺族に見舞金10万両を、台湾の現地に日本の征討軍が設置していた施設や道路を清国が買い上げるという名目で40万両を支払うことを約した。
10月―	■「屯田兵例則」(太政官達)が定められる。
11月1日	■「台湾征討」。全権弁理大臣大久保利通、北京を発し帰朝の途に就く。 内務省出仕随員の岩村高俊(高知)(1845~1906)、小牧昌業(鹿児島)(1843~1922)を先発で帰朝させる。 □佐賀の乱の鎮圧に努めた岩村高俊は、乱の後は内務省に移り、大久保の随員として清国に渡っていた。
	■「台湾征討」。長崎県病院を「蕃地事務局(兵員)病院」と改称。
	■参議兼工部卿伊藤博文、木戸孝允の参議復帰説得に山口訪問。 翌日、「勅言の御書付」と三条実美からの書状を、木戸に渡す。
11月2日	■「陸軍士官学校条例」(第396号)を定め、明治5年10月制定の兵学寮条例を改定。
11月3日	■「台湾征討」。全権弁理大臣大久保利通(1830~1878)、天津に至り、李鴻章(1823~1901)と会見、和議の成立を喜び、日清親善を談じる。
11月4日	■この日と翌5日、参議兼工部卿伊藤博文、木戸孝允と会談。
11月5日	■家禄奉還制が導入されたことで禄高による制限が廃止されたが、100石以上の者に対しては50石分のみ現金支給を行い、残りは全て秩禄公債による支給とされた。
11月7日	■伊藤博文と木戸孝允との会談で、木戸が保養目的で京阪地方に出向き、ここで政府側と話し合うという調整となる。夜、伊藤は帰京。
	■「台湾征討」。 大久保利通、上海に至り、10日、償金の第1回分として10萬両を受領する。

西暦1874

明治7	11月9日	■伊藤博文より木戸孝允へ、日清間の武力衝突回避に報告。 （木戸復帰の環境が整う）。	5
	11月11日	■「台湾征討」。 大久保利通、神奈川丸に搭乗し上海を出帆、13日、厦門（アモイ）に着く。	5
	11月13日	■「台湾征討」。台湾派遣軍隊撤退の勅命が出る。	5
	11月16日	■「台湾征討」終わる。**大久保利通**（1830～1878）、**厦門より台湾打狗に至り、西郷** **従道（西郷隆盛の弟）**（1843～1902）**総督と会して撤兵の協議を遂げ、戦趾を巡視。** □現地では7月から9月にかけてマラリアが流行し、戦死者12人、病死者561人も 出たといい、戦勝どころか台湾征討軍全滅の憂き目だったとされる。	5
	11月17日	■「正院地誌課ヲ内務省地理寮へ合併ニ付地誌関渉ノ図書類ハ同省へ進致セシ ム」（太政官達第153号）。	5
	11月18日	■「台湾征討」。大久保利通、台湾を出帆し、22日、長崎に着く。	5
	11月20日	■**官金出納担当の一つ、小野組、閉店。** □政府、府県為替手続上の改正を行い、官金委託を第一国立銀行へ移した。**12** **月19日、島田組も倒産。**	5
	11月21日	■大蔵省よりの小野組の預金引上げおよび出納を停止すべく電報が、京都府に 到着。 □12月4日の大蔵省より指令より、債主確認のため小野組へ預けている物品を 申出ることを達す。	5
	11月26日	■木戸孝允、伊藤博文へ書簡。 台湾問題解決により自分（木戸）の復帰の必要はなくなったと記す。	5
		■**「台湾征討」。大久保利通、清国派遣から17時、横浜に帰着。** 明治天皇、式部頭坊城俊政（1826～1881）を勅使として慰問させる。	
		■**新島敬幹（襄）**（1843～1890）、**渡米後10年振りに帰朝**、米船コロラド号で横浜 に帰着、宣教師ダニエル・クロスビー・グリーン（Daniel Crosby Greene）（1843～ 1913）らに出迎えられる。	
		■参議・海軍卿勝安芳（海舟）（1823～1899）、アーネスト・サトウ（1843～1929）の来訪を 受ける。 海舟は語る、「台湾征討に反対し閣議欠席を続けていること、戦費を賄うため の国債や新紙幣の発行に反対すること、経費節約のため官吏の削減を図るには、 高官から罷免すべきこと」。	5
	11月28日	■**前日東京着の大久保利通、内務卿に復帰。** □**以降、太政大臣三条実美・左大臣島津久光・右大臣岩倉具視以上の実質的首相** **の役割担うようになる。** ■大久保利通、伊藤博文邸を訪問。	5
	11月29日	■第一国立銀行、小野組古河市兵衛への貸付金抵当品の儀に付、紙幣頭・得能良 介（鹿児島）（1825～1883）に願書を呈出。 12月2日、抵当品の内、秋田県下鉱山は同行に於て管理すべき旨達せられる。	5
	11月―	■官営長崎高島町炭坑の北渓井坑（日本最初の蒸気機関による竪坑）、南洋井坑 が、政府から実業界に転じた後藤象二郎（高知）に払い下げられる。	51

296

明治150年その歩みを知る、つなぐ（前編）　西郷どん、大久保卿、薩摩藩年表帖（中巻）

西暦1874

12月1日	■商社「先収会社」の井上馨(1836～1915)、木戸孝允(1833～1877)に手紙を書く。 5153 □「古沢滋(高知)(1847～1911)と大阪に来ました。彼も薩摩大久保派を一掃したいと思っています。板垣退助が大阪に入るので来阪して欲しい」。 ■「台湾征討」。清国から約束の金額が支払われる。 5154
12月3日	■「台湾征討」。西郷従道の率いる台湾遠征軍、撤退開始。 5155 ■三島通庸(鹿児島)(1835～1888)、酒田県(第二次)県令に就任。 5156 □明治8年8月31日、酒田県は「鶴岡県」に名称変更
12月4日	■旧庄内藩士酒井玄蕃(了恒)(1843～1876)ら間使、横浜着、汽車にて帰京。 5157 ただちに「直隷経略論」を黒田開拓次官に呈す。 □天津を中心に北京、現在の煙台(イエンタイ)、上海、南京、九江(チウチアン)、武漢を3ヶ月に渡り探査した玄蕃らは、地理、気候風土、言論、食糧事情、歴史的背景などを総合的に判断して、日本が中国大陸において戦争を行うことには反対をしていたという。
12月9日	■内務卿大久保利通ら清国談判への派遣員一同、学問所にて天皇より慰労される。また、この日、鹿児島から大久保の家族一同が上京。 5158
12月13日	■明治天皇、大久保利通にお手許金1万円下賜。大隈重信には1500円。 5159 ■太政大臣三条実美、右大臣岩倉具視、大久保利通の有馬温泉湯治の認可を出す。
12月14日	■造幣寮、初の記章である台湾出兵・佐賀の乱従軍記章製造。 5160
12月15日	■参議兼内務卿大久保利通、清国談判で琉球が「幾分か我版図たる実跡」を得た、従って「清国との関係を一掃」する措置をとるべきとの伺書を正院に提出。 5161
12月16日	■酒田県令三島通庸(鹿児島)、赴任。参事松平親懐(前大蔵省七等出仕、元庄内藩士)(1838～1914)留任。 5162
12月18日	■東京、名古屋、大阪に歩兵連隊編制。 5163
12月19日	■伊藤博文、木戸孝允に手紙を出す。 5164 □大久保利通が大阪あたりで木戸と会談したい意向を伝える。 ■官金出納担当の一つ、島田組も倒産。 5165
12月20日	■宮内省、皇居禁裡の外国人拝観は、官員の紹介あるものを京都府にて許可することを命ずる。 5166
12月22日	■護王神社(京都高雄山神護寺境内)が、別格官幣社となる。 5167
12月23日	■「宮殿御再営下命」。 5168
12月24日	■内務卿大久保利通、参議兼工部卿伊藤博文の斡旋により、木戸孝允との会見のため有馬湯治に名を託し、横浜を発つ。26日、大阪に至る。 5169 ■中江兆民(1847～1901)、文部省報告課御雇となる。
12月25日	■木戸孝允、大久保の意向を承諾。 5170
12月27日	■台湾蕃地事務都督・西郷従道(1843～1902)、台湾より凱旋し、参内して征台の状を奏する。 5171 □戦死、戦傷者は少なかったが、マラリアなどで500余名が死んだという大きな犠牲があったという。

西暦1874

明治7	一	■西郷隆盛(1828~1877)が、愛加那の娘・菊草(菊子)(12才)(1862~1909)を、奄美から鹿児島の武屋敷に引き取る。明治8年とも。	517
		■この年、「富士講禁止令」。富士山を霊山として信仰する富士信仰が禁止され、山頂には大日如来や多くの仏像があったが、全て除かれて山麓にあった浅間神社が移され山頂に据えられる。	517
		□江戸を中心とした関東で流行し、八百八講と呼ばれるくらいに多くの富士講が結成された。江戸幕府は、寛保2年(1742)、安永4年(1775)、寛政7年(1795)、享和2年(1802)、文化11年(1814)、天保13年(1842)、嘉永2年(1849)と7回も禁止令をだしたが、一向に効き目がなかったという。	

西暦1875

明治8	1月4日	■内務卿大久保利通 (1830~1878)、神戸に行き、大阪会議斡旋の五代友厚 (1836~1885)、宮内少輔を辞した吉井友実(1828~1891)と共に、5日木戸孝允の来着を迎え、共に大阪に赴く。6日大久保利通は、木戸孝允と「三橋楼」に会し、意中を告げてその興起を求む。	517
	1月6日	■西郷隆盛、篠原冬一郎(国幹)(1837~1877)に宛、手紙を出す。	517
		□「征韓論争」の影響で、西郷に続いて政府を下野した下士官達の免官が未だ進んでいないことを西郷が憂慮し、そのことについて篠原に調査依頼を求めた。政府は欠員が多数生じて混乱が生じることを避けるため、既に辞職願を提出して鹿児島に帰郷し、実際は勤務していない状態であるにもかかわらず、下士官達の職だけはそのままにして置いた。この特別処置が行われたため、辞職、帰郷した下士官達の給与が、依然政府から引き続き支給され、鹿児島県庁に対して送金されていた。国家財政が多難な折、仕事もしていない自分達に給与が支払われている現状を西郷は良しとはせず、常に憂いていた。	
	1月7日	■木戸孝允 五代友厚邸の参議兼内務卿大久保利通を訪問、参議兼開拓長官黒田清隆同席。	517
	1月8日	■大久保利通、木戸孝允を訪問し東京に戻ることを依頼。 □大久保が木戸の宿泊先「加賀伊」に訪れる。同伴にて「三橋楼」に場所を変え、10時間以上に及ぶ対談を行った。途中黒田清隆が「三橋楼」に来訪。黒田は泥酔により両者の話をぶち壊してしまい、木戸は激怒し破談かと思われたという。	517
		■宮内省三等出仕・元田永孚(熊本)(1818~1891)、天皇の侍講となる。	5178
		□侍講は、侍読を廃止しておかれたもので、天皇・東宮に書を講じた官職。一等侍講は伊地知正治(鹿児島)(1828~1886)、二等侍講は福羽美静(元津和野藩士)(1831~1907)、三等侍講は西村茂樹(元佐倉藩士)(1828~1902)、同元田永孚。	
	1月10日	■見延山久遠寺の火災。	5179
	1月12日	■「癸丑以来殉難死節者を東京招魂社へ合祀に付姓名取調方に關する件」太政官達。 □嘉永6年以来、国に殉せし忠霊、九段上招魂社(後の靖国神社)に合祀される。 ■宮城・青森・酒田3県の士族から、北海道屯田兵を募集。	518
	1月14日	■大久保利通、五代友厚、吉井友実を誘い有馬温泉に浴する。	518

明治150年その歩みを知る、つなぐ（前編）　西郷どん、大久保卿、薩摩藩年表帖（中巻）

西暦 1875

1月18日	■明治政府、三菱蒸汽船会社に上海航路の開始を命じる。 □三菱は台湾出兵に全面的に協力し、政府の絶大な信頼を得た。 三菱は、三菱商会、三菱蒸汽船会社、郵便汽船三菱会社と社名を変えながら、 活発な活動を展開した。
1月22日	■木戸孝允(1833〜1877)、井上馨(1836〜1915)、板垣退助(1837〜1919)らと会見。 ■参議兼工部卿伊藤博文、東京より下坂し、23日木戸孝允に勧説する。
1月24日	■石川島造兵所を海軍造兵所(築地小田原町)へ移転・合併。
1月25日	■伊藤博文、木戸孝允を訪問し、出馬を願い了承を得る。 ■「癸丑以来殉難死節者を東京招魂杜へ合祀に付履歴書等取調方に關する件」 内務省達。
1月26日	■木戸孝允(1833〜1877)主催、囲碁の会。 □「三橋楼」において「囲碁会」が開催された。昼の1時に参集し、夜の11時に散会 したと木戸の日記にある。参集したのは、大久保利通(内務卿)(1830〜1878)、 五代友厚(1836〜1885)、税所篤(鹿児島、堺県令)(1827〜1910)、内海忠勝(山口、大 阪府参事)(1843〜1905)、渡邊昇(元大村藩士、大阪府知事)父子(1838〜1913)、 伊藤博文(1841〜1909)、井上馨(1836〜1915)、中野梧一(斎藤辰吉、元幕臣、山口県令) (1842〜1883)、鳥尾小弥太(山口、陸軍省参謀局御用掛)(1848〜1905)、山尾庸三(山口、 工部大輔)(1837〜1917)などである。
1月27日	■英・仏公使、横浜駐屯軍隊の引揚を外務卿寺島宗則に通告。 □幕末の文久3年(1863)以来の英仏の軍隊駐屯権が解消された。 3月1日、駐屯軍は横浜出港。岩倉視察団の交渉の結実である。
1月29日	■半井真澄(1843〜1917)、京都の護王神社宮司に就任。 ■大久保利通、伊藤博文の旅館において木戸孝允(1833〜1877)と会談。 両者の意見一致を見る。 □木戸の政府復帰が決定される。また板垣退助を内閣に迎える事で合意する。
1月31日	■大蔵省造幣寮、この日限りでキンドル(1817〜1884)らお雇い外国人10人を解雇 して寮務全般が改革され、試験分析局のディロンおよび冶金室のイギリス人 ウィリアム・ゴーランド(1842〜1922)(「日本アルプス」の命名者)に造幣頭の顧問役 を兼任させる。 ■「赤坂黒田長知邸行幸」。
1月一	■新島襄(1843〜1890)、「大阪会議」のために大阪に集合した木戸孝允や伊藤博文 らの協力を得て、念願の学校設立に着手する。 ■この月、浄土真宗の大教院からの分離を認められる。 □神官は排仏説を唱え、僧侶は三条教則に反する説教をして大・中教院の運営は 混乱し、小教院である説教所に参集する者は至って少なく、民を迷わし、僧侶・ 神官は愚弄嘲笑を受けていた。 ■この月、陸軍卿山県有朋が砲台築城地として、長崎・鹿児島・下関・豊予海峡・ 紀淡海峡・石巻・函館を挙げる。殊にまず帝都に近い東京湾口の観音崎と富津岬 等の数箇所に砲台を築くことが必要であると奏上した。

5182
5183
5184
5185
5186
5187
5188
5189
5190
5191
5192
5193
5194
5195

西暦1875

明治8	2月—	■この月、真宗四派が「大教院」(大教宣布と教導職の指導のための中央機関)を離脱。	5
		□四派とは、本願寺派(西本願寺)・真宗大谷派(東本願寺)・真宗佛光寺派・真宗興正派。	
	2月2日	■アーネスト・サトウ(1843〜1929)、二度目の賜暇帰国で香港に向け横浜出港。	5
	2月4日	■海関所を「船改所」と改称布告(明治20年2月廃止)。	5
	2月5日	「砲兵本廠ヲ元造兵司同支廠ヲ大阪元大砲製造所ニ置ク」(陸軍省布第35号達)。	51
		□造兵司(東京)を「砲兵本廠」、大砲製造所(大阪)を「砲兵支廠」と改称。	
		■勅使東久世通禧、大阪に着き、木戸孝允に帰京の朝命を伝える。	
		■大久保利通、少暇を得て、五代友厚(1836〜1885)、堺県令税所篤(1827〜1910)と共に、大阪を発し、金剛山に遊猟を試み千早城址より楠公誕生地、赤坂城址、四条畷などを経て8日、帰阪する。	
	2月6日	■「日本初の洋風結婚式」。外務大丞森有礼(1847〜1889)、参議兼開拓使長官黒田清隆(了介)(1840〜1900)の作った開拓使学校女子校の第1期卒業生・広瀬常(旧幕臣広瀬秀雄の長女)(1855〜?)と、木挽町の新築の森邸で「契約結婚式」を挙げた。証人兼司会の福沢諭吉(1835〜1901)が正面に座り式が進行した。森は明六雑誌に「妻妾論」で一夫一妻を主張し、蓄妾の弊風を攻撃したので、この結婚は江湖(世間)の大きな話題となった。	52
	2月8日	「砲兵方面本支廠条例」(陸軍省布第45号達)。	52
		□組織改正で「造兵司」及び「武庫司」を廃止。	
	2月9日	■文部省博物館、博物局、小石川薬園等の博覧会事務局へ合併、太政官達で差し止められる。	52
	2月11日	■「大阪会議」。政府と民権派が妥協。大久保利通(1830〜1878)・木戸孝允(1833〜1877)・伊藤博文(1841〜1909)・板垣退助(1837〜1919)・井上馨(1836〜1915)が大阪新堀築地の料亭「加賀伊」に集い、今後の政府の方針(立憲政治の樹立)及び参議就任、府県会等の案件について協議。この会談で、木戸・板垣の政府への復帰及び民選議院設立要求の運動に対し漸進的改革を目指し、立憲君主主義の議院制採用の方向で合意した。太政大臣・左右両大臣・参議で構成される政府の下に、立法府たる「元老院」、司法府たる「大審院」を設け、行政府たる各省と共に三権分立の体裁をとり漸次立憲政体を樹立すること、元老院を上院に擬し、下院に当たるものとして「地方官会議」を設け、将来に議会を開設する準備を整えることが合意された。□明治6年の政変後、民選議院設立建白書の提出、佐賀の乱、台湾出兵などに、西郷隆盛・板垣退助・後藤象二郎らの下野、木戸孝允の参議辞任などが重なり、大久保を中心とする政府は政局運営に困難を感じていた。□木戸孝允、会議の成功を祝って、舞台となった料亭「加賀伊」に「花外楼」の屋号を贈る。	52
	2月16日	■大久保利通、神戸を出帆し、18日帰京する。	520
	2月19日	■内務卿大久保利通、太政大臣三条実美に謁見し、大阪会議の経過を報告する。	520
	2月22日	■木戸孝允ら、神戸を発つ。■大阪会議に参加した板垣退助、大阪で旧愛国公党の同志に再結集を呼びかけ、自由党の基礎となる「愛国社」を創設。	520
	2月24日	■木戸孝允、伊藤博文、井上馨、東京に入る。	520

明治150年その歩みを知る、つなぐ（前編） 西郷どん、大久保卿、薩摩藩年表帖（中巻）

^{西暦}1875

2月―	■「勲等賞牌の詔勅」。勲章の種類を増加する詔勅。 ■西郷隆盛に私淑していた海老原穆（鹿児島）(1830〜1901)の集思社から、反政府党の機関紙ともみられる「評論新聞」が発刊。 □海老原穆は、天保元年1月3日、薩藩財政を立て直した家老調所笑左衛門（広郷）の属僚を務めた海老原宗之進の子として生まれる。 そのため海老原家は尋常の士族などは遠く及ばない、豪富を蓄えていたといわれる。明治元年(1868)戊辰戦争に薩摩軍の一員として出陣。明治4年(1871)桐野利秋の指揮下で上京、御親兵の陸軍大尉を拝命する。同5年8月、愛知県七等出仕に転じたが、明治6年(1873)西郷隆盛が「明治六年の政変」で下野したことに呼応して職を辞し、明治7年1月、帰県する。 その後、自由民権運動に加わって言論活動に入り、明治8年(1875)2月、集思社を設立。「評論新聞」を創刊し、大久保利通の太政官政府に対する痛烈な批判を展開した。これに対し、言論出版の取締る法令である讒謗律に違反するとして、翌年、発禁となり、同年3月には「中外評論」、「文明新誌」を刊行。
3月2日	■英仏横浜駐屯軍の全面撤退が完了。
3月4日	■「愛国社」創設の板垣退助、東京に入る。
3月5日	■**横須賀の造船所において、明治天皇の行幸を仰ぎ、初の国産軍艦「清輝」が進水式。** □「日本造船の父」と呼ばれた二人が、横須賀造船所所長で設計の赤松則良（元幕臣）(1841〜1920)と、露艦ディアナ号の座礁おり「ヘダ号」を作った、製図の上田寅吉(1823〜1890)であった。台湾征討に際して軍艦の必要性を痛感した西郷従道が進言した建艦計画により建造されたものという。
3月6日	■三条実美邸で大久保利通、木戸孝允、伊藤博文、板垣退助が会談。
3月7日	■「行政警察規則」（太政官達第29号）制定。 □4月1日、府県において施行。捕亡吏、取締組、番人等の名称は、総て「邏卒」に改称される（東京府、京都府を除く）。
3月8日	■**木戸孝允(1833〜1877)、参議に復帰。**
3月10日	■奈良の東大寺をはじめ各寺院の宝器は、内務省管理下に永久保存法を設ける。 □正倉院は、東大寺の正倉（倉庫）だったが、この日、収蔵されていた宝物の重要性に鑑み、東大寺から内務省の管理下に置かれた。
3月12日	■**板垣退助(1837〜1919)、参議に就任。**
3月13日	■木戸孝允は、自邸に大久保利通、板垣退助、伊藤博文、井上馨を招き三権分立を議論。
3月17日	■**大久保利通、木戸孝允・板垣退助・伊藤博文と共に政体取調掛を命じられ、政体に関する建白書を提出する。**
3月22日	■長崎小島郷稲荷山に招魂場を設けて台湾征伐の戦病死者552人を祀る。 西郷従道(1843〜1902)は、谷干城（守部）(1837〜1911)と共に来崎。自ら祭主となって盛大な招魂祭を行う。天皇も辻式部輔を勅使として派遣した。この時、地元では勅使の通路として寄合町と招魂場の小島郷を結ぶ坂道をつくった。いまもその名が残る「勅使坂」で、丸山入口から右に折れ、大徳寺へ登る坂道である。 □西日本最初の官設招魂場で「佐古招魂社」と呼ばれる。

西暦 1875

明治8	3月24日	■地租改正事務局（内務・大蔵の管轄）をこの日設置。〜明治14年（1881）6月30日。
	3月25日	■「人民署名肩書ノ儀自今貫属或ハ管下ノ文字ヲ除キ何府県華族士族平民ト記載セシム」（太政官布告第44号）。
	3月30日	■博覧会事務局が太政官から内務省の管理下に移され「博物館」となる。博覧会場を恒久展示施設とする形で、集古館構想の実現を図る。
	3月―	■琉球王国官僚・池城安規（1829〜1877）、使節団の代表として東京へ赴く。

□内務卿大久保利通の要求は、台湾出兵への謝恩のため国王尚泰を上京させること、日本軍の鎮台分営を沖縄に設置すること、清国との関係の一掃の3点であった。琉球処分官内務大丞松田道之（1839〜1882）は、台湾出兵謝恩のための琉球王尚泰の上京、鎮台分営の設置、藩政改革等の受け入れ、明治年号の遵奉などを迫った。池城らは「寸兵ヲ備ヘス礼儀ヲ以テ」外交交渉に当たることで平和を維持してきた琉球に、兵営を設置すればかえって外国の武力攻撃の口実となりかねないなどの理由を挙げて、松田の要求を尽く拒絶。池城らの申立に手を焼いた松田は、強圧的に「説得」を繰り返したものの埒があかず、琉球首脳部との直接交渉決意に至る。

	4月4日	■明治天皇（1852〜1912）、小梅村（東京都墨田区向島一丁目）の徳川昭武（15代将軍徳川慶喜の異母弟）（1853〜1910）邸（小梅亭）へ行幸（徳川光國、斉昭らの遺業を称える）。
	4月5日	■「陸軍武官傷痍扶助及ヒ死亡ノ者祭粢並ニ其家族扶助概則」（太政官達第48号）により陸軍恩給制度発足。当初、恩給の支払は内務省を通じて府県庁で行われていた。□佐賀の乱等の内乱鎮圧や台湾出兵等を背景に、陸軍軍人を対象とした恩給制度である。
	4月6日	■工部省出仕の大鳥圭介（1833〜1911）、暹羅（シャム）より帰朝。大鳥圭介ら、シャム視察旅行での報告書として「暹羅紀行」を書く。
	4月7日	■開拓使兌換証券の五拾銭、弐拾銭、拾銭の交換未済分を本年5月31日まで受付を延長ける（大蔵省達第81号）。
	4月10日	■天皇、「勲等賞牌ノ典ヲ定メル」（勲章制定ノ詔敕）。賞牌・従軍牌図式及び佩用式が制定される。賞牌・従軍牌の名称は同9年11月、勲章・従軍記章に改称される。□勲章及び従軍記章の制、初めて定められ、勲等を分け八級となす。
	4月13日	■「神社祭式制定」式部寮達。祭典の順序次第と作法を制定。
	4月14日	■「漸次立憲政体樹立の詔書」（御誓文ノ趣旨ニ基ク立憲政體樹立ニ關スル詔書）。左右両院を廃し、立法機関「元老院」、司法機関「大審院」を置き、「地方官会議」を興し漸次に立憲政体を立てるとの詔書。□大久保利通・木戸孝允・板垣退助の合意による。■「元老院大審院ヲ置キ式部寮ヲ宮内省ニ附シ左右院ヲ廃ス」（太政官布告59号）。「正院職制章程」（太政官達）。□大審院は、司法省裁判所に代わって東京に設置され、司法行政を行う「司法省」と司法権を行使する「大審院」とが明確に区分された。□「元老院」は、宮城前祝田町の旧左院跡地（楠公銅像付近）に設けられた。
	4月21日	■右大臣岩倉具視（1825〜1883）、太政大臣三条実美（1837〜1891）に辞表を提出。□岩倉は、立憲政体に対して国体一変の恐れがあるとして詔書に反対の立場であった。

西暦1875

4月23日	■右大臣岩倉具視、参内し辞意を奏上（明治天皇認めず）。 □岩倉は、病気として政府に出仕することを拒否するようになる。大久保利通の再三の出仕依頼で、10月から一応出仕はする。 ■官吏の商業兼業を禁止。 ■朝鮮日本公館の理事官森山茂（1842～1919）に命じられた副官広津弘信（元久留米藩士）（1819～1883）らを帰国上京させて、「軍艦ヲ派遣シ對州近海ヲ測量セシメ以テ朝鮮國ノ内訌ニ乗シ以テ我応接ノ聲援ヲ為ン事ヲ請ウノ議」を外務卿寺島宗則に建議。翌日、太政大臣三条実美にも建議。あからさまな砲艦外交の提案であった。 □25日、寺島宗則は、どこまでも平和的解決を図るよう森山茂宛て訓令として実地心得を作成して政府伺を出し、29日には三条実美も森山の建議を批判し、外務卿の伺を裁可。	5232
4月24日	■「招魂社経費並墳墓修繕費定額に関する件」太政官達。	5233
4月25日	■「元老院中正副議長議官正権大少書記官正権大中少書記生ヲ置キ官等ヲ定ム」（太政官布告六七ノ二）。 □参議・海軍卿勝安芳（海舟）（1823～1899）、元老院議官に異動も、27日辞表提出。 □元老院議官には、勝安芳（海舟）、後藤象二郎（1838～1897）・由利公正（1829～1909）・福岡孝弟（1835～1919）・吉井友実（1828～1891）・陸奥宗光（1844～1897）、鳥尾小弥太（1848～1905）、三浦梧楼（1847～1926）、山口尚芳（1839～1894）、津田出（1832～1905）、加藤弘之（1836～1916）、松岡時敏（1815～1877）、河野敏鎌（1844～1895）の13名が就任。	5234
4月26日	■西郷隆盛（1828～1877）、吉野開墾社を創立。前年帰国した西郷菊次郎（隆盛と愛加那の子）（14才）（1861～1928）は、吉野開墾社の寮に入る。 □西郷と大山県令との交渉で確保した荒蕪地に、桐野利秋（中村半次郎）（1838～1877）が指導し、永山休二（盛武、永山弥一郎（盛弘）の弟）（1841～1877）・平野正介（元近衛陸軍少佐）（1846？～1877）らが監督する吉野開墾社（旧陸軍教導団生徒を収容）がつくられた。 □永山休二（盛武）は、西南戦争で第四大隊指揮長桐野利秋の下、第五小隊長として戦い、戦死。	5235
4月27日	■京都府愛宕郡聖護院村聖護院（天台宗）の末寺48ヶ寺廃寺。 □明治5年（1872）9月15日、修験宗廃止令が発布されたため、天台寺門宗に所属することになった。	5236
4月28日	■後藤象二郎（高知）（1838～1897）、元老院副議長に就任。	5237
4月29日	■地租改正事務局の事務局総裁に内務卿大久保利通（1830～1878）、御用掛（次席）に大蔵卿大隈重信（1838～1922）が、大蔵少輔兼租税頭松方正義（1835～1924）が局長に就任。	5238
4月30日	■教部省、「神仏合同布教禁止令」発布。 ■地租改正事務局総裁大久保利通、兼米国フィラデルフィア大博覧会事務局総裁を命じられる。 □事務局は、旧鹿児島藩士中心で、博覧会総裁に内務卿大久保利通、副総裁に陸軍中将西郷従道が任じられ、町田久成事務官長、事務官田中芳男（元幕臣）（1838～1916）以下36名、御用掛特命全権公使吉田清成以下8名、審査官佐藤元狩（麟太郎）（長崎出身）（1839～1876）以下3名で組織された。ワグネルが博覧会御用掛、さらに徳川昭武、松尾儀助（佐賀出身）（1836～1902）などが関わったという。製陶関係の伝習者は佐賀の納富介次郎、河原恵次郎、京都の丹山陸郎の3名であった。	5239

西暦 1875

明治8	4月—	■この月、再び陸軍少将大山巌（1842〜1916）が来鹿して、ヨーロッパ留学を西郷隆盛（1828〜1877）に勧める。	52
		■前年12月、宮内省庶務課長になった山岡鉄舟（鉄太郎）（元幕臣）（1836〜1888）、この月、宮内大丞となる。	52
	5月3日	■太政大臣三条実美が使者を遣わし、西郷隆盛に再出仕を要請する。	
		■「神仏各宗合併布教差止め」（教部省達書乙第4号）。「大教院、解散、閉鎖」。 各宗は三条の教則を守りつつ独自に布教が許されることとなる。 「神仏各宗合併布教のこと、別紙乙第四号の通り、各管長へ達せしことの達」・ 「神仏各宗合併布教別紙（四月三十日教部省へ太政大臣発書）の通り差止、自今三条の教則を遵奉し各教院にて布教すべき件」教部省達。 □各宗、大教院から分離、布教の自由を得る。神仏合併は禁止され、信教の自由は保障された。	52
	5月7日	■海軍省の「造兵・武庫の2司」廃止。	52
		■全権公使海軍中将榎本武揚（1836〜1908）により、日露が「樺太・久里留交換条約（いわゆる樺太・千島交換条約）」に調印。サンクトペテルブルク条約ともいう。 千島列島（得撫島以北の千島18島）が日本領、樺太（サハリン）がロシア領になる。 □これにより、幕末以来の日露両国間の懸案であった領土問題が確定した。 8月22日に批准交換、11月10日に公布。	52
		■永山弥一郎（鹿児島）（1838〜1877）は、軍に復して陸軍中佐に任じられ屯田兵を率いたが、政府が樺太・千島交換条約を締結したことに憤激して、職を辞して鹿児島へ帰る。	
	5月12日	■大臣・参議の定日参候日が決められる。	52
		■玉乃世履（元岩国藩士）（1825〜1886）が、二等判事として大審院長代理となる。（院長は欠員）。 □明治11年（1878）9月13日、正式に初代大審院長となる。「紀尾井坂の変」に伴い臨時裁判所が開設、司法卿より任命され判決案を作成。	
	5月14日	■「官国幣社の配札を停ム」（教部省達）。	52
	5月17日	■4月8日に新橋駅から鹿児島へ向かった、庄内からの菅実秀（1830〜1903）、松平甚三郎（久厚）、石川仁平（静正）、本間光輝ら8人が鹿児島に到着。 20数日滞在し、西郷隆盛と数回、面会、教えを受ける。	52
	5月18日	■内務卿大久保利通、太政大臣三条実美あてに「商船管掌事務ノ義ニ付キ正院へ御伺案」を提出。	524
		□海員養成について「現今政府所有ノ船ヲ外国人（独リ船長機関長ノミナラス重立タル水夫ニ至ルマテ）ニ依頼シテ運用スルハ、実ニ政府商船管掌ノ旨ニアラス、良キ海員（船長其他ノ士官水夫通シテ呼称ス）ヲ教育スルハ甚ダ緊要ニ有之候」と建言。 □大久保は、貿易と海運を外国人の手から取り返すため、生糸や茶などの産品の直輸出を試み、政府の所有船を岩崎弥太郎が経営する「三菱」（郵便汽船三菱会社）に与えて、手厚い海運保護政策をとった。	

明治150年その歩みを知る、つなぐ（前編）　西郷どん、大久保卿、薩摩藩年表帖（中巻）

西暦1875

5月20日	■「地方官會議ヲ開クノ勅語」(地方官会議開院ノ詔)。 ■パリで、「メートル法条約」調印。(世界計量記念日)。 □度量衡の国際的な統一を目的としてメートル法に関するメートル条約が成立する。14ヶ条の条約本文と附録規定からなり17か国の代表によりフランス・パリで締結される。のち、フランス政府は各国に条約加盟を勧誘。日本も在ドイツ公使を通じて勧誘を受けるが加盟は見送られる。同年8月5日、日本政府が定めた度量衡取締条例(太政官達135号)では、引き続き尺貫法が用いられる。	5250
5月24日	■内務卿大久保利通(1830～1878)、内務省施政の目的を定むべきの議を建白する。	5251
5月—	■鹿児島県、戊辰役に従軍した郷士族に賞典禄を支給。9月には「明治10年までは家禄を現米で支給する」と定める。 ■鹿児島県、学務課を設置。明治9年4月には、第一から第六課に改める。	5252
	■この月、内務卿大久保利通は、軍艦3隻をイギリスに発注(扶桑、金剛、比叡)。 □佐賀の乱や台湾出兵で有力な軍艦の必要性が痛感され、明治8年度予算によりイギリスに金剛型コルベット2隻と本艦1隻、合計3隻の軍艦が発注された。	5253
	■札幌郊外の琴似兵村への入地で、この月、屯田が開始される。 □琴似村に屯田兵198戸が入地した。 ■箱館戦争の生き残りである榎本武揚(1836～1908)・大鳥圭介(1833～1911)ら東京の「碧血会」が、箱館の侠客柳川熊吉(1825～1913)と協力して、この月、箱館戦争における旧幕府軍の戦死者を記念する「碧血碑」を箱館山に建立する。	5254
6月2日	■参議木戸孝允(1833～1877)、地方官会議議長を兼任する。	5255
6月3日	■内務卿大久保利通(鹿児島)、琉球処分のため内務大丞松田道之(1839～1882)を出任(琉球処分官)させ、伊地知貞馨(鹿児島)(1826～1887)を琉球に派遣する。 □大久保は、琉球関係事務を外務省から内務省に移した。大久保は琉球の内国化を進める。7月、政府は、琉球政府に日本への帰属を明確にする要求を行う。	5256
6月10日	■元左院議長伊地知正治(鹿児島)(1828～1886)、参議をやめて一等侍講に就任。ついで同月24日、修史館副総裁を兼職となる。 □大久保利通は、伊地知が鹿児島に帰郷を望んでおり、西郷隆盛の下に行くことを止めた。	5257
6月13日	■内務卿大久保利通、新宿勧業寮出張所に赴き、養蚕の改良、実験を見る。明治7年、内務省勧業寮は、三田四国町の元薩摩藩邸跡地を買い取り、内藤新宿勧業寮付属試験場にした。 □大久保は、農業技術の近代化と農地開拓を進め、この新宿勧業寮出張所(一般農業技術・牧畜・養魚・製糸・製茶など)、三田育種場(植物試験場)、駒場農学校(東京大学農学部などの前身)、下総種畜場(牛・馬・豚の改良と羊の飼養)などを拠点とし、翌年には、福島県安積平野の開拓事業に取り組む。	5258
6月14日	■「マリア・ルス号事件」。初めて国際裁判に勝利。5月29日とも。ロシア皇帝・アレクサンドル2世によりサンクトペテルブルクで開かれた国際仲裁裁判には、日本側代表として全権公使の榎本武揚が出席。この仲裁裁判判決により日本の主張を認められ、アメリカ人顧問の援助も得て国際裁判で日本の勝利となる。 □副島種臣らによって、ペルー船の支那奴隷解放事件は、3年目を経て日本の勝訴となる。神奈川県権令・大江卓(元土佐陸援隊)(1847～1921)が下した判決は、後に有名になり「奴隷解放事件」と呼ばれた。	5259

西暦1875

明治8	6月18日	■皇后（一条美子、昭憲皇太后）、赤坂御所に田植を観給う。
	6月20日	■府知事、県令をメンバーとする、「第一回地方官会議」開会式が、明治天皇臨幸のもと、東京浅草区東本願寺書院に於て挙げられる。～7月17日。 □議長木戸孝允で、地方警察、地方民会、小学校設立などを審議。
	6月21日	■天皇、「地方官会議議員へ勅語」。
	6月23日	■陸軍少将谷干城（高知）（1837～1911）が熊本鎮台司令長官をやめ、代わりに陸軍少将野津鎮雄（鹿児島）（1835～1880）が同司令長官となる。
	6月28日	■「讒謗律」（ざんぼうりつ）（太政官布告第110号）布告。政府は本格的に言論圧迫。 □出版物の発行、府県庁を経て内務省の許可をうけることになる。 ■「新聞紙条目ヲ廃シ新聞紙条例ヲ定ム」（太政官第111号）布告。 □発行許可権が文部省から内務省に移管される。持主・社主・編輯人・印刷人・筆者ら責任者について詳細な規定が設けられ、さらに、名誉毀損や官吏の公私について批判することなど掲載禁止事項が列挙されて、規定毎に体刑を含む厳罰や、発行手続違反の場合に限ってとはいえ発売頒布禁停止などの行政処分も定められた。反政府的な論議をする新聞の発行を停止。民権派の反政府報道を取締る為で、多くの新聞が発売禁止になる。
	6月29日	■「社寺境内外区画取調規則」（地租改正事務局達乙第4号）、出る。通称「第二次上知令」。 □これによって境内地は更に縮小（社殿堂宇の敷地及祭典法要の広場に限定）されることになる。
	6月30日	■元老院の議案条令が定められる。
	6月一	■この月、大鳥圭介（元幕臣）（1833～1911）が工学寮権頭兼製作寮頭に就任。工部省工学寮は、明治10年、「工部大学校」と改称。 ■彰義隊建墓。
	7月2日	■京都府知事長谷信篤（1818～1902）、元老院議官に任ぜられる。7月20日、東京へ出発。 ■文部少輔であった黒田清綱（鹿児島）（1830～1917）、元老院議官に任ぜられる。
	7月5日	■天皇、「元老院開院ノ詔」。天皇臨幸のもと、元老院開院式。第一回元老院会議開会。 ■内務卿大久保利通（1830～1878）、北海道御巡幸のことを奏請。
	7月14日	■「大審院順次ハ開拓使ノ上諸省ノ次ニ列ス」（太政官達123号）。院省庁府県に達する。 ■琉球処分官・内務大丞松田道之（1839～1882）、首里城で明治政府の「琉球処分」の方針「六ヶ条の御達書」を伝える。 □清国への朝貢廃止と、藩治職制を簡素化して朝旨が迅速且つ容易に徹底する措置を要求。
	7月17日	■天皇、「地方官会議閉会ノ詔」。
	7月20日	■槇村正直大参事（山口）（1834～1896）、京都府権知事に任ぜられる。
	7月29日	■内務卿大久保利通、海運業奨励の方策について建議書を太政大臣三条実美に提出する。朝議、これを容れ帝国の開運政策、初めて定まる。

明治150年その歩みを知る、つなぐ（前編）　西郷どん、大久保卿、薩摩藩年表帖（中巻）

西暦1875

日付	内容	番号
7月—	■旧鹿児島藩札の処分完了。	5276
	■不忍池上野公園編入。	5277
8月7日	■末広鉄腸（元宇和島藩士）(1849〜1896)、筆禍で禁獄処分。 □讒謗律と新聞紙条例が公布され、この月、それらを非難する投書を掲載して、自宅禁錮2ヶ月・罰金二千円となり、最初の違反者となる。	5278
8月12日	■東京芝浜に離宮を設ける（浜離宮）。	5279
8月14日	■石井神社（西岩倉山金蔵寺境内）を金蔵寺から分離。 同社が延喜式内神社と判明したため、京都府から分離命令が出た。 □昭和28年(1953)金蔵寺護摩堂の北、清泉の上に祀られていたという式内社・石井神社が、現在地の石井神社・山王社（京都市西京区大原野石作町586）に合祀された。	5280
	■内務卿大久保利通、上野に博物館を設置せんことを建議する。 11月に至り図書館（浅草文庫）と共に開館する。現・東京国立博物館である。	5281
	■開拓使東京出張所構内に「北海道物産縦覧所」が設置される。 市立函館博物館の源流。	
8月19日	■税所篤（鹿児島）(1827〜1910)、堺県令に任じられる。	5282
8月20日	■宮内省御用兼参議木戸孝允が、宮内卿徳大寺実則、宮内大輔萬里小路博房、宮内少輔杉孫七郎が侍立する中、宮中改革の必要を明治天皇に奏上。	5283
	□「参議、大臣等が宮中に参候して，天皇との会話の機会をもつべきである。これによって天皇は天下の大勢を知ることができる。また、参議、大臣等、後宮の出入りを自由にして、後宮内の因循姑息の弊風を一掃すべきである」。	
8月22日	■**樺太千島交換条約が批准され、樺太がロシア領、千島全島が日本領となる。** □明治8年(1875)5月7日に日本とロシア帝国との間で国境を確定するためにサンクトペテルブルクで署名され、この日に東京にて批准され締約された条約。	5284
8月24日	■士族授産の失敗により、秩禄公債証書発行条例を廃止し、秩禄奉還の法を停止する。 ■「海軍退隠令」（太政官達第148号）により、海軍恩給制度発足。	5285
9月3日	■「出版条例」制定（太政官布達第135号）。反政府運動取締のためである。	5286
9月7日	■「華士族平民家禄賞典禄共本年ヨリ米禄ノ称呼ヲ廃シ 毎地方ノ貢納石代相場明治五年ヨリ七年マテ三ヶ年ノ平均ヲ以テ金禄ニ改定支給候」（太政官布告第138号）。**政府、華士族の米給を「金禄」に改正する。** 支給額は各地貢米の明治5年〜7年の3か年平均価格をもって決定。 □地租改正に伴い、秩禄（家禄・賞典禄）の現米支給制を廃止し、貨幣支給制（金禄）に変更する。	5287
9月20日	■**「江華島事件」起こる。** 軍艦「雲揚」（艦長・井上良馨（鹿児島））、朝鮮の首府漢城の北西岸、漢江の河口で朝鮮砲台と交戦する。ついで、中牟田倉之助(1837〜1916)少将（佐賀）率いる軍艦2隻が釜山に入港、儀仗兵を率いて上陸し、日本陸戦隊が朝鮮軍民と衝突する。 □清国の属国で鎖国中の朝鮮を武力で開国させようと、日本が江華島事件を起こす。明治9年2月26日、日朝修好条規が締結される。	5288

西暦1875

明治8	9月24日	■外務大丞森有礼（ありのり）(1847〜1889)、外国商社に独占されている貿易の利を取り戻すための人材育成の商法講習所を作る計画だったが、官営の講習所は財政難から許可されず、東京府知事大久保一翁(1818〜1888)、東京会議所渋沢栄一(1840〜1931)、元老院議官勝安芳（海舟）(1823〜1899)、福沢諭吉(1835〜1901)らの後援により銀座尾張町の鯛味噌屋の2階に、この日、私塾商法講習所（一橋大学の前身）を仮開所する。
	9月25日	■内務卿大久保利通(1830〜1878)、下総に出張し、矢作、取香、高野などの各地を視察し国立牧場を選定する。28日、帰京する。
	9月28日	■「江華島事件」。兵を収めた軍艦「雲揚」、長崎に帰港。 □政府は不法行為を問罪する機会に、朝鮮国との修好交渉を一気に妥結することを考える。
	9月29日	■参議木戸孝允(1833〜1877)、朝鮮交渉の任に当たることを決意。
	9月―	■琉球処分官・内務大丞松田道之(1839〜1882)、琉球を引き上げ、池城安規（いけぐすくあんき）(1829〜1877)らも再び請願のために上京する。 □清琉関係の廃絶を迫る松田らと、日清両国を「父母の国」と称して現状維持に固執する琉球首脳部との間で、2ヶ月にわたり両属可否論争が繰り返されたものの、決着は先送りされた。
		■内務卿大久保利通、国産奨励のため諸官衙の需要品は、内地品を使用すべき旨を地方官に訓令する。 ■新政府、三菱会社（現、日本郵船）に対し、船員養成のため商船私学及び火夫（機関手）取扱所の設立を命じる。
	10月―	■大久保利通(1830〜1878)、海外貿易直輸出の基業を開くの議を建言する。 □勧業寮に勧業基金の制を設け、農・工・商、実業の奨励、保護に充つ。 □大久保は、前年、「勧業建白書」を提出し、「おおよそ国の強弱は人民の貧富に由り、人民の貧富は物産の多寡たかに係る」として、国民生活・経済重視の姿勢を打ち出す。政府主導の「上から」の産業育成策、つまり殖産興業の強化を図った。
	10月3日	■明治天皇、朝鮮処分意見を奏聞。
	10月8日	■内務卿大久保利通、抄紙局工場（現、王子工場）を視察。
	10月10日	■大久保利通、我国輸出品を以て外貨償却の上申する。
	10月19日	■左大臣島津久光、新政府の政策を批評。
	10月20日	■「江華島事件」を知った西郷隆盛、篠原国幹へ手紙を出し、政府は大きな誤りを犯していると、政府不信を露わにする。 □「朝鮮と我が国とは永い交際を続けて来ている間柄である。不幸にして御一新以来外交的紛糾を重ねては来ているが、だからといって今回のように人事を尽くさないで戦端を開くようなことになったのは遺憾千万である。はじめに測量の申し入れを行い、朝鮮がそれを認めながら発砲して来たのであれば敵対交戦するには道理だが、それでもまず談判を試みるべきである。ただ彼らを軽侮して無断で測量し、彼らが発砲したから応戦したなどというのは、これまで数百年の友好関係の歴史に鑑みても、実に天理に於て恥ずべき行為だと言わなければならない」。
	10月22日	■島津久光(12代薩摩藩主島津忠義の父)、左大臣の辞表を提出。

明治150年その歩みを知る、つなぐ（前編）　西郷どん、大久保卿、薩摩藩年表帖（中巻）

西暦 **1875**

10月27日	■**島津久光(1817～1887)、左大臣を辞任。** □久光は、保守的士族から封建制復活を熱望されたびたび建議してきたが、自己の主張が採用されることは無かった。 ■**板垣退助(1837～1919)、参議辞任。** □板垣は、参議と省卿分離を主張、不採用で自由民権運動の全国組織化に取り組んでいく。参議省卿兼任制により、政府の要職は大久保利通らによって独占される形となっていた。	5302
10月31日	■「旧本城西城内務省引渡」。江戸城である。	5303
10月一	■**西郷隆盛、家族と親戚で日当山温泉に3週間逗留。** ■私学校幹部の申し合わせで、東京の書生の風儀頽廃を理由に「東京遊学禁止」が決まる。 □小浜氏興(1843～1924)・川上親晴(1855～1944)らが設立に尽力した加治木分校で騒ぎが起き、70余人の禁足反対派が退校届を提出した。	5304
11月1日	■**日当山に来ていた西郷隆盛と旧島津家御対面所で、加治木私学校夜会が開かれる。** □西郷は、本部の措置を信じないならすぐに退校せよと宣告、小浜氏興ら23人は直ちに退校する。これで加治木の騒ぎは決着をみた。しかしその後、退校者の多くは再加入し、私学校反対派として残ったのは川上親晴・野田親昌・伊丹親吉の3人だけだったという。 □**小浜氏興**は、天保14年3月3日、加治木郷に生まれる。戊辰戦争に従軍して奮戦。戦後、陸軍少尉に任ぜられ、明治5年熊本鎮台附となり大尉に昇進。次いで陸軍戸山学校に入る。「明治六年の政変」で西郷が下野すると官を辞めて西郷に従う。西郷さんから皆の前でぼろくそに叱られ私学校を退校したが、明治10年西南戦争では西郷軍として各地で戦うも敗れ、千葉の刑務所で3年間服役。その後、鹿児島県貫属となり郡長、司獄官、郷友会長などを歴任、郷土にために尽くす。大正元年12月15日、死去。大正3年3月、「小浜氏興君碑」(加治木町吉祥寺墓地)建立にあたり、陸軍中将従四位勲二等功二級大久保利貞（大久保利通の従弟）(1846～1918)より碑文を寄せられる。	5305
11月2日	■島津久光、麝香間祗候となる(二度目)。	5306
11月5日	■**「徴兵令改正」1回目。免役概則条項を減らし、国民皆兵主義を採用。**	5307
11月6日	■大久保利通(1830～1878)の勧めに従い、両石原家に嫁したる、きち子(1832～?)、みね子(1840～?)の二妹、鹿児島より出京する。	5308
11月10日	■外務大輔森有礼(ありのり)(1847～1889)、清国特命全権公使として、この日、北京赴任を命じられる。	5309
11月13日	■**参議木戸孝允(1833～1877)、頭痛の発作により半身不随状態になる。**	5310
11月18日	■内務卿大久保利通、元老院議官・有栖川宮熾仁親王(たるひと)(1835～1895)に随行し、習志野に出張し、20日、帰京する。	5311
11月22日	■西郷隆盛、「藤嶋新二追悼碑」に直筆揮毫の碑文を寄せる。 □藤嶋新二は、近衛歩兵曹長を辞めて帰郷、この年4月、私学校建設の推進人物となり、同曹長の木原胤澄(慶介)・肝付直左衛門(兼一)ら仲間たちと西郷隆盛に私学校の憲典を請い、その結果出来たものが私学校綱領となったという。この年、病で亡くなったという。	5312

309

西暦1875

明治8	11月27日	■「社寺通減禄、米額を廃し、金禄に改正の件」太政官達。(明治7年第92号、同8年第98号)。
		■「信教の自由保障の口達」(教部省口達書)。 □ようやく信教自由の口達書が発せられた。 その内容は「各教団がその教義に基づいて国民教化を自由に行うことを認めるが、そのように行政の保護を受けている以上、天皇の統治を妨げないばかりではなく、民衆を善導して天皇の政治を翼賛するのが、宗教家たるものの義務である」という各管長への通達であり、西洋で成立した「信教の自由は各人の生得人権である」という理念とは、全く異質なものであった。
	11月28日	■大久保利通、霞が関自邸改築につき永田町・宮内省附属邸を拝借、移住する。同じ場所に木造洋館を新築する。 □利通は、本妻満寿とその実子たちとは、東京本邸(麹町区三年町)に住み、おゆう(勇)とその庶子は、高輪別邸(芝区二本榎西町)に住まわせていた。別邸は純和風の家で、明治8年を通して休日である「1と6の日」には機械的な正確さで大久保はこの別邸に赴いた。また、この別邸にも五代友厚、黒田清隆、松方正義、税所篤等々はじめ、多くの友人達を招いての囲碁や接待を行い、かつての京都の隠宅と同じように、なかば内外に公然と公開していたという。 ■勝安芳(海舟)(1823～1899)、元老院議官を辞し悠々自適の余生に入る。
	11月30日	■「府県職制・同事務章程(抄)」(太政官達第203号)。 □「県治条例ヲ廃シ府県職制並事務章程ヲ定ム」。 県治条例が廃止され、「府県職制並事務章程」が制定される。社寺廃立、社寺境内地のこと等。司法裁判所関係は、府県の地方行政事務から外される。 □鹿児島では、県令大山綱良(鹿児島)(1825～1877)が兼任五等判事、権参事田畑常秋(鹿児島)(1828～1877)が兼任七等判事に任命される。

勝安芳(海舟)

大久保利通妻　満寿

明治150年その歩みを知る、つなぐ（前編）　西郷どん、大久保卿、薩摩藩年表帖（中巻）

西暦1875

11月— **■鹿児島県令大山綱良（1825～1877）、西郷隆盛（1828～1877）に依頼して区長や副区
長を推薦して貰う。翌年4月にも。**　　　　　　　　　　　　　　　　　5316

□西郷の影響下にある私学校が整備されて、私学校党が県下最大の勢力となる
と、大山綱良もこの力を借りることなしには、地租改正など県政が潤滑に運営
できなくなり、私学校党人士を県官や警吏に積極的に採用した。

明治9年にかけて、別府晋介（1847～1877）を加治木郷、国分郷の区長に、越山休蔵
（1846～?）及び児玉強之助（1846～1877）をその副区長に、辺見十郎太（昌邦）（1849～
1877）を宮之城及び蒲生郷の区長に、松永高美（1841～1877）及び長崎通直をその副
区長に、村田三介（1845～1877）を牛山郷の区長に、木原胤澄（慶介）をその副区長に、
山口孝右衛門（1844～1877）を出水郷の区長に、桂正介をその副区長に、小倉壮九
郎知周（東郷平八郎の兄）（1841～1877）を種子島の区長に、堀与八郎（1845～1877）及び
伊地知弥兵衛（伊地知季安三男）をその副区長に、仁礼新左衛門景通を伊集院及
び市来郷の区長に、森岡昌武をその副区長に、廣瀬喜左衛門を加世田郷の区長
に、八木彦八をその副区長に、その他、伊東直二（1840?～1908?）・河野主一郎（1847
～1922）らが区長になるとされる。その後間もなく廣瀬、八木の二人が辞職した
ので、餠原正之進が代って加世田郷の区長となり、西郷小兵衛（隆盛の末弟）（1847
～1877）及び高城七之丞（1847～1877）がその副区長となった。

その他各郷村の戸長、副戸長にも多くまた私学校党が採用された。

しかも行政組織だけではない。一等警部を拝し県庁第四課長（現在の県警本部長）
に中島健彦（広厚）（1843～1877）、三等警部を拝し鹿児島県警察署長に野村忍介（1846
～1892）、六等以下の警部に浅江真誠（?～1877）、岩切喜次郎（1843～1877）、松下助四
郎、佐藤三二（1846～1877）らが採用され、又一等巡査から四等巡査に至るまでも
拝命したのは、多く私学校党で、県下の警察網も完全に私学校が握った。

□**私学校党が県政を牛耳るようになると、政府は以前にもまして、鹿児島県は
私学校党の支配下に半ば独立状態にあると看做すようになった。**

□**高城七之丞**は、弘化4年生まれの薩摩藩士。慶応4年（1868）戊辰戦争では
奥羽に転戦、賞典禄8石を賜る。のち東京府出仕。この頃、旧幕臣大久保一翁と
勝海舟について学び、私学校にあっても断然頭角をあらわす。中原尚雄ら警視
庁少警部の鹿児島潜入を深知し、谷口登太らに策を授けて捕縛のきっかけを作っ
た。西南戦争では三番大隊三番小隊長として熊本城攻略戦に参加、政府軍が
八代方面に上陸して西郷軍の背後を脅かすや、三番中隊長となってこれを迎え
撃った。のち正義隊大隊長となり、日向・大隈の各地に転戦。西郷隆盛と共に
可愛岳を突破して鹿児島に入り、城山で戦死。享年31。

□**松永高美**は、明治4年の西郷隆盛の率兵上京に従い、陸軍少佐となる。
明治6年（1873）西郷が征韓論に敗れて下野した際にはこれと行動を共にしなかっ
たが、明治8年（1875）辞職して故郷鹿児島に戻った。明治10年（1877）1月、政府
が鹿児島の政府弾薬庫から武器弾薬類を大阪に移そうしたことに憤激して、
堀新次郎らと共に実力をもってこれを阻止。これが翌月の西郷の決起につなが
ることとなり、自らも西郷軍二番大隊二番小隊長として出陣したが、熊本田原
坂で政府軍と戦って討死。

**■私学校幼年学校は外国留学の制度をもうけて、この月、木尾満次・救仁郷哲志・
日高正雄の3名を、翌9年（1876）には、野津伝之丞・柏原正一郎の2名を留学させる。**　5317

西暦1875

明治8	11月一	■三菱会社 (現日本郵船)、隅田川河口の永代橋畔の霊岸島に三菱商船学校 (現東京海洋大学)を設立。
		□内務卿大久保利通は、海員を養成して国家有事のときに備えたという。
	12月2日	■「宮内省中式部寮ヲ正院ニ属ス」(太政官布告182号)。
		■明治8年3月3日に石川県令を辞任した内田政風 (1815～1893)と、左院の廃止により御用滞在を命じられていた海江田信義 (1832～1906)が、内務卿大久保利通(1830～1878)を訪ねる。島津久光(1817～1887)の建白採用のことを論ずる。
		□受け入れられなかった二人は、ほどなく鹿児島に帰る。
	12月4日	■外務大丞森有礼 (1847～1889)、清国駐在特命全権公使として、横浜港から神戸を経て、玄海丸で任地北京に向かう。明治9年5月8日に北京より帰国する。さらに10月18日北京に向けて横浜を出航、翌10年5月下旬に帰国する。
		□妻の常も長男清を連れて北京へ渡り、次男英を産む。
	12月9日	■「**江華島事件**」。開拓使長官**黒田清隆(鹿児島)(1840～1900)を全権弁理大臣、井上馨(山口)(1836～1915)を副全権弁理大臣とし、朝鮮へ派遣することを決める。**
		□実業界に身を置いていた井上馨が、政界に復帰した。
	12月12日	■東京吉原大火。
	12月19日	■囚獄・懲役場の事務を警視庁に移管する (内務卿より東京府知事へ達)。
	12月25日	■京都豊国神社社殿造営地、方広寺大仏殿跡に決定。
	12月26日	■「**尾去沢銅山事件**」。村井茂兵衛 (1821～1873)の事件、東京上等裁判所判決。
		□紙幣大属川村選の大蔵省十等出仕にて判理局出仕中の過誤なりとし、同人に罰俸三ヶ月を申付け、大蔵省より二万五千円を村井に還付し、井上馨には川村の第三従として懲役二年に代ふるに贖罪金参拾円を申付け、渋沢栄一等数名は無罪となる。
	12月27日	■明治天皇、雑司谷村に陸軍御閲兵。
	12月28日	■天皇、「各親王賞牌賜与之詔」。
	12月31日	■有栖川宮熾仁親王(1835～1895)、勲一等叙勲、旭日大綬章を受章。
	12月一	■大蔵省、三井組及び英商ワトソン(Watson E.B)と米穀輸出に関する契約締結。
		■内務卿大久保利通、賞典禄を返献して、殖産興業の資とせんことを請う。大久保は、鹿児島の私学校出資を辞した。
	一	■この年、京都招魂社の神霊を東京招魂社(後の靖国神社)に合祀する。霊山官祭招魂社(後の京都霊山護国神社)と、霊明神社兼帯社の各藩の神霊とされる。

西暦1876

明治9	1月6日	■「江華島事件」。黒田清隆、井上馨らの全権団、玄武丸に乗船、軍艦5隻を率いて品川を出港。
	1月10日	■「上野公園博物館所属」。
		□彰義隊の上野戦争で寛永寺の建物が焼失した跡地は、当初大学東校の用地になろうとしたが一転して公園となった。不忍池周辺も編入され、この日、博物館(のちの東京国立博物館)所属の公園と決定。

明治150年その歩みを知る、つなぐ（前編）　西郷どん、大久保卿、薩摩藩年表帖（中巻）

西暦1876

1月12日	■「神道部分引受三名を該部管長と見做す」(教部省布達第1号)。
	□第一部引受、大教正千家尊福(1845～1918)、第二部引受、大教正久我建通(1815 ～1903)、第三部引受、大教正稲葉正邦(1834～1898)。「所属相定候上ハ自今教導筋 ニ付差出候願伺届ニハ必職名之肩ヘ神道第何部ノ字ヲ記載可致事」。
1月14日	■天皇、皇后、延遼館(浜離宮内の迎賓館)へ行幸。米国大博覧会出品物を天覧。
1月15日	■「教部省職制章程改正」。
	■内務卿大久保利通(1830～1878)、霞が関の新邸落成し、移転。
	□東京府麹町三年町に、天皇から下賜された1万円を基に、税所篤(堺県令)(1827 ～1910)から借金して木造洋館の自邸を建てた。
2月一	■フィラデルフィア万国博覧会副総裁西郷従道(1843～1902)、太平洋郵船北京号 で米国に向かう。
2月2日	■鹿児島池之上町の妙顕寺跡に、「共立学舎」が発足。
	□反私学校とされるが、私学校の東京遊学禁止問題に端を発して、西郷隆盛の 意を汲んだ大山綱良県令が、私学校認可第1号として建てたものという。 西南戦争時、共立学舎生16才以上は、全員西郷軍に加わったという。
	■藤井良節(本名・井上経徳、通称・井上出雲)(1817～1876)、死去。60才。
	□良節は、文化14年、鹿児島諏訪神社神職井上祐住の子に生まれる。嘉永2年 (1849)「お由羅騒動」で木村仲之丞(北条右門、村山松根)(1822～1882)、加治木郷 士岩崎仙吉(洋中漢平)(?～?)・竹内伴右衛門(五百都)(葛城彦一)(1818～1880)と共 に福岡藩に逃れる。その頃は工藤左門と名乗って月照の薩摩入りの時働いた 一人である。文久2年(1862)許され、京都に入る。この年7月25日には、長州藩 木戸孝允の訪問を受けている。そして、大久保利通の指示で、弟の井上石見(長 秋)と共に岩倉具視ら倒幕派の公家と藩との連絡にあたり、藩の利益を代表して 長州、土佐の尊攘派と対立。近衛家雇いや岩倉具視の側近として行動した。 維新後は帰郷して神職となる。通称は別に良蔵、出雲。
	■大阪の大火(道頓堀芝居小屋より発火、16街道に延焼、俗に「大西芝居の火事」 という)。
	■「社寺の持つ添田畑山林及び寄附金・古文書等・神官僧侶氏子檀家等恣に処分す るを禁止の件」(教部省達第3号)。
2月11日	■「江華島事件」。全権大使黒田清隆・副使井上馨と、朝鮮との本交渉が開始される。
2月12日	■大久保利通と満寿の間に、長女・芳子(1876～1965)、生まれる。
	□たった一人の女の子であった故か、利通は溺愛したという。
	■内務卿大久保利通、警視庁に赴き、事務 警官訓練、懲役場などを視察。
2月22日	■京都の日蓮宗妙満寺(上京区)、「日蓮宗妙満寺派」を公称する。
2月26日	■「江華島事件」。「日本国朝鮮国修好条規」(江華条約)に調印。
	□「朝鮮国ハ自主ノ邦ニシテ日本国ト平等ノ権ヲ有セリ」と謳い、外交使節の 相互派遣などが決められたが、一方的に飲まされた朝鮮は、釜山他2港を開いた。 開港場での日本領事の領事裁判権などを規定、清国の朝鮮に対する宗主権を 否定、日本の朝鮮半島侵出に対する足がかりをつくった。

西暦1876

明治9	2月28日	■元伏見薩摩藩邸留守居役、元京都府大参事・埼玉県大参事・**大山成美（通称は彦八）（大山巌の実兄）**(1835〜1876)、死去。42才。

□妻・安の父は、西郷隆盛。成美の父は、隆盛父・西郷吉兵衛の弟・大山綱昌（前名は西郷小兵衛）(？〜1856)。

□成美は、天保6年、鹿児島城の城下町、加治屋町柿本寺通（下加治屋町方限）で、長男として生まれた。父は薩摩藩士の砲術専門家であった。万延元年(1860)3月、「桜田門外の変」が起こったときは、京都伏見の薩摩屋敷詰であったが、幕府の嫌疑をうけて京都六角獄に繋がれた。1年あまりで釈放され、再び伏見屋敷詰に復した。慶応元年(1865)4月、西郷隆盛、小松帯刀に従って薩摩船胡蝶丸で大坂を出帆したとき、同じ船に坂本龍馬ら土佐出身の旧神戸海軍操練所の塾生たちも同乗していた。西郷、小松、大山彦八らの帰国は、薩摩藩重臣に、幕府の第二次長州征伐に同調しないよう説得工作をするのが目的だった。大山彦八は同年閏5月、西郷隆盛と再び上京して、伏見薩摩藩邸の留守居となる。慶応2年1月、寺田屋事件で遭難した坂本龍馬を救援した。慶応4年(1868)戊辰戦争中は、大山彦八は後方勤務にあたった。

明治3年(1870)京都府権大参事、ついで埼玉県大参事となったが、明治6年(1873)征韓論に敗れた西郷隆盛に従って下野、明治7年(1874)鹿児島に帰り、西南戦争を1年後に控えて42才で病没。成美の弟・大山巌(1842〜1916)は結婚式を控えていたためか葬儀に出ず、西郷隆盛が葬儀いっさいの面倒をみたという。

	2月—	■宇治万福寺を本山とする万福寺派が、臨済宗から別立し「黄檗宗」と改称、管長を別置。

■内務卿大久保利通、内国勧業博覧会を上野に開設の議を建議する。
■朝議、大久保利通の議により上州新町・屑糸紡績所を設置するに決する。

	3月3日	■豊国大明神の勅額ほか8点、妙法院から豊国神社に返却。

■内務卿大久保利通、大山崎庄離宮社地払下げに関する京都府伺に対し再調査を命ず。

	3月4日	■「江華島事件」。黒田清隆全権弁理大臣ら、朝鮮より帰朝。翌日、復命する。

□鎖国を続けていた朝鮮国との国交が開かれた。

	3月—	■西郷隆盛の下に、下野した島津久光の使者が来て、協力を求める。

□上京を促したが、西郷はこれを断る。

	3月11日	■陸軍少将大山巌33才(1842〜1916)、元老院議官吉井友実(1828〜1891)の娘・沢子15才(1860〜1882)と結婚。

□4人の娘をもうけるも、沢子とは、明治15年に死別する。

	3月13日	■内務卿大久保利通(1830〜1878)、新設の上野公園地を検分する。

	3月19日	■『大阪日報』編輯長・関新吾(岡山)(1854〜1915)、新聞条例にふれ禁獄1年半の刑を受ける(明治10年9月19日、放免)。

□当時の関新吾は、言論の自由を唱え民権の伸張に努めた。

	3月25日	■人見寧(勝太郎)(旧幕遊撃隊、元松前奉行)(1843〜1922)、内務卿大久保利通の推挙により七等判事に任じられ東京裁判所の民事課に務める。

7月、茶葉栽培の経験を見込まれ大久保の依頼で内務省勧業寮に七等出仕。
9月には農務課で動物・農具・開墾・製茶担当となっている。

□維新後は、静岡にて英学校を経営などして、名前を「寧」と改めた。

明治150年その歩みを知る、つなぐ（前編）　西郷どん、大久保卿、薩摩藩年表帖（中巻）

西暦1876

3月28日	■西郷隆盛(1828〜1877)、大山巌(1842〜1916)宛に手紙を出す。 「兄成美の葬儀の模様を知らせたうえで、巌実弟・誠之助が(成美の)遺族と同居するから心配いらない」と記す。
	■和気広蟲・藤原百川・路豊永を、護王神社に合祀。 □京都洛西の高雄山神護寺の境内に和気清麻呂の霊社として祀られていた。
	■「大阪会議体制崩壊」。木戸孝允(1833〜1877)、病気によるとして参議罷免、内閣顧問を拝命。 ■後藤象二郎(1838〜1897)、元老院副議長を辞任。
	■「大礼服並ニ軍人警察官吏等制服着用ノ外帯刀禁止」(太政官布告第38号)。 □政府、三回目の「廃刀令」を公布。 武士の特権だった帯刀が、特例を除き全面的に禁止となる。
3月31日	■三井両替店が大蔵省の許可により「私盟会社三井銀行」を設立。 日本初の私立銀行。
4月4日	■神祇官中諸陵寮、「御陵墓築修手続ヲ定ム」。
4月10日	■教部省、日蓮宗妙覚寺(第35世日正・赤木日正(1829〜1908)へ、不受不施派の「派名再興布教差許」の布達を出す。 □日蓮宗不受不施派の再興と布教が許可される。
4月13日	■4月3日東京を発った島津久光(12代薩摩藩主島津忠義の父)(1817〜1887)、鹿児島に帰郷。 □以後、鹿児島で隠居生活を送り、島津家に伝わる史料の蒐集、史書の著作・編纂に専念する。依然として政府による廃刀令等の開化政策に対して反発を続け、生涯髷を切らず、帯刀・和装をやめなかったという。
4月14日	■「官吏懲戒令」制定(太政官布告第48号)。 □「新律綱領改定律例中職制律並ニ官吏ノ公罪ニ係ル律例ヲ廃シ官吏職務上ノ過失ハ懲戒セシム」。 ■「木戸孝允別墅行幸」。 □別墅は、別荘、別邸。木戸孝允別邸跡は、現在の豊島区駒込1-10-15。
4月一	■鹿児島県庁の聴訟課が、「鹿児島県第四課」に改称。
4月17日	■鹿児島裁判所が開庁。 ■中島健彦(広厚)(1843〜1877)、鹿児島県第四課長に就任。
4月18日	■いわゆる「第二次府県統合」(太政官布告大53号)1回目。この日と8月21日の二度にわたって再び全国的な府県統合が行われて、府県は38にまで整理された。 □奈良県が堺県に編入される。

西暦**1876**

明治9	4月19日	■**明治天皇、霞が関の大久保利通邸を訪問。**	53

□天皇は、三条実美邸と岩倉具視邸の次、三番目に大久保利通邸を選んだという。権少内史・金井之恭(上野国出身)(1833～1907)、日下部鳴鶴(元彦根藩士)(1838～1922)と共に席書を行う。

□日下部は、三条実美、大久保利通の信任を受けたが、利通暗殺を契機に官を辞し書学に専念した。青山墓地にある「大久保公神道碑」、勅命により伏見貞愛親王(1858～1923)が篆額を題し、本文は重野安繹(成斎)(1827～1910)が撰文、書は当時、第一人者といわれた日下部鳴鶴に勅命が下った。鳴鶴は、それまでにも数多の碑を書いているが、勅命かつ恩顧を被った大久保公の神道碑であったから加賀山中温泉の大倉財閥の別荘を半年にわたって借りうけ、斎戒沐浴して取り組んだという。明治43年(1910)、鳴鶴73才のときに完成。

■右大臣岩倉具視(1825～1883)、華族会館長兼帯。

	5月9日	■「上野公園開園」。天皇、皇后、新設の上野公園に行幸。	53

大久保利通、外国使臣らを公園に招待する。

□明治天皇行幸で「上野恩賜公園」の開園式が行われ、日本初の公園に指定。

	5月10日	■**フィラデルフィア万国博覧会開会。～11月10日。**	53

□明治政府は米国での日本人のイメージ向上や日本商品の輸出増加を目論み、本館、農業館、園芸館、女性館に展示し、2棟の建物を建築するなど、西郷従道(1843～1902)を博覧会副総裁として外国政府最大の予算で出展し、多数の大工を派遣し日本家屋の専用パビリオンを建てた。日本独自の調味料である醤油や酒、日本茶、陶磁器の工芸品やその他伝統的産品に加えて、速水堅曹(元前橋藩士)(1839～1913)を審査官として最優秀の生糸や絹織物等の展示を行った。

	5月12日	■政府、地租改正に承服せむ者に対し、地価を一方的に決定し、収税を命ずると布告。	537

□地租改正に従わない場合、一方的に地価を定め納税を命じることを布告。

	5月16日	■内務省に「勧商局」を置く。	537

	5月18日	■右大臣岩倉具視、従一位昇叙。	537

■元老院副議長有栖川宮熾仁親王(1835～1895)、元老院議長に異動。

	5月20日	■「合家ヲ禁止シ従前合家セシ分収扱方」(太政官布告第75号)。	

□華士族の本家分家親戚等の間で合家を禁止した。そして、かつて合家した者が分家する場合の戸籍の記載方法などについて、「戸主ノ血属ハ等親ニ依リ其ノ血属ナキハ等親外ノ親属タルヘシ」とした。「血属」のないものも「等親外ノ親属」と認めた。

■政府、内務卿大久保利通の議を容れ、特別を以て内務省の予算定額を増加する。

	5月22日	■内務卿大久保利通(1830～1878)、内務省5等官以上を自邸に招待する。	537

	5月23日	■天皇の東北地方御巡幸につき、大久保利通は先発する。	537

□各地の学校を視察し、篤志者に接見。殖産興業を奨励。また、公益事業功労者、孝子節婦の(顕彰の)調査を行う。

	5月24日	■「華族懲戒例」(太政官達)。	537

□第一条「華族ハ国民中貴重ノ地位ニ居ル故ニ、其過失或ハ体面ヲ汚スモノハ仮令法律ニ触レサルモ仍ホ之ヲ懲戒ス」。

明治150年その歩みを知る、つなぐ（前編）　西郷どん、大久保卿、薩摩藩年表帖（中巻）

西暦1876

5月25日	■大久保利通、日光に至り、満願寺（栃木市出流町）の行在所を検分。また、日光の景観保守に努める。
5月26日	■右大臣岩倉具視（1825〜1883）、華族督部長兼務。
5月28日	■大久保利通、白河城（福島県白河市郭内）址を訪れ、戊辰役戦死者の墓前に石燈籠を建立する。
5月一	■京都西陣大不況（織機3,000台のうち2,000台が休業）。
6月2日	■明治天皇、東北地方巡幸で東京を発つ。栃木・福島・宮城・岩手・青森と函館に巡幸。岩倉具視、木戸孝允、大隈重信、徳大寺実則供奉。
6月6日	■「西洋型商船船長運転手及機関手試験免状規則」公布。 □内務卿大久保利通は、太政大臣三条実美にあて、3月、優秀で熟練した海員を選抜し、あわせて海員技術の向上を図ろうと考え、規則草案と共に建言していた。
6月9日	■大久保利通、置賜県成田村（山形県長井市成田）に至り、特に佐々木宇右衛門の養蚕場および製糸場を視察。 □明治6年、佐々木宇右衛門が器械製糸の工場（佐々木製糸場）を創設していた。
6月12日	■大久保利通、佐々木宇右衛門と菅原白龍（日本画家）（1833〜1898）、最上川を下る。
6月13日	■熊本鎮台司令長官陸軍少将野津鎮雄（鹿児島）（1835〜1880）が東京鎮台司令長官に転出、東京鎮台司令長官陸軍少将種田政明（鹿児島）（1837〜1876）がこれに代わる。
6月14日	■笠原研寿（1852〜1883）・南条文雄（1849〜1927）、東本願寺の留学生として英国に出発。 □本山留学生としてイギリスに留学、オックスフォード大でサンスクリット（梵語）を学んで明治15年帰国。
6月21日	■横須賀造船所にて初の国産軍艦「清輝」が竣工。 艦長は井上良馨（鹿児島）（1845〜1929）中佐。
	■開拓使長官黒田清隆（1840〜1900）、千島州の択捉島視察に出向く。
6月23日	■「私有地内ニ神仏堂ヲ私設シ衆庶ノ参詣ヲ許ス者ハ管轄庁ノ許可ヲ受ケシム」（東京府達）。
	■大久保利通、車駕を宮城県岩沼に迎える。
6月一	■京都豊国神社に「開運講社」結成（7月15日には社殿造営の砂持ちを開始）。
7月1日	■「私盟会社三井銀行」、駿河町（日本橋室町）に設立。最初の民間銀行。 □総長三井八郎右衛門（高福）（1808〜1885）、副長三野村利左衛門（1821〜1877）。
7月5日	■「已ニ准允ヲ受ケタル新聞紙雑誌雑報ノ国安ヲ妨害スト認メラルル者ハ内務省ニ於テ其発行ヲ禁止又ハ停止スヘシ」（太政官布告第98号）。 □国家安寧妨害の新聞雑誌の発行禁止、停止処分を布告。出版統制の最初。
7月7日	■明治天皇、盛岡の馬匹4,500頭を覧給い、畜産を奨励し給う。
7月11日	■内務卿大久保利通（1830〜1878）、七戸に至り、広沢安任（元会津藩士）（1830〜1891）の牧牛場を視察。 □広沢安任が、貧困に苦しんでいた旧会津藩士のため、明治5年（1872）谷地頭（青森県三沢市谷地頭）に洋式牧場「開牧社」を開設した。大久保利通が牧場を訪れ中央政府の要職を準備して仕官を薦めたと言われており、「野にあって国家に尽くす」として固辞し、畜産・酪農に生涯を捧げた。

西暦1876

明治9	7月12日	■大久保利通、再び、軍駕(しゃが)を七戸に迎える。	53
	7月14日	■大久保利通、函館に至り、海路、帰京する。	53
	7月16日	■明治天皇、函館行幸。	54
	7月20日	■明治天皇、青森から燈台監視船「明治丸」に乗って横浜に帰還。(海の日の始)。 □大久保利通、横浜に赴き、1ヶ月余の奥羽・函館巡幸の天皇の御着艦を奉迎する。	54
	7月29日	■内務卿大久保利通(1830〜1878)、士族授産に関する意見書を提出。	54
	—	■この年、志士顕彰団体「京都養正社」が創立される。明治天皇からの4,000円のご下賜金を基金としたという。内閣顧問木戸孝允と京都府権知事槇村正直が中心となり作った組織で、祭られる対象は「戊午(安政5年(1858))以来、其の身多年王事に憂労して終に非命に死」んだ者たちとなる。	
	8月1日	■「国立銀行条例改正」(布告第106号)。国立銀行条例を改めて条件を緩和し、各地に国立銀行の設立を促す。 □国立銀行紙幣発行に関する制限を緩和、この改正により従来の正貨兌換制度は崩れ、実質は不換銀行紙幣の制度となる。	540
	8月2日	■内務卿大久保利通、京都府に勧業寮内農事修学場生徒募集のうち農学科20名、獣医学科30名すべて東京府にあてることを達す。	
	8月3日	■内閣顧問木戸孝允(1833〜1877)、宮内省出仕を拝命。	540
	8月4日	■善峰寺五尊牌(覚快・道覚・慈道・尊円・尊道五法親王)を泉涌寺へ奉遷。	540
	8月5日	■「金禄公債証書発行条例」(太政官布告第108号)公布。江戸幕府の家禄制度を廃止する代償として、華族・士族には家禄を、維新の功労者は賞典禄を政府から支給されていたが、新政府(大蔵卿大隈重信)は、この家禄と賞典禄の支給をやめる代わりに、全ての受給者に5〜14年間分の価額の金禄公債証書を交付することとした。発行総額は約1億7390万円。**これを「秩禄処分」という。** □封建的身分関係を崩壊させるもので、これにより士族・華族は困窮することになる。 □「秩禄」とは、華族や士族に与えられた家禄と維新功労者に対して付与された賞典禄を合わせた呼称。華族484人・士族40万8,800人余という。	
	8月19日	■水夫の名称を改め「水兵」とする。	540
	8月20日	■イギリス租界に、東本願寺上海別院が開設される。 □当初の主な目的は中国語説教による清人への布教と、中国語で説教が出来る日本人僧の養成であった。	541
	8月21日	■いわゆる「第二次府県統合」(太政官布告第112号)2回目が実施される。**3府35県に統合。** □鹿児島県、宮崎県を合併。宮崎支庁が置かれる。	541
	8月24日	■工学寮権頭兼製作寮頭・大鳥圭介(1833〜1911)、内国勧業博覧会御用掛兼任となる。	541
	8月27日	■「高橋お伝事件」。高橋お伝(1850〜1879)、吉蔵の喉を剃刀で掻き切る。29日、浅草の旅館で、首を裂かれた男の死体が発見された。	541
	8月28日	■太政官、山科郷士に下総国千葉郡平山・坂尾・長峰の三村入会地31町5反2畝5歩を下付して開墾させる。	

明治150年その歩みを知る、つなぐ（前編）　西郷どん、大久保卿、薩摩藩年表帖（中巻）

西暦 **1876**

8月31日	■海軍提督府を廃し、東海、西海両道に「鎮守府」を仮設する。 □「東海鎮守府」を横須賀に、「西海鎮守府」を長崎に置くことが決定される。 ■海軍兵学寮が改称されて「海軍兵学校」（東京築地）が開校。 ■三島通庸（鹿児島）（1835〜1888）、鶴岡県令退任。
8月一	■私学校の暴発を未然に防ぐべく、大蔵少輔兼租税頭松方正義（鹿児島）（1835〜1924）に請われた大蔵省長崎税長の高橋新吉（村田新八の従弟）（1843〜1918）が、鹿児島に夏季休暇で帰省する。 □「明治九年の八月、余は夏季休暇を利用して久し振りで長崎から鹿児島に帰った。有村温泉（桜島南東部）に住て、西郷南洲翁に面会した後、城下に帰って、従兄の村田新八と寝食を共にして、色々の話を聞いた」。 当時村田が余に云うには、「今の境遇は、恰かも十畳数に五尺樽を置いて、それに水を一杯注ぎ込である。而して其の箍が朽ちかかって、行先幾月持てようかと云うのを、吾人は、或は両手を以て之を抑え、或は縄切を以て僅に之を弥縫して居るようなものさ。若し力足らずば、座敷一杯水だらけにする外はない。只、こういう不仕堕落が、正院の床の間でなくて、片端の床の上である丈は、まあ安心して居る」と云う様な譬え話をした。 「箍と云うのは、南洲翁の事で、忠義一個の翁は之を抑えて居るが、最う迚も駄目だと云う事を諷して話したので、正院の床の間と云うのは、華轂（天子のお膝元、つまり東京）の下でないから、少しは心慰めらるゝと云う意味であったらしかった」。
9月5日	■鹿児島参事・田畑常秋（鹿児島）（1828〜1877）、「各宗旨ノ儀自今人民各自ノ信仰ニ任セ候条此段布達候条」と信教の自由令を布達する。浄土真宗は解禁された。 □さしもに強烈な鹿児島の仏教禁令も、宮崎県が鹿児島県に合併されることになり、宮崎県は信仰自由であったので、ほどかれなければならなかった。
9月6日	■「憲法起草ノ詔」。明治天皇、元老院議長有栖川宮熾仁親王（1835〜1895）に勅して、憲法草案起草を命じる。元老院議官4名（柳原前光、福羽美静、中島信行、細川潤次郎）、委員に命じられる。明治13年12月、草案成る。 □これを機会に民間に憲法制定論争が起こる。
9月9日	■「高橋お伝事件」。高橋お伝、強盗殺人容疑で逮捕される。 □明治政府は、道徳教育にお伝を利用する。すなわち、貞節の尊さを説くためにお伝（1850〜1879）を稀代の毒婦に仕立て上げた。 仮名垣魯文（1829〜1894）の「高橋阿伝夜叉譚」は、お伝刑死後の明治12年（1879）に政府の要請を受けて執筆されたものだったのだ。
9月13日	■京都下京区華園町の興正寺を本山とする真宗興正派を真宗本願寺派から別立。
9月14日	■東海鎮守府を横浜に設置。 □長崎の西海鎮守府は設置されなかった。

西暦1876

明治9	9月19日	■太政大臣三条実美（1837〜1891）、参議兼陸軍卿山県有朋、参議兼工部卿伊藤博文の一行、朝賜学校視察。酒田本間宗家7代目・本間光輝（1855〜1922）、金盃三つ重ね一組、明治天皇に贈る。 □鶴岡には藩校として致道館が存在した。しかし、当時の県令三島通庸はあえて洋風の学校を建設した。これは明治政府に対する反感の強かったこの地方に、明治政府の威光と新しい時代が始まったことを告げるねらいがあった。そのため東京市参事での銀座煉瓦街建設の経験から当時の最高レベルの人材を集め、学校建設に力を注いだとされる。	5
	9月23日	■陸軍中将西郷従道（1843〜1902）、台湾征討の功で勲一等旭日大綬章を受賞。	5
	9月26日	■本願寺本山、僧侶6名を鹿児島に派遣。10月12日、鹿児島開教慶讃法要厳修。慶長2年（1597）2月22日の島津義弘が、再度の朝鮮出兵に際して、真宗禁止令を発布以来、浄土真宗が鹿児島でようやく許される。 □石灯籠通りの柳田喜助氏の自宅を御本尊の仮懸所として、鹿児島の開教が開始。明治11年に西本願寺鹿児島別院の現在地を取得し、紀州にあった性応寺を買得して移築、ここに別院が建立されることになる。 ■11月にかけて、各宗派の開教使が続々と鹿児島に入る。	5
	9月30日	■村山たか（可寿江）（妙寿尼）（1809〜1876）、死去。67才。	54
		■三条実美、伊藤博文と共に、2ヶ月余の東北・北海道の視察を終え帰京。	54
	9月―	■小学校授業講習所を「鹿児島師範学校」と改め、10月には小学正則講習所を「女子師範学校」と改め、共に島津珍彦（久光四男）（1844〜1910）が校長となった。	54
		■京都府下京区桜之町の誓願寺を本山とする浄土宗西派が、浄土宗から別立。	
		■大久保利通、千住（東京都荒川区南千住6丁目）に製絨所創設の議を上申する。 □明治4年から被服製造技術を学ぶためドイツに派遣されていた元山口藩士・井上省三（1845〜1886）の帰朝をもって、明治12年9月27日、工、成り、開業する。大久保は、官営模範工場の設立を主導した。	54
	10月12日	■太政官の正院に「賞勲事務局」が設置される（太政官達第96号）。	54
	10月14日	■この日から二日にわたり、京都霊山において招魂祭が、養正社による私祭として行われる。大政奉還の記念日という。	54
	10月―	■菊子（菊草）（14才）（1862〜1909）、12才年上の大山誠之助（大山家の末弟、西郷隆盛の従弟）と婚約する。 □大山誠之助は明治2年に上京、近衛隊、教導団（陸軍下士官養成機関）を経て陸軍少尉となっていたが、西郷隆盛下野の明治6年（1873）に辞官して帰郷していた。しかし、同10年初めに西南戦争が勃発したため結婚は延期され、西郷軍小隊長となった西南戦争で長井村（宮崎県延岡市）で投降して宮城県懲役署に収監されていた誠之助が帰って来た明治13年（1880）まで、菊草は西郷家に同居する。	54
	10月17日	■政府、小笠原諸島を日本政府が直接統治する旨各国に通達。内務省の管轄となる。 □明治政府外務卿寺島宗則は欧米諸帝国の公使に向けて、主権の名において小笠原諸島に対する規則を導入することを通告。最初の定住者は日本人ではなく、当時欧米からやってきていた捕鯨船に、水と食料を供給する為に住み着いた、欧米人5人とハワイ人等15人であった。各国への通達で日本人37名が父島に定住。内務省出張所設置。	54

明治150年その歩みを知る、つなぐ（前編）　西郷どん、大久保卿、薩摩藩年表帖（中巻）

西暦1876

10月18日	■森有礼（1847～1889）、横浜港から東京丸で出航、全権公使として清国の北京に向かう。　5435
10月21日	■宮内省出仕木戸孝允と宮内卿徳大寺実則とが連署して，太政大臣三条実美に上申書を提出。 □帝室費・皇族費と宮内省費の区別を求める。11月6日、裁可。　5436
10月23日	■「黒住講社修成講社別派特立許可」（教部省布達第5号）。 ■「神道三部を四部に増加す」（教部省布達第7号）。 第四部引受、大教正田中頼庸（鹿児島）（1836～1897）。　5437
10月24日	■「**熊本神風連の乱（敬神党の乱）**」起こる。熊本県士族大田黒伴雄（1834～1876）の熊本敬神党ら170余名、藤崎神社社前で兵を挙げ、夜11時半、熊本鎮台を襲撃、県令安岡良亮（りょうすけ）（高知）（1825～1876）、熊本鎮台司令長官陸軍少将・種田政明（鹿児島）（1837～1876）らを殺傷。熊本電信局も襲撃される。翌日、鎮台兵が鎮圧する。その日、銃弾で負傷の大田黒伴雄は、法華坂で自刃。重傷の安岡良亮は27日、死去。 □士族とその子弟で構成される学校党、神風連、民権党の多くは、徴兵令で代々の武人であることを奪われたことに続き、帯刀と知行地という士族最後の特権をも奪われたことに憤慨した。 大田黒伴雄は、大正13年（1924）、正五位を贈られた。 ■**種田政明、死去。享年40。** □種田は、天保8年8月、鹿児島城下の高麗町で生まれる。文久2年（1862）島津久光の上洛に従い、中川宮朝彦親王付の護衛となった。これを契機に諸藩の志士と交流を持つようになり、その交渉役を果たす。戊辰戦争にも参加。 維新後、薩摩藩常備隊二番隊長を経て、明治4年（1871）御親兵大隊長として上京。兵部省に出仕し、兵部権大丞、兵部少丞を歴任。明治5年、陸軍省創設後は陸軍少丞、会計監督、会計監督長代理などを歴任し、明治6年（1873）11月、陸軍少将となった。同月29日、東京鎮台司令長官を経て、明治9年（1876）6月13日、熊本鎮台司令長官に就任。陸軍薩摩閥の中では大将の西郷隆盛に次ぎ、同じく少将の桐野利秋、篠原国幹と並ぶ人物であった。桐野らと異なり官僚としての力量もあり「明治六年政変」で西郷らが下野した後は必然的に陸軍薩摩閥を束ねる地位にあったが、「神風連の乱」で妻である小勝と就寝中、蜂起した敬神党に居宅を襲撃され、これに応戦するも首を刎ねられ殺害された。　5438
10月25日	■この日、電報で事変を知った政府は、太政大臣三条実美（1837～1891）、右大臣岩倉具視（1825～1883）、各参議及び海陸長官を会し、熊本県下の鎮撫に、陸軍少将大山巌（鹿児島）（1842～1916）、同三浦梧楼（山口）（1847～1926）、陸軍中佐樺山資紀（鹿児島）（1837～1922）、内務少輔林友幸（山口）（1823～1907）らの派遣を決めた。　5439
10月26日	■陸軍少将三浦梧楼、広島鎮台司令長官に補任される。　5440
10月27日	■**福岡県で「秋月の乱～11月3日」起こる。**福岡県士族宮崎車之助、磯淳ら、熊本の神風連と呼応し挙兵、豊津に向けて進撃開始。　5441
10月28日	■熊本の神風連と呼応し、**山口県士族の前原一誠（元参議）（1834～1876）らの「萩の乱」が起こる。**11月5日、前原、捕えられる。同月6日までに政府軍により鎮圧される。　5442 ■「熊本神風連の乱」。政府は、太政大臣三条実美名で、熊本暴徒追放令を発する。　5443
10月29日	■「秋月の乱」。福岡県士族、豊津に入る。豊津士族は同調せず。　5444

西暦1876

明治9	10月29日	■「思案橋事件」発生。萩の乱の発生を電文で知った永岡久茂(1840～1877)ら旧会津藩士他14名は、東京思案橋（中央区日本橋小網町）から千葉県庁襲撃に向けて出航しようとしていた。しかし不審に思った者の通報により駆け付けた警官隊と切りあいとなり、永岡ら数名はその場で逮捕された。
	10月30日	■陸軍少将大山巌、同三浦梧楼ら、小倉に着く。「秋月の乱」を知り、三浦梧楼は、山口に転進。31日、山口到着。
		■「萩の乱」。宮内省出仕木戸孝允、右大臣岩倉具視宛手紙を記す。□「縣之子弟如此次第は必竟私共誠心之不相届邊に而實に面目を失し愧辱千萬に御座候」。故郷萩で起きた乱に対する苦渋を示す。■九等官大警部佐川官兵衛(会津)(1831～1877)、大警視(後の警視総監)・川路利良(鹿児島)(1834～1879)より思案橋事件の概要を聞く。
	10月31日	■本山執事・大洲鉄然(1834～1902)ら薩摩開教本隊に、薩摩開教の山命下る。
	10月一	■元老院国憲取調委員、日本国憲按(第一次草案)を作成。□中江兆民(1847～1901)、井上毅(熊本)(1844～1895)らが、国憲案作成のための調査や翻訳を行った。
	11月1日	■陸軍少将大山巌(鹿児島)(1842～1916)ら、熊本に着く。■「秋月の乱」。秋月に向かうことを決め、解散を宣告した福岡県士族宮崎車之助(1839～1876)、磯淳(1827～1876)ら幹部は、部下助命の嘆願書を残し自刃。■松平容保(元会津藩主)(1836～1893)、特旨をもって従五位に叙せられる。
	11月2日	■陸軍少将大山巌は、当分の間、熊本鎮台司令長官兼務に補される。
	11月3日	■「秋月の乱～11月3日」、戦い終結。徹底抗戦を誓う秋月党も、豊津士族が小倉鎮台兵と共の攻撃を受け四散。
	11月5日	■「萩の乱」。首謀者前原一誠(元参議)(1834～1876)、横山俊彦(1850～1876)ら、出雲宇竜港(島根県出雲市大社町宇竜)にて包囲され、捕えられる。
	11月6日	■「萩の乱―10月27日～11月6日」。陸軍少将三浦梧桜、萩に進撃して前原一誠の餘党・小倉信一(1839～1876)を破りこれを平定する。
		■宮津において地元有志と共に「天橋義塾」設立した小笠原長道(長孝弟)、豪商小室信夫(丹後国出身)(1839～1898)の養子となり、小室信介(1852～1885)と名のる。□この年には宮津を離れて上京。6月、小室信夫が保証人となり慶應義塾に入塾していた。信夫長女・幸子と結婚。
	11月9日	■種田政明雄横死で陸軍少将谷干城(高知)(1837～1911)が、再び、熊本鎮台司令長官に就任。その着任まで陸軍少将大山巌(1842～1916)が兼務する。
	11月11日	■松平定敬(元桑名藩4代藩主)(1847～1908)、従五位に叙せられる。
	11月20日	■富岡敬明(よしあき)(元小城藩士)(1822～1909)、熊本県権令に就任。
	11月26日	■熊本鎮台司令長官陸軍少将谷干城は、この日鎮台に着任すると、東京から馳せ参じ事態収拾後、参謀長に就任した陸軍中佐樺山資紀(鹿児島)(1837～1922)と共に、熊本城の防衛について綿密な検討を重ねる。
	11月28日	■真宗各派では宗祖親鸞(1173～1262)、中興の祖・蓮如(1415～1499)に対する天皇からの諡号下賜を求めていた。この日、親鸞に対して、「見真」大師号宣下
	11月29日	■東京京橋の大火(約8,500戸焼失)。

明治150年その歩みを知る、つなぐ（前編）　西郷どん、大久保卿、薩摩藩年表帖（中巻）

西暦1876

11月一	■**西郷隆盛**(1828～1877)は、日当山温泉で、前原一誠決起の報を聞き「起つと決したら」とする書簡を、霧島山麓の開拓指導や鉱山開発の指導を行っていた桂久武（元薩摩藩家老）(1830～1877)に出す。 □「前原一誠らの行動を愉快なものとして受け止めている。今帰ったら若者たちが逸（はや）るかもしれないので、まだこの温泉に止まっている。今まで一切自分がどう行動するかを見せなかったが、起つと決したら、天下の人々を驚かすようなことをするつもりである」。 5463
	■上京した鹿児島県令大山綱良(1825～1877)、内務卿大久保利通(1830～1878)に迫り、「金禄公債」の鹿児島県士族優遇策を勝ち取る。 5464
	■この月から数ヶ月間において、茨城県・三重県・愛知県・岐阜県・堺県（現在は大阪府南部と奈良県に分割）・熊本県で、相次いで地租改正反対一揆が発生。 5465
12月1日	■右大臣兼華族督部長岩倉具視 (1825～1883)、華族会館分局にて京都在住華族と救済等につき懇親会を開く。 5466
12月3日	■前原党兵の刑が、萩臨時裁判所で言い渡され、前原一誠 (元参議) (1834～1876)ら斬刑7名は、即日執行される。前原と島義勇は、梟首される。 □前原一誠は、大正5年(1916)4月11日、贈従四位。 ■秋月党兵の刑が、福岡臨時裁判所で言い渡され、益田静方(1850～1876)、今村百八郎(1842～1876)の斬刑2名は、即日執行される。 ■熊本神風連党兵の刑が、熊本県庁内臨時裁判所で言い渡され、斬刑3名は、即日執行される。 5467
12月5日	■皇后、京都に行啓(11月20日、東京発)。 5468
12月一	■内務卿大久保利通(1830～1878)の腹心、内務少輔林友幸(山口)(1823～1907)、県政視察のため来鹿。 □林友幸は、20日余り滞在し実情を調査し、帰ってから格別の異常は認められないと報告する。 5469
	■大警視・川路利良(1834～1879)、警視庁の鹿児島県人・宮内盛高ら数名に鹿児島探索を命じる。 5470
12月15日	■吉野朝の忠臣新田義貞に正三位、明治15年には正一位を追贈。 5471
12月16日	■得度改名は、教導職が設けられたことにより、教導職試補以上の得度者のみが許可される。しかしその後、試補に任ぜられた場合に限らず、「宗規ニ依リ得度式執行ノ者」の改名は許されるようになる。 5472
12月18日	■「伊勢暴動」はじまる。翌日に控えた租税取立の延期を三重県飯野郡（三重県松阪市）の農民たちが戸長らに申し入れる。 □農民たちと戸長らの話合いはもつれ、松阪の農民は北と南に分かれ集団で行進を始め、各地で新政府に関係する施設の破壊・放火を行った。 それが、愛知県・岐阜県・堺県まで拡大した「地租改正反対一揆」である。 5473
12月19日	■函館の海防に備え湾岸砲台を設ける(砲12門に中隊長以下92人を置く)。 5474
12月23日	■「寺院の建物什宝土地を抵当とするには檀家総代2名以上連署すべき件」(教部省達第40号)。 5475
12月25日	■いくどか会合を重ねた鹿児島県諸郷の警部・巡査・書生ら、この日、牛山郷士族権中警部・園田長輝宅(園田は帰省前)に集まるとされる。 5476

西暦 1876

明治9	12月26日	■内務卿大久保利通、地租軽減の議を建白する。
		■私邸内神仏参詣禁止。
		■鹿児島県諸郷同志者たち、大警視川路利良私邸(空家)で会同、川路の「心得書」なるものが交付されとされる。
	12月27日	■鹿児島県令大山綱良(1825～1877)、東京出張から鹿児島に帰る。
		■川路大警視の内命をうけた警視庁の宮内盛高(鹿児島県士族)ら、鹿児島に到着。
		■天皇、「伊勢神宮へ大勲章等ヲ納メラル、詔」。
		■楠木正行に従三位を追贈。
		■大警視・川路利良、内務卿大久保利通(1830～1878)に直訴して、警部補用銃器としてスナイドル銃2,000挺を購入。
		■大島噴火。

■大警視川路利良(1834～1879)らが、薩摩出身の鹿児島県伊集院郷士族少警部中原尚雄(1845～1914)、牛山郷士族権中警部園田長輝(1855～1912)、出水郷士族権中警部野間口兼一、平佐郷士族権中警部末弘直方(1848～1920)、谷山郷士族権中警部菅井誠美(1849～1931)、根占郷士族権中警部松山信吾、喜入郷士族少警部安楽兼道、士族市来郷権少警部高崎親章(1853～1920)ら21名(人数には異説あり)の警部・巡査・書生を、父母の病気見舞い、賜暇帰省の名目のもと鹿児島に派遣する。この日から29日にかけて出発する。

□川路利良は、内務卿大久保利通から厚い信任を受け、不平士族が「喰違の変」、「佐賀の乱」などを起こすと密偵を用いて動向を探った。薩摩出身の中原尚雄、ら21名の警部・巡査・書生を「帰郷」の名目で鹿児島県に送り込み、不平士族の離間工作を図ったが、中原らは西郷の私学校生徒に捕えられた。苛烈な拷問が行われた結果、川路が西郷を暗殺するよう指示したという「自白書」がとられ、川路は不平士族の間では大久保と共に憎悪の対象とされた。下巻につづく。

□中原尚雄は、弘化2年(1845)10月6日郷士中原正兵衛の長男として伊集院郷下谷口西久保(鹿児島県日置市伊集院町下谷口)に生まれ、雄左衛門と称した。戊辰戦争に兵器方として従軍した後は、東京府の召募に応じて上京し、明治4年(1871)10月20日、府第一大区取締組組頭に任じられる。翌明治5年3月29日の制度改正により、同区小六区の区長(判任官三等)、6月4日同小三区の権区長(判任四等)に任じられるが、7月4日に依願免官となる。しかし、その翌日には第一大区小八区邏卒小頭(無官等)を命じられ、8月12日再び権区長に任じられる。明治5年8月29日に司法省警保寮少警部に任じられるが、西郷隆盛の下野に行動を共にする形で、明治7年1月10月に依願免官となる。無官となった中原は、この年5月に行われた台湾出兵に徴集隊4番小隊半隊長として従軍する。徴集隊解隊後は、再び上京して明治8年8月30日に東京警視庁14等出仕となり、明治9年1月4日に少警部となる。同年10月3日には九州熊本へ出張を命じられ、続いて山口県で「萩の乱」参加者の探索・逮捕と市中の警戒に従事する。同年12月4日、一旦帰庁するが、鹿児島私学校が勢力を拡大しつつある郷里での説得工作のために12月27日東京を出発し、翌年1月11日伊集院に帰着する。奇しくもその同じ日に東京警視庁が廃止されて、警察事務が内務省に移管される。同省内には警視局が置かれ、警視官職制によって大警視以下の職制が定められる。ここで少警部の官等が3等に細分化され、中原も改めて内務省警視局二等少警部に任じられる。(下巻に続く)

明治150年その歩みを知る、つなぐ（前編）　西郷どん、大久保卿、薩摩藩年表帖（中巻）

西暦 1876

12月27日

□**菅井誠美**は、薩摩藩士佐藤夢介の三男として生まれる。明治3年（1870）4月、菅井誠貫の養子となる。

明治6年、家督を相続。その後、新政府に出仕し警視庁に勤務。明治7年（1874）内務省権少警部、警視庁権少警部に任ぜらる。明治10年（1877）12月、同郷の警視庁少警部中原尚雄たちと帰郷し、西郷隆盛らの動向を探索中に私学校党に捕えられる。解放され帰京後、熊本県書記官、宮城県警部長、神奈川県警部長などを歴任。明治26年（1893）1月、三池集治監典獄に就任。看守の服務、囚徒の動作の内規化に尽力し、監獄運営の改善に取り組んだ。明治32年（1899）1月、愛知県書記官に転任。翌年、警視庁警視・総監官房主事を務めた。明治35年（1902）12月、栃木県知事に就任。同年2月の足尾台風による風水害からの復旧に尽力。明治37年（1904）1月25日、愛媛県知事に転任。わずか10ヶ月後の同年11月17日に知事を休職。その後、私立獣医学校長を務めた。昭和6年3月18日、死去。

□**末弘直方**は、薩摩郡平佐郷平佐村（鹿児島県薩摩川内市平佐町）で、薩摩藩士・末弘直温の三男として生まれる。藩校造士館で学ぶ。

慶応3年（1867）9月10日、薩摩藩組頭に就任。その後、役人、半隊長を務めた。明治4年（1871）8月、御親兵の補充として上京し第三大隊一番小隊に編入され、明治5年8月10日、伍長に任官。明治6年（1873）10月、病のため除隊して帰郷。同年11月、鹿児島県に奉職し、二等教授第二十八郷校掛となる。翌年8月、再度上京し警視庁四等巡査に任官。以後、一等巡査、警部補、兼千葉県十五等出仕、少警部、第一局詰、権中警部、二等中警部などを歴任。明治10年（1877）12月、同郷の警視庁警部中原尚雄らと帰郷し、西郷隆盛らの動向を探索中に私学校党に捕えられる。解放され帰京後、二等中警部、権大警部、二等警視補、一等警視補、四等警視兼一等警察使を歴任し、明治16年（1883）2月、警視庁を退職。同年5月、再び鹿児島県に奉職し、菱刈・始良・桑原・囎唹郡長に就任。その後、高城・出水・伊佐・薩摩・甑島郡長、谿山・北大隅郡長などを歴任。明治22年（1889）3月、再び警視庁に転じ三等警視となる。以後、小石川警察署長、小石川町警察署長、第五第六方面監督、二等警視、宮城県警部長、警視庁警視・巡査本部長、同第二部長、同第一部長などを歴任。
明治30年（1897）4月、高知県知事に就任。翌年7月、岩手県知事に転任。岩手県農学校を開校するなど学校の整備に尽力。明治33年（1900）4月、知事を休職。同年10月、香川県知事に就任。明治35年（1902）2月に知事を休職。その後、函館区長（1903年9月〜1904年9月）、小倉市長（1906年5月〜1912年5月）を歴任。大正3年（1914）10月、福岡県遠賀郡八幡町長に就任。同町が市制施行し、大正6年（1917）7月、初代市長に就任し、翌年9月に辞任。大正9年、死去。

菅井誠美

末弘直方

西暦 1876

| 明治9 | 12月27日 | □**高崎親章**は、嘉永6年、薩摩藩士高崎親廣の長男として生まれる。内務省警視庁に入庁。初任は警部補。明治10年同郷の同僚である中原尚雄らと墓参のため帰郷。西郷の私学校から武器・弾薬を勝手に持ち出したため、私学校の生徒らに捕らえられた。父の親広はこの時故郷にいたが、皇軍に抗してはならないと主張（息子に情報を提供したとも）し、西郷軍に殺される。
西南戦争後救出され、順調に出世。地方官を歴任し、明治25年（1892）11月内務省警保局長。その後は知事を歴任。茨城県、長野県、岡山県、宮城県、京都府、大阪府でそれぞれ知事を務めた。大阪府知事退任後、正三位の位階に叙せられ、明治36年(1903)7月15日、貴族院勅選議員となる。のち日本製鋼所代表取締役社長を始め、浪速銀行、大阪城東土地会社などの役員を歴任。明治39年(1906)勲一等旭日大綬章叙勲。明治45年(1912)4月9日、錦鶏間祗候。大正6年(1917)帝塚山学院の初代理事長に迎えられ、大正9年(1920)12月27日現職のまま死去。 |

12月28日 ■「警視庁の宮内盛高、桐野利秋を訪ねる。桐野は私学校党数十人と共に刀剣をあらためていた。宮内はその様を見て、なんのためにそんなことをしているのかと聞いた。利秋は答えた。東京に出て君側の奸を除くのが、目下の急務だ。その予定は既に決まっている。いまさら多言は必要ではない。事を挙げるのは来年である。われらは明年四月に隅田川の桜を見たいものだと思っていると。宮内は黙って桐野家を辞去して、篠原国幹を訪問。篠原も真意を糺すと桐野と同様の返答をした。宮内はさらに私学校党幹部・淵辺直右衛門（群平）を訪ね彼にも真意を聞くと、われらは国家有事のときには義勇奉公に一身を捧げるが、いまの情勢では桐野、篠原のような妄動には出ないといった」。
川路利良の伝記『川路大警視』より。

12月29日 ■鹿児島県、ようやく公債支給を布達。
■宮内盛高、島津家の家令・内田政風(1815~1893)を訪ね、私学校の動静を聞いた。政風は桐野、篠原については言及せず、島津久光と西郷隆盛は暴挙に組しないと断言した。川路利良の伝記『川路大警視』より。

■**太政大臣三条実美(1837~1891)、右大臣岩倉具視(1825~1883)、勲一等旭日大綬章を受章。臣下勲章拝受の始まり。**

■鹿児島県人の警部・巡査、帰県のため東京を発つ。
□しかし「帰郷」は表向きの名目であり、事実は以前から明治政府が警戒していた独立国鹿児島の現状調査や、私学校徒及び西郷隆盛ら私学校幹部の偵察、ならびに旧郷士族の私学校からの離間工作活動のために潜入したとされる。

12月31日 ■華族局（のちの爵位局）を置き、右大臣兼華族督部長岩倉具視を総裁とする。

― ■この年、神道国教化政策により困窮の旧門跡寺院等に対し、宮内省から寺禄を支給し、次いで年金制とする。
□明治8年(1875)京都市内の23の門跡寺院、由緒寺院から知事宛に、寺院の由来、門跡の系譜、土地建物の由来等に関する文書が提出された。23院は、12門跡寺院(仁和寺、妙法院、聖護院、青蓮院、大覚寺、三千院、三宝院、勧修寺、曼殊院、毘沙門堂、実相院、随心院)と、11の由緒寺院(曼華院、大聖寺、宝鏡寺、林丘寺、霊鑑寺、本光院、総持院、光照院、端龍院、三時知恩寺、宝慈院)。明治政府の神道国教政策により寺院は大きな痛手を受けるが、特に門跡寺院や皇室由緒の寺院は、皇室からの保護を失い困窮は激しかった。明治9年(1876)、これら23か寺に対し、寺禄廃止の太政官達が出されるが、同年、寺門永続のため御手許金下賜の制が設けられ、同13年(1880)には寺院維持のための保存金が出された。

		明治150年その歩みを知る、つなぐ（前編）　西郷どん、大久保卿、薩摩藩年表帖（中巻）	

西暦1877

明治10	1月4日	■「減租ノ勅語」（地租減少ノ詔）。天皇、地租軽減の詔勅を発す。	5490
		□「地租改正」。明治政府、地租改正反対一揆に対処、地租を地価の百分の三から百分の二分五厘にする。	
		■警視庁の宮内盛高（鹿児島県士族）ら、鹿児島より東京に帰着。	5491
		「桐野等暴挙に出るべきを信ぜざるを得ず」と報告した。	
	1月5日	■佐々友房（熊本）（1854〜1906）、池辺吉十郎（熊本）（1838〜1877）と共に鹿児島に赴き村田新八（1836〜1877）と会談。	5492
		このとき、村田は西郷を首相たらしめんとの抱負を開陳したという。	
	1月10日	■「皇城御建築御延期」。	5493
	1月11日	■中原尚雄（元薩摩藩伊集院郷士）（1845〜1914）、高崎親章（元薩摩藩市来郷士）（1853〜1920）、同郷の大警視・川路利良（1834〜1879）の許可を受けて久しぶりの帰郷を果たす。中原は、故郷伊集院に帰着した。	5494
		■「教部省並東京警視庁ヲ廃シ事務ヲ内務省ニ付ス（太政官布告4号）。	5495
		「各省中諸寮ヲ廃シ局ヲ設ケシム」（太政官達3号）。	
		□職掌を失った「教部省廃止」、機能は内務省社寺局（内務省省達乙2号）へ移されることになる。	
		■東京警視庁を廃止し、内務省直轄の「警視局」を設置。	
		（太政官布告第5号）（太政官達第15号）。	
		■皇太后（のちの英照皇太后）（1835〜1897）、東京を発し京都に行啓。	5496
	1月16日	■教部少輔を免じられた大久保一翁（1818〜1888）、元老院議官に就く。	5497
	1月17日	■「官国幣社・陵墓営繕事務を社寺局に附属」内務省達。	5498
		■麝香間祇候松平春嶽（1828〜1890）、天皇の奈良・京都行幸の先発として出発する。	
	1月18日	■明治8年（1875）に左右両院が廃止されたが、引き続き存置されていた「正院」が廃止となる。	5499
		■内務卿大久保利通、宮内省出仕木戸孝允と会見、時事を論じ、参議、復職につき懇談する。	
		□木戸は大久保邸に赴き、数々の不満を吐き出した。	
		中でも鹿児島県については、朝威も及ばず、西郷党が県政を牛耳って勝手な事をしている。そのために朝議も豹変して国家の根軸が容易に定まらず国民も不幸を被るのに、なぜ放っておくのか。これ以上鹿児島を特別扱いするべきでは無い、と大久保を責めたてた。この件は大久保の悩み事でもあったので弁解はせず、自らの見解も述べて、二人の会談は7時間にも及んだという。	
		■『太政官日誌』の頒布を中止。	5500
		□通巻1177号で廃刊。その後明治16年（1883）7月の『官報』の創刊までの間は、福地源一郎（元幕臣）（1841〜1906）の「東京日日新聞」が、太政官御用として『太政官日誌』の役割をつとめた。	
	1月23日	■この頃、西郷隆盛は、従僕一人を連れて大隅半島の小根占に狩猟に行く。	5501
	1月24日	■孝明天皇十年式年祭のため、明治天皇御発輦。大和および京都に行幸のため海路神戸に向かう。三条実美、木戸孝允、山県有朋追従。	5502
	1月26日	■権知事槇村正直（山口）（1834〜1896）、二代目京都府知事任官。	5503

西暦1877

明治10	1月26日	■修史局廃止、「修史館」設置。
		一等侍講伊地知正治(鹿児島)(1828～1886)、修史館総裁を兼職。
		■三井物産社長益田孝(1848～1938)、渋沢栄一(1840～1931)と共に借款交渉のため清国へ渡航(借款破約となる)。
	1月27日	■この頃、鹿児島県令・大山綱良(1825～1877)は、一等警部・県第四課長(現在の県警本部長)に中島健彦(広厚)(1843～1877)をして、巡査30人を臨時に採用する。
		□郷士出身の警視庁の人の身辺調査等のためという。
		■東京警視本署を設置(警視局布達甲3号)。全国警察の統一で東京警視庁が解体。
	1月28日	**■私学校本校、各郷私学校に、出陣の用意と早々の出発の旨を通達。**
		■陸軍卿山県有朋(1838～1922)、熊本鎮台に電報で警戒命令を出す。
	1月29日	■「赤竜丸」、鹿児島に入港。
		□政府は、鹿児島県にある陸軍省砲兵属廠にあった武器弾薬を大阪へ移すために、秘密裏に赤龍丸を鹿児島へ派遣。陸軍はスナイドル銃を主力装備していたが、その弾薬は薩摩藩が設立した兵器・弾薬工場が前身である鹿児島属廠で製造され、ほぼ独占的に供給されていた。
		■「西南戦争勃発」。夜、鹿児島の私学校生徒、松永高美(1841～1877)、堀新次郎(1844～1877)ら約50人、鹿児島にあった政府の陸軍草牟田火薬庫を襲い、兵器、弾薬を奪取、草牟田私学校分校に搬送する。
		■明治天皇、京都行在所に到着。
	1月30日	■県庁と磯海軍造船所に通告した政府は、「赤竜丸」に弾薬を積み込み出す。
		■夜、私学校生徒1,000人余、再び、草牟田火薬庫と、磯集成館銃砲製作所、阪元上之原火薬庫等を襲撃、多量の弾薬を奪い荷車等に積んで、諸所の私学校に運ぶ。
		□しかし、私学校徒が入手できたのは、山県有朋や大山巌が重要視しなかった、旧型のエンフィールド銃とその弾薬のみだった。
		■内務卿大久保利通(1830～1878)は、野村綱(鹿児島)(1845～1906)を招き帰省を勧告する。密偵依頼である。
		□大久保は、「暴発の節には、自ずから大小為すところあるべし」と言い、さらに、川路利良が鹿児島へ向けて発した諜者としての警部達の名前リストを野村に渡したという。
		□野村綱は、弘化2年11月19日、砲術家野村好酔(彦兵衛、延綱)の子として鹿児島天神馬場に生まれる。幼少より和学・漢学を修め、のち合伝流兵学、荻野流砲術、渋川流柔術、さらに西洋兵学を学んだ。旧名は与八左衛門。元治元年(1864)11月、物頭として長州征討に従軍し、戊辰戦争では越後から奥州に転戦。明治4年(1871)御親兵の小隊長として東京の市ヶ谷に駐留し、廃藩置県が断行された7月には陸軍中尉に任じられたが、兵制改革に異論があり辞任。鹿児島に帰り、郷学を設けて子弟の教育に当たった。
		明治6年(1873)7月、宮崎県第二大区区長となり、同年9月に宮崎県十三等出仕、10月に宮崎県中属、翌年9月に宮崎県八等出仕に進んだ。この間、明治6年10月に学務専任となり、翌年9月に県立の教員養成・中等教育機関宮崎学校が設けられると校長を兼務。さらに翌明治8年(1875)5月から県学務課長兼庶務課長を務めた。明治9年(1876)8月に宮崎県が鹿児島県に合併され、11月に宮崎学校が廃止されると、元生徒9人を伴って上京。修学の途を講じていた。(下巻に続く)
		■宮内省出仕木戸孝允、病気再発。

明治150年その歩みを知る、つなぐ（前編）　西郷どん、大久保卿、薩摩藩年表帖（中巻）

西暦1877

| 1月30日 | ■私学校幹部の篠原国幹（1837〜1877）・河野主一郎（1847〜1922）・高城七之丞（1847〜1877）ら7名は会合し、小山田郷士谷口登太（1844〜1933）に、中原尚雄（1845〜1914）ら警視庁帰省組の内偵を依頼する。 | 5513 |

□谷口登太は、外城士族で戊辰戦争では中原と共に兵器隊士で、維新後は谷口も警視庁に勤めていた。台湾征討にも従軍していた。西南戦争では、西郷軍三番大隊一番小隊分隊長として出陣。同年8月の西郷軍の可愛岳脱出時に捕縛されたが、戦後の裁判で無罪判決を受けて釈放されたという。後も鹿児島で暮らし、昭和8年に没するまで西郷暗殺計画について何も語らなかったと伝えられている。

■私学校の指示を受けた小山田郷士谷口登太は、夕方、中原尚雄を訪問する。　5514
中原が「西郷隆盛を暗殺せば、必ず学校は瓦解に至るべく、其他桐野篠原の両氏迄も斃候得ば、其跡は至て制し易く、尤西郷には同人知己の事故、面会を得て可刺殺覚悟に候。勿論此人と共に斃候得ば、我身に於いて不足は無之」と語ったとされ、谷口はそのことを私学校幹部に通報する。

□大警視川路利良の命によりこの頃帰郷していた、郷士出身の警視庁の人々（鹿児島の人々からは「東獅子」と呼ばれた）による、いわゆる「西郷暗殺計画」が発覚とされる。中原らが川路利良から与えられた任務は、私学校党の桐野利秋、篠原国幹ら西郷隆盛の股肱の幹部を排除するという目的を与えられたともいう。

| | ■明治天皇、先帝（孝明天皇）の陵に親謁、十年祭を修す。 | 5515 |

| 1月31日 | ■県第四課長（現在の県警本部長）中島健彦（広厚）（1843〜1877）、鹿児島県令大山綱良（1825〜1877）に東獅子の西郷暗殺謀議を報告。 | 5516 |

■夜、私学校加治木分校生徒200人余、三度、鹿児島海軍造船所所属の磯火薬庫を襲い、銃、弾等を奪う。

| | ■明治天皇、京都府庁・博物館へ行幸。 | 5517 |

| 2月1日 | ■政府派遣の汽船「赤竜丸」、鹿児島港脱出。 | 5518 |

■権中警部松山信吾、東京に帰るべく、小根占を出立。

■私学校激派の篠原国幹ら、挙兵を決める。
「今や弦は放たれた。もはや抑えようもなく、今こそ決断の時である」。

■鹿児島県令大山綱良、挙兵準備の軍資金調達に着手。

■大隅半島・根占の平瀬十助宅（現在は西郷南洲翁宿所）に滞在していた西郷のもとへ、末弟の西郷小兵衛（1847〜1877）が来て、暗殺計画探知を急報。

| | ■明治天皇、上京（下立売新町西入府庁前東南角）のアポテーキ（合薬会社）を訪問。 | 5519 |
つづいて中学・女学校・女紅場・牧畜場、翌日は、勧業場、舎密局を訪問、「京都の為この事業に精励せよ」との聖旨を残す。天皇は、さらに集書院も訪問。

329

西暦1877

明治10	2月2日	■鹿児島県令大山綱良は、内務卿大久保利通に、31日の襲撃事件のみ、犯人不明として届出書を書く。	55

■西郷小兵衛は戻り、私学校幹部に西郷の指示を伝達。
私学校の篠原国幹・河野主一郎・池上四郎らが薬掠奪事件を聞き、吉田村から鹿児島へ帰ってきた桐野利秋幹部達が協議の結果、この日、再度、辺見十郎太(1849〜1877)ら3名を派遣。
弾薬強奪事件の顛末を聞いた西郷は、思わず「ちょしもたー」(しまった!)と言い、「いったいお前達は弾薬になんの用がある!」と、ひどく怒ったという。

■在日2期目のアーネスト・サトウ(1843〜1929)、2年間の賜暇を終え、1月に日本に戻る。パークスの命で英国書記官として、この日、鹿児島に到着、ウィリス家に滞在する。

■権中警部松山信吾、正午に出航した横浜行きの汽船三邦丸に乗る。
松山信吾だけが助かった。

	2月3日	■西郷隆盛、武屋敷に帰着。	552

西郷が鹿児島へ帰ると身辺警護に駆けつける人数が増え続ける。
□西郷は、生徒多数を罪人として召し出すか、政府軍に反抗するかの選択を迫られる。

■鹿児島県第四課長中島健彦が巡査百人を指揮して、警視庁が派遣した探偵捕縛を行う。 552
私学校党、鹿児島県下を封鎖。
警視庁二等少警部中原尚雄(元薩摩藩伊集院郷士)(1845〜1914)、他の帰郷中の同僚らと共に私学校生徒に捕えられる。4日、5日と続き7日までに、20名が捕らえられる。

■明治天皇、中学・女学校の生徒・教員に褒賞を下賜(2月8日、諸学校・療病院へ褒賞金を下賜)。 552

■政府、海軍省に届いた鹿児島海軍造船所次長・海軍少佐菅野覚兵衛(千屋寅之助)(1842〜1893)の電報で、私学校党の火薬庫襲撃事件を知る。 552

	2月4日	■西郷隆盛、夜、私学校に入る。	552

■京都の天皇のもとに、鹿児島反乱の報告が入る。 552

■京都と大阪間の鉄道(官鉄)の京都開業式に出席した参議伊藤博文に、開業式が済み次第、帰京するよう、右大臣岩倉具視らから通知がある。
□伊藤は、帰京後、戦費調達のための財源確保などの問題に取り組む。

	2月5日	■警視庁二等少警部中原尚雄を捕え、過酷な拷問により自供を得る。	552

□明治政府は、私学校の徒党は東京より帰省した少警部・中原尚雄らを故意に捕え拷問を加え、西郷暗殺計画自白で挙兵の口実を作ったとした。
□中原は西郷の「視察」と答えたという。私学校生徒らは「刺殺」と捉えたともいう。

明治150年その歩みを知る、つなぐ（前編）　西郷どん、大久保卿、薩摩藩年表帖（中巻）

西暦1877

| 2月5日 | ■私学校で西郷隆盛（1828～1877）、桐野利秋（中村半次郎）（1838～1877）、篠原国幹（くにもと）（1837～1877）、永山弥一郎（1838～1877）、村田三介（1845～1877）などの本校の幹部達と分校の校長などが集まっての評議。5528 |

□当時、鹿児島で警察署長を務めていた野村忍介（1846～1892）は、その席上で次のように発言したことが『西南記伝』の中に出てくる。
「野村忍介は、壮士六百を率い、汽船に乗じて、水路若州小濱に抵り、是より更に京都に入り、闕下に伏して、奏請するに、急に西郷大将を徴し、且つ沿道の鎮台及衛戍に勅し、特に其路を啓かしむるを以てするの議ありし」
さらに、「我が西郷軍が挙兵すれば、必ず政府軍はその東上を押さえにかかるであろう。私はいたずらに戦争を好みはしないが、政府軍が西郷軍の東上を阻止しようとするのであれば、戦わざるを得ない。しかしながら、先に戦略を立てて戦わなければ必勝は得がたい。戦の勝敗の要は、敵の不意を付くところにある。政府軍は必ず西郷軍の進路を妨げる手段に出るだろうから、その虚をついて、決死の兵一大隊を汽船に乗せて、海路若狭の小浜に上陸し、そこから進んで京都に入るべきである。幸いなことに、現在、帝が京都にご滞在なされているので、我が一隊が帝の側にいる奸賊を一掃し、詔勅を請い願い奉り、そこから全国の有志達に対して反政府運動の激を発する。そうすれば、天下の大事はなったも同じである。もし、我が一大隊が全て京都で戦死することになったとしても、薩摩に残る兵隊がその機に乗じて、豊前小倉に出て関門海峡を渡るべし。そうすれば天下の形勢は我が西郷軍に帰することは間違いない」。
しかしながら、結局この野村の提案は受け入れられなかった。
□永山弥一郎は、「政府の陸海軍は整備に入ったばかりで、今兵を挙げれば再び国内に内乱を引き起こす危険性がある。それよりも将来起こるであろう外国との諍いの為に今は備えるべきであり、政府への非を問い質すのであれば西郷・桐野・篠原の三将が数名の供をつれて上京し政府に直に問罪すれば十分」と反対を主張。永山は「征韓論争」の影響で西郷隆盛の下野と行動を共にしたわけではなく、明治8年（1875）5月7日に政府がロシアとの間に結んだ「千島樺太交換条約」の締結に憤りを感じ、抗議の意図をもって官職を辞し、鹿児島に帰郷しており、私学校を運営する幹部達とは一線を画し、距離を置く立場にいた。
□村田三介は、自ら中原尚雄以下一味党与を護送して東上し、政府に裁決を迫るに若かずと提議。
■私学校生徒、造船所等で弾薬の製造を開始。

■大阪・京都間全通して「官設東海道線京都－大阪－神戸間の鉄道全通」。5529

■内務卿大久保利通（1830～1878）は、海軍大輔川村純義（鹿児島）（1836～1904）、内務少輔林友幸（山口）（1823～1907）を鹿児島に遣わし、私学校党の情勢を偵察させる。5530
■川村純義らの鹿児島出張につき東京より神戸に向け、大久保利通は電報を発し、西郷隆盛と面談・説得を主とすべく予め川村純義に注意する。

| 2月6日 | ■私学校本校で大評議が開かれ政府問罪のため大軍を率いて上京することを決する。私学校本校に「薩摩本営」の門標が出され、従軍者名簿の登録が始まった。5531 |

この日、西郷を中心に作戦会議が開かれ、池上四郎の「熊本城に一部の抑えを置き、主力は陸路で東上」する策が採用された。
□明治10年（1877）弾薬庫襲撃事件と中原尚雄による西郷刺殺計画を聞いた、篠原国幹らは、政府問罪の軍もやむなしとし、この日に私学校本校で行われた大評議では出兵に賛成した。

西暦1877

明治10	2月6日	■明治天皇、療病院および癲狂院へ金2,500円、25円をそれぞれに下賜。

■宮内省出仕木戸孝允、右大臣岩倉具視宛に書簡を送る。
□「肥後・佐賀・筑前・土佐・備前・因州・彦根・桑名・会津・庄内ナトハ必饗応難図、其内証跡ヲ得候モノモ御坐候。何卒及一変動候上ハ於東京煽動候モノハ一時ニ捕縛無之テハ不相成事ト奉存候」。鹿児島の情勢は、全国の士族にインパクトを与え、各地に波紋を投げかける可能性を常に有していた。

| | 2月7日 | ■捕らわれた鹿児島県加世田郷士族二等巡査・西彦四郎、同加治木郷士族四等巡査・前田素志、同帖佐郷士族同、高橋為清、同牛山郷士族同松下兼清、同平佐郷士族書生・柏田盛文の5名連名の口述書を出す。 |

□「自分共儀、明治九年九月以来追々警視庁へ奉職罷在り候処、同年十二月警部末廣直方始め其他、鹿児島私学校の者共容易ならざる形勢に因り、探偵方として帰省の段粗ぼ承り、同じく探偵方として帰省致度く存じ、同月二十六日川路利良の内命を受け、同県士族大山勘助へ帰省の願書差出し候処、即刻許可相成り探索等精々心を用い、且つ私学校人員入学志願の者離間いたし候様、其他の儀共は末廣等の指令に従うべき旨承知し、尤も集会に一切関係致さず候事」。
■加世田郷士族書生・大山綱介、加世田郷士族書生・猪鹿倉保、平佐郷士族書生田中直哉ら14名も連名の口述書を出す。
■西郷隆盛(1828～1877)、私学校に招いた鹿児島県令・大山綱良(1825～1877)に、「今般政府へ尋問の筋これあり」と上京の決意を告げる。
そして、政府への上京届や熊本鎮台への通告手続きを一任する。

■明治天皇、一旦、京都を離れる。

■危機感を募らせた内務卿大久保利通は、参議伊藤博文に手紙を記す。
□「誠に朝廷不幸之幸と窃に心中には笑を生候位に之有り候」。「其底位を推し候得は兼而御承知有之通之気質故丁寧反復説諭する流儀に無之、一握に方向を稔ち廻はさせ候例之方便上に出候訳に而決而無名之軽挙をやらかす趣意に無之と信用仕候」(追々話してきた通り、去年までの行きがかり上、止むにやまれぬ事になり今日のような事になったのだろう。鹿児島の挙兵は西郷の本意ではないと信じている)。

| | 2月8日 | ■西郷軍部隊の編成が開始。出兵に際しては池上四郎(1842～1877)が募兵、篠原国幹(1837～1877)が部隊編制、桐野利秋(1838～1877)が各種軍備品の収集調達、村田新八(1836～1877)が兵器の調達整理、永山弥一郎(1838～1877)が新兵教練を担当した。 |

□永山は出兵に賛成しなかったが、桐野の説得で従軍を承知したという。

■県令大山綱良、宮崎支庁長・藁谷英孝(旧延岡藩士族)(1832～1908)を呼んで西郷挙兵を伝達。
□藁谷は、西南戦争で西郷側に属して戦い、8月14日、宮崎で投降、懲役10年の刑をうけた。
■アーネスト・サトウ(1843～1929)、この日、宮崎出張から戻ったウィリス(1837～1894)らと再会し、西郷軍挙兵のあらましを聞く。

| | 2月9日 | ■巡査たちとは別に、内務卿大久保利通が派遣した野村綱(鹿児島)(1845～1906)が、迎陽丸で鹿児島入港。11日まで留め置かれ、午後、鹿児島県庁に出頭。13日には、自白する。「大久保から鹿児島県内の偵察を依頼されてきた」。 |

明治150年その歩みを知る、つなぐ（前編）　西郷どん、大久保卿、薩摩藩年表帖（中巻）

西暦 **1877**

2月9日

■7日、神戸を発した、海軍大輔、海軍中将川村純義（1836〜1904）、内務少輔林友幸（山口）（1823〜1907）が乗船の高雄丸が、鹿児島港内大波戸台場前に投錨。西郷隆盛（1828〜1877）に面会すべく、川村は、県令大山綱良と会談。西郷も面会に応じようとしたが、桐野利秋ら私学校党幹部による妨害もあり不首尾となる。

□川村は西郷隆盛の従弟で、妻・春子（1845〜1930）は西郷の母の姪にあたる。西南戦争を避けるため、この日、高雄丸で鹿児島を訪問し、義父・椎原国幹（与右衛門）（1820〜1899）宅で西郷隆盛と会談する予定だったが、県令大山綱良との事前の話し合いは出来たものの、泳いで高雄丸に乗船しようとする私学校徒たちに危険を感じ、船を桜島沖に退避させたため、**西郷との会談は絶望的となり、鹿児島・東京を結ぶ糸は切れてしまった。**

■皇太后（英照皇太后）（1835〜1897）・皇后（昭憲皇太后）（1849〜1914）、女学校・女紅場・勧業場・舎密局などへ行啓。

村田新八

篠原国幹

桐野利秋

永山弥一郎

333

西暦1877

明治10	2月10日	■川村純義らが乗船の高雄丸、帰途に就く。

■私学校側は、中原の「口供書」写しを県下に掲示する。

■内務卿大久保利通(1830〜1878)は、鹿児島県令大山綱良(1825〜1877)よりの上申書を、右大臣岩倉具視に提出する。

■九州派遣の少警視・綿貫吉直(元柳河藩士)(1831〜1889)が率いる警部巡査700余名、東京を発つ。11日、神奈川丸で横浜出港。
□次いで少警視重信常憲(鹿児島)を長とする900名が福岡、佐賀へ、大警部上田良貞(鹿児島)(?〜1883)、中警部園田安賢(鹿児島)(1850〜1924)を長とする200名が福岡へ増派される。それと共に国内治安を確保するため、東北地方等から5,200名の巡査を徴募して東京の警備に当たらせ、さらに巡査4,000名を徴募して大阪に900名、京都に300名、神戸に1,800名、九州地方に5,900名を増派する。
これら総員9,500名の部隊が「警視隊」である。
□園田安賢は、嘉永3年9月1日、薩摩藩士園田良右衛門の長男として生まれる。戊辰戦争には慶応4年(1868)5月から北陸征討軍に伍長として従軍し、戦傷を受けた。維新後、司法省に出仕し、一度辞職した後、明治4年(1871)10月、東京府取締組組頭となり、さらに司法省大警部となり明治7年(1874)2月に退官。徴集小隊半隊長として台湾出兵に従軍。
翌年6月、警視庁14等出仕として再度、警察官となる。明治10年(1877)4月、陸軍歩兵中尉兼警部として、西南戦争に抜刀隊巡査部隊の長として従軍し、戦傷を受けた。明治15年(1882)4月、石川県警部長に就任し、その後、石川県大書記官。警視庁二等警視兼内務少書記官に異動。明治17年(1884)4月から明治19年(1886)4月まで各国警察の状況視察のため欧米に出張し、帰国後その報告を『泰西見聞誌』として出版。以後、警視庁第三局長、滋賀県書記官、警視副総監兼第三局長などを歴任し、明治24年(1891)4月3日に警視総監に就任。明治29年(1896)6月、男爵を叙爵し、同年9月に退官。明治30年(1897)7月、貴族院男爵議員に選出され明治44年(1911)7月まで在任。明治31年(1898)1月14日、警視総監に再任され、その後、同年11月12日から明治39年(1906)12月20日まで北海道庁長官、宮中顧問官を歴任。その後、帝国国債株式会社社長、朝鮮棉花社長、共生銀行頭取を務めた。大正13年8月7日、死去。75才。

■陸軍卿山県有朋(1838〜1922)、太政大臣三条実美に、作戦計画書を提出。次いで、近衛連隊、東京・大阪両鎮台に出征準備を命じる。
□通信線の構築によって「百方臨機の指令」を実現すべきだと説く。
実際に政府軍は伝令や烽火、速達郵便などに加え、この有線電信を積極的に活用して、情報伝達において西郷軍(その連絡手段は主に伝令であった)に大きな優位性をとることになる。

■私学校の乱に対し、近衛及び東京・大阪両鎮台に出動命令が下る。

	2月11日	■西郷隆盛(1828〜1877)、鹿児島医学校校長兼病院長ウィリス家に滞在のアーネスト・サトウ(1843〜1929)を訪ねる。

□20人近い若者達が西郷を警護し、その言動を監視するかのような異常な雰囲気だったと記録されている。ウィリス(1837〜1894)は、西南戦争勃発で帰国する。

■明治天皇、畝傍山の御陵に親謁。

明治150年その歩みを知る、つなぐ（前編） 西郷どん、大久保卿、薩摩藩年表帖（中巻）

西暦 1877

| 2月12日 | ■西郷隆盛、陸軍大将の資格で、陸軍少将桐野利秋・同篠原国幹の連名で、政府尋問のため東上すること、上京届を大山綱良県令に提出する。 | 5545 |

□「拙者共事、先general御暇の上、非役にして帰県致し居候処、今般政府へ尋問の筋有之、不日に当地発程候間、為御含、此段届出候、尤旧兵隊之者随行、多数出立致候間、人民動揺不致様一層御保護及御依頼候也」。

■受理した大山綱良県令は、政府宛ての届出書と関係府県、鎮台への通知文を部下に起草させる。

□「今般、陸軍大将西郷隆盛ほか二名、政府へ尋問の筋これあり。旧兵隊らも随行、不日に上京の段届け出候につき、朝廷へ届の上、さらに別紙のとおり、各府県並びに各鎮台へ通知におよび候。ついてはこの節に際し、人民保護上一層注意着手におよび候条、篤くその意を了知し、益々安堵致すべく、この旨布達候事。但、兇徒中原尚雄の口述あい添え候」。

■熊本鎮台司令長官陸軍少将谷干城(1837〜1911)は、この日と翌日にかけて、「神風連の変」で戦死した軍人軍属の霊を慰める大招魂祭を、熊本城隣接の練兵場で挙行。 5546

□熊本鎮台の兵卒は、鹿児島、熊本、大分、福岡、長崎の出身の徴兵で、谷干城は土佐だが、参謀長樺山資紀(1837〜1922)中佐、第13連隊長・与倉知実(とも ざね)中佐(?〜1877)など薩摩出身者も多く、士気を鼓舞することが必要と考えた。

■海軍大輔・中将川村純義(すみよし)(1836〜1904)、備後糸崎(広島県三原市糸崎)に寄港、原田中秘史員を尾道に派し、京都の陸軍卿山県有朋(1838〜1922)、伊藤博文(1841〜1909)両参議、東京の内務卿大久保利通(1830〜1878)、陸軍少将大山巌(1842〜1916)、海軍少将中牟田倉之助(佐賀)(1837〜1916)、大警視川路利良(1834〜1879)、熊本の陸軍少将谷干城(1837〜1911)らに、電報で、私学校党の反状、明白なる旨を知らせる。 5547

□西郷隆盛自身の挙兵が明確になった。

園田安賢

横浜港に凱旋した警視隊

335

西暦 *1877*

| 明治10 | 2月13日 | ■募兵、新兵教練が終わったこの日、大隊編制が行われ、歩兵五大隊、砲隊二大隊が決まる。 |

西郷小兵衛（隆盛の末弟）（1847～1877）、松永高美（1841～1877）、辺見十郎太（1849～1877）、河野主一郎（1847～1922）、堀新次郎（1844～1877）の5名が委員となり、隊伍編成がなされ、兵卒200（城下士族30、諸郷士族170）、給養4、ラッパ役1、軍夫20、合計250名を一小隊とし、十小隊をもって一大隊とした。小隊長以下、半隊長・分隊長1名と押伍20人が各小隊におかれた。私学校党軍は、計13,000兵とされる。

□一番大隊指揮長に篠原国幹（1837～1877）、一番小隊長が西郷小兵衛（隆盛の末弟）、次いで二番から六番。

□二番大隊指揮長に村田新八（1836～1877）、一番小隊長が松永清之丞（1841～1877）、二番小隊長中島健彦（1843～1877）。

□三番大隊指揮長に永山弥一郎（1838～1877）、一番小隊長が辺見十郎太、三番小隊長高城七之丞（1847～1877）ら。

□四番大隊指揮長に桐野利秋（中村半次郎）（1838～1877）、一番小隊長が堀新次郎（1844～1877）、三番小隊長野村忍介（1846～1892）、四番小隊長川久保十次（1847～1877）、五番小隊長永山休二（盛武）（1841～1877）。

□五番大隊指揮長に池上四郎（1842～1877）、一番小隊長には河野主一郎が選任され、桐野が総司令を兼ねる。

□一番砲隊長は岩元平八郎恒成（1847～1877）、二番砲隊長は田代五郎。

□淵辺群平（1840～1877）は本営附護衛隊長となり、小隊長蒲生彦四郎、種子島彦五郎の狙撃隊を率いて西郷を護衛することになった。

□貴島清（国彦）（1843～1877）は、貴島隊指揮長。

■右松祐永、鹿児島県第四課長心得に就任。

■「各地方共私報電信被差止」となり、熊本県庁が電報を発する場合も「証拠トナル官印」が必要となる。

■熊本県権令敬明（よしあき）（元小城藩士）（1822～1909）、内務卿大久保利通（1830～1878）に、「鹿児島県下状況報告」を行う。

□大久保は、「ああ、西郷は遂に壮士の為に過られた」と深く歎息したという。

■鹿児島属廠のスナイドル弾薬製造設備が、大阪砲兵工廠に設置される。

■大久保利通の太政官政府に対する痛烈な批判を展開した海老原穆（鹿児島）（1830～1901）、東京で「西南戦争」私学校党に呼応しようとして逮捕される。

□同年12月から1年間収監される。保釈され、大久保利通から親友・西郷隆盛の墓誌、伝記を記すように命を受けたという。

明治34年（1901）6月、横浜で死去。享年73。

■大久保利通、行在所の召により京都に向け急行する。夕刻、横浜から玄武丸に乗船。

| | 2月14日 | ■私学校練兵場で正規大隊の閲兵式。 |

騎乗した西郷隆盛による一番～五番大隊の閲兵である。

■県令大山綱良は、太政大臣三条実美に宛てた届出書や府知事・県令、鎮台司令長官に宛てた通知文を持たせた専使を、この日、出発させる。

しかし、各地でことごとく捕縛される。

明治150年その歩みを知る、つなぐ（前編）　西郷どん、大久保卿、薩摩藩年表帖（中巻）

西暦1877

2月14日	■陸軍卿山県有朋中将、熊本鎮台司令長官陸軍少将・谷干城の報告に答え、攻守いずれの戦略に出るも谷干城に一任し、ただ熊本城の死守を厳命する。 [5553] ■谷干城(1837〜1911)、夕刻から作戦会議。小倉から参じた第14連隊長心得・乃木希典(1849〜1912)少佐も軍議に臨む。守城に決まる。 ■明治天皇(1852〜1912)、大阪英語学校に行幸。 [5554] ■権中警部松山信吾、鹿児島から帰京。その足で権大警部・大山綱昌(1853〜1934)を訪ね鹿児島の状況を口頭で報告する。 [5555] □**大山綱昌**は、嘉永6年11月24日、薩摩国鹿児島郡鹿児島近在西田村で、薩摩藩士大山探賢の長男として生まれる。明治8年(1875)警視庁13等出仕となる。権大警部まで進む。明治10年（1877）陸軍中尉に任官し西南戦争に出征。明治11年12月28日から警視庁大警視川路利良の外遊時には二等警視補として随行。再び渡航して明治14年7月12日に帰国する。帰国後、9月29日に警視庁一等警視補から陸軍憲兵大尉に任じられて陸軍省に転出。次いで、農商務省に移り、権少書記官、書記官、参事官、工務局次長、商工局次長、権大書記官を歴任。 明治29年(1896)8月12日、佐賀県知事に抜擢された。明治36年(1903)2月、山梨県知事に異動。明治38年(1905)9月11日、長野県知事、明治44年(1911)7月4日から大正2年(1913)6月1日まで、岡山県知事。大正3年(1914)4月7日、錦鶏間祗候。大正8年(1919)1月、貴族院議員に勅選され、交友倶楽部に属して活動し、昭和9年10月18日、死去するまで在任した。
2月15日	■「西南戦争、始まる」。西郷隆盛(1828〜1877)が挙兵。 [5556] 西郷軍一番大隊と二番大隊が鹿児島旧練兵場より、50年ぶりという大雪の中、熊本に向けて鹿児島を出発する。一番大隊は西田橋から出、川内・出水経由の西目街道を、二番大隊は大口経由の東目街道を進む。 □西郷や桐野の目論見では、西郷軍が熊本城(熊本鎮台)に殺到すれば鎮台は抵抗しないだろう。そこで鎮台の兵器、弾薬を分捕り、武備を増強した上で、九州中原に進軍し、更に広島を突き大阪を破り、海陸から東京へ進攻という夢のような計画であった。 ■県令大山網良は、西郷軍の軍資と出兵を授ける。 ■西郷隆盛名の熊本鎮台司令長官谷干城宛の書状が送られる。 「拙者儀今般政府尋問の廉有り……」。これは西郷のあずかり知らぬ書状という。 ■西郷軍六番・七番連合大隊は先鋒軍として加治木を進み、先頭は早くも横川着。 □別府晋介(1847〜1877)は、自分が区長の加治木で別に二大隊(六番・七番大隊)を組織してその指揮長になった。副官が仁礼新左衛門景通。 六番大隊長は指揮逸見休蔵(1846〜？)、大隊監軍が袖木彦四郎、小隊長が鮫島敬輔、七番大隊長は指揮児玉強之助、一番小隊長が坂元敬介。 ■陸軍将校の親睦共済団体「偕行社」、設立。 [5557] □陸軍将校の集会所・社交場(将校倶楽部)や一種の迎賓館として東京府九段に集会所(九段偕行社/東京偕行社)が設立された。

337

壱岐島

下関
門司
小倉

大橋

◎福岡

中津

秋月

佐賀
久留米

別府
由布岳
大分
佐賀関

平戸島

多良岳

南関
高瀬
田原坂
植木
百貫石
熊本
木山

山鹿
二重峠
大津

阿蘇山

坂梨

白杵

三重
竹田
佐伯

長崎
茂木

雲仙岳

川尻

御船

小川

三田井
馬見原

長井村
可愛岳
須美江
延岡

三方山

八代
日奈久
佐敷

下島

上島

江代

細島
美々津

長島

水俣
出水

山野
大口

人吉
加久藤

米良

高鍋
佐土原

阿久根

宮之城

横川
蒲生

霧島山
小林

都城

宮崎

甑島列島

川内

八重山
加治木
吉野
鹿児島
桜島

国分

飫肥

志布志

西南戦争九州図地点

明治150年その歩みを知る、つなぐ（前編）　西郷どん、大久保卿、薩摩藩年表帖（中巻）

西郷隆盛

大山綱良

村田新八

永山弥一郎

西郷小兵衛（隆盛の末弟）

辺見十郎太

桐野利秋（中村半次郎）

篠原国幹

神瀬鹿三

宮崎八郎

小倉處平

佐々友房

池辺吉十郎

平川惟一

東胤正

坂田諸潔

島津啓次郎

大島景保

明治150年その歩みを知る、つなぐ（前編）　西郷どん、大久保卿、薩摩藩年表帖（中巻）

有栖川宮熾仁

谷干城

黒木為楨

山県有朋

乃木希典

大山巌

川村純義

野津鎮雄

川路利良

山田顕義

341

西暦1877

明治10

2月16日	■三番大隊と四番大隊が、出発する。 東目街道を進み加治木・人吉を経て熊本へ向かう。

■横浜からの警部巡査700余名、神奈川丸で博多に着く。17日、長崎着。
熊本派遣部隊は、神奈川丸で熊本に向かう。

■明治天皇、大阪より京都に再度還幸。
■未明、神戸に着いた大久保利通は、伊藤博文、川村純義海軍大輔と面談。
伊藤と共に午前9時、京都に着く。直ちに三条実美太政大臣、木戸孝允内閣顧問
と京都御所に会す。
□大久保は自ら鹿児島に往き、西郷隆盛と面接し大義を説かんことを請う。
木戸も鹿児島県の横車に怒り、自ら任にあたることを請う。刺し違えるかもと
懸念の朝議、これを許さず。島津久光と西郷に勅使を派遣することに落ち着く。

■大警視川路利良(1834〜1879)、右大臣岩倉具視(1825〜1883)に面謁、鹿児島で捕縛
された部下の件もあり、自らの現地派遣を懇願。

2月17日	■五番大隊と砲隊が、熊本に向かって出発。 西郷隆盛は、参謀格淵辺群平(1840〜1877)を伴い、砲隊と行を共にした。

□西郷隆盛は朝、和服に袴姿で武屋敷を出て、私学校で陸軍大将の軍服に着替
えたのち、大雪の中を東京に向け出発したという。
□西郷は、大山県令に語ったという。
「大久保とは家族同様にしてきたのだから、自分に疑いがあれば、上京しろと言っ
てくるか、自ら鹿児島に来るか、手紙でもよこすべきだ」と。
■これを見送りに行った桂久武(1830〜1877)は、貧弱な輜重への心配と西郷への
友義から急遽従軍し、西郷軍の大小荷駄本部長(輜重隊の総責任者)となった。

■熊本県権令敬明(よしあき)(元佐賀藩支藩小城藩士)(1822〜1909)、内務卿大久
保利通に「薩人兵器を持し県下に入る」と一報。

■東京にいた小室信介(1852〜1885)、神戸・京都を経てこの日に宮津に戻り、
「天橋義塾」の社員と、西南戦争対応を協議する。

■三条実美(1837〜1891)は、大久保利通、木戸孝允、山県有朋、伊藤博文を集め
善後策を協議。
■太政大臣三条実美、大久保利通及び木戸孝允と共に参朝し、鹿児島出兵及び
勅使差遣のことを決して親裁を仰ぐ。
天皇は、有栖川宮熾仁親王(1835〜1895)を召し勅使を命ずる。

2月一	■この月、西南戦争の開始と共に、京都御所に仮太政官が設置される。
2月18日	■アーネスト・サトウ(1843〜1929)、鹿児島発(九州から脱出)。

■熊本鎮台司令長官陸軍少将・谷干城は、熊本県権令富岡敬明に、西郷軍の進攻
に備え諸隊を配置したことを伝える。
■熊本鎮台、熊本市民に立ち退き令を発する。
■熊本県庁に鹿児島県令大山綱良の書状が鹿児島からの専使により届く。
「今般西郷隆盛外人員上京ニ付」。19日には鎮台にも。

■小倉への帰路に就いた第14連隊長心得・乃木希典(1849〜1912)少佐、福岡まで
戻ったところで熊本入城の命を受け、再び南下する。

■明治天皇、京都梅津パピールファブリック(製紙工場)に行幸。

■東京に、熊本鎮台よりもまた「西郷軍至れり」の電報が入る。

明治150年その歩みを知る、つなぐ（前編）　西郷どん、大久保卿、薩摩藩年表帖（中巻）

西暦1877

2月19日	■士族「佐土原隊」は、総裁島津啓次郎(旧佐土原藩主三男)(1856～1877)、参謀鮫島元(1834～1877)として約200名で結成し、この日、先陣が熊本に向けて佐土原(宮崎県宮崎市佐土原町)を出発。 佐土原隊中陣は、武器調達のため、都城を経て鹿児島に向かう。 □鮫島元は、軍用金が不足しているので、出兵に当って本藩である鹿児島の島津久光・忠義父子に交渉したが断られ、佐土原に帰り「豪富ノ士族等ヨリ募金シ、金千円受取った。その後、佐土原区長所二到リ米塩募リ方ヲ命じ」、5月、桐野利秋より「日向国参軍」を申付けられた。	5572
	■西郷隆盛、桐野利秋、人吉(熊本県人吉市)に到着。	5573
	■熊本電信分局、鎮台内に臨時電信分局を設ける。 ■熊本城は、午前11時40分から午後3時まで原因不明の出火で大小天守などの建物を焼失する。同時に30日間を賄う米その他の食料、城下の民家約千軒が焼失。 ■熊本城に小倉第14連隊の一部、331名が到着する。	5574
	■京都を行在所とする旨布告。 ■天皇、西京行在所二於テ、「征討總督二品親王有栖川宮熾仁同参軍山県有朋川村純義ヘノ勅語」。 □早朝、鹿児島県逆徒征討総督に有栖川宮熾仁親王(1835～1895)、陸軍は山県有朋(山口)(1838～1922)陸軍卿中将、海軍は川村純義(鹿児島)(1836～1904)海軍大輔中将に征討参軍の勅語が出される。カリスマ的指導者である西郷隆盛に対抗して権威のある貴種を旗印として用いるためと、どちらか一方を総司令官にせずに、同じ中将の2人を副官に据えることで、陸軍と海軍の勢力争いを回避した。 ■東京鎮台司令長官陸軍少将野津鎮雄(鹿児島)(1835～1880)を第1旅団司令長官、大阪鎮台司令長官陸軍少将三好重臣(山口)(1840～1900)を第2旅団司令長官に命じ、大阪に総督本営を置いて諸軍を部署する。 □動員されたのは、基幹となる歩兵でみると、第1旅団が東京鎮台の第1連隊第3大隊と大阪鎮台の第8連隊第2大隊、第2旅団が近衛第1連隊の第1・第2大隊と、それぞれ2大隊ずつにすぎなかった。	5575
	■政府の兵員、弾薬、食糧の円滑な輸送のため助成を受けている三菱に対して社船の徴用が命じられる。 三菱は定期航路の運航を休止し、社船38隻を軍事輸送に注ぎ込む。 ■鹿児島県逆徒征討の流言、噂話らの新聞掲載が禁じられる。 ■西南戦争のため電信による私報を停止(～10月5日)。	5576
2月20日	■熊本の少警視・綿貫吉直(元柳河藩士)(1831～1889)から電命を受けた福岡・佐賀派遣警視隊は、福岡県警の協力で警戒網を張り、鹿児島県専使12名を逮捕する。鹿児島県令大山綱良の書類等を押収し、東京の大警視川路利良と京都の内務卿大久保利通に送付する。 □これにより、西郷隆盛が西郷軍総帥として熊本に向かっていることが分かった。 福岡派遣警視隊指揮の権少警視・重信常憲(鹿児島)は、恩ある西郷に敵対できないと帰京を願い出、許される。	5577

343

西暦1877

明治10	2月20日	■日向飫肥士族・伊東直記(元飫肥藩家老)(1835〜1903)、川崎新五郎ら400名余の「飫肥隊」、西郷軍に加わるために出発。19日とも。
		のち、小倉処平(1846〜1877)が100名を率いて加わり、総帥となる。
		■西郷隆盛、桐野利秋、八代(熊本県八代市)に到着。
		■別府晋介(1847〜1877)は、加治木・国分・帖佐・重富・山田・溝辺郷の兵を募って独立大隊(後に六番大隊・七番大隊)を組織し、その連合指揮長となって先発北上した。この日、この大隊が川尻(熊本市南区川尻)到着、ここで熊本鎮台斥候隊と遭遇戦をしたのが西南戦争の実戦の始まりである。
		□別府は大慈寺を本営とし、4月15日撤退時まで、川尻を兵站基地し野戦病院を置いた。
		■少警視綿貫吉直以下の長崎派遣警視隊482名が、この日までに熊本城に入る。熊本鎮台の兵力は、3,515名となったという。
		■熊本民権党平川惟一・宮崎八郎(元熊本藩士)(1851〜1877)ら40数名、夜、保田窪神社へ結集、熊本「協同隊」結成・挙兵。
		■征討参軍山県有朋率いる第1旅団(野津鎮雄)・第2旅団(三好重臣)、博多へ向け神戸港を出港。
		■大分県派遣の豊後口警視隊と長崎派遣警視隊が、東京を発つ。
		□豊後口警視隊には、元会津藩家老・佐川官兵衛警部が所属していたことでも知られる。
	2月21日	■熊本電信分局は焼失、午後3時40分には、熊本鎮台内の臨時電信分局が外部と連絡していた電信線は西郷軍によって切断され、外部との連絡を絶たれた。
		□久留米電信分局が、それに代わる。政府軍は南下に伴って、2月23日には原町、24日には南関、3月9日には船熊、3月16日には木葉、3月29日には山鹿に電信分局を開設し、久留米からの電線を伸ばす。
		■桐野利秋、村田新八、川尻に本営を設置。熊本南方の川尻に集結したその数は、1万3千兵とされる。
		■熊本「協同隊」、出町学校集合、約400名となる。次いで、西郷軍と川尻で合流。
		■熊本に向かう「飫肥隊」、延岡で弾薬2万5,000発分が貸与される。

三好重臣

344

明治150年その歩みを知る、つなぐ(前編)　西郷どん、大久保卿、薩摩藩年表帖(中巻)

西暦1877

| 2月22日 | ■第1旅団(野津鎮雄)・第2旅団(三好重臣)、博多到着。 | 5585 |

■未明、篠原国幹、永山弥一郎、池上四郎ら、相次いで川尻に到着。本営軍議で桐野利秋・篠原らが主張する全軍攻城論と池上・野村忍介・西郷小兵衛らが主張する種々の分進論が折り合わず。しかし、早朝、鎮台に総攻撃に決定する。

■「熊本城包囲」。西郷軍、早朝から熊本城を包囲して総攻撃。
五番大隊は本荘村に布陣して、安巳・明午・子飼の各橋を渡って進撃。四番大隊は花畑に進出、攻撃する。一番大隊と六番・七番連合軍は、西方から猛攻。

■熊本城には、第6軍管鎮台本営がおかれ、歩兵第13連隊が配備されていたが、司令官谷干城少将は、とりあえず小倉分営の第14連隊(司令官乃木希典少佐)に対して本営に合することを命じると共に、籠城策をとって西郷軍を支えながら援軍を待つことに決した。しかし第14連隊のうち開戦までに熊本城に入城し得たのは半大隊にすぎなかった。

■昼過ぎ、西郷隆盛が代継宮(よつぎぐう)(熊本市北区龍田)に到着。

■「向坂の戦い(植木の戦い)」。政府軍一部の植木進出を聞き、午後3時に西郷軍村田三介(1845~1877)・伊東直二(1840?~1908?)の小隊が植木に派遣され、**夕刻、伊東隊の岩切正九郎が、乃木希典(1849~1912)率いる第14連隊の軍旗を分捕る。**連隊旗手・河原林雄太(1848~1877)少尉が戦死したのだ。
□『連隊の魂である軍旗を奪われた以上、天皇に申し訳なく……』、乃木少佐はこの後、幾度か自決を試みようとしたが、回りの兵士に止められ思い止まった。この軍旗事件は、明治天皇に殉死した乃木大将の遺書によって国民の前に明らかになった。現在、千本桜には乃木大佐記念碑が建っている。

■旧藩校時習館の学校党首領・池辺吉十郎(1838~1877)、佐々友房(ささともふさ)(1854~1906)ら「**熊本隊**」(1,300名)、健軍神社へ結集し出陣式を挙げ、「禁闕擁護」を名分として西郷に呼応して挙兵。
□熊本隊は、士族最大党派学校党が中心で首領・池辺は、明治3年藩少参事を辞して私塾をひらき同4年鹿児島に遊学。明治10年でも、学校党の士族らは、攘夷、洋化反対、士族特権復活を唱えていた。

| | ■東京日日新聞社長の福地源一郎(1841~1906)が、軍団御用係の名目で西南戦争に従軍する。3月、慶應義塾在学中の郵便報知新聞の犬養毅(岡山県出身)(1855~1932)が、同じく従軍する。 | 5587 |

□犬養毅は、従軍ルポ「戦地直報」を掲載した。

| 2月23日 | ■「木葉の戦い」。乃木少佐は、早朝から西郷軍北上阻止のため、木葉山の東に戦線を構築。西郷軍は木葉山北まで進出し、乃木隊を攻撃。乃少佐は乱戦の中で馬を撃たれて落馬、部下が身を挺して庇って難を逃れて敗走する。 | 5588 |

しかし、西郷軍は本営からの追撃中止指令に見舞われる。
■「小倉電撃作戦」。
南下政府軍邀撃に戦術を変えた西郷軍、池上四郎(1842~1877)が、小倉に向かうべく、村田三介(1845~1877)ら数箇小隊を率いて出発したが、続々と南下してきた政府軍と田原・高瀬・植木などで衝突し、分散させられ失敗する。

345

西暦1877

明治10　2月23日

■「熊本城包囲」西郷軍、この日も熊本城を総攻撃。
しかし、熊本城は堅城で、城兵の士気も高く、機を見ては出撃し、すぐには
陥ちなかった。
□西郷隆盛は代継神社南方の青竹村に本営を設けたが、「清正公といくさしちょ
るごたる」とつぶやき、桐野利秋は「清正に負けもうした」と言ったといわれる。

■第13連隊長・中佐与倉知実(鹿児島)(？～1877)、前日、西郷軍狙撃兵の銃弾
によって腹部を射ち抜かれ、この日死亡。

□与倉知実は、薩摩藩士。通称は彦八。
明治4年(1871)7月に陸軍大尉、明治5年(1872)8月に陸軍少佐(2番大隊長)、明治
6年(1873)2月に近衛歩兵第4大隊長を経たのち、明治8年(1875)2月、陸軍中佐・
歩兵第13連隊長となった。
明治9年(1876)10月24日の神風連の乱では、自宅を神風連・中垣景澄ら8人の襲撃
を受けるが、妻・鶴子の機転で馬丁を装ってその場を脱出した。その後は大兵営
の歩兵第13連隊を率いて鎮圧をはかった。
しかし、西南戦争で22日、被弾。同じ日、妻・鶴子は女子を熊本城で出産したが、
与倉は翌日死去した。

■西郷軍は、包囲持久策に転じ、主力は北進して第14連隊の熊本城入りを阻止
することに決める。

■馬術師範中津大四郎(1844～1877)らの熊本士族約200余名、久本寺(熊本市子飼)で
「竜口隊」を結成。
□久本寺に本営を置いて西郷軍に糧食を届けて支援、そして、共に転戦する。

■22日に第1陣130人余が編成を完了した「延岡隊」、延岡の名士であった
藁谷英孝(1832～1908)を首領とし、延岡区長を務めていた塚本長民を兵站総長に、
大島景保を小隊長として西郷軍合流のため熊本に向けて出発。
□延岡隊は最終的には旧藩士556人、農兵840人余の合計1,400人余を数えた。

■愛媛県士族武田豊城(元大洲藩士)(1831～1886)ら、徒党陰謀の理由で逮捕される。
□四国宇和島地方でも、西郷軍決起に加担する動きがあった。

■政府、東京・大阪・名古屋3鎮台に令して、第二後備軍を召集。

■右大臣岩倉具視の士族募兵論をうけて、内務省は東京警備のため巡査1,200人
を各県から募集することを申請(27日許可)。
□茨城・群馬・福島・宮城各県からも臨時召募として定員外の巡査2,600名を召募。

2月24日

■西郷軍主力先鋒は熊本北部へ移動を開始。
この日、四番大隊3番小隊長・野村忍助は5個小隊を率いて山鹿制圧に進軍。
六番大隊長・越山休蔵は3個小隊を率いて植木経由で高瀬東の山部田へ進軍して
植木への進路を封鎖。さらに三番大隊7番小隊長・岩切喜次郎は有明海沿いから
小天経由で伊倉へ3個小隊を率いて高瀬へ、熊本隊3小隊も吉次峠を越え伊倉へ
進み、高瀬(熊本県玉名市)へ進軍。

明治150年その歩みを知る、つなぐ（前編）　西郷どん、大久保卿、薩摩藩年表帖（中巻）

西暦1877

2月24日	■**西郷軍は、長期攻囲を熊本城に対し降伏開城を待つ作戦に切り替え、部署を定める。** 5594 ■熊本城は戦闘が始まって以来、外部との通信の術は全て断ち切られていた。熊本鎮台司令長官・谷干城は、本部に密使を派遣する事にした。まず、会計部囚獄課監獄・宍戸正輝を派遣した。宍戸は2、3日身を全うして城に帰った。 宍戸が野津、三好二少将の復書を携え帰り、又高瀬、山鹿方面の両軍の情況、百貫、大津方面の事、熊本県士族の動揺等詳細に報告した。守城将士に取って最も大なる好音であった。征討軍が赴援のため熊本城に近づきつつあることを知ったのである。続いて布田直紀、古堂秀雄の2人が連絡に脱出した。 しかし布田、古堂は、道中で捕まり惨殺される。これを知った谷は、直ちに宍戸に続く第2の使者を送り出すことにした。 ■政府軍部隊の南下が始まり、木葉・植木・田原の戦いが激化し、この日に高瀬方面に向かう第1旅団（野津鎮雄）・第2旅団（三好重臣）が南関に着くと、これに対抗するために、熊本城攻囲を池上四郎に任せ、海岸線の抑えに永山弥一郎を遣わし、桐野利秋（中村半次郎）は山鹿へ、村田新八・別府晋介は木留へ進出し、篠原国幹は、6箇小隊を率いて田原に出張本営を設けた。 ■**西郷隆盛は、祇園社（春日神社）（熊本市西区春日）近くの社司の家に移り、西郷軍本営とした。** ■明治天皇、大阪砲兵工廠行幸。 5595 ■**政府は、「西京行在所第弐号・鹿児島県暴徒征討ノ広告（西郷軍を暴徒として討つ公布）」を発する。** 5596 □大分県は、管内の各警察署に警備中の帯刀を命じると共に、「管内士族強壮ノ者」を集募して「銃刀携帯」を許可する方針を打ち出した。 ■西郷従道（1843〜1902）中将、陸軍卿代理となる。
2月25日	■**政府軍第3旅団（三浦梧楼）、博多に到着。** 5597 ■第1旅団（野津鎮雄）・第2旅団（三好重臣）は、本営を正勝寺（熊本県玉名郡南関町関町）に置く。 5598 ■**「高瀬の戦い、はじまる―2月25日〜27日」。** 熊本鎮台第14連隊（乃木希典隊）は、早朝から空白地帯となっている高瀬（熊本県玉名市）の確保と南下する政府主力軍（第1・第2旅団）との合流を目指し、菊池川を渡って高瀬で防衛線を張る。第1連隊、第8連隊も高瀬着。 ■**「高瀬の戦い」。** 午後4時、伊倉にいた西郷軍岩切喜次郎隊が高瀬大橋を渡りはじめ乃木隊と戦いが始まる。岩切隊は、迫間の乃木隊を圧倒して展開。西郷軍熊本隊も伊倉から進んで菊池川を渡り、繁根木の乃木隊を攻めた。乃木隊は後退したが、応援の長谷川好道（元岩国藩士）（1850〜1924）中佐の4個中隊が駆けつけて対抗。熊本隊は迂回して攻めるも、察知され撃退される。戦闘は日没となって2時間あまりで終了。熊本隊は寺田山、岩切隊は伊倉へ撤退した。 ■**西郷隆盛、桐野利秋、篠原国幹は、「行在所達第4号」で官位褫奪を布告される。** 5599

347

西暦1877

明治10	2月25日	■大警視川路利良(1834~1879)は、京都主張を命じられ、同じく京都に向かう開拓使長官黒田清隆(1840~1900)と共に、横浜で豊島丸に乗船する。 そこには、九州派遣の陸軍少将大山巌 (1842~1916) が、東京鎮台兵一大隊を率いて乗り合わせていた。 □しかし、川路利良の九州派遣は、勅使鹿児島下向のため、取りやめとなる。 ■松平春嶽(1828~1890)、浅草橋場町の真崎邸から小石川邸へ転居する。
	2月26日	■征討総督本営を福岡に移し、この日、鹿児島県逆徒征討総督・有栖川宮熾仁親王(1835~1895)は、博多に到着。

■「高瀬の戦い」。早朝、第2旅団は本営を南関から高瀬の北・石貫まで移動し乃木隊を統合。さらに約1,600の兵で菊池川を渡河。西郷軍は川部田の越山休蔵隊、寺田山の熊本隊、伊倉の岩切喜次郎隊が迎え撃つ。迫間から菊池川を渡った乃木隊約500名、西郷軍越山隊へ攻め込んだ。越山隊は乃木隊のほか知識中隊の攻撃も受けて防ぎきれず、昼頃には木葉へ敗走。さらに第2旅団本隊の約1,000の兵が菊池川を渡河。二手に別れ西郷軍・熊本隊・岩切隊各隊を攻撃。
初め両軍拮抗したが、越山隊を駆逐した知識中隊が、熊本隊側面を攻撃しはじめた頃から岩切隊・熊本隊は、戦線を維持できず、植木・伊倉方面へ撤退。
追う乃木隊は越山隊を追って木葉を抜けて、田原坂まで攻めた。
乃木は、田原坂は戦略上重要と確保のため増援を第2旅団本営へ要請したが、司令三好重臣少将は撤退命令を発し、乃木隊は撤退。他の部隊とさらなる敵の来襲に備えて高瀬の守りを固めた。

■「高瀬の戦い」。夕方、高瀬の政府軍を三面から攻撃することを打ち合わせた、西郷軍篠原国幹、桐野利秋、村田新八の率いる3個大隊の中の精鋭、総勢約2,800が進軍。桐野隊は山鹿経由で高瀬北側より攻め、篠原が植木経由で高瀬の西から、吉次峠から伊倉へ抜ける村田隊は高瀬の南より攻める手はずで進む。

■高瀬の第2旅団はこの時点で南関から後続の部隊も到着し、近衛第1連隊や第8連隊を中核として総勢約4,000。船島(高瀬の北)に旅団本営を進め西郷軍の攻撃に備える。

■西郷軍が熊本城下の要地を占拠。

■熊本鎮台司令長官谷干城、守城の方略並に城中の情況を征討総督に報告。

■未明、熊本城第二の使者・谷村計介は、百姓姿に変装。夜陰に及んで城を出た。本妙寺の裏山に出て、途中、捕縛されたが脱走。27日にも吉次峠(玉東町)で佐々友房の隊に捕らえられたが、「老母を残して来たので、城を脱出した」と命乞いをし、木留の熊本隊本営の人夫として握り飯運びなどをする。4日後、3月1日に脱走。

■朝議、元老院議官柳原前光を勅使として鹿児島に遣わし、島津久光 (1817~1887)・島津忠義(元薩摩藩知事)(1840~1897)に征伐の朝意を奉体させることを決める。

■「当官院省使東京府陸軍大将正三位西郷隆盛、陸軍少将桐野利秋、陸軍少将正五位篠原国幹官編奪被仰出候旨行在所より電報有之候此旨為心得相達候事」。
右大臣岩倉具視。

明治150年その歩みを知る、つなぐ（前編）　西郷どん、大久保卿、薩摩藩年表帖（中巻）

西暦1877

2月27日

■「高瀬の戦い―2月25日～27日」終結。

5607

早朝、西郷軍篠原国幹隊は菊池川東岸・川部田に到着。政府軍は、菊池川を渡っていた先鋒隊が攻め込み対岸から砲兵隊が猛烈な砲撃を浴びせた。篠原隊も政府軍に砲撃で対抗。菊池川を渡河強襲する素振りを見せながら、政府軍を引き付けた。この戦いに政府軍が集中しているとき、午前10時ごろ桐野利秋が率いる3個小隊が高瀬の北・江田村から菊池川を一気に渡り、乃木隊などを圧倒して元玉名に進んだ。桐野隊の攻撃と並んで伊倉から進んだ村田新八隊も、高瀬の南から菊池川を渡って進軍。繁根木の政府軍第8連隊を攻め、篠原隊の別動部隊が大浜津から川を渡り村田隊と合流して岩崎原から猛攻。支えきれない第8連隊は、繁根木あたりの集落に火を放って西郷軍の進撃を阻みながら葛原山へ後退。連携の取れた西郷軍の三面攻撃は、政府軍を圧倒した。

□政府軍第2旅団・野津道貫（鹿児島）(1841～1908)大佐（第1旅団長・野津鎮雄少将の弟）は、桐野隊を阻むため、本営北にある稲荷山占領に大尉大迫尚克（大迫尚敏弟）(鹿児島)の中隊を派遣。稲荷山は南関と高瀬を結ぶ街道の東に山で、政府軍にとって南関との補給路確保、菊池川流域で戦う自軍の背後の安全には、欠かせない場所。当然攻める西郷軍にとっても戦略的に重要な地点である。

西郷軍桐野隊は元玉名・迫間への攻撃に兵をとられ、なんとか1個小隊を向かわせたが、先に政府軍に占領され、桐野隊は二方向からの攻撃を受けることになった。西郷軍と政府第2旅団が高瀬の南北で激戦を繰り返している午後2時ごろ、中央隊を請け負っていた篠原隊が突如撤退を開始した。その理由は弾薬が尽きた為といわれる。

□篠原隊攻撃に当たっていた政府軍各隊は桐野・村田隊への攻撃に加わり、西郷軍優勢の戦況は一気に政府軍優勢に傾いた。政府軍に対抗できなくなった村田隊は、午後4時ごろ菊池川を渡り伊倉へ退却を開始。最後に残った桐野隊も第2旅団と、南関から進軍してきた第1旅団の攻撃も受けて、菊池川を渡り山鹿へ撤退。**こうして三度に渡る「高瀬の戦い」は、いずれも迎え撃った政府軍の勝利に終わった。**

■西郷隆盛の末弟・西郷小兵衛(1847～1877)、**熊本で戦死。31才。**生い立ち等は、上巻P67参照。

5608

□維新後明治2年(1869)春日潜庵に弟子入りして陽明学を学んだ。明治6年、米国に留学、のち、就学のために上京するが、征韓論争に敗れた兄隆盛らと共に帰郷。加世田郷（南さつま市）の副区長に任命される。明治10年(1877)西南戦争に参加して西郷軍第1大隊第1小隊長を務める。作戦会議で熊本城強襲に反対し、鹿児島、長崎で汽船を奪い、二軍に分かれて海路、阪神と京浜を急襲すべしと主張するが容れられなかった。熊本城から転戦、この日の肥後国高瀬河南（熊本県玉名市）の戦いにて、繁根木川を境にして繁根木八幡宮に立て籠もる政府軍大部隊と激戦と展開、堤防上で陣頭指揮をとっていたが、政府軍の銃弾を受けて戦死。遺体は、同県内の託麻郡本山村（熊本市本山）の香福寺に仮埋葬された。薩摩の猛将・逸見十郎太は親友として、その遺髪を西郷家に届けたという。

□『熊本県政資料』の記載によると、明治11年(1878)3月6日付で当時の熊本県権令・富岡敬明が、香福寺があった本山村の戸長に対して出した通達文書の中で「市来政方という鹿児島県士族から、本山村の香福寺内に仮埋葬された西郷小兵衛の遺体を鹿児島に持ち帰って改葬したいとの願いが出され、許可したので不都合のないよう取り計らって欲しい」という内容が書かれていたという。市来政方は、隆盛の妹・琴の四男とされる。

西暦1877

明治10	2月27日	■熊本鎮台軍の城外出撃が始まる。陸軍大尉大迫尚敏（鹿児島）（1844～1927）、草場学校制圧の指揮を取り、顔面を負傷。	56

□**大迫尚敏**は、弘化元年11月15日、薩摩藩士大迫新蔵の長男として生まれる。造士館生徒として学び、薩摩藩5番組として薩英戦争に従軍する。

戊辰戦争従軍の後、明治4年（1871）3月、陸軍に入り御親兵に属す。同年7月少尉・8月中尉と進み、明治6年（1873）2月陸軍省八等出仕、明治7年（1874）8月陸軍大尉を命ぜられる。明治10年（1877）2月から9月まで西南戦争に出征し、熊本城篭城戦に参加。戦中の同年4月に陸軍少佐・熊本鎮台参謀に進む。明治16年（1883）6月、陸軍中佐・歩兵第6連隊長、明治18年（1885）5月、近衛歩兵第1連隊長、明治20年（1887）4月には陸軍大佐に進級し、明治23年（1890）10月、第4師団参謀長、翌年の参謀本部第1局長を経て、明治25年（1892）9月、陸軍少将に進み歩兵第5旅団長に就任。この時、日清戦争が起こり、明治31年（1898）8月まで出征する。その功により明治28年（1895）8月、男爵の爵位を授かり華族に列せられ、功三級金鵄勲章を賜る。その後、職は明治28年（1895）8月参謀本部次長、階級は明治31年（1898）10月陸軍中将に進み明治33年（1900）4月、永山武四郎中将の後任として第7師団長に就任する。第7師団の母体は北海道開拓と防衛を目的とした屯田兵で、師団改編から4年しか経っていなかった。

明治37年（1904）2月に始まった日露戦争では、戦況が芳しくない旅順要塞攻略の為、8月に第7師団の動員が決まった。明治37年（1904）11月～明治39年（1906）2月まで出征。乃木希典大将の指揮する第3軍に組入れられ、二〇三高地の攻撃に当たった。その後も奉天会戦に参戦し明治39年（1906）3月に帰国する。この時の功により同年4月、勲一等、功二級金鵄勲章を賜り、5月に陸軍大将に進む。

明治40年（1907）9月、子爵に陞爵し、同年11月13日、予備役に編入となる。明治42年（1909）4月1日に後備役となる。大正3年（1914）4月1日に退役。大正元年（1912）11月から殉死した乃木希典大将の後任として学習院院長に就任し、同6年（1917）8月まで務める。また東宮学問所評議員となる。昭和2年9月20日、死去。84才。同日付勲一等旭日桐花大綬章受章。

■「佐土原隊」先陣が、熊本に到着。
■「延岡隊」、熊本に到着。

		■坂田諸潔（元高鍋藩士）（1845～1877）ら、高鍋藩福島区で同志を募り、「**福島隊**」はこの日、福島（宮崎県串間市）を出発、西郷軍に合流すべく熊本に向かう。 ■**政府軍は、高瀬に本営を置く。**	561
		■京都伏見の歩兵大津第9連隊第1・第2大隊、西南戦争に出動のため肥後に向かう。3月7日、第3大隊にも出動命令。 □この第1・第2大隊は、名古屋鎮台の第6連隊第1大隊、大阪鎮台の第10連隊第3大隊と共に別働旅団に編成された。	561
	2月28日	■**阿蘇地方で大規模な農民一揆（3,000人）が発生。** □1月上旬、八代郡ではじまり、下旬から2月上旬には、玉名、鹿本、菊池郡などにエスカレートしていた。県下の暴動30件余とされる。	561
		■**政府、内閣行署を大阪に置き、内務卿大久保利通、司法卿大木喬任・工部卿兼法制局長官伊藤博文らと共に出張して征討の機務に当たる。** □木戸孝允は、大阪の内閣行署（出張所）と京都の行在所を往復して激務をこなす。	561

明治150年その歩みを知る、つなぐ（前編）　西郷どん、大久保卿、薩摩藩年表帖（中巻）

西暦1877

| 2月29日 | ■政府軍が鹿児島に上陸したため、園子（西郷吉二郎の後妻）と松子（西郷の末弟・小兵衛の妻）が子供たち全員を連れて、武村の西郷屋敷（武屋敷）から、永吉村（日置市吹上町）坊野の坊野仁太・ヨシ夫妻の家に避難する。 | 5614 |

| 2月一 | ■小室信介（小室信夫の養子）(1852〜1885)・天橋義塾社主小笠原長孝・鳥居晦・天橋義塾社長沢辺正修(1856〜1886)・鹿児島県人有馬純雄（藤太）(1837〜1924)ら10人、国事犯の嫌疑により京都府に拘留される。
□新選組局長近藤勇を越谷まで連行した、**あの有馬藤太である。**
弾正台、司法省官吏を務めて明治政府に出仕。明治六年政変で西郷隆盛が下野したときに辞職し、銀座煉瓦街で代言人の看板を立てる。ともに下野し、彦根で近代教育を志していた大東義徹の私学校視察を後援するなど、県外の有志を積極的に鹿児島の人士と引き合わせた。明治10年（1877）西南戦争に際し、直前まで桐野利秋に私学校沸騰の統制を求めた。大阪で有志を募り、挙兵して、その功で西郷軍に加わろうとしたが、警察に仲間が摘発されて失敗し、有馬も1年ほど拘束された。 | 5615 |
| | ■政府、郵便汽船三菱会社に、軍事輸送船8隻購入の資金を貸与。 | 5616 |

| 3月一 | ■西南戦争が起きると臨時海軍事務局が神戸から長崎に移る。
兵員、軍需品輸送のため長崎輸送局が置かれる（のち陸軍運輸局と海軍運輸局に分かれる）。軍団病院や海軍仮病院が市内に置かれる。 | 5617 |

3月1日	■旧人吉藩士、那須拙速(1806〜1878)、神瀬鹿三(1840〜1877)らの「**人吉隊**」が結成される。一番隊100名が青井神社（熊本県人吉市上青井町）前で、気勢をあげる。	5618
	■「田原・吉次峠の戦い」。政府軍の田原・吉次への同時攻撃、「**田原をめぐる戦い**」が始まる。**この戦争の分水嶺になった激戦である。** 西郷軍の頑強な抵抗によって早くも膠着状態に陥いる。	5619
	■「延岡隊」、熊本北部の有明海岸にある百貫石港を守備。	5620
	■政府軍別働第1旅団、博多に到着。 □大山巌少将に率いられて博多着した別働旅団は解散、第9連隊第2大隊は第1旅団に、同第1大隊は第2旅団に編入される。第3大隊の第3・第4中隊は第3旅団に、第3大隊の第1中隊は第4旅団に編入されていた。	5621
	■**勅使柳原前光**(1850〜1894)、**参議兼開拓使長官陸軍中将・黒田清隆（鹿児島）**(1840〜1900)副使を従えて、黄竜丸で神戸を出港し、鹿児島に向かう。 護衛と任務執行部隊として広島鎮台丸亀営所歩兵第十二連隊長・黒木為楨（鹿児島）(1844〜1923)以下一大隊半1,052名と警視隊四個隊1,350余名。 また、海軍少将艦隊指揮官・伊東祐麿（鹿児島）(1832〜1906)率いる筑波、龍驤、清暉、春日の4艦が派遣されることが決定する。 □任務は、島津父子の勅書伝達の他、西郷軍軍事施設の破壊、西郷軍が鹿児島で製造している銃砲弾薬類の接収、県令大山綱良のご用召し、無実の警視庁二等少警部中原尚雄らの身柄受領等であった。 □勅使柳原前光には、旧福岡藩主黒田長溥(1811〜1887)や島津氏家令奈良原繁(1834〜1918)が、黒田清隆副使には陸軍大佐高島鞆之助（鹿児島）(1844〜1916)、開拓権大書記官安田定則（鹿児島）(1845〜1892)など10数名が随行した。	5622

| 3月2日 | ■鹿児島県一等属兼1等警部・右松祐永が、少警部中原尚雄(1845〜1914)らを、西郷隆盛暗殺謀議罪で鹿児島県裁判所検事局へ送致する。 | 5623 |

西暦1877

明治10	3月2日	■熊本城第二の使者・陸軍伍長谷村計介(1853〜1877)、ようやく高瀬(玉名市)の第1旅団本部に達するも、ボロをまとった姿に、今度は西郷軍の密偵と疑われ捕縛、船隈の政府軍本営に連行される。幸いにも、佐賀の乱の時に上官だった旅団参謀山脇大尉によって嫌疑が晴れ、司令長官少将・野津鎮雄(鹿児島)(1835〜1880)に熊本城内の状況を報告。援軍の確保に成功した。また、計介は西郷軍の情勢を野津少佐に報告。これによって政府軍を勝利に導いたとされる。
		■勅使柳原前光ら、博多着、有栖川宮総督に拝謁。 川村純義参軍より戦況の説明を受ける。
	3月3日	■熊本「協同隊」総隊長・平川惟一(元熊本藩士)(1849〜1877)、高瀬の戦い、車坂の戦いにおいて熊本県山鹿市鍋田口付近で流弾に当たり、この日死去。29才。
		■「田原・吉次峠の戦い」。 政府軍は優勢な火力を頼んで一挙に攻勢に出、各所に西郷軍を破って前進。 思わぬ苦戦の報に、一番大隊長・篠原国幹らは、植木の西郷軍出張本営(吉次越から南東約2kmの仁連塔神社)から援軍を引き連れて駆けつけた。 薄暗い曇天の下、両軍は一進一退の激闘を繰り広げた。
	3月4日	■「人吉隊」一番隊約100名が出陣。

西郷隆盛

明治150年その歩みを知る、つなぐ（前編）　西郷どん、大久保卿、薩摩藩年表帖（中巻）

1877

3月4日

■「田原・吉次峠の戦い」。一番大隊篠原国幹（1837〜1877）、吉次越の戦いで戦死。享年41。生い立ち等は、上巻P48参照。

■この日早朝、政府軍第2旅団の野津支隊が悪天候を利用し、北九州から熊本へ至る際の脇道とも言うべき吉次本道から西郷軍の奇襲を試みた。これを受けた篠原は、村田新八と共に川尻からの増援部隊を基幹として反撃に出た。
篠原は左翼隊三ノ岳中腹から、村田は半高山からそれぞれ官軍左翼を攻撃。
このとき、同郷の出身で元部下の近衛歩兵第1連隊第2大隊長・江田国通（1848〜1877）少佐は、濃霧と雷雨の中、赤裏の外套をひるがえし、銀装刀を揮い、陣頭に立って部隊を指揮する篠原の姿を前方に認めた。すぐさま江田少佐は射撃の上手い兵に赤裏の外套を目印として狙撃を命じ、弾を数発受けた篠原はその場に崩れ落ちた。
篠原を失った西郷軍は、復讐心から逆に戦意を高め、江田少佐を斃し、官軍を原倉まで退けた。

□篠原国幹は明治2年（1869）鹿児島常備隊がつくられたとき、第2大隊の隊長となった。藩が御警衛兵を派遣した際には第2大隊・第3大隊の一部（計400名、6ヶ月詰）を率いて上京し、翌年鹿児島へ帰った。明治4年（1871）西郷隆盛が常備隊（5,000名）を率いて上京した際には、その一部を率いて従った。明治政府がこの兵を御親兵に組み入れ、「廃藩置県」を強行したことはよく知られている。
篠原はこのときに陸軍大佐に任じられ兵部省参謀局勤務。後に陸軍少将に昇進し近衛局出仕を兼ね、従五位に叙せられた。
明治6年（1873）征韓論が破裂して西郷が下野すると、近衛長官の職を投げ打って鹿児島へ帰った。「陸軍士官、相去るもの此の如きに於ては、慮なき能はず。但だ篠原少将の在るあり、桐野等去るも、猶未だ憂ふるに足らず」（元鹿児島藩士・種田政明）と存在自体が高く評価されていたので、この帰国は政府・軍関係者に大きな衝撃を与えた。
明治7年（1874）桐野利秋（中村半次郎）・村田新八らと共に鹿児島に私学校を設立し、その監督となり、青年子弟を養成した。明治8年（1875）鹿児島県令大山綱良の依頼により西郷が主に私学校党から区長・副区長を推薦したときは、池上四郎らと共にその人選に関与した。

□碑文『明治10年（1877）3月4日、西郷軍一番大隊長篠原国幹は、緋裏の外套をまとい、銀装の大刀をおびて、率先陣頭に立って戦闘の指揮をとっていたが、顔見知りの同郷の後輩、近衛歩兵第1連隊第2大隊長江田国通少佐の指示する狙撃にあい東上の雄図空しくこの六本楠の地にて戦死した。一方狙撃を指示した江田国通少佐もまた、報復の念に燃える西郷軍の銃弾によって戦死、西郷軍の猛撃により、官軍は高瀬に敗退した。この戦闘は激しく、この日官軍が撃った小銃弾は数十万発だったといわれる。この日以後官軍は吉次峠のことを「地獄峠」と呼んだ』。

■日頃から「お冬〔おっとう〕どん」と呼び、信頼していた西郷隆盛は、遺体を前に落胆、激しく涙し悲嘆にくれたという。

西暦1877

明治10　3月4日

■「田原・吉次峠の戦い」。**江田国通**(くにみち)(1848～1877)、戦死。

□嘉永元年9月6日生まれ。薩摩藩士。薩英戦争、戊辰戦争で活躍。明治7年陸軍少佐。西南戦争に近衛歩兵第1連隊第2大隊長として出征。この日、熊本吉次峠で西郷軍の篠原国幹を射撃上手の者達に狙撃を命じ、数発で倒すが、敵弾にあたり戦死。

■熊本城第2の使者・谷村計介(きちじとうげ)(1853～1877)、田原坂の戦いに伝令として従事し戦死。享年23。

□**谷村計介**の亡骸は宇蘇浦の官軍墓地に葬られ、郷里の宮崎県東諸県郡倉岡村(現在の宮崎市大字糸原)にも墓が建てられた。田原坂公園の一角には、谷村計介戦死の地の碑が建てられた。残された家族は村人によって冷遇された。糸原地区で西郷軍に加わった者62名に対して、政府軍に入隊したのは計介を含めて、わずか2名。実兄の祐光も西郷軍に加わっており、除隊願いを出したが、陸軍によって許可されなかった。計介も本心は西郷軍に入隊したかったという。

□明治15年(1882)谷干城自身の発案で谷村計介の紀功碑を建立することとなり、翌年、3月2日、靖国神社境内に建立された。これを機に谷村の功績を再評価する声が高まり、大正13年(1924)2月11日には、東宮裕仁と久邇宮良子との婚儀を祝して従五位が贈られた。また、谷村の功績は「ちゅうくんあいこく」(忠君愛国)と題して第1期国定教科書に載った。同内容は昭和7年(1932)まで掲載された。尋常小学校3年の唱歌も明治38年(1905)に作詞、作曲されたという。

■木葉で征討総督有栖川熾仁親王督戦の中、昼夜間断無く続く「**田原坂の戦い**(たばるざか)──**3月4日～20日**」が、はじまる。

霧が立ち込める中、密かに行動を開始した政府軍は、朝6時頃、野津鎮雄少将の本軍は中央隊を田原坂正面へ、左翼隊を鈴麦から田原へ、右翼隊を二俣台に向けて、一斉に攻撃する。田原坂は高瀬より熊本に通じ、大砲や荷馬車の通過できる唯一の道であり、西郷軍はここに陣地を設け、政府軍の南下を阻止した。

□第一戦は、田原坂下にある県下一古い「豊岡眼鏡橋」からであった。政府軍はこの坂を一気に駆け上がって攻略しようとしたが左右に高い土手や、正面の雑木林から姿の見えない西郷軍兵が銃撃、退却しようとすると前後に回り込んで切り倒されたという。凹道の威力であった

■夕刻、政府軍支軍の指揮官・野津道貫大佐は、吉次方面からの退却を決断。地獄峠と呼ばれる程の多大な損害を政府軍は受けたという。
以後政府軍はしばらくの間、攻撃方面を田原坂一本に絞ることとなった。

「鹿児島新報 田原坂激戦之図」小林永濯画、明治10年3月

西暦 1877

3月5日	■熊本陣中の西郷隆盛、有栖川熾仁親王が征討総督に任ぜられたのを聞き、この日、大山綱良県令に宮宛書簡を送ることを依頼する。鹿児島裁判所二級判事補・吉本祐雄（高知）（？～1884）が、使者として長崎にもたらした。
	■「田原坂の戦い」。政府軍は主力を田原坂本道への攻撃に移し、本道の左右より攻撃。しかし、攻略ならず。
	■先に、大分県は「管内士族強壮ノ者」を集募して「銃刀携帯」を許可する方針を打ち出した。政府から中止が発令された。
3月7日	■海軍少将伊東祐麿（鹿児島）（1832～1906）率いる春日艦、鹿児島港に入り、水兵を磯造船所へ上陸させ、小銃弾薬製造機械類を押収。西郷軍に徴用された元職員、人夫らは、艦が近づくと全員、逃亡した。伊東祐麿は、訪れた鹿児島県の一等属兼1等警部・右松祐永に、近日、勅使下向を伝える。
	■西郷軍、熊本城砲撃。
	■「田原坂の戦い」。本道からの強行突破をあきらめた政府軍は、田原坂西方向側にある二俣台を占領。ここに砲台を築き田原の丘の西方陣地を砲撃したあと、谷を渡って兵が攻撃、この日以後、丘の西側で激戦が展開された。
	□兵器に優れた政府軍の攻撃に陣地を奪われた西郷軍は、夕方より夜、夜明け前の抜刀切り込みを政府軍占領地にかけ、奪われた陣地を取り戻すという展開が続いた。
	■天皇、「慰労酒饌下賜ノ詔」。有栖川熾仁親王に賜う。

有栖川熾仁親王

西暦1877

明治10	3月8日	■7日長崎を発した勅使柳原前光、海路鹿児島に着し、玄武、黄竜は、磯の島津忠義邸前に投錨。筑波、龍驤、清暉、金川、玄海の艦船が続く。 ■黒田長溥（元筑前福岡藩の第11代藩主）(1811～1887)、島津氏家令奈良原繁（鹿児島)(1834～1918)は、上陸して島津父子に勅使下向の大意を説明、忠義は黄竜に参謁して、勅書を受け取る。 □旧藩主が反乱軍の味方をするものではないことが明らかとなり、県令を失った県庁も次第に弱腰となって行く。

■元鹿児島藩都城領主島津氏の家臣・東胤正(1834～1877)、約250名で「**都城隊**」を**結成して出兵**。

■西郷軍、昼夜、熊本城砲撃。

■大阪内閣行署の参議伊藤博文、久留米電信分局に、陸海軍による通信を除いては、征討軍または県令の検査済の印がなければ通信を許さない旨、命じる。

	3月9日	■島津久光(1817～1887)は、使者をもって邸内で勅旨を受けたいと申し出る。

■勅使柳原前光、1等警部・右松祐永を黄竜に呼び、造船所・弾薬製作所の処分、鹿児島県逆徒征討令布告、西郷・桐野・篠原の官位褫奪、外国人引揚げ、県下帯刀禁止等を伝える。

■激しい拷問を受けた警視庁二等少警部中原尚雄（元薩摩藩伊集院郷士)(1845～1914)ら20名、他に反私学校の川上親晴(1855～1944)ら15名が、海路にて鹿児島に入った勅使柳原前光の護衛隊に救出される。
□川上親晴は、安政2年5月23日、加治木島津家臣で書役を務める川上正兵衛の長男として生まれる。私学校に入学したが、東京留学禁止問題で反発、そして軍事教練一辺倒とその閉鎖性に嫌気がさし退学する。その際に生徒の自主性を理解しない西郷隆盛に罵倒され、故郷で村八分となったという。この日解放されて上京、明治10年(1877)4月18日、警視庁に就職、警部補に任官。沖縄県十等警部、大阪府十等警部を経て、明治15年(1882)8月、石川県に転じ、警部補・高岡警察署詰となる。以後、金澤警察署長、石川県警察本署第二部長、第一部長、行政部長、警務課長などを歴任。明治20年(1887)1月、内務属に転じ警察練習所勤務となり、さらに第四高等中学校幹事を務める。翌年1月、栃木県警部長に就任し、警視庁水上警察署長、小川町警察署長、奈良県警部長、京都府警部長を歴任。明治32年(1899)4月、三重県書記官に転じ、以後、山口県・愛知県・熊本県の各書記官、警視庁官房主事などを務めた。
明治38年(1905)12月14日、富山県知事に就任。その後、明治42年(1909)7月30日和歌山県知事、明治45年(1912)1月6日第三大京都市長を歴任し、大正元年(1912)12月21日、第三次桂内閣の際に警視総監に就任。大正3年(1914)4月28日、熊本県知事となる。大正5年(1916)10月5日、貴族院勅選議員に任じられ、明治2年引退して加治木に帰った。同成会に属し、昭和19年5月12日、90才で死去するまで在任した。その他、熊本県観聚館（物産館）長、各県地方森林会議員、農工銀行管理官などを務めた。

■高鍋区長・武藤東四郎(1830～1905)、柿原宗敬ら、この日、約700名で「**高鍋隊**」を**結成**。旧藩主第3子・秋月種文(1844～1877)も、軍事世話係として参軍する。

■「田原坂の戦い」。政府軍、横平山を抜く。

■**大山巌**(1842～1916)陸軍少将、別働第1旅団司令長官に補任される。

明治150年その歩みを知る、つなぐ（前編）　西郷どん、大久保卿、薩摩藩年表帖（中巻）

西暦1877

3月9日	■3月初旬に領内に入った元熊本県知藩事細川護久（1839～1893）、この日から戦場を避けつつ、人心鎮撫のために各地を回る。 そして4月20日に北岡邸に入り、27日避難先から戻ってきた妻子と再会する。 □細川護久は、大名華族の旧領下向の魁となった。	5647
3月10日	■勅使柳原前光（1850～1894）、副使黒田清隆（1840～1900）、島津久光（1817～1887）に面会。 ■勅使柳原前光、県令大山綱良（1825～1877）に「ご用召し」を伝え、大山は覚悟して出頭する。	5648
3月一	■島津久光・島津忠義は、上書きして「特に法廷を設け、西郷隆盛、大久保利通、川路利良らを対決せしめ、奏任官以上の陪審に付し、西郷隆盛暗殺事件の真相を明らかにし、然る後、征討せられんこと」を請う。	5649
3月10日	■村田新八（1836～1877）は、大山巌の出軍を知り、政府軍捕虜に託して手紙を送る。「戦場に出てきているという噂が本当ならば、昨年君が帰県した時に言ったことと反し、俗吏と交際してあの時の気持ちを忘れてしまったとはひどすぎる。また、陸軍大将の西郷が別紙（中原などの口述書）質問のためにこの地に至った趣旨が届いていないのか、不審だ。よって鹿児島県令の各県及び鎮台への告知の一書を副えてこの者を還すので、よく考えて欲しい」。15日、大山に届いたという。	5650
	■西郷軍が鳥巣村の守備を固める。	5651
	■内務卿大久保利通（1830～1878）の依頼にて一等侍講兼修史館総裁伊地知正治（鹿児島）（1828～1886）は、鹿児島県乱後、撫育見込書を送る。	5652
	■公家華族・五条為栄（1842～1897）らと「報国社」を結成した、同鷲尾隆聚（元愛知県令）（1843～1912）、挙兵した西郷隆盛の意図を探るべく鹿児島に下向し、島津久光と共に西郷の説諭にあたりたいと建言。13日、東京において拘留される。	5653
3月11日	■島津忠義（1840～1897）、同珍彦（1844～1910）、勅使宿舎に参謁、勅答書を提出する。	5654
	■「田原坂の戦い」。政府軍第2旅団、田原坂総攻撃を行うも、失敗。	5655
3月12日	■勅使柳原前光、鹿児島を発し長崎経由で帰途に就く。 県令大山綱良および警視庁二等少警部中原尚雄らを「黄竜」で護送する。 副使黒田清隆は、鹿児島城下に一兵も残さず、「龍驤」で発つ。	5656
	■村田三介（1845～1877）、山鹿の鍋田の戦いで戦死。33才。 □村田三介は、弘化2年、薩摩に生まれる。明治6年、西郷隆盛下野で陸軍少佐を辞し、同9年には菱刈区長を務める。同10年西南戦争では西郷軍小隊長として出陣。熊本県北部の植木で政府軍を破り、乃木希典率いる第14連隊の軍旗を奪う活躍をしたという。妻は軍旗問題で苦労した。と言うのは官軍乃木隊の軍旗を伊東隊の岩切正九郎が奪った後、村田三介に渡したが、村田の戦死した時、形見みたいな形で村田の妻に預けた。奪われた軍旗探しに躍起していた政府軍は妻を問い詰める。抵抗したが「子供を殺す」と脅され結局渡さざるを得なかったらしい。妻はその後、福岡で暮らす。	5657
3月13日	■「熊本城籠城戦―段山の戦い」。 開戦以来、城内を苦しめていた攻囲西郷軍最大の拠点・段山（熊本市中央区段山本町）を熊本城兵が、2日間に渡る戦いで勝利占領する。 □西郷軍は、井芹川、坪井川をせき止め、熊本城下は、城を残して泥海と化した。	5658

357

西暦1877

明治10	3月13日	■「田原坂の戦い」。西郷軍の抜刀切り込みに手を焼く政府軍は、元士族の警視庁巡査に志願させ「警視庁抜刀隊」を編成。

□白兵戦や占領地の防衛に、警視庁抜刀隊は大きな戦力となる。
□田原坂の戦いにおいて、西郷軍による斬り込み攻撃により帝国陸軍では死傷者が続出した。数に勝る帝国陸軍において人員の大多数を占める鎮台の兵は、主に徴兵令によって徴兵された平民で構成されており、士族中心だった西郷軍との白兵戦に対応しにくかった。こうした状況下による事態を打開すべく、薩摩士族を中心に全国の士族で構成され、帝国陸軍の隷下で別働第3旅団の隊号を持ち後方支援を行っていた警視隊の、川畑種長大警部（鹿児島）、上田良貞大警部（鹿児島）、園田安賢中警部（鹿児島）らが、征討参軍山県有朋陸軍中将（山口）に対し、田原坂近辺を担任していた植木口警視隊から剣術に秀でた者を選抜して投入することを上申した。徴兵令の主唱者である山県にとって、彼らの力を借りることは不本意であったが、結局これを許し、自ら隊号を選んで「抜刀隊」と命名し、110余名をもって第一次抜刀隊が編成された。

■「黄竜」が長崎に寄港。警視庁二等少警部中原尚雄ら計57名は、下船を命ぜられ、長崎県警に引き渡される。
□内務卿大久保利通は、「西郷隆盛暗殺事件」は自分の身上に関係することであり、この事件をもって、私学校党挙兵の名義となって蜂起したのであるから、中原尚雄以下を糾問してその真相を世に発表すべきであると主張した。
■副使黒田清隆は、勅使柳原前光と共に鹿児島に入り情勢を見分、鹿児島城下の静穏を考え、西郷軍を背後から衝くことを長崎より電奏建言。

| | 3月14日 | ■「田原坂の戦い」。 |

田原坂に警視庁抜刀隊が登場、西郷軍堡塁4ヶ所以上を占拠する。

■朝議、決し、開拓使長官黒田清隆（鹿児島）（1840～1900）を参軍となす。
「兵隊、巡査隊ヲ率イ肥後海ヨリ賊背征討ヲ委任」するとの命を受け、陸軍大佐高島鞆之助（鹿児島）（1844～1916）が、勅使警護兵5個中隊を率いて黒田の指揮を受けることとなった。

| | 3月15日 | ■「田原坂の戦い」。 |

横平山の激戦を制した政府軍は、北側の立花木付近の丘の上に進出、田原坂の重要な補給路植木街道にせまり、これを分断するほどになった。

■前日、鹿児島を発ち長崎に着いた高島鞆之助、黒田清隆衝背軍の指揮を受けるよう征討参軍山県有朋（1838～1922）より電命を受ける。
■長崎諏訪公園にて、東京、横浜に次いで九州初の第3回内国勧業博覧会を開催。
□会期100日の予定が西南戦争のため6月22日で中止。
■長崎大浦外人居留地に「海軍仮病院」を設立。

| | 3月16日 | ■西郷軍、西郷隆盛の身を案じ、本営を祇園社（春日神社）近くの社司の家から二本木町（熊本市西区二本木）鳥井方に移す。 |

■衝背軍として、中将黒田清隆を参軍、陸軍大佐高島鞆之助を別働第2旅団（後に別働第1旅団に改称）の司令長官心得とし、勅使警護兵5個中隊と警視隊4隊を加え総計4,000名の兵力をもって編成される。

■警視庁二等少警部中原尚雄（1845～1914）ら、名護屋丸で長崎を出港、18日、神戸到着。19日、汽車で大阪に向かう。

明治150年その歩みを知る、つなぐ（前編）　西郷どん、大久保卿、薩摩藩年表帖（中巻）

西暦1877

3月16日	■陸軍中佐・山川浩（1845〜1898）、神戸表出張仰せ付けられる。 26日、征討軍団参謀に仰せ付けられる。
3月17日	■神戸に上陸した前鹿児島県令大山綱良（1825〜1877）の官位を剥奪し、東京への護送を決定。
3月18日	■警視隊、二重峠（阿蘇）で戦闘。 ■警視第1方面第1分署の署長（一等大警部）・佐川官兵衛（元会津藩家老）（1831〜1877）、豊後口第二号警視隊副指揮長兼一番小隊長として従軍し、熊本県阿蘇郡での黒川口の戦いで被弾、戦死する。享年47。 ■別働第2旅団、長崎出港。
3月19日	■政府衝背軍はこの日未明、艦砲射撃に援護されて黒木為楨中佐（鹿児島）（1844〜1923）率いる二個大隊と警視隊500名が、日奈久（球磨川河口八代の南）の3km南方に位置する州口の浜に上陸、八代まで進撃し橋頭堡を築いた。続いて高島鞆之助（鹿児島）大佐（1844〜1916）らも八代西方海岸・日奈久に上陸する。 二方面から八代方面から熊本の西郷軍の背後を衝く作戦である。 ■この報を受け西郷軍は、南下軍を編成し、永山弥一郎（1838〜1877）が迎撃軍の司令官に志願し、川尻（熊本市南区川尻）から進発。 ■大警視川路利良（1834〜1879）、陸軍少将兼大警視に任命される。 翌日、別働第1旅団司令長官に補せられ、九州出張を命じられる。 □八代に上陸した川路利良は、改めて別働第3旅団司令長官に就任する。 ■大阪で中原尚雄（1845〜1914）ら21名以外の35名は、解放される。 内務卿大久保利通は、同県人の窮状を黙示できず、二百円を贈るという。
3月20日	■「八代方面の戦い」。 永山弥一郎率いる南下軍前衛3中隊と政府衝背軍と宮原・鏡付近で遭遇、鏡・宮原・立神において3月25日にそれぞれが攻略されるまで戦闘が続いた。 ■「田原坂の戦い─3月4日〜20日」終結。西郷軍、政府軍総攻撃の「田原坂の戦い」で敗北。北九州から熊本へ至る際の本道、田原坂を政府軍に奪われる。 □夜中から続いた大雨のあと、深い霧の中を午前5時、政府軍は音を立てずに西郷軍陣地に近づいた。通常、政府軍は夜明けの後、進軍の合図と共に攻撃を開始していたが、この日西郷軍守備兵が安心しきって熟睡していた午前6時、霧の中から号砲3発の合図と共に、突然攻撃を開始した。陣地は混乱状態となり、逃げ出す兵が続出、眠りの覚めぬ兵や逃げ遅れた兵は、銃剣でことごとく刺し殺された。攻撃開始からわずか4時間で柿木台場を陥落した政府軍は、その足で田原坂本道方面で政府軍の総攻撃を防いでいた西郷軍本隊の背後から攻撃を仕掛け、西郷軍本隊も敗走、こうして田原坂本道も陥ちることとなった。 ■「高鍋隊」、多くの戦死者を出す。5月、隊を再建、「鎌攘隊」と改めて、各地を転戦する。 ■太政大臣三条実美、右大臣岩倉具視に、大山綱良、中原尚雄ら21名の東京護送と臨時裁判所開設を連絡する。17時、その三菱郵便船が東京に向けて神戸出港。 ■鹿児島裁判所が長崎上等裁判所に移される。

5668
5669
5670
5671
5672
5673
5674
5675
5676

西暦1877

明治10	3月21日	■「植木・木留の戦い—3月21日〜4月14日」はじまる。
		■三浦梧楼（山口）(1847〜1926) 少将の第3旅団、山鹿を占領。西郷軍は鳥巣、隈府などに布陣。
		■田原坂を追われた西郷軍は、植木東部から向坂に至る険要に拠る。
		■参軍黒田清隆 (1840〜1900) 中将、歩兵1個大隊半と警視隊500名を率い、この日、奈久に上陸。
		□3月19日上陸の先遣隊は「別働第2旅団」となり、別働第1旅団を名乗り田原坂戦線に投入された大山巌少将の部隊は、「第4旅団」となる。
		■政府、山口裁判所四等判事・岩村通俊（高知）(1840〜1915)を鹿児島県令に任じ、人身鎮撫窮民救助のことを督励する。
		■別働第1旅団司令長官・川路利良（鹿児島）(1834〜1879)、西京丸で神戸を発ち、長崎に向かう。
	3月22日	■参軍黒田清隆中将、奈久を発し、八代経由で宮原（熊本県八代郡氷川町宮原）着。
		■勅使柳原前光、右大臣岩倉具視宛に書簡を送る。同じ旧参議でありながら西郷隆盛というカリスマを担いだ西郷軍は「江藤・前原ノ比ニアラサル」敵である。
		■中原尚雄ら21名、横浜着、汽車で新橋停車場に至る。
		□東京での居所を告げ、中原尚雄らはようやく拘束を解かれ、居住地の戸長預かりの身分となる。
	3月23日	■「植木・木留の戦い」。政府軍は植木・木留を攻撃し、一進一退の陣地戦に突入。24日にも再び木留を攻撃し、25日には政府軍は植木に柵塁を設け、攻撃の主力を木留に移した。
		■熊本城兵、日向先・京町（宮崎県えびの市）へ出撃。
		■宗像神社（上京区御苑内）を、府社に列格。
	3月25日	■西郷軍、鹿児島で追加徴兵を始める。
		□山鹿・田原が陥落し、私学校生徒の戦死が相次いだため、3月上旬、別府晋介(1847〜1877)、辺見十郎太(1849〜1877)、淵辺群平(1840〜1877)らは、西郷軍本営の命で鹿児島へ帰った。
		■各地の鎮台兵を率い、山田顕義（山口）(1844〜1892) 率いる別働第3旅団、警視隊を率い川路利良(1834〜1879)率いる別働第1旅団が八代に上陸する。川路はあらためて「別働第4旅団司令長官」となる。
		□衝背軍兵力は倍増する。山田は、八代で黒田参軍、高島中佐らと会し、本営を八代塩屋町慈恩寺に置く。
		■西南戦争に、越後の高田士族259人応募する。以後4月25日までに長岡士族80人、新発田士族471人など従軍願が続出する。
	3月26日	■「小川方面の戦い」。午前7時、別働旅団の進撃が開始され、小川（熊本県宇城市小川町）にて激戦が展開された。結局、この日の内に小川は政府軍に占領され、永山弥一郎指揮の南下部隊は松橋まで後退。
		■「熊本城包囲戦」。西郷軍は白川瀬田堰を止む。

360

明治150年その歩みを知る、つなぐ（前編）　西郷どん、大久保卿、薩摩藩年表帖（中巻）

西暦1877

3月27日	■「熊本城包囲戦」。水攻めで熊本城下の川氾濫。熊本城兵は牧崎京町へ出撃。	5691
	■「福岡の変」発生。福岡藩士族500名弱が、西南戦争を起こした鹿児島士族に呼応し決起、翌日未明には西新町の紅葉八幡宮に集合、襲撃に出発した。	5692
3月28日	■衝背軍は、大山巌少将の別働第1旅団の変更に伴い、それまでの別働第2、第3、第4旅団は、それぞれ別働第1、第2、第3旅団と改められる。 同日付で、高島鞆之助（鹿児島）(1844〜1916)大佐は、少将に昇進する。	5693
	■「福岡の変」。福岡県士族・越智彦四郎(1849〜1877)、武部小四郎(1846〜1877)ら、西郷呼応軍を編成して福岡城を襲撃するも城兵に敗北する。	5694
	■東京で、前鹿児島県令大山綱良(1825〜1877)の審問が始まる。 □4月19日まで10回の審問があったという。	5695
3月29日	■長崎大音寺に、第1分遣長崎軍団病院が置かれる □のち18の寺院と83の民家にも軍団病院宿舎が置かれる。	5696
3月30日	■「植木・木留の戦い」。政府軍主力は三ノ岳の熊本隊を攻撃。	5697
	■「松橋付近の戦い」。 この日から31日にかけて松橋（熊本県宇城市松橋町）において、西郷軍永山弥一郎指揮下の部隊と、高島鞆之助少将の別働第1旅団と山田顕義少将の別働第2旅団が激突。川路利良少将の別働第3旅団は、娑婆神峠を攻撃した。	5698
3月31日	■「松橋付近の戦い」。衝背軍により、正午頃には松橋は陥落。 参軍黒田清隆(1840〜1900)中将は、本営を小川駅（熊本県宇城市小川町川尻）に移す。	5699
	■「植木・木留の戦い」終わる。政府軍、半高山、吉次峠を占領。 □4月2日、木留をも占領し、西郷軍は辺田野に後退し、辺田野・木留の集落は炎上した。	5700
	■西郷を慕う増田宋太郎（福沢諭吉の再従兄弟）(1848〜1877)を中心とする中津士族「中津隊」64名が、西郷軍に呼応して決起。 中津城内の大分県中津支庁を襲い、武器弾薬を奪い中津城は炎上。4月1日〜2日、大分県庁を攻撃。	5701
	■明治天皇、大阪の陸軍病院に西南戦争の傷病兵を親問。	5702
	■アーネスト・サトウ(1843〜1929)、勝海舟(1823〜1899)と会う。 勝はパークスの西南戦争仲裁を望む。	5703
4月1日	■別府晋介(1847〜1877)、辺見十郎太(1849〜1877)、淵辺群平(1840〜1877)らは、新募の兵1500名（第九、第十大隊）を率いて北上、この日には人吉に集結した。 □新募の徴募隊は、10,000名だったという。	5704
	■「宇土・堅志田・緑川の戦い」。 別働第1、第2旅団、午前7時宇土町（熊本県宇土市）に突入占領する。 □永山弥一郎指揮下の薩摩南下軍は「宇土の戦い」にも敗北し、宇土を占領され緑川まで後退した。この後暫く、緑川を挟んで政府衝背軍とにらみ合いを続けた。	5705
	■別働第3旅団、甲佐に退却した西郷軍を追撃して堅志田を占領。	

西暦1877

明治10	4月1日	■植木で村田新八長男の岩熊(1858～1877)が戦死。19才。

□**岩熊**は、安政4年、薩摩藩士村田新八の長男として生まれる。幼少の頃より
優秀で、将来を嘱望されていた。維新後、開拓使留学生としてアメリカに渡り
米軍の海軍兵学校に通う。鉱山学を学んだという。明治9年(1876)故郷薩摩の
風雲急を知りすぐに帰国。西南戦争に従軍する。西南戦争最大の激戦となった
田原坂で勇猛果敢に戦う。父新八は岩熊が伝令として木留に来た際、「お前は年
少だが陣頭に立って奮戦せよ」と叱り、岩熊はその言葉通りに前線に出て戦死し
た。新八は、岩熊が幹部の息子だから特別扱いされていると見られたくなかっ
たという。「雨は降る降る人馬は濡れる、越すに越されぬ アラ田原坂 右手に血
刀左手に手綱、馬上豊かな アラ美少年」と歌われた民謡「田原坂(豪傑節)」の
馬上豊かな美少年のモデルであるといわれる。

■大分県庁は政府軍に救援を求めたが満足な救援が得られず、この日、県内の
杵築・日出・鶴崎で士族を急募。55名を「臨時巡査」に採用し警視隊・県所轄巡査隊
と共に守り抜いた。
2日、増田宋太郎ら「中津隊」は、諦めて西郷軍に合流するため大分を去る。臨時
巡査は、4月3日に中津隊が去るまで召集された。

	4月2日	■西郷軍新募兵、八代反撃敢行するも失敗。

■参軍黒田清隆中将、別働第3旅団を3個大隊に編成し、第1、第2、第3大隊と
呼称するよう命じる。本営を松橋に移す。

■中津士族の反乱に続き宇佐郡敷田村(大分県宇佐市)で一揆が起こる。翌日には
下毛郡・国東郡に拡大。学校・吏員住宅・富農・富商への放火・略奪・破壊をくり返
して暴徒化。別府の警視隊・県所轄巡査隊が鎮圧に出動したが手に負えず、県庁
は一時的に杵築士族を雇って投入し鎮圧する。さらに警戒のため30名の臼杵士
族と20名の鶴崎士族を「臨時仮巡査」とし、続けて大分・中津の警備に配備した。

■征討総督の下に九州臨時裁判所を福岡(のち長崎)に置き、元老院幹事河野敏
鎌(高知)(1844～1895)を裁判長とする。

	4月3日	■**「宇土・堅志田・緑川の戦い」。別働第3旅団、「堅志田の戦い」**(熊本県下益城郡美里町)

に奮戦勝利し、西郷軍を追撃、緑川を渡り甲佐岩下町の西郷軍本営天野屋を占拠。
西郷軍は、水越から御船へ退却した。この時「佐土原隊」は、多くの戦死者を出した。
□甲佐は西郷軍の後方基地で、鉄砲弾薬の製造所が置かれていた。
■別働第3旅団第2大隊長の国分友諒(鹿児島)(1837～1877)、熊本県下益城郡中央
村堅志田で、戦死。41才。
□**国分友諒**は、鹿児島城下上城ヶ谷(鹿児島市長田町)に薩摩藩士・国分一郎右衛門の
長男として生まれる。諱は友諒、初称は新太郎、又荘之丞。明治元年(1868)
奥羽戦争に小隊監軍を務めて転戦。明治4年(1871)官徴募東京府下邏卒に応募、
弟2人を含む藩士千人を率いる。次いで東京府権大属なる。明治5年、進大属、
邏卒権総長、大警視兼司法権中検事などを歴任。明治7年、ポリス騒動で7月14日、
辞職して帰郷。明治7年台湾之役、徴集兵指揮副長として従軍。再び上京して
警視庁八等出仕、同8年、任権少警視、叙正七位。明治10年西南戦争では、巡査
数百人を率いて、肥後八代に上陸。
同年3月には、陸軍少佐に任じられ、別働第3旅団第2大隊長に任ぜられた。

■別府晋介(1847～1877)は、辺見十郎太(1849～1877)と共に、人吉から球磨川を下っ
て八代を攻め、政府軍を南北から挟撃しようとした。

明治150年その歩みを知る、つなぐ（前編）　西郷どん、大久保卿、薩摩藩年表帖（中巻）

西暦1877

4月3日	■太政大臣三条実美、「九州地方国事犯賊徒処刑」については、征討総督有栖川熾仁親王に委任すると達す。	5714

4月4日
■「第一次八代戦」(熊本県八代市)。
辺見十郎太と別府晋介の西郷軍別働隊が人吉方面から八代に来襲し、山田顕義の別働第2旅団分遣隊を粉砕するなど、坂本村を奪還し、政府衝背軍の更に背後を衝く動きもあったものの、政府軍の増援部隊に進軍を阻まれ、6日、別府、辺見ともに撤退する。別府晋介は足に重傷を負って人吉に退いた。
5715

■政府、壮兵1万人を募集。まず山口・和歌山二県に募る。旧近衛兵を山口県で徴募。
5716

4月5日　■「植木・木留の戦い」。政府正面軍、本営にて軍議。
5717

4月6日　■「第一次八代戦—萩原堤の戦い」。
「九州のルソー」と呼ばれた宮崎八郎（自由民権運動家の熊本協同隊）(1851〜1877)が被弾し戦死。26才。
5718

□協同隊は、川尻(熊本市南区川尻)で西郷軍に合流、桐野利秋の下、共に政府軍を相手に戦う。

4月7日　■黒川通軌(元伊予小松藩士)(1843〜1903)指揮の新設の独立旅団、八代に上陸。
5719

■「宇土・堅志田・緑川の戦い」。政府軍、緑川の戦いで勝利。西郷軍は、川尻に後退。
5720

■西郷軍第3大隊10番小隊長・深見有正(深見休八)(1842〜1877)、熊本で戦死。36才。
5721

□深見有正は、直心影流を学び深見流を開いた深見有安の養子で、養父同様に一般的に深見休八で知られる。本家筋の深見龍之進家から分家筋にあたる休八家の養子となり、家督を相続。当初は養父の門人にあたる前田龍五郎の後見を受ける。島津忠義の小姓や二の丸稽古所の剣術師範(17人の一人)を勤めた。
また、明治5年(1872)6月に明治天皇が、随行西郷隆盛と共に鹿児島に行幸した際に、剣術を天覧に供したという。

4月8日
■「第一次八代戦」。
西郷軍、八代急襲するも政府軍の反撃に遭い、坂本村付近まで戻される。
5722

■「植木・木留の戦い」。辺田野方面は激戦となり、政府軍は、木留と植木のほぼ中間地点にある荻迫柿木台場を占領。
5723

■池上四郎(1842〜1877)が「安政橋口の戦い」(熊本市中央区九品寺)で敗れる。
政府衝背軍と鎮台の連絡を許すと、西郷軍は腹背に敵を受ける形になった。
5724

■「福島隊」の坂田諸潔(元高鍋藩士)(1845〜1877)、この日、熊本で負傷。
高鍋に帰って療養にあたる。
5725

■「熊本城包囲戦」。
籠城兵は城攻囲を受けて50日余、この日、城外の政府軍と連絡を通す。突囲作戦で西郷軍の残した大量の糧米も確保し、奥保鞏(元小倉藩士)(1847〜1930)少佐、一大隊を率いて進撃し宇土の衝背軍本営に合する。
5726

■京都府、西南戦争のため壮兵を募集。士族平民を問わず、旧藩において軍役に服した者で40〜17歳の藩医の志望者を優先。
5727

西暦 **1877**

明治10	4月9日	**■黒田参軍より屯田兵出征の内命がある。**	57

□屯田兵は、元鹿児島藩士の本部長堀基(はりもとい)(1844~1912)准陸軍大佐以下出動総数645名で、その構成は本部(堀基准陸軍大佐、17名)、第1大隊(大隊長永山武四郎(鹿児島)(1837~1904)准陸軍少佐、大隊付8名)、第1中隊(中隊長門松経文(?~1877)准陸軍大尉、244名)、第2中隊(中隊長家村住義准陸軍大尉、239名)、輜重(隊外・八等属上野正、70名)、砲廠(隊外・一等属新納栄隆、55名)、小繃帯所(隊外・九等属中野春海、12名)というものであり、この中には民間人約130名が含まれていた。屯田大隊は、別動第2旅団(山田顕義少将)の傘下へ配属された。

	4月10日	**■政府衝背軍、総攻撃を12日と定める。**	57

■内務卿大久保利通(1830~1878)、書を大蔵卿大隈重信(1838~1922)に送り、熊本県兵燹羅災者(戦火による被災者)に、150万円の救助を要求する。 57

■伊藤博文、大久保利通に山口の近衛兵の集まりが悪いと手紙で報告する。 57

	4月11日	**■「第一次八代戦」。西郷軍、八代急襲。**	57

■熊本鎮台司令長官・谷干城少将、段山の砲台から敵情視察中、銃弾を受け、負傷。 57
□その後、谷干城(高知)(1837~1911)が軍団病院に入院すると、前線の指揮は、第2旅団参謀長・野津道貫(鹿児島)(1841~1908)大佐が執る。

	4月12日	**■「植木・木留の戦い」。西郷軍は最後の反撃。**	57

■午前5時、7日に上陸した黒川通軌陸軍大佐(司令長官代理)率いる新設の独立旅団を加えた政府衝背軍4個旅団は、ついに緑川渡河を開始。高島鞆之助少将の別働第1旅団は隈庄から御船方面の白旗山・辺場山へ向かい、川路利良の別働第3旅団は甲佐から御船を目指し進撃した。山田顕義の別働第2旅団、黒川通軌の独立旅団が緑川から川尻を攻略するため進撃を開始した。

■「第一次御船の戦い」。西郷軍、政府衝背軍に破れ、御船(熊本県上益城郡御船町)を失う。その御船の戦いで、西郷軍三番大隊指揮長・永山弥一郎(1838~1877)は、砲弾の破片を浴びて足腰に重傷を負い、熊本二本木本営に後送された。

■「第二次八代戦―4月12日~17日」。辺見十郎太(1849~1877)の西郷軍第九大隊、淵辺群平(1840~1877)の第十大隊、八代を衝くべく球磨川に沿って進撃開始。 57

■「東京大学創立」。専門学校の東京開成学校と東京医学校が合併して東京大学(東京帝国大学の前身)となり、日本で初めての近代的な大学が設立される。

	4月13日	**■正面軍の迂回作戦実施部隊として、別働第5旅団が編成される。** **旅団長は、陸軍少将大山巌であった。**	57

□保田窪の戦いが終了した4月21日に解団、別働第4旅団に合す。

■「第一次御船の戦い」。政府衝背軍の別働第2旅団、別働第4旅団の先鋒隊、緑川を越え、川尻(熊本市南区川尻)の西郷軍を撃破、同所一帯を占領。 57

	4月14日	**■「植木・木留の戦い―3月21日~4月14日」終結。**	574

川尻を失ったと知った西郷軍は、熊本城攻囲軍、政府正面軍の南進を阻止していた植木、荻迫方面の全軍に指示して、木留本営から木山(熊本県上益城郡益城町木山)に退き本営とする。桐野利秋は、殿となり二本木で退却軍を指揮した。
のちに西郷軍は、中隊に再編成し人吉に移動。

明治150年その歩みを知る、つなぐ（前編）　西郷どん、大久保卿、薩摩藩年表帖（中巻）

西暦1877

4月13日

■永山弥一郎（1838～1877）、戦死。40才。自ら火を付け自刃したという。
撤退を勧めに来た荷駄掛（輜重司令）の税所左一郎に介錯を頼んだともいわれる。

□永山は、天保9年、永山休悦の第1子として薩摩国鹿児島郡荒田村に生まれる。
名は盛弘、通称は弥一郎という。弥一郎は茶坊主として初出仕し、万斎と称した。
弟の永山休二（盛武）（1841～1877）も西南戦争に従軍したが、3月11日、田原坂で
政府軍を迎え撃ち、円台寺山で討ち死。弥一郎は若くして勤王の志を抱き、
これに奔走した。文久2年（1862）有馬新七らに従って京都に上り、挙兵に荷担し
て失敗（寺田屋騒動）したが、年少であるという理由で処罰を免れた。
慶応3年（1867）京都詰となり、陸軍で教練に励む一方で、中村半次郎（桐野利秋）
らと市中見回りをした。
戊辰戦争のときは、城下四番小隊（隊長は川村純義）の監軍として「鳥羽・伏見の
戦い」に参戦。次いで東山道軍が大垣、池上、内藤新宿を経て白河に進撃すると、
四番小隊の監軍として白河攻防戦で戦い、白河城陥落後は棚倉に転戦。
棚倉戦で重傷を負うも復帰。会津若松城下、十六橋の戦いに参戦する。

明治2年（1869）鹿児島常備隊がつくられたときには、大隊の教導となる。
明治4年（1871）御親兵を派遣した際には、西郷隆盛に従って上京し、陸軍少佐に
任じられる。しかし、ロシアの東方進出を憂えた弥一郎は、身を以て北方経営
に当たらんと考え、志願して開拓使出仕に応じ、北海道に赴いた。
明治6年（1873）征韓論で西郷が下野し、近衛の将校が大挙して退職したときも、
彼らと行動を共にせず、北海道開拓次官・黒田清隆の下で、同年11月14日、右大
臣岩倉具視に提出された北海道の屯田兵創設における建白書に他3人（永山武四
郎、時任為基、安田定則）と共に連名している。

明治8年（1875）軍に復して陸軍中佐に任じられ屯田兵を率いたが、政府が樺太・
千島交換条約を締結したことに憤激して、職を辞して鹿児島へ帰った。
永山の考え方は必ずしも私学校党と同じではなく、政府在官者を無能とはせず、
大久保利通や川路利良らに対し一定の評価をし、在官者は日々進歩していると
説き、私学校党に与しなかった。この当時私学校派が幅を利かせていた薩摩に
おいて新政府を擁護することはかなりの勇気のいることであった。ただし過去
の抜群の軍功と勇敢さによって、批判を受けることはなかったとされる。

明治10年（1877）、中原尚雄（1845～1914）の西郷刺殺計画を谷口登太から聞いた
高城七之丞邸の会合に弥一郎も同席し憤激したが、出兵するか否かを決した
私学校本校での大評議では大軍を率いての上京については反対の態度をとる。
結果として西郷の率兵上京が決定されたが、弥一郎は反対の意思を崩さず、
出兵に応じなかった。これに対し最初、辺見十郎太が説得したが不調に終わり、
仲が良かった桐野利秋の熱心な説得で漸く同意した。結果、弥一郎は三番大隊
指揮長となって、10箇小隊約2,000名を率いた。

■「第二次八代戦」。
西郷軍第九、第十大隊、衝背軍分遣諸隊の守線に猛攻撃。政府軍に援軍が投入
され、西郷軍・政府軍共に引かず、4月17日まで攻防が続く。

西暦1877

明治10	4月14日	■大山綱良県令が逮捕されてのちのこの日、鹿児島県庁大書記官・田畑常秋(鹿児島)(1828~1877)は、官位を褫奪され、後事を鹿児島県第四課長・右松祐永に託して自死する。50才。	57

■大山綱良県令が逮捕されてのちのこの日、鹿児島県庁大書記官・田畑常秋(鹿児島)(1828~1877)は、官位を褫奪され、後事を鹿児島県第四課長・右松祐永に託して自死する。50才。
□田畑常秋は、薩摩に文政11年8月生まれる。元鹿児島藩士。通称は平之丞。維新後、鹿児島県大書記官となる。大山県令の下で、心身を労しながら職責を忠実に果たしていた。県下の米も衣料も残り少なくなり、県庁の金庫も底を尽き、県官に払う俸給も出せない状態だった。県令大山綱良が逮捕されると県令代理となり、なんとか、西郷軍に食糧、兵器などを供給。新県令岩村通俊の着任をきき、この日、自刃。

■「第一次御船の戦い」。熊本進行の政府軍が去り、西郷軍が御船を占拠。 57

■「西郷軍、熊本城から撤退」。西郷隆盛は、村田新八、池上四郎らと木山に退く。 57
■「熊本城連絡達成」。
夕方、政府衝背軍別働第2旅団右翼指揮官・山川浩(元会津藩士)中佐率いる東京鎮台宇都宮分営兵一大隊ら700名が、南方より熊本城に入城する。西郷軍の攻囲を受けてから54日であった。翌日には、城北方の西郷軍も撃破する。

■麝香間祇候・松平春嶽、西南戦争勃発に伴い福井に書状を送り、志願兵募集に積極的に応じるよう督励する。

	4月15日	■西郷隆盛、木山で軍議に出席。全軍が退却を始める。	57

■衝背軍参軍・黒田清隆(1840~1900)中将、別働第1、第2旅団を率いて、一戦も交えることなく熊本城入城。別働第3旅団川路少将が夜になって入城する。 57
■参軍黒田清隆、使いを高瀬の総督本営に急派。
■独立旅団がこの日をもって別働第4旅団と命名され、旅団長心得黒川通軌陸軍大佐が川尻を発して熊本城入城、午後6時川尻に帰陣する。

■内務卿大久保利通、4月5日付、別働第3旅団川路利良少将の八代口戦況報告を、 57
太政大臣三条実美に呈す。

	4月16日	■正面軍征討参軍山県有朋(1838~1922)中将、熊本城入城。	575

■正面軍征討参軍山県有朋(1838~1922)中将、熊本城入城。
大山巌、野津鎮雄、三好重臣各少将らも入城する。
■征討総督本営が、高瀬から熊本鎮台に移転される。久留米電信分局からの電線を熊本城内に引き入れて鎮台内からの通信を再開する。
■別働各旅団の部署指示を終えた参軍黒田清隆中将は、征討総督有栖川宮と太政大臣三条に対し、北海道開拓使の本務に戻りたいとする電文で、参軍の解任を申請する。

	4月17日	■「第二次御船の戦い」。	575

■「第二次御船の戦い」。
参軍山県有朋の許可も得て、綿貫吉直警視以下の籠城警視隊は、熊本鎮台司令長官谷干城代理の第2旅団参謀長・野津道貫(1841~1908)大佐の指揮を離れ、別働第3旅団川路利良少将指揮下となり、熊本の南60キロの御船に向かって進軍。しかし、優勢な西郷軍に破れ兵を収め、翌日、堅志田に入る。

■「第二次八代戦—4月12日~17日」終結。政府軍は、古麓の西郷軍を前後から 575
攻めると共に、警視隊に西郷軍の右翼を付かせる作戦が成功して政府軍が有利となり、西郷軍は、八丁山、小川に向けて敗走。別働第4旅団参謀・山地元治(高知)(1841~1897)中佐は、小川・婆婆堂の西郷軍を攻め、午後5時、小川を占領。さらに進軍、西郷軍は、球磨川を渡り神瀬方面に逃散した。

明治150年その歩みを知る、つなぐ(前編)　西郷どん、大久保卿、薩摩藩年表帖(中巻)

西暦 1877

4月17日	■熊本城の征討参軍山県有朋が、盟友西郷隆盛に「自決勧告」の手紙を送る。　5753 □西郷の手元に届いたかは不明。
4月18日	■九州臨時裁判所長崎出張判事・中島信近よる西郷軍降伏者らの判決がある。　5754 ■西郷軍との戦いの大勢定まり、この日、内務卿大久保利通は、大阪から京都　5755 に帰る。 ■京都豊国神社で初の神幸祭挙行。 □藩祖である藩祖黒田孝高、蜂須賀正勝を大名にまで引き立てたのは豊臣秀吉 であった縁から、旧福岡藩主の家系の当主黒田長成(1867〜1939)を会長、旧徳島 藩主蜂須賀茂韶(1846〜1918)を副会長として結成された豊国会が、東山の豊国神 社に豊臣秀吉廟を建立したおりには、二人は共に燈籠を寄進した。
4月19日	■「熊本城東作戦─第三次御船の戦い」。右翼の別働第2・第3旅団、御船を包囲攻　5756 撃、西郷軍を敗走させる。西郷軍は、木山の背後を脅かされる。 ■別働第3旅団川路利良(1834〜1879)少将はこの日、熊本に赴き、同地に警視出張　5757 所を開設。
4月20日	■「熊本城東作戦」。政府軍、西郷軍は、総力を動員して健軍、保田窪、大津の　5758 各戦線で激戦。西郷軍は保田窪大勝利など奮闘するも、「延岡隊」は、健軍の経塚 で政府軍と交戦、死傷者43名の大損害。 □中央の熊本鎮台兵は健軍、別働第5旅団は保田窪、左翼の第1・第2旅団は全面 の西郷軍に備え、最左翼の第3旅団は大津へと、一斉に進撃。 ■熊本城東作戦に勝利した政府軍、西郷軍の本拠地鹿児島城下制圧を期し、　5759 海路より支軍を進発させる。支軍は参軍海軍中将川村純義(鹿児島)(1836〜1904) を総管とする第1旅団と、陸軍中佐兼少警視田辺良顕(福井)(1834〜1897)が率いる 第3旅団第1、第2大隊だった。
4月21日	■第3旅団、大津に本営を移す。　5760 ■第1・第2旅団、木山に進撃。 ■「西南戦争─西郷軍の三州盤踞策と人吉攻防戦」。　5761 木山で敗れた西郷軍は、本営とした矢部浜町(熊本県上益城郡山都町)の軍議で、 村田新八・池上四郎が大隊指揮長を辞め、本営附きとなって軍議に参画すること、 全軍を中隊編制にすること、三州(薩摩国・大隅国・日向国)盤踞策をとること、 人吉をその根拠地とし、機を見て中原に進出する方針を定めた。 □この時に決められた諸隊編成及び指揮長は以下の通りである。 山鹿方面で戦った諸隊は「奇兵隊」とし指揮長野村忍介(1846〜1892)、田原方面で 戦った諸隊は「振武隊」とし指揮長中島健彦(広厚)(1843〜1877)、木留方面で戦っ た諸隊は「行進隊」とし指揮長相良長良(五左衛門)、御船方面で戦った諸隊は 「干城隊」とし指揮長阿多壮五郎(1843?〜1877)、川尻及び攻囲諸隊は「正義隊」とし 指揮長高城七之丞(1847〜1877)の5隊とした。 のちには、新募西郷軍第九、第十大隊は、「雷撃隊」指揮長辺見十郎太(1849〜1877)、 「常山隊」指揮長平野正助(正介)(1846?〜1877)、「鵬翼隊」指揮長淵辺群平(1840〜 1877)、「破竹隊」指揮長河野主一郎(1847〜1922)の4隊とし、他に「勇義隊」を設け 指揮長中山盛高(1841〜?)、さらに「熊本隊」700名を5個中隊に再編成と続いた。 ■この後即日、西郷軍は全軍を二手に分けて椎原越えで人吉盆地へ退却した。 ■別働第3旅団は、この日から27日まで御船、甲佐、堅志田周辺を守備する。

367

西暦1877

明治10	4月21日	■熊本の総督本営、鹿児島城下を占領し西郷軍を根本から減殺する方針を決める。	576
	4月22日	■西郷隆盛は、村田新八・池上四郎と兵2,000余名で、矢部から日向に入り、難路の椎葉越経由で人吉に向かう。 ■「雷撃隊」辺見十郎太、大口防衛に派遣される。	576
		■黒田清隆(1840～1900)参軍の辞任が承認される。 □黒田清隆参軍の統率下にあった別働4個旅団の総管が、別働第2旅団長山田顕義少将に命じられる。 ■征討参軍山県有朋(1838～1922)、西郷隆盛(1828～1877)に再び書面を送り、その立場に同情し投降自決を勧告する。	
		■16日横浜を発った鹿児島県令岩村通俊(1840～1915)、この日京都に着いて内務卿大久保利通(1830～1878)に面謁。	576
	4月23日	■出征屯田兵、熊本市外百貫石に到着し、ここで別働第2旅団(山田顕義少将指揮)に編入の命を受け、八代口より人吉攻撃に参加することになった。 ■熊本城総督本営から軍中仮治罪法が頒布される。	576
		■政府、参軍川村純義海軍中将を総司令官として別働第1旅団(旅団長高島鞆之助)6個大隊・別働第3旅団2個大隊(参謀田辺良顕中佐)、司令補佐官・大山巌少将と別手組(壮士抜刀隊)200名らの陸海軍混成軍を鹿児島に派遣することを決める。	576
		■島津久光の子、珍彦(1844～1910)・忠欽(1845～1915)、上京し、先の日の勅旨に奉答する。	576
	4月25日	■太政大臣三条実美、島津久光の休戦案を却下する旨、島津珍彦らに伝える。	576
	4月26日	■政府軍、矢部浜町に入る。	577
		■高知立志社、「護郷兵設置」を立案し趣意書を権令小池国武(渡辺国武)(1846～1919)に提出、請願。九州動乱の影響が四国に及ぶことを警戒し郷土自衛のためと陳情する。	577
	4月27日	■政府軍支軍、鹿児島に無血上陸。征討支軍総管・川村純義参軍、鹿児島に入る。 □本営を設けた川村参軍は、周辺に西郷軍潜伏の情勢を判断して増援を求めた。そこで政府は新たに第4旅団(曾我祐準少将)・別働第5旅団(大山巌少将)1個大隊を派遣。	577
		■兵を各地に配置した川村参軍が、最初に着手したのは市民生活の安定で、海軍大佐仁礼景範(鹿児島)(1831～1900)を仮の県令として警察業務を代行させ、逃散してしまった県官の逮捕・究明等を行わせた。大山綱良の供述で西郷軍に協力したことにより右松祐永ら21人、逮捕に向け追跡される。 右松祐永他3人は、同年5月3日、長崎の九州臨時裁判所に送られる。	
		■「西南戦争─西郷軍の三州盤踞策と人吉攻防戦」。 人吉盆地に入った西郷軍は本営を永国寺(別名・幽霊寺)(熊本県人吉市土手町)に置く。	577
		□これから5月29日までの33日間、西郷は永国寺において戦争の指揮を執る。永国寺は、人吉城の大手門からは500mほどの距離あり、人吉藩主の相良氏が御仮屋としていた屋敷が、西郷隆盛の宿舎となる。	
		■桐野利秋(中村半次郎)、江代(熊本県球磨郡水上村江代)に着く。	577

明治150年その歩みを知る、つなぐ（前編）　西郷どん、大久保卿、薩摩藩年表帖（中巻）

西暦1877

| 4月28日 | ■人吉の西郷隆盛は、江代の桐野利秋（中村半次郎）に使を送り、豊後に進撃するよう命じる。 | 5775 |

■「西南戦争─西郷軍の三州盤踞策と人吉攻防戦」。
江代に着いた桐野利秋(1838〜1877)は、ここに出張本営を置き軍議を開いた。
江代軍議で決められたのは、人吉に病院や弾薬製作所を設けること、各方面に諸隊を配置することなどで、逐次実行に移された。西郷軍は、持久戦に方針決定した。

□この時、桐野が人吉を中心に南北に両翼を張る形で西郷軍を以下の通りに配置した。西郷軍諸隊配置（『薩南血涙史』による）
豊後口方面─指揮長野村忍介（1846〜1892）、鹿児島方面─指揮長中島健彦（広厚）(1843〜1877)、同方面─指揮長相良長良（五左衛門）、大口方面─指揮長辺見十郎太(1849〜1877)、江代口方面─指揮長阿多壮五郎(1843？〜1877)、中村・加久藤・綾方面─指揮長平野正助(正介)(1846？〜1877)、神瀬・小林方面─指揮長河野主一郎（1847〜1922）、佐敷方面─指揮長淵辺群平（1840〜1877）、川内方面 ─指揮長中山盛高、高原口方面─指揮長堀与八郎(1845〜1877)。

■政府軍旅団配置
第1旅団（野津鎮雄(1835〜1880)少将）は健軍・木山方面、第2旅団（三好重臣(1840〜1900)少将）は砂取・川尻方面、第3旅団（三浦梧楼(1847〜1926)少将）は高森方面、第4旅団（曾我祐準(1844〜1935)少将）は鹿児島方面。
別働第1旅団（高島鞆之助(1844〜1916)少将）は鹿児島方面、別働第2旅団（山田顕義(1844〜1892)少将）は南種山・五箇庄方面、別働第3旅団（川路利良(1834〜1879)少将）は佐敷・水俣・大口方面、別働第4旅団（黒川通軌(1843〜1903)大佐）は比奈久・球磨川口方面、熊本鎮台（第2旅団参謀長・野津道貫(1841〜1908)大佐）は矢部浜町方面。

| | ■「西南戦争」。休戦提案の玉里島津家初代・島津久光の使者・四男珍彦(1844〜1910)・五男忠欽(1845〜1915)、不調に終わり鹿児島に向け、京都を去る。隠居生活の島津久光(1817〜1887)は、太政大臣三条実美(1837〜1891)への上書において中立の立場にあることを表明していた。 | 5776 |

■衝背軍参軍解任の黒田清隆（1840〜1900）中将、京都に入り、御小座敷において天皇に拝謁、戦況を具奏する。

| 4月30日 | ■「西南戦争─人吉攻防戦」。
西郷軍常山隊三番中隊は中村、遊撃隊六番小隊春田吉次は頭治などそれぞれ要地を守備したが、5月3日から7日までの「宮藤の戦い」、5月10日から14日までの「平瀬の戦い」で、別働第2旅団は、参謀中村進一郎（高知）(1840〜1884)中佐の活躍によりこれらを敗走させることに成功した。 | 5777 |

| | ■西郷軍豊後口方面指揮長・野村忍介(1846〜1892)は、この日から5月2日にかけて、奇兵隊19個中隊を率いて、江代を発して富高新町(宮崎県日向市)に入り、豊後侵入の根拠地とする。日向国内の情勢を見極め、主力を延岡に進めることを画す。 | 5778 |

| 4月─ | ■東京上等裁判所詰であった渡辺千秋（元高島藩士）(1843〜1921)、鹿児島県大書記官に就任。 | 5779 |

369

西暦1877

| 明治10 | 5月1日 | ■「博愛社」を創設（**日本赤十字社の源**）。
佐野常民、熊本で鹿児島県逆徒征討総督有栖川宮熾仁親王(1835〜1895)に嘆願、即日、有栖川宮から博愛社設立の許可を得る。 |

□元老院議官の佐野常民(1823〜1902)と賞勲事務局副長官大給恒(1839〜1910)、熊本洋学校に博愛社を立ち上げ、西南戦争の負傷者を敵味方の区別なく治療。博愛社総長に東伏見宮嘉彰親王が就任。
明治20年(1887)5月、博愛社が「日本赤十字社」と改称。

□最初には、内戦は政府と逆賊の戦いであるからという理由で、中将陸軍卿代理・西郷従道(1843〜1902)が許可せず、そのかわりに皇族の有栖川宮熾仁親王が中央にそれを諮ったことと、西欧では当時、皇室がノブリスオブリージュ（高貴なる者に伴う義務）の観点から赤十字運動に熱心であったため、日本でも明治天皇皇太后の昭憲法皇后が積極的にこれに参加され、華族や地方の名家が中心的な役割を務めることになった。

■「西南戦争—人吉攻防戦」。

別働第2旅団は7つの街道から球磨盆地に攻め入る作戦をたて、5月1日から9日までこの作戦を遂行した。まず前衛隊は球磨川北岸沿いを通る球磨川道、南岸沿いを通る佐敷道から攻めたが、街道は大部隊が通るには困難な地形であったために政府軍は各地で西郷軍に敗退した。
しかし、人員・物資の不足により、西郷軍は当初の勢いがなくなった。そこを突いて5月12日、別働第2旅団は球磨盆地の北部にある五家荘等の5つの街道から南下し始めた。西郷軍の球磨川北部の守りが薄かったので、別働第2旅団は12日から25日までの13日間に五木荘道の頭治・竹の原、球磨川道の神瀬、種山道、仰烏帽子岳など多くの要地を陥落させた。

■島津久光(1817〜1887)・忠義(1840〜1897)父子、島津久寛(元都城島津氏26代当主)(1859〜1884)らは、島津家付従の500余名と馳せ付けた1,500名ほどの島津派壮士に守られて、桜島の横山村に避難する。3日ともいう。

| | 5月2日 | ■新県令岩村通俊、新大書記官渡辺千秋一行、鹿児島県庁に着任。
岩村通俊(土佐藩)(1840〜1915)、西郷隆盛に告諭書を送る。 |

□十分な準備をしていた県令岩村は、従来の主だった48人の県官を免官し、県庁の立て直しから手をつけると同時に、火災で焼け出された鹿児島庁下の救済に着手。

■川路利良少将率いる別働第3旅団は、佐敷を発して水俣に入る。

| | 5月4日 | ■増援の政府軍第4旅団(曾我祐準少将)が、汽船8隻で鹿児島入港。 |

明治150年その歩みを知る、つなぐ（前編）　西郷どん、大久保卿、薩摩藩年表帖(中巻)

西暦1877

5月4日

■**西郷隆盛(1828〜1877)妻・糸子(1843〜1922)と川口雪篷(せっぽう)(1819〜1890)が、武屋敷を出て永吉村坊野に避難する。**
□慶応元年(1865)頃、西郷が沖永良部島に流されていたときの友人・**川口雪篷**(46才)が訪ねてきて、そのまま西郷家に居着く。雪篷は、赦免されて鹿児島城下に戻って、当初は親戚の家を転々としていた。その後、約束があってか上之園の西郷邸に飄然(ひょうぜん)と現れてそのまま食客になった。西郷は国事に奔走して家を空けることが多く男手が乏しい西郷家にあって、来客の応対や能書を生かした信書連絡などもっぱら外回りの役目を果たす家令あるいは留守居役を果たすと共に、糸子の相談相手や、西郷の子弟の書や漢学の師ともなった。
また、この年の西南戦争では、成人男子が出征して西郷家は完全に女所帯となり、武村の屋敷が焼亡した後は鹿児島各地を転々としたが、雪篷は常に一家と苦難を共にし、その精神的支柱となった。西郷の子・菊次郎が戦場で片足を失う重傷を負ったときは、義足の手配に心を砕いたという。

■「西南戦争—大口方面の戦い」。
西郷軍雷撃隊(13中隊、約1300名)の指揮長に抜擢された辺見十郎太(1849〜1877)は、大口防衛に派遣された。これに対し政府軍はこの日、別働第3旅団の3箇大隊を水俣から大口攻略のため派遣した。この部隊は途中、小河内・山野などで少数の西郷軍を撃退しながら大口の北西・山野まで進攻した。
辺見十郎太は政府軍を撃退すべく大口の雷撃隊を展開した。5月5日、雷撃隊と政府軍は牛尾川付近で交戦したが、雷撃隊は敗れ、政府軍は大口に迫った。

■高城七之丞(たきしちのじょう)(1847〜1877)指揮の「正義隊」、「延岡隊」約1,000名が江代を出発。
人吉と豊後、延岡と熊本の連絡線である高千穂周辺に向かう。

5月5日

■**中島健彦(広厚)(1843〜1877)の西郷軍振武大隊、鹿児島市内突入を図るも撃退され、冷水(鹿児島市冷水)へ後退。**

■「西南戦争—大野方面」。
田ノ浦(熊本県葦北郡芦北町)に政府軍が上陸。材木村は田ノ浦から人吉に通じる要路であったため鵬翼隊四・六番中隊は材木村に見張りを置き、大野口を守備した。5月6日、政府軍が材木村の鵬翼隊四番中隊を攻めたので、西郷軍はこれを迎え撃ち、一旦は佐敷に退却させることに成功した。

■「西南戦争—大口方面の戦い」。
政府軍・西郷軍、牛尾川付近で交戦、西郷軍敗れる。

■野村忍介(おしすけ)(1846〜1892)率いる西郷軍奇兵隊、富高新町を出て豊後に向かう。

5月6日

■西郷軍、本営を米良(めら)(宮崎県児湯郡(こゆぐん))に置く。

■黒田清隆中将、東京へ帰るため京都を発つ。

5月7日

■**西郷軍振武大隊、再び鹿児島市内突入を図るも、再び撃退される。**

■西郷軍の大山辰之助(大山成美と隆盛妹・安の子)(1862？〜1877)、鹿児島の甲突(こうつき)川で戦死。16才。大山成美の弟が大山巌。

5月8日

■「西南戦争—大口方面の戦い」。
辺見十郎太は正義隊・干城隊を中心に雷撃隊・熊本隊などの諸隊を加えて大塚付近に進み、さらに行進隊・協同隊を糾合、8日の朝から久木野本道に大挙して攻撃を加え、政府軍を撃退した。政府軍は、深渡瀬(ふかわたせ)(熊本県水俣市深渡瀬)に後退。

西暦1877

明治10	5月8日	■「西南戦争―神瀬方面」。辺見十郎太(1849~1877)・河野主一郎(1847~1922)・平野正介(1846？~1877)・淵辺群平(1840~1877)はそれぞれ雷撃隊・破竹隊・常山隊・鵬翼隊の4隊を率いて神瀬簸瀬(熊本県球磨郡球磨村)方面に向かった。 政府軍との戦闘は5月9日に始まったが、5月15日には、破竹隊の赤塚源太郎以下1箇中隊が政府に下るという事件が起きた。 これより神瀬周辺での両軍の攻防は、一進一退しながら6月頃まで続いた。	57
	5月9日	■「西南戦争―大野方面」。政府軍は再び材木村の鵬翼隊六番中隊を攻めた。 激戦が行われたが、西郷軍は敗れてしまい、長園村に退いた。 このとき淵辺群平(1840~1877)が本営より干城隊八番中隊左半隊を応援に寄越したので、政府軍を挟み撃ち攻撃で翻弄し、塁を取り戻した。 また、一ノ瀬の鵬翼隊三番中隊は政府の襲来に苦戦しつつも材木村まで到達し、材木村の西郷軍と共に塁の奪還に成功した。 さらに、西郷軍の鵬翼隊二・五番中隊、干城隊四番中隊、その他諸隊は、佐敷方面湯ノ浦の政府軍を攻めたが失敗し大野に退却した。	57
		■「西南戦争―大口方面の戦い」。久木野本道を手に入れた辺見十郎太(1849~1877)はこの日、自ら雷撃隊を率いて政府軍に激しい攻撃を加えて撃退し、肥薩境を越えて追撃した。	58
	5月10日	■参軍山県有朋は、八代で別働第2旅団長山田顕義少将、第3旅団長三浦梧楼少将、別働第3旅団長川路利良少将、別働第4旅団長心得黒川通軌大佐と会し、人吉を本拠に球磨川筋、大口、鹿児島方面で策動している西郷軍を攻撃にあたって、次の方針を決定する。 □一、別働第2及び同第4旅団は専ら人吉の敵拠を撃つべし。二、別働第3旅団は出水海岸より直ちに鹿児島に向かうべし。三、第3旅団は久木野、小川内及び山野に出て、別働第3旅団の進線を分割し、以って大口を衝くべし。	58
		■「西南戦争―大口方面の戦い」。黎明、西郷軍諸隊は山野村に進撃。深渡瀬に退陣準備の政府軍警視隊を強襲、警視隊は水俣方面に退却。アームストロング砲1門を含む多数の銃器弾薬を奪われる。	58
		■この頃から西郷軍奇兵隊数中隊が、鹿児島県宮崎支庁に進入、次いで人吉西郷軍本営から参軍に任ぜられた、高鍋藩福島区(宮崎県串間市)「福島隊」を率いて西郷軍に加わった坂田諸潔(元高鍋藩士)(1845~1877)が、宮崎に来て軍務取扱所を設ける。 □5月11日頃、熊本隊横山直左衛門、佐土原隊参謀鮫島元(1834~1877)が宮崎に来り、桐野利秋の命を伝え、横山、鮫島、坂田に「日向国募兵参軍」を申付られる。坂田諸潔は、自分の旧藩であるということで高鍋を引受ることとしたという。	58
		■延岡で体制を整えた西郷軍奇兵隊は、8個中隊約1,800を豊後攻撃に当てる。まず先発4中隊が延岡を出発。 □野村忍介(1846~1892)は、延岡に兵器工場を作り、大砲・小銃の弾や爆薬の製造をはじめる。	58
		■長崎県令北島秀朝(元水戸藩士)(1842~1877)、九州臨時裁判所を開庁。	58
	5月11日	■「西南戦争―大口方面の戦い」。 雷撃隊らは水俣の間近まで兵を進め、大関山から久木野に布陣した。 人吉防衛のため球磨川付近に布陣していた淵辺群平(1840~1877)率いる鵬翼隊6箇中隊(約600名)も佐敷を攻撃した。また池辺吉十郎(1838~1877)率いる熊本隊(約1,500名)も矢筈岳・鬼岳に展開し、出水・水俣へ進軍する動きを見せた。	58

明治150年その歩みを知る、つなぐ（前編） 西郷どん、大久保卿、薩摩藩年表帖（中巻）

西暦**1877**

5月11日	■西道仙（熊本県天草出身）(1836〜1913)、「長崎自由新聞」を発刊。 □九州初の日刊新聞で、全面ルビ付き西洋紙菊判2倍大4頁の新聞として体裁を整う。西南戦争の報道では西郷隆盛を支援、西南戦争のニュースを売り物にする。9月24日に西郷らが城山で自殺するにおよび、翌月に道仙は会を催し、課題詩を賦していわく「孤軍奮闘 囲みを破って還る 一百里程 堅塁の間 吾が剣已に摧れ 吾が馬斃る 秋風骨を埋む 故山の山」。
5月12日	■「西南戦争—大口方面の戦い」。 西郷軍鵬翼隊は佐敷で敗れたが、雷撃隊らは政府軍警視隊と対等に渡り合い、「第二の田原坂」といわれるほどの奮戦をした。翌13日から17日も続く。 □しかし、援軍と思われた第3旅団は、佐敷へ向かった。 のち、第3旅団は、上小場方面に進出する。第2旅団は、水俣へ向かった。
	■天皇還幸延期を布告。 ■下京修徳校へ行幸（6月28日、上京初音校、下京尚徳校へ臨校。各校へ25円下賜）。
5月13日	■「**西郷軍、竹田占領**」。西郷軍奇兵隊は、12日に大分県重岡村、この日には竹田へ侵入して警察・裁判所を襲って占領。報国隊と共に、岡城跡に堅陣を敷く。 □陸軍部隊不在の大分県下、西郷軍に備えていた豊後口警視隊は、命により熊本県阿蘇郡に出向き西郷軍と戦っていた。大分県権令香川真一（岡山）(1835〜1920)は、矢部浜町の熊本鎮台本営に援軍派遣を要請する。
	■天皇、「慰労酒饌下賜ノ詔」。有栖川宮熾仁親王に賜う。
5月14日	■政府軍、西郷軍の硝石製造所・食糧倉庫などを焼却。
	■別働第3旅団長川路利良（1834〜1879）少将は、内務卿大久保利通（1830〜1878）に、新徴募巡査1,000名の派遣を申請する。 増援部隊到着後の27日も、さらに新徴募巡査1,000名の派遣を申請する。 □陸軍主力長州閥では、援軍要請を果たせなかった。
	■「正義隊」・「延岡隊」、鏡山（熊本県上益城郡山都町馬見原）で政府軍と戦う。 延岡隊は鞍岡（宮崎県西臼杵郡五ヶ瀬町）から敗走。
	■西郷軍奇兵隊、この日には、後続4個中隊も竹田へ到着し、大分突撃隊を選抜する。 ■政府軍艦「孟春」、豊後国佐賀関から大分沖に回航。
	■**内務卿大久保利通は、熊本城総督本営へ、「豊後地の警聞あるにより、明日巡査200名を鶴崎、別府の間に送る。またさらに4,500名を東京より発する」と通報。**
5月15日	■「西南戦争—神瀬方面」。西郷軍「破竹隊」1個中隊が政府軍に下る。
	■西郷軍豊後（大分県）侵入を知った政府軍本営は、鹿児島を制圧した別道第1旅団から1個大隊を軍艦で大分へ投入。熊本からも熊本鎮台・第1旅団を竹田攻撃へ向ける。
5月16日	■「西南戦争—大野方面」。 政府軍が一ノ瀬の鵬翼隊五番中隊を攻撃した。西郷軍は苦戦したが、大野からきた干城隊三番中隊の参戦により政府軍を退けることができた。

西暦 1877

明治10	5月16日	■豊後口第二号警視隊245名乗船の「西京丸」、佐賀関港に入港。大分まで陸路を行く。	58
		■野村忍介(おしすけ)**(1846〜1892)以下、大分方面の西郷軍奇兵隊らは、比較的優位に戦いを進め、この日には鶴崎まで到達した。**	
		□大分突撃隊のうち、先行隊15名が大分へ突入した。しかし警備が厚く転進。その東・鶴崎で大分に陸路向かう警視隊(豊後口第二号警視隊)を発見し斬り込んだ。休憩中の不意の攻撃で狼狽するも、ラッパを合図に体制を整えて反撃する。西郷軍の先行隊隊長・鎌田雄一郎が負傷するなどしてすぐに退却。西郷軍の中に、竹田士族もいたという。	
		攻撃こそ成功はしなかったが、この鶴崎が西郷軍最北の到達地点となる。	
		■「金穀借入のため、その地所建物什器等を書入質(抵当)とするときは氏子、総代2名以上の連署を要する件」(太政官布告第43号)。	58
	5月17日	■朝、政府軍艦「孟春」、豊後口第二号警視隊を海路大分に送るべく、鶴崎沖に投錨。	58
	5月18日	■警視局警部補・藤田五郎(斎藤一)(元新選組隊士)(1844〜1915)、西南戦争により九州に出張。	58
	5月19日	■「西南戦争─万江方面」。 別働第2旅団(山田顕義少将)は、人吉に通じる諸道の1つ万江越道の要衝水無・大河内の西郷軍を攻撃した。これを迎え撃った西郷軍の常山隊七番中隊は一旦鹿沢村に退き、5月21日に水無・大河内の政府軍に反撃したが、勝敗を決することができず、再び鹿沢村に引き揚げた。	
		■明治天皇(1852〜1912)、木戸邸を訪問、木戸孝允(1833〜1877)を見舞う。	58
	5月20日	■「西南戦争─大野方面」。別働第3旅団が久木野に進入した。大野本営にいた淵辺群平(1840〜1877)は、干城隊番三・四・八番中隊に命令して久木野の政府軍を襲撃させ、退却させることに成功した。この戦いは西郷軍の圧勝となり、銃器や弾薬、その他の物品を多く得た。	58
		■征討参軍山県有朋(1838〜1922)は、第2旅団参謀長野津道貫(鹿児島)(1841〜1908)大佐を、豊後口政府軍諸隊の司令官に任じる。	58
		■未明、豊後竹田の西郷軍と政府軍とが、恵良原村で交戦。	58
		■旧岡藩士族・堀田政一(1844〜1877)ら、募兵して約600名で「報国隊(竹田隊)」を結成。西郷軍に呼応した。	
	5月21日	■「西南戦争─人吉攻防戦」。政府軍中村中佐は、横野方面の西郷軍を襲撃し岩野村に敗走させた。一方、尾八重を守っていた干城隊二番中隊は岩野村を守備し、5月22日、前面の政府軍を襲撃し敗走させた。さらに追撃しようとしたが弾薬が不足していたこともあり、米良の西八重に退却した。	58
		■西郷軍桐野利秋(1838〜1877)、宮崎支庁長(軍務取扱所長)に支援を要請。	58
		■臼杵区長や戸長、士族を集めて評定、臼杵を西郷軍から守るため「臼杵勤王隊」を約800名で結成。旧臼杵藩の家老であった稲葉頼が総裁となる。	
		■豊後口政府軍司令官・野津道貫大佐、熊本城より豊後恵良原に到着。翌日には竹田に向けて進撃開始。	
		■豊後口警視徴募隊700余名、東京から神戸を経て豊後国佐賀関に三菱汽船「名護屋丸」で着舷、すぐに大分に向けて陸行。	
		□編成表には、半隊長藤田五郎(元新選組隊士斉藤一)の名があるという。	

明治150年その歩みを知る、つなぐ（前編） 西郷どん、大久保卿、薩摩藩年表帖（中巻）

西暦1877

5月21日	■海軍兵学寮生徒の馬場新八（元米沢藩士）が、築地海軍省練兵場で風舟（気球）に搭乗し浮揚実験をした。 □軽気球の研究家・馬場新八が試乗し、約360mの高度に達した。更に第2回目には気球のみ飛ばして1,660mばかり飛揚し、最初の気球試験に大成功を収めた。気球の大きさは長さ16.4m、幅9m。 □西南戦争が勃発し、熊本城に籠城する政府軍が、包囲する西郷軍の動静を探るために、陸軍省の依頼として気球を上げる計画が持ち上がったからという説がある。	5832

5月22日	■政府軍、鹿児島重富（鹿児島県始良市）に上陸し占領。	5833
	■「西南戦争―大野方面」。淵辺群平は佐敷口の湯ノ浦に進撃することを決め、干城隊三・四番中隊、鵬翼隊六番中隊、その他2隊に進軍を命じた。また、この日、大野の本営にいた雷撃隊辺見十郎太（1849～1877）は久木野に進撃することを決意し、淵辺群平に応援を要求した。淵辺群平（1840～1877）は干城隊八番中隊を久木野に寄越した。そこで、たまたま大野口から湯ノ浦に進撃していた干城隊三・四番中隊と合流し政府軍を退け勝利。	5834
	■政府、第十五銀行に西南戦争戦費を借り入れる。 ■前日に開業した第十五国立銀行は、右大臣兼華族督部長岩倉具視の呼びかけにより、徳川慶勝・山内豊範・黒田長知・池田章政・藤堂高潔・松平茂昭・南部利恭・吉川経健ら華族が発起人となり、秩禄処分で得た金禄公債を原資に設立。頭取に毛利元徳が就任。有力華族の出資により成立した銀行なので、世上「華族銀行」と呼ばれた。開業式は、12月8日という。	5835

5月23日	■西郷軍中島健彦・貴島清・相良長良、行進隊8箇中隊と奇兵隊2箇中隊で雀宮・桂山を襲撃し多数の銃器、弾薬を獲得した。	5836
	■「西南戦争―大口方面の戦い」。政府軍、矢筈岳へ進軍。	5837
	■別働第3旅団長川路利良少将が申請した、政府軍新徴募隊1,200名、水俣に上陸。「別働第3旅団新徴募隊」と呼称する。	5838
	■「西南戦争―大野方面」。別働第3旅団が倉谷・高平・大野方面の西郷軍を次々と破り、大野に進入してきた。西郷軍鵬翼隊五番中隊左小隊、干城隊二番中隊は防戦したが、敗れて石河内に退却した。久木野にいた干城隊八番中隊も参戦しようとしたが、大野の塁は政府軍に奪われてしまった。淵辺群平（1840～1877）は、塁を奪還するため夜襲を命じたが、政府軍の反撃で退却した。 ■「西南戦争―大野方面」。 この日、一ノ瀬の鵬翼隊三番中隊の塁にも政府軍が襲来した。三番中隊は大野口の敗報を聞き、左小隊を鎌瀬、右小隊を植柘に分けて退いた。その後神ノ瀬方面も敗れたという報告を聞き、舞床に退いた。鵬翼隊二番中隊は岩棚より、程角道三方堺に退却した。	5839
	■高知立志社を警戒する明治政府は、陸軍中佐・北村重頼（高知）（1845～1878）が密命を受けて高知県に入る。ついで元老院議官佐々木高行（高知）（1830～1910）を差遣。 □北村は、政界で征韓論争が起こるや、板垣退助や西郷隆盛の命により別府晋介らと共に朝鮮を視察したが、明治6年（1873）10月、征韓論の破裂をきっかけに近衛隊を脱隊する。同年11月には、有志と共に海軍義社を結成したが、まもなく谷干城の仲介によって陸軍に復職した。	5840

西暦1877

明治10	5月23日	■大師堂存置願にこたえた京都府、愛宕郡西賀茂村の元神光院廃寺跡の弘法大師堂を、村中共有の仏堂として保存する旨、指令。

5月24日
■別働第1旅団、武村(鹿児島市武町)を攻撃するも敗退。
■「涙橋決戦」。西郷軍の支援をすべく、西郷軍監人で川辺郡鹿籠出身の今給黎久清が集めた、薩南枕崎の新兵213名が、涙橋付近の高地に堅陣を敷き、旧式銃でもって政府軍に対抗する。しかし、政府軍攻撃はすさまじく、約6時間の激闘で平田新左衛門半隊長以下90名が戦死、柴原方面に退却する。一人の投降者も無かったという。昭和2年(1927)に、涙橋血戦の碑(鹿児島市南郡元町)が建てられた。
■熊本からの豊後口政府軍、西南から竹田を攻め、常盤山(中川神社)、鬼ヶ城等の西郷軍堡塁を攻略。

5月25日
■「西南戦争―大口方面の戦い」。新徴募隊の増援を得た別働第3旅団は、矢筈岳へ進攻し、圧倒的物量と兵力で西郷軍を攻撃した。西郷軍熊本隊は奮戦したが、支えきれずに古木場山へ撤退した。これ対して26日未明、佐々友房・深野一三らが指揮する約60名の熊本隊が矢筈岳の政府軍を急襲したが、政府軍の銃撃の前に後退し、熊本隊はやむなく大口へと後退した。
■政府軍第1旅団、折原を攻撃して三田井(宮崎県西臼杵郡高千穂町大字三田井)を占領し、「延岡隊」は撤退。
■竹田攻めの豊後口警視徴募隊、「法師山の戦い」で西郷軍及び「報国隊(竹田隊)」を破る。
■西郷軍奇兵隊300人余、午後2時、佐伯を攻撃。

5月26日
■第4旅団、鹿児島に向けて進軍。西郷軍は川上地方へ退却。
■政府艦浅間、佐伯沖石間沖より砲撃。西郷軍は切畑村に撤退。
■前日、天皇より旭日大綬章を賜った、内閣顧問木戸孝允(桂小五郎)(1833~1877)、京都で病没。享年45。
□木戸孝允は、大久保利通の手を握り締め、「西郷もいいかげんにしないか。」と、明治政府と西郷隆盛の両方を案じる言葉が最期であったという。

5月27日
■竹田攻防の豊後口警視徴募隊と西郷軍、この日、鏡・七里方面で激戦。
■西郷軍延岡本営の野村忍介(1846~1892)は、細島守備の2個中隊を佐伯を経て竹田に転進を命じる。また、総指揮者として伊東直二(1840?~1908?)を送り込む。

5月28日
■「西南戦争―万江方面」。万江(熊本県球磨郡山江村万江)の政府軍、鹿沢村の常山隊七番中隊を攻撃。西郷軍常山隊は必死に防戦したが、弾薬が尽きたために内山田に退き、翌日29日に大村に築塁し、守備を固めた。

■「西南戦争―大野方面」。明け方、政府軍が舞床の鵬翼隊三番中隊を襲った。この日は防戦に成功したが、政府軍は5月29日に再び鵬翼隊三番中隊右半隊を攻撃。西郷軍は塁を捨てて後退したが、鵬翼隊三番中隊左小隊の活躍により塁を取り返し、銃器・弾薬を得た。
この夜、三方堺の鵬翼隊二番中隊も襲われ、弾薬不足のため背進した。このため舞床の西郷軍は鴨越に退いた。札松方面の鵬翼隊二番中隊が人吉に退却したため、振武隊二番中隊・干城隊八番中隊は程角越の応援のために進撃し、振武隊二番中隊は程角本道の守備を開始した。
鵬翼隊二番中隊も同じく程角越に進撃した。

明治150年その歩みを知る、つなぐ（前編）　西郷どん、大久保卿、薩摩藩年表帖（中巻）

西暦1877

5月28日	■「西郷軍、宮崎に本営を移す」。先に、桐野利秋(中村半次郎)(1838〜1877)は人吉本営で指揮していたが、戦況が不利と見て、軍を立て直すべく宮崎に赴いた。桐野利秋は、宮崎から鹿児島方面および豊後等の軍を統監していたが、ここを根拠地とするために軍務取扱所(宮崎支庁)を、この日に「軍務所」と改称した。	5853
	■「従三位木戸孝允へ賜誄」。木戸孝允、正二位を追贈される。	5854
5月29日	■第4旅団、花倉山と鳥越坂から鹿児島に突入するも敗れ、後退。	5855
	■「西南戦争―人吉攻防戦」。別働第2旅団の侵攻で危険が目前に迫った人吉では、村田新八らが相談して安全をはかるために、この日、池上四郎に随行させて狙撃隊等2,000名の護衛で、加久藤越えで西郷隆盛を宮崎の軍務所へ移動させる。	5856
	■「西郷軍の竹田陥落」。 早朝、熊本鎮台兵は西方から、豊後口警視徴募隊は北方から進撃。古城、胡麻峠、七里峠の西郷軍堡塁を攻略、市街に突入する。西郷軍奇兵隊は伊東直二率いる2中隊が竹田援護入ったものの、激戦の末、この日竹田陥落。多くの竹田報国隊員が投降する。西郷軍、豊後竹田から敗走、臼杵方面に向かう。	5857
	■政府、新撰旅団の設置を決め、内務、陸軍両省に達す。 □政府、第2号召募を行い、召募巡査を以て、士族中心の新撰旅団を編成。当初の計画は、高知県士族への対策であった。	5858
5月30日	■「西南戦争―人吉攻防戦」。山田顕義少将が指揮する別働第2旅団の主力部隊は、五家荘道・照岳道などから人吉に向かって進撃。これと戦った西郷軍は各地で敗退し、五家荘道の要地である江代も陥落した。 また、神瀬口の河野主一郎(1847〜1922)、大野口の淵辺群平(1840〜1877)は共に人吉にいたが、西郷軍が敗績し人吉が危機に陥ったことを聞き、球摩川に架かる鳳凰橋に向かった。しかし、政府軍の勢いは止められず、橋を燃やしてこれを防ごうとした淵辺群平は銃撃を受けて重傷を負い、吉田に後送されたが、6月2日亡くなった。	5859
	■「西南戦争―大野方面」。夜明け頃、政府軍が程角左翼の塁を攻撃し西郷軍は敗北。政府軍は勢いに乗じて干城隊八番中隊・振武隊十六番小隊を攻めた。西郷軍各隊は大いに苦戦し、次々と兵を原田村に引き揚げた。激しい攻防が続き、勝敗は決まらず夜になった。翌日、西郷軍各隊は原田村に兵を配置した。	5860
	■竹田敗走の西郷軍は、三重市(大分県豊後大野市)周辺で守戦を張る。	5861
5月31日	■小野市・三重市へと移動した西郷軍奇兵隊伊東直二率いる2中隊は、退路要撃の第14連隊の中隊を急襲し勝利。	5862
	■西郷軍、再び、佐伯を襲撃。翌日、艦砲射撃を受け、再び、切畑村に撤退。	
	■29日人吉を発った西郷隆盛が、この日軍務所(もと宮崎支庁舎)に着くと、ここが新たな西郷軍の本営となり、軍票(西郷札)などが作られ、財政の建て直しが、はかられた。 □桐野は、佐土原に紙幣製造所を設け、私製紙幣(西郷札)を作る。	5863
5月―	■この月、西南戦争に参加のため、桑名士族を募集。松平定敬(元桑名藩4代藩主)(1847〜1908)は、旧家臣たちと共に、自ら出征して政府軍として戦う。	5864
	■この月、陸軍少将井田譲(元大垣藩士)(1838〜1889)、陸軍卿代理に就任。	5865
6月―	■鹿児島県第四課を廃止し、中央直轄の「警視出張所」を置く。	5866

西暦 1877

明治10　6月1日

■「西南戦争—大野方面」。
早朝、諸道の政府軍が人吉に向かって進撃。諸方面の西郷軍はすべて敗れ、人吉や大畑に退却。これを知った中神村の鵬翼隊六番中隊・雷撃隊五番中隊・破竹隊一番中隊、その他2隊、鴨越の鵬翼三番中隊、戸ノ原の鵬翼隊五番中隊等の諸隊は大畑に退却。原田村の干城隊八番中隊・振武隊二番中隊・鵬翼隊二番中隊・振武隊十六番小隊、郷之原の破竹隊四番中隊、深上の雷撃隊一番中隊、馬場村の雷撃隊二番中隊等は人吉の危機を聞き、戦いながら人吉に向かった。

■「西南戦争—人吉攻防戦（1日〜3日）—政府軍人吉突入」。
早朝、照岳道の山地中佐隊に続いて政府軍が次々と人吉に突入。そして村山台地に砲台を設置し、西郷軍本営のあった球磨川南部を砲撃する。
これに対し村田新八率いる西郷軍も人吉城二ノ丸に砲台陣地を設け対抗。しかし、西郷軍の大砲は射程距離が短いために叶わず、逆に永国寺や人吉城の城下街を焼いてしまう結果となった。この戦いは三日間続いた。次いで西郷軍本隊は大畑などで大口方面の雷撃隊と組んで戦線を構築し、政府軍の南下を防ごうとしたが失敗し、堀切峠を越えて飯野へと退却した。

■西郷軍兵以外の反乱軍兵士の帰順、降伏が目立ち始めてくる。
政府軍は降伏勧告ビラを撒いていた。

■西郷軍、日之影川の線を中村・大楠（七折）で確保し、政府軍を阻止。そして、8月まで延岡方面への政府軍の進出を阻止する。

■「西郷軍、臼杵占領」。奇兵隊伊東直二2中隊は、臼杵を攻撃。三面攻撃で、政府軍警視隊、臼杵勤王隊を破り占領。
□臼杵勤王隊、43名が戦死という。

■山口県士族・町田梅之進（1848〜1877）、西郷呼応の挙兵計画が発覚して、県官・巡査と戦い敗れ、自刃。

■内務卿の命により、京都府の巡査（警部9人、巡査214人）を山口県へ急遽出張させる。

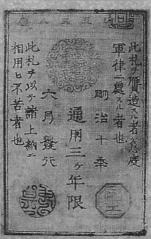

西郷札

西暦**1877**

明治150年その歩みを知る、つなぐ（前編）　西郷どん、大久保卿、薩摩藩年表帖（中巻）

6月2日	■「西南戦争」。**淵辺群平（高照）（1840～1877）、死去。享年38。** 5873

淵辺は、人吉の危急を聞き、河野主一郎（1847～1922）と共に救援に赴いたが、
政府軍の勢いの止めがたきを見て、球磨川に架かる橋を焼き落とそうしたとき、
銃撃を受けて重傷を負い、後送された吉田で帰らぬ人となった。
□淵辺は、天保11年、鹿児島高麗町で生まれる。諱名は高照、通称は直右衛門、
後に群平という。東郷実明に示現流を学ぶ。また、徳田小藤次邑興が薩摩に
伝えた兵学合伝流を伊地知正治から学び、軍略に長じていた。
戊辰戦争では、山崎の戦いで重傷を負った。次いで、参謀黒田清隆のもとで
監軍として軍議に参画し、北陸に出征した。長岡城攻略の際は、刀が鋸の様に
なるまで自ら敵を斬ったという。明治2年（1869）鹿児島常備隊がつくられたと
き、大隊の教導となる。明治4年（1871）西郷隆盛が廃藩置県に備えて兵を率いて
東上したときに、従って上京し、御親兵に編入されて陸軍少佐に任じられたが、
まもなく津山県・鶴田県・真島県を併合してつくられた北条県の参事として転出。
明治6年（1873）5月に陸軍少佐に復任、中佐に昇進したが、10月に征韓論が破裂
して西郷が下野したので、中佐の職を投げうって鹿児島へ帰った。明治7年（1874）
鹿児島に青少年を教養するために私学校がつくられたときは、その創設に尽力
した。
明治10年（1877）谷口登太が内偵した中原尚雄の西郷隆盛刺殺計画を聞いた高城
七之丞邸の会合に出席していた淵辺はこれに憤激し、私学校本校で行われた
大評議でも出兵に賛成した。出陣に際しては西郷軍本営附護衛隊長となって、
西郷を護衛しながら熊本に赴き、本営の軍議に参画した。
同年3月、桐野利秋（中村半次郎）の命を受けて鹿児島へ帰り、弾薬をつくり新兵
を募集し、鹿児島の守備を固めるなど後備につとめた。4月、別府晋介・辺見十
郎太と共に新募の2大隊1500名を率いて北上。淵辺は神瀬に本営を置き、人吉を
経て八代方面へ向かい、政府軍の背面を衝いた別府・辺見を応援したが、西郷軍
が川尻戦に敗れ、熊本城の囲みを解くに及び、人吉に退却した。4月21日、淵辺
は鵬翼隊大隊長となり、戦線を立て直して大野方面で戦った。

6月3日	■「西南戦争—大口方面の戦い」。 5874

第3旅団の二方面からの大関山への総攻撃が始まった。
政府軍の正面隊は原生林に放火しながら進撃。球磨川方面からは別働隊が攻撃。
雷撃隊はこれらを激しく邀撃したが、二面攻撃に耐え切れず、大口方面へ後退。
これを追って政府軍は、久木野前線の数火点（陣地）および大関山・国見山を占領
した。

6月4日	■「西南戦争—人吉攻防戦（1日～3日）—政府軍、人吉制圧」。 5875

西郷軍は、大畑、飯野へ退却。

□1日の政府軍参謀・新宮簡（元肥後人吉藩士）（1827～1878）の降伏勧告を受け入れ、
この日、西郷軍人吉隊隊長・犬童治成らが部下280名と共に別働第2旅団本部に降
伏し、その後も本隊に残された部隊が政府軍の勧告を受け入れ次々と降伏した。
「人吉隊」の中には、のちに政府軍に採用され軍務に服したものもあったという。

■木戸孝允、遺志により、伊藤博文らにより仏式で京都霊山に埋葬される。 5876

■政府、本年の補充兵、免役壮丁を徴募することを令する。 5877

6月6日	■西郷軍、三度、佐伯を襲撃。 5878

西暦1877

明治10	6月6日	■高知の陸軍中佐北村重頼（高知）（1845～1878）は、市内の火薬商中岡正十郎（神田屋政兵衛）が貯蔵していた小銃約1,500挺、雷管20万発、火薬17,000斤を陸軍省に買収するといって、この日、汽船に積んで大阪へ送った。また海軍少将赤松則良（元幕臣）（1841～1920）は玄武丸を伊予の長浜から土佐足摺岬沖へ、宇和島には静岡丸を派遣して同地駐屯の陸軍と協力させた。 これは四国と九州の西郷軍との連絡を遮断するためであった。

■「新撰旅団編入約法」制定。旅団長は、陸軍戸山学校長陸軍少将・東伏見嘉彰親王（のちの小松宮彰仁親王）（1846～1903）。

| | 6月7日 | ■「西南戦争―大口方面の戦い」。久木野が陥落し、西郷軍は小河内方面に退却。翌日、政府軍はこれを追撃して小河内を占領した。 |

■野津道貫大佐の4個大隊と軍艦3隻、臼杵を攻撃。

| | 6月9日 | ■立志社の片岡健吉（高知、のち5代同志社社長）（1844～1903）ら、地租の軽減や徴兵制度の廃止などを求めると共に、民選議院の設立及び立憲政体の確立を提案した「立志社建白」を作成、京都行在所に提出。
が、政府は12日、「不遜ノ件」を理由として却下する。 |

| | 6月10日 | ■「政府軍、臼杵奪還」。
撤退した政府軍警視徴募隊らは援軍第2旅団2個大隊らを加えて、臼杵士族（勤王隊）の先導の下、戸次（大分市）、野津（臼杵市・旧野津町）、白木（佐賀関町）から臼杵へ進軍。臼杵沖から海軍軍艦・日進・浅間が艦砲射撃も加えた。西郷軍伊東直二隊は政府軍相手に善戦したが、この日、南東の津久見方面へ撤退する。 |

| | 6月11日 | ■「政府軍、薩摩に攻め入る」。別働第2旅団、出水麓（鹿児島県出水市）を占領。 |

■徳川家達（1863～1940）、欧米留学のため東京を発つ。
明治15年（1882）10月に帰国する。

| | 6月12日 | ■政府軍、鏡峠を越えて床木村（大分県佐伯市弥生）へ進駐。 |

■西郷軍、都城に進撃する政府軍に対する防備を固める。

■明治天皇、京都博覧会巡覧。

| | 6月13日 | ■「西南戦争―大口方面の戦い」。別働第2旅団により、山野が陥落。
□政府軍は大口へ迫り、人吉を占領した別働第2旅団は飯野・加久藤・吉田越地区進出のため、大畑の西郷軍本隊に攻撃を加えた。結果、雷撃隊と西郷軍本隊との連絡が絶たれた。 |

■政府軍が近づき、佐伯の西郷軍は、急遽参加した佐伯士族（佐伯新奇隊）40余人と共に、江良（大分県佐伯市弥生大字江良）に撤退。
□佐伯新奇隊は各地を転戦するが、戦死者11名、降伏者7名、無事帰郷が22名とされる。佐伯士族参加で、佐伯は焼失を免れた。

■「立志社の獄」がはじまる。
西南戦争が勃発、「遂に西郷起つ！」の情報に国中が色めき立った。反政府の急先鋒だった高知立志社員、不軋を謀る。元老院議官佐々木高行は、内務卿大久保利通の密旨をふくみ、陸軍中佐北村重頼、陸軍少尉石本権七を同伴して、この日、高知に入り、小池国武（渡辺国武）権令に立志社員藤好静と村松政克（1851～1878）の捕縛を命じ、翌日2人は逮捕された。
□九州で、2人は、西郷軍の部将桐野利秋、野村忍介に会見していた。

明治150年その歩みを知る、つなぐ（前編）　西郷どん、大久保卿、薩摩藩年表帖（中巻）

西暦1877

6月17日	■出水方面の西郷軍指揮の伊藤四郎左衛門祐徳（1818〜1906）、別働第3旅団第4大隊本部に出頭し帰順。出水郡では600名余が帰順したという。	5893
	■「西南戦争―大口方面の戦い」。「参軍山県有朋、八代に諸将を集めて、都城進撃の軍議」。 政府軍は参軍山県、山田、三好、三浦、川路の各旅団長がこの日、八代で大口方面に対する作戦会議を開き、別働第2旅団は小林攻略と漸次、都城に進軍、第2旅団は第3旅団と別働第2旅団の中間に出て、第3旅団と連合して大口を奪い、漸次、粟野、横川と進み、加治木、国分に向けて進軍、別働第3旅団は宮之城を抜き、進んで鹿児島へ連絡、その支軍は海岸路より進行、本軍と合流して、加治木、国分に出て第2、第3旅団と合するという手筈が整えられた。 これにより雷撃隊は政府軍の戦略的脅威の範疇から完全に外れることとなった。	5894
	■人吉に残った村田新八は、6月17日小林に拠り、振武隊・破竹隊・行進隊・佐土原隊の約1,000名を指揮し、1ヶ月近く政府軍と川内川を挟んで小戦を繰り返した。	5895
	■熊本鎮台兵、三国峠大分県（豊後大野市）を占拠。	5896
6月18日	■西南戦争で、鹿児島県下の英語学校・師範学校・師範学校・準中学校・各小学校らが、当分の間廃止となる。	5897
	■「西南戦争―大口方面の戦い」。政府軍の山野への進撃に対し、雷撃隊を率いる辺見十郎太（1849〜1877）は砲弾の雨の中、必死に政府軍をくい止めていた。 だが、北東の人吉からの別働第2旅団の攻撃、北西の山野からの別働第3旅団の攻撃により、郡山・坊主石山が別働第2旅団の手に落ちた。 結果、両者の間の高熊山に籠もっていた熊本隊は完全に包囲された。	5898
6月19日	■別働第3旅団は、本営を出水麓に移す。	5899
	■「破竹隊」、飯野を攻撃するも失敗。	5900
6月20日	■「西南戦争―大口方面の戦い（20日〜22日）」。政府軍は、高熊山の池辺吉十郎「熊本隊」と辺見十郎太率いる「雷撃隊」が占領する大口に攻撃を加えた。 この時の戦闘では、塹壕に拠る抜刀白兵戦が繰り広げられた。	5901
	■西南戦争逮捕者が長崎の4檻倉で収容しきれなくなり、この日に、島根県・石川県・新潟県・山形県・岩手県・青森県・秋田県・宮城県・福島県の9県に配分されることになる。	5902
6月22日	■「西南戦争―大口方面の戦い（20日〜22日）」終結。 人吉・郡山・坊主石山からの三方攻撃の中、寄せ集め兵士の士気の激減と政府軍の圧倒的な物量で、さしもの辺見指揮下の部隊も敗れ、遂に大口は陥落した。 □雷撃隊が大口から撤退することになった時、辺見十郎太は、鹿児島を発した当時の私学校徒勇士があれば、この敗をとることは無かったと祠の老松を抱えて号泣。これが有名な「十郎太の涙松」の由来になった。	5903
	■西郷軍奇兵隊は、政府軍の海からの侵攻に備えるためと前戦支援のため、本営を熊田（宮崎県延岡市北川町川内名熊田）に移し、各隊を集約。日向（当時は鹿児島県）・豊後（大分県）境界の山岳地帯（黒沢峠、赤松峠、陸地峠、宋太郎峠周辺）でゲリラ戦を展開。西郷軍本隊が追われ延岡へ来る8月中旬まで一帯を守り抜き、敗走する西郷軍を迎え入れた。 □この頃小倉処平（1846〜1877）は「飫肥隊」の総帥として、人吉撤退後は野村忍介（1846〜1892）率いる奇兵隊の奇兵隊軍監として、各地を転戦した。	5904

西暦1877

明治10	6月23日	■別働第3旅団川路利良 (1834〜1879) 少将はこの日未明、宮之城に入り、和泉邦彦の屋敷に本営を置く。 ■別働第3旅団、早朝、宮之城を出軍。	
	6月24日	**■「鹿児島、陥落」。政府軍が鹿児島に火をつけ、西郷家武屋敷も焼失。** □「武山の戦い」で政府軍別働第1、第3旅団の二大隊が和田ノ浦の西郷軍営舎に火をかけ、折からの強風で人家を焼き尽くしたという。この市街戦で、上町は大火となり三昼夜にわたって燃え続け、5,846戸が焼失、さらに6月29日には呉服町からも出火して焼け、つごう9,778戸が灰となり、鹿児島は壊滅。 ■別働第3旅団本軍は、八重山(宮崎県東臼杵郡美郷町)に向かう。	59
	6月25日	■西郷軍、佐土原で「西郷札」を発行。	59
		■「西南戦争―大口方面の戦い」終結。 西郷軍雷撃隊は大口の南に布陣し、曽木、菱刈にて政府軍と戦ったが、相良長良率いる行進団と中島健彦(広厚)(1843〜1877)率いる振武隊と合流し、南へと後退していった。ここに大口方面における約2ヶ月もの戦いに幕は下りた。 ■川路利良少将、入来(薩摩川内市入来町)に入る。 **■川路利良少将率いる別働第3旅団先鋒第5大隊と第4旅団らの政府軍、鹿児島包囲西郷軍(振武・行進両大隊)を破り、鹿児島征討支軍と連絡を通じる。**	59
	6月26日	■西郷軍(振武・行進両大隊)は、蒲生・加治木方面へ撤退する。	59
		■川路利良少将、鹿児島に入る。 **■川路利良少将、病を理由に帰京を承認される。** □川路は、別働第3旅団第4大隊東京帰還を申請し許可を得る。	591
	6月28日	■司法大検事岸良兼養(鹿児島)(1837〜1883)、初代検事長(現在の検事総長に相当)に就任。西南戦争後の裁判において検察の指揮を行う。	591
	6月29日	■川路利良(鹿児島)(1834〜1879)少将、鹿児島県令岩村通俊(高知)(1840〜1915)と協議して、鹿児島に警視出張所を開設することに決める。	591
	6月30日	■傷が全治した少将谷干城(1837〜1911)、豊後方面諸隊の総指揮を命じられる。 ■別働第3旅団は、蒲生(鹿児島県姶良市蒲生町)に分営を置く。	591
		■京都の『民会参考論』、内務省より発行禁止を命ぜられる。 大阪の『撹民新誌』も同日発禁となる。	591
	6月31日	**■西郷軍は、広瀬・佐土原へ退く。** □現在の鹿児島県曽於市付近では、7月24日都城が陥落するまでの間、数々の激しい戦いが繰り広げられる。	591
	6月―	■天橋義塾の幹部・有吉三七(元宮津県士族。元宮津藩京都留守居役)(?〜1917)、国事犯の嫌疑のため、京都府に拘留となる。10月3日より親類預けとなる。	591
	7月1日	**■少将川路利良 (1834〜1879)、脚気を理由に帰京を申請し、この日、鹿児島港から汽船玄武丸で京都に向けて帰還。警視官で編成された別働第3旅団指揮は、陸軍少将大山巌 (1842〜1916)が執る。** □川路召還は、鹿児島の川路への憎悪を鑑みた少将大山巌、内務卿大久保利通の配慮により、本人が決断したという。	591
		■別働第1旅団は、この日までに鹿児島から海路、大隅国垂水、高須に上陸、一部は志布志に進む。	591

明治150年その歩みを知る、つなぐ（前編）　西郷どん、大久保卿、薩摩藩年表帖（中巻）

西暦**1877**

7月1日	■先に大口を占領していた第2、第3旅団は横川郷(霧島市横川町)に入る。	5920
	■西郷軍、踊に陣を敷く。	5921
7月2日	■第2、第3旅団、溝辺郷(霧島市溝辺)に進出。	5922
	■別働第3旅団指揮の陸軍少将大山巌は、鹿児島を発し、蒲生に入る。	
7月3日	■未明、別働第3旅団第4大隊、鹿児島港から汽船玄海丸で横浜に向けて出港。	5923
	■第2、第3旅団の一部は、加治木郷に入り、第4旅団と通じる。	
	■払暁、神戸に着いた少将川路利良(1834～1879)は、大阪に向かい、陸軍卿代理(陸軍中将)西郷従道(1843～1902)を訪問、さらに京都に入る。七条停車場には太政大臣三条実美(1837～1891)、内務卿大久保利通(1830～1878)、工部卿伊藤博文(1841～1909)らが出迎え、午後には御学問所で天皇に拝謁する。	5924
7月4日	■別働第3旅団、本営を加治木に置く。	5925
	■第2旅団は、小林方面へ転進。	
7月5日	■京都の『安眠雑誌』第1号限りで内務省より発行禁止を命ぜられる。	5926
7月6日	■政府軍、踊を攻撃。西郷軍は、大窪(宮崎県日南市大窪)に退却。	5927
	■前鹿児島県令大山綱良(1825～1877)、九州臨時裁判所において口供書を提出。	5928
	■別働第3旅団第4大隊は、東京銀座通を行進し警視局に凱旋する。	5929
	■内務卿の命により、鹿児島県々務加勢として、京都府属官12人を鹿児島県庁へ出張させる。	5930
7月7日	■別働第3旅団、加治木を発し国分(鹿児島県霧島市国分中央三丁目)へ進撃。	5931
	■中島健彦(広厚)(1843～1877)の西郷軍振武大隊、恒吉(宮崎県恒久南3丁目)に到着。	5932
	■谷干城少将(1837～1911)、重岡(大分県佐伯市宇目大字重岡)の熊本鎮台本営に着任。	5933
7月8日	■新徴募隊、万田村で辺見十郎太指揮の西郷軍雷撃隊を破る。	5934
	■西郷軍奇兵隊・振武隊・加治木隊が恒吉に到着。政府軍、二川に退却。	5935
	■西郷軍振武隊、百引(鹿児島県鹿屋市輝北町上百引)を攻撃。政府軍は、二川・高隈(鹿屋市上高隈町)方面に敗走。	5936
7月9日	■参軍川村純義海軍中将、国分に到着。	5937
	■「外国渡船ニ国旗ヲ掲ゲシム」。	5938
7月10日	■政府軍が加久藤・飯野に全面攻撃を加えてきたので、西郷軍は支えようとしたが支えきれず、高原籠・野尻方面へ退却した。□加久藤は、鹿児島県湧水町から宮崎県えびの市および小林市にかけて広がる東西約15km、南北5kmのカルデラ性盆地。高原は、霧島山系の裾野に広がる標高約500mの高原。	5939
	■第3旅団、永迫(鹿児島県霧島市国分上井永迫)に進撃。西郷軍行進隊は、通山(霧島市牧園町上中津川通山)・福原山へ退却	
	■第3旅団、本営を国分に移す。	
7月11日	■小林(宮崎県小林市)、政府軍の手に落ちる。	5940
	■西郷軍奇兵隊、大崎(鹿児島県曽於郡大崎町)を奇襲するも、蓬原・井俣村(曽於郡大崎町井俣)に退却。	5941
	■西郷軍振武隊、荒佐(曽於郡大崎町野方荒佐野)で交戦するが大崎付近に退却。	

西暦1877

明治10	7月12日	■西郷軍奇兵隊・振武隊、大崎に進撃し勝利するが、援軍のため末吉(鹿児島県曽於市末吉町)方面へ移動。	59
		■西郷軍、大河内(鹿児島市山田町)に進撃するが失敗。	59
		■鹿児島県第四課を廃止、中央直轄の「鹿児島警視出張所」、開設。警視庁から約1,000人の警察隊が派遣された。 □鹿児島被災者に向けて、島津家からも一万円賑恤金(しんじゅっきん)が出される。このほか、西本願寺、佐土原の島津氏らが協力する。	59
	7月13日	■陸路、横浜着の川路利良(1834〜1879)少将は、大江橋外務省出張所で宮内大丞山岡鉄太郎(鉄舟)(1836〜1888)、宮内大録岩倉具綱(ともつな)(1841〜1923)らの接待を受け、横浜停車場に至り内務少輔駅逓局長前島密(1835〜1919)の迎えを受ける。次いで10時40分、新橋停車場に至り右大臣岩倉具視(1825〜1883)、司法卿大木喬任(たかとう)、外務卿寺島宗則(1832〜1893)、陸軍卿代理・陸軍少将井田譲(元大垣藩士)(1838〜1889)、海軍兵学寮校長・海軍少将中牟田倉之助(1837〜1916)らの歓迎を受ける。さらに太政官代に赴き、諸卿、各勅任官らに戦地の状況を説明した。	59
	7月14日	■第2旅団、高原占領。	59
	7月一	■朝鮮飢饉につき、救助を求め来る。内務卿大久保利通、隣国の急、座視するに忍びず、特に戦時御用船を供して米穀を輸送させる。	59
	7月15日	■西郷軍行進隊・奇兵隊、嘉例川街道(霧島市隼人町嘉例川)を攻撃するが通山へ退却。	59
	7月16日	**■13日、水俣を発した参軍山県有朋は、この日、国分に到着、第3旅団本営に入る。**	59
		■板倉勝静(かつきよ)(元老中)(1823〜1889)、東京の上野東照宮祠官に就任。	595
	7月17日	■この日と21の両日、西郷軍一番大隊9番小隊長・堀与八郎(1845〜1877)を全軍指揮長とし、延岡方面にいた雷撃隊・鵬翼隊・破竹隊などの9個中隊約1,000名を正面・左右翼・霞権現攻撃軍(鵬翼三番隊)の4つに分け、深夜に植松を発し、正面・左右翼軍は暁霧に乗じて高原の官軍を奇襲した。高原麓を奪い返すためだったが、政府軍と激戦をするもこれも勝てず、21日、庄内(宮崎県都城市庄内町)、谷頭へ退却。	595
	7月18日	**■政府、第1回内国勧業博覧会を開催する旨を公布。**	595
	7月19日	■西郷軍雷撃隊、庄内へ移動。	595
	7月21日	■山県有朋・川村純義両参軍と大山巌・三浦悟楼両少将は、19日より国分本営出張所で軍議を重ねてきたが、この日、都城攻撃の方略を定める □第3旅団は田口、猪小石越より庄内に、第4旅団は福山より通山に、別働第1旅団は市成より岩川、末吉に、別働第3旅団は正部谷より財部に向かい、諸軍一斉に都城に進撃すると決めた。	595
	7月23日	■西郷軍雷撃六番隊・干城七番隊、岩川へ移動。進撃するも末吉へ退却。	595
	7月24日	**■「都城の戦い―都城、陥落」。政府軍、都城を占領。** 村田新八は、都城で政府軍六箇旅団と激戦をしたが、兵力の差は如何ともしがたく、これも大敗して、宮崎へ退いた。財部、庄内も政府軍が占領。 ■両参軍と四少将(大山・三浦・高島鞆之助・曽我祐準)の軍議で、即時、宮崎進撃の部署が定められた。 □別働第1旅団は末吉より志布志に進み、日向の海岸沿いに宮崎に、別働第3旅団は梶山に進み、一手へ飫肥へ、一手は宮崎に、第4旅団は山之口を経て宮崎へ、第3旅団は高城・高岡に向かい、明日払暁を期して、各旅団とも進撃と決めた。	595

384

明治150年その歩みを知る、つなぐ（前編）　西郷どん、大久保卿、薩摩藩年表帖（中巻）

西暦1877

7月25日	■「宮崎方面の戦い」はじまる。 ■第3旅団、山之口(都城市山之口町)を占領	5957
	■天皇、「慰問使派遣ノ詔」。	5958
7月27日	■別働第3旅団、飫肥(宮崎県日南市飫肥)を占領。「飫肥隊」伊東直記(元飫肥藩家老) (1835～1903)ら飫肥藩士族340名、政府軍別働第3旅団に帰順。	5959
7月28日	■「宮崎方面の戦い」。政府軍、宮崎郡清武(宮崎市清武町)を占領。	5960
	■西南戦争で政府軍の勝利が決定的になり、明治天皇、皇后と共に還幸。 □七条停車場より汽車で神戸着。三菱社船「広島丸」に乗り東京に戻る。 伊藤博文追従。	5961
7月29日	■「宮崎方面の戦い」。第2旅団・別働第2旅団、高岡(宮崎市高岡町)を占領。 ■宮崎本営は、村田新八総指揮のもと、西郷軍防備の部署を定め配置する。 ■西郷隆盛、宮崎を去り、高鍋に向かって北上する。 この日は、下北方の帝釈寺(宮崎市下北方町戸林)に着く。	5962
7月30日	■西郷隆盛、日向の高鍋(宮崎県児湯郡高鍋町)に退く。	5963
	■29日京都を発った明治天皇・皇后、東京に還幸。	5964
7月31日	■高千穂(宮崎県西臼杵郡高千穂町)方面の戦線、この日、西郷軍は鹿川(延岡市北方町鹿川)と荒平で南北から反撃したが成功しなかった。	5965
	■「佐土原の戦い」。高岡の第2旅団が佐土原を攻撃し、西郷軍は高鍋へ後退する。佐土原(宮崎市佐土原町)が陥落、同志達が降伏していく中、佐土原隊総裁島津啓次郎(旧佐土原藩主三男)(1856～1877)は、西郷軍本営の作戦の拙劣に怒り、単身上京して建白という事態収拾の計画を立てたが、官憲監視が厳しく成功せず、再度と合流して西郷軍と行動を共にする。 ■「宮崎方面の戦い」。 政府軍、増水した大淀川を一気に渡って宮崎へ突入。桐野利秋・村田新八らは諸軍を指揮して宮崎で戦ったが、再び敗れ、西郷軍は広瀬・佐土原へ退いた。	5966
8月1日	■西郷隆盛、別府晋介以下数十人の護衛兵に守られ、都農(宮崎県児湯郡都農町)を去り、富高新町(現在の延岡市中町、本町、南町付近)に着く。	5967
	■「宮崎方面の戦い─政府軍、宮崎を占領」。 西郷軍が佐土原で敗れ、政府軍が宮崎を占領。	5968
	■新撰旅団、宮崎に到着。 ■「宮崎の戦い」勝利をもって、陸軍少将大山巌(1842～1916)率いる別働第3旅団は解団、守地を新撰旅団に引き継ぐ。同旅団参謀長田辺良顕(元福井藩士)(1834～1897)中佐が指揮を執り、逐次帰京する。	5969
8月2日	■「高鍋が陥落」。政府軍、高鍋を占領。 ■「都城隊」、投降。 元鹿児島藩都城領主島津氏の家臣・東胤正(1834～1877)は、戦い続ける。	5970
	■「西郷軍、延岡に本営を置く」。西郷軍、美々津(日向市美々津町)に防備を固める。 ■退却した西郷隆盛は、延岡大貫村(宮崎県大崎市田尻大貫)山内善吉家に着き、9日まで滞在する。	5971
	■内務卿大久保利通(1830～1878)、大阪より海路、帰京する。	5972

西暦1877

明治10	8月3日	■別働第2旅団の攻撃で、「美々津の戦い」が始まった。 このとき、桐野利秋は平岩（日向市平岩）、村田新八は富高新町、池上四郎は 延岡にいて諸軍を指揮したが、4日、5日ともに敗れた。
	8月4日	■「延岡方面の戦い」。別働第2旅団、渡川（宮崎県東臼杵郡美郷町渡川）を攻撃。 西郷軍は山陰村（延岡市）に退却。
	8月6日	■**西郷隆盛は、各隊長宛に教書を出し、西郷軍を勉励。**
	8月7日	■延岡山中に潜伏していた高鍋士族「鎌攘隊」32名、政府軍炊事場に投降。 ■「延岡方面の戦い」。別働第2旅団が山陰を攻撃。 西郷軍、門川（宮崎県東臼杵郡門川町）に退却 ■**西郷軍は、池上四郎の指示で火薬製作所・病院を、奇兵隊本営のある 熊田**（延岡市北川町川内名熊田）**に移し、ここを本営とした。**
	8月8日	■「立志社の獄」。西南戦争に乗じて立志社の林有造（1842〜1921）や大江卓（1847〜 1921）が、元老院幹事陸奥宗光（1844〜1897）らと共謀して高知県にて挙兵を企てた とされる。**この日、高知県士族・林有造、土佐で政府転覆を企て挙兵しようとして、 武器購入を計画して逮捕される。** □片岡健吉（1844〜1903）ら高知在住の幹部らも含め40余名が逮捕され、翌年8月に 大審院において有罪判決受ける。神奈川県権令で名をはせた大江卓（元土佐陸援 隊）も、禁固10年の判決により岩手監獄へ収監される。
	8月9日	■「美々津の戦い」。政府軍、美々津を占領。
	8月一	■西郷一家は、坊野（鹿児島県日置市吹上町坊野）を逃れ、西別府村（鹿児島市西別府町） の西郷家の拘地（自作地）に隠れる。
	8月10日	■**前鹿児島県令大山綱良**（1825〜1877）、**九州臨時裁判所において斬刑を言い渡さ れる。** ■**西郷隆盛は、夜、延岡を密かに離れ、**この日から延岡城下本小路、11日は 北川を小舟で北上、12日は熊田から川内名の曹洞宗吉祥寺（延岡市北川町川内名）、 13日は道を戻り、熊田を過ぎ長井村笹首（延岡市北川町長井笹首）に移り、小野彦治 方に宿泊する。
	8月11日	■第1旅団総攻撃で、「延岡隊」は藤ノ木（延岡市北方町藤の木）まで10キロ近く後退す る。
	8月12日	■**参軍山県有朋**（1838〜1922）、**政府軍の延岡攻撃部署を指示し、14日の総攻撃を 命じる。**同日、政府軍は門川および五ヶ瀬方面より延岡攻略を開始。 ■桐野利秋・村田新八・池上四郎は長井村から来て延岡進撃を部署し、本道で 指揮した
	8月13日	■別働第2旅団・第3旅団・第4旅団・新撰旅団・第1旅団の包囲網、海軍日進、孟春、 第2丁卯、清輝4艦の延岡市街の艦砲射撃に、野村忍助は、延岡西郷軍本営の 池上四郎を説き撤退を決し、夕刻には本営を川島村（延岡市川島町）に移し主力隊も 無鹿（延岡市無鹿町）、和田越方面に退く。

明治150年その歩みを知る、つなぐ（前編）　西郷どん、大久保卿、薩摩藩年表帖（中巻）

西暦**1877**

8月14日	■「延岡方面の戦い―政府軍、延岡を占領」。 未明から政府軍は総攻撃、午前9時頃には延岡占拠。午後には、山県有朋・川村純義両参軍、西郷従道中将らが、延岡に入る。 藁谷英孝(1832〜1908)首領の士族「延岡隊」は、降伏。 ■西郷軍桐野利秋(1838〜1877)、池上四郎(1842〜1877)をはじめ佐土原隊島津啓次郎(1856〜1877)、奇兵隊監軍小倉処平(1846〜1877)、中津隊増田宋太郎(1848〜1877)の党薩諸隊隊長らは、それぞれ長井村に撤退する。 ■**西郷軍幹部は、長井村笹首の西郷隆盛らと軍議、退勢挽回のため総力上げて延岡奪還を決める。**

5986

8月15日	■「延岡方面の戦い」。政府軍の攻勢で、西郷軍は熊田(延岡市北川町川内名熊田)に退却。 ■**「和田越の戦い」。早朝、西郷隆盛が初めて陣頭に立ち、政府軍に対し、西南戦争最後の大戦を挑んだ。**延岡の北方、和田越・長尾山等で桐野・村田・池上・別府らなどが陣頭に立ち、延岡奪還の最後の大会戦を繰り広げたものの大敗。西郷軍3,500に対して政府軍は5万の兵だったという。 ■西郷軍は長井村(北川町)へ退き、俵野の児玉源四郎宅に本営を置く。西郷軍は2,000名に減っていた。 ■飫肥隊総帥・奇兵隊監軍小倉処平は、この戦いで大腿部に銃創。敗走後、延岡市川坂の神田伊助宅に逃れて加療する。

5987

	■**太政官は赤坂仮皇居内に移される。** これは宮内省改革と軌を一にするもので、明治天皇の正院出席を促すためと、大臣・参議等との意思の疎通を容易にするためである。 □参議伊藤博文(1841〜1909)は、（明治6年皇居火災以降）太政官と皇居が離れていたことが政府分裂の原因であり、太政官を宮中に移し天皇親裁を行うよう上奏した。

5988

8月16日	■**出征屯田兵、兵の引揚げ、慰労金を賜ることを旅団長より伝達される。** 政府軍が延岡で西郷軍を潰滅させ、大勢が決まり、その結果と、コレラの大流行に巻き込まれたという。10月にかけてのコレラの死者は、8,000人余という。 □出征屯田兵は、8月21日鹿児島発、神戸経由で30日東京に到着し、翌31日に御座所で明治天皇に謁見し、勅語を賜り、酒饌を授けられた。ついで、9月3日には天皇が皇居門外で屯田予備兵を閲兵し、勅語を賜った。9月22日東京発、29日小樽入港、30日札幌到着という日程で北海道に帰着した。

5989

	■政府軍は長井包囲網を敷く。 ■**西郷隆盛(1828〜1877)は、直筆解軍の令を出す。「我軍の窮迫、ここに至る。今日の策は唯一死を奮つて決戦するにあるのみ。この際、諸隊にして降らんとするものは降り、死せんとするものは死し、唯だその欲するとろにに任せよ」。そして、西郷隆盛は、これまで連れて来た愛犬二匹を鎖から放し、書類・陸軍大将の軍服を焼く。** □14日から18日にかけて、西郷軍のなだれのごとき投降が続く。佐土原、高鍋、延岡の諸隊170名、熊本隊、協同隊、熊本竜口隊等々。 □「竜口隊」の中津大四郎(1844〜1877)は、仲間に投降を勧めて自刃。34才。

5990

8月17日	■竹田陥落で大半の竹田藩士族は降伏したが、180名程は戦い続け、この日の西郷軍の解軍で、降伏投降した。

5991

西暦1877

明治10	8月17日	■政府軍、熊田から長井に進軍、最後まで西郷隆盛と行動を共にしようとする西郷軍を蹴散らす。この日の長井の戦闘で、政府軍に降伏した者もあり、西郷軍は残るところ300〜500となる。

□「中津隊」「熊本隊」は、この時、降伏した。8月2日、高鍋付近にて銃創を受けた熊本隊の佐々友房(1854〜1906)、政府軍に降る。友房は、延岡病舎に収容される。

■壊滅寸前の西郷軍、軍議。俵野決戦策と可愛岳を突破して豊後進出、鹿児島進出での再挙などに分かれ紛糾する。西郷隆盛の「まず敵囲を脱し、その後に方向を決しても遅くはない」との案を示し、可愛岳突囲に決まる。

■西郷軍は、夜10時、可愛岳に登る。突囲軍は精鋭300〜500名で、前軍は河野主一郎(1847〜1922)・辺見十郎太(1849〜1877)、中軍は桐野利秋(中村半次郎)(1838〜1877)・村田新八(1836〜1877)、後軍は中島健彦(広厚)(1843〜1877)・貴島国彦(清)(1843〜1877)が率い、池上四郎(鹿児島))(1842〜1877)と別府晋介(1847〜1877)が約60名を率いて、竹輿に乗る西郷隆盛を警護した。
西郷は、白地の浴衣に白地の兵児帯、山かけ脚絆に草鞋、日本刀を腰に差す。
□4月4日の「第一次八代戦」で負傷の別府晋介は、人吉から再び鹿児島へ帰り、温泉療養しながら横川に本営をおいて振武隊・行進隊などを指揮し、薩摩・大隅・日向で戦った。この可愛岳突囲には、足の負傷が癒えず、山駕籠に乗って移動したという。

■数百名の西郷軍傷病兵は、「万国公法」を信じ、置き去りとなる。
この中に、政府軍に投降を命じられた、西郷隆盛の庶子菊次郎17才(1861〜1928)がいた。村田新八の次男・二蔵(釜次郎)(1860〜?)も負傷して病院にいたという。村田新八は手帳などを託し、幼い三男を頼むと言い残した。のち、村田二蔵は長井村で投降する。二蔵は翌年、懲役1年の判決を受けたといい、兄岩熊(1858〜1877)の諱だった経義を名乗ったという。
■加療中の侠肥隊総帥・小倉処平(1846〜1877)は、西郷の後を追ったものの果たせず、可愛岳登山口から南西約1kmのところにある高畑山の中腹で自刃。32才。俊英を謳われ、「侠肥西郷」と衆望を集めていた。
■当初、四番大隊指揮長桐野利秋(中村半次郎)の下、四番小隊隊長であった川久保十次(1847〜1877)、戦死。
□川久保十次は、弘化4年生まれ。薩摩藩士。戊辰戦争で東北に出征。明治4年近衛陸軍大尉となったが、西郷隆盛が征韓論で敗れて下野すると職を辞して鹿児島帰郷。西南戦争では奇兵隊を率い政府軍と戦い、この日戦死。31才。名は尚友。

	8月18日	■政府軍、日向を平定。

■西郷隆盛に従い、西郷軍は可愛岳を突囲、午前4時頃、前軍は「中ノ越」といわれる鞍部に到達する。夜明けの薄明りで視界が開け、北側地区にいた政府軍を見たところ、警備が手薄であったため、西郷軍は辺見十郎太を先鋒に一斉に下山攻撃を開始した。不意を衝かれた政府軍の第1・第2旅団の出張本営は総崩れとなり、退却を余儀なくされた。野津鎮雄、三好重臣両少将は、辛うじて逃れる。このため西郷軍は、その地にあった政府軍の弾薬3万発、砲一門を奪うことに成功した。

■「立志社の獄」。立志社々長片岡健吉(1844〜1903)ら18名、逮捕される。

明治150年その歩みを知る、つなぐ（前編）　西郷どん、大久保卿、薩摩藩年表帖（中巻）

西暦1877

8月19日	■参軍山県有朋、突囲西郷軍の要撃と追撃の手立てとして、少将大山巌を曽木方面に、別働第2旅団を七つ山・神門方面に進ませる。 また、少将曽我祐準には第4旅団主力をもって豊後大分町に、少将高島鞆之助には別働第1旅団をもって熊本方面に各々海路より回航することを命じる。	5997
	■西郷軍、可愛岳を突破、この日には祝子川（ほうりがわ）の包囲第2線を破り、翌20日に鹿川村、中川村を落として三田井へと突き進む。	5998
8月20日	■豊後方面総指揮官野津道貫大佐、第2旅団参謀長に復帰。	5999
	■内務卿大久保利通（1830～1878）、フランスパリ博覧会事務局総裁を命ぜられ、松方正義（1835～1924）、副総裁事務取扱となる。	6000
8月21日	■西郷軍、強襲して三田井に至る。至る途中、政府軍500名と遭遇、捕捉撃破して、ここでも、2万3千円と米2,500俵を奪う。	6001
	■「第一回内国勧業博覧会」。日本で初めての内国勧業博覧会、東京上野公園で開会式、天皇、臨幸勅語を賜う。11月30日まで東京上野公園で開催。内務省は、ウィーン万国博覧会を模範として開催、官営工場の最新式機械など8万4千点余が出品され、来場者は45万人に達した。 □上野彦馬（1838～1904）は、長崎県県令北島秀朝（ひでとも）を通じて政府軍征討参軍川村純義（すみよし）の命を受け、戦場写真の撮影を依頼され、門人2人を連れて西南戦争に従軍。21日間にわたり暗箱を人夫8人に担がせ転々とする戦場を駆け巡り、四つ切り記録写真69枚を残す。本城周辺から田原坂、松橋や段山、そして鹿児島の城山などを中心に、激戦のあった戦場の様子を写し取った作品で、この内国勧業博覧会では鳳紋褒賞を受賞するなど、その写真は歴史的、文化的にも高く評価された。	6002
8月22日	■西郷軍、三田井（宮崎県西臼杵郡高千穂町大字三田井）から鹿児島へ向けて南下を始める。	6003
8月23日	■別働第1旅団を延岡から熊本へ向けて出発させる。	6004
8月24日	■西郷軍、七つ山・松ヶ平を抜け神門（みかど）（宮崎県東臼杵郡美郷町南郷神門）に出たが、ここで別働第2旅団の攻撃を受けるも、何とかこれを免れる。 ■この日、延岡の参軍山県有朋は、鹿児島県県令岩村通俊に、警備厳重注意を指令。県令岩村は直ちに「至急細島より二大隊を汽船で差し回されたい」と要請する。鹿児島駐屯部隊は、新撰旅団2個中隊と砲隊、輜重隊と合わせて700人ほど、しかも指揮官が不在の頼りない状態であった。	6005
	■征討総督有栖川熾仁親王、宮崎細島（宮崎県日向市大字細島）に至り、摂津屋三輪善兵衛宅を本営とする。	6006
8月26日	■西郷軍、村所（宮崎県児湯郡西米良村村所）を通過。	6007
8月27日	■政府軍、第2旅団を延岡から細島を経て、海路、軍艦6隻で鹿児島へ向けて出発させる。	6008
8月28日	■西郷軍、須木を通過して小林（宮崎県小林市）に至る。	6009
	■政府軍第2旅団、鹿児島に到着。新撰旅団と合流して鹿児島市内の防衛に入る。	6010
	■松平春嶽（1828～1890）の書いた手記などの整理を中根雪江（1807～1877）に命じていたが完了する。 □明治36年（1903）7月、『春嶽公手記維新前後逸事史補』として刊行という。	6011

西暦1877

明治10	8月29日	■西郷軍、小林を発し、飯野、加久藤、馬関田、水流、岡松を経て鹿児島県大隅国に入る。西郷隆盛らは、吉松村に宿陣、前軍は栗野村から米永、会田を経て横川に至る。 ■鹿児島県令岩村通俊、再度総督本営に至急兵隊差遣方を要請。しかし、回答は無かった。	60
		■経費節減のためという名目で宮内省改革（職制、事務章程の改定）が行われる。 □大丞、少丞、録、出仕、筆生、省掌、侍従長、侍従番長、薬剤官、薬剤生が廃止され、正大書記官、権大書記官、正少書記官、権少書記官、属、侍補、侍従試補、医員、皇太后宮大夫、皇太后宮亮が新しくおかれる。ついで侍補局、侍講局、侍従局、侍医局の4局がおかれる。さらに侍講、侍従、雑掌、女儒、権女儒の等級が改正される。 ■宮内省に「侍補」設置。天皇（明治天皇）の補佐・指導を目的とする。 □元田永孚（熊本）(1818～1891) の提議によって西南戦争後の行財政改革の一環として、宮内省内に侍補（天皇の補佐・指導）が置かれる。一等侍補は徳大寺実則（宮内卿兼務）・吉井友実（鹿児島、元老院議官）・土方久元（高知、調査局長官、大内史）、二等侍補は元田永孚（三等侍講兼務）・高崎正風（鹿児島、侍従番長）、三等侍補は米田虎雄（熊本、侍従番長）・鍋島直彬（佐賀、侍従）・山口正定（水戸、侍従）の計8人が任じられる。岩倉具視の推薦で、同年11月5日に建野郷三（元小倉藩士）が三等侍補心得、佐々木高行（高知）が明治11年(1878)3月5日に一等侍補なり、合計10人になる。島津久光は異議を唱えたという。 □侍従長東久世通禧は更迭されて元老院議官に転任、同年9月10日には華族部長局副督部長となる。一等侍講伊地知正治（鹿児島）(1828～1886)、二等侍講福羽美静（津和野）も更迭され、宮内省御用掛となる。 □内務卿大久保利通は元田永孚を招いて吉井友実を一等侍補に推薦。大久保は侍補制度を承認すると共に、吉井を送り込むことを当初から予定していた。 ■万里小路博房(1824～1884)、宮内大輔を辞任し皇太后宮大夫となる。	60
	8月30日	■政府軍第2旅団先鋒隊と吉松村・横川からの西郷軍が、溝辺（鹿児島県霧島市溝辺）で交戦する。 ■県令岩村通俊は、三度目の兵隊派遣要請の電報を発する。 ようやく、返報が午後10時に届く。	60
	8月31日	■西郷隆盛、鹿児島まで約20キロ目前の蒲生（鹿児島県姶良市）に着く。 ■午前7時、三菱汽船高千穂丸、商船迎陽丸、鹿児島港に入港。県令岩村通俊は、万一の場合の避難場所とする。	60
	8月一	■コレラ、上海より長崎・横浜に伝播し、各地に流行（この年、罹病者13,816人、死者8,027人、死亡率58％）。	60
	9月1日	■「西郷軍、城山を占領」。 可愛岳突囲が成功した後、宮崎・鹿児島の山岳部を踏破すること10余日、10時、辺見十郎太率いる前軍が鹿児島城下に突入。11時には私学校を占領。 □鹿児島は既に警視庁巡査隊と軍の一部に占領されるも、西郷軍370余人は、三隊（前軍・中軍・後軍）に分かれ私学校を奪回後、市内に突入し城山を占領した。199日ぶりの奪回であったが、何と、30,000人といわれた西郷軍、370余人となったのである。	60

明治150年その歩みを知る、つなぐ（前編）　西郷どん、大久保卿、薩摩藩年表帖（中巻）

西暦 1877

| 9月1日 | ■西郷軍一番大隊9番小隊長・堀与八郎(1845～1877)、大手前の米倉に向かって射撃するも戦死。33才。 | 6018 |

9月初旬
■西郷菊次郎(1861～1928)が、西別府(鹿児島市西別府町)に来る。　6019

□菊次郎は熊本の高瀬(玉名市)で負傷して野戦病院で右足の膝下を切断。長井村(延岡市)で西郷隆盛(1828～1877)の指示により投降、宮崎で放免され、従僕の永田熊吉(1835？～1900)に背負われて鹿児島に帰って来た。

9月2日
■高千穂丸に避難した県令岩村通俊は、石炭補給の同船と共に長崎に着く。大久保内務卿にあて電報を打ち、新たに警視隊3,000名の派遣と、県治大綱を定める指揮を仰ぐための上京要請をする。　6020

■午前4時、川村純義参軍、大山巌少将ら、汽船敦賀丸で細島より鹿児島港外に到着。　6021
■午前7時、別働第1旅団一大隊を乗せた和歌浦丸が、谷山(鹿児島市七ツ島1丁目)沖に到着。
■城山本営の西郷隆盛は、県下の各郷に檄文を発し、決起を促す。

■静寛院宮(和宮)(1846～1877)、療養先の箱根塔ノ沢環翠楼にて死去、享年32。芝増上寺に埋葬される。　6022

□天璋院(篤姫)(1836～1883)、病気療養中の和宮を見舞うため箱根を訪れたという。箱根に到着したのは和宮が薨去した後になったため、天璋院は和宮を弔い、和歌を贈っている。

9月3日
■上陸展開した政府軍が、城山周辺の西郷軍前方部隊を駆逐、この日に城下の大半を制す。西郷軍は城山、私学校、県庁等に退く。　6023

■大久保内務卿は「県令の上京を見合わせ、宣布に尽力有べし」と、県令岩村通俊に訓電する。　6024

9月4日
■西郷軍の一部100名が、午前3時頃、政府軍警視隊の駐屯する市内の米倉を斬り込み襲撃。失敗した西郷軍は城山、私学校を固守し専ら銃砲戦に転化した。　6025

□西郷軍の小銃はわずかに150挺、大砲8門、弾丸も少ない。西郷隆盛は城山に立て籠もることにして、兵を9ヶ所に分散配置し、狙撃兵26名を別に置いた。本営幹部は敵弾を避けるために洞窟を掘って中に入った。
□現在の洞窟の規模は、奥行きが4m、間口が3m、入口の高さは2.5m。昭和49年(1974)鹿児島市の記念物(史跡)に指定された。

■中津士族増田宋太郎(福沢諭吉の又従兄弟)(1848～1877)は、8月16日の解散令後、党薩隊(中津隊)の多くが降伏する中、10数名の「中津隊」士と共に最後まで西郷隆盛と行動を共にし、この日、城山で戦死。実弟の岡本真坂も、共に戦死。
□増田は、西郷のことを「余城山に入りて初めて西郷先生に接し敬慕の情禁ずべからざるものあり一日先生に接すれば一日の愛あり。十日接すれば十日の愛あり、故に先生の側を去るに忍びず、先生と共に其生死を同うせんことを誓へり」と語ったといわれる。

西暦1877

明治10	9月4日	■この日未明、鹿児島米倉襲撃を敢行した貴島国彦（清）指揮の西郷軍決死隊、米倉の政府軍を攻撃し、全滅。貴島国彦(清)(鹿児島)(1843～1877)、戦死。35才。 □**貴島清**は天保14年、鹿児島に生れる。世々薩摩藩士である。戊辰戦争には奥羽の出征軍に従軍。明治4年、御親兵で上京、陸軍近衛少佐に任ぜられ、同年8月、鹿児島分営長に補された。明治6年、西郷隆盛が下野した後も、熊本鎮台鹿児島分営長として政府に残ったので、貴島は私学校生徒から非難を受け続けることになる。その貴島が上京中の明治6年11月、その分営が原因不明の焼失。貴島は焼失の責任を背負うのが面倒だと言い、明治7年、陸軍近衛少佐を辞職して帰郷。しかし、私学校とはほとんど係わりを持たず、毎日酒を飲んではダラダラしていた。西郷隆盛は、貴島を政府の間者と見做していたともいう。 明治10年2月に私学校が蜂起し熊本へ向かった時も、貴島はこれといった行動をせず鹿児島に留まっていた。が、「熊本城落ちず」「政府軍が九州に上陸した」と鹿児島全体で言われ始めると、貴島は薩摩兵児の熱き血が騒いだのか、じっとしていることが出来なくなり、西郷軍の兵站を引き受けていた鹿児島県令大山綱良の元へ行き、兵を募る。貴島は大山に「オイは豊後口に進出し、各地で兵を募りながら北上しモソ」と。大山はこの案を熊本にある西郷軍本営へ伝達した。しかし、本営からの返事は「そぎゃん余裕があんならば熊本さんこんかい！」であった。貴島は「こん戦いは負けでゴワスナ……」と思いながらも「一度決めた以上、どんなことがあってもやらなければいけない」という薩摩美学を貫くため熊本へ向かう。以後、振武軍監軍となり西郷軍と共に各地を転戦。貴島は可愛岳突破にも付き従う。 □貴島は米倉襲撃を提案し賛同を得た。貴島は喜び「諸君はまだ自分を疑っているか」と言った。参戦が遅れたことをこの期に至るまで気に病んでいたらしい。これに対し桐野利秋が「今日まで生死を共にしてきた貴君を誰が疑うか」と応えてやる。この日、決死隊100名を率い城山の下にある米倉を急襲し銃弾を受けて戦死した。
	9月5日	■征討参軍山県有朋(1838～1922)、宮崎に入る。
		■この日未明、鹿児島港に入った県令岩村通俊は、6日加治木に上陸、当地出張所を仮県庁とする。10月には山之口町の県庁仮庁舎に移る。 ■第3旅団長三浦梧楼少将が2中隊と田ノ浦に着き、同参謀厚東中佐は、7中隊で甲突川河口に上陸、新撰旅団第4大隊も鹿児島に来着して米倉に入る。新撰旅団と代わった警視隊は、各郷の鎮撫にあたる。 ■城山籠城中の西郷隆盛、各郷対して募兵を依頼。出兵督促の書状を持たせた使者も立てた。
	9月6日	■「政府軍、城山包囲」。 続々と鹿児島に入った政府軍が、城山包囲態勢をほとんど完成する。
		■山県有朋、都城に入る。
		■一家が西郷隆盛の鹿児島帰還を知る。
	9月7日	■6代寺田屋伊助の妻・登勢(1830～1877)、死去。女将を死ぬまで続けたという。
	9月8日	■参軍山県有朋、第4旅団の二大隊と共に鹿児島に入る。
	9月9日	■参軍山県有朋は、参軍川村純義と共に包囲網を巡視。

西暦 **1877**

明治150年その歩みを知る、つなぐ（前編）　西郷どん、大久保卿、薩摩藩年表帖（中巻）

9月10日	■参軍山県有朋は、各旅団に対し、可愛岳を突破された二の舞を踏まぬよう、警戒の徹底を指示する。	6035
9月11日	■大久保内務卿手配の警視官1,800名が、5日東京を発ち、この日夜、鹿児島入港。	6036
	■「内廷夜話が始まる」。 □侍補一同が、太政大臣三条実美、右大臣岩倉具視、参議大久保利通に諮り賛同を得て、三条と岩倉が明治天皇に具奏して天皇の許可を得た。毎夜食後の7時から9時までの2時間、当番侍補2人が内廷に伺候して、君臣の親和を目的として明治天皇と皇后同座で歓談をする。	6037
9月14日	■西郷隆盛が城山から脱出させた従僕池平仙太により西郷が洞窟に籠もっていることを知り、妻糸子(1843〜1922)が新しい着物と帯を永田熊吉に届けさせる。	6038
	■政府軍が、城山包囲態勢を完全に整える。	
9月19日	■参軍山県有朋は、諸将官を集め総攻撃の軍議。攻撃の約束、攻撃兵とその部署を決め、進撃日は24日と決まる。	6039
	■西郷軍内ではせめて西郷隆盛だけでも助けたいという動きがあり、軍使が出される。 □山野田一輔(1844〜1877)・河野主一郎(1847〜1922)が西郷の救命のためであることを隠し、挙兵の意を説くためと称して、軍使と称して別働第1旅団の哨兵線に出頭した。	6040

西郷糸子

393

西暦1877

| 明治10 | 9月20日 | ■この日までに、西郷軍本営が各郷に派遣した使者、活動家が、ほとんど逮捕され、各郷も鎮静化された。 |

9月22日 ■河野主一郎と山野田一輔、西郷隆盛の助命を求めるため、政府軍の陣地へ赴き、磯集成館の警視出張所に収監される。同日、河野・山野田は、参軍海軍中将川村純義(1836~1904)と面会する。

■西郷は、手書きの「城山決死の檄」を出す。

□「今般、河野主一郎、山野田一輔の両士を敵陣に遣はし候儀、全く味方の決死を知らしめ、且つ義挙の趣意を以て、大義名分を貫徹し、法廷に於て斃れ候賦に候間、一統安堵致し、此城を枕にして決戦可致候に付、今一層奮発し、後世に恥辱を残さざる様、覚悟肝要に可有之候也」。

9月23日 ■政府軍は、西郷助命嘆願の交渉が決裂したことを西郷軍幹部らに伝えさせるため、山野田一輔(1844~1877)一人だけを解放し、再び城山の西郷軍本営に戻した。そして参軍山県有朋は、正式な回答文を山野田に与えた。もし、降伏命令に服すのであれば、午後5時までにもう一度来ればよいと伝える。
しかし、もう一人の使者であった河野主一郎(1847~1922)は、そのまま人質として政府軍に抑留される。

□河野主一郎は、弘化3年11月25日、鹿児島城下高麗町の薩摩藩士の家に生まれる。戊辰戦争に従軍、明治維新後、近衛陸軍大尉となる。明治7年(1874)下野した西郷隆盛に従い帰郷。私学校の創設に参画。明治10年(1877)西南戦争に五番大隊一番小隊長として従軍。同年8月、可愛岳突囲を提案し、辺見十郎太と共に先鋒を務めた。城山での籠城中、西郷の助命嘆願のため政府軍に赴き捕虜となる。西南戦争後に懲役10年の刑で福島監獄で服役するが、明治14年(1881)特赦で出獄。帰郷して互助・授産・教育を目的として明治15年「三州社」を設立。三州社は、各地に散乱した西南戦争の戦死者の遺骨を丁寧に収拾し、鹿児島の地に改葬して、その霊を弔うことに尽力した。その後、自由民権運動に加わるが、政府からの圧迫や全国各地の政党の衰退を受け、明治17年(1884)末に政府の誘いを受けて官途に就く。明治28年(1895)日清戦争末に比志島混成支隊に加わり、運送船「小倉丸」に乗船し澎湖諸島に渡る。澎湖列島行政庁長官田中綱常(鹿児島)(1842~1903)を補佐した。その後、台北県宜蘭支庁長に就任し、明治29年(1896)9月7日まで在任。明治30年(1897)11月13日、青森県知事に就任。明治32年(1899)1月21日、知事を非職。大正7年(1918)12月18日、霧島神宮宮司に就任し、在任中の大正11年2月12日、死去。77才。
河野翁十年戦役追想談の巻末の言葉。
「空しく今日まで生き永がらへ居ること、いかにも面目なき次第なり、この事に就きては、今まで何人にも話したることなきにして、思えば遺憾千万の居たりなり」。

■西郷隆盛は、山野田一輔が持ち帰った参軍川村純義からの返事を聞き、「回答の要なし」と言い、参軍山県有朋からの自決を勧める書簡を読むが返事を出さず。

□田原坂の戦い直後の4月17日、熊本城の征討参軍山県有朋が、盟友西郷隆盛に送った「自決勧告」の手紙と同様のものという。

明治150年その歩みを知る、つなぐ（前編）　西郷どん、大久保卿、薩摩藩年表帖（中巻）

西暦1877

| 9月24日 | ■未明、参軍山県有朋は多賀山に登り、午前4時を期して開始される各旅団の攻撃状況を検分する位置に立つ。 6046 |

■午前4時、3発の号砲が鳴り響き、各旅団の攻撃兵は一斉に眼前の西郷軍堡塁に殺到する。

□事前に潜進することなく、守線から直ちに攻撃目標に進撃したのは、西郷軍を目前にした正面攻撃の新撰旅団と第3旅団だけであった。新撰旅団中隊は、右半隊は私学校を、左半隊は大手口より旧城に突入し、西郷兵を駆逐して倉庫・舎屋を焼き、旧二の丸島津邸を突破してきた第3旅団の兵と城山の西郷軍堡塁を衝くべく、右半隊は招魂社の左傍より、左半隊は稲荷堂辺りより樹間をよじ登り、夜明け前午前5時には山頂に達し、要地を占めて西郷兵を激射。防戦の西郷兵は、四方からの攻撃に支えきれず、40分ほどで敗走する。さらに、右翼、左翼から岩崎谷に進み、5時55分には、西郷軍本営前に達した。

■政府軍が城山山頂に達したとき、西郷隆盛と桐野利秋・桂久武・村田新八・池上四郎・別府晋介・辺見十郎太ら将士40余名は洞前に整列し、岩崎口に進撃した。 6047

まず国分寿介と西郷軍3番大隊9番小隊長・小倉壮九郎(1841～1877)が剣に伏して自刃。桂久武が被弾して斃れると、弾丸に斃れる者が続き、島津応吉久能邸門前で西郷も股に腹に被弾。西郷は別府晋介を顧みて「晋どん、晋どん、もう、こらでよか」と告げ、将士が跪いて見守る中、襟を正し、跪座し遙かに東に向かって拝礼した。遙拝が終わり、別府は「ごめんなったもんし（お許しください）」と叫んで腰の刀を抜き、西郷の首を刎ねた。享年51。

□西郷の首はとられるのを恐れ、折田正助邸門前に埋められた。西郷の死を見届けると、桐野利秋ら残余の将士は岩崎口に進撃を続け、私学校の一角にあった塁に籠もって戦ったのち、自刃、刺し違え、あるいは戦死。
この日の戦死者は157名という。城山の戦いの終了は、午前7時30分であった。
7ヶ月余にわたった日本最後の内戦、西南戦争も幕を閉じた。

□午前9時、城山の戦いの銃声が止むと大雨が降った。雨後、浄光明寺跡で参軍山県有朋と旅団長ら立ち会いのもとで検屍が行われた。西郷の遺体は毛布に包まれたのち、木櫃に入れられ浄光明寺跡に埋葬された(現在の南洲神社の鳥居附近)。このときは仮埋葬であったために墓石ではなく木標が建てられた。木標の姓名は、埋葬を参軍らに請いた県令岩村通俊(高知)が記した。また、西郷の首も戦闘終了後に発見され、総指揮を執った山県有朋の検分ののちに手厚く葬られたという。計40名が浄光明寺跡に埋葬され、その他市内4ヶ所に仮埋葬された。
□明治12年(1879)従軍生存者が城山付近で224名の遺骨と共に、浄光明寺跡等の仮埋葬墓から「南洲墓地」(鹿児島市上竜尾町)のほぼ現在の位置に改葬された。
□明治16年に出獄した河野圭一郎、野村忍助らが主唱して、薩摩日向大隅三州、肥後、豊後の各地に在った遺骨1,800余名をここに改葬した。今、2023柱(749基)という。昭和30年(1955)1月14日に鹿児島県指定史跡に登録された。昭和52年(1977)南洲翁没後百年記念事業として「西郷南洲顕彰館」(鹿児島市上竜尾町)建立され、竣工後は、昭和53年7月より鹿児島市立となり(鹿児島市教育委員会生涯学習課管)、公益財団法人西郷南洲顕彰会が管理を受託し運営している。

西暦1877

明治10　9月24日

■「**西南戦争終結**」。西郷隆盛（1828～1877）、城山で自刃。生い立ち等は、上巻P31参照。

桐野利秋（中村半次郎）（1838～1877）・桂久武（1830～1877）・別府晋介（1847～1877）・村田新八（1836～1877）、池上四郎（1842～1877）、辺見十郎太（1849～1877）、岩元平八郎恒成（1847～1877）、蒲生彦四郎（1850？～1877）、佐藤三二（1846～1877）、石塚長左衛門（1846～1877）、佐土原隊総裁島津啓次郎（旧佐土原藩主三男）（1856～1877）ら40余名、城山で戦死、または自刃。

□西南戦争における死亡者数としては、政府軍6,403名、西郷軍6,765名が常説となっている。戦乱の中、民間の死者、被災者は、幾何であろうか。

■戦死を肯んぜず、挙兵の意を法廷で主張すべきと考えていた別府九郎（別府晋介の兄）（1842～？）・野村忍介（1846～1892）・神宮司助左衛門らは熊本鎮台の部隊に、「福島隊」坂田諸潔（1845～1877）は、第4旅団の部隊にそれぞれ降伏した。
降伏者は、200余名を数えたという。

■仁礼新左衛門景通（？～1877）、新納軍八（？～1877）、汾陽五郎右衛門（光輝）（？～1877）、長崎金兵衛らは、縛につきながらも銃殺または斬殺され、市来宗助（西郷隆盛の甥）（1849～1877）、伊東権平も縛に就いて、降伏を勧められたが、認めず殺害されたという。

□副官・仁礼新左衛門景通は、戊辰戦争では監軍として出征し、その後は伊集院区長などを務めた。西南戦争では本営付として西郷隆盛と行動を共にし、9月24日、城山陥落に際して捕えられて斬罪に処された。

□生い立ち等は、上巻P51参照。**桐野利秋（中村半次郎）**は、明治2年（1869）鹿児島常備隊がつくられたとき、第1大隊の隊長となった。同年6月2日、前年の軍功により賞典禄200石を賜る。同年6月17日版籍奉還の日の日付で、鹿児島から東京の大久保利通、吉井友実宛に、「忠義公のご意向は、県知事になるのは辞退して大山綱良に任せたい、ということで、藩主（藩知事）をそのまま県知事にするという中央の方針に反するむつかしい事態に、鹿児島ではなっている」という報告を書くなど、この時期、鹿児島と中央をつなぐ重要なパイプ役になっていた。

明治4年（1871）廃藩置県に備えて西郷隆盛が兵を率いて上京したとき、大隊を率いて随い、御親兵に編入された。同年7月20日、兵部省出仕となり、28日、陸軍少将に任じられ、同時に従五位に叙せられた。この機会に苗字を「桐野」と改めて、名を「桐野利秋」として届け出た。同じく7月、利秋は函館に視察を命ぜられた。帰ってきてからは札幌に鎮台を設置する必要を上申した。これがのちの屯田兵設置の嚆矢となった。

明治5年（1872）2月29日、鎮西鎮台司令長官に任命され、熊本に赴任した。明治6年1月9日、熊本鎮台と改称。明治6年（1873）4月、陸軍裁判所所長を兼任し、6月25日、正五位に叙せられた。同年10月、明治六年政変（俗にいう征韓論争）で西郷が下野するや、辞表を提出して帰郷した。

明治150年その歩みを知る、つなぐ（前編）　西郷どん、大久保卿、薩摩藩年表帖（中巻）

西暦 **1877**

9月24日

□生い立ち等は、上巻P33参照。**桂久武**は、明治新政府では明治3年（1870）西郷隆盛と共に薩摩藩権大参事となり藩政トップを勤め、明治4年（1871）11月には都城県参事、豊岡県権参事を歴任し、同6年1月15日、豊岡県権令の就任、正六位に叙されるも、同年6月14日病を理由に免じられ帰郷する。帰郷後は霧島山麓の開拓指導や、五代友厚（1836～1885）と交渉して鉱山開発の指導を行っていた。
明治10年（1877）、西南戦争で西郷隆盛が挙兵すると西郷側に参軍する。元々高齢の為に従軍するつもりはなかったが、2月17日に西郷の出陣を見送りに行った際に翻意し、家人に刀を取りに帰らせ、そのまま従軍した。従軍後は西郷軍の大小荷駄本部長をつとめた。城山帰還の後は、島津啓二郎、新納軍八等と共に工作所を興し、鉄砲の修理、爆薬の製造等を監督し、また兵糧の補給に意を注ぎつつ、岩崎の西郷洞窟と向かい合いの洞窟に起居していた。同年9月24日、城山の岩崎谷本道上において流れ弾に当たり戦死。享年48。
鹿児島市の南洲墓地には、西南の役で戦死した西郷隆盛以下2023名、749基の墓石がある。正面中央最前列の真ん中に西郷隆盛の墓があり、その墓の右側五番目に、桂久武の墓、そして、その直ぐ後ろに、久武の長子・桂久曻（ひさはる）の墓が建っている。
桂の記した『桂久武日記』は幕末維新史の重要な史料の一つとして知られている。

西郷隆盛終焉の地

西暦**1877**

明治10　9月24日

□生い立ち等は、上巻P47参照。**村田新八(1836～1877)**は、明治2年(1869)鹿児島
常備隊がつくられたとき、砲兵隊長となった。明治3年(1870)2月13日、大山巌
らと共に西郷隆盛に随従して山口藩に赴き、奇兵隊脱隊騒擾の状を視察し、
藩知事・毛利元徳に謁見した。同年末、西郷が東上しての大政改革を決意したと
き、西郷の命で京都の春日潜庵のもとへ派遣され、時務に関する12ヶ条を得て
復命した。

明治4年(1871)8月1日、村田は西郷の推挙で、年少だった睦仁天皇(明治天皇)を
補佐する宮内大丞に任命された。この年、条約改正のために全権大使・岩倉具視
が派遣されることになったとき、その岩倉使節団の一員に加わり、欧米視察に
出発した。使節団の副使として洋行を共にした大久保利通は、「新八が東京にお
れば、わが党の重きをなすに違いない」と、村田の人物見識を高く評価し、帰朝
の暁には政府に留めて共に事にあたろうと期待していたという(『南洲残影』)。
同行の団員たちが、洋服を新調したり帽子を買い込んだりして紳士風を装うの
に汲々としているなかで一人、日本で仕立てた古洋服を着て平然としていたと
いう。しかし、薩摩武士にしては珍しく美術や音楽を好んだ村田は、滞留先の
パリでは暇があるとオペラ座に通い、米国ではアコーディオンを買い求めて
自由に弾きこなし、その姿は異彩を放っていたという。アコーディオンは帰国
後も愛用し、家では勿論、明治10年(1877)西南戦争で敗走する間もたえず持ち
歩いたという。

欧米視察中、村田は大久保利通の新国家建設への思いを聞かされ、大久保に
魅力を感じ始めるが、明治7年(1874)1月早々、私費留学生として留まった欧州
から帰国し、西郷隆盛が下野して帰郷したのを聞くと大久保利通の下を訪ねた。
そして、「大久保さんのことは良く分かっている。あとは、西郷さんの意見を
聞いた上で決める」と言い、官を辞して鹿児島へ帰ってしまう。村田さえいれ
ばと考えていた大久保利通は、村田の帰郷を聞いて、茫然としたと伝えられる。
村田は1月6日に大久保を訪問し、13日には、かつての上司、東久世通禧を訪問
したという。同月20日には東京を発ったようだ。
ほどなく、鹿児島から「余は西郷と離るべからざる関係あるを以て、上京するこ
と能はず」という手紙を東京に送る。
西郷への情だけでなく、「吾輩一人は、先生(西郷)を以て深智大略の英雄と信じ
て疑いもはん。西郷先生を帝国宰相となし、その抱負を実行させることにこそ、
われらの責任が掛かっているもんと心得もす」(『南洲残影』)と言っている。

同年2月上旬、帰郷した村田は、6月頃、桐野利秋・篠原国幹らと私学校を創立して、
砲隊学校・章典学校の監督となった。明治10年(1877)1月、熊本の士、池辺吉十郎
・佐々友房と会った。このとき、村田は西郷を首相たらしめんとの抱負を開陳した。
2月6日、弾薬庫襲撃事件と中原尚雄の西郷刺殺計画への対処についての
私学校本部での大評定が開かれ、出兵が決定されたが、村田は黙然としていて
積極的に発言しなかった。2月7日、私学校本部に西郷軍の本営が設置され、
2月13日、大隊の編制が行われた。このとき、桐野利秋が四番大隊指揮長兼総司
令となり、村田は二番大隊指揮長になった。

明治150年その歩みを知る、つなぐ（前編）　西郷どん、大久保卿、薩摩藩年表帖（中巻）

西暦1877

9月24日

□生い立ち等は、上巻P60参照。**池上四郎(1842〜1877)**は、明治2年(1869)鹿児島
常備隊がつくられたときは大隊の教佐となり、藩が御警衛兵を派遣したときは
第二大隊を率いて上京した。明治3年、西郷隆盛に従い長州に赴き、鹿児島に帰る。
同年9月集議院徴士横山安武自刃に衝撃を受けた西郷により、東京へ派遣される。
明治4年(1871)1月に西郷隆盛・大久保利通が政府改革案を以て上京した際は、
木戸孝允・板垣退助・山県有朋らとの会談に護衛を兼ねて同行した。同年、西郷
が廃藩置県に備えて御親兵を率いて上京したときには、一隊を率いて市ヶ谷旧
尾張藩邸に駐屯。このとき陸軍少佐に任官したが、病気を理由に7月に免職した。
明治5年(1872)征韓論に関連して西郷隆盛が朝鮮・満洲の軍事偵察をさせたとき、
8月8日、外務省十等出仕に任じられ、8月15日、武市正幹・彭城中平と共に満洲
に派遣された。この偵察は日本最初の軍事偵察で『西南記伝』に「満洲視察復命書」
という抄録が残っている。武市は早くに、彭城は満洲偵察後に帰国したが、
池上は清国内部の偵察を続け、西郷下野を知った翌6年(1873)12月に帰国した。
明治7年(1874)6月、私学校が創建されたとき、池上は病気で積極的な関与はし
なかった。その後も私学校の不体裁を好まなかった。明治8年(1875)鹿児島県令
大山綱良が西郷に区長・副区長の推薦を依頼したとき、その相談に与った。

□西南戦争（西南の役）の際は、西郷刺殺計画に憤慨して挙兵に賛成し、篠原国
幹が部隊編制、桐野利秋（中村半次郎）が各種軍備品の収集調達、村田新八が
兵器の調達整理、永山弥一郎が新兵教練、池上が募兵を担当した。出陣のときは、
桐野が総司令兼四番大隊指揮長、篠原が一番大隊指揮長となり、池上は五番大
隊の指揮長（大隊長）となって10個小隊約2,000名を率いた。副隊長に当たる第1小
隊長は河野主一郎がつとめた。乃木希典の連隊旗を戦獲した村田三介（実際の戦
獲者は伊東隊の岩切正九郎）などの小隊もこの大隊に属している。

□鹿児島を発した西郷軍は2月21日夜、川尻で軍議を開いた。この軍議で池上は
熊本鎮台を抑えるための兵を一部残し、全軍北上する策を出したが入れられず、
篠原国幹らが主張する全軍による熊本城強襲が採用された。翌2月22日、池上は
桐野利秋と共に熊本攻城正面軍を指揮した。2月24日、政府軍を挟撃すべく桐野
（三箇小隊）が山鹿、篠原（六箇小隊）が田原、村田新八・別府晋介（五箇小隊）が
木留に進出すると、池上は残る西郷軍21個小隊約4,700名を率いて熊本攻城戦を
一人で指揮した。しかし、3月4日から激戦となった田原その他へ徐々に手許の
兵を派遣して兵が減少したため、ついに鎮台軍が籠もる熊本城を落とすことは
できなかった。4月8日には安巳橋の戦いで敗れ、政府背面軍と熊本鎮台との
連絡を許した。
4月21日、西郷軍（党薩各派を含む）が浜町に後退すると本営参謀に専念した。
4月29日、人吉に後退してからは三田井（高千穂）方面の司令を兼ねるなど、本営
参謀と方面司令を兼ね、併せて後備・病院などの経営も兼務した。これ以後は、
豊後方面に進出した野村忍介指揮の奇兵隊を延岡から指揮・後援して延岡・宮崎
間に一時勢力を張ったが、長くは続かなかった。西郷軍が宮崎・延岡・熊田など
で敗退を重ね、8月17日、長井村の可愛獄を突囲する際は別府晋介と共に約60名
を率いて西郷を護衛した『大西郷突囲戦史』。『鎮西戦闘鄙言』では村田と池上が
中軍を指揮し、西郷と桐野が総指揮をとったとする）。突囲後、西郷隆盛に従い、
宮崎・鹿児島の山岳部を踏破して鹿児島に帰った。9月24日の城山陥落時は西郷
の自決を見守った後に桐野・村田らと岩崎口の塁を目指して進撃、途中、弾雨の
中で自刃。享年36。

西暦1877

明治10　9月24日

□**別府晋介（1847～1877）**は、弘化4年、鹿児島郡吉野村実方で別府十郎の第2子として生まれる。名は景長、通称を晋介という。長兄は別府九郎。従兄の桐野利秋（中村半次郎）とは実の兄弟以上に仲が良かったという。

戊辰戦争では、城下四番小隊（隊長川村純義）の分隊長として、白河城攻防戦、棚倉・二本松戦で戦い、会津若松進撃の際は川村指揮のもと「十六橋の戦い」で勇戦した。

明治2年（1869）鹿児島常備隊がつくられたとき、大隊中の小隊長となった。明治4年（1871）西郷隆盛が廃藩置県に備えて兵を率いて上京したとき、小隊を率いて従い、御親兵に編入され、次いで近衛陸軍大尉に任ぜられた。明治5年（1872）征韓論に関連して西郷が満洲・朝鮮偵察を命じた際には、北村重頼・河村洋与と共に外務大丞・花房義質（はなぶさよしもと）の随員という形で釜山に赴き、韓服を着、韓帽を戴き、変装して2ヶ月近く朝鮮内地を偵察した。帰朝の後、少佐に昇進した。

明治6年（1873）征韓論が破裂して西郷が下野すると、少佐の職をなげうって鹿児島に帰った。明治7年（1874）6月、鹿児島に青年教養のための私学校がつくられたときは、その創設に尽力した。明治8年（1875）県令大山綱良が西郷に区長・副区長の推薦を依頼したとき、推薦されて加治木外四郷の区長となった。

明治10年（1877）9月24日（城山陥落の日）、西郷の洞前に整列した40余名は岩崎口へ進撃し、途中、銃弾で負傷した西郷が切腹を覚悟すると、晋介は駕籠から下り、「ごめんなったもんし（お許しください）」と叫び、西郷を介錯。その後、弾雨の中で自決した。享年31。

□**雷撃隊（13中隊、約1,300名）の指揮長・辺見十郎太（1849～1877）**、戦死。29才。西郷の死後に別府晋介と刺し違えて死んだともいう。

□辺見は、嘉永2年、鹿児島荒田町で辺見仲直の子として生まれた。名は昌邦、通称を十郎太という。身長は6尺（180cm）あり、薬丸自顕流の達人であった。

戊辰戦争では、村田新八の二番小隊で監軍となり、鳥羽伏見の戦いでは隊長代理として働いた。東征大総督府下参謀となった西郷が2月に東海道先鋒軍を率いて先発した際も村田新八に従い、駿府、小田原へと進軍した。上野戦争に参戦したのち、5月の白河奪還戦で奮戦し、会津若松城攻囲戦に参加した。明治2年（1869）に鹿児島常備隊がつくられたとき、大隊中の小隊長となった。明治4年（1871）に西郷隆盛が御親兵創設のために兵を率いて上京したときに随行し、近衛歩兵大尉に任ぜられた。明治6年（1873）5月5日、皇居が焼けたとき、品川の妓楼で遊んでいて救援に間に合わず、同僚から糾問され、切腹を迫られたが、近衛都督西郷隆盛に助けられ、以後心を入れ替えたという。「明治六年政変」で西郷隆盛が辞職して鹿児島へ下野すると、自分も辞職して西郷に従った。

私学校でも力を尽くし、宮之城郷の区長も務めた。明治10年（1877）1月、西郷に従い根占に猟に出かけていた辺見は、西郷小兵衛から草牟田火薬庫襲撃事件と中原尚雄らの西郷刺殺の計画を聞き、西郷に従い鹿児島へ帰ったともいう。

2月6日、私学校本校の大評議で出兵に決すると、大隊編制が行われ、辺見は三番大隊永山弥一郎指揮長配下の一番小隊長に選任された。熊本城攻撃に加わり段山で奮戦。5月以降は雷撃隊大隊長となり大口方面で奮戦。のち踊・岩川・末吉と転戦、宮崎県に退いた後は、本営と行動を共にした。

明治150年その歩みを知る、つなぐ（前編）　西郷どん、大久保卿、薩摩藩年表帖（中巻）

西暦1877

9月24日

□**島津啓次郎**は、安政3年、佐土原にて誕生。第11代佐土原藩主・島津忠寛の三男。3才の時に家老家に当たる寺社奉行町田宗七郎に養子に出される。10才の時、鹿児島に遊学、翌年さらに東京に移り、勝海舟門下生となる。啓次郎の才能を見抜いた海舟により推薦され、明治3年（1870）薩摩藩藩費留学生として12才で、兄・大村純雄（1851～1934）らと共に渡米、アナポリス、ニューハーベン、グリンブルドなどで英語、フランス語、文学、数学等を学ぶ。アナポリスではアナポリス海軍兵学校に籍を置いた。留学中の明治6年（1873）留学資格の都合上の理由で町田家との養子縁組を解消、島津家に復籍する。滞米生活7年を経て、明治9年（1876）4月に帰国。

明治政府では名門の出身である啓次郎に、当時設立準備中だった学習院のポストを準備し、意見を聞いたが、この内容に反発し帰郷する。反発した理由は、学習院の設立意図が華族の子弟のみを教育と、あまりにも旧態依然としたもので、米国式の自由主義に感化されていた啓次郎に耐え難い物だったからといわれる。この時、師匠である海舟に西郷隆盛宛の紹介状を書いてもらったことから隆盛と面識を得る。郷里では廃仏毀釈により廃寺となっていた寺を利用して私塾を開いた。設立から3ヶ月後には周囲の奔走により「扄文黌」という私立学校に発展する。この学校は全寮制で、啓次郎自身も食事当番を務めるなど、アットホームな雰囲気だったという。

ところがそれと時期を同じくして、西南戦争が勃発する。以前から明治政府の藩閥重視のやり方に反発していた啓次郎は、家族の反対を押し切り、私学校を休校して西郷隆盛の元に駆けつける。しかし、隆盛も啓次郎の参戦を拒否した。理由は啓次郎が若かったことと、主家の島津氏の一族だったことなどによるとされる。しかし、啓次郎は有志約200人と共に押し掛け参軍した。率いる「佐土原隊」は熊本城攻防戦などで活躍するが、次第に西郷軍側は劣勢となり、田原坂の戦いでの西郷軍の大敗北により、啓次郎は佐土原隊と共に宮崎に撤収した。啓次郎は西郷軍の無策に怒る。その後、上京画策するも、うまくいかなかった。再び戻り、西郷軍に合流、可愛岳、三田井、椎葉、米良、小林を転々とし、最後は城山にて戦死。享年21。

6055

□「高鍋隊」の旧藩主第3子・秋月種事（1844～1877）、戦死。
□「都城隊」の東胤正（1834～1877）、城山岩崎谷で戦死。43才。
□吉野開墾社監督であった平野正介（元近衛陸軍少佐）（1846？～1877）、長兄の郷田七郎（38才）、次兄の郷田八兵衛（36才）、郷田七郎の子、吉之助少年（17才）と共に戦死。なお正介の弟、郷田猪之助（27才）は延岡で戦死。

6056

□西郷軍振武隊指揮官・**中島健彦（広厚）**（1843～1877）、戦死。35才。
□天保14年生まれ。薩摩藩士。維新後、近衛陸軍大尉、陸軍大将副官となるが、征韓論に敗れた西郷隆盛に従い鹿児島に戻る。明治9年4月には県庁第四課長（現在の県警本部長）となり、西南戦争で振武隊長などをつとめる。

6057

□西郷助命のため政府軍に出頭した、**山野田一輔**（1844～1877）、午前7時頃、岩崎谷堡塁において戦死。34才。
□剣を大刀流の師範家大山後角右衛門に学び、又、国学を是枝生胤に修め、和歌を能くしたという。慶応2年（1866）上京して御所を守衛。慶応3年（1867）12月11日、村田新八・堀新次郎らと二条城下を巡回中に新選組の隊士4名と衝突、暗闘十数合のすえ撃退したとき、村田・堀は微傷を負ったが、山野田は1名を斬り斃した。この後大坂に三条実美ら五卿を迎えに行った。

6058

西暦 1877

明治10	9月24日	■午前11時、山県・川村以下の将校立合いとあるが、西郷隆盛の従弟にあたる少将大山厳は、最後まで検死の席に立つことを拒んだ。やむなく同じ薩摩人の坂元純熙(すみひろ)(1843〜1914)少佐が、遺体置場に出向いたとされる。 □元司法省警保助兼大警視・坂元純熙(鹿児島)は、再度上京して陸軍少佐となっていた。
		■黒田清隆(1840〜1900)、伊藤博文(1841〜1909)に血涙を流すほどだと手紙を書く。
	9月25日	■鹿児島県庁は掲示を出す。 「本月二十四日官軍で討取った賊徒の死骸を左の通り各所に仮り埋めてある。浄光明寺へ仮埋の分 西郷隆盛以下一六名、外に姓名の知れない者二三名。元不断光院へ 奥良之丞以下二名、外に姓名の知れない者七四名。草牟田 宅間伴介以下四名、外に姓名の知れない者一五名。新照院 姓名の知れない者七名。城ガ谷 姓名の知れない者一八名」。
		■西別府の遺族に西郷の死が知らされる。
		■天皇、「西南ノ役軍中疫流行ニ付慰問ノ敕諭」。
	9月26日	■政府軍軍楽隊、武村大明神丘にて西郷隆盛惜別演奏。 □海軍軍楽隊長中村祐庸(鹿児島)(1852〜1925)は、品川沖から熊本へ出航時に勇壮な曲を演奏した。(実は西郷隆盛を弔う葬送行進曲であった)。

南洲墓地

明治150年その歩みを知る、つなぐ（前編）　西郷どん、大久保卿、薩摩藩年表帖（中巻）

西暦1877

9月27日	■鹿児島県逆徒征討総督に有栖川宮熾仁親王(1835〜1895)、鹿児島入港。 6064

9月—　■西郷死後数日、内務卿大久保利通(1830〜1878)は、重野安繹(成斎)(1827〜1910)を招き西郷隆盛の伝記を編纂せんことを依嘱する。 6065

□大久保は「われと南洲との交情は、一朝一夕のことではない。然るに彼は賊名を負って空しく逝き、今や世人は、その精神のあったところを誤解しようとしている。これほど遺憾なことはない」「その精神と勲業を天下に表白し、その遺徳を後世に伝えられる者は予をおいて他にその人はない」。

「西郷の履歴については斯く斯くの事がある、これは人の知らぬことである。自分は西郷の伝を書こうと思うが文章のオが無いから、お前が西郷の伝を書いてくれ。その時は今話したことを書き入れてくれ」。

9月30日　■大山綱良(1825〜1877)、西南戦争加担の罪により長崎で斬罪。九州臨時裁判所において、調掛小畑美稲(瓦等判事)(1829〜1912)、中島信近(一級判事補)による取調を受け、7月6日付の口供書を残し、8月10日に斬刑を言い渡された。生い立ち等は、上巻P27参照。 6066

□明治元年(1868)の戊辰戦争では、奥羽鎮撫総督府の下参謀になった(もう一人の下参謀は仙台藩に処刑された長州藩士・世良修蔵)。大山率いる新政府軍は庄内戦線において、庄内藩の反撃に遭い連戦連敗を喫するが、戦後、新政府から賞典禄800石を受けた。明治3年、長州藩で大楽源太郎が反乱を起こして敗走し、再起のために日田県庁を襲った時には、新政府の命を受けて討伐軍の司令官として鹿児島から派遣されながら現地到着後に独断で軍解散を命じて木戸孝允らの怒りを買い、西郷隆盛が詫びる騒ぎとなっている。

□大山綱良は、新政府では廃藩置県後に明治4年8月23日、鹿児島県大参事、同6年、初代鹿児島県令となる。だが、これは旧藩と新府県の関係を絶つために、新しい府県の幹部には他府県の出身者をもって充てるとした廃藩置県の原則に反する特例措置であった。大山は、島津久光の意を受けて西郷らを批判した。しかし、明治6年(1873)に征韓論争から発展した政変で、西郷らが新政府を辞職して鹿児島へ帰郷すると、私学校設立などを援助し西郷を助けた。その後、大山綱良が県令を務める鹿児島県は新政府に租税を納めず、その一方で私学校党を県官吏に取り立てて、鹿児島県はあたかも独立国家の様相を呈した。

明治8年6月の地方官会議では「民会未だ開くべからず」と論じ、金禄公債の件では、鹿児島士族の特殊性を説き、特別措置を得た。

明治10年(1877)鹿児島で西郷らが挙兵した西南戦争では、官金を流用、西郷軍に提供し、軍資金、兵器、弾薬、食糧を送るなどした。西郷軍の敗北後、その罪を問われて神戸で捕縛、官位をはく奪、逮捕され東京へ送還、この日、長崎で斬首された。享年53。

□明治6年、下野し鹿児島に帰った西郷は、私学校を設立するが、この私学校は旧近衛兵を集めた私設の軍隊に等しかった。その私学校の武力を背景に、私学政党の鹿児島県令・大山綱良は、新政府の政策にことごとく反抗し、秩禄処分も、地租改正も一向に実行しなかった。鹿児島県は中央政府に従わない独立国の観を呈し、税金は中央に上納せず、鹿児島県で使い、私学校の軍費にしていたのである。この鹿児島の半独立状態に業を煮やした長州出身の木戸孝允らの強い主張によって、政府もようやく鹿児島の県政改革に手をつけようとした。これに対する不満もあって、私学校党が蜂起したのが西南戦争の原因だったともいう。

西暦	1877
明治10	9月30日

□なお戦後処分で斬罪処分を受けたのは、大山綱良県令以下の首謀者、参謀級23名である。斬罪の他県人は、「佐土原隊」鮫島元(旧佐土原藩士)(1834〜1877)、「福島隊」坂田諸潔(もろきよ)(旧日向高鍋藩士)(1845〜1877)、「熊本隊」池辺吉十郎(1838〜1877)、横山直左衛門(径営)の4名であった。
大隊長級は除族の上、懲役10年31名、懲役7年11名。中隊長級は除族の上、懲役5年126名。小隊長級は除族の上、懲役3年380名。半隊長級は除族の上、懲役2年1,183名。分隊長級は除族の上、懲役1年614名。大小荷は除族の上、懲役2年。その他懲役100日以下除族など合計27,604名の者が禁固刑以上の刑に処せられた。押伍・伍長・給養・兵士は自宅謹慎。一旦降伏後再び西郷軍に投じた者は、除族の上、懲役2年の判決とした。投降した兵士は参謀クラスを除いて一時それぞれの出身地に帰された。
その後臨時裁判所が開かれ西南戦争に従軍した兵士が自主的に集められ、その場で本人の申告のみで判決が言い渡された。「除族」とは士族を平民におとす事。

南洲神社

主な参考文献

『薩南血涙史』	加治木 常樹	薩南血涙史発行所	1912
『日本の歴史(20)明治維新』	井上 清	中央公論社	1966
『日本の歴史(21)近代国家の出発』	色川 大吉	中央公論社	1966
『幕末の薩摩』	原口 虎雄	中央公論新社	1966
『大久保利通』 (中公新書―維新前夜の群像(190))	毛利 敏彦	中央公論新社	1969
『西南記伝』(復刻版)	黒龍会	原書房	1969
『維新の巨人 西郷隆盛』	芳賀 登	雄山閣	1970
『京都の歴史(10)年表・事典』	京都市	學藝書林	1976
『大西郷全集』(復刻版)	大西郷全集 刊行会	平凡社	1977
『新編西南戦史』	陸上自衛隊 北熊本修親会	原書房	1977
『幕末維新人名事典』	奈良本 達也 (監修)	學藝書林	1978
『明治六年政変』(中公新書(561))	毛利 敏彦	中央公論新社	1979
『国史大辞典』	国史大辞典 編委員会	吉川弘文館	1979 ～ 1997
『維新史』	新史料編纂會	吉川弘文館	1983
『戦袍日記』(復刻版)	古閑 俊雄	青潮社	1986
『維新前夜・動乱と変革の時代 (転換期の戦略)』	尾崎 秀樹 他	経済界	1988
『薩南血涙史』(復刻版)	加治木 常樹	青潮社	1988

『維新の英雄西郷隆盛』	塩田 道夫	日新報道	1989
『図説西郷隆盛と大久保利通』	芳 即正・毛利 敏彦	河出書房新社	1990
『よみがえった「永山邸」屯田兵の父・永山武四郎の実像』（開拓使通り叢書1）	高安 正明	共同文化社	1990
『明治天皇の生涯』（上下）	童門 冬二	三笠書房	1991
『西郷隆盛—西南戦争への道』（岩波新書）	猪飼 隆明	岩波書店	1992
『明治政府の胎動』（物語日本の歴史27）	笠原 一男	木耳社	1993
『岩波講座 日本通史 第16巻 近代1』		岩波書店	1994
『岩波講座 日本通史 第17巻 近代2』		岩波書店	1994
『かくて維新は終りぬ 私説西郷隆盛外伝』（青少年健全育成のためにシリーズ）	大田 嘉直	大田嘉直	1995
『伊集院兼寛関係文書』	山崎 有恒・尚友倶楽部	芙蓉書房出版	1996
『司法卿 江藤新平』（文春文庫）	佐木 隆三	文藝春秋	1998
『南洲残影』	江藤 淳	文藝春秋社	1998
『志士と官僚 —明治を「創業」した人びと』	佐々木 克	講談社	2000
『西郷菊次郎と台湾 −父西郷隆盛の「敬天愛人」を生かした生涯−』	佐野 幸夫	南日本新聞開発センター	2002

明治150年その歩みを知る、つなぐ（前編）　西郷どん、大久保卿、薩摩藩年表帖（中巻）

『島津久光と明治維新 ―久光はなぜ討幕を決意したのか』	芳 即正	新人物往来社	2002
『近代日本軍制概説』	三浦 裕史	信山社出版	2003
『小説 島津啓次郎』	榎本 朗喬	鉱脈社	2003
『天を敬い人を愛す －西郷南洲・人と友－』	芳 即正	高城書房	2003
『池上四郎貞固系譜 薩摩藩密貿易と 西郷隆盛の密貿易対策を含めて』	友野 春久	西郷南洲顕彰会	2004
『大久保利通』（講談社学術文庫）	佐々木 克	講談社	2004
『日本陸海軍総合事典 第2版』	秦郁彦	東京大学出版会	2005
『幕末・維新 図解雑学』	高野 澄	ナツメ社	2005
『岩倉具視（幕末維新の個性5）』	佐々木 克	吉川弘文館	2006
『鹿児島史話』	芳 即正	高城書房	2006
『一神官の西南戦争従軍記 熊本隊士 安藤経俊「戦争概略晴雨日誌」』	安藤經 俊原、 甲斐 利雄 （編纂）	熊本出版文化会館、創流出版 （発売）	2007
『大久保利通日記』（上下）	大久保 利通	マツノ書店	2007
『西南戦争―西郷隆盛と日本最後の内 戦』（中公新書）	小川原 正道	中央公論新社	2007
『幕末の大奥―天璋院と薩摩藩』	畑 尚子	岩波書店	2007
『西郷隆盛』（全9巻）	海音寺潮 五郎	朝日新聞社	2007 ～ 2008
『遠い崖29巻 アーネスト・サトウ日記抄』	萩原 延壽	朝日新聞出版	2007 ～ 2008

『大久保利通―明治維新と志の政治家』(日本史リブレット 人)	佐々木 克	山川出版社	2009
『気張りもんそ 西郷隆盛の生涯』	鷲尾村 夫子	日本文学館。	2009
『一箇の大丈夫西郷吉之助 人間の強さと大きさと高さを求めた明治維新の英雄西郷隆盛の大いなる安心を!』	早川 幹夫	学生サービスセンター	2010
『器量と人望 西郷隆盛という磁力』(PHP新書)	立元 幸治	PHP研究所	2010
『「善玉」「悪玉」大逆転の幕末史』	新井 喜美夫	PHP研究所	2010
『名越左源太の見た幕末奄美の食と菓子』	今村 規子	南方新社	2010
『勝海舟と西郷隆盛』(岩波新書 新赤版)	松浦 玲	岩波書店	2011
『近現代日本を史料で読む―「大久保利通日記」から「富田メモ」まで』(中公新書)	御厨 貴	中央公論新社	2011
『大久保家秘蔵写真 大久保利通とその一族』	大久保 利泰	国書刊行会	2013
『西郷隆盛と明治維新』(講談社現代新書)	坂野 潤治	講談社	2013
『廃藩置県近代国家誕生の舞台裏』(角川ソフィア文庫)	勝田 政治	KADOKAWA/角川学芸出版	2014
『西郷の妻 ―西郷隆盛と妻イトの生涯―』	徳田 秀子・西郷 隆夫・若松 宏	株式会社ナンシュウ	2015

明治150年その歩みを知る、つなぐ(前編)　西郷どん、大久保卿、薩摩藩年表帖(中巻)

『大政事家 大久保利通 近代日本の設計者』(角川ソフィア文庫)	勝田 政治	KADOKAWA/角川学芸出版	2015
『秘蔵写真でたどる 華族のアルバム』	倉持 基	KADOKAWA	2015
『完本南洲残影』(文春学藝ライブラリー)	江藤 淳	文藝春秋	2016
『征韓論政変の真相—西郷と大久保、親友からなぜ激突へ』	伊牟田 比呂多	高城書房	2016
『西南戦争警視隊戦記』(復刻版)	後藤 正義	マツノ書店	2016
『西郷隆盛 維新150年目の真実』(NHK出版新書)	家近 良樹	NHK出版	2017
『西郷隆盛 維新最大の謎』(文藝別冊)	河出書房新社編部	河出書房新社	2017
『西南戦争と自由民権』	小川原 正道	慶應義塾大学出版会	2017
『西郷隆盛—手紙で読むその実像』(ちくま新書)	川道 麟太郎	筑摩書房	2017
『西郷隆盛「南洲翁遺訓」』	先崎 彰容 他	NHK出版	2017
『西郷隆盛 人を相手にせず、天を相手にせよ』(ミネルヴァ日本評伝選)	家近良樹	ミネルヴァ書房	2017
『まぼろしの維新 西郷隆盛、最期の十年』(集英社文庫)	津本 陽	集英社	2018

『維新年表帖(上下)』(弊社刊行)等に記載のある参考文献は、重複をなるべく割愛いたしました。

その時、勤王志士・朝廷、慶喜政権、江戸幕府らは、
西郷隆盛・大久保利通・薩摩藩年表帖 上巻

ペリー来航から王政復古までの出来事が時系列でわかる！

定価　本体1,300円＋税

2018年NHK大河ドラマ「西郷どん」の時代。明治維新の立役者薩摩藩の動きに注目！
時系列で見ると勤王志士、朝廷、長州藩、慶喜政権、江戸幕府それぞれの思惑、動きが見えてきます！
ぜひ大河ドラマと共にお楽しみ下さい！

薩摩藩は、江戸期に薩摩・大隅の2か国及び日向国南西部を領有し、琉球王国を支配下に置いた。
嘉永4年(1851)第11代藩主となった島津斉彬の下で、洋式軍備や藩営工場の設立を推進し、また、養女の篤姫を第13代将軍・徳川家定の正継室にするなど、幕末の雄として抬頭。
斉彬の死後、藩主・島津忠義の実父にして斉彬の異母弟にあたる久光が実権を握り、公武合体派として雄藩連合構想の実現に向かって活動するが、薩英戦争、八月十八日の政変、薩英講和等を経て西郷隆盛、大久保利通ら討幕派の下級武士へ藩の主導権が移る。
幕末には尊王攘夷を主張、その後長州藩と薩長同盟を結んで王政復古の原動力となる。
薩摩藩士の事歴も充実。

その日、その時何が起きていたのか？

事件・出来事を日付まで追える！ユニプランの年表帖シリーズ

歴史の舞台京都を中心に、「その日、その時何が起きていたのか？」
日付までを丁寧に掲載した年表帖シリーズでは、時代の主役たちの行動はもちろん、刻一刻と変わってゆく状況・戦況をお楽しみいただけます。

各シリーズともに、写真・図版など多数掲載

戦国武将年表帖シリーズ

上巻（信長誕生～本能寺の変）
◆仕様 A5判 384頁
定価：本体1200円＋税
戦国末期、織田信長・武田信玄・上杉謙信たちが京を目指し、そして「本能寺の変」で信長が滅びるまでを追います。その時、秀吉・光秀・家康らはどうしていたのか。

中巻（信長後継～天下取り～江戸幕府成立）
◆仕様 A5判 416頁
定価：本体1600円＋税
「本能寺の変」後、豊臣秀吉の活躍と死、そして徳川家康が全国を掌握する「江戸幕府成立」までを追います。その時、上杉や政宗、そして毛利や如水はどうしていたのか。

下巻（家康後継～豊臣家滅亡～徳川長期政権）
◆仕様 A5判 272頁
定価：本体1300円＋税
「江戸幕府成立」から豊臣家の滅亡を経て、徐々に戦国時代が終わってゆきます。長期政権をめざす徳川幕府の改革と3代将軍徳川家光の最後の入洛までを追います。徳川将軍家による親族・譜代・外様等の配置はどうだったのか、大名転籍データも拾い集めました。

その時、甲・信・越・相・駿・遠・三らは、
武田家三代年表帖（上巻）
◆仕様 A5判 208頁
定価：本体1500円＋税
甲斐の信玄、越後の上杉謙信、信濃の国衆や真田幸隆・昌幸父子、相模の北条氏康・氏政父子、駿河・遠江の今川義元・氏真父子、三河の松平広忠・徳川家康父子ら戦国大名たちは？

その時家康・景勝・氏政は、そして秀吉は、
武田家三代年表帖（下巻）
◆仕様 A5判 240頁
定価：本体1500円＋税
武田勝頼の家督相続からの苦難な歩みと、真田昌幸・信之・信繁ら真田一族が、信長、秀吉、家康、氏政、景勝ら戦国大名の狭間で、どのようにのぞみ活躍をしたのか。様々な戦いとその後を詳述

その時、黒田・毛利・大友・立花・島津は
西日本の戦国武将年表帖
京都観光基本データ帖9

◆仕様 A5判 200頁 定価：本体1500円＋税
黒田官兵衛誕生から戦国時代の終焉までを扱った年表帖。主に西日本の「戦い年表」を中心に記述しています。信長や秀吉の他、特に官兵衛・竹中半兵衛・大友義統・立花宗茂について詳しい。

その時、龍馬は、新選組は
維新の胎動　幕末年表帖
京都観光基本データ帖 3

◆仕様　A5変形　312頁　定価：本体 1143 円＋税
NPO 法人京都龍馬会理事長　赤尾博章氏　龍馬関連一部監修協力
新選組記念館館長　青木繁男氏　新選組関連一部監修協力

坂本龍馬の事跡を軸に、幕末・明治初期の動乱期、さらには戊辰戦争の終結までを追います。人物写真など、貴重な古写真を多数掲載。

その時 清盛は、後白河院は、頼朝は、
院政・源平年表帖
清盛誕生〜後白河院政〜武家政権鎌倉幕府成立
京都観光基本データ帖 7

◆仕様　A5判　288頁
定価：本体 1500 円＋税

平清盛が生きた時代は、古代から中世への変革の時代であり、次々に歴史的な大事件が起こっています。
平安時代の末期から鎌倉幕府の成立までの、複雑だからこそ面白い時代を追います。

嵐の中、復興京都の行政・産業・教育は
明治維新・大正ロマン
文明開化の京都年表帖
ダイナミックな近代京都が時系列でわかる！
京都観光基本データ帖 8

◆仕様　A5変形　320頁
定価：本体 1500 円＋税

京都御政府の初動施策と東京明治新政府の統治と文明開化の諸施策、京都府・市の町施策や学校の成り立ちなど、さらには新島襄・八重、山本覚馬の生涯や近代建築物を加えた年表で、初めての人物写真や当時の珍しい古写真も豊富に掲載しています。

その時、幕末二百八十二諸藩は？
戊辰戦争年表帖
鳥羽伏見〜箱館戦争の同時進行・多発戦を追う

◆仕様　A5判　416頁　定価：本体 1500 円＋税

鳥羽伏見戦いの幕開けから甲州戦争、船橋の戦い、宇都宮城の戦い、上野戦争、北越戦争、会津戦争、秋田戦争ら、そして翌年明治 2 年の箱館戦争までの「戊辰戦争」が、どのように、そして同時代的に進んで行ったのか、また、維新政府の成立で幕末諸藩はどのような立場で処そうとしていたのかを追っています。

その時、長州は、勤王志士は、朝廷は、江戸幕府は、
黒船騒動・鎖国から開国、その顛末を集めた
維新年表帖 上巻

◆仕様　A5判　320頁
定価 本体 1500 円＋税

幕末維新期における倒幕派・佐幕派の動向を収録！それぞれの動きをまとめ、同時期に何が行われていたかが分かる！
この年表は黒船来航から始まる明治維新。後に官軍となった長州藩について藩政の動向、支藩等の動き、藩にまつわる事件、藩士のプロフィールも充実させました。

その時、長州は、勤王志士は、朝廷は、
慶喜政権は、江戸の幕閣は、
尊王攘夷、開国、佐幕派　その顛末を集めた
維新年表帖 下巻

◆仕様　A5判　304頁
定価 本体 1500 円＋税

上巻に引き続き、この年表は「八月十八日の政変後」からの幕末、明治維新を取り上げ、後に官軍となった長州藩については、藩政の動向、支藩等の動き、藩にまつわる事件、藩士のプロフィールも充実させました。

おもしろ文明開化百一話
~教科書に載っていない明治風俗逸話集

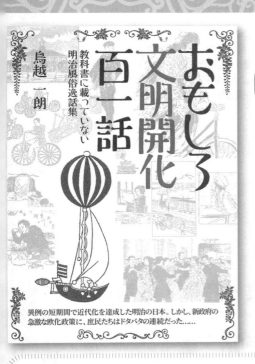

鳥越一朗 (著)
定価　本体1,500円＋税

異例の短期間で近代化を達成した明治の日本。
しかし、新政府の急激な欧化政策に、庶民たちはドタバタの連続だった……。
洋装、断髪、肉食、廃刀、改暦、苗字許可、学制、鉄道敷設、混浴禁止などなど……
当時の新聞・雑誌から拾った、文明開化にまつわる101のとっておきエピソードを収録。

明治維新は、日本史上他に類を見ないほど、庶民の風俗に大きな変化を与える出来事でした。
維新に伴う文明開化によって、和服が洋服になり、チョンマゲが散切りになり、帯刀が丸腰になり、肉食が解禁になったのです。しかし、「西洋では二百年かかった近代化を日本は七、八年達成しようとしている」と在日英国人が感心するほど、明治新政府は、急ピッチで近代化を進めました。政府の急激な欧化政策に、振り回されたのは庶民たちでした。その結果、現代人から見れば、珍奇であったり、滑稽であったりするエピソードがたくさん生まれました。
本書は、そうした庶民たちにまつわる「おもしろ話」を集めたものです。明治初期には、多くの新聞、雑誌類が発行されており、その記事の中からも興味深いものを取り上げ、わかりやすく紹介しています。何と浅はかなとつい噴き出してしまう話も多いのですが、我々のごく近い先祖たちが、文明開化の流れの中で、どんな反応を示し、いかなる行動をとったかを知ることは、新たな文明社会を考えるうえで、きっと意味のあることと思われます。

明治・大正京都めぐり地図
レトロを楽しむ近代建築 MAP

定価　本体800円+税

明治維新、日本初の小学校、大学設立、京都三大事業、近代建築物ラッシュ…新島八重と夫・襄が過ごした京都。東京遷都による衰退から立ち直るべく、教育・文明開化・近代化を進める古都。人々の暮らしは大いに様変わりしていきます。このMAPで、変革の時代を今に伝えるレトロでモダン溢れる建物たちや遺跡(約560件)を巡る散策に是非お使いください。

◆内容
【表面】京都市内全体図 縮尺…1:32,000
図取り…比叡山・高雄・嵐山・大山崎・八幡・宇治・醍醐を含む。
【裏面】市内中心部の拡大MAP 縮尺…1:15,000
※拡大図:河原町三条、岡崎、京都大学、伏見桃山
【別冊】「地図索引」付き

ここは見どころ！レトロな特選建物
■明治の大事業！水路閣とインクライン、琵琶湖疏水記念館
■キャンパスに残る現役学舎(京都大学・同志社大学・龍谷大学等々)
■レトロな建物再利用(元新風館・京都文化博物館別館・1928ビル等々)
■カフェの風情を伝える(フランソア・ソワレ・築地・イノダコーヒー等々)
■開国の象徴キリスト教会(正ハリストス教会、聖アグネス教会等々)

嵐の中、復興京都の行政・産業・教育は
明治維新・大正ロマン
文明開化の京都年表帖
ダイナミックな近代京都が時系列でわかる

定価　本体1,500円+税

知らなかった明治・大正の京都がいっぱい！
本は、ペリー来航による幕末の騒動(攘夷・勤王・佐幕騒動)をプロローグとして、主要な取り扱いは戊辰戦争の緒戦「鳥羽・伏見の戦い」からはじまる。
京都御政府の初動施策と東京明治新政府の統治と文明開化の諸施策、京都府・市の町施策や学校の成り立ちなど。さらには新島襄・八重、山本覚馬の生涯や近代建築物を加えた年表で、初めての人物写真や当時の珍しい古写真も豊富に掲載しています。

レトロとロマンを訪う
京都明治・大正地図本
近代建築物年表付
【同志社大学所蔵古写真も多数掲載】

鳥越一朗 (著)
定価　本体943円＋税

京都を23のエリアに分けた、地図上に新島八重が生きた明治・大正時代の建築物や史跡などを多数掲載。更に各エリアの飲食店や甘味処・カフェなども紹介し、歩ける地図本に仕上げています。また、特集ページ「新島八重の生涯」をはじめ、八重の時代の関連人物26人を取り上げ、様々な角度から八重が生きた時代と、レトロでロマン溢れる京都の街に光を当てています。
学校法人同志社様からご提供の貴重な写真も必見です！

明治・大正時代の京都史跡を歩く13コース
【元新撰組記念館館長青木繁男が選ぶ京都明治大正おすすめスポット案内】

青木繁男 (著)　ユニプラン編集部 (編集)
森口譲二 (イラスト)
定価　本体600円＋税

京都に残る数多くの明治・大正の建物から元新撰組記念館館長青木繁男が厳選！
青木節の物件説明と趣あるイラストで、より一層旅を楽しくさせてくれます！
何気なく通っていたあの場所、この場所が「こんな歴史ある場所だったなんて！！」と驚きます！
昔の京都競馬場は？京都ガス工場って？そんな場所も地図上に表記！
珍しい京都大学構内を散策できるコースも表記しています！
他にもちろん鉄道路線図、所要分、距離も表記しています！

あとがき

　この本は、王政復古から明治維新、そして西南戦争までの時代を切取り、その軌跡を追ってみようと企画いたしました。薩摩藩年表帖中巻では、鹿児島藩を中心に記述されています。編集に当たって、鹿児島市観光交流局明治維新150年・西郷どん推進室様などから写真のご提供を受けました。詳細な年表を通して、明治維新時代を垣間見て頂けましたら幸いです。編集にあたり、別記参考図書や国立国会図書館デジタルコレクション、自治体・各団体WEB等、大いに活用させていただきました。

　しかし、資料による違い、異説、物語などあらゆる事項があり、すべては、弊社の編集責で掲載しております。

　仮称「明治150年…後編」及び「明治文明開化年表帖」は、近刊予定をしております。

　最後になりましたが、ご協力いただきました取材先様、スタッフの皆々様に、厚く御礼申し上げます。

明治150年その歩みを知る、つなぐ（前編）
西郷どん、大久保卿、薩摩藩年表帖（中巻）
政治、施政、士族の乱、西南戦争、軍国、国際問題、事件などが時系列でわかる！

第1版第1刷
発行日　　2018年6月15日
年表　　　ユニプラン編集部
編集　　　ユニプラン編集部（鈴木正貴　橋本豪）
デザイン　岩崎宏
発行人　　橋本良郎
発行所　　株式会社ユニプラン　　http://www.uni-plan.co.jp
　　　　　　　　　　　　　　　　（E-mail）info@uni-plan.co.jp
　　　　　〒604-8127　京都市中京区堺町通蛸薬師下ル　谷堺町ビル1F
　　　　　TEL（075）251-0125　FAX（075）251-0128
　　　　　振替口座／01030-3-23387
印刷所　　為國印刷株式会社
定価はカバーに表示してあります。
ISBN978-4-89704-460-6　C0021